Neukirchener Arbeitsbücher

Christofer Frey

# Theologische Ethik

Neukirchener Verlag

Umschlagentwurf: Kurt Wolff, Düsseldorf
Gesamtherstellung: Breklumer Druckerei Manfred Siegel KG
Printed in Germany - ISBN 3-7887-1286-4

CIP-Titelaufnahme der Deutschen Bibliothek

**Frey, Christofer:**
Theologische Ethik / Christofer Frey. - Neukirchen-Vluyn:
Neukirchener Verl., 1990
(Neukirchener Arbeitsbücher)
ISBN 3-7887-1286-4

# Inhalt

# Vorwort

Ethische Themen scheinen vielen Zeitgenossen mehr einzuleuchten als dogmatische Fragestellungen. Aber eine ethische Besinnung im Zusammenhang übergreifender Gesichtspunkte scheint Studentinnen und Studenten schwerer zu fallen als das Memorieren dogmatischer Loci nach einem der angebotenen Repetitorien. Standardabrisse der Ethik im Sinne dieser gerade genannten Hilfsbücher sind allerdings nicht möglich, denn eine Ethik läßt sich heute nur im Diskurs entwickeln. Erst im Gespräch tritt das theologische Element recht heraus. Gesprächspartner in Grundlegungsfragen ist die praktische Philosophie mit ihrer reichen Tradition, bei einzelnen Themenfeldern sind es die Human- oder Sozialwissenschaften und – mehr als vielleicht zuvor – die Naturwissenschaften.

Unsere moralischen Orientierungen und die ihnen zuzuordnenden Entwürfe der Ethik sind historisch bedingt. Darum darf ein mögliches christliches Proprium nicht allgemein festgestellt werden. Es ergibt sich von jenem besonderen Ort in der *Geschichte* her, an dem Christen über ihre Orientierung nachdenken. Alle Ethik fängt vom kontingenten Standnehmen in der Geschichte her an. Wer das nicht ernst nimmt, wird über Gemeinplätze nicht hinauskommen. Erst von dort aus können sich Überschneidungen mit den Orientierungen und Ethikentwürfen von Nichtchristen ergeben.

Das Arbeitsbuch bevorzugt den Weg der *Erörterung* von Problemen, die mit der Grundlegung von Ethik verbunden sind. Der Verfasser will dabei nicht verbergen, daß er den Ansatz der Reformation und der Wort-Gottes-Theologie als verbindlich betrachtet: Vom Zuspruch und Anspruch Gottes her soll ein Zugang zu dem, was alle Menschen in ihrer Lebensführung binden kann, gesucht werden (vgl. die Teile 6.3.3, 8.2.2.2 und 11.3.3). Die Gründe für diese Entscheidung ergeben sich aus dem Gang der Erörterung, aber sie drängen sich nicht vor, weil sich dieses Arbeitsbuch den Hauptthemen ethischer Diskussion verpflichtet weiß. Die Zurücknahme der eigenen Position kann auch ein Ausdruck der sachlichen Arbeit sein, die in der Ethik mehr denn je nötig ist, nachdem die kirchliche Diskussion in der Fülle von Appellen, die sich um eine Begründung drücken, unterzugehen droht.

Weil der problembezogene, erörternde Gang vielleicht nicht jedem potentiellen Leser zusagt, seien andere Wege skizziert, die auch durch dieses Arbeitsbuch führen können:

**Ein kurzer Informationsgang**

| | |
|---|---|
| 1.2 | Vorklärung: Grundbegriffe |

↓

**EINSTIEG**

a) mit einem Exempel

| | |
|---|---|
| 2.2.1b | *Verantwortungs*ethik |
| 2.2.4 | und *Bergpredigt* |

b) mit der Frage nach Verhaltensregulierung und Normen:

| | |
|---|---|
| 3.2.1<br>3.2.2<br>4.2.4.3 | Das Verständnis sittlicher *Normen* in Verbindung mit dem eigentlichen Verständnis von ›*Praxis*‹ |
| 3.3.2<br>3.3.1.3 | *Naturrecht* |
| 3.3.3<br>8.2.1 | und theologisches Verständnis des ›*Gesetzes*‹ |

c) abgeschlossen durch die theologische Frage:

| | |
|---|---|
| 8.3.3.1 | *Gesetz und Evangelium* |

einzuordnen und zu erweitern durch:

| | |
|---|---|
| 5 | den *historischen Abriß* |

↓ Fortsetzung

**THEMEN ZWISCHEN DOGMATIK UND ETHIK**

| | |
|---|---|
| 6.3.1 | Die Frage der *Theodizee* |
| 8.2.1 | Unterschiede der *Reformatoren* |
| 8.2.2.2 | *Theologische* Ethik heute |
| 8.3.3.2 | *Zwei Reiche* bzw. Regimente |

↓ Fortsetzung

**FRAGEN DER GRUNDLEGUNG THEOLOGISCHER ETHIK**

| | |
|---|---|
| 9.2<br>9.3.1-2 | *Liebesgebot* |
| 10 | ›Gebot‹ allgemein |
| 11.2.2<br>11.2.3b | Das *Gute,* das Glück |
| 11.2.5 | Gelingendes Leben |
| 11.3.1 | Das Böse, die *Sünde* |
| 11.3.3 | (ergänzend:) *Werte* |
| 12.2.1b<br>12.2.2 | *Tugenden* und ihre Kritik |
| 13.2.3 | Die *Pflicht* |
| 14.2.4 | Glaube, Liebe und Hoffnung |
| 14.2.5 | *Gewissen* |
| 14.3.1 | *Kirche* und Gemeinde |
| 15.2.1<br>15.2.2 | Kasuistik und Urteilsfindung |

**Ein eher historischer Zugang, der vielleicht am meisten dem Studiengang und den Artikeln theologischer Enzyklopädien entspricht**

**GRUNDLAGE**

| | |
|---|---|
| 5 | Ein *historischer Überblick*<br>– allgemein |
| 11.2.1a | – zum Thema des ›Guten‹ |
| 12.2.1 | – zum Thema der ›Tugenden‹ |
| 13.2.1 | – zum Thema der ›Pflicht‹ |
| | Ergänzt um die Frage nach |
| 4.2.2 | Theorie und *Praxis* |

↓ Vertiefung

**HISTORISCHE STATIONEN**

| | |
|---|---|
| 3.2.4.1<br>3.2.4.2<br>9.2<br>9.3.1 | *Altes Testament* und seine Umwelt |
| 2.3.1<br>11.2.2 | *Neues Testament* |
| 3.3.2<br>8.3.1.3 | Entfaltung des *Naturrechts*gedankens in der Geschichte der Kirche |
| 8.2<br>12.2.1b<br>8.3.3.1<br>12.2.2 | *Mittelalter* und *Reformation* im Kontrast |

**MIT EINEM SCHWERPUNKT BEI PROBLEMEN DER NEUZEIT**

| | |
|---|---|
| 4.2.3 | Entstehung der *modernen Welt* |
| 4.3.1 | und einer säkularen Ethik |
| 6.2 | Die Krise der *Aufklärung* |
| 11.3.1 | Wandlungen des Bösen |
| 3.2.3 | *Rechtfertigung von Normen* und Autonomie |
| 11.3.3 | Diskussion um ›*Werte*‹ |
| 13.2.1<br>13.2.2 | Der *Pflicht*gedanke |
| 2.2.1b<br>2.2.4 | *Verantwortung* heute |

**Unter dem Gesichtspunkt der Frage nach einer allgemeinen Ethik (und einem christlichen Proprium)**

#### Der strittige Ausgangspunkt

| | |
|---|---|
| 3.3.6 | *Autonome* versus *theonome* Ethik |
| 8.2<br>1.1 | ergänzt um Begriffserklärungen |

*Erweiterung*

#### Probleme der Grundlegung der Ethik in der Neuzeit

| | |
|---|---|
| 3.2.1 | Herkunft und Rechtfertigung von *Normen* |
| 11.2<br>3.2.2<br>3.2.3 | mit Ergänzungen |
| 8.3.1.3<br>8.3.3.2<br>3.2.4.3 | Das Verständnis von *Naturrecht* und Autonomie |
| 3.3.1<br>4.3.2<br>14.2.1 | Empirische Grundlagen und *Anthropologie* |
| 11.2.3 | *Utilitarismus* |
| 6.3.2 | *Ideologie* und Ethik |
| 2.2.5 | Das Subjekt der |
| 2.3.2 | *Verantwortung* |
| 13.3.1 | und der fragwürdigen *Universalität der Autonomie* |

*einzuordnen in den*

| | |
|---|---|
| 5 | historischen Abriß |

*anschließend*

| | |
|---|---|
| 15.2.2 | sittliche Urteilsfindung |

*im Kontrast*

#### Besondere Anliegen theologischer Ethik

| | |
|---|---|
| 8.2.2.2 | *Christliche* Ethik *heute,* |
| 8.3.1.2 | die Unterscheidung *zweier Reiche,* |
| 9.2 | das *Liebes*gebot, |
| 9.3.1 | das Verständnis der Liebe, |
| 11.2 | das *Gute,* das Glück, |
| 11.3.1 | das Böse, die *Sünde,* |
| 11.2.5 | gelingendes Leben, |
| 12.2.3 | *Tugenden* heute, |
| 12.3.1 | *Gerechtigkeit* |

**Zum Erwerb eines theologischen Grundwissens im Blick auf die Ethik**

#### Biblisches Grundwissen einschließlich systematischer Fragestellungen

| | |
|---|---|
| 5.2.2 | *Altes Testament* im Zusammenhang mit |
| 3.3.4 | *Schöpfungsordnungen,* |
| 3.3.3 | theologischem *Gesetzes*verständnis, |
| 8.2.2 | dem ›usus legis‹, |
| 10 | dem *Gebots*verständnis, verbunden mit dem |
| 3.3.2<br>8.3.1.3 | Gedanken des *Naturrechts* |
| 5.2.4 | *Neues Testament* im Zusammenhang mit |
| 9.2<br>9.3.1 | dem *Liebes*gebot, |
| 11.2.2 | den *Seligpreisungen* |

*Fortsetzung*

#### Theologiegeschichtliches Grundwissen im Blick auf die Ethik

| | |
|---|---|
| 5.2.5<br>5.2.6 | *Mittelalter* und *Reformation,* |
| | verbunden mit |
| 12.2.1b<br>12.2.2 | dem *Tugend*verständnis |
| 5.2.8<br>5.2.9 | *19. und 20. Jahrhundert* |

#### Systematische Auswertung

| | |
|---|---|
| 3.2.1<br>8.3.1.2 | *Bergppredigt* und *Zwei-Reiche-*Aussagen |
| 8.3.1.1 | *Gesetz* und *Evangelium* |
| 13.2.3 | *Pflicht* und *Liebe* |
| 6.3.1<br>11.3.1 | *Theodizee*frage, Böses, Sünde |
| 8.2.2.2<br>11.2.3 | *Wort Gottes* und Ethik |
| 2.3.2 | *Verantwortung* |
| 9.3.2 | *Situations*ethik |
| 13.3.2 | *Liebe durch Strukturen* |
| 14.2.4 | Glaube, Liebe, Hoffnung |
| 14.2.5 | *Gewissen* |
| 14.3.1 | *Kirche* bzw. Gemeinde |
| 15.2.1 | Kasuistik |

Der nun gedruckte Text ist vielfach bearbeitet worden. An ersten Fassungen arbeiteten mit: Martina Gregory und Hans-Ulrich Pippert, an der letzten: Britta Möhring, Gabriele Obst und Petra Schulze. Bei den Korrekturen halfen außerdem Ute Riegas-Gundlach, Silke Mühlensiepen und Roland Rosenstock. Ein problemorientierter Gang durch die Ethik kann ohne das Gespräch und die Perspektiven kluger Leser/innen nicht gelingen. Ihnen wie Frau Dorothe Killisch, die diesen Text immer wieder geduldig geschrieben und korrigiert hat, sei herzlich gedankt. In absehbarer Zeit hofft der Verfasser einen zweiten Band vorzulegen, der je ein Problemfeld der Ethik unter dem Aspekt der Ethik der Person bzw. der Ethik des Sozialen behandelt.
Das Manuskript zu diesem Buch wurde im September 1988 abgeschlossen. Den Mitarbeitern des Neukirchener Verlags sei für die Sorgfalt bei der Herstellung gedankt.

Christofer Frey

# 1
# Einleitung: Worum es in der Ethik geht

## 1.1
## Einführung: Zweifel am Fach Ethik

Ethik – ein Fach für das Ende des Studiums, wenn die Grundlagen der Dogmatik erlernt sind und nun zur Anwendung gebracht werden sollen? Diese Auffassung von Ethik vertreten viele, sogar einige Lehrer der Dogmatik. Anders sieht es in der sogenannten *Berufspraxis* aus (Praxis sollte hier eigentlich in Anführungszeichen stehen, denn ob es sich um Praxis im vollen Sinn handelt, wird ein späterer Teil dieser Einführung fragen, s.u. S. 52ff): Mancher *Pfarrer* hätte gern Ethik von Grund auf gelernt; *Religionslehrer* werden in einen Unterrichtsbetrieb hineingeworfen, in dem ethische Themen oft die Schlüsselrolle innehaben – auch Schüler sprechen die Lehrer häufig darauf an. Allerdings scheint das *Studium* etwas anderes als eine *Berufsvorbereitung* zu sein. Das kann sogar sinnvoll sein, weil sich die Berufswirklichkeit ständig ändert; oft genügen nur wenige Jahre, um das Wissen z.B. eines Ingenieurs abdanken zu lassen. Was werden Theologen in den nächsten vierzig Jahren lernen und erfahren? Viele Themen, etwa das Ökologieproblem, die Probleme der Dritten Welt, die Humanität in der Medizin, die mächtig voranschreitende Genmanipulation und vieles andere sind Problemstellungen, die uns ratlos machen. Der in ihnen verborgene Problemdruck ist all jenen Theologen, die in den sechziger Jahren studiert haben, erst später klargeworden. Ähnlich werden auch den Lesern dieser Einführung in den nächsten Jahrzehnten *neue Probleme* ins Bewußtsein treten, die jetzt noch nicht in der Wissenschaft analysiert und studiert werden können. Darum kann dieses Arbeitsbuch *kein* erschöpfendes *Rezeptbuch* für das Verhalten und die Orientierung in der Welt darstellen. Es möchte jedoch den *Umgang mit ethischen Problemen* lehren; es will helfen, *das Lernen zu erlernen.*

Über den Sinn von Ethik läßt sich streiten. Folgende Fragestellungen führen immer wieder zu Auseinandersetzungen:

(1) Ist Ethik eigentlich notwendig? Als *Theorie* kommt sie oft zu spät. Tagein, tagaus werden wir zum Handeln genötigt – durch unsere Mitmenschen, von unserer Umwelt. Wären wir nicht mit etwas gesundem Menschenverstand, einiger Einfühlung und auch einer Portion Routine ausgerüstet, so wären wir verloren. Hält die ethische Reflexion nicht eher vom Handeln ab, als zu ihm hinzuführen?
Der Autor einer ›Ethik‹ kann diesen Einwand nicht ohne einiges Wenn und Aber durchgehen lassen. Zunächst hat er nur eine billige Antwort bereit, die er, wenn sie ausgesprochen worden ist, sogleich zurücknimmt:
Vielfach werden Menschen von Phasen eines rigorosen Aktivismus überfallen. Besonders Adoleszente in ihrer Identitätssuche sind davon betroffen. So war z.B. die Studentenbewegung seit 1968 ein Wechselbad von Aktivismus (es gilt unbedingt erst etwas zu tun) und Theorie (mit welchem Ansatz gehst du an die Sache heran?).

(2) Weil diese Antwort mehr einer Retourkutsche ähnelt, muß nun differenziert werden: Ein bekannter, z.B. in der Ökumene vielgebrauchter Slogan lautet ›*learning by doing*‹. Wohlgemerkt, er sagt nicht: Handle erst einmal, *dann* denke nach; sondern im *Vollzug* deines Handelns

sammelst du Erfahrung; diese Erfahrung läßt sich dann vielleicht sogar systematisieren und erneut verwenden. Das stimmt in gewissem Maße; viele Phasen unseres Lebens deuten auf Erfahrungs- und Wissenszuwachs durch Handeln hin. Aber Handeln kann auch gedankenlos werden, sich in Routine erschöpfen, ohne zukunftsweisend zu sein.

Wird ›*learning by doing*‹ von Vertretern der Dritten Welt zitiert, dann läßt es sich aus seinem Kontext heraus verstehen; denn für einen Afrikaner oder einen Lateinamerikaner besagt es etwas anderes als für einen Mitteleuropäer. Wer afrikanische Schulen gesehen hat, weiß, wie autoritär und repetierend der Unterricht dort durchgeführt wird. Er erstarrt fast in rituellen Mustern. Der Lehrer bläut importiertes Wissen aus Büchern ein, ohne die Frage zu stellen, wozu das diene. Damit imitiert der Unterricht das Wissen der Mächtigen bzw. paßt sich Mächten an, die dumpf als überlegen empfunden werden. Ähnlich beschreibt auch *P. Freire* die Situation derer, für die er seine ›Pädagogik der Unterdrückten‹ als eine Alternative verfaßt hat (deutsch Stuttgart u.a. 1971).

›*Doing*‹ deutet also darauf hin, daß durch Interaktionen mit der eigenen Umwelt Erfahrung zu gewinnen ist. Wer so Erfahrung gewinnt, braucht allerdings eine stichhaltige Interpretation, um verstehen zu können, wie Dinge und Ereignisse um ihn her zusammenhängen und wie sich etwas verändern läßt. Im übrigen gibt es auch in unserem Bereich genügend Situationen, die wir üblicherweise nur durch Fremdbeschreibung kennenlernen, die wir aber nie von innen her ausmessen. Was bedeutet es z. B., in einer behördlich zugewiesenen Schlichtwohnung zu leben bzw. zu hausen? Sozialarbeiter, die sich ganz solchen Situationen widmen, können oft gegenüber der gesellschaftlichen Mehrheit, die das nicht verstehen kann, sehr aggressiv werden.

Auf der anderen Seite gibt es auch ein ›*doing after learning*‹: Erst müssen wir Verkehrszeichen und Verkehrsregeln kennen, bevor wir uns auf den Straßenverkehr einlassen können. Und, dieses Argument verstärkend: Wir leben seit Generationen in einer hochkomplex gewordenen Welt, in der ein naives ›Darauf-los-Handeln‹ ungeahnte Folgen haben kann und wird. Entscheidungen in Sachen Arbeitsrecht, Verteilung von Kirchensteuermitteln, Aufrisse von Lehrplänen, Höhe von Steuersätzen usw. werden oftmals auch von Fachleuten in ihren Auswirkungen nicht genügend durchschaut. In ihrer scheinbar lebensfernen Abstraktion steuern sie aber die Geschicke vieler einzelner Menschen an entscheidender Stelle.

Wenn ›*learning*‹ erst im Vollzug des ›*doing*‹ erfolgt, so kommt es häufig zu spät und steht vor einem Scherbenhaufen. Mit anderen Worten: Eine gewisse Theoriefeindschaft – auch in studentischen oder kirchlichen Kreisen – übersieht und mißachtet die Künstlichkeit und Komplexität unserer Lebenswelt, die wir zwar an und für sich beklagen mögen, aus der wir jedoch nicht ohne weiteres herauskommen und die unser Leben nicht nur oberflächlich betrifft.

In solchen Situationen der Ratlosigkeit neigen viele Theologinnen und Theologen dazu, die Schwierigkeiten mit *emotional besetzten Schlüsselwörtern* zuzudecken, heißen sie nun ›Befreiung‹, ›Vernunft‹, ›Parteilichkeit‹, ›Freiheit‹ – um von jeder Seite kirchlicher Fraktionsbildung einige aufzugreifen. Das soll nicht heißen, daß die Sache, die mit diesen Schlüsselwörtern lediglich undeutlich angezeigt wird, zu verdammen sei; aber die jeweilige Sache muß *diskursfähig* gemacht und sollte *argumentativ* entschlüsselt werden (s.u. S. 45). Oft wäre es auch besser, unsere Ratlosigkeit einzugestehen, statt im Nebel des unausgeforschten Problems zu stochern. Diejenigen, die ihre Ratlosigkeit oder ihr Wissen (meist besteht beides zusammen!) nur mit solchen Schlüsselwörtern anzeigen, werden dann meist zu *Anklagenden*, ständig an die Moral appellierenden Predigern, die letzten Endes bei ihren Hörern genau das ausrichten, was Paulus in Röm 7 in dialektischen Sätzen etwa folgenden Inhalts festhält: »Ich will, aber ich kann nicht; das Wollen kommt mir zu, nicht jedoch das Vollbringen; und was ich gerade nicht will, das tue ich.« Sie werden zu Predigern und Hörern des *Gesetzes*, nicht jedoch des *Evangeliums* – um die paulinisch-reformatorische Grundunterscheidung aufzunehmen (s.u. S. 133ff).

(3) Eine weitere, oft Streit entzündende Fragestellung soll sich anschließen: Kann denn *Theorie* bzw. *Lehre* uns überhaupt zu sittlichen Menschen machen? (Das Wort ›sittlich‹ mag veraltet scheinen, zu ersetzen ist es jedoch schwerlich; denn ›sittlich‹ wird das bewußte und verantwortete Verhalten selbst genannt, während die ›Ethik‹ über dieses Verhalten nachdenkt.) Nein, könnten wir antworten – und die Antwort wäre im wesentlichen richtig: Das Nachdenken über sittliches Verhalten und sittliche Orientierung fördert vielleicht die sittliche Einsicht, wird sie

jedoch nie ersetzen und auch nicht immer wachrufen. Aber die Moral des alltäglichen Verhaltens ist oft verfehlt; große Verbrecher der Geschichte haben sich selbst für moralische Menschen gehalten. Eine kritische Distanz ist notwendig; nur ob sie durch Lehre oder durch elementare sittliche Überzeugung entsteht, ist strittig. Für das Vortheoretische spricht folgende Frage: Sollten wir nicht besser bei unserem Gefühl oder unseren sittlichen Intuitionen bleiben, wenn die Ethik so wenig leistet, wenn sie im allgemeinen den Entscheidungen nur nachgeht? Weiß nicht der Samariter auf dem Weg nach Jericho bereits vom Grund seines Herzens her, was der Überfallene im Straßengraben nötig hat? Er weiß es nur, solange der Blick nicht täuscht; läge da jedoch ein Drogenabhängiger, dann würde ein heutiger Drogenberater nicht nur einem Fremden, einem potentiellen Samariter, sondern sogar den eigenen Eltern sagen: Laßt ihn liegen – es sei denn, dringende medizinische Hilfe täte not. Solch ein Rat ist auf den ersten Blick nicht so einsichtig und könnte manchem sogar innerlichen Schmerz bereiten.

(4) Der Hinweis auf Gefühl und *Intuition* kommt nicht von ungefähr; daß sie gut und wichtig sein können, werden fast alle spontan bejahen. Dennoch spielen sie eine zwielichtige Rolle. (Es muß gar nicht erst an die strahlenden Augen von ehemaligen BDM-Mädchen und HJ-Jungen erinnert werden, die sich auch viele Jahre nach dem Nazireich von ihren mit starken Gefühlen besetzten Jugenderlebnissen nicht losmachen konnten.) Gefühl und Intuition machen nämlich einen Aspekt philosophischer Bemühungen um die Begründung der Ethik aus. Auch ohne Vorkenntnisse der Philosophiegeschichte läßt sich das leicht verstehen, etwa durch folgenden fingierten Dialog:
Ein Theologe (vor 200 Jahren!) sagt: Alles Gute ist von Gott her und auf ihn ausgerichtet. Gott ist das höchste Gut. Ohne Gott würde alles relativ.
Ein radikaler Aufklärer und erklärter Theologenfeind entgegnet: Ich kenne viele Menschen, die ohne Glauben an Gott gut leben. Wir können die Moral nicht theologisch begründen, sondern müssen sie allen unabhängig von ihrem Glauben einsichtig machen.
Ein Dritter: Ich stimme der zweiten Position zu. Laßt doch jedem so viel Freiheit, daß er alles das verwirklichen kann, was ihm gut erscheint.
Darauf der Theologe: Dann endet alles im Relativismus. Wir brauchen eine absolute Instanz.
Und der Zweite: Nein, denn jeder Mensch trägt einen moralischen Sinn in sich, eine Ur-Intuition; er weiß schon, was der andere braucht, weil er sich in ihn hineinversetzen kann. (Das ist die Theorie des ›*moral sense*‹, s.u. S. 90)
Jetzt lassen wir noch einen großen Philosophen in die Diskussion eingreifen. Er vermerkt kritisch: Da eure Intuition etwas Psychologisches ist, schwankt sie, denn alles Empirische (und dazu rechnet das Psychologische) ist der Zufälligkeit unterworfen. Geht statt dessen an die gedankliche Arbeit und formuliert eure Einsicht so, daß sie der reinen (von keinem Zufall gezeichneten) Vernunft entspricht. Dann wird aus dem Gefühl die »Achtung für das Gesetz« – das Gesetz der reinen Pflicht, der reinen vernunftmäßigen Selbstbestimmung. (Das ist, vereinfacht, *Kants* Antwort auf den Psychologismus der Engländer in der Begründung der Ethik.)
Überblicken wir den fingierten Dialog, so sind wir mit wenigen Schritten von etwas angeblich unmittelbar Einsichtigem und Ergreifendem wie einem spontanen Gefühl oder einer Intuition der Sympathie zu einer theoretischen Frage der Ethik fortgeschritten.

*Ethik* ist immer Reflexion über Ethos, Moral, Sitte, Brauch und auch über deren zugrundeliegende soziale Strukturen; *Ethik ist nicht das Tun selbst.* Ethik ist Theorie, die sich selbst immer wieder in den Lebensvollzug hinein aufheben muß, die jedoch im Lebensvollzug verschlüsselte, verkannte, unausdiskutierte Probleme in Argumentation und Diskurs überführen soll. Sie hat deshalb eine beinahe schmerzliche Seite, denn sie greift auch die oft so geliebte Spontaneität an und untergräbt mitunter die von uns vorgefaßten Ideen vom Guten so, daß sie in sich zusammenstürzen. Als christliche Ethik wirkt sie so durch Berufung auf *biblisches Zeugnis* – im Sinne von Röm 7: Wir sollen nicht meinen, im Haben zu leben – in diesem Falle wäre es das ›Haben‹ des Guten. In solchem spontanen Wissen um das, was richtig ist, kann ein heimlicher, von Gott ferner Hochmut liegen. Neutestamentliche Ethik ist vor allem *Reich-Gottes-Ethik* (s.u. S. 81ff): Sie läßt unsere menschliche Wirklichkeit als vorläufig erscheinen, weil sie das Alte, als die vergehende Welt, in das Licht des Reiches Gottes stellt. Sie läßt die verschlossenen und verschließenden, unmenschlichen, vom Herrschenwollen dominierten Strukturen unseres Lebens erkennen und kann uns helfen, mitten in diesem Verhängnis *Möglichkeiten neuen Lebens* zu finden. Zum Herrschenwollen, zur heillos und unmenschlich verschlossenen Wirklichkeit gehört auch und gerade das hochgemute moralische Leben; eritis sicut deus scientes bonum et malum, sagt die biblische Schlange (Gen 3,3): Die *Sünde* liegt gerade im Guten, in der Sicherheit, Gut und Böse definitiv zu kennen und Herr über diese Entscheidung sein zu wollen. Nur um von der *Herr*schaft dieses Hochmuts frei zu werden, sollen wir uns einem *Herrn* unterstellen. Unter ihm zu leben bedeutet, ihm *nachzufolgen*.

## 1.2
## Entfaltung: Zur begrifflichen Verständigung

Die im Zusammenhang mit der Ethik verwendeten *Begriffe* weisen oft nicht die Präzision auf, die für eine Verständigung – gerade im Raum der Wissenschaft – notwendig ist.
Darum sollen für fünf zentrale Begriffe genauere Bestimmungen vorgeschlagen werden:

a) ›*Ethik*‹ dient häufig der Bezeichnung für alles, was mit bewußtem, gesteuertem, von Gesichtspunkten des ›Guten‹ und des ›Bösen‹ geleitetem Verhalten zusammenhängt. Aber diese Verwendung ist etwas sorglos und für eine genauere Verständigung zu weit. Der Ursprung des Begriffs in der griechischen Philosophie weist auf seinen genaueren Sinn. *Aristoteles* spricht von einer »ethischen Theorie« (ἠθικὴ θεωρία, Anal. post. 89b 9). Damit greift er das Problem des *Sokrates* auf, wie die Sitte und die Institutionen zu rechtfertigen seien, wenn ihre Herkunft von den Vätern sie nicht hinreichend legitimiere. ›Ethik‹ ist deshalb die Rechtfertigung von sittlichen Standards, Orientierungen und Verhalten durch methodische Reflexion.
Die Ethik in einem erweiterten Verständnis gliedert sich in zwei sehr allgemeine Bereiche: die normative und die Metaethik. ›Metaethik‹ ist ein neuerer Terminus. Die *Metaethik* ist vor allem in der angelsächsischen Sprachphilosophie herausgestellt worden. Sie will ›über‹ (meta!) der (normativen) Ethik stehen, weil sie mit dem Anspruch wissenschaftlicher Neutralität die Sprache der Moral, die Begründungen von Verhaltensweisen und die dabei geübten Verfahrensweisen untersuchen will.
Die *normative Ethik* sucht diese Distanz nicht, sondern ist an der Begründung und Herleitung vor allem oberster ›ethischer‹ Prinzipien (im Blick auf das Folgende sollten sie eher ›sittliche‹ bzw. ›moralische‹ heißen) interessiert. Dieses Arbeitsbuch befaßt sich vor allem mit normativer Ethik, aber kann auf metaethische Einsichten nicht verzichten.

b) Neben dem Begriff der ›Ethik‹ steht der des ›*Ethos*‹. Der Begriff ist vor allem im Zusammenhang mit dem Standesethos von Berufsgruppen geläufig, aber umspannt aufgrund seiner Herkunft doch mehr. Dabei steht nicht fest, ob er auf ἔθος (äußerliche Lebensart) oder auf ἦθος (Gewöhnung) zurückgeht. (1Kor 15,33 spricht davon, daß schlechter Umgang gute Sitten [ἤθη] verderbe; Paulus zitiert ein auf Menander zurückgehendes Sprichwort.) ›Ethos‹ kommt dem näher, was gemeinhin als ›Ethik‹ verstanden wird. Es hat eine *objektive* Seite: Vorstellungen vom Guten, die von Gruppen oder Gesellschaften tradiert werden, formen einen durchgehenden Stil des Verhaltens und stiften Verläßlichkeit unter Menschen. Das Ethos hat auch eine *subjektive* Seite; einzelne gestalten ihre Verhaltensweisen und folgen gewissen Grundsätzen.

c) Nahe beim ›Ethos‹ steht die ›*Moral*‹. Der Begriff ist lateinischen Ursprungs; er geht zurück auf ›mos‹, die Ordnung, Regel oder Vorschrift. Mit dem Gewohnheitsmoment des ἦθος kommt ›mos‹ also überein. Zwar überschneidet sich ›Moral‹ mit ›Ethos‹, aber ihr Sinn ist unspezifischer und bezieht sich auf alles, was mit ›gut‹ oder ›böse‹ – also sittlich – bewertet wird. Einer Moral kann man ohne größeren Selbsteinsatz folgen; das Ethos setzt – trotz der Gewohnheitskomponente in seiner Herkunftsgeschichte – einen bestimmten Grad von Bewußtheit voraus. Die Moral hat unterschiedliche Reichweiten: Sie kann als öffentliche Moral dem Ethos in einem Gemeinwesen oder in einer politischen Kultur recht nahe kommen; sie kann aber auch privat sein, denn Menschen können gespalten – nach außen so, nach innen entgegengesetzt – leben. (Im Kapitel über Normen werden Abgrenzungen zu ›Konvention‹, ›Brauch‹ usw. aufgewiesen.)

d) Die Begriffe ›*Moralität*‹ und ›*Sittlichkeit*‹ werden oft von Philosophen verwendet. Auch sie müssen eingeübt werden; denn die ihnen zugeordneten Adjektive haben im alltäglichen Gebrauch einen etwas einseitigen Sinn angenommen. (Das gilt vor allem von ihrer negativen Form, z.B. von ›unsittlich‹.) Zunächst könnten beide Begriffe wechselweise verwendet werden. Sie bezeichnen die bewußte, vernunftgeleitete Orientierung an sittlichen Prinzipien. Sie enthalten einen Anspruch, der zwar nicht einzuklagen ist, aber im Gewissen laut wird. Dabei treten die Personwürde des von Entscheidungen Betroffenen sowie die des Entscheidenden heraus. Moralität kommt in einer der Formulierungen des kategorischen Imperativs *Kants* zum Ausdruck: »Handle so, daß du die Menschheit sowohl in deiner Person, als in der Person eines jeden anderen, jederzeit zugleich als Zweck, niemals bloß als Mittel brauchst« (Grundlegung zur Metaphysik der Sitten, BA 66f).
Indem zwei Begriffe, die zunächst gleichbedeutend erscheinen, vorgestellt werden, tritt ein Problem heraus, das dieses Arbeitsbuch weiter begleiten wird. *Hegel* hat, Kant aufgreifend, überbietend und kritisierend, Sittlichkeit über Moralität gestellt. Moralität umfaßt – mit Kant – die vernünftige, sittliche Selbstbestimmung des Menschen (aus Pflicht, nicht aus Neigung). Aber wie ist diese *Selbstbestimmung* in den sozialen Rahmen, in die Lebenswelt der moralischen Wesen, der Menschen, hineinzustellen? Vernünftige moralische Selbstbestimmung erfolgt eben nicht allein in jedem einzelnen Ich, sondern setzt *vernünftige Verhältnisse* voraus, vor allem ein Staatswesen, das solcher vernünftigen Selbstbestimmung entspricht. Hegel spricht vom freien Willen, »der den freien Willen will« (Grundlinien der Philosophie des Rechts, § 27); gemeint ist die Willensfreiheit anderer, gemeint sind auch die Institutionen, die die

Freiheit aller miteinander vermitteln. ›Sittlichkeit‹ setzt gegenüber der Moralität die Vernünftigkeit der Verhältnisse und damit der Geschichte in ihrem Verlauf voraus. Wie werden wir am Ende eines furchtbaren Jahrhunderts über die Wirklichkeit der Vernunft urteilen? Wie werden wir die Freiheit zur sittlichen Selbstbestimmung angesichts der Verhältnisse begründen?

e) Geläufig geworden ist der Begriff der ›*Sozialethik*‹, vor allem in Abgrenzung zur Individual- oder Personalethik. Der vorhergehende Abschnitt hat bereits gezeigt, daß die sittliche Selbstbestimmung und die Gestaltung sozialer Strukturen zwar zu unterscheiden, aber aufeinander zu beziehen sind. Jedes Individuum hat einen sozialen Lebenslauf (Sozialisation!). Darum könnte jegliche Ethik als Sozialethik verstanden werden. Trotzdem ist es sinnvoll, bei ethischen Überlegungen den Aspekt des Persönlichen und des Sozialen zu unterscheiden.

## 1.3 Vertiefung

Während die folgenden Kapitel (2-15) Wissens- und Problemgebiete zur Vertiefung präsentieren, kann sich die Einleitung mit orientierenden Fragen begnügen:

### 1.3.1 Fragen und Aufgaben zur Weiterarbeit

(a) Hat die Bibel eine begrifflich geordnete, strukturierte Auffassung von Ethik? Wie sind die Darstellungen der alttestamentlichen und neutestamentlichen Ethik angelegt, woher beziehen sie ihre Begriffe und Ordnungsgesichtspunkte (s.u. S. 78ff. 81ff)?

(b) Warum gibt es eine katholische Moraltheologie, aber keine protestantische? Auf welche Quellen greift die katholische Moraltheologie zurück? (Die Rolle der Kirche ist hier zu berücksichtigen, aber auch die institutionelle Gnadenvermittlung und ihr Umgang mit dem Naturrechtsdenken.) Auskunft geben die theologischen Enzyklopädien. Auch das Verhältnis von Fundamentalethik und Fundamentalmoral verdient eine Erklärung (vgl. *Mausbauch, J.* und *Ermecke, G.:* Katholische Moraltheologie, Bd. 1, München [9]1959, S. 1ff).

(c) Wie bestimmen protestantische Ethiken ihr Verhältnis zur philosophischen Ethik? Oder unterlassen sie es überhaupt? Ein Anblättern verschiedener Ethiken kann einen Eindruck vermitteln.

### 1.3.2 Literaturhinweise

(über die Angaben im Text des vorangehenden Kapitels hinaus)

*Birnbacher, D.* und *Hoerster, N.* (Hg.): Texte zur Ethik, München 1976, Kap. 1.
*Honnefelder, L.:* Die ethische Rationalität der Neuzeit, in: HCE, Bd. 1, Freiburg/Br./Gütersloh 1978, S. 19–45.
*Reiner, H.:* Die philosophische Ethik, Heidelberg 1964, S. 15-28.
*Ritter, J., Romberg, R.* und *Pieper, A.:* Art. ›Ethik‹, in: HWPh, Bd. 2, Darmstadt 1972, Sp. 759–809.
*Schrey, H.-H.:* Einführung in die Ethik, Darmstadt 1972.
*Ders.:* Einführung in die evangelische Soziallehre, Darmstadt 1973.
*Ulrich, H.G.:* Grundlinien ethischer Diskussion. Ein Literaturbericht, VuF 20 (1975), S. 53-99.

# 2
# Die Notwendigkeit ethischer Auseinandersetzung

## 2.1
## Einführung

Wir verhalten uns ständig – ob wir etwas tun, etwas erleiden oder etwas unterlassen. Insofern kommt die Ethik als Reflexion auf das Gute in diesem Verhalten stets zu spät. Jedoch entstehen *Alternativen*, wenn wir unser Verhalten in die Zukunft hinein bedenken. Welche sollen wir wählen? Oder ein lang geübtes Verhalten zeitigt unter veränderten Bedingungen ungewollte *Folgen*. Schließlich gibt es tiefreichende *Konflikte*, in denen sich einzelne, Gruppen oder Klassen über den richtigen Weg streiten. In gesellschaftlichen und politischen Sachverhalten ist das besonders deutlich. Solche Situationen bringen oft die Probleme der Grundlegung der Ethik ins Spiel.
Kirchen, Gemeinden und Gruppen von Christen machten in den vergangenen Jahren bzw. Jahrzehnten diese Erfahrung: Aus der politischen Welt kommt ihnen häufig die Erwartung entgegen, sie sollten zur Bildung von Werten besonders bei einzelnen Menschen sorgen und den leistungswilligen Bürger zu erziehen helfen, aber in den großen politischen Sachfragen Zurückhaltung wahren und die Fachleute entscheiden lassen. Kirchen und Gemeinden reagieren verschieden; die einen fordern ein »Nein ohne jedes Ja« (z.B. gegenüber Massenvernichtungswaffen), die anderen sehen einen protestantischen (und demokratischen) Pluralismus gestört und halten entschiedene, einseitige Äußerungen für das Hauptproblem. Die Debatten um Frieden, Abrüstung oder ›Nachrüstung‹ sind nur ein – wenngleich sehr deutliches – Beispiel dieses Konfliktes.
Die Ethik selbst ist davon mit der fundamental wichtigen Frage der Unterscheidung von *Gesinnungs- und Verantwortungsethik* betroffen. Sollen die damit angesprochenen Alternativen in die kirchliche Ethik-Diskussion übersetzt werden, so ergeben sich zwei typische Ansätze:

| | |
|---|---|
| Die eine Seite betont, daß der Glaube unmittelbare Konsequenzen haben müsse. | Die andere sieht den Glauben vorrangig auf die Motivation der Christen wirken. Die politischen Entscheidungen werden – davon abgesetzt – durch die Vernunft getroffen. |
| Sie sieht, daß – theologisch gesprochen – Rechtfertigung und Heiligung der Sache nach zusammengehören. | Sie sieht in der Rechtfertigung eine fundamentale Bestimmung des Menschen; auf diesem Grund erwächst eine Freiheit, die zu vernünftigen Entscheidungen in der säkularen Welt befähigt. |
| Sie rechnet die Welt des Politischen (Politik und Gesellschaft) zum Herrschaftsbereich Gottes in Christus. | Sie betont die ›Eigengesetzlichkeit‹ dieses Bereichs bzw. die ausschließliche Sachbindung der darin Entscheidenden. Deshalb fordert sie von ihnen Verantwortung für die Folgen von Entscheidungen. |

## 2.2
## Entfaltung: Gesinnungs- und Verantwortungsethik

### 2.2.1
### Herkunft und Gebrauch dieser Unterscheidung

a) Die beiden Begriffe *Gesinnungs-* und *Verantwortungsethik* waren mehr oder minder in die akademische Welt zurückgetreten, als die in den siebziger Jahren heftig aufflammende Diskussion um Frieden und Militär, vor allem jedoch um die sogenannte Nachrüstung sie in die Zeitschriften und sogar in die Zeitungen zurücktrug. Politiker, die sich vielleicht als Realisten bezeichnen würden, hielten im Zuge der Nachrüstungsdebatte ihren Gegnern im eigenen Lande vor, sie pflegten eine reine *Gesinnungsethik*. Gesinnungsethik – populär verstanden – bedeutet: Wer sich an seiner Gesinnung allein orientiert, kümmert sich nicht um die harten Fakten, vor allem nicht um weltpolitische Konstellationen, um die Logik politischer Macht einschließlich der Abschreckung. Er entscheidet sich verantwortungslos, weil er keine politische Verantwortung tragen kann und will. Verantwortungsethik läge hingegen in jenem Realismus, der sich unerbittlich um die Folgen kümmere und sich keineswegs scheue, schmutzige Hände zu bekommen, um den Menschen im eigenen Verantwortungsbereich zu helfen.

Ein Lehrstück dessen, daß Grundfragen der Ethik politisch aktuell sein können, gab der einstige Bundeskanzler *Helmut Schmidt*, als er diese Begriffe in die allgemeine Diskussion einbrachte. Ein Interview (EK 14 [1981], S. 209-216) sei in Ausschnitten wiedergegeben:
Interviewer: »Nun aber wird von Christen im Sinn der Bergpredigt ein einseitiger Verzicht auf militärische Sicherung vorgeschlagen.«
Schmidt (Bundeskanzler): »Die Idee, die Bergpredigt unmittelbar auf die Außenpolitik unseres Staates zu übertragen, kann man leicht bewerten, indem man sie auf den extremen Fall anwendet: Was hätte es dem Frieden genützt, wenn ein ausländischer Staat Hitler oder Stalin auch noch die andere Backe hingehalten hätte? Das sind in ihrer Naivität absurde Vorstellungen, die völlig abstrahieren von der konkreten geschichtlichen Erfahrung.«
An späterer Stelle fährt der Bundeskanzler fort: »Ich war und bin allerdings der Meinung, daß es ein Irrtum wäre, die Bergpredigt als einen Kanon für staatliches Handeln aufzufassen. So ist sie nicht gemeint gewesen; sie war in einer anderen Zeit für eine andere Gemeinde in einer anderen Lage gesprochen« (ebd., S. 214).
In diesem Zusammenhang schrieb Schmidt sich selber eine Einstellung zu, die er als Verantwortungsethik begriff; die anschwellende Friedensbewegung bezichtigte er dagegen der Gesinnungsethik. Hatte er recht, diese Begriffe zu verwenden? Hat diese terminologische Unterscheidung auch sachlich etwas mit der *Bergpredigt* zu tun?

b) Die Unterscheidung von Gesinnungs- und Verantwortungsethik wurde vom Soziologen *Max Weber* (1864-1920) in einer besonderen Situation eingeführt: Es war das Jahr 1919 und eine Phase großer seelischer Depression, Angst und Schwäche in Deutschland. Der Krieg war verloren, der nationale Stolz der Deutschen gekränkt, über Krieg und Frieden wurde so intensiv diskutiert wie heute; dem Krieg gaben jedoch die meisten den Vorzug, der Pazifismus hatte das Nachsehen; und der Demokratie, der neuen Staatsform, begegneten viele mit Verachtung und Skepsis. Die Studenten verlangten – glaubt man Max Weber – Predigten vom Katheder, die sie emotional anrühren sollten. Weber schloß von der *Stimmung*, die er in seinem Wirkungsfeld spürte, auf das *Versagen des gesinnungsethischen Ansatzes*. Was bedeutet er, und warum versagte er?

c) Um eine Antwort zu finden, ist es notwendig, einige Anmerkungen zum Werk Max Webers zu geben. Sein Lebensziel war vor allem, die *Neuzeit* zu verstehen. Warum war in einem kleinen Teil der Erde solche Veränderung eingetreten, und wie sollten sich die Menschen darauf einstellen – auf diese hektische Epoche, an deren Steigerungsdrang alles zugrunde zu gehen droht? So negativ – wie wir heute oft – bewertete Weber sie allerdings nicht. Er beschrieb den Vorgang der europäisch-nordamerikanischen Entwicklung als durchgängige *Rationalisierung*: rationale Buchführung in doppelter Form als Rechenschaft über Geschäftserfolg und -verlust, rationale Prozeduren der Verwaltung, die Bürokratien nach sich ziehen, rationale Zeiteinteilung, die die Arbeit methodisch durchführen läßt, ja rationale Einteilung der Tonleitern, die eine besondere Musik schafft (vgl. v.a. *Weber, M.*: Die protestantische Ethik, München u.a. 1965). Als ebenso rational rekonstruierte der Soziologe Weber nun das *Handeln neuzeitlicher Menschen* insgesamt: Es kenne eine *Mittel-Ziel-Ratio*; es folge immer dann einem rationalen Zweck, wenn es sich nicht blindlings von den Vorgaben der Tradition oder von irgendeinem Wert anleiten lasse (vgl. *Schluchter, W.*: Rationalismus der Weltbeherrschung, Frankfurt/M. 1980). Allerdings werden wir hernach fragen müssen, wie es zu solchen Zwecksetzungen kommt.
Dieser Rationalismus, greifbar sowohl im *Wirtschaftssystem* des Kapitalismus wie auch im ›wissenschaftlichen‹ Sozialismus, galt Weber als ein Geschick, dem wir nicht entrinnen können, es sei denn um den Preis des Untergangs unserer Kultur und Gesellschaft – ein »stahlhartes Gehäuse der Hörigkeit« der Sachzwänge, nicht der persönlichen Herrschaft (vgl. sein posthum ediertes Hauptwerk: Wirtschaft und Gesellschaft, revid. Aufl., hg. v. J. Winckelmann, Tübingen $^{5}$1976). Rettung aus diesen Zwängen suchte Weber bei begabten Führern einer *plebiszitären Massendemokratie*. Von starken Männern hielt er viel, vom Christentum nichts; zwar habe der Protestantismus die Menschen bereitgemacht, eine rationale Einstellung zur Welt zu gewinnen und einzuüben, aber damit habe er selbst auch seine Kraft verloren. Nun müsse der starke Politiker in dieser neuen Lage seinem Volk Werte setzen, ihm Ziele angeben und diese Ziele verfolgen helfen; denn eine allgemeine Vernunftnorm für alle Lebensbereiche gebe es nicht mehr (vgl. *Mommsen, W.*: Max Weber. Gesellschaft, Politik und Geschichte, Frankfurt/M. $^{2}$1982).
Webers Denken ging bereits vor 1918 in diese Richtung. Weber neigte zum *Nationalismus* und zu einem deutschen Imperialismus. Jedoch fand er sein Anliegen nicht in der schwachen Gestalt Wilhelms II. gesichert. Nach dem unglücklichen Ausgang des Ersten Weltkriegs befürwortete er eine Mischung zwischen englischer Demokratie und amerikanischem Präsidialsystem. Massen zu führen sollte das Charisma des starken politischen Führers sein.

d) Auf diesem Hintergrund läßt sich leichter verstehen, was Weber mit seinem *Vortrag ›Politik als Beruf‹* wollte (in: Gesammelte politische Schriften, hg. v. J. Winckelmann, Tübingen $^{2}$1958, S. 493ff). Dieser Vortrag – geradezu ein klassischer Beitrag zur Politikwissenschaft – trifft die Unterscheidung von Gesinnungs- und Verantwortungsethik.
Was sind die leitenden Gesichtspunkte Webers? Der *moderne Staat*, sagt er, habe die in der Gesellschaft präsente Gewalt monopolisiert, er sei zum Betrieb geworden, wo öffentliche Funktionäre als Fachbeamte einerseits, politische Beamte andererseits walteten (S. 507). Der echte Beamte solle unparteiisch seines Amtes walten (S. 512), nicht hingegen wie der *Politiker* um die Gefolgschaft der Massen erst zu kämpfen gezwungen sein. Der Führer einer Massenpartei jedoch müsse kämpfen; führen könne er nur, wenn er die Parteimaschinerie in die Hand bekomme und plebiszitär, demokratisch die Macht erringe. Um das leisten zu können, brauche er *Leidenschaft, Verantwortungsgefühl, Augenmaß* (S. 533). Die Leidenschaft dürfe nicht mit dem Tempo aufgescheuchter Pferde durchgehen, denn sie sei Leidenschaft zur Sachlichkeit. Was ist jedoch ihr Inhalt? Die ›Sache‹ der Sachlichkeit ist eine Glaubensangelegenheit (allerdings wird Glaube hier nicht im biblischen Sinn verstanden).

e) Der Vortrag bildet den Rahmen für die Unterscheidung von Gesinnungs- und Verantwortungsethik. Politik ist Kampf; ist Politik deshalb sittlich bedenklich? Weber blickt auf das sozialistische Lager, das die Unmoralität bürgerlicher Politik unaufhörlich verdamme; aber die Politik der Bolschewisten und Spartakisten führe leider zu gleichen Ergebnissen wie eine militaristische Diktatur. Trotzdem beriefen sich ihre Verteidiger auf ihre guten Absichten: Sie wollten ja die Befreiung des Menschen. Weber führt den *Mißerfolg des Sozialismus* als ein Beispiel an, das zeigt, wie die *gute Absicht* und die *tatsächlichen Folgen auseinanderklaffen* können.
Das herausragendste Beispiel dieser Spaltung geben jedoch nach Weber *Christen*. Unter ihnen findet er Radikale, die die Welt mit den Geboten Jesu ändern wollen. Grundlage ihres Änderungswillens sei vor allem die *Bergpredigt*. Hierzu äußert sich Weber entschieden: »Mit der Bergpredigt – gemeint ist: die absolute Ethik des Evangeliums – ist es eine ernstere Sache, als die glauben, die die Gebote heute gern zitieren. Mit ihr ist nicht zu spaßen. Von ihr gilt, was man von der Kausalität in der Wissenschaft gesagt hat: sie ist kein Fiaker, den man beliebig halten lassen kann, um nach Befinden ein- und auszusteigen. Sondern: ganz *oder* gar nicht, *das* gerade ist ihr Sinn, wenn etwas anderes als Trivialitäten herauskommen soll. Also zum Beispiel der reiche Jüngling: ›Er aber ging traurig davon, denn er hatte viele Güter.‹ Das evangelische Gebot (Weber meint: das Gebot des Evangeliums, C.F.) ist unbedingt und eindeutig: gib her, was du hast – *alles*, schlechthin. Der Politiker wird sagen: eine sozial sinnlose Zumutung, solange es nicht für *alle* durchgesetzt wird. Also: Besteuerung, Wegsteuerung, Konfiskation, – mit einem Wort: Zwang und Ordnung gegen *alle*. Das ethische Gebot aber fragt danach *gar nicht*, das ist sein Wesen. Oder: ›Halte den anderen Backen hin!‹ Unbedingt, ohne zu fragen, wieso es dem anderen zukommt, zu schlagen. Eine Ethik der Würdelosigkeit – außer: für einen Heiligen. Das ist es: man muß wie ein Heiliger sein in *allem*, zum mindesten dem Wollen nach, muß leben wie die Apostel, der heilige *Franz* und seinesgleichen, *dann* ist diese Ethik sinnvoll und Ausdruck einer Würde. *Sonst nicht*. Denn wenn es in Konsequenz der akosmistischen (die Welt nicht beachtenden, C.F.) Liebesethik heißt: ›dem Übel nicht widerstehen mit Gewalt‹, – so gilt für den Politiker umgekehrt der Satz: du *sollst* dem Übel gewaltsam widerstehen, sonst – bist du für seine Überhandnahme *verantwortlich*« (S. 538f, Hervorh. im Orig.).

### 2.2.2
### Die biblischen Texte im Hintergrund

Zu dem Zitat sind einige *Erläuterungen* notwendig.
– Einmal ist festzustellen, daß Weber aus dem Zusammenhang von Mk 10,17ff parr zitiert. Diese Perikope enthält die Frage des ›Reichen‹ (nicht unbedingt des ›reichen Jünglings‹, wie Matthäus sagt). Die Formgeschichte rechnet diese Perikope unter die Schul- und Streitgespräche, allerdings ohne ein Kernwort feststellen zu können. Skopus der Perikope ist die *Entschiedenheit der Nachfolge*. Nun begeht Max Weber einen Fehler, der auch unter Christen sehr häufig vorkommt: Er nimmt den Text als eine literale Handlungsanweisung.
*Im Neuen Testament ist jedoch entscheidend, was zwischen Sprecher und Hörer geschieht.*

Dort gibt es keine zeit- und situationslosen Gebote. Sonst müßte man Bildworte voller Drastik wie das vom Kamel, das durch ein Nadelöhr geht (Mk 10,25 parr), wörtlich nehmen. Dieses Bildwort wird am Ende der genannten Perikope zitiert. Der durchs Nadelöhr gehende Elefant war vermutlich Gegenstand eines Sprichworts; wenn das nun in Abwandlung zu den Hörern gesagt wird, dann wissen sie Bescheid: Ein *Sprichwort* bringt in volkstümlicher und drastischer Rede durch seine *Pointe* etwas in Bewegung. Es ist *nicht* vom Bildgehalt her wörtlich zu nehmen. Matthäus übernimmt diese Perikope und stilisiert sie auf die τέλειοι der Gemeinde, die Vollkommenen; aber eigentlich sollen *alle* vollkommen sein, wie es auch die Bergpredigt andeutet.

– Weiterhin zitiert Weber aus der Antithese zur Wiedervergeltung (Mt 5,38-42) Teile des Verses 39. Auch dieser Vers stellt eine *Worthandlung in hyperbolischer Rede* dar, keinesfalls eine literale Handlungsanweisung. Um das beabsichtigte Geschehen, den anvisierten Prozeß in dieser Art von Sprechhandlung, herauszustellen, genügt es, das Wort vom Schlag auf die andere Backe umzuformulieren: Du kennst dich ja, jemand schlägt dich auf die rechte Backe, du streckst intuitiv deinen Arm aus und willst zurückschlagen. Das erwartet der andere bereits und beginnt sich zu decken oder den Arm auszustrecken, um einen weiteren Schlag zu versetzen. Überrasche dich doch selbst und überrasche den anderen damit, zerbrich die Haltung, sich gegenseitig aufzurechnen, indem du das Unerwartete tust: nicht den Arm ausstrecken zur Wiedervergeltung, sondern die andere Backe hinhalten. Es geht also nicht um leidendes Hinnehmen, sondern um ein *aktives Verhalten in vermeintlicher Passivität.* Keinesfalls sollen Christen wie Lämmer sein, die sich einfach zur Schlachtbank führen lassen.

– Weber zitiert nur die erste Hälfte des Verses 39: *Widersteht nicht dem Bösen.* Er bezeichnet diese Aufforderung als moralisch würdelos. Allerdings ließe sich an einem Beispiel aus dem gewaltlosen Widerstand lernen, daß auch dieses Wort seinen Realitätsgehalt hat: Wenn *Martin Luther King* die Kinder nach außen setzte und die Erwachsenen nach innen, damit bei Straßendemonstrationen die Sheriffs die Schäferhunde zuerst auf die Kinder hetzen mußten, dann *appellierte er an das moralische Gefühl der Dabeistehenden;* es sollte sich gegen die Sheriffs wenden und einen letzten Rest an Humanität in ihnen mobilisieren; denn Schäferhunde hetzt man nicht auf Kinder. *Der gewaltlose Widerstand rechnet mit Resten von Regungen der Humanität im Gegner.*

– Weber benutzt das Stichwort »akosmistisch«, um die christliche Ethik zu charakterisieren; es bedeutet für ihn »weltentsagend, weltlos«. Indirekt gibt er damit zu verstehen, daß für ihn bereits feststeht, was die Welt ist: Es handelt sich um die Welt, in der man notwendig Kompromisse machen muß, in der ein Ausgleich stattfindet – etwa nach der Maxime »Do ut des« oder im gegenseitigen Aufrechnen von Gewalt oder Wohltat. Kann sich diese Welt überhaupt noch wandeln? Im Blick auf ihre Grundbedingungen sicher nicht, würde Weber sagen (s.u.), wohl aber durch ständige Rationalisierung, die auch Monopolisierung der Gewalt beim Staat bedeuten würde. Eine Erneuerung von Grund auf ist dieser Welt verschlossen.

Weber kannte das Beispiel des gewaltlosen Widerstandes, das Beispiel von Civil und Social Defense noch nicht. Trotzdem hätte er erkennen können, daß auch der Verzicht auf Gewalt ein aktiver Widerstand sein kann, ein Kampf und nicht ein grundsätzlicher Verzicht. Von den in unserem Jahrhundert immer wichtiger gewordenen Erfahrungen des gewaltlosen Handelns können *wir* nun mit neuem Verständnis zum Evangelium zurückblicken. Jesu ›*Gebote*‹ sollen ja nicht der individuellen, in sich gekehrten Heiligung, sondern dem *Umgang der Menschen miteinander dienen.* Auch scheinbar so zur Passivität drängende Gebote wie das Widerstandsverbot sind aktiv gemeint.

– Weber interpretiert diese Gebote des Evangeliums als Verzicht auf Auseinandersetzung. Und doch sind sie als *Auseinandersetzung* gemeint, sie wollen sich mit einer hoffnungslos festgefahrenen Lebenswelt der Menschen anlegen – der Welt gegenseitiger Abwehr, die keinen Neuanfang dulden möchte, der Welt gegenseitigen Aufrechnens, die den anderen Menschen gar nicht anders als unter den eigenen Gesichtspunkten und der eigenen Berechnung erfassen kann. Aber die christlichen Gebote spiegeln einen *Realismus der Hoffnung: Es kann etwas anders werden, weil wir uns im Glauben als neue Menschen kennenlernen können.* Jesu Ruf zur Umkehr meint nicht nur die Gesinnung, sondern vor allem das Verhalten in der Welt des Lebens, die von Gottes Kommen neu bestimmt wird. Das von Weber verkannte Ethos des Evangeliums fällt nicht unter die Gesinnungsethik, wie er sie versteht.

### 2.2.3 Ein Welt- und Menschenverständnis als Voraussetzung

Diese Möglichkeit hat Weber nicht wahrgenommen. Darum empfiehlt er mit einer gewissen Häme, durch bedingungslosen Pazifismus den Frieden zu diskreditieren. Denn die *Gesinnungsethik* frage nicht nach den *Folgen* einer Einstellung einer Handlung. Deswegen gilt sie ihm als absolutistisch. »*Da* liegt der entscheidende Punkt. Wir müssen uns klarmachen, daß alles ethisch orientierte Handeln unter *zwei* voneinander grundverschiedenen, unaustragbar gegensätzlichen Maximen stehen kann: es kann ›gesinnungsethisch‹ oder ›verantwortungsethisch‹ orientiert sein . . ., religiös geredet: ›Der Christ tut recht und stellt den Erfolg Gott anheim‹ . . .« (Politik als Beruf, S. 539, Hervorh. im Orig.).

Jede pointierte Unterscheidung kennt ihre eigene Inkonsequenz – so auch Webers. Der Politiker muß in seiner Sicht Vertreter der Verantwortungsethik sein; da er sich durchsetzen will, muß er die Folgen seines Verhaltens bedenken. Auf der anderen Seite muß er politische Leidenschaft aufweisen; er braucht Ideen und Vorstellungen, um eine politische Richtung zu finden und Ziele zu entwickeln. Wenn er nun Richtungen absteckt und Ideen setzt, muß er schließlich doch den Gesinnungsethikern nahestehen; erst wenn das Feuer politischer Leidenschaft in ihm gelodert hat, kann er zum pragmatischen Politiker im Sinne einer Verantwortungsethik werden. »Wahrlich: Politik wird zwar mit dem Kopf, aber ganz gewiß nicht *nur* mit dem Kopf gemacht. Darin haben die Gesinnungsethiker durchaus recht« (S. 546).

### 2.2.4 Zusammenfassung

Die von Weber eingeführte Unterscheidung von Gesinnungs- und Verantwortungsethik läßt sich in folgender Gegenüberstellung zusammenfassen:

| | Die Gesinnungsethik bzw. das Ethos des Evangeliums (und vor allem der Bergpredigt) | Die Verantwortungsethik |
|---|---|---|
| a) Art der Bewertung der Handlung | fragt nicht nach Folgen einer Entscheidung.<br>Sie kennt die unbedingte Wahrheitspflicht. | fragt nach Folgen einer Entscheidung.<br>Die Verantwortungsethik sieht, daß der Erfolg durch die Wahrheit nicht gefördert wird. |
| b) Subjekte der Handlung | sind Heilige. | sind Politiker (die auch sittlich bedenkliche Mittel für gute Zwecke anwenden können müssen). |
| c) Welt als Horizont der Handlung | Die Gesinnungsethik erträgt die ethische Irrationalität der Welt nicht.<br>Wenn üble Folgen eintreten, dann ist die böse Welt verantwortlich. (Der Vollkommene haßt das Unvollkommene.) | Die Verantwortungsethik erkennt die ethische Irrationalität der Welt an.<br>Üble Folgen werden kanalisiert, denn der Verantwortungsethiker rechnet mit den durchschnittlichen Defekten der Menschen. |
| | Die Gesinnungsethik gipfelt in akosmistischer Menschenliebe. | Die Verantwortungsethik ist weltzugewandt, sie erkennt die Gesetze einer rationalen Welt an. |
| | Sie duldet keinen gewaltsamen Widerstand.<br>Sie verzichtet auf Streik und Revolution. | Sie widersteht dem Übel mit Gewalt.<br>Sie nimmt Streik und Revolution hin bzw. erkennt sie als Mittel politischer Auseinandersetzung an. |
| d) Inkonsequenz des Ansatzes | Die Liebe ist zwar gegen Gewalt; aber wenn die Welt sich nicht ändert, kann die Liebe in Gewalt umschlagen (Beispiel der Schwärmer). | – – – |

Die Übersicht stellt heraus, daß Weber eine Inkonsequenz des verantwortungsethischen Ansatzes nicht kannte. Heute läßt sie sich durchaus feststellen: Wenn der Verantwortungsethiker die Gesetze einer rationalen Welt (bei aller ethischen Irrationalität) anerkennt, dann läßt die gesellschaftlich und politisch festgelegte Welt keine Alternativen mehr offen; der militärisch-ökonomische Komplex z.B. stellt einen Bereich dar, in dem verantwortungsethische Politik offensichtlich nicht mehr für die Folgen der von ihr getätigten Entscheidungen eintreten kann.

### 2.2.5
### Auswertung und Kritik der Gegenüberstellung

Die Gegenüberstellung von Gesinnungs- und Verantwortungsethik zeigt, daß sich Ethik nicht allein mit *Normen* befaßt. Mindestens zwei weitere Gesichtspunkte treten zur Normenfrage hinzu: das *Subjekt des Handelns* und die *Wirklichkeit* als *Umfeld des Handelns.* Wie werden sie interpretiert und verstanden?

a) Zunächst sind die Subjekte, die *Träger ethischer Orientierung* oder *verantworteten Verhaltens* von Belang: Weber unterscheidet idealtypisch die Heiligen von den Politikern. Ethische Entwürfe oder Grundansätze hängen offensichtlich damit zusammen, wie sich Menschen selbst in ihrem *Menschsein* und dessen *Möglichkeiten* verstehen. Die Ethik muß nach der *Identität* derjenigen, die sich entscheiden, sich verhalten, die handeln, fragen.
Das ist einer der wichtigsten Gesichtspunkte dieser Einführung: Die Ethik behandelt nicht nur die Frage ›*Was* sollen wir tun?‹, sondern auch ›*Wer wollen* wir in unserem Tun und Verhalten sein? Und *wer können* wir darin sein?‹ Das Können jedoch hängt – laut christlichem Glauben – von der Gottesbeziehung und dem darin begründeten Weltverhältnis der Christen ab.

b) Ein erhebliches Gewicht hat die *Wirklichkeit,* die *Situation, in der Entscheidungen fallen* und in der Verhalten verantwortet wird. Weber stellt, wie gesagt, den Heiligen und den Politiker gegenüber: Der Heilige erträgt die Welt in ihrer Irrationalität nicht, er handelt abseits von ihr und berührt doch, nolens volens, diese Welt oft von Grund auf. Der Politiker akzeptiert die Welt in ihrer Irrationalität, er handelt in ihr. Aber was für eine Welt ist das? Gibt es sie schlechthin, oder stellen wir sie durch unsere Interpretationen und Eingriffe her? Weber hat bei seiner Gegenüberstellung nicht bedacht, daß die Verantwortung (in seinem Sinne) die Strukturen und die Dynamik der rationalen Welt oft fahrlässig unverändert läßt, so daß sein Vorwurf gegen die Heiligen auf anderer Ebene gegen die Verantwortungsethiker zurückkehrt: Das Handeln im Rahmen des methodischen abendländischen Rationalismus hat eine Welt festgeschrieben, deren Konsequenzen unser Leben zunehmend bedrohen (Rüstungs- und Umweltproblematik). So kommen wir uns oft wie Gefangene der von uns hergestellten Welt vor.
Der Begriff ›*Welt*‹ meint nicht eine objektive Gesamtheit von Gegenständen und Lebensvollzügen, sondern einen sozialen und individuellen Interpretationszusammenhang. Zwei Soziologen der ›Chicago School‹ (W.I. Thomas und D.S. Thomas) regen diese Sicht mit ihrer Aussage an: »Wenn Menschen Situationen als wirklich definieren, dann sind auch die Folgen real« (If men define situations as real, they are real in their consequences, in: *Thomas, W.I.* und *D.S.:* Person und Sozialverhalten, hg. v. E.H. Volkart, Neuwied 1965, S. 114.)
*Selbstbestimmungen* und *Weltbestimmungen* schwingen deshalb in jeder Situationsdefinition mit. Das Handeln des Heiligen wie des Politikers aus deren Identität und Weltsicht heraus ist in den Folgen real, sei es, daß – entgegen den ursprünglichen Intentionen – im Namen der Liebe Gewalt geübt wird oder die Politik vor dem Ausweg-

losen steht, obwohl sie doch die Macht virtuos beherrschen wollte. Weber versetzt den Verantwortungsethiker in eine Welt des Kampfes um die Macht.

c) Die Spannung von sogenannter Gesinnungs- und Verantwortungsethik verwies auf *die Frage nach dem ›Wer‹ und dem ›Wo‹* sittlichen Entscheidens und Verhaltens, auf dessen *Subjekt und auf die Situation.* Weber sperrte die Verantwortungsethik in einen Rahmen, der das Wer und Wo im voraus festlegt. *Christliche Verantwortungsethik,* die sich auf Jesu Handeln und Worte bezieht, wird hingegen gerade diesen *Rahmen in Frage stellen* und auf andere Folgen zielen.

Daraus ergibt sich eine wichtige, die *christliche Ethik begründende Einsicht: Jesu Radikalität* und das Ethos der christlichen Urgemeinde (wie es z.B. in der Bergpredigt zusammengefaßt ist) sind keineswegs als Ausdruck der Gesinnungsethik aufzufassen, sondern stellen eher eine *Kombination, ja ein ständiges Ineinanderübergehen von Gesinnungs- und Verantwortungsethos* dar. Zweifelsohne sollen die Hörer der Botschaft des Neuen Testaments auch ihre inneren Einstellungen ändern, z.B. wenn sie zum Gottesdienst gehen und noch dem Bruder zürnen (Mt 5,23-24). Wer zu seinem Bruder »*raka*« (Schafskopf) sagt (Mt 5,22), handelt bereits auf der Linie des Tötens, denn er will den anderen in seiner Existenz schädigen. Eine vom Neuen Testament inspirierte Verantwortungsethik wird aber dort ansetzen, wo weder der Heilige noch der Politiker weiterkommen, weil sie die Welt durch ihre Ansichten und Entscheidungen heillos festgelegt haben. Als ›*Heilige*‹ neigen sie dazu, *die Welt in Gut und Böse zweizuteilen;* damit sind sie aber nicht die im Neuen Testament angesprochenen Heiligen. Dualistische Schemata reichen jedoch bis in die Politik hinein, etwa wenn der Kampf mit anderen Positionen als Kampf gegen das Böse schlechthin angesehen wird. *Politiker* können sich heillos *festgelegt* haben, weil sie auf der einen wie auf der anderen Seite ›nachrüsten‹ (und keiner meint vorzurüsten, obwohl sich die Spirale des Rüstens immer höher windet). *In beiden Fällen ist die Welt dank lebensfeindlicher Festlegungen zu eng geworden,* sind die eigenen Möglichkeiten, die allein am Bild des Gegners orientiert werden, geschrumpft. *Das Bild des Feindes in uns selbst macht uns arm.* Wer kommt nun aber für die Folgen dieser fixierten Selbstbilder und Situationsschemata auf? *Jesu ›Ethik‹* (kein System, sondern ein vielfältiger Anstoß!) ist *Verantwortungsethik auf einer höheren Ebene,* als Max Weber sie verstand. Diese Behauptung läßt sich freilich nur festhalten, wenn wir Jesu Anstöße als Ausfluß seiner Predigt vom Reich Gottes verstehen.

Das wird deutlich, wenn wir unsere *Leitfragen* »*Wer* entscheidet sich, verhält sich?« und »*In welcher Situation* entscheiden wir, verhalten wir uns?« an Jesu Reden und Handeln herantragen. Wir sollten es hier einmal mit den Augen der Gemeinde des Matthäus sehen: Jene kleine Gemeinde, die in der *Bergpredigt* angesprochen wird, hört vor allen Anforderungen den Zuspruch der Seligpreisungen: »Selig sind, die . . .« (Mt 5,3-12). Durch diesen Zuruf zeigt Jesus, daß er denen etwas zutraut, die sich selbst aufgrund ihrer sozialen Bedingungen nichts zutrauen. Hat schon ihr Selbstbild Sprünge und Risse, so gilt das erst recht von ihrer Bestimmung der Welt, in der sie leben. Sie stecken offenkundig in Engpässen; sie werden verfolgt, von den staatlich zugelassenen Kulten ausgeschlossen; vermutlich erfahren sie Gewalt und vielleicht möchten sie auch zurückschlagen. Andere erklären sie zu ihren Feinden, und dann ist es allzu menschlich, sich als deren Feinde zu verstehen. Es ist eine Welt unproduktiver, ja lebensschädigender Balance von Drohung und Gegendrohung, Feindschaft und Gegenfeindschaft.

### 2.2.6 Zusammenfassung

Das Beispiel der so holzschnittartig gefaßten Unterscheidung von Gesinnungsethik und Verantwortungsethik stellt eine doppelte Frage: Ist die auf Jesus und die urchristliche Verkündigung bezogene Ethik weltlos? Drückt sich die Ethik des Evangeliums um die Folgen ihrer Entscheidungen herum? Weiter: Bedeutet die *Verantwortung* für die Folgen von Entscheidungen auch eine Verantwortung *für unsere Selbstbilder und unsere Auffassungen von der Welt, aus der unsere Entscheidungen erst entstehen können?* Das zweite Kapitel versuchte, folgende Antwort zu geben: Christliche Ethik, die sich auf das Evangelium beruft, ist im radikalen Sinne eine Verantwortungsethik, viel radikaler, als Max Weber es im Sinn hatte. Denn sie besinnt sich auf unsere grundsätzlichen Ansichten von Welt und Selbst und stellt über Max Weber hinaus die *Frage nach der Instanz der Verantwortung.*

## 2.3 Vertiefung

### 2.3.1 Zur Bedeutung der Bergpredigt in der christlichen Ethik

Weber identifizierte den Geist der Bergpredigt mit der Gesinnungsethik. Tatsächlich hat die *Bergpredigt* (Mt 5-7) immer wieder die Frage provoziert, ob sie nicht die zentralen Gebote Jesu enthalte und das etablierte Christentum von ihr abgefallen sei. Wer jedoch so von der Bergpredigt sprach, meinte im allgemeinen die sogenannten Antithesen (Mt 5,21-47), die ein Gebot der Überlieferung aufgreifen und es dann in Radikalität überbieten. Mit »Ich aber sage euch. . .« führt der Bergprediger mit herausfordernder Autorität eine radikale und befreiende Antithese zu selbstverständlichen Orientierungen ein.

a) Der *exegetische Befund* ist wenig umstritten: Die Bergpredigt ist eine Komposition des Matthäus; ihr Grundstock stammt aus der Logienquelle Q und ist bei Lk vermutlich in ursprünglicherer Form überliefert (Lk 6,20-49). Matthäus versteht die Bergpredigt als Offenbarung des endzeitlichen Gotteswillens; sie soll das Verhalten derer, die Jesus nachfolgen, normieren. (Eine Einführung gibt *Roloff, J.*: Neues Testament, Neukirchen-Vluyn $^5$1989 [Neukirchener Arbeitsbücher], S. 107-122.)

b) Was bedeutet die Bergpredigt für die Ethik?
– Zuerst gilt es, alle drei Kapitel zu beachten. Vier Arten von Aussagen lassen sich darin unterscheiden:

(1) Eine Einleitung, die den Hörern Sinn und Ziel ihres Daseins aufschließt, die sog. *Seligpreisungen* (Makarismen): Glücklich sind, die nach den verbreitetsten menschlichen Maßstäben nur schwer von Glück sprechen können. Wenn es oben hieß, daß in der Ethik auch die Wer-Frage, *das Problem der Identität der sich verhaltenden Subjekte,* gestellt ist, dann ist hier eine Antwort zu

finden. Wer nicht aus der – oft trügerischen – Fülle seiner Lebensleistungen lebt, erkennt die menschliche Verletzlichkeit und Bedürftigkeit besser. Wer dies erkannt hat, antwortet mit dem Herrengebet (6,9-15).

(2) Eine Grundsatzerklärung (5,17-20), die eine *bessere Gerechtigkeit* fordert, als sie von den Kennern der Tora an den Tag gelegt wird. Die von Gott gewollte und gesuchte Gerechtigkeit soll nun – angesichts der Offenbarung des endzeitlichen Willens Gottes – bei den Jüngern Jesu zum Ziel kommen. Diese Gerechtigkeit widerspricht nicht der von Paulus in das Zentrum seiner Theologie gestellten, denn die Vollkommenheit der Jünger soll der Vollkommenheit des himmlischen Vaters entsprechen (5,48); sie geht also von Gott aus. Es geht um die Gerechtigkeit des Gottesreiches (6,33). Die Tora, die Weisung Gottes, zielt im Kern auf das, was die Liebe will: Die Goldene Regel ist positiv formuliert, und das besagt doch: Fangt ihr damit an, das zu tun, was der Bedürftigkeit der anderen Rechnung trägt. Wer anfängt, riskiert, leer auszugehen; wie könnte man ohne Vertrag und sanktionierende Macht sicher sein, daß die Gegenseitigkeit gewahrt wird? Die Aufforderungen der *Antithesen* sind in eine *grundsätzliche Bestimmung der Welt* des Lebens eingebettet: Gottes Wille soll in ihr zum Ziel kommen.

(3) Daneben finden sich bildhafte *Ermahnungen und Gleichnisse* (Salz und Licht, 5,13-16; die Parabel vom Auge, 6,22f; Balken und Splitter im Auge, 7,3-5; die enge Pforte, 7,13f; der Baum und seine Frucht, 7,15-20; das Haus auf festem Grund bzw. Fließsand, 7,24-27). Sie unterstützen die endzeitliche Orientierung.

(4) Zuletzt ist ein Bestand an *weisheitlicher Überlieferung* und Regeln der alltäglichen Klugheit zu nennen. Sie wenden sich gegen das Sorgen (6,19-34). Einiges betrifft die religiöse Praxis (Almosen, Beten, Vergeben, Fasten; 6,1-18).

Während (3) und (4) stärker die Situation der Matthäus-Gemeinde widerspiegeln und deren Auseinandersetzung mit überlieferten Praktiken zeigen, konzentrieren sich die Fragestellungen, die einen Ethiker bis heute provozieren, unter (1) und (2): Wer sind jene, die so radikal im Sinne der erneuernden Gerechtigkeit Gottes herausgefordert sind? Wie wirkt sich Gottes Wille in der Welt sozial eingeübter Regeln aus? Was ist zu tun?

– Sind die *Antithesen* strikt im Wortsinn zu befolgen? Handelt es sich um ein überbietendes Mehr oder um ein qualitativ Anderes, das zu tun ist? Jesus setzt sich mit der formalen Autorität der Halacha, der sittlichen Tradition der Schriftgelehrten, auseinander. Wenn es Gebote Gottes gibt, dann nicht ohne den Willen Gottes, der das Leben seiner Geschöpfe will. Das Verbot der Scheidung z. B. richtet sich gegen die Behandlung der Frau als Rechts*objekt*. Oder das oben bereits erörterte Beispiel von Schlag und Gegenschlag kann weitergeführt werden: Weiß der andere erst, daß du nicht zurückschlägst, ist die heilsame Wirkung der Unterbrechung des Wiederschlagens dahin; der andere kann fortfahren wie bisher, ja viel umstandsloser angreifen; die durch den Verzicht auf den Schlag aufgerissene Perspektive der neuen Welt Gottes wäre dahin.
Die hyperbolischen Formulierungen Jesu (bzw. des Matthäus) wollen von der Ebene der Moral (der gültigen und empfohlenen Normen und ihres Anspruchs) auf die Ebene der Ethik, des die eingespielten Abläufe unterbrechenden Nachdenkens, heben: Diese bösen Gedanken wurden hingenommen, die entwürdigende Behandlung der Frau war üblich, der Gegenschlag verstand sich von selbst – aber mit wessen Autorität und wem zugut? Die Ethik Jesu, obwohl völlig unsystematisch, rührt an das Entscheidende, das Verschlossensein der alltäglichen Lebenswelt für ein wahrhaft menschlicheres Leben. Hinter tradierten Geboten und Regeln soll der lebendige Gott als Gebieter wiederentdeckt werden.

c) Wie hat das Christentum die Bergpredigt aufgenommen und ausgelegt? Weil es dazu neigte, biblische Worte herauszubrechen und als dicta probantia zu zitieren, sind die Antithesen oft isoliert behandelt worden. Vor allem deshalb ergab sich die Schwierigkeit, sie auf die Lebensverhältnisse zu beziehen. Auch trat ihre eschatologische Orientierung zurück.
Das *reformatorische Zeitalter* kennt drei bis heute wichtige Aneignungsversuche:

(1) Die *spätmittelalterliche Frömmigkeit* nahm Kernsätze der Bergpredigt unter die ›consilia evangelica‹, die evangelischen Räte für die vollkommenen Christen (neben Armut, Keuschheit und Gehorsam), auf. Den Weltchristen waren sie erlassen. Das ist eine Zwei-Stufen- bzw. Zwei-Klassen-Ethik.

(2) *Luther* bezog sich ausdrücklich auf Mt 5,39a (Ich aber sage euch, daß ihr dem Bösen nicht widerstehen sollt), als er seine Schrift ›Von weltlicher Obrigkeit‹ verfaßte. Um dieses radikale Wort auf das Handeln von Juristen und Politikern zu beziehen, unterschied er zwei Regimente (oder auch ›Reiche‹) Gottes. (Eine saubere Unterscheidung der Begriffe ›Reiche‹ oder ›Regimente‹ gibt es bei Luther nur der Tendenz nach: Im Menschen kämpfen die Herrschaft des Satans und die Gottes. Gottes weltliches Regiment bewahrt ihn in der Welt vor den Folgen der Sünde, Gottes geistliches Regiment überführt ihn der Sünde und bringt ihn unter Gottes geistliche Herrschaft. Immer leben die Menschen in Herrschaftsverbänden, in ›Reichen‹.)
Die Forderungen der Bergpredigt sind nach Luther nicht Teil einer Sonderethik, sondern gelten für alle Christen. Weil der Christ jedoch in der Welt lebt, muß er dort die Liebe, die den Sinn der Bergpredigt darstellt, anders als im Wortlaut der Antithesen erfüllen: Um seines Nächsten willen kann er das Amt wahrnehmen, um ihm Schaden und Unrecht abzuwehren.
In seinen Wochenpredigten über Mt 5-7 unterscheidet Luther den Christen für sich und im Amt. Damit spaltet er den Christen nicht und empfiehlt ihm auch keine Doppelmoral, sondern er weist ihm in eschatologischer Perspektive seine Position in der Welt zu: Vor Gott kann er die Welt überwinden und z.B. auf Gegengewalt verzichten; in der Welt des Menschen gilt es, das Leben der Anbefohlenen erst einmal zu bewahren, damit die Gottesbeziehung auch darin wahr werden kann.

(3) Das dritte Modell der Aneignung der Bergpredigt findet sich auf dem *›linken Flügel der Reformation‹*, vor allem bei den Täufern. Sie legen auf den Wortlaut der Antithesen Wert und betonen das neue Gesetz, das Christus gebracht hat. Den Konflikt mit der Welt (z.B. wegen der Verweigerung des Eides) nehmen sie um Christi willen auf sich. So bilden die Christen eine kleine Welt für sich und grenzen sich von der großen Welt ab.

Überblickt man (1), (2) und (3), dann findet sich nirgends das von Weber herausgestellte Modell der akosmistischen Bruderliebe als Hauptkennzeichen der Gesinnungsethik. Die Durchbrechung der alten Welt um ihrer eschatologischen Neubestimmung willen findet sich in abgeschwächter Form bei Luther; die Zwei-Stufen-Ethik läßt in der Welt des alltäglichen Lebens eine Nische der Vollkommenheit zu; im respektablen Ansatz der Täufer wird eine kleine Gegenwelt aufgebaut. Also geht es nicht um Weltflucht (den von Weber kritisch herausgestellten akosmistischen Zug), sondern um die Bestimmung der Lebenswelt.

Wie wurde die Bergpredigt im *19. und 20. Jahrhundert* gelesen? Meist wurde sie mit den Antithesen gleichgesetzt.
Luthers Ansatz (2) erfuhr zwei Uminterpretationen.

(4) Die eine griff bei Luther angelegte Gesichtspunkte auf und rechnete die Bergpredigt-Antithesen zum Gesetz, dessen wichtigste (und daher ›theologische‹) Aufgabe die Aufdeckung der Sünde ist. An Jesu radikalen Forderungen sollen wir scheitern, damit wir uns zu Gottes Gnade in Christus flüchten.

(5) Die zweite mißverstand Luthers Unterscheidung von Person und Amt und sah darin eine Moral mit doppelter Konsequenz: Der Christ als Person lebt in seiner Gesinnung ganz der Liebe; aber in der Welt muß er – aus Liebe – andere Konsequenzen ziehen, z.B. im Krieg töten.

Auch die Eingrenzung der Forderungen kehrte wieder; sie war in der Zwei-Stufen-Ethik angelegt.

(6) Die Begründungen liberaler Theologen nahmen folgende Richtungen:
– In der religionsgeschichtlichen Schule wurde Jesu Ethik als Folge seiner Eschatologie ver-

standen, die nicht etwa von der Nähe Gottes, sondern von einer auf ein Datum fixierten Naherwartung lebte. Weil das Ende nicht eintrat, wurde seine Ethik ungültig. *A. Schweitzer* verstand sie als Interimsethik.
– Die liberale Theologie wollte durch die konkreten Weisungen bis zu einem Prinzip durchdringen, zur lebendigen Gesinnung Jesu. Die weiteren Folgerungen entsprechen dem Ansatz (5).

(7) Auch die Radikalität des Ansatzes (3) fand Nachahmer, allerdings ohne den einstigen theologischen Hintergrund. *L. Tolstoi* sah in den staatlichen Institutionen das Böse; Jesu Gebot erlaubte, dieses Böse sich selbst zu überlassen.

(8) Die Verantwortung nicht nur für unsere Entscheidungen und Handlungen sowie deren Folgen, sondern für die Konsequenzen der von uns festgelegten Welt erlauben aber ein Verständnis der Bergpredigt, das Jesu Aufbrechen der alten Welt im Blick auf das erneuernde Kommen Gottes ernst nimmt.

### 2.3.2
### Die Autorität Jesu

Auf dem Hintergrund der Suche nach Freiheit ist es ferner wichtig, nach der *Autorität der Bergpredigt*, vielmehr des Bergpredigers, zu fragen. Inwieweit spricht Jesus durch sie? Ist Jesu Autorität die Autorität des Gesetzes Gottes in seinem Ursprungssinn? Oder interpretiert Jesu Autorität, gegründet in seinem Gottesverhältnis, den Sinn des Gesetzes neu, so daß es in ihm zum Ziel kommt (vgl. Röm 10,4)? An seiner Person wird auch das Verhältnis von Matthäus und Paulus zu bestimmen sein.

### 2.3.3
### Das Verständnis der Verantwortung

Weil ›Verantwortung‹ zu einem wichtigen Thema geworden ist, lohnt es sich, weitere Ansätze kennenzulernen. Wichtige, von Max Weber zum Teil an den Rand gedrängte Fragen sind:
– Wie ist das *Subjekt der Verantwortung* zu bestimmen?
– *Vor welcher Instanz* verantwortet sich der Entscheidende bzw. Handelnde?
– Wie ist die *Welt* zu verstehen, innerhalb derer die Folgen von Entscheidungen und Handlungen (bzw. auch Unterlassungen) zugerechnet werden?

(a) *Dietrich Bonhoeffer* hat andere Koordinaten für die Verantwortungsethik festgestellt (Ethik, hg. v. E. Bethge, München $^{12}$1988):
– Auf die Frage nach der Qualifikation des ethischen Subjekts antwortet er nicht mit einem Blick auf das isolierte Ich, sondern auf die »Struktur des verantwortlichen Lebens« (S. 238ff). Der verantwortliche Christ ist in der *Bindung* seines Lebens an Gott zu betrachten: Er lebt in Stellvertretung und Wirklichkeitsgemäßheit. Die Stellvertretung hält sich an Jesu Hingabe seines Lebens; die Wirklichkeitsgemäßheit hat ihren Grund in der Wirklichkeit der Versöhnung, im menschgewordenen Gott (vgl. S. 96).
– Vom christologischen Zentrum her lehnt Bonhoeffer die schlechte Zwei-Reiche-Lehre, die Aufteilung der Welt in zwei Räume, ab. Denn es geht um die *eine* Welt Gottes. Aber eine klerikale Sicht bleibt ausgeschlossen; die Welt ist und bleibt Welt.

Die in Christus gewonnene *Freiheit* des eigenen Lebens äußert sich in der Selbstprüfung des Lebens und Handelns sowie im Wagnis der konkreten Entscheidung.

– Die Frage der Instanz scheint niemand so klar beantworten zu können wie der Theologe: Verantwortung bedeutet, *Antwort auf das Leben Jesu Christi* zu geben.

– Die Welt der Verantwortung ist mit dem Begriff »wirklichkeitsgemäß« bereits angesprochen worden. Bonhoeffer konkretisiert den Weltbezug mit dem Thema des *Berufs* (S. 270ff) und dem der *Mandate* (S. 304ff). Diese beiden Themen sind von Luther her wohlbegründet, bedürften aber in der modernen Welt differenzierterer Erörterungen, die bei Bonhoeffer fehlen. Denn wem ist Beruf heute noch Ruf Gottes in das alltägliche Leben? Und beschreiben die Mandate (als der Gestaltung überantwortete Ordnungsvorgaben) – Kirche, Ehe bzw. Familie, Kultur und Obrigkeit – hinreichend die Ordnungsstrukturen unserer sozialen Wirklichkeit?

(b) *Georg Picht*, ein Religionsphilosoph aus der Schule Heideggers, hat den Verantwortungsbegriff weiter profiliert (Der Begriff der Verantwortung, in: Wahrheit, Vernunft, Verantwortung, Stuttgart 1969, S. 318-342).

– Picht setzt sich vom weltlosen Vernunftsubjekt ab, das in Kants kategorischem Imperativ vorausgesetzt ist. Das Ich steht nicht als ›res cogitans‹ (Descartes) der Natur gegenüber, sondern gehört in die realen Lebensverhältnisse hinein.

– Obwohl Picht betont, daß die Verantwortung einer Instanz bedarf, bleibt er in dieser Hinsicht bei einer historischen Erinnerung stehen und meidet den Schritt hinüber in die Theologie. ›Verantwortung‹, legt Picht seinen Lesern nahe, war ein *eschatologischer Begriff*, der aus dem Rechtsleben in die christliche Ethik einwanderte: Jeder wird vor dem Richtstuhl Christi erscheinen und Antwort auf die Frage des letzten Richters geben müssen.

– Mit der Eschatologie hängt seine Perspektive der *Welt* zusammen. Alles, was ist, ist in der *Zeit*; insofern ist es in der *Geschichte*. Die Evolution ermöglicht das geschichtliche Dasein; dieses fragt nach den Möglichkeiten, die uns die Zukunft bereithält. »Wir leben in einer Geschichtsepoche, in der die Mehrzahl der Probleme, von deren Lösung die zukünftige Geschichte der Menschheit abhängen wird, den Zuständigkeitsbereich der bisher bestehenden politischen Institutionen übersteigt. Wir leben also in einer Geschichtsepoche, in der es an Trägern jener Verantwortung fehlt, die in den heute schon sichtbaren großen Aufgaben der Geschichte der nächsten Jahrzehnte vorgezeichnet ist« (S. 341). Die Geschichte beginne, »den universalen Horizont der Eschatologie zu erreichen« (ebd.). Theorie und Praxis müßten nun in eine Einheit zusammenfließen.

(c) *Walter Schulz*, ebenfalls ein Philosoph aus der Schule Heideggers, entwirft im Schlußteil seiner ›Philosophie in der veränderten Welt‹ (Pfullingen $^{2}$1974) eine säkulare Verantwortungsethik.

– Sein ganzes Werk ist der Versuch einer Diagnose des Menschseins in unserer Zeit: Die *Verinnerlichung* muß in der Verantwortung überschritten werden. Die *Verwissenschaftlichung* nötigt, in der Ethik eine Fülle von partiellen Einsichten der Wissenschaftsdisziplinen zu verwenden. Die *Vergeschichtlichung* bedeutet, daß Verantwortung nicht in vorgeformten Mustern abläuft, sondern die Möglichkeiten der Zukunft betrifft: Vor ihnen verantwortet das Subjekt sowohl sich selbst als auch die Geschichte, deren Teil es ist.

– Die Instanz wird allerdings anders als in den vorhergehenden Ansätzen bestimmt. Sie liegt im Ich selbst. Philosophische Ethik ruft dazu auf, sich als freies Subjekt zu konstituieren. Heideggers Philosophie scheint hindurch: Im *Entschluß* wird der Mensch für sich *erschlossen* und erfährt sich als *Gewissen.* Mit einer anderen Aussage geht Schulz darüber hinaus: Im *Mitleid* sind wir jedoch unmittelbar beim anderen als Person. Damit stellt Schulz der Theologie die Frage, ob Gottes Freiheit dieser Freiheit des Menschen konkurriert, ob Gott in der Subjektivität untergeht oder als Partner des freien Menschen gedacht werden kann. Hat es überhaupt einen Sinn, in der Ethik von Gott zu reden?

Die Welt erscheint unter dem Aspekt möglicher, verantwortlich wahrgenommener *Freiheit.* Freiheit vom Zwang allein reicht nicht aus, das ethische Weltverhältnis zu bestimmen. Die Welt voll großtechnischer Projekte muß Spielräume rationaler Entscheidung offenhalten. Schulz begreift sie nicht als totalen Zwangszusammenhang, sondern postuliert eine an *H. von Hentig,* den bekannten Pädagogen, angelehnte Denkweise: Utopien sorgen für Distanzierung vom unmittelbar Gegebenen; Alternativen sind zu durchdenken, Ziele aufzustellen; überhaupt sollen wir in Prozessen denken. Schulz schweben weder ein durch Verträge ausgeglichener Egoismus noch ein innerlicher Zwang, sondern neue, nicht von autoritärem Zwang getragene Ordnungsgebilde vor.

### 2.3.4
### Der problematische Universalitätsanspruch des abendländischen Rationalismus

Nicht nur wissenschaftlich reizvoll, sondern im Blick auf die *Unterentwicklung* des größeren Teils der Erde hochaktuell ist es, die Debatte um *Max Webers* These von der (unfreiwilligen) Wirkung eines bestimmten Protestantismus auf die abendländische Entwicklung zu verfolgen. Das ist allerdings ein Spezialthema für eine ethische Prüfung, dessen Vorbereitung einer strengen Auswahl bedarf.

Die diskussionsanregenden *Aufsätze Webers* sind gesammelt erschienen:
Gesammelte Aufsätze zur Religionssoziologie, Bd. 1-3, Tübingen [5]1963.
Die protestantische Ethik, hg. v. J. Winckelmann, München/Hamburg 1965.
Die bald nach dem Erscheinen beginnende *Diskussion* wird dokumentiert in:
Die protestantische Ethik, II. Kritik und Antikritiken, hg. v. J. Winckelmann, München u.a. 1968.
Ein Ausschnitt der *neueren Diskussion* findet sich in:
(Seminar:) Religion und gesellschaftliche Entwicklung, hg. v. C. Seyfarth u. W.M. Sprondel, Frankfurt/M. 1973.
Einen Blick auf die *Religionen* weltweit erlaubt:
*Eisenstadt, S.N.:* Die protestantische Ethik und der Geist des Kapitalismus, Opladen 1970.

### 2.3.5
### Hilfestellung der Gesellschaftswissenschaften

Das als *Welt* oder »Weltverständnis« etwas pauschal angesprochene Thema erfährt heute vor allem in sozialwissenschaftlichen Wirklichkeitsbestimmungen Vertiefung. Gegenüber allen naiven Annahmen eines Materialismus oder Idealismus oder auch eines soziologischen Empirismus (das ›gesellschaftliche Faktum‹) ist festzuhalten, daß die von Menschen schon immer benutzten Symbole und Begriffe bestimmte Perspektiven zur Welt hin aufdecken oder festlegen.

Eine Einführung in die vielfältigen Aspekte solcher Wirklichkeitsdefinitionen bietet: *Frey, Ch.:* Art. ›Gesellschaft / Gesellschaft und Christentum VII: Neuzeit: Soziologisch / Ethisch / Fundamental-theologisch‹, in: TRE, Bd. 13, S. 13-39.

## 2.3.6 Literatur zur Auslegung der Bergpredigt (in Auswahl)

Da die wichtigste Literatur zur Verantwortungsethik bereits behandelt wurde, genügen Hinweise auf die *Auslegung und das Verständnis der Bergpredigt:*

a) Zur *Auslegung* (Auswahl):
*Burchard, Ch.:* Versuch, das Thema der Bergpredigt zu finden, in: Jesus Christus in Historie und Theologie. FS H. Conzelmann, Tübingen 1975, S. 408-432.
*Eichholz, G.:* Auslegung der Bergpredigt, Neukirchen-Vluyn [6]1984.
*Hoffmann, P.* und *Eid, V.:* Jesus von Nazareth und eine christliche Moral, Freiburg u.a. 1975 (QD 66).
*Luz, U.:* Das Evangelium nach Matthäus, Zürich/Neukirchen-Vluyn [2]1989 (EKK I,1), S. 183-420.
*Weder, H.:* Die ›Rede der Reden‹, Zürich 1985.

b) Zur *Wirkungsgeschichte* und zur *Aktualität:*
*Althaus, P.:* Luther und die Bergpredigt, Luther 1 (1956), S. 1-16.
*Barth, K.:* Die Kirchliche Dogmatik, Bd. II,2, S. 766-782.
Die Bergpredigt, hg. v. R. Schnackenburg, Düsseldorf 1982.
*Berner, U.:* Die Bergpredigt. Rezeption und Auslegung im 20. Jahrhundert, Göttingen 1979.
*Bonhoeffer, D.:* Nachfolge, München [10]1971, S. 79-173.
*Diem, Harald:* Luthers Lehre von den zwei Reichen, untersucht von seinem Verständnis der Bergpredigt aus, München 1938 (BEvTh 5).
*Duchrow, U.:* Christenheit und Weltverantwortung, Stuttgart 1970 (FBESG 25).
*Hengel, M.:* Das Ende aller Politik, EK 14 (1981), Sp. 686-690.
*Ders.:* Die Stadt auf dem Berge, EK 15 (1982), Sp. 19-22.
*Luther, M.:* Wochenpredigten über Matth 5-7 (1532), in: WA 32, S. 299-555.
Nachfolge und Bergpredigt, hg. v. J. Moltmann, München 1981 (KF 65).
*Ragaz, L.:* Die Bergpredigt Jesu, Hamburg 1971.
*Reuter, H.R.:* Die Bergpredigt als Orientierung unseres Menschseins heute, ZEE 23 (1979), S. 84-105.
*Scharffenorth, G.:* Den Glauben ins Leben ziehen . . . Studien zu Luthers Theologie, München 1982, S. 314-338.
*Tolstoi, L.:* Mein Glaube, Leipzig 1902.

# 3
# Die Normen als Thema der Ethik

## 3.1
## Einführung

Das zweite Kapitel hat Themen aufgegriffen, die sich nicht von vornherein mit einem alltäglichen Verständnis von Ethik verbinden lassen: die Frage nach dem *Subjekt der Verantwortung* und die *Perspektive*, in der die *Welt* zur Ansicht kommt. In diesem Arbeitsbuch werden noch andere, von vielen nicht ohne weiteres mit ›Ethik‹ oder ›Sittlichkeit‹ verbundene Themen zur Sprache kommen. Vorerst sollen sich aber die Erörterungen jenem Thema zuwenden, das gemeinhin als Kern der Ethik angesehen wird, den *Normen*. (Allerdings wenden sich viele Ansätze gegen die Konzentration auf Normen, nicht nur in der ›Situationsethik‹, sondern z. B. auch der philosophische Entwurf von *Fleischer, H.:* Ethik ohne Imperativ, Frankfurt/M. 1987.)
Der Begriff ›Norm‹ stellt einen bereits *abstrakten* Ausdruck dar. Viele Christen verbinden das Thema der Ethik mit den Geboten; vor allem die Zehn Gebote haben sich durch den kirchlichen Unterricht als Inbegriff christlicher Ethik eingeprägt. Manche Christen verstehen die Moral als Kern des Glaubens und entsprechen damit sogar den Erwartungen von Nichtchristen. Sind die Gebote Ausdruck von Normen, ja vielleicht ihre eindrücklichste Gestalt? Sind sie überhaupt etwas spezifisch Christliches?

## 3.2
## Entfaltung: Die Bedeutung der Normen in der Ethik

### 3.2.1
### Der Begriff der Norm und des Wertes

Der Begriff der *Norm* ist nicht immer so selbstverständlich für die Ethik verwendet worden, wie das heute – vor allem außerhalb der evangelischen Ethik – der Fall ist.
– Ursprünglich stammt er aus der Architektur: ›norma‹ war das Winkelmaß oder die Richtschnur des Baumeisters. Bei *Cicero* läßt sich der metaphorische Gebrauch im Sinne einer rechtlichen Regel nachweisen.

– Als der Begriff der Norm allmählich im deutschen Sprachgebrauch Eingang fand, war er zunächst auf die *Rechtssprache* beschränkt. In die Ethik wanderte er erst im 19. Jh. ein (z.B. bei dem Philosophen *W. Wundt* in dessen ›Ethik‹, 1886). Vorbereitet war das wohl durch einen Umschwung der ethischen Fragestellung: Statt subjektive Vorsätze (Maximen) darauf zu prüfen, ob sie für alle gelten könnten *(Kant)*, fiel die Frage ins Gewicht, welche Kriterien für die sich selbst begründende sittliche Vernunft gelten könnten *(Fichte)*.
– Der Normbegriff verdrängte in seiner Allgemeinheit *andere Leitbegriffe ethischer Reflexion:* Gesetz (nomos, lex), Regel (regula, mensura), Ordnung (ordo), Sittengesetz, kategorischer Imperativ bzw. Pflicht und in gewisser Weise auch Tugend.
– Am häufigsten wird heute der Begriff des ›*Wertes*‹ neben dem der Norm benutzt. Er ist der eigentliche Erbe des Tugendbegriffs. Ein ungekünsteltes Verständnis bezieht den Wert auf das, was eine Sache oder eine Handlung wertvoll macht. Das kann die Wertschätzung einzelner

oder vieler sein. Eine auf das Gute oder das Glück gerichtete Ethik könnte solche Wertschätzung als die Grundlage betrachten, auf der das Sollen gründet, das hernach in einer Norm ausgedrückt wird: Das ist gut! Tu das! – Das ist besser! Zieh das vor!

– Die von solcher Wertschätzung bevorzugten Sachverhalte werden von einigen nicht nur als subjektiv oder als sozial bedingt angesehen, sondern als *objektive Gegebenheiten.* Um die Ethik gegenüber den empirischen Wissenschaften zu verteidigen, nahmen v.a. neukantianische Philosophen einen zweiten Wirklichkeitsbereich neben dem der Tatsachen an: die ideale Welt der Werte (s.u. S. 179ff). Die Neukantianer blieben darin nicht allein: *M. Scheler,* gegen den Formalismus der Ethik protestierend, entwarf eine Welt der Werte auf vier Stufen (des Angenehmen, des Vitalen, des Geistigen und des Heiligen). Sein Ansatz fand vor allem im Katholizismus Anklang. Auch der (atheistische) Philosoph *N. Hartmann* sah Werte im Sinne platonischer Wesenheiten an.

– Allerdings bleibt festzuhalten, daß der Wert einer Sache (»Das ist gut« usw.) nicht ohne weiteres ein Sollen einschließt. Die *Verpflichtung,* das Gute zu bewirken, entspringt nicht ohne weiteres der Feststellung des Guten. Weil der Wertbegriff ohnehin ideologisch beladen ist (siehe die ›Grundwertdebatte‹!), ist nicht einzusehen, warum nicht der alte Begriff des ›Guts‹ (bzw. der ›Güter‹) den Vorzug haben soll.

– Der Normbegriff schließt die Aufforderung bzw. die *Verpflichtung* ein. Er soll im weiteren Verlauf geklärt werden.

### 3.2.2 Sittliche Normen

Die Überschrift benutzt den Ausdruck ›*sittlich*‹. *Sittlichkeit ist die bewußt aufgenommene Verpflichtung im Entscheiden und Handeln, Ethik ist die Reflexion darüber.* Das wurde im Einleitungsteil (s.o. 1.2) bereits dargestellt.

Bei sittlichen Normen denken die meisten an Aussagen der Art »Du sollst das oder das (nicht) tun!« oder »Tu das oder das (nicht)!«. Aber Menschen können Mitmenschen auch ohne deutlich ausgesprochene Imperative (Befehle) steuern: Als die antiautoritäre Bewegung den Imperativ aus dem Schulunterricht verbannte, beeinflußten manche Antiautoritäre ihre Schüler weiterhin und viel subtiler, allerdings konnten sich die Schüler schlechter wehren.

Was bedeutet eine Norm? Zunächst genügt eine alltagssprachliche Besinnung: Vielfach heißt es von einem, er sei nicht ganz *normal;* d.h. sein Verhalten und seine Reaktionen heben sich von dem ab, was andere Menschen gewohnt sind und für angebracht halten. Ein anderes Beispiel: In einem Examen seien zehn von fünfundzwanzig Kandidaten durchgefallen – die zuständige Prüfungsbehörde könnte abwiegeln und sagen: Das ist nicht die Norm. Die ›Norm‹ kann sehr verschiedene Bedeutungen annehmen: eine zu erfüllende Unter- bzw. Mindestgrenze, einen Durchschnitt, das üblicherweise zu Erwartende – mithin ist ›Norm‹ ein sehr flexibles Wort. Und wenn es so mit diesem Begriff steht, dann brauchen wir geradezu eine ›Norm‹ für die alltäglich wahrgenommenen und erfahrenen Normen. Das Normale ist freilich nicht die einzige Bedeutung des Normenbegriffes. Er kann auch neue, bisher nicht ›normale‹ Bedeutungen annehmen: In der DDR zum Beispiel ist in den Medien von der Erfüllung von Normen die Rede. Dabei handelt es sich um Richtlinien, die verordnet sind, um bestimmte Leistungen zu messen. Der Sprachgebrauch ist somit vieldeutig. Die Ethik ist daher auf einen präziseren Begriff angewiesen. Sie muß unter vier Bedeutungen wählen:

a) Norm ist das einzuhaltende Maß oder ist eine Regel, die Gegenstände klassifiziert. Es gibt höchst differenzierte Normensysteme in der Industrie (z.B. Papierformate, Schraubenformate), aber auch Sicherheitsnormen (die Sicherheitsingenieure eigens entwerfen). Vor allem die letzteren stellen ein ethisches Problem dar, aber sind nicht die Normen der Ethik. Eine Norm in diesem Sinne ist eine *nach Konventionen fixierte technische Maßeinheit;* sie normiert Produkte des Menschen.

b) Norm ist ein sozial festgestelltes *Ideal,* dem nahezukommen lohnt. Ein Musiker könnte danach streben, die Norm eines Mitglieds der Philharmonie zu erreichen. Oder von einem anderen wird gesagt, daß er in seiner Epoche nicht die Norm eines Hofmusikers erreichte. So gibt es künstlerische Normen, die der jeweiligen Geschmacks- und Lebenslage entsprechen.

c) Aber die Norm muß nicht unbedingt ein hohes und anzustrebendes Ideal bezeichnen. Wer die Norm eines Philharmoniemusikers erreicht hat, empfindet sie als die durchschnittliche Erwartung, die an Menschen seiner Stellung gestellt wird, während für andere diese Norm ein nie erreichbares Ziel bleibt. In diesem Sinne gibt es Normen, die den sozial *allgemein akzeptierten Durchschnitt* in bestimmter Lebenslage darstellen.

Diese Normenklassifikation bringt bereits an den Rand der Themen der Ethik heran – aber eben nur an den Rand. Denn die unter c) vorgeführte Norm bezeichnet das Normale, von dem wir alle mehr oder weniger abweichen. Selbstverständlich muß die Ethik darum streiten, ob das ›Normale‹ auch das Verpflichtende, das Gebotene ist. Ganz dürfen wir es nicht abweisen, weil zum menschlichen Leben auch das *Vertrauen* gehört. Das Vertrauen setzt voraus, daß wir verläßlich reagieren. (Deswegen ist das Vertrauen in zwei ethischen Entwürfen zentral: *Hermann, W.:* Ethik, Tübingen u.a. 1901; *Løgstrup, K.E.:* Die ethische Forderung, Tübingen 1959.) Oft gehen die tatsächlichen und die anzustrebenden Normen weit auseinander. Am deutlichsten lassen sich solche Diskrepanzen in der Sexualethik studieren. Die bekannt gewordenen Kinsey-Reports zum durchschnittlichen sexuellen Verhalten nordamerikanischer Männer und Frauen deckten seinerzeit auf, wieweit das Verhalten vieler Menschen von dem für sittlich normal gehaltenen Verhalten abwich. Mancher redlich Denkende, um Moral Besorgte, äußerte höchste Bedenken dagegen, daß diese Ergebnisse veröffentlicht würden; denn es könnte ja die Veröffentlichung die allgemein anerkannte Norm verschieben und auf diese Weise ein von der Mehrheit wenigstens zeitweise an den Tag gelegtes Verhalten zur sittlichen Norm erklärt werden. Ja es könnte sogar geschehen, daß jemand eine ältere Norm propagierte und sich doch anders verhielte. Dieser Vorgang wird mit der Rede von der »normativen Kraft des Faktischen« angedeutet. Aber wer sich sorgsam umsieht und das Verhalten der Menschen studiert, wird finden, daß *das Faktische nicht unbedingt die Verhaltenseinstellungen normiert und neue Normen setzt.* Auch das läßt sich im Bereich der Sexualethik ganz deutlich feststellen: Einige Studien zum sogenannten ›Swingen‹ haben gezeigt, daß der von manchen Ehepaaren praktizierte Partnertausch vor den eigenen Kindern verheimlicht wurde und die Eltern auch nicht dazu neigten, ihren Kindern solche Standards zu empfehlen.

d) Die vorhergehenden Erörterungen führten an die *Ethik* heran, aber noch nicht in ihre Mitte; denn in ihr geht es zuerst um eine *sittliche Norm* (d.h. ein bewußt aufgenommenes ›Du sollst‹, das im Lebensvollzug verantwortet wird). Diese Norm hat den Charakter eines das Gewissen treffenden *Imperativs,* ob wir nun selbst oder andere uns auffordern. Wenn hier das Wort ›Imperativ‹ steht, so bedeutet dies noch längst nicht, daß die Norm immer in der grammatischen Form des Imperativs auftritt. Denn es kann auch ein indikativischer Satz wie z.B. »Das Fenster steht offen« zum Imperativ werden, wenn der Angeredete versteht, daß diese Tatsache dem Sprecher unangenehm ist. *Sittliche Normen schematisieren menschliches Verhalten (oder sogar menschliche Institutionen) im Blick auf die Bewertung ›gut‹ oder ›böse‹.* Jegliche Sprechhandlung mit *sittlich wertenden Prädikaten* (»ist gut«, »mit der Menschenwürde unvereinbar« oder ähnlichen Prädikaten) oder mit der *sittlichen Autorität* eines Gebieters folgt zumindest implizit einer Norm. (Die englischen Moralphilosophen setzen an dieser Stelle fast stereotyp das Wörtchen ›ought‹ ein.)

Dem sittlichen Nachdruck dieser Art von Normen ist weiter nachzugehen: Eine Norm kann sich an Zielen des Verhaltens ausrichten und eine sonst praktizierte Norm in Frage stellen: »Ist nicht das ein Fasten, wie ich es liebe: daß du ungerechte Fesseln öffnest, die Stricke des Joches lösest! Daß du Mißhandelte ledig lässest und jedes Joch zerbrichst! Daß du dem Hungrigen dein Brot brichst und Arme und Obdachlose in dein Haus führst ...« (Jes 58,6-7). Eine Norm kann auf die *Handlungs- oder Verhaltensweise selbst* zielen oder die dahinterstehende Einstellung betreffen: »Die Frucht des Geistes aber ist Liebe, Freude, Friede, Langmut, Freundlichkeit, Gütigkeit, Treue ...« (Gal 5,22). – Eine höchst kompakte Definition findet sich im ›Lexikon der Ethik‹ (hg. v. O. Höffe, München 1970, S. 175): »... *Praktische Normen* sind (rechtliche und moralische) Grundsätze, die mehrere oder alle Subjekte einer Gruppe oder Gesellschaft situationsabhängig oder situationsunabhängig zu Zwecksetzungen oder Handlungen auffordern und die Form von Gemeinschaft vorgeben ...« Welche zentralen Begriffe fallen in dieser Definition auf? Zunächst der Begriff *›praktisch‹*; er bedeutet, daß etwas im Bezug auf eine bewußte, sittlich gesteuerte Handlung und die dazugehörige Person, ihren Lebensplan und die erfüllte Gemeinschaft steht. Mit *›Subjekten‹* sind nicht einfach Befehlsempfänger oder Ausführungsorgane gemeint, sondern ihrer selbst bewußte, mit ihrem eigenen Sein und Selbst beteiligte Menschen, deren Menschsein von der Auseinandersetzung mit einer sittlichen Norm abhängen kann.

e) Eine Norm kann deshalb mit einem sehr abstrakten, erst mit konkreten Bestimmungen aufzufüllenden Satz bestimmt werden (obwohl sie semantisch und syntaktisch nicht so aussehen muß):

| | | | | | |
|---|---|---|---|---|---|
| Du sollst<br>Ihr sollt | jetzt<br>dereinst | hier<br>dort | dieses<br>jenes | im Blick auf<br>einzelne,<br>viele,<br>die Menschheit, | tun,<br>anstreben,<br>unterlassen,<br>als Zweck<br>ansetzen. |
| | (Zeit) | (Ort) | | | |
| Subjekt | Situation | | Objekt | | |

Diese abstrakte (d.h. noch nicht materiell angefüllte) Normendefinition muß noch etwas genauer betrachtet werden. Die mittleren Spalten, die auf Zeit und Ort verweisen, fallen fort, wenn es sich um eine *situationsunabhängige* Norm handelt, z.B.: »Du sollst unter allen Umständen die Wahrheit sagen«. Eine *situationsabhängige* Norm hieße im Kontrast dazu: »Du sollst immer dann die Wahrheit sagen, wenn es das Leben anderer fördert«. Auf der linken Seite der Übersicht steht das *Subjekt*, das Du oder das Ihr, wenn es angesprochen wird, das Ich oder das Wir, wenn es ein Entschluß oder Entscheid ist, den das Subjekt verantwortlich fällt. Weiter rechts ist in der Klammer die *Alternative* durch »dieses, jenes« angegeben. Ist die Norm ein Verbot, tritt also eine *Negation* ein (Du sollst *nicht*), dann wird in aller Regel die Alternative fortfallen.

*Sittliche Normen sind also Urteilsschemata nach bewußten Maßstäben, etwa »Gut« und »Böse«, die menschliches Verhalten bewerten und klassifizieren.* Verhalten ist hier in einem weiteren Sinne als in der Verhaltensforschung aufzufassen: Es umfaßt sowohl Tun und Unterlassen als auch das Leiden (das übrigens sehr bewußt getragen und anderen gegenüber gestaltet werden kann).

Für diese Schemata gilt allerdings auch, was *Wieland, W.* zu Handlungsschemata sagt: Sie sind theoretische Gebilde. Die Unbedingtheit, Situationsgebundenheit und die Unwiderruflichkeit eines Verhaltens kommt in ihnen nicht angemessen zum Ausdruck (*Wieland, W.*: Praktische Philosophie und Wissenschaftstheorie, in: Rehabilitierung der praktischen Vernunft, hg. v. M. Riedel, Freiburg 1972, S. 505–534).

### 3.2.3
### Rechtfertigung und Kritik sittlicher Normen

#### 3.2.3.1
#### Normen für Normen

*Die Ethik kann sich nicht damit zufriedengeben, das Vorhandensein von Normen zu konstatieren.* Denn die eigene Erfahrung sagt uns, daß Normen Menschen unter Umständen sehr bedrücken können (z.B. wenn wir sie starr ins Gewissen aufgenommen haben und nicht mehr zu fragen in der Lage sind, welchem guten gemeinsamen Leben sie dienen). Viele Menschen leiden darunter, daß sie Normen unfrei verinnerlicht haben und infolgedessen Ansprüche an sich selbst stellen, die sie nicht durchhalten können und an denen sie krank werden. Deshalb kommt immer wieder die Frage auf, wie Normen das Menschenleben berühren, ja wann und ob sie *menschenfreundlich* sind. Brauchen wir deshalb nicht *Normen für Normen* (etwa den gerade genannten Gesichtspunkt der Menschenfreundlichkeit)?
Das ist eine hochkomplexe Frage, die nicht in der Allgemeinheit, in der sie gerade gestellt wurde, behandelt und beantwortet werden sollte. Statt dessen soll ein repräsentatives Werk gegenwärtiger Ethik, das interkonfessionelle ›Handbuch christlicher Ethik‹ (Freiburg u.a. 1978ff), nach seinem Normenverständnis befragt werden. Der Verfasser des Artikels ›Normen als Gestaltungsträger menschlichen Daseins‹ (HCE, Bd. 1, S. 114-146) ist der katholische Sozialethiker *Wilhelm Korff.* Daß ein Katholik zur Normenfrage Stellung bezieht, kennzeichnet wohl die evangelische Ethik als weitgehend normenfremd.
Was sagt Korff zur *Entstehung* (a, b) und zur *Veränderung* (c) von Normen? Er stellt eine Theorie von ihrem Ursprung, ihrer Entwicklung und der mit ihr verbundenen fortschreitenden Differenzierung auf, die er in folgendem Schema zusammenfaßt:

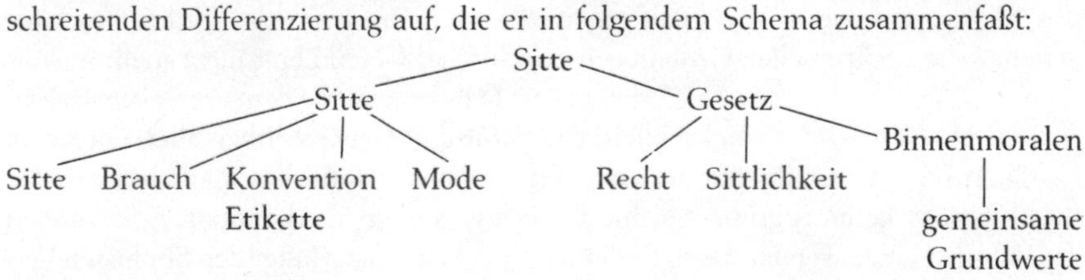


(Vgl. HCE, Bd. 1, S. 121.)

### 3.2.3.2
### Eine Theorie über die Herkunft und Entfaltung von Normen

a) Zum *Ursprung* der Normen stellt Korff fest: *Moral* (d.h. ein Normensystem) sei ein Kunstprodukt – ebenso wie die *Sprache.* Beide seien *funktionale Schöpfungen* der Menschen. Wo immer solche Argumente zu hören sind, steht eine Anthropologie, eine Lehre vom Menschen dahinter, die das Natürliche, das biologisch Gegebene, und das Künstliche, das durch Kultur Geschaffene, unterscheidet. In der Tat spricht vieles dafür, daß der Mensch, biologisch gesehen und mit dem Tier verglichen, ein durch seine Instinkte weniger reguliertes und geschütztes Wesen ist. Seinen ›Mangel‹ an inneren Fahrplänen des Lebens und an Regulationen seiner Triebhaftigkeit muß der Mensch kompensieren. Das ist ein Thema der Anthropologie, die im 20. Jh. in der Entfaltung biologischer Ergebnisse aufgeblüht ist (*Gehlen, A.:* Der Mensch. Seine Natur und seine Stellung in der Welt, Wiesbaden [13]1986 [s.u. S. 108f]. – Diese Ansicht findet sich bereits bei Aristoteles, Thomas von Aquino, Hobbes u.a.). *Die Theorie der Normengenese aus dem biologischen Defizit des Menschen* klingt bei Korff allerdings nur an.

b) Die geschichtliche *Entwicklung von Normensystemen,* nicht ihr biologischer Ursprung, ist Korffs eigentliches Thema. Er will drei Stadien ihrer Entfaltung im Verlaufe der Geschichte unterscheiden: In einem *ersten* kennen die Menschen *Gesetz und Sitte.* Diese beiden sind weitgehend eins und damit zwei Seiten einer einheitlichen sozialen Verhaltenssteuerung; lebendige Sitte macht Gesetze sinnvoll; das Gesetz sprengt das Unzureichende der Sitte auf. Was meint der Verfasser damit? Solange das Recht noch nicht spezialisiert und auch noch nicht kodifiziert ist, entstammt es der Gewohnheit; seine Pflege obliegt meist den Älteren (die z.B. im Tore sitzen – wie im Alten Israel – oder als Häuptlinge an Markttagen zusammenkommen und im Namen des Gewohnheitsrechts Urteile sprechen – wie in afrikanischen Dörfern). Die Sitte pflanzt soziale Gewohnheiten fort; aus sozialen Gewohnheiten schöpfen auch die Laienrichter ihre Grundsätze, auf denen ihre Urteile basieren. Das scheint für die frühen Zeiten Israels ebenso zu gelten wie für die alte griechische Polis.

c) In einem *zweiten* Stadium *halten die Überlieferungen nicht mehr, was sie versprachen.* An dieser Stelle bezieht sich Korff ausschließlich auf das Alte Griechenland. Vom 5. Jh. v.Chr. an kommt die *griechische Polis* in eine tiefe Krise, die durch außenpolitische und innenpolitische Entwicklungen bedingt ist. Die sophistischen Wanderlehrer (der Philosophie) gewinnen Gehör. Sie unterrichten junge Männer gegen Geld, was vorher ungewöhnlich war und gegen sie als Vorwurf gewendet wird. Sie verkünden, daß die traditionellen Grundlagen griechischer Gesellschaft nicht mehr ausreichen, um ein gutes Staatswesen festzustellen. Dabei setzen sie dem *gegebenen überlieferten Recht (nomos)* (der Ungleichheit) ein *Naturrecht* (der Gleichheit aller) entgegen. Es dauert nicht lange, da tritt der erste auf, der in der Natur des Menschen nur das Recht des Stärkeren begründet sieht, das sich gegen die überkommenen Satzungen der Polisgemeinde wendet. Doch findet dieser Ansatz sogar unter den Sophisten Widerspruch: Ein gewisser *Hippias von Elis* weist darauf hin, daß alle Menschen von Na-

tur aus Brüder seien. Wenn dieses stimmt, dann kann eine rechtliche Ordnung, die nur die Ungleichheit der Menschen verankert, nicht mit dem eigentlichen Grund des Rechts in der Natur des Menschen übereinstimmen.
Die Sophisten unterschieden also das, was *durch Setzung* gerecht ist (θέσει δίκαιον), von dem, was *von Natur her gerecht* ist (φύσει δίκαιον). Auch *Sokrates* wurde von dieser Richtung beeinflußt, *Platon* und *Aristoteles* setzten sich mit ihr auseinander. Der griechische Philosoph Aristoteles war, gemessen an der Lehre der Sophisten, ein Konservativer, denn er setzte in seiner Ethik voraus, daß sich die im Guten erfahrenen und zur Reife gelangten freien Männer aufgrund ihrer Erfahrung über das Gute verständigen. Diese Erfahrung mußte sich auf Überlieferung berufen können.
Diese zweite, von Korff herausgestellte Stufe ist außerordentlich wichtig; denn auf ihr entwickelt sich der *Denkansatz, der mit Hilfe einer den Menschen entzogenen Gerechtigkeit, dem* φύσει δίκαιον, *ein Kriterium für die vorhandenen institutionalisierten Normen formuliert.* (Das kommt der oben angedeuteten Frage nach der *Norm für Normen* entgegen.) Anregungen der Sophisten werden wieder lebendig, als die *Stoa* diesen Ansatz weiter ausformuliert (vgl. *Pohlenz, M.:* Die Stoa. Geschichte einer geistigen Bewegung. Bd. 1 und 2, Göttingen [3]1964) (s.u. S. 77). Von der Stoa nimmt ein Gedanke seinen Ausgang, der die abendländische Kirchen- und Geistesgeschichte tief prägt, der Gedanke des *Naturrechts.* Es bezieht sich auf eine sittliche und rechtliche Orientierung, die mit jedem Menschen geboren wird, daher von keinem Politiker hergestellt und von keinem gesatzten Recht ausgeschöpft werden kann. Das Naturrecht bleibt ein faszinierender Gedanke, obwohl es heute mehr denn je in seiner Gefahr bedacht werden muß: Es gibt sich als ein zeitloser, menschlichem Gutdünken entzogener Grundsatz, der allen Vernunftträgern ein vernünftiges Wissen von Gut und Böse, Recht und Unrecht zuschreibt (vgl. des Paulus Rückgriff auf diesen Gedanken in Röm 1,18ff, vor allem aber in Röm 2,14f).

d) Die Entwicklung des Naturrechts kennt zwei Richtungen: eine *emanzipatorische,* weil es das gesatzte Recht und die überlieferte Sitte kritisieren kann, vor allem wo sie unmenschlich werden und gegen die vernünftige Natur des Menschen verstoßen; und eine *retardierende*: Wo es sich mit den Göttern oder mit einem unbewegten, weltjenseitigen Gott verbindet, hilft es, die gegebenen Ordnungen als heilig zu legitimieren, weil sie angeblich aus dem ewigen Schöpferwillen abgeleitet werden können. Die Ordnungen müssen aber diese Begründung ihrerseits bestätigen.
Das progressive und das konservative Moment stehen einander bis heute (unversöhnt) gegenüber; Korff entscheidet sich für das emanzipatorische Verständnis. Die Lebenspraxis der Menschen müsse *kritisch* fundiert werden, sie könne sich nicht auf ein ewig feststehendes Prinzip inhaltlicher Art berufen. Der kritische Ansatz aber werde erst in der *Neuzeit* voll entfaltet. In ihm fänden sich die Normen nicht mehr (wie im Ursprungsstadium) im Zusammenspiel von Sitte und Gesetz; sondern Sitte und Recht träten definitiv auseinander, und über die Sitte hinaus mache sich der Gedanke der *Sittlichkeit* geltend. Das ist – laut Korff – das *dritte* Stadium im Umgang mit Normen.
Was besagt die *Gegenüberstellung von Sittlichkeit und Recht*? In der Neuzeit befragen Menschen die *Autorität jener Normen,* die von der Sitte überliefert oder als Rechtssät-

ze gefaßt werden, danach, wer sie überhaupt gebietet. Beim Recht ist das relativ einfach festzustellen: Es muß einen externen Gesetzgeber geben – in aller Regel ist das der *Souverän*. Wenn wir uns dem Gesetz freiwillig und aus Einsicht fügen und nicht allein aus äußerlichem Zwang, dann finden wir die eigentliche Autorität allerdings in uns. Wir haben uns als *autonome* (d.h. sich selbst Gesetz gebende) Menschen einem auch äußerlichen eingeschärften Recht unterstellt, das jedoch unserer innerlichen Instanz konform ist.
Eine Instanz, die von außerhalb gebietet, wird *heteronom* genannt. Aber in der Sittlichkeit (sie ist nicht mit der Gesamtheit der Sitte in eins zu setzen) gebietet der *vernünftige Mensch* (als *Subjekt* und *selbstverantwortetes Wesen*) sich selbst. Er ist mit *praktischer Vernunft* begabt; praktische Vernunft aber bedeutet, sich einsichtig auf sich selbst zu beziehen und das eigene Verhalten aus Freiheit zu bestimmen. *Sitte* ist hingegen ein traditional bestimmtes Normensystem, in dem die Überlieferung und der soziale Zwang gebietend auftreten. *Sittlichkeit* stellt den Zusammenhang des Sollens dar, in dem sich ein Mensch aus eigener Vernunft zu seinem Verhalten selbst bestimmen kann. Sogar *Rechts*sätze können und sollen mit der Sittlichkeit übereinstimmen; obwohl sie von äußeren Instanzen aufgestellt und eingeschärft werden, müssen sie ihrem Inhalt nach dem selbstgegebenen Gesetz der Vernunft entsprechen.

#### 3.2.3.3 Konsequenzen dieser Theorie

Öffnen sich die Menschen der Neuzeit ohne weiteres dem Gedanken der Sittlichkeit? Es hieße, uns selbst zu überfordern, wenn jeder Augenblick unseres Lebens und Verhaltens im Sinne dieser freien, vernünftigen und bewußten Selbstbestimmung gestaltet wäre. *Die Menschen brauchen für regelmäßige Verhaltensweisen Muster, denen sie folgen können, ohne jeweils solange nachzudenken, bis der sittliche Entschluß gefallen ist.* Wenn jedoch die Kraft der Sitte in der Neuzeit nachläßt (und das ist nach Korff der Fall), verlassen sich die Menschen auf analoge Muster, obwohl sie nicht mehr die Kraft jener überlieferten Sitte haben, die sich in der vorautonomen Gesellschaft findet. Es sind *Bräuche*, *Konventionen* und *Moden* (bzw. Etikette).

Der *Brauch* ist das noch eher auf Tradition bezogene »so tut man es« (Beispiel: Es ist Brauch, daß sich die Nachbarn nach einer Beerdigung treffen). *Konvention* ist das typische Verhalten in einem gegebenen sozialen Beziehungsfeld (Beispiel: Ein Angestellter in einem Büro gibt einen Einstand, wenn er zum ersten Mal an seinen Arbeitsplatz kommt). *Mode* ist eine zeitbedingte Konvention, die oft auf bestimmte soziale Gruppen beschränkt bleibt (anschauliche Beispiele finden sich etwa in der Jugendkultur). Ein Pfarrer wird Sensibilität für diese drei Arten von Normierungen entwickeln müssen. Häufig scheitert er, weil er in seiner Gemeinde das eingefahrene Brauchtum, die Konventionen und auch die Moden nicht kennt, ja überhaupt nicht erkennen kann.

Je kurzlebiger die Normensysteme werden, je weniger weit sie reichen, desto eher werden abgegrenzte Verhaltenssysteme unter den Menschen entstehen und sich zu *Binnenmoralen* stabilisieren. Gibt es erst verschiedene Binnenmoralen, dann scheint in der modernen, der neuzeitlichen Gesellschaft jegliche übergreifende Entschei-

dungsgrundlage zu entfallen. Mit diesem Problem ringen unter anderem die Kirchen. Ein Beispiel dafür sind die verschiedenen Formen von geschlechtlicher Partnerschaft. In Verlautbarungen vor allem der katholischen Kirche zur Ehe zeigt sich, daß sie den *Pluralismus der Moralen* bekämpft.
Was empfiehlt sich aber angesichts des so oft verwirrenden Pluralismus? *Wir müssen prüfen, ob Menschen in verschiedenen Binnenmoralen nicht doch gemeinsame übergeordnete Normen kennen.* (Die Suche nach übergreifenden Zwecken [»Oberzwecken«] gehört zum Ansatz der Erlanger Philosophie; vgl. das Beratungsmodell *O. Schwemmers* [in: Philosophie der Praxis, Neuaufl., Frankfurt/M. 1980].) Möglicherweise schwebt Kirchenvertretern wie Verfechtern der freien Lebensgemeinschaft eine ganz ähnliche Vorstellung glückenden Menschseins in der Partnerbeziehung vor; aber ihre Urteile, ob das durch Ehe oder freie Lebensgemeinschaft zu erreichen sei, gehen auseinander.

### 3.2.3.4
### Rechtfertigung von Normen

a) Fragen in dieser Art zu stellen bedeutet, dem Prinzip der Sittlichkeit nahezukommen: Immer dort, wo wir aus normaler, unreflektierter Anwendung von Brauch, Konvention und Mode aufwachen, fragen wir nach einem *bewußt wahrzunehmenden Prinzip sittlicher Entscheidung und Orientierung.*
Korff setzt an dieser Stelle gemeinsame *Grundwerte* an, die die Menschlichkeit des Menschen sichern helfen.

Da es sich um ein von einem katholischen Moraltheologen vertretenes Modell handelt, müssen verschiedene *Anfragen* gestellt werden:
– Kann denn ein katholischer Theologe überhaupt so offen auf die Autonomie zugehen? Ist er nicht gebunden an Verlautbarungen des *Lehramts*, und sind Verlautbarungen des Lehramts nicht eher heteronom? Die katholische Theologie hilft sich an dieser Stelle mit der Auskunft, das kirchliche Lehramt lege in sittlichen Fragen das Naturrecht, das allen Menschen gilt und von allen, auch wenn sie nicht Christen sind, akzeptiert werden kann, aus.
– Die *reformatorische Theologie* ist sich längst nicht so einig im Blick auf das, was alle Menschen gemeinsam betrifft. Nur sehr grobe Linien können das hier vorläufig andeuten: *Luther* sieht den Menschen noch ganz anders von der Sünde betroffen als die katholische Lehre; jedoch bewahrte Gott trotz des verdunkelnden Sündenfalls in seiner Gnade einige Möglichkeiten guten, zwischenmenschlichen Verhaltens; es kann allerdings vor Gott selbst nicht rechtfertigen. Jenes Prinzip der Sittlichkeit, das die Neuzeit gewinnt, kann nicht in Luthers Theologie eingetragen werden; vor allem darf es nicht das Verhältnis zwischen Gott und Mensch bestimmen (s.u. S. 185ff).
*Melanchthon* verdankt der philosophischen Tradition mehr als Luther und kann sich deshalb mit dem naturrechtlichen Gedanken, der später in den Gedanken der Sittlichkeit verändert wird, befreunden. Zwar ist auch in seiner Sicht das schöpfungsmäßige Dasein durch die Sünde getrübt, aber im Blick auf die natürliche Erkenntnis des Guten im Menschen nicht gänzlich zerstört. Gott hat ein Gesetz in die Herzen der Menschen gelegt, von dem auch die Heiden wissen können; es findet sich in Umrissen im Dekalog angedeutet (vgl. dazu S. 121ff).
Auf dem Hintergrund dieses Gedankens haben sich verschiedene Gruppen von Lehrern der Ethik über die Konfessionsgrenzen hinweg zusammengefunden, um das ›Handbuch der christlichen Ethik‹ herauszugeben (hg. v. A. Hertz, W. Korff, T. Rendtorff, H. Ringeling, Freiburg/Br. u.a., Bd. 1 und 2, 1978; Bd. 3, 1982). Von katholischer Seite trugen Moraltheologen bei, die dem Gedanken der Autonomie verpflichtet sind, auf evangelischer Seite vielfach Ethiker mit der Theorie, daß sich die Freiheit des christlichen Glaubens in demokratische Strukturen der neu-

zeitlichen Gesellschaft hinein übersetzt habe. Auf anderen Ebenen der interkonfessionellen Zusammenarbeit sind es eher konservative Theologen, die das alle Menschen Verbindende in gemeinsamen Aktionen (bzw. Veröffentlichungen) inhaltlich umschreiben wollen, so z.B. in der von den katholischen Bischöfen und dem Rat der EKD gemeinschaftlich verantworteten Stellungnahme ›Grundwerte und Gottes Gebot‹ (Gütersloh und Trier 1979). Sie bevorzugen die konservative Komponente des Naturrechts, eine Auffassung von Sittlichkeit, die auch außerhalb, ja *vor* der Offenbarung gelten könnte, über der jedoch die Kirche wachen muß.

b) Die Überschrift dieses Abschnitts sprach von der Rechtfertigung von Normen. Etwas zu rechtfertigen bedeutet, Gründe für seine Geltung bzw. für seine Wahrheit anzugeben. Die Wahrheit eines empirischen Satzes ließe sich durch Beobachtungen oder Experimente prüfen. Wie sollen aber Normen gerechtfertigt werden? Ein Wissenschaftstheoretiker hat die Unmöglichkeit einer strikten Rechtfertigung mit dem sog. Münchhausen-Trilemma darlegen wollen: Wie Münchhausen sich selbst am Schopf aus dem Sumpf zog, so wollen Rechtfertigungs- oder Begründungsversuche entweder (1) einen letzten Grund finden oder müssen (2) beim Scheitern dieses Versuchs einen unendlichen Regreß (Schritt zu Gründen zurück) eingestehen bzw. werden sich (3) in einen Zirkel flüchten (zB.: Wer das Gute als gut bestätigt sehen will, muß das Gute bereits anerkannt haben; vgl. *Albert, H.:* Traktat über kritische Vernunft, Tübingen [4]1980, passim). Dieser Kritiker empfiehlt statt dessen die ständige kritische Durchleuchtung von Geltungsansprüchen.
Dieser Einwand enthält allerdings einen Fehlschluß: Kritik ist im allgemeinen kein monologischer Vorgang; selbst der einzelne Kritiker befindet sich in einem Dialog der Positionen; Wissenschaft als Kritik soll öffentlich sein und als Diskurs hervortreten. Kritik will verstanden werden; sie darf sich nicht autoritär aufdrängen. Folglich setzt sie gewisse Normen voraus, etwa den anderen als anderen bzw. die andere Position anzuerkennen. Darin scheint etwas vom Grundanliegen des Gedankens des Naturrechts bzw. der Norm für Normen auf. Die Rechtfertigung von Normen bezieht sich deshalb auf meist stille Voraussetzungen des Menschseins, ohne die wir nicht einmal verständig kritisieren könnten.
Aber ihr Ausdruck und ihre Interpretation sind vieldeutig und schwanken in der Geschichte und in den verschiedenen Kulturen. Welchen Beitrag zu ihrem Verständnis bietet der *christliche Glaube* an?

### 3.2.4
### Kritisch verantworteter Umgang mit Normen. Eine Auseinandersetzung mit der vorgestellten Theorie

Der Abschnitt 3.2.3.2 stellte eine anthropologische Herleitung und drei idealtypische Phasen der Entwicklung und Differenzierung von Normen vor: Den Ursprung sittlicher Normen im Menschwerden des Menschen, das Stadium der Einheit von Sitte und Gesetz, deren Auseinandertreten (wodurch die ›Natur‹ des Menschen zum Maßstab wird) und schließlich die Neuzeit als Emanzipation zur Sittlichkeit. Eine theologisch ausgerichtete Ethik muß sich fragen, ob dieses geschichtlich orientierte Schema überhaupt mit einer *biblischen Grundlegung* (oder auch Kritik) *von Normen* in einen Zusammenhang gebracht werden kann. Denn hinter den Zeugnissen biblischer Verkündigung steht und durch die Verkündigung biblischen Zeugnisses verändert sich eine soziale Geschichte. Überhaupt verändern alle Gesellschaften – langsam oder manchmal auch schnell – ihre Normensysteme; manchmal zwingen sie eine Veränderung herbei, indem sie gegen vorherrschende Entwicklungen alte Normengefüge festhalten. *Wie stellt sich biblische Überlieferung zum Umgang mit Normen?*

### 3.2.4.1
### Zum Stadium der Einheit von Sitte und Gesetz

Normen, hieß es (vgl. 3.2.3.2b!), lassen sich zuerst in der Geschichte der Menschen feststellen, als Sitte und Gesetz noch zusammen bestehen. Das Gesetz verstärkt die Sitte, und die Sitte verbürgt die Kraft des Gesetzes. Wo Menschen leben, sind sie ›gesellige‹ Wesen und finden in Gemeinschafts- bzw. Gesellschaftsbeziehungen ihr Überleben. Deshalb begleiten Normen immer schon ihr Leben. Keine Ethik kann abseits von Lebensverhältnissen entworfen werden.
*Große kulturelle Veränderungen stellen jedoch die Geltung vieler Normen in Frage,* die bislang durch Sitte und Recht gemeinsam eingeschärft und befestigt wurden. Im Blick auf *Normenkrisen* lassen sich zwei große Umbrüche in der Menschheitsgeschichte feststellen: Zunächst handelt es sich um die *Revolution menschlicher Gesellschaften beim Übergang von einer Jäger-, Sammler- und Nomadenkultur zur agrarischen Gesellschaft* (mit eingestreuten Städten); zum anderen geht es um die *Umwälzung agrarischer Gesellschaften* (mit eingestreuten Städten) zu *Industriegesellschaften* mit fortschreitender Urbanisierung.

Die Folgen der zweiten Revolution kennen wir recht genau (sie werden im 4. Kapitel angesprochen); bei der ersten läßt sich annehmen, daß sie tiefe Krisen im Normengefüge verursachte. Da Korff nur auf die Krise der griechischen Polis und das in ihr vorbereitete naturrechtliche Denken hinweist, muß hier auf die Wirkung der ersten Menschheitsrevolution verwiesen werden, soweit sie noch im *Alten Testament* zu erkennen ist. Die Anfänge des Gottesglaubens Israels liegen bekanntlich in der Wüste bei einer Mosegruppe (vgl. *Boecker, H.J., Hermisson, H.-J., Schmidt, J.M., Schmidt, L.:* Altes Testament, Neukirchen-Vluyn $^{3}$1989 [Neukirchener Arbeitsbücher], §§ 1 u. 2). Der Glaube dieser einwandernden Gruppe mußte sich mit den Gottheiten des Kulturlandes (Baal und El – vgl. die Funde aus Ugarit, die uns Kenntnisse darüber gegeben haben) auseinandersetzen. El als Schöpfergott oberhalb des Pantheons der anderen Götter war leichter in den Glauben Israels zu integrieren, weil er der Souveränität Gottes Ausdruck geben konnte. Mit Baal tat sich die israelitische Religion schwer, weil er die Naturereignisse steuerte und der dem Ackerbauern nahestehenden Natur göttliche Qualitäten verlieh. Zwar wurden einzelne Funktionen Baals auf Jahwe übertragen, aber zugleich wurde beider Unvereinbarkeit behauptet (z.B. Ri 6,25-32). Jerusalem war beispielsweise das Zentrum eines lokalstädtischen Baal-Kults; Jahwe mußte Titel des Jerusalemer Baal übernehmen. In dieser Auseinandersetzung gewann die *Jahwe-Religion* eine *Kraft, Wandel durchzustehen;* das war besonders im Blick auf das Exil des Volkes wichtig. Den Wandel zu bestehen halfen vor allem die großen vorexilischen *Propheten* wie Ezechiel. Seine Verkündigung löste Jahwe und seinen Kult vom Jerusalemer Tempel ab. Schließlich wurden die Sabbatruhe und die Beschneidung zu Unterscheidungszeichen der exilierten Israeliten. Im Exil verfestigten sich bestimmte Normen, die zuvor vermutlich nicht mit der nun geübten Festigkeit galten. Das Ausbleiben der zeitweise erhofften Endzeit stellte die messianischen Erwartungen der aus dem Exil zurückgekehrten Israeliten auf eine harte Probe. In der nachexilischen Zeit verstärkte sich die gesetzlich-kultische Frömmigkeit anstelle des messianischen Glaubens.

*Die Geschichte der israelitischen Religion spiegelt sich auch in der Geschichte eines Normenwandels wider.* Angesichts dieses Prozesses stellt sich der Theologie eine höchst bedeutsame Frage: Ist Jahwe, Israels Gott, eine Autorität, mit deren Hilfe man wankende Normen einschärft und auch neuen Normen Nachdruck verleiht? Oder ist Jahwe Bezugspunkt der Identität und inneren Stabilität eines von Krisen geschüttelten Volkes inmitten seines Wandels – der gebietende Herr und (bzw. oder) der mit dem Volk gehende Gott? Im zweiten Falle träten erneut die Gesichtspunkte des Subjekts und der leitenden Sicht der Welt hervor, wie das bereits im Teil 2.2 für die Bergpredigt aufgewiesen wurde.

Ein Beispiel für den Umgang mit Normen im Übergang von der (halb)-nomadischen zur agrarischen Gesellschaft und in der Folgezeit gibt ein abgelegenes Kapitel des Alten Testaments, *Lev 18* (die folgenden Angaben beziehen sich auf *K. Elligers* Studie ›Das Gesetz Leviticus 18‹, ZAW 67 [1956], S. 1-25). Das genannte Kapitel ist Teil des sogenannten Heiligkeitsgesetzes Lev 17-27; es datiert vermutlich aus der späten Königszeit. (Das Gesetz selbst heißt nach dem Vers Lev 19,2: »Ihr sollt heilig sein, denn ich bin heilig, euer Gott.«)

Im 18. Kapitel des Lev findet sich ein Ehe- und Keuschheitsgesetz, das man besser eine Beischlafordnung für die nomadische Großfamilie nennen könnte. Ein erstes Stadium bildeten (mit Ausnahmen) die Verse 7-16. Sie handeln von Verwandtschaftsbeziehungen, innerhalb derer ein bestimmter geschlechtlicher Umgang tabuisiert wird. Der Sohn wird angeredet; die möglichen weiblichen Verwandten, die dem Zugriff des Sohns entzogen sind, werden immer im Blick auf den Vater bestimmt. Eine Skizze zeigt die Beziehungen einer Großfamilie über maximal vier Generationen, wie sie beim *nomadischen Dasein* in Zelten zusammenlebte.

3. Tante (Vaterschwester) und 8. Schwester der Mutter — 1. Mutter ↑ — 2. Stiefmutter ↑ — 9. Frau des jüngeren Bruders des Vaters

7. Schwester ← **Sohn** → 6. Halbschwester, 11. Schwägerin

↓ 4. Tochter (ausgefallen) — 10. Schwiegertochter

↓ 5. Enkelin (von Sohn oder Tochter) a b

[5b und 8 fehlten urspr.]

Basen, Nichten, Großbasen und Großnichten fehlen. Man kann aus dem von Elliger rekonstruierten Dekalog (später sind es zwölf Verbote geworden) den Sinn ermitteln: Die Ordnung und die Nachkommenschaft der väterlichen Linie wären bedroht, wenn der Sohn sich der genannten weiblichen Personen bemächtigen könnte; die ursprüngliche Reihe von zehn Verboten ist deshalb offenkundig untheologisch. Sie ist auch kein Gesetz zum Schutz der Frauenehre, sondern ein Verhaltenskodex, der den Zusammenhalt der vaterbestimmten Großfamilie regeln muß.

Beim Übergang in das Kulturland ändern sich die Familienformen, ändert sich aber auch die soziale Umwelt der Gruppe, die diesen Katalog überliefert. Denn sie kommt mit einer agrarischen Gesellschaft in Berührung, in der sexuelle Motive eine religiöse Rolle spielen (die Gesellschaft der Kanaanäer). Mit der Seßhaftwerdung der ehemaligen Nomaden (bzw. Halbnomaden) entsteht die zweite Schicht von Verboten (die Verse 17b-23). Sie stellen ein Gesetz gegen Unzucht dar. So werden in Vers 21 die Moloch-Opfer, in Vers 22f homosexuelle Handlungen und die Tierschande untersagt. Überwiegt im ersten Stadium die in Generationen erworbene Erfahrung, wie eine patrilineare Großfamilie zusammenhält, so tritt im zweiten Stadium das massive *moralische Tabu* hervor (»Du sollst . . . ich bin der Herr«). Nun muß die Autorität Gottes als einschärfende Instanz der Verbote herhalten.

Im Kulturland verändert sich die israelitische Religion weiter, dabei entsteht noch eine dritte Schicht. Die überlieferten zehn Verbote werden auf zwölf erweitert und die Gesetze gegen Unzucht in ein *allgemeines Gesetz* eingebaut. Die Verse 24-30 wollen Greuel abwehren, die das Volk verunreinigen und es kultunfähig machen. Damit wird eine Assimilierung an die Religion und das soziale Leben Kanaans abgewehrt. Weder die Individuen noch das Land als Gabe Gottes dürfen durch die verbotenen Handlungen verunreinigt werden. Als Begründung gilt Lev 18,2b: »Ich bin der Herr, euer Gott«.

Diese drei Schichten helfen der Einsicht in die Genese neuer Normen und in die Weiterentwicklung bereits festgestellter Normenkataloge weiter. Sicherlich gilt, was Korff vom ersten moralischen Stadium der Menschheit feststellt: Sitte und Recht sind darin noch eins. Aber Herkunft und Begründung der Normen stellen sich recht differenziert dar: (a) Zunächst entstehen Normen auch aus (allerdings nicht isolierten) *Nützlichkeitserwägungen:* Bestimmtes Verhalten fordert bzw. behindert den notwendigen sozialen Zusammenhalt. In dieser Hinsicht bestätigt sich das anthropologische Argument: Der Mensch ist zum Überleben auf Mitmenschen angewiesen. Sein soziales Leben bedarf der Normen. (b) Die Unterscheidung von *Rein* und *Unrein* tritt hinzu; angesichts der Autorität Gottes sind bestimmte Handlungen ein Greuel. (c) Dann stellt sich aber die Frage nach der besonderen *Identität eines Volkes,* das einem besonderen Gott begegnet ist und an ihm festhält, selbst wenn es naheläge, ihn zugunsten der Götter der agrarischen Umwelt auszuwechseln. Die im voraufgegangenen Stadium gebotene kultische Reinheit hat zugleich mit der Identität des Volkes in seiner Sonderexistenz zu tun. Das erste Stadium hebt also auf das ab, *was* zu tun bzw. *was* verboten ist; das dritte Stadium (c) geht vom ›Was‹ zum ›*Wer*‹ (sind wir) über: *Nicht der Inhalt des Verbots allein interessiert, sondern die Unterscheidung von anderen Völkerschaften und Kulten.* Normen werden weiter überliefert, obwohl sie ihre anfängliche Funktion verloren haben. Statt dem sozialen Zusammenhalt einer Großfamilie zu dienen, wollen sie nun auch bestimmen, *wer* die ihnen unterworfenen Menschen in Unterscheidung von anderen Menschen sind.

Allerdings hat man ethische Fragen an das Alte Testament vorzugsweise an die Rechts- bzw. Gebotscorpora gerichtet. Es war vor allem *Albrecht Alt,* der mit seiner Schrift ›Die Ursprünge des israelitischen Rechts‹ (in: *Ders.,* Kleine Schriften I, 1953, S. 278ff) in diese Richtung wies, als er eine (heute fragwürdige) Unterscheidung traf. Er unterschied *kasuistisches* und *apodiktisches Recht.* Das erste findet sich z. B. in Ex 21,20f. Seine Sätze beginnen mit »Wenn« *(im)* bzw. »Gesetzt daß« *(ki).* Alt meinte, das kasuistische Recht der Rechtspflege am Stadttor zuordnen zu können. Seine Herkunft führte er auf die Kanaanäer zurück. Allerdings scheinen neuere Forschungen zu ergeben, daß diese Herleitung nicht richtig ist.

Als zweite Rechtsform stellte er das sogenannte *apodiktische* Recht heraus. Ein Beispiel wäre Ex 21,15: »Wer Vater oder Mutter tötet, soll unbedingt getötet werden«. Allerdings faßte er auch andere Formen darunter, z. B. Fluchsätze oder die Dekaloggebote (*lô* mit Imperfekt, unvollkommen übersetzt mit »Du sollst nicht«). Er verortete es soziologisch bei den levitischen Priestern und dachte daran, daß sie dieses Recht alle sieben Jahre beim Laubhüttenfest rezitierten. Und er beschrieb es als spezifisch israelitisch. Gegen Alts Bestimmung apodiktischer Gebote sind Einwände geltend gemacht worden, weil sie sehr verschiedene literarische Formen vereint. Außerdem finden sich für sie auch außerisraelitische Zeugnisse, während Alt behauptete, daß dieser Typ lediglich auf Israel beschränkt gewesen sei. Schließlich führt das oben behandelte Kapitel Lev 18 in seiner frühen Schicht apodiktische Sätze ohne Bezug auf Jahwe vor. Vielleicht war das sogenannte ›apodiktische‹ gar kein spezifisches Recht, sondern eine allgemein gebräuchliche Verhaltensfixierung.

#### 3.2.4.2
#### Zum Stadium des Auseinandertretens von Sitte und Gesetz

*Sitte und Recht treten auseinander* (vgl. 3.2.3.2c). Nun geht es darum, einen Maßstab zu gewinnen, ›gesatzte‹ (d.h. durch öffentliche Satzung bekanntgemachte und in Geltung gesetzte) Normen zu beurteilen. Im Alten Griechenland wird der *Mensch* zum *Maß*. Ist diese ›Norm für Normen‹ die einzige? Auch bei dieser Frage lohnt es, sich an das Alte Testament zu halten. Denn vielleicht hat sich Korff einseitig auf das Normenmaß ›menschliche Natur‹ festgelegt, weil er von ihm aus den Weg zur Autonomie der Neuzeit finden will.

Diese Frage sollte in den Gesamtzusammenhang alttestamentlicher Gesichtspunkte zur Ethik gestellt werden und kann auf S. 78ff weiterverfolgt werden. (Sie läßt sich auch an den Artikel ›Ethik III. Altes Testament‹ von *R. Smend*, in: TRE, Bd. 10, 1982, S. 423-435 stellen.)

Eine so tiefgreifende soziale Veränderung wie der Übergang vom nomadischen (bzw. halbnomadischen) Dasein zur Agrargesellschaft schließt die *Aufgabe* ein, *neue Normen zu finden* und zu prüfen, ob sich alte Normen in neuer Situation bewähren. (Sollen sie trotz ihres Funktionsverlustes weiter eingeschärft werden?) Solche Situationen erfordern eine ›*Norm für Normen*‹. Allerdings ist zu fragen, ob sie im biblischen Zusammenhang in der Form einer Norm auftritt und nicht vielmehr eine komplexe Zielbestimmung des Seins des Menschen vor Gott und unter Gottes Geschöpfen darstellt.

Auf dem Hintergrund heutiger praktischer Philosophie sind zwei Arten zu unterscheiden:
– Die *Grundnorm*. Sie ist eine *nicht weiter abzuleitende Norm*, auf die sich andere Normen gründen können (Was du nicht willst, das man dir tu, das füg auch keinem andern zu, bzw.: Alles, was ihr wollt, das euch die Leute tun, das tut ihr ihnen – die Goldene Regel). Im mittelalterlichen Naturrecht findet sich der Obersatz: Das Gute ist zu tun, das Böse ist zu meiden.
– Die *Metanorm* (die Vorsilbe »Meta-« besagt, daß diese Norm jenseits des eigentlichen Bereichs systematisch geordneter Normen steht). Eine Metanorm weist an, wie eine Norm zu gewinnen ist. Sie könnte z. B. lauten: Alle jene Normen sind gerechtfertigt, die das Menschsein des Menschen fördern. Mit der Metanorm gewinnen wir *Distanz* und denken über die Funktion von Normen nach. Auch Korff, dessen Ansatz hier besprochen wird, setzt eine Metanorm an; er greift sie bei den Sophisten auf und verfolgt sie bis in die Neuzeit; ihm geht es um die Natur des Menschen, vor allem um seine freie Selbstbestimmung. Ist das die einzige Möglichkeit, Normen in krisenhaften Übergängen zu sichten oder neue Normen hervorzubringen?

Im Alten Testament bahnt sich eine Lösung an, die Grund- und Metanorm verbindet und zugleich überbietet. Auf Lev 18 folgt ein Kapitel mit einer Reihe sehr konkreter Regeln, die sich vor allem mit den Ansprüchen und Bedürfnissen des Armen beschäftigen. Manche dieser Regeln suchen wohl auch die Unterscheidung von kanaanäischen Bräuchen. Material gefüllte Regeln haben allerdings die Eigenart, nur einen begrenzten Teil der Lebensbereiche zu umfassen, während andere von ihnen unberührt bleiben. Treten Menschen in neue Situationen ein, die durch inhaltliche Normen nicht hinreichend vorstrukturiert sind, dann müssen sie sich nach Analogieschlüssen entscheiden oder neue Normen entwickeln. Vielleicht bildet das den Grund, daß die Auflistung recht konkreter Regeln in Lev 19,18b mit dem *Liebesgebot* endet: »... Du sollst deinen Nächsten lieben wie dich selbst; ich bin der Herr«. Offensichtlich steht dieses Gebot an der Stelle einer allgemeinen Regel, die nicht situationsspezifisch ist (s.o. S. 26); jedoch ist es in seiner *Allgemeinheit* zugleich eine Aufforderung, *konkret* zu werden, etwa in dem Sinne: Weil du dich selbst kennst und weißt, wie sehr du auf die Annahme und Zuwendung anderer angewiesen bist, sollst du genau das beim anderen anerkennen und fördern.

Wer – wie Korff und andere – die Ethik im neuzeitlichen Anliegen der Autonomie, im Sittlichkeitspostulat begründet und vollendet sein läßt, müßte in ihm *drei* wichtige *Gesichtspunkte* voraussetzen, die bereits in dem sehr alten Liebesgebot angelegt sind: die *Reziprozität* (die Aufforderung, sich in den anderen hineinzuversetzen), die *Universalität* (die Anerkennung, daß alle anderen Menschen mit dem vom Gebot Angesprochenen etwas gemeinsam haben) und die *Selbstbestimmung* (die Erkenntnis eigener Bedürftigkeit, Verletzlichkeit und Angewiesenheit, die ebenso beim anderen anzuerkennen ist). (Die Reziprozität wird durch den Einsatz der Propheten für Gerechtigkeit bestärkt.) Allerdings ist angesichts der Entfaltung des alttestamentlichen Ethos und besonders im Blick auf Lev 19,18b zu fragen, wie weit die Universalität reicht. Erstreckt sie sich nicht zuerst auf den Volksgenossen und dann, gewissermaßen in konzentrischen Kreisen, auf den Fremdling und schließlich auf die Menschen in anderen Völkern? (Die Botschaft der späteren Propheten bereitet die universale Ausweitung vor.) Immerhin liegt mit dem Liebesgebot etwas wie eine *Erfindungsregel* vor: Wenn die alten Normen nicht zureichen, dann verfahre nach dieser Regel und sieh zu, ob du neue Verfahrensweisen findest, die sich bewähren. Aber wo finden sich Kriterien der Bewährung?

### 3.2.4.3
### Zum Stadium der Autonomie

Der Hinweis darauf, daß wesentliche, oft erst der Sittlichkeit der Neuzeit zugeschriebene Funktionen bereits im alttestamentlichen Liebesgebot entdeckt werden können, führt nun zu folgender Gegenüberstellung: Korff bezieht sich – wie andere Ethiker, die den Schwerpunkt ihres Interesses in die Neuzeit setzen – auf die *Natur* des vernünftigen, sittlich orientierten Menschen, die sich in der Geschichte des Abendlandes zur selbstbestimmten Sittlichkeit (entsprechend der Autonomievorstellung der Neuzeit) entwickelt (vgl. 3.2.3.2d). Von der entfalteten Vernunftnatur aus will Korff nach Gott als dem Geber der Freiheit bzw. dem Schöpfer der Natur fragen.

Wenn jedoch das *Liebesgebot* ebenfalls eine normenkritische und -sichtende Funktion hat, so gründet es – anders als die Vernunft – nicht in der allgemeinen Natur des Menschen, sondern es wird von jener besonderen *Autorität Gottes* in Kraft gesetzt, die Menschen in ihrem Menschsein immer dann über Normen stellt, wenn Normen nicht mehr der Lebendigkeit des Geschöpfes gerecht werden. Zugleich verweist die

*Autorität Gottes* an die *konkrete Situation* und nimmt deren jeweilige Bestimmtheit ernst; sie ist unter Umständen weit von der Normierung durch abstrakte Sittlichkeit entfernt. Der Anstoß des Liebesgebots, menschliche Lebenswirklichkeit aufzuschließen, neu wahrzunehmen sowie kritisch und kreativ zu bestehen, wird durch die *Geschichte Israels* in immer *universalere Dimensionen* (durch die Botschaft der späten Propheten) entfaltet und gipfelt in der *Freiheit Jesu;* wenn Jesus den *Gott des kommenden Reiches* verkündet, sprengt er Strukturen der Lebensverhältnisse auf, damit Menschen sich als Gottes Geschöpfe neu entdecken lernen.

Wer Normen rechtfertigen bzw. begründen will, kann sich also entweder an die Evidenz des Liebesgebots oder an die Evidenz der Vernunftnatur des Menschen halten. Aber sind diese Evidenzen tatsächlich schlechthin gegeben? Werden sie nicht durch das alltägliche Verhalten ständig in Frage gestellt? Auch scheint das eine ›Prinzip‹ das andere in Frage stellen zu können. Viele Formen neuzeitlicher Autonomie (Sittlichkeit) schließen einen Protest gegen die gebietende Instanz eines Gottes, der den Menschen die Freiheit nimmt, ein. Nirgends meint jedoch die biblische Verkündigung, daß hinter dem Liebesgebot die Autorität einer entfremdenden Gottheit stehe, sondern in ihr begegnet der lebendige Gott, der die Menschlichkeit des Menschen gewollt hat und ständig neu bestimmen will. Zwar ist nicht abzustreiten, daß sich im Gottesbild der Bibel – zumal des Alten Testaments – auch autoritäre Züge zeigen. Gebietet Gott nicht so, daß der Inhalt seines Gebietens der Diskussion entzogen ist? Die Aufforderung an Abraham, Isaak zu opfern, ist oft als Beleg grausamen, autoritären Patriarchalismus verstanden worden. Nicht minder deutlich tritt aber der andere Grundzug heraus: Jener Gott befiehlt nicht nur auf uneinsichtige Weise, was zu tun ist, sondern befreit dazu, sich selbst in seiner Identität als Mensch zu entdecken, das *Wer* des Handelns neu zu bestimmen. Das *geschöpfliche Sein wird inhaltlich je neu in der Begegnung mit jenem Gott bestimmt, der aus verengten Situationen führt.* Aber diese Neubestimmung geschieht mitten in den jeweiligen sozialen Umständen und niemals in der reinen Sphäre des Gedankens. Das beweist sich an der Zuwendung zu denen, die am bedürftigsten sind – im Alten Testament sind die Witwen und die Waisen Beispiele, im Neuen Testament die Sünder sowie die sozialen und religiösen Randsiedler der Gesellschaft.

#### 3.2.4.4
#### Die Auszeichnung des Abendlands

Wer die Ökumene der Christen ernst nimmt und die Menge der Menschen in Betracht zieht, die nicht an der gerade vorgestellten Geschichte des Naturrechts und der Vernunft teilhaben, wird fragen: Entscheidet die abendländische Neuzeit und ihr Gedanke sittlicher Vernunft über die Grundlegung der Ethik?

Das von Korff vorgelegte Schema ist kein Einzelfall; es stellt die Entscheidung eines Theologen heraus, mit der abendländischen *Neuzeit* Schritt halten zu wollen. Deswegen ist in der Abfolge der drei von ihm skizzierten Stadien eine Art *Fortschritts*modell eingeschlossen. Die Entwicklung der Ethik führt bis zum vernünftigen Prinzip der Sittlichkeit. (Ähnliche Modelle kennt auch die neuere evangelische Ethik, z.B. bei *Rendtorff, T.:* Kirche und Theologie. Die systematische Funktion des Kirchenbegriffs in der neueren Theologie, Gütersloh 1966; *ders.:* Ethik, Bd. 1, Stuttgart u.a. 1980 [s.u. S. 272f].) Wie läßt sich aber der christliche Glaube mit diesem Modell historischen Fortschritts vereinen? (Vgl. *Koselleck, R.:* Art. ›Fortschritt‹, in: Geschichtliche

Grundbegriffe, Bd. 2, S. 351-423.) Diese Problemstellung scheint eher die Sorge um christliche ›Religion‹ herauszustellen als den Fortschrittsgedanken in seiner Ambivalenz ernst zu nehmen. Wenn der Glaube relevant sein wolle, dann dürfe er sich nicht von den Errungenschaften des neuzeitlichen Abendlandes abkoppeln, meinen doch wohl jene, die mit ihren Entwürfen um das Thema der neuzeitlichen Autonomie kreisen: Nicht der Fortschritt sittlicher Vernunft soll dem Glauben rechenschaftspflichtig sein, sondern der Glaube muß sich vor der Herausforderung der Neuzeit und damit auch der sittlichen Vernunft, der Autonomie, legitimieren.
In diesen Entwürfen der Ethik liegt eine Gefahr mit vielen Facetten:

– Auf der einen Seite droht die Fehleinschätzung des ›Europäismus‹, uns an der Spitze einer aus sich heraus legitimen Entfaltung der Menschheit zu sehen. (Vom ›Europäismus‹ sprach *Troeltsch, E.:* Der Historismus und seine Probleme, Bd. 1: Das logische Problem der Geschichtsphilosophie, Tübingen 1922 [Ges. Schriften 3]; vgl. die modifizierte Wiederkehr dieser Sicht bei *Rendtorff, T.:* Universalität und Kontextualität der Theologie. Eine ›europäische‹ Stellungnahme, ZThK 74 [1977], S. 238-254.)
– Auch droht die Gefahr, die *Ambivalenz des Fortschritts* zu übersehen und unfreiwillig dort, wo der Fortschrittsglaube zerbricht, dem Pessimismus Tür und Tor zu öffnen; denn Fortschrittsglaube und Sehnsucht nach dem Früheren gehören oft zusammen – wie Zwillinge, die nur deswegen in entgegengesetzte Richtungen auseinandergehen, weil jeweils die Polemik gegen den anderen die eigene Sicht legitimieren hilft.
– Gott wird vereinnahmt, indem er zum Legitimationsgrund der neuzeitlichen Freiheit bestimmt wird. Er habe die Menschen aus heteronomen Bindungen entlassen, damit sie kraft eigener sittlicher Vernunft das Rechte finden und tun. Er wird zum Anstoß einer Wirkung, in der er sich selbst aufzuheben scheint; jedoch nur so könne er noch in der Neuzeit verstanden werden.
– Gegen diese Sicht läßt sich viel einwenden: Besonders dringlich ist die Frage, ob unsere Kultur wirklich die Spitze des geschichtlichen Ganges darstellt. Zwischen Fortschritt und Rückschritt, der Suche nach der besseren Welt von morgen und dem Rückzug in eine angeblich heile Welt früherer Zeiten scheint die Geschichte wie ein ganz und gar nicht eindeutiger Prozeß zu spielen. Statt eines mehr oder minder einlinigen Fortschreitens sollte die Geschichte als *alternative Spezifikation* angesehen werden: Ein Segment menschlicher Erfahrung entfaltet sich ungeheuer komplex, zugleich verarmen andere, z. B. verlieren sich mit dem Triumph des Herstellens und den Errungenschaften einer hochgezüchteten Technik eine Fülle früherer Erfahrungen.
– Ein weiterer Einwand erhebt sich gegen die Festlegung Gottes; seine schöpferische Wirkung kann mit dem Streben nach Autonomie gleichgesetzt werden. Wo bleibt aber dann das Rätsel der Führungen Gottes, das im Alten Testament als so schwer empfunden wird? Gerade die Auferstehung Jesu löscht nicht triumphal das *Kreuz* und die *Gottesverlassenheit* Jesu aus. Wie soll in der Einseitigkeit noch der Schöpfer erfahren werden, wenn die technische Vernunft so offenkundig in die Krise gerät, wie es die ökologische Krise beweist?

Stimmt dieser auf dem Hintergrund biblischer Theologie formulierte letzte Einwand, dann werden wir Gott anders sehen müssen als das gerade skizzierte Fortschrittsmodell. Zu allen Zeiten muß die Sorge Gottes um die Menschlichkeit des Menschen so erfahrbar sein wie in unserer Zeit. Nicht das formale Prinzip der Sittlichkeit, sondern die *lebendige Erfahrung des gebietenden Gottes im Glauben führt über bestimmte Verhaltensweisen der Menschen hinaus, die weder der Situation noch dem Menschsein in ihr genügen.* Beim gebietenden Gott setzt z. B. *K. Barth* mit seiner Ethik an, nicht um ein auf Autonomie bedachtes Zeitalter zu schockieren und eine heteronome Instanz zu forcieren, sondern wegen der Irrwege (bis ins Politische hinein), die aus den unaufgeklärten Selbstverständlichkeiten des Autonomiestrebens erwachsen (KD II,2, S. 564ff [§ 8: Gottes Gebot]).
Die bei der Sittlichkeit bzw. der Autonomie (der neuzeitlichen Menschen) ansetzenden Ethiker neigen dazu, die Auseinandersetzung mit der Autorität Gottes bzw. Jesu zu umgehen. Erkennen wir jedoch, daß der irdische Jesus in den unerhört scharfen Antithesen der Bergpredigt nicht eine neue Autorität aufbauen, ein neues Hypergebot für Vollkommene aufrichten und nicht das Gewissen erschrecken will, dann können wir seine *Autorität* nur als *befreiende,* nicht als heteronome Instanz betrachten. Sie führt uns zum Menschsein, das Gott uns angesichts des verheißenen kommenden Reiches aufschließt.

### 3.2.4.5
### Zusammenfassung

Die Ausführungen zum Thema ›Normen‹ sollen in Thesen zusammengefaßt werden:

a) Sittliche Normen sind schematisierende Verhaltensregulierungen, die uns verpflichten wollen und deshalb unsere Stellungnahme und unseren Selbsteinsatz herausfordern.

b) Sie treten meist gar nicht einzeln an uns heran, sondern sind in Gestalt von Lebensformen gebündelt.

c) Lebensformen hängen mehr oder minder intensiv mit dem sozialen Leben zusammen. Eine Krise im sozialen System, der Übergang von einer Lebensweise zur anderen oder der Zusammenstoß mit anderen sozialen Welten lassen Lebensformen unsicher werden.

d) Aus den Erfahrungen der *griechischen Polis* kommt die Frage nach dem, was dem Menschen von *Natur* aus als gerecht zugemessen werden kann. Diese Frage soll bei konfligierenden Normen oder bei der Rückständigkeit überlieferter Normen entscheiden helfen.

e) Diese Sicht wird im Entwurf eines *Naturrechts* (in der Stoa, vor allem aber im Mittelalter) und schließlich im *Vernunftrecht* der Neuzeit fortgesetzt. Die ›Sittlichkeit‹ oder die ›Autonomie‹ reguliert in der Neuzeit nicht allein das Recht, sondern vor allem die sittlichen Normen. Die Sittlichkeit als Prinzip stellt die freie, selbstverantwortete Bestimmung des Vernunftwesens Mensch obenan; sie setzt damit eine Freiheit voraus, die ihrerseits die entsprechende Freiheit des anderen Menschen achten oder sogar fördern will.

f) Wie aber bewältigte *Israel* die Krise seines Normensystems beim Übergang vom halbnomadischen Dasein zur Agrarkultur? Weder ein Prinzip des von Natur aus Gerechten noch die neuzeitliche Sittlichkeit standen ihm zur Verfügung; vielmehr transformierte es Normen in den Jahweglauben und veränderte sie dabei in ihrer Bedeutung, z.B. indem es ihren Zweck vom sozialen Zusammenhalt in den der sozialen Identität umsetzte. Statt eines Formalprinzips der Beurteilung der Lebensförderlichkeit von Normen steuerte die *Begegnung mit dem lebendigen, gebietenden Gott* den Umgang mit Normen.

g) Diese Begegnung erschließt neue Lebensmöglichkeiten, setzt Maßstäbe für alte und neu zu findende Normen mit Hilfe des Liebesgebots. Das *Liebesgebot* muß der Reziprozität genügen und den Kreis der Betroffenen, der Nächsten, immer weiter ziehen, d.h. universaler bestimmen.

h) *Jesu Neuauslegung des Gesetzes* in den Antithesen der Bergpredigt, das Samaritergleichnis und die Mission der Urchristenheit müssen als Fortsetzung der Geschichte lebendiger Begegnung Gottes mit dem Menschen verstanden werden. Der im Liebesgebot angesiedelte Universalitätsgedanke (nicht nur die Nahen, sondern auch die weniger Nahen, vor allem auch die Fernen sind betroffen) erreicht seine größte Weite, wenn der Feind als Nächster bestimmt wird (Mt 5,43ff).

## 3.3 Vertiefung

Die Frage nach den Normen kann in verschiedenen Richtungen weitergedacht werden:

### 3.3.1 Weitere Theorien über den Ursprung bzw. die Rechtfertigung sittlicher Normen

#### 3.3.1.1 Die biologisch orientierte Anthropologie

In dem unter 3.2.1 dargestellten Schema der Entwicklung von Normen wird die Moral von der biologischen Konstitution des Menschen abgesetzt und die ›Natur‹ des Menschen gerade auch in seiner Kultur gefunden. Die neuere philosophische Anthropologie begründet dieses Verständnis. Darum bilden ihre Gedanken häufiger die Grundlage neuerer Ethikentwürfe: Der Mensch ist ein biologisch ungesichertes, mangelhaft mit Instinkten ausgerüstetes Wesen, das sprachlicher und kultureller *Institutionen* bedarf, um sein Überleben zu sichern. Daß er ein Gehirn mit umfassendem Simulations- und Rückkoppelungsvermögen, mit einer schier unbegreiflichen Kapazität der Informationsauswahl und -verarbeitung entwickelte, war wohl die wichtigste Bedingung seiner Evolution. Sonst wäre es zu keinem Homo sapiens gekommen.

Daß sich der Mensch durch Normen und Institutionen sichern muß, ist schwerlich zu bezweifeln. Dennoch kann diese These gefährlich werden, weil ihre Verfechter den ungesicherten, der Institutionen und Normen bedürftigen Menschen in einem gewaltigen Gedankensprung – vom Urmenschen zur Spätkultur (nach einem Titel von *Gehlen, A.:* Urmensch und Spätkultur, Bonn 1956) – mit dem Menschen in unserer Zeit identifizieren. Gelegentlich behaupten sie dann sogar, daß er sich heute, nach Tausenden von Jahren biologischer und kultureller Entwicklung, aufgrund seiner unverändert wirksamen biologischen Antriebe kaum anders verhalten könne als damals. Aus der Notwendigkeit, überhaupt Normen zu befolgen, wird also unter der Hand die Notwendigkeit, *bestimmte* Normen zu befolgen. Diese Verwechslung läßt sich z.B. *A. Gehlen* mit seinem Buch ›Moral und Hypermoral‹ (Frankfurt/M. 1969) zuschulden kommen (s.u. S. 108f). Kann dieser anthropologische Ansatz mit der Fundierung der Sittlichkeit in der Autonomie zusammengehen? Offensichtlich findet Gehlen bei den Ethikern der Autonomie vielfach einen gewissen Anklang; denn die Notwendigkeit von Institutionen läßt sich mit der Auffassung verbinden, daß die überlieferten Institutionen bereits vom Geist der Freiheit geprägt sind. (Den Übergang von der anthropologischen Grundlegung zur Autonomiethese leistet *Trillhaas, W.:* Ethik, Berlin [3]1970.)

Bei diesem Versuch der Rechtfertigung von Normen handelt es sich um eine Form des sogenannten *›naturalistischen Fehlschlusses‹* (so formuliert von *Moore, E.:* Principia Ethica, 1903, Abschnitt 10, 24-25 [deutsch: Stuttgart 1970] – im Anschluß an *Hume, D.*, Treatise of Human Nature, 1739-1740, Buch III, Teil I, Abschn. 1). Aus einer Seinsaussage über eine natürliche Eigenschaft (der Mensch sei dies oder jenes biologische Wesen) wird eine Sollensaussage abgeleitet (weil dies oder jenes *ist*, *sollen* wir dies oder jenes tun, wollen wir so und nicht anders sein; vgl. dazu S. 72).

Neben diesem Fehlschluß (der später noch zu diskutieren ist) ist eine Unschärfe festzustellen: Wer etwas vom Ursprung behauptet, muß zugleich sorgsam darlegen, ob oder wie das Menschen *heute* betrifft. Dieser kritische Einwand muß gemacht werden, weil eine am Ursprung des Menschen orientierte Theorie nicht ohne weiteres die Entwicklung von Normen in der soge-

nannten Hominisation betreffen kann. (Hominisation und Humanisierung werden im neueren Sprachgebrauch oft unterschieden, um zu zeigen, daß die biologisch erklärte Menschwerdung im Evolutionsprozeß [= Hominisation] von der Vermenschlichung des Menschen durch Sittlichkeit und vernünftige Zielsetzungen [= Humanisierung] zu unterscheiden ist.) Dieser Einwand gegen die Ursprungstheorie läßt sich fortführen: Tiergesellschaften weisen normenanaloges Verhalten auf; z.B. haben die Schwächeren Platz zu machen, wenn der Leitpavian beim Futter auftaucht. Solches Verhalten scheint in der Regel genetisch programmiert, durch Erfahrung stabilisiert, in selteneren Fällen erworben und weitergegeben zu sein. Sollten biologisch orientierte Anthropologen nicht auch auf die Normen der Tierwelt zurückgreifen, wenn sie schon die Ausrüstung des neuzeitlichen Menschen mit Normen aus der Ursprungssituation des Urmenschen herleiten wollen? Wir wissen bis heute nicht abschließend, *wieweit* unsere *Verhaltensschemata genetisch programmiert* und *wieweit* sie *sozial erworben* sind. (Vgl. dazu die *Ethologie* und die Diskussion um ihre Schlußfolgerungen [*K. Lorenz, I. von Eibl-Eibesfeldt* usw.].) Aber gerade das ist ein sittliches Problem, weil Forscher uns mit der Legitimationskraft von Wissenschaft auf bestimmte Schemata festlegen wollen.
Damit sind die Einwände noch nicht erschöpft. Denn nicht allein die unzureichende biologische Ausrüstung macht Normen notwendig, sondern Normen werden in immer neuen Anpassungsvorgängen an neue Situationen von Menschen hervorgebracht. Die *geschichtliche Entwicklung* der Menschen spiegelt einen Reichtum, der nicht nur biologische Mängel kompensiert. Nur weil die Spezies Mensch so erfindungs- und anpassungsreich war und sich experimentell verhielt, konnte ihr gelingen, was Tieren so gut wie nicht gelingt: Sie konnte sich an extreme Situationen wie in Grönland oder in der Sahara anpassen. (Weltoffenheit und Plastizität sind allerdings auch Themen *A. Gehlens.* Nur geht Gehlen mehr oder weniger am Thema der Geschichte vorüber, weil er uns im post-histoire leben sieht.) Aber in jedem einzelnen dieser Anpassungsprozesse waren lange soziale Lernvorgänge notwendig. Nur wenn sie gelangen, war das Überleben gesichert.

### 3.3.1.2
### Der ethnologisch-soziologische Ansatz

Der soeben kritisierte Ansatz läßt sich von der Biologie anregen und weist eine Verwandtschaft mit dem *Behaviorismus* auf. (Diese Richtung verzichtet auf die Hypothese einer Innenwelt des Menschen.) Ältere Moralphilosophen rechneten aber damit, daß sich die Moral aus der Sphäre des *Bewußtseins* oder des Geistes entfaltet. Wie steht es mit dem *geistigen* oder gar dem *religiösen Ursprung* der Normen? Aus den verschiedenen Theorien seien zwei herausgegriffen:

(a) Die gesellschaftliche Realität der Menschen der Frühzeit sei *pansakral* gewesen. (Das ist die These des französischen Soziologen und Psychologen *L. Lévy-Bruhl.*) Normen konnten demnach nur zusammen mit religiösem Verhalten entstehen und sich durchsetzen. Dann wären die Götter – als Gesetzgeber – zugleich Autoritäten, die das Gesellschaftsganze legitimieren und das Verhalten der Menschen den Gesellschaftsstrukturen anpassen helfen.
Diese Theorie ist auch von der Soziologie, zumindest in ihren Anfängen, aufgegriffen worden. *E. Durkheim*, ein französischer Soziologe (1858-1917) (Les Formes élémentaires de la vie religieuse, Paris 1912), hat sich in seiner Religionssoziologie auf das Phänomen des Totemismus konzentriert. Er war von den sogenannten primitiven Religionen fasziniert, weil er meinte, an ihnen die Verbindung von gesellschaftlichem Leben und Religion deutlicher als in komplexen Gesellschaften aufzeigen zu können. Sein bevorzugtes Beispiel, das gesellschaftliche Leben der australischen Ureinwohner, zeigt, daß mit den verschiedenen Gestalten der Totemtiere und Religionssymbole ein Wanderplan der Stämme verbunden war, der jeweils im metereologisch geeigneten Augenblick in eine Gegend führte, wo das Überleben möglich war. (Greifen aber heute große Uran-Abbau-Gesellschaften in diesen Lebensrhythmus ein, dann zerstören sie sowohl die Religion wie das Gemeinschaftsgefüge der Ureinwohner und sind letztlich daran schuld, daß sie am Alkohol zugrunde gehen.)

(b) Neuere ethnologische Forschungen (z.B. von *B. Malinowski* und *C. Geertz*) deuten jedoch an, daß in sogenannten primitiven Gesellschaften *religiös bedingte* und *profan beachtete Normen* nebeneinander bestehen können. Die religiös bedingten Normen werden kraft besonderer Autorität eingeführt und festgehalten, die nichtreligiösen Normen werden in Generationen übergreifender Erfahrung aufgebaut und weitergegeben. Was zum Überleben dienlich ist und was die eigene Identität stützt und aufbaut, geht ineinander über.

#### 3.3.1.3

Damit läßt sich über den *Ursprung von Normen nichts Sicheres sagen;* selbst wenn wir den Ursprung eindeutig kennen würden, wäre ihr *verpflichtender Charakter damit noch nicht begründet.*

### 3.3.2 Probleme des Naturrechts

Die Vorstellung eines *Naturrechts* enthält einen faszinierenden Gedanken: Allen Menschen soll kraft ihrer Natur oder ihrer Geschöpflichkeit ein Grundwissen des Rechten bzw. des Guten mitgegeben sein. Das Naturrecht gilt als ein *mit uns geborenes Recht* (bzw. die mit uns geborene Sittlichkeit). Zur Grundlegung der Menschenrechte scheint der Gedanke des Naturrechts unentbehrlich zu sein. Über die nähere Bestimmung des Naturrechts wird S. 120 mehr gesagt. Hier genügt es, auf die durch den Naturrechtsgedanken ermöglichte *Verbindung von Ethik und Theologie* aufmerksam zu machen. Liegen die Grundvorstellung des Rechten und des Guten von vornherein in der Menschennatur, dann ließe sich die Ethik ohne Offenbarungstheologie begründen; sie müßte lediglich vom allgemeinmenschlichen Grundbestand ausgehen. Die Theologie könnte diesen als einen Aspekt der Schöpfung interpretieren. Im Naturrechtsdenken liegen Wurzeln der Emanzipation der Ethik des Christentums von der Theologie.
Andererseits hat das Naturrecht eine *Geschichte*; es gibt keine Formulierung natürlicher Rechte, die dem Anspruch, jedem Menschen – gleich welcher Epoche oder Kultur – zu entsprechen, standhält. Mit der Neuzeit ist das Naturrecht in eine Krise gekommen; angesichts der Nötigung, Lebensverhältnisse weltweit zu bedenken, zu kritisieren und zu erneuern, kehrt sein Anspruch auf *Allgemeingültigkeit* trotzdem in philosophischen und theologischen Überlegungen wieder.

### 3.3.3 Die theologische Kategorie des ›Gesetzes‹

Besonders herausgefordert ist die *evangelische Theologie.* Denn der Gedanke einer mit dem Menschen geborenen Sittlichkeit (und einem dem Menschen von seiner ›Natur‹ her offenen Verständnis für die religiöse Dimension des Lebens) galt seit *Melanchthon,* vor allem aber seit dem 19. Jh. als Vorbereitung auf den Glauben. Viele Theologen sahen darin die Möglichkeit einer negativen Anknüpfung: Weil der Mensch fragt, wie er mit dem, was sein Leben von Grund auf gestalten will, zurechtkommt, aber immer wieder scheitert, bedarf er der Erlösung. Eine auf das Moralische bezogene kirchliche Praxis schärft die Grundsätze immer wieder ein und bringt gerade dort, wo Reue, Buße und die Frage nach dem besseren Leben wach werden, den Trost des Evangeliums.
Die evangelische Theologie hat im allgemeinen früher als die katholische gespürt, daß die ›Natur‹ als Vorraum zum Glauben vieldeutig wurde. Konnten die methodisch atheistischen neuzeitlichen Wissenschaften in ihrem Naturbild noch Hinweise auf

Gott finden? Was trat an die Stelle einer natürlichen Theologie, die auf der Moral fußt? Zum einen nahm die theologische Kategorie des ›*Gesetzes*‹ Funktionen der natürlichen Theologie an, zum anderen sollte Gott allen Menschen Ordnungsvorgaben in Gestalt von Schöpfungsordnungen gesetzt haben (dazu s.u. S. 133ff).

### 3.3.4 Schöpfungs- und Erhaltungsordnungen

Schöpfungsordnungen sind in der evangelischen Ethik umstritten. Woher kommt der Gedanke? Die Vorstellung des ›ordo‹ gehörte zur Ontologie des Mittelalters. *Luther* spricht von ›heiligen Orden‹ und vom ›gemeinen Orden der göttlichen Liebe‹ (WA 26, S. 504f), während *Melanchthon* auf die aristotelische Philosophie zurückgreift und eine Lehre vom ›ordo politicus‹ entwickelt (vgl. *Huschke, R.:* Melanchthons Lehre vom Ordo politicus, Gütersloh 1968 [SEE 4]). Letztere gehört zu einer protestantischen Naturrechtslehre.
Die Hinweise auf das Mittelalter und die Reformationszeit erklären allerdings nicht die Fragwürdigkeit neuerer Ordnungsaussagen, denn sie sind oft nur zum Schein auf die theologische Tradition zurückbezogen. Tatsächlich reagieren neuere Vertreter der Ordnungstheologie defensiv auf den gesellschaftlichen Wandel, der mit der industriellen Revolution hereinbrach. Auch sind sie im allgemeinen vordemokratischen Vorstellungen verbunden, weil sie die Erhaltung der gesellschaftlichen Strukturen bzw. Institutionen aus jener Zeit, in der sich das Bürgertum mit Fürstenherrschaft arrangierte, im Sinn haben. Nicht der kontrollierte, sondern der vollmächtige *Staat*, nicht die partnerschaftliche, sondern die durch Über- und Unterordnung gekennzeichnete *Ehe* ist ihr Anliegen.

Eine Übersicht über *Ordnungsvorstellungen* namhafter Ethiken des 20. Jahrhunderts kann die eigene Einarbeitung erleichtern:

a) Zwei lutherische Ethiken berücksichtigen nicht nur die Sozialphilosophie der Wittenberger Reformatoren, sondern *den romantischen Gedanken des Volkes* und seines Geschicks:
– *W. Elert* (Das christliche Ethos, Hamburg ²1961) spricht von einem *Seinsgefüge*, das von Gottes ›gubernatorischem‹ Wirken (d.h. seiner Weltregierung) gesetzt ist. Im Grunde lebt der Mensch bereits darin, bevor er sich ihm aus sittlicher Verpflichtung fügen soll. Darum sieht Elert in Röm 13 die tatsächliche Macht und das faktische Recht des Staates auf Vergeltung betont.
– *P. Althaus* (Grundriß der Ethik, Gütersloh ²1953) erweitert die Schöpfungsordnungen um den Aspekt der Erhaltung. Um sie zu begründen, bezieht er sich nicht auf eine natürliche Theologie vor bzw. außerhalb der Offenbarung, sondern auf eine *Uroffenbarung* Gottes (durch Schöpfung und Geschichte) vor der Christusoffenbarung. Die Ordnungen sind teils von Gott vor dem Fall eingesetzt, teils nach ihm gegeben und unentbehrlich, um unser Leben vor den zerstörerischen Folgen der Sünde zu bewahren.

b) Eine lutherische Ethik der *Erhaltungsordnungen* (als Notordnungen) hat *H. Thielicke* entworfen (Theologische Ethik, Tübingen 1951ff). Dabei setzt er nicht mit der Geschöpflichkeit ein, sondern mit Gottes (an Noah kundgegebenen) Erhaltungswillen nach dem Fall des Menschen. In den Erhaltungsordnungen zeigt sich Gottes Geduld; sein Gesetz will uns (auf Christus hin) erziehen.

c) *Trinitarisch* begründet *W. Künneth* seine lutherische Ethik (Die biblische Offenbarung und die Ordnungen Gottes, in: Die Nation vor Gott, hg. v. W. Künneth u. H. Schreiner, Berlin [4]1934, S. 21-43; *ders.*: Politik zwischen Dämon und Gott, Berlin 1954). Nach dem Fall kennen Menschen die Schöpfungsordnungen nur als Erhaltungsordnungen. Gottes Zorn und Strafe sollen uns durch sie auf Christi Kommen hin erhalten. Die Ordnungen sollen dynamisch sein. Gottes Souveränität spiegelt sich in der staatlichen Autorität. (D. Bonhoeffer redet um 1930 ebenfalls von Erhaltungsordnungen, läßt aber davon ab; in seiner ›Ethik‹ spricht er statt dessen von »Mandaten« [München [12]1988, S. 220ff.303ff].)

d) Auch die *reformierte Theologie* kennt die Ordnungsethik: *E. Brunner* verfaßte die erste Ethik der ›dialektischen Theologie‹ (Das Gebot und die Ordnungen, Tübingen 1932). Nicht der romantische Volksgedanke und eine dumpfe Geschichtstheologie, sondern ein gemeinschaftsnahes Sozietätskonzept und ein Element von Personalismus verbinden sich mit einem (später deutlich hervortretenden) *Aristotelismus.* Weil Brunner (gegen Barth) daran festhält, daß trotz des Falls eine formale ›imago Dei‹ erhalten blieb, kann er allgemeine menschliche Ordnungsgefüge postulieren.

### 3.3.5
### Das Nachleben von Anliegen des Naturrechts in der säkularen Ethik

Der Naturrechtsgedanke half den Theologen zu begreifen, daß es auch außertheologische Ethik geben kann – eine Aufgabe, die durch die Jahrhunderte von den *Philosophen* zu besorgen war. Die zeit- und geschichtslose ›Natur‹ des Menschen ist allerdings in die Mühle der empirischen Wissenschaften geraten, wie z.B. folgende umstrittene Alternative zeigt: Auf welches Konzept sollen wir uns verlassen – die Verhaltensforschung oder die Milieutheorie? Heute bleibt der ›praktischen‹ (d.h. mit Fragen der Sittlichkeit befaßten) Philosophie zunächst nichts anderes übrig, als sich auf *formale Begründungsstrukturen* zurückzuziehen. Diese kreisen um zwei Pole: die Frage, ob eine Norm für alle gelten könne *(Universalisierung)*, und die Forderung, sich in den anderen hineinversetzen zu können (Prinzip der Transsubjektivität, *Reziprozität*). Wichtige Positionen sind:

a) Die von *Habermas, J.* vertretene *Diskurs*theorie: Eine sittliche Norm erlangt Gültigkeit, wenn sie vom Konsensus aller getragen wird (bzw. getragen werden kann). Dabei ist vorauszusetzen, daß ihr alle Beteiligten ohne Zwang und aus freier Einsicht zustimmen können. Allerdings ist diese Voraussetzung in den uns bekannten Gesellschaften nicht gegeben; keine hat bisher allgemein akzeptierte Bedürfnisse gleichmäßig und fair reguliert und alle zu Gehör kommen lassen. Habermas' Begründungsgang assoziiert verschiedene Theoreme: Spannungen und Krisen gegenwärtiger Gesellschaften müßten eigentlich zu einer neuen Gesellschaft führen (im Sinne Marxscher Geschichtstheorie); in jedem gelingenden Diskurs schwinge bereits ein Element von Konsens mit (der damit apriorisch vorauszusetzen sei). Eine dritte Möglichkeit wäre die aus Erfahrungen des Defizits erwachsende Utopie (vgl. *Habermas, J.*: Wahrheitstheorien, in: Wirklichkeit und Reflexion. FS W. Schulz, hg. v. H. Fahrenbach, Pfullingen 1973, S. 211-265; *ders.*: Moralbewußtsein und kommunikatives Handeln, Frankfurt/M. 1983).
b) In der Nachbarschaft zu Habermas liegt der Ansatz von *K.O. Apel.* Allerdings macht Apel geltend, daß ein Vernunftprinzip (wie z.B. der Konsens) bereits in die Lebensverhältnisse vermittelt sein muß und nicht – wie Kants Autonomiepostulat – strikt von der empirischen Realität geschieden sein darf. Apel sucht die Voraussetzungen in der Sprachlichkeit des Menschen; Kommunikation ist dem Menschen gewissermaßen als ›Leib-apriori‹ mitgegeben. Das Leben in Institutionen setzt die Metainstitution der Kommunikation voraus. Apels Grundlegung ist transzendental zu nennen (vgl. *Apel, K.O.*: Transformation der Philosophie, Bd. 1 und 2, Frankfurt/M. 1976).

c) Erlanger Philosophen (*W. Kamlah, P. Lorenzen, O. Schwemmer*) würden den Ansatz beim Diskurs für methodisch unausgewiesen halten, denn er müsse erst in allgemein anerkannten

Denk- und Argumentationsschritten aufgebaut werden. Die praktische Philosophie setzt bei der *Aufforderung* an; ihr muß der Angesprochene widersprechen können. In einer methodisch aufgebauten Beratung sind drei Stufen vernünftiger Gemeinsamkeit vorauszusetzen: die Verständigung, wie Wörter zu verwenden sind; die Reziprozität; die Erweiterung dieser Voraussetzungen über den Kreis der Beratenden hinaus. Was ist jedoch das Ethische an diesem Verfahren? Die Erlanger meinen, daß sittliche Normen auf die Erfüllung von Bedürfnissen ausgerichtet sind, die notwendig entweder zur Erhaltung des physischen Lebens oder zur Kommunikation des Menschen gehören. Das alles läßt sich freilich auch pragmatisch regeln. Das sittliche Moment daran wäre, daß es aus freier Selbstbestimmung geschieht, die sich dem anderen ebenso frei verpflichtet weiß (vgl. *Kamlah, W.*: Philosophische Anthropologie, Mannheim u.a. 1973; *Lorenzen, P.* und *Schwemmer, O.*: Konstruktive Logik, Ethik und Wissenschaftstheorie, Mannheim u.a. $^{2}$1975).

d) Mit dem Gedanken der Kommunikation setzen die Autoren voraus, daß sich die Verständigung in der realen Geschichte der Menschen erst herstellen muß. Deshalb enthalten die Positionen a, b, c ein kontrafaktisches, ein kritisches Element. Die reale Geschichte zeigt, wie sich Bedürfnisse und Interessen ohne universale Perspektive und ohne Reziprozität durchsetzen. Deshalb betonen die ›Empiriker‹ unter den Ethikern, die *Utilitaristen*, daß Menschen Bedürfnisse haben und sie für sich selbst erfüllen wollen. Der Markt (des wirtschaftlichen Handelns) werde sie ordnen.
Zwischen den Diskurstheoretikern und diesen Empirikern steht der Versuch von *J. Rawls* (Eine Theorie der Gerechtigkeit, Frankfurt/M. 1975). Eine wohlgeordnete Gesellschaft müsse sich nach Regeln richten, die sich in einer fiktiven ›Ursituation‹ bzw. ›Urposition‹ begründen ließen. Wer dort noch außerhalb der realen Gesellschaft stehe, müsse die Möglichkeit einberechnen, in ihr am oberen oder unteren Ende der sozialen Skala zu stehen. Deshalb werde er eine Gesellschaft vorziehen, in der die Chancen möglichst gleichmäßig verteilt seien. Rawls stellt zwei Regeln auf: Die erste sieht gleiche Freiheiten und gleiche Anteile an Grundgütern vor, die zweite läßt Unterschiede nur so weit zu, wie sie dem Besten der am schlechtesten Gestellten dienen.

e) Auch die utilitaristische Ethik (vgl. oben d zur Begriffsbestimmung) kann nach einem Äquivalent der Universalisierung suchen. *M. Singer* schlägt vor, alle Handlungen negativ zu qualifizieren, wenn sie als durchschnittliche Praxis überwiegend negative Folgen erzeugen würden (Generalization in Ethics, London 1963). Aber was sind negative Folgen? Sie setzen bereits eine Bewertung voraus, die dann plausibel erscheint, wenn das gemeinsame Leben bzw. Lebenkönnen angegriffen wird. Aber Leben will auch gestaltet werden; deshalb müssen soziale und kulturelle Möglichkeiten auch positiv bewertet werden können.

f) Alle Versuche, eine oberste Norm methodisch herzuleiten oder ein Normensystem nach Analogie der Logik aufzubauen, bleiben bisher im letzten erfolglos (vgl. *Wimmer, R.*: Universalisierung in der Ethik, Frankfurt/M. 1980). Sie müssen voraussetzen, daß Menschen bereits mit Bedürfnissen und Bewertungen sowie leider nur selten in Situationen, die das Diskursmodell als möglich erscheinen lassen, leben. Das Gute und die Wahrheit werden also in Lebensverhältnissen vorausgesetzt und dennoch oft als abwesend erfahren. Werden sie als überwiegend in ihnen enthalten vorausgesetzt, wird die Ethik nur das Gute aus den Lebensverhältnissen entfalten (z.B. nach dem Modell des *Aristoteles*). Werden sie als überwiegend abwesend erfahren, wird eine kontrafaktische Begründung notwendig. In beiden Fällen besteht die Notwendigkeit, die *geschichtliche* und *gesellschaftliche* Realität zu interpretieren.

### 3.3.6 Ein Rückschluß auf die Begründungsproblematik in der theologischen Ethik

Die philosophische Begründungsdiskussion (und ihre Erfolglosigkeit) findet ein Echo in zwei verschiedenen Ansätzen theologischer Ethiker (bzw. Moraltheologen):

| Der Ansatz einer ›autonomen‹ Ethik | Der Ansatz einer ›theonomen‹ Ethik |
|---|---|
| Ethik gründet in der menschlichen ›Natur‹: Der *Mensch* ist gefährdeter als das Tier. | Über eine allgemeine Menschennatur läßt sich schwerlich so viel sagen, daß sie uns heute allein sittliche Anleitung geben könnte. Denn sie ist immer schon kulturell interpretiert. |
| Er kompensiert seine Mängel mit Hilfe normativer Regulierungen. | Sittliche Normen sind nicht nur Kompensationen, sondern bilden auch geschichtliche Gestaltungsmuster menschlichen Lebens; sie könnten grundsätzlich anders sein und weisen deshalb nicht mit Notwendigkeit auf einen Ursprung in der biologischen Natur zurück. |
| Diese Regulierungen differenzieren sich zwar und werden geschichtlich, ohne jedoch ihren Ursprung in der Menschennatur zu verleugnen. | Normen und Normensysteme modifizieren sich, können aber auch in Krisen geraten. Die Berufung auf die ›Natur‹ rettet nicht aus einer Normenkrise. |
| Die *allgemein-menschliche* Grundlage der Normen kommt in dieser geschichtlichen Entwicklung auf den Begriff: Der vernünftige Mensch bestimmt sich in Freiheit selbst. | Der Gedanke der *Liebe* kann den Wandel kontrollieren, denn mit ihm sind *Perspektiven* für den zu liebenden Mitmenschen gesetzt. Sie können nicht an einem ein für allemal feststehenden Grundbestand des Menschlichen gemessen werden, sondern Gott, der Lebendige und Gebietende, will allen Übergriffen auf den Mitmenschen wehren, weil seine Gebote nicht einem abstrakt Guten, sondern dem Leben und der Freiheit des Geschöpfes dienen. |

Die Vertreter der in der linken Spalte verzeichneten Position vermuten in den Grundlagen auf der rechten Seite eine autoritäre Grundlegung der Ethik. Sie könnten sich auf *Platons* Dialog ›Eutyphron‹ berufen: Sollen Menschen das Gute um Gottes willen tun, oder will auch der Gott das Gute, weil es aus sich selbst gut ist? Es gibt jedoch Gründe, diese Alternative abzulehnen, denn beide Seiten der Alternative sind mißlich: Entweder ist Gott eine fremde und ungerechtfertigte Autorität; oder das Gute steht als allgemeiner und abstrakter Maßstab sogar über ihm. In beiden Fällen wäre nicht von jenem Gott die Rede, der als Lebendiger und Liebender immer schon zum Gegenüber hin offen ist und die Menschen als seine Partner will. Dieser Gedanke wird in den folgenden Kapiteln erweitert und entfaltet.

### 3.3.7
### Literaturhinweise

(über die Angaben im Text des vorangehenden Kapitels hinaus)

a) Zum Normenproblem:

*Hofmann, H.* und *Schrader, W. (Redaktion)*: Art. ›Norm‹, in: HWP, Bd. 6, Sp. 906-919.
*Kamlah, W.*: Philosophische Anthropologie, Mannheim/Wien/Zürich 1973.
*Kerber, W.* (Hg.): Sittliche Normen. Zum Problem ihrer allgemeinen und unwandelbaren Geltung, Düsseldorf 1982.
*Oelmüller, W.* (Hg.): Transzendentalphilosophische Normenbegründungen, Paderborn 1978.
*Ders.* (Hg.): Normenbegründung – Normendurchsetzung, Paderborn 1978.

*Ders.* (Hg.): Normen und Geschichte, Paderborn/München/Wien/Zürich 1979.
*Sumner, W.:* Folkways, Boston 1907.
*Williams Jr., R.M.:* Art. ›Norms I‹, in: IESS, Bd. 11, S. 204-208.

b) Zur Frage des Naturrechts:
*Bloch, E.:* Naturrecht und menschliche Würde, Frankfurt/M. 1961.
*Böckle, F.* und *Böckenförde, E.W.* (Hg.): Naturrecht in der Kritik, Mainz 1973.
*Herr, Th.:* Zur Frage nach dem Naturrecht im deutschen Protestantismus der Gegenwart, München u.a. 1972 (Abhandlungen zur Sozialethik, Bd. 4).
*Ilting, K.-H.:* Art. ›Naturrecht‹, in: Geschichtliche Grundbegriffe, Bd. 4, S. 245-313.
*Kerber, W.:* Positives Recht versus Naturrecht?, in: HCE, Bd. 2, S. 300-312.
*Pohlenz, M.:* Die Stoa und Stoiker, Zürich u.a. [2]1964.
*Troeltsch, E.:* Die Soziallehren der christlichen Kirchen und Gruppen, Tübingen 1912.
*Welzel, H.:* Naturrecht und materiale Gerechtigkeit, Göttingen [4]1962.

# 4 Ethik als neuzeitliche Wissenschaft

## 4.1 Einführung

Ethik ist kritische *Reflexion* über gelebte Sittlichkeit. Deshalb bewirkt sie nicht selbst das Gute, sondern sie setzt sich mit den ins alltägliche Leben eingeschlossenen Konzeptionen des Guten auseinander.
Als philosophische Disziplin heißt sie oft ›*praktische* Philosophie‹. Deshalb könnte das Vorurteil wach werden, Ethik solle sich nicht zu sehr in reflektierende Distanz zu den aktuellen Herausforderungen begeben, weil sie doch die ›Praxis‹ fördern, ja womöglich in sie integriert sein solle. Damit ist die Frage nach der Bedeutung und dem *Verhältnis von Theorie und Praxis* gestellt.
Dieses oft verhandelte Thema enthält jedoch mehr Probleme, als es der erste Anschein zeigt. Ethik als wissenschaftliche Bemühung verdankt sich dem veränderten Verhältnis von Theorie und Praxis selbst. Dessen Erörterung kann an vorausgehende Abschnitte anknüpfen, die sich auf die antike Philosophie bezogen. Die aristotelische Ethik war nicht allein Wissenschaft, sondern pragmatische Klugheitslehre und – über das Wissen hinaus – oft ein Stück Weisheit. Die Auffassungen von Wissenschaft sind allerdings seitdem strenger geworden; sie werden gerade heute lebhaft diskutiert. Damit stellt sich auch das Theorie-Praxis-Problem in einer Weise, die dazu herausfordert, die Besonderheiten der *Neuzeit* (im Abendland) zu bedenken.

Erst wenn auf diese Weise der Horizont des Problems der Ethik abgesteckt ist, kann systematisch nach der Bedeutung des biblischen Zeugnisses für eine Ethik heute gefragt werden. Im zweiten Kapitel wurde an zentrale Aussagen der Bergpredigt erinnert, im dritten an Grundzüge des alttestamentlichen Ethos, wobei die früheste Formulierung des Liebesgebots herausgestellt wurde. Erst die folgenden Überlegungen erlauben eine systematische Einführung des biblischen Zeugnisses in ein Konzept der Ethik für unsere Zeit.

Die folgenden Abschnitte wollen darlegen, daß nicht allein das Prinzip (bzw. Postulat) der Autonomie die abendländische Neuzeit kennzeichnet, sondern daß ihre ökonomische und technische Entwicklung von einem veränderten Praxis-Verständnis gefördert und begleitet wird. Deshalb muß die Frage nach Normen, ihrer Konstanz und ihrem Wandel, in die *Selbstauffassungen der Menschen* eingebettet werden. Menschen erkennen sich in bestimmten Zusammenhängen (oder sie verkennen sich auch!); diese Zusammenhänge können eher natürlich oder eher künstlich sein. Wenn das letzte zutrifft, dann begegnet oder verfehlt sich der Mensch als soziale Person auch in menschlichen Produkten oder in deren unvorhergesehenen Konsequenzen. Ehe wir also mit einer gewissen naiven Ungebrochenheit biblische Normensätze in unsere Zeit hereinholen, müssen wir zu ergründen versuchen, wer wir heute sind und was unsere Lebenswirklichkeit ist. Normen desselben Wortlauts sind in verschiedenen Epochen und Lebensbereichen nicht unbedingt mehr dieselben.

## 4.2 Entfaltung

### 4.2.1 Die Anfrage der Neuzeit und ihrer Wissenschaften an die Ethik

Der vorausgehende Abschnitt versuchte darzustellen, wie sich Normen und *sittliches Verhalten* der Menschen in den *frühen Krisen* (Übergang zur agrarischen Kultur, Berührung mit anderen Zivilisationen) neu gestaltete – sei es durch Synkretismus von Religionen und das Zusammenwachsen verschiedener Götter und Normensysteme, sei es durch eine inhaltlich nicht festgelegte Erfindungsregel (wie das Liebesgebot) oder durch eine neue Bestimmung des sittlich verantwortlichen Subjekts. In Israels Glauben beweist sich das Gottesverhältnis zwar durch ein bestimmtes sittliches Verhalten, aber das zählt nicht für sich allein, denn in Glauben und Verhalten geht es vor allem darum, daß Israel Gottes Bundesvolk ist. *Gott* mag immerhin als gebietende Autorität entgegentreten, aber er ist nicht in dem Sinn heteronome Instanz, daß er die ererbten Normen schlechthin legitimierte, üben doch die *Propheten* Kritik an herrschenden Verhaltensweisen und Maßstäben. Sie wollen damit dem Volk in den verschiedenen Krisen Gottes Treue und Forderung verdeutlichen.
Mindestens ebenso einschneidend wie die Krise des Übergangs vom nomadischen zum agrarischen Leben ist der *Wandel einer agrarischen Gesellschaft zur industriellen*, der nun beachtet werden soll. Die industrielle Gesellschaft hat Vorläufer in einer städtischen Produktion, die in Manufakturen zusammengefaßt war (16.-18. Jh.); sie vollzieht sich im 19. Jh. in einem radikalen Umbruch, angestoßen von bahnbrechenden Erfindungen. Welche Verschiebungen des Lebensgefühls und welche sittlichen Fragen aufbrechen, lassen noch heute medizinische Techniken, etwa Verhütungsmittel, oder Umweltprobleme nachempfinden.

Als Probleme des Übergangs vom Nomadenstadium zur Agrargesellschaft zur Sprache kamen (s.o. S. 33ff), hieß es, daß Normen kritisch gesichtet werden können
a) aufgrund eines *Prinzips* (etwa des von Natur aus Gerechten, vgl. die Krise der griechischen Polis) oder
b) aufgrund einer *flexiblen Regel* (sich in den anderen hineinzuversetzen) und – in einem besonderen geschichtlichen Fall –
c) aufgrund einer die Gemeinschaft neu bestimmenden *Begegnung mit dem geschichtlich erfahrenen Gott* (in Israel).

Die Gesichtspunkte b und c können im Alten und im Neuen Testament zusammentreten. Wenn aber a und c zusammentreffen (was im Laufe der Kirchengeschichte geschah), dann kann Gott zum abstrakten Urheber einer natürlich begründeten Regel werden, statt lebendig Begegnender zu sein. *In den kritischen Übergängen der frühen Menschheit und der alten Welt* kann jedoch noch eine *relativ große Stabilität* der natürlichen Welt vorausgesetzt werden; Religionen führen sie auf die Vorsorge Gottes zurück oder schreiben sie dem Walten von Göttern zu, die sich mit dem Gang der Natur verbunden haben.

Die *den Umbruch zur industriellen Welt begleitende Strukturkrise* stellt die relative Stabilität einer natürlichen Welt völlig in Frage. Zugleich *verändert* sie den Menschen; denn nicht allein die *Welt* wird zum *Gegenstand des Experiments* der Moderne, sondern *der Mensch* wird es *selbst.*
Wenn heute überlieferte Normen wanken – eine häufig gehörte Klage –, dann kön-

nen wir zwar versuchen, die Normenkrise mit alten Mitteln (etwa einem Prinzip oder einer formalen Regel) zu bewältigen. Aber hilft uns ein formales Prinzip – und sei es das Liebesgebot als bloßes Zitat – wirklich weiter? Z.B. bereitet es Schwierigkeiten, diese flexible Regel über den personalen Bereich hinaus auszuweiten. Ist sie nicht nach Ansicht der meisten zunächst so auf konkrete Personen bezogen, daß sie schwerlich *anonyme Menschen mittels Strukturen erreichen und betreffen kann*?

Welche Aufgabe stellt dieses Problem? Es berührt nicht allein die Normenfrage, sondern leitet an, *jenen Menschen, der mit Normen umgeht und neue Welterfahrungen macht, genauer zu betrachten* (im Sinne eines ›Idealtypus‹, eines Konstrukts, das an den vielfältigen Erscheinungen der Geschichte Regelmäßigkeiten ablesen will). In der Neuzeit wird die Welt insgesamt zu seinem Experimentierfeld. Das gilt nicht nur für den Naturwissenschaftler, der mit einer Welt nach Gesetzen bzw. Wahrscheinlichkeiten regulierter Sachverhalte umgeht; das gilt auch nicht allein für den Techniker, der die Erkenntnis der Gesetze anwendet, sondern für den *arbeitenden Menschen* überhaupt. War die *Arbeit* in früheren Zeiten ein Mittel der Lebensfristung, so wird sie nun zum *Instrument systematischer Veränderung der Umwelt* – und damit des Menschen selbst.

Der Wandel der menschlichen Welt wird an einem Punkt besonders deutlich: Die *Information* wird immer wichtiger. Sich ethisch zu orientieren heißt heute, sich zugleich gründlich zu informieren. Sprichwörtliche, im Alltagswissensschatz überlieferte Regeln reichen in vielen Fällen selbst für einfaches Verhalten nicht mehr aus. Information kann zum Mittel der Verhaltenssteuerung und Manipulation werden. Denn »*Wissen ist Macht*«. Diese Aussage im Anschluß an den englischen Empiristen *Bacon* aus dem 16. Jh. ist gerade vom Marxismus aufgenommen worden; seine äußerste Konsequenz entfaltet sich jedoch in den westlichen kapitalistischen Gesellschaften und ihren Informationsverarbeitungssystemen. Vorenthaltenes Wissen festigt die Macht der wissenden Eliten, steuert die öffentliche Meinung; und weitergegebenes Wissen verändert die Erde noch intensiver als bisher.

So besteht Grund, die Funktionen der Wissenschaften selbst ethisch zu bedenken. *Nicht nur das Verhalten einzelner Menschen oder von Gruppen ist ethisch von Belang, unsere Kultur selbst ist es.*

*J. Habermas* hat in seinem Essay ›Erkenntnis und Interesse‹ *drei Arten von Wissenschaften* unterschieden (in: Technik und Wissenschaft als ›Ideologie‹, Frankfurt/M. 1968, S. 155ff):

a) Die *empirisch-analytischen Wissenschaften* sind vor allem auf Prognose angelegt; sie kontrollieren die Empirie auf Gesetzmäßigkeiten hin und wollen sie der technischen Verfügung dienstbar machen.
b) Die *historisch-hermeneutischen Wissenschaften* fragen nach der Geltung von Aussagen und nach dem Sinn von Überlieferungen.
c) Die *systematischen Handlungswissenschaften* (Ökonomie, Soziologie, Politik) kritisieren festgefrorene, ideologisch verschleierte Abhängigkeitsverhältnisse und wollen zur Selbstreflexion anleiten, damit sich die Menschen aus ihnen emanzipieren können.

Es ist deutlich, daß die Theologie in die Rubrik b fallen müßte. Darin stimmt der neomarxistische Sozialphilosoph sogar mit dem größeren Teil der Exegeten und Historiker überein. Aber wo findet die theologische *Ethik* ihren Platz? Muß sie nicht mit aller Kraft danach streben, zu den systematischen Handlungswissenschaften gerechnet zu werden? Habermas hofft dann auf veränderndes Handeln, wenn Menschen ihre wirtschaftlichen und gesellschaftlichen Bedingungen unter politischen Gesichtspunkten analysieren. Aber längst nicht alle Ökonomen, Soziologen und Politikwissenschaftler suchen über die Analyse des Gegebenen hinaus nach Perspektiven der Veränderung.

Nachdrücklich stellt sich nun die Frage nach dem *Subjekt* des Verhaltens, Handelns, Veränderns oder auch des Erleidens. Ethik bemüht sich – wie schon mehrfach dargelegt – nicht allein um Normen, deren Bestand oder Wandel, sondern um eine *Grundorientierung des Menschen in der Welt selbst*: Diese Grundorientierung kann in vollgültigem Sinn ›*Praxis*‹ genannt werden. Sie fragt nicht, wie es weithin üblich ist, nach den technischen Anwendungsmöglichkeiten erworbener Information (das fiele unter Habermas' Rubrik a, sondern nach jenen Vorstellungen, die Menschen von ihren Lebenszielen haben, mehr noch: wie sie sich durch ihre Interaktionen (in Rede oder Handlung) kollektiv selbst verändern. Da es der biblischen Verkündigung, zumal der des Neuen Testaments, um den *neuen Menschen* geht, ist es für eine theologisch fundierte Ethik unerläßlich, sich mit diesem umfassenderen Praxisbegriff auseinanderzusetzen.

Ob der neue Mensch in der theologischen Ethik eine Rolle spielen soll, ist aber umstritten. Betrachtet man die Ethik einzig im Spannungsfeld von ›Gesetz und Evangelium‹, dann verblaßt die Perspektive der Erneuerung und Heiligung im Geist Gottes; ein Beispiel gibt *G. Ebeling* (Zum Verhältnis von Dogmatik und Ethik, ZEE 26 [1982], S. 10-18). Allerdings hängt das von seiner Luther-Auslegung ab. Folgt man allerdings *W. Joest* (Gesetz und Freiheit, Göttingen [4]1968, v.a. S. 65ff) und seiner ›Ontologie der Person bei Luther‹ (Göttingen 1967), dann bietet auch der Reformator Anhalt für eine Ethik, die nicht nur unter dem Gesetz steht.

Damit wird ein *theologisches Kernproblem* benannt: Wenn die Ethik in einem feststehenden Prinzip (des Naturrechts, der Sittlichkeit) gründete, dann könnte die Theologie Gott (den Schöpfer) als Garanten dieses Prinzips aufbieten. Ist der Ethik jedoch die Frage aufgegeben, *wer* die Menschen sein können, wollen und sollen, dann wird das *Thema des neuen Menschen* zum Schlüssel, dann wird die *Christologie* den theologischen Ansatzpunkt bilden und von sich aus erst den Blick auf ein wahres *Schöpfungsverständnis* freilegen. Weil das in Christus wiedergebrachte Leben (in der Einheit mit Gott und Mensch) eine Aufgabe darstellt, die gerade auch *heute* zum Tragen kommen soll, wird es im Heiligen Geist vergegenwärtigt. Der in dieses Arbeitsbuch eingeschlossene Ansatz einer theologischen Ethik soll deswegen pneumatologisch verstanden und christologisch fundiert werden; dabei schließt er die Schöpfungstheologie nicht aus.

Folgende Einsichten leiten an dieser Stelle zu einer genaueren Erörterung des Praxisbegriffs über:

(1) Der Umbruch zur modernen Welt stellt nicht nur die Frage nach dem Normenwandel und einem Kriterium für neu zu erfindende Normen. Er stellt die *Frage nach der Welt*, die Menschen durch ihr Denken und Handeln verändern, und nach der Identität der Menschen in dieser Welt.

(2) In der neuzeitlichen, durch Technik, Organisation, Bürokratie usw. geprägten Welt ist nicht Handeln allein entscheidend, sondern auch *Information*. Das Bedürfnis nach Information und ihre ethische Bedeutung zeigen (gerade wenn sie vorenthalten wird), daß bereits die *Perspektive*, unter der sich das Umfeld unseres Handelns und Verhaltens darstellt, ethisch zu verantworten ist.

(3) Wenn die Welt neuzeitlicher Menschen grundlegend durch deren *Arbeit* bestimmt wird, dann ist – gewissermaßen in doppelter Brechung – auch die *Identität und Integrität der Menschen* davon betroffen: Indem sie die Welt verändern, verändern sie sich selbst.

(4) Das Handeln in dieser sich ständig verändernden Welt kann *instrumentell* (d.h. zu Erreichung eines bestimmten Ziels) oder *praktisch* verstanden werden. Dann ist ›*praktisch*‹ jedoch eine Auszeichnung; sie meint nicht nur den Gegensatz zur bloßen Reflexion, sondern schließt einen Blick auf die Subjekte des Handelns und Verhaltens ein.

(5) Handeln als Herstellen koordiniert Mittel und Ziele: Welche Mittel erlauben, am besten das Ziel zu erreichen? (Deshalb kann es ›instrumentell‹ heißen.) Alles Handeln beginnt aber bereits in einem Zwischenraum, einem Beziehungsfeld zwischen Menschen und Menschen bzw. zwischen Menschen und Sachen. Darin kann es unbeabsichtigt völlig andere Ziele erreichen. Auf dieses Beziehungsfeld im Verhalten zu achten lehrt die Praxis.

### 4.2.2 Theorie und Praxis

Ethik scheint *Theorie* von der bzw. über die Praxis zu sein. Wenn Ethik den oben genannten Handlungswissenschaften nahesteht, dann umspannt sie ein praktisches (Handlung und Selbstbestimmung) und ein theoretisches Moment (Wissenschaft). Aber sie ist – wie bereits festgestellt – nicht das Tun des Guten selbst.

Laut Karl *Marx'* provokativer *11. Feuerbach-These* (vgl. MEW, Bd. 3, S. 533-535) haben die Philosophen die Welt nur interpretiert, aber: »... es kömmt darauf an, sie zu verändern« (das ist die erste Fassung; die zweite Fassung sagt: »... es kommt aber darauf an, sie zu verändern«). Wer verändern will, muß aus den gewohnten Handlungsmustern ausscheren und etwas anderes tun; etwas anderes tun kann aber nur, wer sich die Strukturen jener Zusammenhänge, in die er verändernd eingreifen will, verdeutlicht hat; sonst handelt er blind. Deswegen war Marx in seinem Anspruch auf praktische Veränderung ein glänzender Theoretiker – und das ohne Skrupel.

Gerade mit dem *Verhältnis, ja der Zuordnung von Theorie und Praxis hat sich die Welt verändert, nicht durch Praxis allein.* Denn es gab Völker mit großem technischen Wissen, mit Erfindungen und Künsten, z.B. die Chinesen. (Im Anschluß an M. Webers

These hat das *S.N. Eisenstadt* [The Protestant Ethic and Modernization, New York 1968] herausgearbeitet. Vgl. ferner die Studie von *Needham, J.*: Wissenschaftlicher Universalismus, Frankfurt/M. 1977.) Aber sie haben ihr Wissen nicht systematisch (wie Abendländer) zur Veränderung der Gesellschaft eingesetzt.

Zunächst sollen *wichtige historische Stationen der Theorie-Praxis-Diskussion* kurz vorgestellt werden. Sie führen zur heute brennenden ethischen Fragestellung hin. (Vgl. dazu *Picht, G.*: Der Sinn der Unterscheidung von Theorie und Praxis in der griechischen Philosophie, in: Wahrheit, Vernunft, Verantwortung, Stuttgart 1969, S. 108ff; ferner die themenbezogenen Beiträge von *Link, Ch.*, *Frey, Ch.* und *Rudolph, E.*, ZEE 21 [1971], S. 3–61. Zum weiteren Problemzusammenhang vgl. auch: *Habermas, J.*: Theorie und Praxis, Neuwied/Berlin 1963.)

a) Bevor die großen griechischen Philosophen auftraten, war *Theorie* die Schau des Gottes im Mysterium. Deswegen gab es θεωροί, offizielle Abgesandte griechischer Städte an die Orakel eines Gottes. Während archaische Religiosität den Menschen nur zugestand, über Vergängliches nachzusinnen, lenkte im perikleischen Zeitalter *Anaxagoras* (500 bis 424 v.Chr.) seine Gedanken auf die niemals alternde Struktur der unsterblichen Physis. Das nannte er nun θεωρία. Dafür wurde er der Gottlosigkeit angeklagt, und er mußte aus Athen fliehen. In seiner Zeit galten die Theoretiker als die Progressiven, die Freunde der Praxis hingegen als Konservative, die ›Praxis‹ als Schlachtruf zum Kampf gegen den Freund des Anaxagoras, den Staatsmann *Perikles*, nutzten.
Als sich im 19. Jh. mit K. Marx die Wertschätzung von Theorie und Praxis umkehrte, waren die Progressiven nun nicht mehr unter den Theoretikern, sondern unter den Praktikern. Bis dahin führte ein langer Weg mit folgenden markanten Stationen:

b) *Aristoteles* hat die Denkweise des Abendlandes bis ins 19. Jh. (und darüber hinaus) geprägt und dabei die Theologie teils durch eine ihm verpflichtete Metaphysik strukturiert, teils zum Widerstand gereizt. Er nimmt den politischen Konflikt, die Auseinandersetzung zwischen der Praxis der Theoretiker (also der Progressiven) auf der einen und der Praxis der Praktiker (also der Konservativen) auf der anderen Seite, in die *Seele* selbst hinein. (Vgl. vor allem: De Anima; aber auch: Nikomachische Ethik, v.a. 1095b 14-1096a 5; 1177a 27-1178a 8. Als Einführung: *Düring, I.*: Aristoteles, Heidelberg 1966, S. 434-505.) Der Seele präsentiert sich die Welt (als Physis) in doppelter Weise, wie die Skizze zeigt:

| | | | | |
|---|---|---|---|---|
| *Physis* (›Natur‹) als Gesamtheit des Geschehenden in seiner Ordnung | unvergänglicher Aspekt | ⟵ | Theorie | *Seele* |
| | vergänglicher Aspekt | ⟵ | Praxis | |

Theorie und Praxis lassen sich unter einem weiteren Gesichtspunkt betrachten: *Physis* ist nach Aristoteles die Gesamtheit des Bewegten. Was immer sich bewegt, hat einen Antrieb: *Energie* (*en-ergeia*, wörtlich: Im-Werke-Sein), und ein Ziel, das es in seinem Ablauf verfolgt: *Entelechie* (*en-telecheia*, von *telos* = Ziel). Daß alles Dasein jeweils ein eigenes Ziel in seiner Bewegung kennt, galt bis ins 19. Jh. als ausgemacht. Erst dann wirkte sich die Entdeckung *Darwins* aus: Wenn die Evolution der Arten als sich organisierender Zufall erkannt wird, dann fällt die Annahme einer dem gesamten Weltlauf sein Ziel setzenden Vernunft hin und mit ihr die natürliche Theologie. Nun konnte kein Gegenstand dieser Welt, kein Lebewesen in ihr kraft seines Wesens, d.h. seiner Seinskonstitution, mehr von sich aus als zielbezogen verstanden werden.

Das ›Im-Werk-Sein‹ *(en-ergeia)* des *Menschen* ist im Rahmen der Ethik besonders zu betrachten; dabei ergeben sich zwei Möglichkeiten:

| Praxis | Poiesis |
|---|---|
| *Werk und Ziel sind im Handeln selbst eins:* Eine Handlung wird wegen ihrer ›inneren‹ Qualität durchgeführt. | *Werk und Ziel fallen auseinander;* das Werk ist unselbständig und sein Ziel von außen her vorgegeben. |
| Wenn die Kraft zur Bewegung und die Zielausrichtung eins sind, dann handelt es sich um eine *Selbstbewegung.* Was aber bewegt sich selbst, weil es sich selbst Ziel ist? Aristoteles verweist auf<br>– die *Vernunft,* die nur um ihrer Vernünftigkeit willen da ist;<br>– oder die *Seele,* die das Wollen hervorbringt und damit sich selbst erhalten will;<br>– schließlich das *Leben* selbst, das auf Selbsterhaltung angelegt ist;<br>– und zuletzt die *Theorie,* denn sie ist als Gesamtschau auf das Unvergängliche bezogen und selbst ein Teil des Unvergänglichen, z.B. als das reine Anschauen Gottes.* | Bestimmten Dingen kann der Mensch mit Hilfe seiner Vernunft Ziele setzen. (Diese Vernunft wird heute oft ›*instrumentell*‹ genannt. ›Instrumentell‹ wäre z.B. ein Arbeitsvorgang, der keinen Wert mehr in sich selbst hat, sondern nur noch dem Gelderwerb dient. [Vgl. *Horkheimer, M.:* Zur Kritik der instrumentellen Vernunft, hg. v. A. Schmidt, Frankfurt/M. 1967].) |

c) Das alles mag wie ein weit hergeholtes Stück Philosophiegeschichte klingen. Aber diese Unterscheidung hat *Folgen für das – meist vortheoretische – Selbstverständnis der Menschen* des Abendlandes gehabt:

(1) Die christliche *Kirche* verstand Theorie und Praxis so, daß sie mit ihnen die *vita contemplativa* und die *vita activa* verband (Maria und Martha!). Gott rückte auf die theoretische Seite und wurde Gegenstand einer beseligenden Schau; so galt er als zeitlos und unbewegt, und doch sollte er auf die Geschichte seines Sohnes und das Wirken des Geistes in der Gemeinde bezogen sein.

(2) *Aristoteles* sah *Theorie und Praxis* im *Lebensvollzug in eins fallen,* wenn immer die geistigen Akte des Lebens als Praxis im umgreifenden Sinn verstanden wurden. Seine Philosophie wurde im hohen Mittelalter in das christliche Denken integriert. So entfaltete sich die Metaphysik zur Blüte – eine Denkform, die die Struktur empirisch wahrgenommenen Seins in der Welt geistigen Seins sich wiederholen läßt. Im Zeitalter der christlichen Metaphysik wurde die Einheit von Theorie und Praxis in Gott selbst gefunden: Gott steht über allem in ewiger Ruhe und Selbstbewegung. Alles Streben fällt endlich in ihm zusammen; er ist die Ruhe, in der die Unruhe erlischt. (Vgl. die vom Neuplatonismus geprägte Stelle am Anfang der Confessiones des *Augusti-*

* Der *aristotelische Gott* ist das Denken des Denkens und deshalb etwas wie die reine Gestalt der Ordnung der erfahrenen Welt. »Sein Leben aber ist das trefflichste, ... ist ... bei ihm immerwährend. Denn seine wirkliche Tätigkeit ist zugleich Freude ... Das Denken an sich aber geht auf das an sich Beste, das höchste Denken auf das Höchste. Sich selbst denkt die Vernunft (νοῦς) in Ergreifung des Denkbaren; denn denkbar wird sie selbst, den Gegenstand berührend und denkend, so daß Vernunft und Gedachtes dasselbe ist ... Und Leben wohnt in ihr (= der Gottheit); denn der Vernunft wirkliche Tätigkeit ist Leben, die Gottheit aber ist Tätigkeit ...« (*Aristoteles,* Metaphysik 1072b). (Im Zuge der Wiederentdeckung der Natur und der Entstehung einer Umweltethik kehrt der hier entwickelte Lebensbegriff wieder.)
Nach Aristoleles ist also die *Theorie die höchste Form der Praxis,* weil ihre ἐνέργεια zugleich ihre ἐντελέχεια ist, d.h. ihr Vollzug zugleich ihr Ziel darstellt. Aber in seinem vorherrschenden Gebrauch läßt er Praxis und Poiesis auf einzelnes, die Theorie auf Umfassendes und Zeitloses bezogen sein.

*nus:* »... geschaffen hast Du uns zu Dir, und ruhelos ist unser Herz, bis daß es Ruhe hat in Dir« – Buch I,1.) In der Schau Gottes wird die Einheit der Welt begründet.

(3) Die *Affekte*, die *willentliche Seite der Seele* (alles, was im ›Werk‹ ist und nur ein vorläufiges Ziel hat), wurden auf eine niedrigere Stufe gestellt. Die Ethik wurde zur Anweisung, wie diese oft so bedrohliche Schicht unseres Seelenlebens und dessen Auswirkungen zu zähmen sind. Immer wenn die sonst von Gottes Geist geleitete Vernunft das Steuer aus der Hand gibt, brechen die Dämme; die Sünde überflutet von ›unten‹ – aus dem Begehrlichen – die eigentlich auf das Göttliche auszurichtende Schicht der Seele, die Vernunft.

(4) Erst auf diesem Hintergrund kann die *Reformation* richtig verstanden werden. Als der junge Luther das Alte Testament auslegte, entdeckte er ein anderes Verständnis der Seele. (Die Unterschiede traditioneller und Lutherscher Seelen- und Personauffassung zeigt *Joest, W.*: Ontologie der Person bei Luther, Göttingen 1967.) Die sonst in den unteren Schichten angesiedelten Affekte werden bei ihm neu gewürdigt – sogar im Gottesbild, aber auch im Christenglauben; denn nun ist das Herz *(cor)* das Zentrum des Menschen; in ihm konzentriert sich die Grundbefindlichkeit des Menschen.

d) Von mindestens derselben Bedeutung wie die Strukturierung des inneren Lebens, des Seelenhaushalts, ist aber das Geschick der *nichtmenschlichen Natur.* Noch einmal soll an Aristoteles erinnert werden: *Gott* und *Seele* haben eine ähnliche Seinsqualität; beide sind von ihrer Struktur her als reine Selbstbewegung zu verstehen. Laut christlicher Metaphysik kann die Seele – gerade auch nach dem Tode – die ewige Wahrheit schauen; sie hebt sich damit über das Vergängliche hinaus. Was bedeutet aber ›*Wahrheit*‹? Zunächst will sie die Logik unseres Denkens (und Sagens) und die Struktur der Welt zur Deckung bringen. Diese Art von Wahrheit verknüpft die Struktur des zufällig Seienden mit der Struktur des Seins, mit seinem Logos. Das kann nach Aristoteles nur in der Theorie als der Höchstform aller Praxis gelingen.
Mit der *Neuzeit* bricht diese Auffassung um. Heute könnten wir nur noch wie Aristoteles denken, wenn es gewiß wäre, daß Strukturen einer unvergänglichen Welt in den Erscheinungen der empirischen Welt aufleuchteten. Das hieße theologisch: Wir müßten sicher sein, daß in Gott die *Vernunft* die Oberhand hat und daß er sich bei der Schöpfung zugunsten der Menschen festgelegt hat. Kehrt sich jedoch die (an der Selbsterfahrung des Menschen orientierte) Zuordnung von Vernunft und Wille in Gott um, steht also sein *Wille* über allem, weil er ja absolute Freiheit ist, dann könnte der Schöpfer auch gewollt haben, daß zwei und zwei gleich fünf sei.
So ist Gott selbst der Paradefall für die vernünftige (die theoretische) und die willentliche (die praktische) Seite der Seele. Herrscht der Wille Gottes abgesehen von aller vernünftigen Selbstbindung, dann steht sein Geschöpf vor einem *Abgrund.* Der tut sich den Menschen mit dem Anbruch der Neuzeit auf. Sollte sich nicht der *Mensch* der anbrechenden Neuzeit von der Willensfreiheit Gottes her verstehen und zumindest der Theorie nach über alle Möglichkeiten gebieten? Dann werden von der Vernunft des Schöpfers in die Welt gelegte Ziele oder Zwecke fraglich; der Mensch des technischen Zeitalters setzt sie selbst.

### 4.2.3
### ›Säkularisierung‹

Die Ethik muß dem Selbstverständnis des *neuzeitlichen Menschen* Rechnung tragen. Es bestimmt sich gegenüber einer Welt, deren Zwecke es weitgehend selbst setzt. Über die *Entstehung und auch über den Beginn der Neuzeit* sind verschiedene Thesen verfochten worden; einige werden im Folgenden kurz vorgestellt. (Keine unter ihnen wird isoliert gelten dürfen, sondern muß andere ergänzen, um den komplexen Entstehungsprozeß unserer abendländischen Kultur und Zivilisation deutlich zu machen.) Wie kam es zu jener Epoche, die wir ›Neuzeit‹ nennen? *Ökonomische Bedingungen* und Nötigungen, z.B. ein zunehmender Bevölkerungsdruck, sind sicherlich eine Ursache dieser Entwicklung; die Bereitschaft der Menschen, ihre *Motivation*, gehört jedoch ebenso dazu. Manche Kulturen haben unter einem vergleichbaren ökonomischen Druck gestanden, ihn aber nicht wie die Abendländer beantwortet. Warum ging das Abendland einen besonderen Weg?

1. Eine These knüpft an das Werk *Max Webers* an. Weber fragte nach der Herkunft des alle Lebensgebiete durchziehenden abendländischen *Rationalismus* (s.o. S. 9f). Mit seiner Theorie wollte er nicht Marx, sondern einem Vulgärmarxismus widersprechen, der alle Lebensformen mechanisch auf ökonomische Grundlagen zurückführte. Weber stellte dagegen fest, daß ähnliche ökonomische Bedingungen durchaus nicht zu denselben Entwicklungen und Ergebnissen geführt hätten; eine kollektive *seelische Disposition* gehöre dazu, um kapitalistisch zu wirtschaften.
Den deutlichsten Hinweis auf einen Seelenwandel fand Weber in der angstvollen Frage des Puritaners, ob er vom allmächtigen Gott erwählt oder verworfen sei (in diesem Gott spiegelt sich jener Wille, der vor aller Vernunft steht – s.o. 4.2.2d). In der calvinistischen Lehre wurde das Dogma von der Prädestination des Menschen durch Gott oft so ausgeweitet, daß es die Erwählung oder die Verwerfung des Menschen vor dem Fall, ja sogar vor seiner Erschaffung ansetzte. Wie können Menschen dann noch frei sein? Wie können sie an ihrem Geschick etwas ändern, vor allem wenn sie vielleicht doch nur zur ewigen Verdammung bestimmt sind? Weil der Puritaner in ständiger Ungewißheit im Blick auf den Ausgang des Lebens schwebte, suchte er eine *sekundäre Vergewisserung*: Da er nicht unmittelbar von Gott her Einsicht finden konnte, wollte er sein letztes Geschick an seinem Lebenswerk direkt ablesen. Deshalb lebte er in ›innerweltlicher Askese‹ und versuchte so, seine Erwählung durch strenge Lebensführung zu bewähren. (Der Mönch übt weltjenseitige Askese, er entsagt den Freuden des Lebens, weil er im voraus am Himmel teilhaben will; der Puritaner bewährt sich in der Welt, indem er sie bearbeitet und auf ihre Freuden verzichtet.) Der Gott der sog. ›Max-Weber-These‹ ist Inbegriff der Willkür, weil seine absolute Willensfreiheit nicht von der Liebe bestimmt ist und den Menschen keine verläßlichen Zeichen seines Willens gönnt.

Webers Protestantismusthese hat vor allem die US-Amerikaner fasziniert, weil sie ihnen etwas über die Inspiration ihrer Zivilisation zu sagen schien. Darüber hinaus hat sie in jüngerer Zeit die Frage befördert, wie es denn mit der Entwicklung der *Völker der ›Dritten Welt‹* stehe. Brauchen sie einen puritanisch-asketischen Geist, um Anschluß an die industrielle Welt zu gewinnen? Warum hat sich Japan als nichtchristliches Gemeinwesen so erfolgreich entwickelt, während Indonesien stagniert? Viele Forscher haben sich bemüht, die Protestantismusthese *allgemeiner* zu formulieren, so daß sie auch auf nichtchristliche Kulturen zutreffen kann. Vgl. etwa: The Protestant Ethic and Modernization, hg. v. N.Sh. Eisenstadt, New York 1968. Eisenstadt behauptet, das Wandlungspotential einer Gesellschaft wachse, je stärker sie a) einem Transzendentalismus verbunden sei (sich auf Transzendenz orientiere), b) individuelle Verantwortung und Tätigkeit fördere, c) offene und unmittelbare Beziehungen zu überlieferten Traditionen garantiere (z.B. religiöse Überlieferung immer neu entschlüssele) und d) einen hohen Grad an sozialer Freizügigkeit aufweise. Das trifft vor allem für Kleingesellschaften inmitten größerer Gesellschaften zu, etwa besondere religiöse Gruppen, die ihre soziale Identität nicht dadurch gewinnen, daß sie sich restlos in bestehende Gesellschaftsstrukturen integrieren.

2. Eine zweite These knüpft an einen ähnlichen Gottesbegriff an und behauptet: Wie das *aristotelische Seelenkonzept* von Theorie und Praxis, von Vernunft und Willen

*auf Gott übertragen* wurde, kann es wieder *von Gott auf den Menschen zurückübertragen* werden. Wie ein Gott, bei dem sich das Moment der Praxis, die *voluntas*, herausgelöst hat, absolut und schrankenfrei über die Welt gebietet (im Nominalismus des Spätmittelalters), so kann auch der Mensch, der Gottes Ebenbild sein will, *bedingungslos über die Welt herrschen.*

Dieses Gottesbild versucht das Problem zu bearbeiten, daß die nachalttestamentliche Lehre von der *creatio ex nihilo* (2Makk 7,28), der Erschaffung der Welt aus dem Nichts, in Denkmustern der antiken Philosophie nachvollzogen wurde, die eine Ewigkeit der Welt voraussetzt: Ist die Welt ewig, dann ist Gott an ihre Strukturen gebunden; ist sie endlich und aus dem Nichts geschaffen, so ist er der Urheber ihrer Strukturen, sie sind seiner unausdenklichen Freiheit entsprungen.

Überträgt der *Mensch* die Vorstellung schrankenloser Freiheit auf *sich selbst* – als ›Ebenbild‹ Gottes, dann wird sich seine ›Theorie‹ über die Realität erheben und aus Hypothesen bestehen, denen sich die Welt anpassen soll. Der Auftrag, über die Erde zu herrschen, wird eine doppelte Form annehmen: Einerseits werden die Kategorien, mit deren Hilfe die Vernunft die Dinge der Welt ordnet, in das Subjekt selbst verlegt; andererseits verdankt sich die Praxis der *Freiheit* dieses über der Welt stehenden *Subjekts.*

Wie kommen dann aber Freiheit und materiale Welt (die Welt der uns entgegentretenden Ereignisse) zusammen? *Kant* entwirft eine Geschichte, in der sich die bürgerliche Freiheit als Programm durchsetzen muß und zum ewigen Frieden strebt. (Vgl. seine Schriften ›Über den Gemeinspruch: Das mag in der Theorie richtig sein, taugt aber nicht für die Praxis‹ [Werke, hg. v. W. Weischedel, Bd. VI, S. 127-172]; ›Zum ewigen Frieden. Ein philosophischer Entwurf‹ [ebd., S. 195-251].) Die zwei Welten der sittlichen Freiheit und der Realität kommen bei Kant kraft Postulats überein. *Hegel* fügt die Momente von Theorie und Praxis in seiner Idee von Gott zusammen: Dieser ist der Wille und auch die Kraft, alles, was aus seinem Denken hervorgeht, zu seiner wahren Bestimmung zu bringen. Er ist – so sagt es Hegels ›Wissenschaft der Logik‹ – Theorie und Praxis in einem (Wissenschaft der Logik, Bd. 2, hg. v. F. Hogemann u. W. Jaeschke, Hamburg 1981 [GW 12], S. 236ff). Die in unseren Augen oft auseinanderstrebenden Elemente von Theorie und Praxis sind bei ihm in einer philosophischen *Gotteslehre* vereint; denn er nimmt auch die Tradition der aristotelischen Philosophie und der mittelalterlichen Theologie auf, die Theorie und Praxis, Vernunft und Willen mittels einer Gottesidee zusammenhielten.

Besonders diese Synthese hat sein Schüler *Marx* bezweifelt. Er sucht die Einheit nicht mehr in einer philosophischen Gottesidee, sondern sieht sie im Ergebnis des *welthistorischen Gangs der Klassenauseinandersetzung* und in der *Sendung der geschichtlich letzten*, der Arbeiter*klasse*, als dem Subjekt der Geschichte. Auch will er das Übergewicht der Theorie gegenüber der Praxis nicht gelten lassen, weil er die Theorie nicht mehr als die höchste Form der Praxis begreift (s.o. 53ff). In einer Hinsicht jedoch bleibt er Schüler der neuzeitlichen Philosophie (und Theologie): Die Welt ist auch für ihn Material – allerdings nicht mehr des Denkens und seiner Kategorien, sondern des produzierenden Menschen. In der heutigen *Ökologiekrise* zeigt sich, daß Marxismus und neuzeitliche Freiheitsphilosophie doch nicht völlig konträr sind.

3. Eine dritte These rechnet damit, daß epochale Verwandlungen, wie sie These 1 und 2 andeuten, nicht allein am Kaminfeuer erdacht (vgl. *Descartes, R.:* Meditatio-

nen über die Grundlagen der Philosophie, hg. v. L. Gäbe, Hamburg 1980) oder in theologischen Büchern entworfen werden; vielmehr gelten ihr aktuelle Denkbewegungen als sensible Anzeiger, die seismographisch *Bewegungen ihrer Zeit registrieren*, bevor sie ins allgemeine Bewußtsein getreten sind. Die Religionsstreitigkeiten der Neuzeit relativieren absolute Wahrheitsansprüche; nun steht hinter der vorhandenen Natur nicht mehr für jedermann sichtbar eine Gottesordnung, die niemand durchbrechen darf; es garantiert auch kein unverbrüchlicher Gotteswille mehr die politischen Ordnungen. Allmählich breitet sich im Allgemeinbewußtsein der Schock aus, daß der Mensch nicht mehr im Mittelpunkt der Welt steht *(Kopernikus)*. Statt dessen findet er sich als Element einer Natur vor, die ihn überall den Verlust Gottes – des Gottes der ›natürlichen Theologie‹ – spüren läßt und ihm die kalten Fernen des Weltraums erschließt, in denen er sich nicht heimisch fühlen kann (vgl. *Pascal*, Pensées 7).
Einzelne beginnen, systematisch-empirisch zu denken; die Natur wird zu ihrem Experimentierfeld, sie ist nicht mehr Dialogpartner und schon gar nicht mehr von Geistern beseelt. *Francis Bacon* (1561-1626) preist die Naturbeherrschung und verbindet damit utopische Ideen (Nova Atlantis). Durch induktiv gewonnenes Wissen sollen die Menschen die Natur erkennen. (So wird erst am Beginn der Neuzeit *systematische Weltveränderung* möglich. Sein nicht unbekannter Namensvetter Roger Bacon, ein Franziskanermönch des 13. Jh.s (1219-1294), hatte bereits umfängliche technische Projekte erdacht – auf dem Gebiet der Optik, der Dampfschiffahrt, des Flugwesens und der Tauchapparate. Aber seine Phantasien blieben irreal und wurden nicht systematisch in die Tat umgesetzt.)
Englische Staatsphilosophie des 17. Jh.s gründet die Verfassung eines Staatswesens nicht mehr in Gottes ewigem Recht, sondern im Vernunft-(Natur-)recht *(Hobbes)*. Der niederländische Philosoph *Hugo Grotius* (ein frommer Mann!) sinnt über das Naturrecht nach und schreibt ihm eine Gültigkeit zu, die auch dann feststünde, wenn es Gott nicht gäbe (s.u. S. 69). Wenn weder ewige Wahrheit noch Ordnung hinter der Welt stehen sowie religiös gedeutet und gestützt sind, dann gibt es keine ohne den Menschen feststehenden Ziele mehr, sondern *setzen die Menschen ihre Ziele selbst.* Tun sie das aus reiner Willkür? Oder sind sie als vernünftige Menschen in der Lage, sich verläßliche Gründe des Handelns zu setzen? Was wird aus der Praxis?

*Praxis und Poiesis* wurden oben nebeneinandergestellt. Die Praxis umfaßt Werk und Ziel in einem; vor allem das Leben gilt als Praxis. In der *Poiesis* fallen Werk und Ziel auseinander, das Werk wird zum Mittel, das Ziel von außen vorgegeben. Das poietische Handeln kann auch ›instrumentell‹ oder zweckrational genannt werden. Die wahre Praxis erfordert jedoch, daß die Handlung eine eigene Qualität hat, vielleicht sogar auf Wahrheit bezogen ist (s.o. S. 55).
Was wurde aus der Poiesis? *Aristoteles* hatte keine ausführliche Theorie der Poiesis entfaltet (vgl. *Ulmer, K.*: Wahrheit, Kunst und Natur bei Aristoteles. Ein Beitrag zur Aufklärung der metaphysischen Herkunft der modernen Technik, Tübingen 1953). Hätte er es getan, so hätte er zwei Richtungen einschlagen können. *Zum einen* hätte er stärker auf die *Ästhetik* eingehen können, die für die Ethik nicht ohne Belang ist (*Schleiermachers* ›Christliche Sitte‹ integriert sie unter das »darstellende Handeln«). Denn das Kunstschöne könnte als Werk ohne Zweck gelten; Kunst hervorzubringen wäre eine Handlung ohne Interesse und Zweckbestimmung, spielendes Werk ohne Ziel – es sei denn, der Künstler handelte moralisch und wollte durch sein Kunstwerk eine Veränderung beim Menschen erreichen. Die *andere* Richtung zeigt sich in der *Produktion*, durch Werkzeuge und Hände, die Aristoteles dem gemeinen Volk anwies.

*Das neuzeitliche Bürgertum* führte die Praxis (d.h. die in sich zielausgerichtete und wertvolle Handlung) in die Poiesis über, denn es gewann sein soziales Prestige aus der ökonomischen Leistung, die vor allem dem Ziel dient, Glück zu steigern; alles andere kann zum Mittel herabsinken, dieses Ziel zu erreichen. *Technisches* bzw. *ökonomisches Handeln* soll ohne verlustreiche Umwege auf ein von außen gesetztes Ziel hinführen. Weil nun der Glaube an eine göttlich vorgegebene Ordnung schwindet, setzt der Mensch die Ziele. So erringt der Bürger der Neuzeit sein Selbstbewußtsein gegen den Adel. Die Ökonomie gewinnt eine neue Dimension; war ›Öko‹-nomie ursprünglich die Lehre, wie die Hauswirtschaft *(oikos)* zu führen sei, so wird sie nun *National*ökonomie. Deren ethisches Programm formuliert der englische *Utilitarismus* (u.a. *J. Bentham).* (Zur Einführung: Einführung in die utilitaristische Ethik, hg. v. O. Höffe, München 1975.) *Bentham* sucht das größtmögliche Glück der größtmöglichen Zahl, sein Schüler *J.St. Mill* den größtmöglichen Nutzen.

Die Folgen lassen sich auch in marxistischen Einwänden gegen das bürgerlich-ökonomische Denken wiederfinden. *Marx* hat im ersten Band seines ›Kapital‹ zwei Kreisläufe von Geld (G) und Ware (W) skizziert. Der ursprüngliche Handel, manchmal noch heute auf den Märkten der ›Dritten Welt‹ zu finden, kennt den Kreislauf W→G→W: Jemand bietet *Ware* an, um eine andere *Ware* zu erhalten; und da man oft nicht direkt tauschen kann, schaltet man das Geld dazwischen, um mehr Menschen am Tauschprozeß zu beteiligen. Der neuzeitliche ökonomische Kreislauf sieht anders aus: G→W→G: Jemand hat *Geld* und will es vermehren, er benutzt die *Ware* dazu, den Geldumlauf und die Verzinsung zu beschleunigen. Das kann bis zu so extremen Formen wie der Warenterminspekulation gedeihen: Jemand erwirbt Eigentumsrechte an einem – in irgendeinem Lager liegenden – Rohstoff in der Hoffnung, daß er in einem halben Jahr einen viel höheren Wert einbringe. Die darin zum Ausdruck kommende Grundeinstellung entfernt sich von jener praktischen Vernunft, die das Selbstbewußtsein des Menschen und die Strukturen bzw. Ordnungen der Welt in einem zielorientierten Zusammenhang findet und das Ganze auf Gott bezieht.

4. Dieser in der christlichen Ethik kaum verhandelten Einsicht soll durch zusammenfassende Thesen Nachdruck verschafft werden:

(1) Die Unterscheidung von *Theorie und Praxis* hat eine lange Geschichte, deren Stationen uns auf schwerwiegende Verkürzungen unseres eigenen Verständnisses aufmerken lassen können.

(2) Die großen athenischen Philosophen treten in den Zwiespalt von Theoretikern (= Reformern) und Praktikern (= Traditionalisten) ein. *Aristoteles* nimmt den politischen Zwiespalt in die *Seele* hinein und damit in den Menschen zurück.

(3) Mit ihrer *theoretischen Tätigkeit* richtet sich die Seele auch auf die unvergänglichen, die strukturellen Aspekte der Welt. Die Christenheit findet diese Seite der Seele später in der *vita contemplativa.*

(4) Mit ihrer *praktischen Tätigkeit* richtet sich die Seele auf die vergänglichen, zufälligen Seiten der Welt. Die Christenheit findet diese Seite der Seele später in der meist minderbewerteten *vita activa.*

(5) Die Unterscheidung von Theorie und Praxis fragt nach der *Bestimmung des Menschen in der Ethik*: Ist er Zielen unterworfen, oder unterwirft er die Welt eigenen Zielen?

(6) Daneben müssen Praxis und *Poiesis* unterschieden werden. In der höheren Form der Praxis sind Werk (Energie) und Ziel (Entelechie) eins. Leben will sich selbst erhalten, Vernunft sich selbst gestalten, Theorie sich selbst anschauen.

(7) So gesehen ist Theorie die höchste Form der Praxis (aber nur unter diesem Aspekt!).

(8) Die Unterscheidung von Praxis und Poiesis deckt auf, daß menschliche Handlungen entweder in sich selbst gut und zweckvoll sind oder einen ihnen äußerlichen Zweck haben. Die zweite Art kennzeichnet die Handlungszusammenhänge des modernen Lebens.

(9) Die Unterscheidung von Theorie und Praxis (und deren Aufhebung) wird im Raster bestimmter *Grundentwürfe* vom *Selbst* (z.B. der Seele im Schichtenmodell) und von der *Welt* (zusammengesetzt aus Unvergänglichem und Vergänglichem – wie die Philosophie lehrt) gefunden.

### 4.2.4 Das Gute, kritisch im Lebensvollzug festgestellt

#### 4.2.4.1 Herausforderungen der Neuzeit

Der vorangehende geschichtliche Überblick hat das Problem des Handelns *heute* in schnellen Schritten eingeholt. *Bevor wir Normen im einzelnen sichten oder sogar eine Ethik entwerfen, sind wir schon immer in eine bestimmte soziale Welt hineingestellt.* Sie ist die Folge einer langen Entwicklung, die mit der *Binnenansicht der Seele des Menschen* zusammenhängt. Wenn der abendländische Mensch einer bestimmten Zuordnung von Theorie und Praxis, Vernunft und Willen folgt, definiert er sich selbst und seine Welt in diesem Rahmen. Wie Menschen sich selbst und ihre Welt (bis in das Unbewußte hinein) bestimmen, so strukturieren sie auch ihr Handeln.

Ob diese Rohskizze reine ›Theorie‹ (im abwertenden Sinne) darstellt und nur die oft verunglimpfte Arbeit am Schreibtisch widerspiegelt, läßt sich an folgenden Fragen prüfen:

a) Warum ist die *europäische Entwicklung* anders verlaufen als die anderer Erdteile? Warum wird das Christentum z.B. vom Islam als eine bedrohende Religion mit einer die eigene Identität untergrabenden Kultur verstanden?

b) Wie kommt es, daß in unserer Kultur die *Ökonomie* zu einer der wichtigsten Wissenschaften geworden ist und daß viele menschliche Beziehungen von Mustern ökonomischen Denkens geprägt werden? (Das läßt sich bis in das Verständnis des Rechts hinein verfolgen; Juristen beklagen, daß z.B. rechtliche Ordnungen der Ehe oder der Elternschaft fast nur noch dazu benutzt würden, Forderungen einzuklagen.)

c) Wie kommt es, daß in unserer Kultur *technische Vorgänge zu Mustern menschlicher Beziehungen* werden? Psychotechnik, Religion als Seelentechnik (gibt es doch bereits eine Scientology-Kirche!), pädagogische Techniken, ja die Instrumentalisierung der Bildung sind Beispiele dafür. Vielfach verlangen auch Studierende, was zwanzig Jahre ältere Diakone abwerfen wollten: einen Vorrat an anwendungsreifem Wissen. Die Fragen nach dem Wer (Subjekt), dem Warum (Sinn) und der Qualität der Handlung gehen dabei unter.

Was folgt daraus? Der *Weg zurück* bleibt eine *Illusion;* der heutige Konservatismus, sonst so am Vergangenen orientiert, verteidigt meist die längst eingetretenen Veränderungen. Will christliche Ethik ihren Auftrag in der modernen Gesellschaft wahrnehmen, dann wird sie mit säkularen Positionen im Gespräch bleiben. Das gilt vor allem für die wiederentdeckte praktische Philosophie, die lange Zeit hinter der Hermeneutik oder der Wissenschaftstheorie zurückgetreten war (vgl. Rehabilitierung der praktischen Philosophie, hg. v. M. Riedel, Bd. 1-2, Freiburg/Br. 1972-1974).

Die *Hermeneutik* versteht den Menschen als ein Wesen, das seine Existenz in der Auseinandersetzung mit Zeugnissen der Vergangenheit als Sinngestalten menschlichen Lebens gewinnt. Verstehen ist ein Grundvollzug menschlichen Lebens. Die *Wissenschaftstheorie* hat das Ziel, alle echten Wissenschaften aufgrund ihrer rationalen Verfahrens- oder Argumentationsweisen oder ihrer Forschungsstrategien zu bestimmen und von anderen, von Pseudowissenschaften, abzugrenzen. Vor allem die Naturwissenschaften normieren dabei das wissenschaftliche Vorgehen. Diese Art der Wissenschaftstheorie trennt allerdings den *Lebensvollzug* (Existenz) von der nun durch sie allein beschlagnahmten *Vernunft*, die sich in formalen Verfahren selbst bestätigt. Aufmerken läßt allerdings ein Wandel in der oben skizzierten Erlanger Schule (s.o. S. 45f): Aus der methodischen Rekonstruktion von Diskurs und Beweis geht *O. Schwemmer* dazu über, mit Aristoteles die aller Ethik vorausgehende Erfahrung im Guten zu betonen (Ethische Untersuchungen, Frankfurt/M. 1986).

Anders als Hermeneutik und Wissenschaftstheorie zielt die *praktische Philosophie* auf die *Vernunft im Lebensvollzug;* sie wird nicht Existenz und Verstehen auf der einen, Wissenschaft und Erklären auf der anderen Seite auseinanderbrechen lassen. So stellt sie auch eine Herausforderung an die gegenwärtige Theologie dar, die sich dann nicht mehr einseitig als hermeneutisch verstehen und erst recht nicht auf die Existenz des jeweils einzelnen Menschen festlegen kann. Die theologische Ethik darf sich nicht von der Wissenschaftstheorie als irrational abqualifizieren lassen, sondern sie muß *offensiv in den sozialen Lebensvollzügen nach neuen Gestalten vernünftigen Zusammenlebens suchen.* Das bedeutet aber, daß sie ihre eigenen Inhalte neu begreifen lernt und kritisch zur Darstellung bringt.

#### 4.2.4.2
#### Die Vorgaben des Lebens und der Sinn des Redens von Schöpfung

Die *praktische Gestalt der Vernunft im Lebensvollzug* ist eigentlich kein neues, sondern ein altes, in veränderter Gestalt auftretendes Thema. Die oben angerissene Frage des Naturrechts stellte sich einem ähnlichen Problem unter anderen Bedingungen: Wie kommt es, daß Menschen trotz eines oft verzerrten und verstellten Lebens das Vernünftige tun, daß – um mit der Bergpredigt zu sprechen – Eltern ihren Kindern nicht Steine statt Brot und nicht Schlangen statt Fisch geben (Mt 7,9f)? Heute suchen auch theologische Ethiker häufig – mit Nachdruck auf der einen Seite des Doppelaus-

drucks »Vernunft im Leben« – das Vernünftige in der formalen Argumentation, die sich um ethische Argumentation bemüht. Der zweite Aspekt, das Leben, wird dieses Arbeitsbuch weiter beschäftigen, besonders im Kontrast von *D. Bonhoeffers* und *T. Rendtorffs* Auffassung. Dabei wird sich das Profil einer *theologischen* Ethik, die sich an Bonhoeffers Ansatz hält, an der eschatologischen Bestimmung der Lebenswirklichkeit herausbilden. Das Vernünftige bedarf des versöhnten Menschen, der heilend in angegriffenen und zerstörten Lebensverhältnissen handeln kann und die oft verschütteten Möglichkeiten des Handelns wiederentdeckt.
Wenn Normen des Verhaltens bereits in den Lebenszusammenhängen liegen, legt sich die Vermutung nahe, daß sie zu einer Ethik des Geschöpfes bzw. der Schöpfung gehören. Auch wenn die Theologie den Schöpfungsgedanken wieder hochschätzt, bleibt eine *Schöpfungsethik* belastet:

a) Früher suchten Theologen das Vernünftige in der Welt, indem sie nach Ordnungen, Konstanten und Strukturen der Vernunft fragten, die Gott mit der Schöpfung begründet und in das Geschöpf gelegt hatte. Waren sie durch den Sündenfall zerstört oder nur angegriffen (s.o. S. 43f)?
Diese Art von Schöpfungslehre wurde ausgerechnet im 19. Jh. erneuert, als das gesellschaftliche Handeln die Welt wie nie zuvor zu *verändern* begann. Eigentlich hätte die Schöpfungstheologie nun ein Protest gegen die Neuzeit sein müssen, vor allem wenn sie der gesellschaftlichen technischen Entwicklung nicht ungehemmten Lauf lassen wollte. Statt dessen diente sie eher dazu, Menschen politisch zu disziplinieren und alte politische Mächte (Fürstenherrschaft) ideologisch zu befestigen. Dieser Konservatismus hemmte die technische und ökonomische Revolution nicht.

Vgl. dazu die meistgelesene evangelische Ethik des 19. Jh.s: *Harleß, G.C.A.*: Christliche Ethik, Stuttgart [2]1842: »Die geordnete Volksgemeinschaft ist ihm (= dem Christen) nichts als Ausdruck des Gesamtbewußtseins, daß Wahrung des irdischen Einzelberufs Beruf der Gesamtheit sei, und jede *bestehende* Ordnung, gleichviel welcherlei politischer Gestalt, ehrt der Christ als gottgefügte Erfüllung des Willens Gottes über den Völkern« (S. 263 – Hervorh. im Orig.). Weitere Hinweise s. S. 44f.

Wie kann sich die Ethik überhaupt auf den *Schöpfungsglauben* berufen? Der Ausgang der mittelalterlichen Theologie zeigt, daß ein Schöpfer, dessen Allmacht willkürlich ist und dessen Kraft ohne Liebe aus dem Nichts schafft, keinen Halt bietet. In seiner Welt läßt sich nichts eigentlich Verläßliches finden. Wenn die Schöpfung auf dem bedrohlichen Hintergrund des Nichts zu verstehen ist, *wenn alles anders sein könnte, dann kann die Welt zum Experimentierfeld der Beliebigkeit werden.*

Deswegen sollten Theologen besonders das Werk *N. Luhmanns* beachten, eines Soziologen, der den Funktionalismus auf die Spitze treibt. Für ihn, der die spätmittelalterliche Philosophie gut kennt, ist Gesellschaft, der Horizont unseres Lebens, dasjenige System, das aus den unendlich vielen Möglichkeiten bestimmte auswählt, andere negiert (»Reduktion von Komplexität«). Seiner Welt wird kein Ziel von außerhalb gesetzt. Darum nennt *F. Scholz* seine Einführung in dieses Denken ›Freiheit als Indifferenz‹ (Frankfurt/M. 1981).

Wenn Gott als Wesen bestimmt wird, das ohne Selbstbeschränkung alles anders machen könnte, dann wird seine liebevolle, sich dem Menschen verbindende Zuwendung übergangen. Der christliche Glaube bekennt aber, daß Gott mit gutem Willen die Welt schuf und dabei nicht Beliebigkeit walten ließ; diese Erkenntnis wird in der *Christologie* definitiv festgehalten. Darum ist es begründet, wenn *K. Barth* seine Ethik (innerhalb der Dogmatik) aufgrund von Gottes in Christus offenkundigem Bundeswillen entfaltet und *D. Bonhoeffer* in Christus Gottes- und Weltwirklichkeit in eins sieht (Ethik, München [12]1988, S. 210). (Vgl. dazu u. S. 250f.)

b) Die Schöpfungsethik bzw. *Schöpfungsordnungsethik* des 19. und 20. Jh.s setzt eine *statische soziale Welt* voraus. Dabei ignoriert sie zugleich, wie sehr der Mensch der Neuzeit seine Welt verändert und damit sein eigenes Verhalten schnellem, manchmal umstürzendem Wandel ausliefert. *Der Mensch der Neuzeit ›schafft‹ sich selbst, indem er sich eine Welt schafft.* Die der Ordnungsethik zugrundeliegende Schöpfungslehre hat den Schock der Entdeckungen *Darwins* (bzw. seiner Evolutionstheorie) gar nicht berücksichtigt: Die Lehre von der Entfaltung der Arten durch Nachkommenüberschuß und Umweltanpassung (Auswahl) zeigt zum einen, daß der Mensch naturgebundener ist, als er sich – als Geistes- und Vernunftwesen – gern sähe. Wie sollte ein Christ, der aus der alten Metaphysik herkam, sich mit der Verwandtschaft zu seinen Halbbrüdern, den ›Pongiden‹ (Menschenaffen), abfinden? Zum andern faßt die Evolutionslehre die natürliche Welt insgesamt als zielloses Unternehmen auf; *das* (oben vorgestellte) *aristotelische Konzept der Entelechie wird irrelevant* (vgl. S. 54ff). Die Welt erscheint zuerst einmal als Lotteriespiel gigantischer Zufälle; dank milliardenfachen Probierens treten Ordnungsmuster hervor; viele Entwicklungen sind umsonst gewesen. Wie könnte sich in solchem Entwurf noch eine objektive, unverbrüchliche Zielsetzung für das Handeln der Menschen finden?

Die strenge anti-teleologische Position vertritt *Monod, J.:* Zufall und Notwendigkeit, München 1975. Eine Modifikation in Richtung auf eine teleonome Selbstorganisation vertreten *Eigen, M.* und *Winkler, R.:* Das Spiel, München 1975. Noch einmal teleologisch zu denken versuchen *Jonas, H.:* Organismus und Freiheit, Göttingen 1973, und *Spaemann, R.* und *Löw, R.:* Die Frage Wozu?, München u.a. [2]1985.

Deshalb ist die *›natürliche Theologie‹* – wenigstens in ihrer teleologischen Form – *in der Krise.* In einer Welt ohne objektives Ziel scheint aber den Handlungen der Menschen jede Art von Freiheit offenzustehen, sofern sie die eigenen Lebensbedingungen nicht zerstören. Am Ende des 20. Jh.s werden jedoch die schrecklichen Rückwirkungen einer grenzenlosen Freiheit deutlich. Statt des Konzepts einer von vornherein auf Ziele angelegten Lebenswelt wird nun der *›Spielraum‹* zum Leitbegriff; er erschließt sich nicht der Theorie allein, sondern der methodischen Besinnung auf die Folgen bestimmter Praxis. Obwohl die Naturwissenschaften die natürliche Welt als insgesamt ziellos verstehen, erfahren wir heute aufgrund der Folgen der Technik, daß die *Natur* eine Art stiller, oft vergewaltigter Interaktionspartner ist; ihre Gesetze und Möglichkeiten treten erst hervor, wenn der Mensch handelnd mit ihr umgeht und sie – vielfach unbeachtet – subtil antwortet.
Was folgt daraus für die Ethik? Wer sittlich verantwortlich handeln will, muß das *Umfeld seines Handelns* kennenlernen und darüber hinaus eine umfassende Perspektive für die Welt des Lebens gewinnen. Wer den Spielraum im positiven Sinn nutzen will, muß eine sittliche Entscheidung für das Leben, aber gegen die maximale Aus-

nutzung der vorhandenen Möglichkeiten fällen. Die Sittlichkeit gründet nicht in der Natur, das Sollen nicht im Sein, sondern es entscheidet eine *sittliche Perspektive*, die sich auf die natürlichen Lebensgrundlagen einspielt.
Diese Orientierung – die fundamentale, Wirklichkeit erschließende Perspektive – kann an *Jesu Reden und Handeln* Anhalt haben. Für den *Nazarener liegt die Schöpfung nicht einfach objektiv vor, sondern sie ist zu entdecken, gerade auch im Handeln und Verhalten.*

Dazu ist Jesu Begründung des Feindesliebegebots in Mt 5,43ff zu vergleichen. Die Begründung der Feindesliebe in V. 45b wird von einer *positiven* Interpretation des Regens und der Sonne über Gerechten und Ungerechten geleitet, während die alttestamentliche Weisheit ähnliche Schöpfungsaussagen eher *resignativ* verwendet (vgl. Koh 11,3-5; 9,2f). Die *positive* Interpretation Jesu hängt mit der Verkündigung der nahen Herrschaft Gottes zusammen.

*Jesus* öffnet der Welt eine Perspektive durch die Ankündigung des Reiches Gottes, das, obwohl noch ausstehend, schon jetzt die verstellte und verschlossene Wirklichkeit der Menschen angreift: Jesu *Reich-Gottes-Botschaft* weckt Freude und Wachsamkeit; der in ihr offenbare und verkündigte Gott fordert heraus, im Licht des Neuen das Bekannte zu reidentifizieren; er ist der Kommende und nicht der allem Dasein zeitlos vorausliegende Grund. Alle Vergöttlichung der Natur zerbricht an ihm. Am deutlichsten wird das am Umgang Jesu mit der Schöpfung: Sie ist nicht einfach nur etwas Vorfindliches, sondern die auch uns tragende Wirklichkeit der Welt in neuer, befreiender Perspektive. Wenn *Gott* über Gerechte und Ungerechte die Sonne aufgehen oder regnen läßt (Mt 5,45b), dann widerlegt das eine blinde Willkür und macht Gottes unermeßliche *Güte* sichtbar, die alle menschlichen Festlegungen übersteigt. Weil Gott in seiner Entscheidung für die Menschen so frei ist, können Menschen von ihren Feindbildern und Feind-Freund-Schemata frei werden.

c) Alle diese Überlegungen schließen sich an die Theorie-Praxis-Diskussion an. Ihr Ergebnis drängt dazu, eine *Ethik der Lebensformen und der Lebenskonzeptionen* zu entfalten – mit anderen Worten: weit über eine Ethik hinauszugehen, die sich mit der Katalogisierung von einzelnen Normen zufriedengibt. Indem sie über die Begründung von Einzelnormen hinausgeht, sorgt sie sich auch um das *Wie* des Handelns. Das darf allerdings nicht mit dem eingeengten Verständnis von Gesinnung, wie Max Weber es vortrug (vgl. o. S. 8ff), gleichgesetzt werden. Vielmehr antwortet diese Ethik auf die Frage: *Wie kann Handeln eine Qualität erreichen, die das Leben des Handelnden und das der Betroffenen jeweils integriert* (»ein Ganzes werden läßt«), so daß beide in ihrer Beziehung zur umgebenden Natur Gottes Schöpfung entdecken lernen?
Normen gehören deshalb zu Lebensweisen oder ›Lebensformen‹. Praxis war nach *Aristoteles* vor allem gerade das Leben selbst, weil es sein Ziel in sich selbst trägt: Wer lebt, will – fast immer – sein Leben erhalten (das Rätsel der Selbsttötung soll hier ausgeklammert werden). Ein einseitig technisch-instrumentelles Handeln macht den Handelnden, das ›Subjekt‹, auswechselbar. Gegenüber dem antiken Ansatz müssen wir einen veränderten Weg suchen: Wer hingegen bewußt und nicht einfach nachlässig von Praxis redet, setzt den jeweils *unverwechselbaren Menschen in einer konkreten, kontingenten* (d.h. nicht vollständig ableitbaren) *Situation* voraus, die er handelnd be-

steht oder verfehlt. Er muß, nachdem er sich der Situation stellte und darin verhielt, sagen können: Ich bin in meinem Handeln bzw. Verhalten derselbe geblieben, obwohl ich mich sicherlich im Handeln bzw. Verhalten oft nicht wenig veränderte; aber im nachhinein sehe ich, daß *mein Ich am Gelingen oder auch Mißlingen wuchs.* (Diese Aussage versucht, das sozialpsychologische Konzept der ›Identität‹ als ethische Verantwortung auszudrücken.) Identität bedeutet somit, im Verhalten beides, das Gelingen und das Mißlingen, in der Zeit unseres Lebens zu einem Ganzen zu integrieren.

In diese Richtung blickte auch *K. Marx,* als er von der *Aufhebung der Selbstentfremdung* sprach; er bestimmte deren Gegenpol, die Selbstfindung, als Aneignung einer gegenständlichen Welt durch Arbeit. Der Passivität und dem verarbeiteten Leiden maß er keinen Wert bei (es sei denn, sie entdeckte die menschliche Entfremdung und machte zum Handeln frei). (Vgl. dazu *Fromm, E.:* Das Menschenbild bei Marx, Frankfurt/M. 1963; *Post, W.:* Kritik der Religion bei Karl Marx, München 1969, bes. S. 211ff.)

#### 4.2.4.3
#### Konsequenzen für die Ethik

a) Der Zusammenhang von Theorie und Praxis macht auf besondere Fragen der abendländischen Neuzeit aufmerksam. Die Ethik kann nicht einem heruntergekommenen Praxisbegriff folgen, der nur die beste Taktik, etwas möglichst reibungslos auszuführen, meint. *Praxis im Vollsinn fragt nach dem Selbstsein, das wir sowohl in unserem Handeln wie auch in unserem eher passiven, aber gestalteten Verhalten gewinnen können; sie fragt nach Identität und Integrität des Lebens und ordnet dem die Problematik der Normen unter.* Wenn wir *Ethik* so begreifen, wird aber gerade die ›*Theorie*‹ herausgefordert. Sie kann nicht mehr wie in der Antike die Schau der unvergänglichen Strukturen der Welt sein und auf ihr eine philosophische (oder eine ›natürliche‹) Theologie begründen, sondern sie muß sich auf die Bedingungen und die Hoffnungen geschichtlichen Lebens der Menschen ausrichten. Die Zukunft ist ihr eigentlicher Antrieb. Diese Ethik wird nicht nur Informationen über unsere komplizierte Welt verarbeiten (Information ist ethisch in höchstem Maße relevant!), sondern nach *Lebensperspektiven in unserer eigenen Welt* suchen. Instrumentelles Handeln allein reicht nicht aus, denn es befestigt nur ein Leben der Anpassung – der Anpassung der natürlichen Welt an die Schemata der Menschen, die sie umgestalten, und der Anpassung an Strukturen der Gesellschaft, die von Menschen gemacht ist.

*B. Waldenfels* führt gegen *Kants* Freiheitsverständnis den Begriff einer Lebenswelt ein, in der Freiheit schon immer am Werk ist. Wir sollten hinzufügen: und sich ständig in Selbstwiderspruch und Infragestellung verstrickt. Der Glaubende wird dieses Scheitern grundsätzlicher, ja abgründiger erkennen als ein Philosoph, der das Vernüftige nie ganz verwirklicht sieht. Zuzustimmen ist ihm jedoch, wenn er Praxis und Pragmatik der Lebensführung zusammenbringt (vgl. Ethische und pragmatische Dimension der Praxis, in: Rehabilitierung der praktischen Philosphie, hg. v. M. Riedel, Bd. 1, Freiburg, Br. 1972, S. 375–393, bes. S. 385.392).

Diese Überlegungen knüpfen an Ergebnisse des zweiten Kapitels an. Die Ethik begründet und ordnet nicht nur Normen, sondern fragt nach der allseitigen Bestimmung menschlichen Verhaltens:

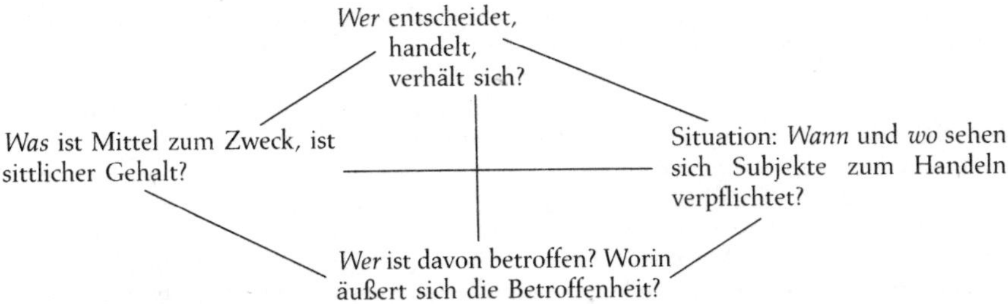


Die darin eingeschlossene Bedeutung der Situation sollte nicht nur durch eine Anwendungsregel oder durch die Unterscheidung von »sittlich richtig / falsch« zur Geltung kommen, während das sittlich Gute bzw. Böse der Wahl der Handlung durch das Subjekt (in der Liebe) vorbehalten bliebe (vgl. dagegen *Schüller, B.:* Die Begründung sittlicher Urteile, Düsseldorf 1973, v.a. S. 159ff).

Diese wichtigen Fragen werden durch die Besinnung auf das Theorie-Praxis-Verhältnis verstärkt. Ein unreduziertes Praxisverständnis integriert diese Fragen und beantwortet sie anders als Aristoteles und Marx, ohne ihre Fragestellungen zu mißachten; denn *der Betroffene* und *das handelnde bzw. entscheidende Subjekt sind als Nächste aufeinander angewiesen.* Die christliche Ethik muß die Situation des Handelns und Entscheidens immer aus der *Hoffnung* auf Gott und sein Reich bestimmen und das Was am Weg Jesu unter der Schuld und an seinem Angebot der *Vergebung* messen.

Zwei Zitate aus Bonhoeffers ›Ethik‹ sollen diese wichtige Feststellung verdeutlichen:
»Wirklichkeitsgemäß ist das christusgemäße Handeln, weil es die Welt Welt sein läßt, weil es mit der Welt als Welt rechnet und doch niemals aus dem Auge läßt, daß die Welt in Jesus Christus von Gott geliebt, gerichtet und versöhnt ist« (Ethik, S. 245).
»Weil es Jesus nicht um die Proklamation und Verwirklichung neuer ethischer Ideale, also auch nicht um sein eigenes Gutsein (Mt 19,17), sondern allein um die Liebe zum wirklichen Menschen geht, darum kann er in die Gemeinschaft ihrer Schuld eintreten, sich mit ihrer Schuld belasten lassen ... Wer sich der Verantwortung der Schuld entziehen will, löst sich aber auch aus dem erlösenden Geheimnis des sündlosen Schuldtragens Jesu Christi und hat keinen Anteil an der göttlichen Rechtfertigung, die über diesem Ereignis liegt« (ebd., S. 255f).

b) Die christliche Ethik bleibt gerade wegen ihrer besonderen Begründung und Perspektive im Dialog mit anderen Erkenntnissen. Die Fragen nach einem vollen und integralen Verständnis der Praxis lassen sich auch mit philosophischen Fragestellungen verbinden: *Kant* hat in der Einleitung zu seiner ›Logik‹ (Werke, hg. v. W. Weischedel, Bd. 3, S. 448) das Sein des *Menschen* aufgrund von Fragen bestimmt. Die drei Fragen
(a) Was kann ich wissen?
(b) Was soll ich tun?
(c) Was darf ich hoffen?
werden in der *einen* Frage zusammengefaßt:
*Was ist der Mensch?*
Die Frage (a) ist die Frage nach der Metaphysik; sie wird in der ›Kritik der reinen Vernunft‹ behandelt. Die reine Vernunft stellt Kategorien für empirische Erkenntnis bereit, sie ist nicht angewandter Verstand. Kants ›Kritik der reinen Vernunft‹ fragt nach dem, was der Mensch überhaupt wissen kann. (Das Wissenkönnen betrifft auch sein Verhältnis zur empirischen Welt und hat deswegen Bedeutung für die Ethik.) Die Frage (b) ist die Frage der *Moral.* Kant behandelt sie unter anderem in der ›Kritik der praktischen Vernunft‹. Damit erinnert er an das alte Verständnis von Praxis. Mit ihr wird auch die Frage der Identität der Menschen gestellt: Wer kann, ja

werde ich sein? Unter (c) steht die für die christliche Ethik zentrale Frage, die sie anders als Kant beantworten wird; denn ihr geht es um *letzte Perspektiven je verschiedener Lebensentwürfe und auch unserer Welt,* an der wir von uns aus so leicht verzweifeln. Diese Perspektiven sind nicht als quasi-objektiv an der gegebenen ›natürlichen Welt‹ abzulesen, sondern enthüllen sich Schritt für Schritt am Verhalten der Menschen, das sich von der Achtung vor der Schöpfung und der Liebe zum anderen Menschen leiten läßt.
*Kants Kritik* betrifft eine vergehende metaphysische Sicht der Wirklichkeit, die stabile Ordnungsstrukturen einer Welt voraussetzt, in die der Mensch zwar gehört, *über* die er sich jedoch kraft seiner Vernunft zumindest im Ansatz erheben kann. In der Welt zu sein und über sie hinauszustreben wird von der ewigen Welt Gottes umfaßt. Kant verlegte das Problem der Ganzheit der Welt in Ideen, die die Vernunft notwendig begleiten; er hoffte, daß sich die geschichtliche Entwicklung ihnen anpassen würde, auch durch die Unvernunft hindurch. *Über Kant und seine Kritik hinaus* müssen wir Heutigen feststellen, daß die *Welt* ein ambivalenter Prozeß ist – nicht nur, weil die Natur grausame Seiten hat, sondern vor allem deshalb, weil der Mensch ihre Gesetzmäßigkeiten erforscht und planmäßig ausnutzt und seine Geschichte oft wie ein Weg zum kollektiven Unheil aussieht. Der Mensch gehört zu diesem ambivalenten Prozeß; alle Versuche, die Natur gewissermaßen objektiv und neutral und ohne eine menschliche Perspektive darzustellen, stoßen an Grenzen. Soll ein lebensförderliches Verhältnis entstehen, dann muß das Verhältnis des Menschen zur Welt der Natur als Dialog eingeübt werden, der auch die Eigenarten der Natur respektiert. Für Gott darf deswegen weder der Bereich jenseits der Physis (Meta-physik) noch in der Idee bzw. im Postulat reserviert werden, sondern Gott muß – obwohl oft als abwesend erfahren – mitten im Leben gefunden werden. Aber die Rätsel der Welt, die Disteln und Dornen auf dem Acker, das Leiden der Kinder (*Camus*!), das unerfüllte Leben, die sinnlose Krankheit sollen damit nicht auf den Menschen zurückgeführt werden. Sie bleiben im Glauben zu tragende, nicht etwa aufzulösende Rätsel.

c) Die im Abschnitt 4.2.3 angesprochenen Probleme sollen in einigen Sätzen zusammengefaßt werden:

(1) Die *Innenansicht der abendländischen Seele,* deren *Projektionen auf Gott* sowie das Verhältnis dieser Seele zu ihm und zur Welt bilden einen Fragezusammenhang. Diese drei Hinsichten können helfen, der Frage nachzugehen, warum sich die kulturelle Entwicklung in Europa anders als in anderen Regionen der Welt vollzogen hat.

(2) Der Theorie und der Praxis als Orientierung der Seele auf die unvergänglichen (in der Theorie) und vergänglichen (in der Praxis) Aspekte der Welt entsprachen *Vernunft und Wille.*

(3) Das Gottesbild der mittelalterlichen Lehre diskutierte die Beziehungen von *Vernunft und Wille in Gott* selbst: Wenn sein Wille absoluten Vorrang vor seiner Vernunft erhielte, dann gäbe es in der Welt nichts Verläßliches. Der Gedanke der Schöpfung aus dem Nichts könnte diese Konsequenz stützen.

(4) Läßt sich die Welt erst einmal ohne ewige, unbedingte und gottgewollte Grundlage denken, dann kann sie zum Experimentierfeld des Menschen werden. Trotzdem muß er einen festen Anhalt suchen, der im Zweifelsfall auch ohne Gott bestehen könnte: »*etsi deus non daretur*«.

(Vgl. *Bonhoeffer, D.:* Widerstand und Ergebung, S. 177f: »Und wir können nicht redlich sein, ohne zu erkennen, daß wir in der Welt leben müssen – ›etsi deus non daretur‹. Und eben dies erkennen wir – vor Gott!«) In der Phase der sogenannten Gott-ist-tot-Theologie wurde der letzte

Satz meist weggelassen. Bonhoeffer scheint sich auf *Grotius, H.:* De iure belli et pacis, § 11, zu beziehen. Grotius fragte, ob es Naturrecht ohne Gott gebe. Seine Antwort lautete: »Haec quidem, quae iam diximus, locum aliquem haberent, etiamsi daremus quod sine summo scelere dari nequit, *non esse deum* ...«

(5) Mit dem Umbruch zur Neuzeit und dem geschichtlichen Aufbruch des Bürgertums gewann eine andere Art des Handelns Vorrang, die dem Begriff der *Poiesis* bei Aristoteles nahekommt. Es hat nicht bereits aus sich heraus Ziel und Qualität, sondern richtet sich auf ein von außen gesetztes Ziel, dem es lediglich als Mittel dient. *Technisches Handeln* ist zweckrational.

(6) Damit deutet sich eine *Konsequenz des Zusammenbruchs ›natürlicher Theologie‹* (mit einer feststehenden Ordnung des Guten) an. Das Gute wird nun der Einschätzung der Menschen überlassen. Die theologische Ethik wird zwar die Fragen des Menschen nach gutem Leben in den jeweiligen sozialen und historischen Bedingungen ernst nehmen, sie jedoch *mit dem biblischen Zeugnis konfrontieren*, um zu befreienden Schritten und neuer, vorher verschlossener Zukunft zu ermutigen.

## 4.3 Vertiefung

Das vierte Kapitel hat Themen angerissen, die bei der Grundlegung der Ethik nicht umgangen werden können, aber auch in anderen Zusammenhängen behandelt werden. (Sie eignen sich zum Teil zu Spezialgebieten der Ethik im Examen.) Drei dieser Themen sollen mit folgenden Hinweisen genauer umrissen werden!

### 4.3.1 Hypothesen zur Entstehung der modernen Welt

Die Debatte um die *Herkunft* und die *Bedeutung* der *modernen Welt* läßt sich kaum noch überblicken. Aber in all ihrer Differenzierung lassen sich bestimmte Grundzüge feststellen:

a) Zwei geistesgeschichtliche Thesen stehen miteinander im Konflikt. Beide gehen vom *Nominalismus* des späten Mittelalters aus und sehen in dessen *Gottesbild* einen wichtigen Anstoß zur Moderne. Die Erforschung wurde von *P. Duhem* und *Anneliese Maier* begonnen.
Die *einen* folgern, daß sich die Neuzeit einer legitimen Verteidigung des bedrohten Menschen gegen den Willkürgott verdankt. *G. Krüger* wies solche Ansätze in der praktischen Philosophie *Descartes'* nach (Die Herkunft des philosophischen Selbstbewußtseins, in: *Ders.:* Freiheit und Weltverwaltung, Freiburg, Br. 1958, S. 11-69). *H. Blumenberg* hat mit mehreren Werken, v.a. mit ›Die Legitimität der Neuzeit‹ (Frankfurt/M. 1966), den Abschied von der theologisch interpretierten Welt positiv gewertet.
Größer ist der Chor derjenigen, die im Nominalismus und Cartesianismus entscheidende Schritte zum *Verlust Gottes in der Welt* und zur schrankenlosen Herrschaft des Menschen über die Natur beklagen. Die Realität der Welt habe durch das Nadelöhr der zweifelnden Subjektivität gehen müssen; geblieben sei ein instrumentelles Verhältnis zur Natur. Darum wird die cartesianische Philosophie vor allem in der Ökologiebewegung zum Inbegriff der Entfremdung von den Grundlagen des Daseins. Die Subjektivität der modernen Philosophie wird der Weltlosigkeit verdächtigt, die moderne Entwicklung als tödliche Einseitigkeit beklagt. In diesem Sinn wird Descartes durch *Ch. Link* interpretiert: Subjektivität und Wahrheit, Stuttgart 1978 (FBESt 33). Diese und ähnliche Interpretationen lassen sich in die Sicht einer umfassenden Geschichte des Abfalls vom wahren Ursprung stellen, die sich vor allem in *Heideggers* Philosophie und seiner Aufdeckung der Seinsvergessenheit finden läßt.

b) Während vor allem die Ordnungstheologie und die Ordnungsethik den Abfall von der von Gott vorläufig geordneten Welt befürchten, hat *F. Gogarten* nach einer neuzeitkritischen Phase schließlich einen positiven Zugang zur Moderne gefunden, in der sich die von Jesus in der Sohnschaft eröffnete, von Paulus in der Konfrontation von Gesetz und Evangelium bekräftigte und von Luther in der Rechtfertigungslehre wiederentdeckte Freiheit Gestalt gibt (Verhängnis und Hoffnung der Neuzeit, Stuttgart 1958). Dieses Werk scheint, ohne daß der Autor recht darauf Bezug nimmt, *Bonhoeffers* Feststellung eines religionslosen Zeitalters und ihre christologische Begründung (Gott kommt als Mensch in die Welt, die ihn nicht religiös empfängt) zu variieren (Widerstand und Ergebung, hg. v. E. Bethge, Gütersloh [13]1985).

c) Geistesgeschichtliche Erklärungen reichen nicht hin, um das Heraufkommen der Neuzeit zu erklären. *M. Weber* versuchte, die Orientierung von Gruppen mit der Entwicklung der Wirtschaft – und damit gewissermaßen ›Materialismus‹ und ›Idealismus‹ – zu verbinden. Die von ihm vertretene These der Herkunft des Kapitalismus aus dem Geist des Calvinismus wankt längst unter dem Ansturm der Spezialuntersuchungen. Aus dem angelsächsischen Raum stammt die Gegenthese, die den Kapitalismus aus irreligiösen Wurzeln herleiten will: *Tawney, R.H.:* Religion and the Rise of Capitalism, Harmondsworth/Middlesex 1938. (In das Werk M. Webers führt ein: *Drehsen, V.:* Religion und die Rationalisierung der modernen Welt: Max Weber [1864-1920], in: *Dahm, K.W., Drehsen, V.* und *Kehrer, G.:* Das Jenseits der Gesellschaft, München 1975, S. 89-154. Dort – wie im Sammelband ›Seminar: Religion und gesellschaftliche Entwicklung‹, hg. v. C. Seyfarth u. W.M. Sprondel, Frankfurt/M. 1973 – finden sich die notwendigen Literaturhinweise.)
Da die *Religionen* verstärkt Interesse finden und ihr Zusammenspiel mit den Zivilisationen diskutiert wird, da sie ferner im globalen Zusammenhang von *Entwicklung* und *Unterentwicklung* zu verstehen sind, wird die Bedeutung dieser Fragestellung zunehmen. Das Scheitern europäisch-nordamerikanischer Entwicklungsvorstellungen in der ›Dritten Welt‹ gebietet, deren Kultur und Religion als gesellschaftssteuernde Faktoren ernst zu nehmen. Wie weit kann und darf der *Fortschritt* Leitgedanke gesellschaftlicher Entwicklung sein? Das ist ein globales sozialethisches Problem. (Die Hintergründe des Fortschrittskonzepts deckt *R. Koselleck* auf: Art. ›Fortschritt‹, in: Geschichtliche Grundbegriffe, Bd. 2, S. 351-423.)

d) Im Einzugsbereich dieser Fragestellung sind *wirtschaftsethische Probleme* zu diskutieren. Es besteht die Neigung, Themen wie Arbeit, Leistung, Wohlstand, Basisbedürfnisse, obwohl sie die Grundlegung der Ethik betreffen, in eine Spezialethik abzudrängen, was jedoch die Basis der gesamten Ethik sprengt. Beispielsweise gerät sie dann in Gefahr, von einem abstrakten Gedanken der Freiheit auszugehen und dabei die Konflikte und die brennenden Fragen der Zukunft der Menschheit auszuklammern.
Die naheliegenden Probleme der *Arbeit* sind ihre gesellschaftliche Verteilung, die verlangte Qualifikation und die Geschwindigkeit ihres Wandels sowie die Auswirkungen auf die soziale Biographie der Arbeitenden und der Arbeitslosen (Zeiteinteilung, Kommunikation, soziale Anerkennung usw.). Aber die Hochschätzung der Arbeit kommt nicht von ungefähr – erinnern sich doch viele Christen neben den Dornen und Disteln des Ackers (Gen 3,18f) noch der reformatorischen Bewertung des Berufs. *Luthers* Lehre vom *Beruf* meint nicht die moderne Arbeit, deren Leistung ökonomisch bewertet wird und gesteigert werden kann, sondern jegliche Verrichtung, die dem *Mitmenschen* dient. Luther betont den Beruf, als er die Goldene Regel der Bergpredigt (Mt 7,12) auslegt. (Vgl. dazu *Wingren, G.:* Luthers Lehre vom Beruf, München 1952 [FGLP, 10. Reihe, Bd. 3]; *Frey, Ch.:* Die Reformation Luthers in ihrer Bedeutung für die moderne Arbeits- und Berufswelt, in: Luther und die Folgen, hg. v. H. Löwe u. C.J. Roepke, München 1983, S. 110-134.)
Der Arbeitsbegriff ist so wichtig, weil es bei ihm um die *Synthesis* des so oft Auseinanderstrebenden, der Materialität des Lebens und der Erkenntnis, geht. Darin stimmt *Marx* zum Teil mit den Philosophen des Idealismus überein. Nimmt die Ethik diesen Ansatz ernst, dann kann sie nicht in einer Zwei-Welten-Theorie gründen, die auf der einen Seite das reine vernünftige und sittliche Selbstbewußtsein und auf der anderen Seite die empirischen Lebensverhältnisse sieht. (Informationen zum Begriffswandel bieten die einschlägigen Artikel zu ›Arbeit‹ und ›Beruf‹, v.a. in ›Geschichtliche Grundbegriffe‹, TRE usw.)

Auch *ökonomische Grundprobleme* betreffen die Bedingungen der Verwirklichung sittlicher Vorsätze:

– Gelten die Anschauungen der *Physiokraten* des 18. Jh.s, dann sind Grund und Boden die Quelle des Wohlstands; Reichtum gewönne, wer sich in den Besitz der Schätze der Erde setzte. Dann ließe sich mit eindeutigen Gründen von Räubern und Beraubten sprechen, wie das z.B. in ›Dritte-Welt‹-Gruppen oft geschieht.

– Gilt die *Arbeitswertlehre* der bürgerlichen Ökonomie und ihre Neubestimmung nach Marx, dann wird die Ungleichheit der Chancen, zu arbeiten und gefragte Produkte hervorzubringen, zum Hauptproblem. Schlechte Arbeitsorganisation könnte allerdings auf Ausbeutung und einseitige Aneignung des Gewinns zurückgeführt werden. Unterentwickelte würden von mächtigen Interessen im Zustand der Ohnmacht bzw. der ›industriellen Reservearmee‹ gehalten. Die Bestimmung und Bewertung der Arbeit kann allerdings verändert werden: Wie viele sind denn überhaupt in der *Produktion* erster Hand tätig? Verdanken sich nicht ihre Produkte und die Verfahren zu deren Herstellung systematischer *Forschung*, die *Bildung* und *soziale Organisation* voraussetzt? Dann kommt die Frage auf, ob nicht gewisse Standards von Bildung, Recht, sozialer Organisation und Arbeits- bzw. Leistungsmentalität weltweit gelten müssen, wenn alle an deren Ergebnissen teilhaben wollen. Ist Wissen international, sind Techniken Menschheitsbesitz, so daß ein Transfer geradezu humane Verpflichtung ist? Oder sind die Folgen abendländischer technischer Entwicklung so zerstörerisch, daß ihre Verbreitung verhindert werden sollte?

– Die *Wohlfahrtsökonomie* setzt nicht beim Produzierenden, sondern beim Menschen mit Bedürfnissen ein und sucht die Wirtschaft so zu steuern, daß Grundbedürfnisse aller sowie die Bedürfnisse in repräsentativen Lebenslagen (z.B. Jugendlicher in der Ausbildung, Schwerstarbeiter, Alter usw.) erfüllt werden können. Die beiden zuletzt angeführten Hinsichten setzen *Institutionen* voraus, die sich der nackten (ökonomischen) Macht entgegenstemmen. Ist ein Volk mit guten Institutionen und langer, festverwurzelter politischer Kontrolle (z.B. als sozialer Demokratie) im Recht, wenn es allseitig besser lebt? Das ist ein Anliegen der *politischen Ökonomie.*

Alle diese Ansätze, Ökonomie auf den Begriff zu bringen, setzen *Grundbestimmungen des Menschen* voraus, die wiederum ethische Zielsetzungen beeinflussen. Die Bestimmung von Gleichheit bzw. Ungleichheit der Menschen spielt eine wichtige Rolle. Die Voraussetzungen zum Leben, ein Thema der Schöpfungstheologie bzw. -ethik, werden mit den *Basisbedürfnissen* angesprochen. Auch ist es für das Menschenbild entscheidend, wie Leistungen und Bedürfnisse gegeneinander abgewogen werden. Schließlich bleibt die Frage nach dem Glück, die in der Ökonomie im allgemeinen eine recht einseitige Antwort erhält. Liegen die obersten Gesichtspunkte der Ethik in der Idee eines Guten, die mit dem Glück verbunden ist, ober beschränken sie sich auf eine formale, z.B. die Goldene Regel? (Weitere Themen in diesem Zusammenhang sprechen die S. 164ff an.)
Ökonomische Themen verschärfen die Frage nach der Gerechtigkeit, die im biblischen Gedanken des Bundes nicht allein in der Beziehung von Gott und Mensch, sondern zwischen Menschen grundlegend ist. Gilt hier die Möglichkeit, daß alle leben können, oder die faire Verteilung von Chancen und Lasten?

### 4.3.2
### Empirie und Ethos (›is‹ und ›ought‹)

Die Entfaltung des vierten Kapitels berührte auch die *wissenschaftstheoretische Diskussion.* Das Prinzip der *Universalisierung* als Kriterium sittlicher Normen und die Unterscheidung von theoretischem und praktischem Wissen kamen zur Sprache. Die *wissenschaftstheoretische Diskussion* war – und ist! – für die Ethik als Wissenschaft von Belang. Sie mag als Thema für Spezialisten erscheinen, weil sie vor allem im angelsächsischen Bereich eine führende Rolle spielt; aber sie gehört nicht nur zum Ritual akademischer Diskussion in den Colleges von Oxford und Cambridge, sondern berührt das Problem der Verantwortung der Wissenschaften; wer sie proklamiert, muß wissen, wie er ethische Argumente mit dem notwendigen Sachwissen verbindet.

Die im ersten Kapitel aufgeführte Unterscheidung von Ethik und Metaethik kann um einen dritten Begriff erweitert werden: die *Pragmatik*. Während die Ethik nach den Bedingungen dafür fragt, daß ein Verhalten moralisch gut ist, kümmert sich die *Pragmatik* um die Folgen von Handlungen und Unterlassungen, mithin um deren Richtigkeit (etwa wenn sie auffordert, das zu tun, was in der Regel gute Folgen hat, wobei die Bedeutung von ›gut‹ bereits vorausgesetzt ist). Die *Metaethik* hingegen diskutiert Funktion und Angemessenheit ethischer Aussagen im Blick auf menschliche Praxis; da menschliche Beziehungen auf Sprache angelegt oder durch Sprache vermittelt sind, will sie die Besonderheiten der Sprache der Moral und die in ihr enthaltenen Begründungsgänge herausarbeiten.

Ein Hauptproblem der Metaethik stellt der Übergang von *Ist-Sätzen* zu *Aufforderungen* (englisch: *is – ought*) dar. Eine kritische Feststellung des empiristischen Philosophen *Hume*, daß Abhandlungen ohne logische Begründung oft vom *›is‹* zum *›ought‹* übergingen, wurde von *G.E. Moore* in seinen ›Principia ethica‹ (1903, deutsch: Stuttgart 1970) (Abschnitte 10-14) als *»naturalistic fallacy«* (naturalistischer Fehlschluß) herausgestellt.

Wenn nur empirische (analytische, d.h. die Sachverhalte auseinanderlegende) Sätze wahr und logisch kohärent sein können, dann sind Sätze der Moral nicht wissenschaftlich. Der Satz »A ist gut« bildet jedoch nur der Form nach eine Ist-Aussage, da ›gut‹ die Qualität der Empfehlung und Bewertung hat. Nach Moore läßt sich ›gut‹ nicht definieren und kann deshalb nicht gegen eine ›natürliche‹ (empirisch zu bestimmende) Eigenschaft vertauscht werden.

Wie reagieren Moralphilosophen auf Moores Feststellung?

- Einige schlossen aus dieser empiristischen Infragestellung der Ethik als Wissenschaft, daß sie sich lediglich mit Werten befasse, die weder wahr noch falsch seien (z.B. die Schweden *Hägerström* und *Hedenius*).
- Andere sahen ethische Prädikationen in einer *Intuition* begründet (z.B. *W.D. Ross*).
- Der *Emotivismus* suchte die Grundlagen der Ethik in gefühlsmäßigen Einstellungen (z.B. *A.J. Ayer, Ch.L. Stevenson*).
- Eine eigene Rationalität der moralischen Sprache – und das bedeutet eine *deontische Logik* – arbeiteten *R.M. Hare* und *G. von Wright* heraus. Hare unterscheidet an moralischen Aussagen eine Aussagekomponente (das Phrastik) und eine Aufforderungskomponente (das Neustik). Die Imperative (bzw. imperativischen Komponenten) lassen sich nicht auf einen Indikativ, sondern nur auf einen höchsten Imperativ zurückführen, der wohl der Goldenen Regel entspricht.
- Weil sich aufgrund der an sich sorgfältigen Unterscheidung von Aussage und Moralsprache eine Art Zwei-Welten-Theorie ergeben könnte (die Welt des Empirischen und die des Moralischen), machte sich im Widerspruch erneut der sog. *ethische Naturalismus* geltend. Seine Vertreter meinen den sog. naturalistischen Fehlschluß umgehen zu können (u.a. *G.J. Warnock, J.R. Searle, G.E.M. Anscombe*).
- Alle diese Positionen sind aus einer bestimmten Abstraktion bzw. Einseitigkeit entstanden. Oft setzen sie voraus, daß eine genaue, methodisch aufgebaute Wissenschaftssprache einen geschlossenen Kosmos für sich bilden kann. Dagegen spricht, daß eine logisch durchstrukturierte Sprache immer der anderen, der alltäglichen Sprache bedarf, in der sie diskutiert und aufgebaut wird. Die Sprachen der verschiedenen Wissenschaften sind nur besondere Bezirke der unsystematischen, wachsenden, auch verarmenden, aber umfassenden Sprache, in der Entwürfe von Welt und Selbst ausgelegt werden.

Die Ethik kann darum nicht mit der methodischen Strenge einer wissenschaftlich präzisierten Partialsprache dargelegt werden, sondern hängt von der *Hermeneutik des alltäglichen Daseins* in der Welt ab. Einige sprachanalytisch orientierte Ethiker haben daraus den Schluß gezogen, daß die Sprache der Moral multifunktionell ist (z.B. *P.H. Nowell-Smith, C. Wellman*). Sie wird neben deskriptiven Komponenten auch emotive (im Gefühl gründende), bewertende, kritische und handlungsanleitende enthalten. Deshalb müssen die Ethiker die Einsicht *J. Austins* beherzigen: Wer spricht, will sprechend etwas bewirken. Das gilt auch von den Ist-Aussagen, die oft nicht nur informieren wollen. »How to do things with words« (mit der Sprache etwas ausrichten) – das geschieht mit beinahe jeder Aussage des alltäglichen Lebens und beweist, daß das Problem der Ethik nicht in einer besonderen Welt, sondern im Alltag gesetzt (aber nicht gelöst) ist!

### 4.3.3
### Universale sittliche Einsichten und Schöpfungsglaube

Die Frage nach der allen Menschen mitgegebenen praktischen Vernunft verwies auf das theologische Thema der *Schöpfung*. Die Schöpfungsethik leidet allerdings unter einer Desintegration:

a) Wenn wir sowohl die *Selbsterhaltung* als auch die *Selbstgestaltung* als ethische Grundfragen annehmen können, dann hat die seit dem 19. Jh. geltend gemachte Schöpfungsordnungstheologie in der Regel nur die erste Frage berücksichtigt (zur Ordnungstheologie und -ethik s.o. S. 44ff).

b) Seitdem durch den Bericht des ›Club of Rome‹ 1972 die Gefährdung der Umwelt und der Abfolge von Generationen menschlichen Lebens offenkundig geworden ist, führte die Entwicklung zu einer oft appellierenden, manchmal einseitig postulatorischen Schöpfungstheologie, die nicht in den verschiedenen Erkenntnissen der Natur verankert ist. Dabei wird die gute Absicht von subjektiver Bewertung und Meinung beeinträchtigt; viele Autoren bezeichnen ihre sehr eingegrenzte Auffassung der Natur als Schöpfung. Dient Theologie nur der Legitimation bestimmter Positionen?

c) *Biblisch* betrachtet ist Schöpfung die Vorgabe zum Leben inmitten aller Zweideutigkeit entzweiter Verhältnisse. Sie muß aus der befreienden Perspektive der Selbstzusage Gottes an die Menschen bestimmt werden. Die Schöpfung darf zwar nicht als bloßer Vorbau zur Heilsgeschichte Gottes mit Israel betrachtet werden, sondern soll als eigenständiger Aussagenzusammenhang verstanden werden. Aber sie muß erst in ihrem Sinn identifiziert werden; der läßt sich aus der Kundgabe des den Menschen suchenden Willens des Schöpfers verstehen. Darum kann die Schöpfung – bei aller Eigenständigkeit – nicht ganz von der Geschichte des Bundes Gottes mit den Menschen abgelöst werden. Gottes gute Vorgaben zum Leben im Geschaffenen werden von Jesus im Lichte des sich ankündigenden Reiches Gottes herausgestellt.

### 4.3.4
### Literaturhinweise

(über die Angaben im Text des vorangehenden Kapitels hinaus)

a) Zu 4.2.1:
*Habermas, J.* und *Luhmann, N.*: Theorie der Gesellschaft oder Sozialtechnologie – Was leistet die Systemforschung?, Frankfurt/M. 1971.
*Pannenberg, W.*: Wissenschaftstheorie und Theologie, Frankfurt/M. 1973.
*Peukert, H.*: Wissenschaftstheorie – Handlungstheorie – Fundamentale Theologie, Düsseldorf 1976.
*Sauter, G. u.a.*: Wissenschaftstheoretische Kritik der Theologie. Die Theologie und die neuere wissenschaftstheoretische Diskussion, München 1973.

b) Zu 4.2.2:
*Aristoteles*: Über die Seele. Übers. v. W. Theiler, Darmstadt [7]1986 (Deutsche Aristoteles-Gesamtausgabe, Bd. 13).
*Düring, I.*: Aristoteles, Heidelberg 1966.
*Ebeling, G.*: Disputatio de homine. Teil I, Tübingen 1977; Teil II, Tübingen 1982.
*Frey, Ch.*: Theorie und Praxis der philosophischen Theologie Hegels, ZEE 21 (1977), S. 27-45.
*Habermas, J.*: Theorie und Praxis. Sozialphilosophische Studien, Frankfurt/M. [4]1971.
*Joest, W.*: Ontologie der Person bei Luther, Göttingen 1967.
*Kant, I.*: Über den Gemeinspruch: »Das mag in der Theorie richtig sein, taugt aber nicht für die Praxis«, in: Werke, hg. v. W. Weischedel, Bd. 6, S. 127-172.
*Link, Ch.*: Die theologischen Wurzeln der Unterscheidung von Theorie und Praxis in der Philosophie der Neuzeit, ZEE 21 (1977), S. 3-26.

*Luther, M.:* Die Disputation de homine (1536), in: WA 39,I, S. 174-180.
*Picht, G.:* Der Sinn der Unterscheidung von Theorie und Praxis in der griechischen Philosophie, in: *Ders.:* Wahrheit, Vernunft, Verantwortung, Stuttgart 1969, S. 118-140.
*Ders.:* Aristoteles, »De Anima«, hg. v. C. Eisenbart u. E. Rudolph, Stuttgart 1987.
*Riedel, M.:* Theorie und Praxis im Denken Hegels, Stuttgart 1965.

c) Zu 4.2.3: Vgl. die Angaben im Text von 4.3.1.

d) Zu 4.3.1:

*Elsner, W., Katterle, S.* und *Linnenbrink, G.:* Art. ›Wohlstand und Qualität des Lebens‹, in: HCE, Bd. 2, S. 397-438.
*Frey, Ch.:* Grundwerte und ihre politische Verwirklichung, Die Mitarbeit 30 (1981), S. 47-59.
*Rich, A.:* Wirtschaftsethik, Gütersloh 1984.
*Ders.:* Das ›Humanum‹ als Leitbegriff der Sozialethik, in: Humane Gesellschaft, hg. v. T. Rendtorff u. A. Rich, Hamburg u.a. 1970, S. 13-46.

e) Zu 4.3.2:

*Austin, J.L.:* How To Do Things With Words, Oxford 1962 (deutsch: Zur Theorie der Sprechakte, Stuttgart 1972).
*Ayer, A.J.:* Language, Truth, and Logic, London 1936 (deutsch: Sprache, Wahrheit und Logik, Stuttgart 1970).
*Baier, K.:* The Moral Point of View, Ithaca/N.Y. [4]1964.
*Biesenbach, H.:* Zur Logik der moralischen Argumentation, Düsseldorf 1982 (Moraltheologische Studien, Bd. 9).
*Broad, C.D.:* Five Types of Ethical Theory, New York 1930.
*Frankena, W.K.:* Ethics, Englewood Cliffs/N.J. 1963 (deutsch: Analytische Ethik, München 1972).
*Hare, R.M.:* The Language of Morals, Oxford 1952 (deutsch: Die Sprache der Moral, Frankfurt/M. 1972).
*Ders.:* Freedom and Reason, Oxford 1963 (deutsch: Freiheit und Vernunft, Düsseldorf 1973).
*Kaulbach, F.:* Ethik und Metaethik, Darmstadt 1974.
*Moore, G.E.:* Principia Ethica, Cambridge 1903 (deutsch: Stuttgart 1970).
*Nowell-Smith, P.H.:* Ethics, Harmondsworth 1954.
*Pieper, A.:* Sprachanalytische Ethik und praktische Freiheit. Das Problem der Ethik als autonomer Wissenschaft, Stuttgart 1973.
Readings in Ethical Theory, hg. v. W. Sellars u. J. Hospers, New York 1952.
*Ross, W.-D.:* The Right and the Good, Oxford 1930.
*Schwartz, W.:* Analytische Ethik und christliche Theologie, Göttingen 1984.
*Searle, J.R.:* Speech Acts, Cambridge 1969 (deutsch: Sprechakte, Frankfurt/M. 1979).
*Ders.:* How To Derive ›Ought‹ from ›Is‹, Philosophical Review 73 (1974), S. 43-58.
Seminar: Sprache und Ethik, hg. v. G. Grewendorf u. G. Meggle, Frankfurt/M. 1974.
*Sidgwick, H.:* The Methods of Ethics, Indianapolis/Cambridge [7]1981.
*Stevenson, Ch.L.:* Ethics and Language, New Haven/London 1944.
The Is-Ought-Question, hg. v. W.D. Hudson, London u.a. 1969.
Theories of Ethics, hg. v. Ph. Foot, Oxford 1967.
*Toulmin, St.E.:* An Examination of the Place of Reason in Ethics, Cambridge 1950.
Value and Obligation, hg. v. R. Brandt, New York / Burlingame 1961.
*Warnock, M.:* Ethics since 1900, Oxford / London / New York [3]1978.
*Wellman, C.:* The Language of Ethics, Cambridge/Mass. 1961.
*Wright, G. von:* The Varieties of Goodness, London [2]1964.
*Ders.:* Norm and Action, London 1963.

f) Zu 4.3.3:

*Frey, Ch.:* Theologie und Ethik der Schöpfung, ZEE 32 (1988), S. 47-59 (Lit.).

# 5
# Exkurs zur Geschichte der abendländischen Ethik

## 5.1
## Einführung

Alle vier vorangehenden Kapitel konnten gar nicht umhin, historische Erinnerungen einzubeziehen: Z.B. griff das erste die Unterscheidung von Sittlichkeit und Moralität auf, wie sie am Anfang des 19. Jh.s präzisiert wurde. Das zweite berief sich auf die Antithesen der Bergpredigt und auf Ausschnitte der Auslegung, die ihnen widerfuhr. Bei der Frage nach »Normen für Normen« im dritten Kapitel wurden verschiedene Stadien der Rechtfertigung bzw. Kritik von Normen vorgeführt und dazu das Alte Testament befragt. Im vierten ging es dann um entscheidende Stationen in der Entwicklung zur modernen Welt. Alle diese Hinweise waren zwar in einen bestimmten Problemzusammenhang eingebettet, aber noch von ihrem historischen Kontext mehr oder minder isoliert. Die vorangehenden Kapitel mußten erst die Fragestellungen der Ethik herausstellen – Qualität und Ziel des Verhaltens, Subjekt der Verantwortung, Perspektiven der gemeinsamen Lebenswelt, Beziehung zum Nächsten –, um die Geschichte der Ethik befragen zu können.
Einen umfassenden historischen Abriß kann ein Arbeitsbuch nicht bieten; eine ›Geschichte der Ethik‹, die diesen Namen verdient, würde den Umfang dieses Buchs erheblich überschreiten. Jedoch sollen *wichtige Entscheidungen und Ansätze in der Ethik des Abendlandes* benannt und in ihrem Gehalt erläutert werden. Von welchem Erbe zehren wir heute sowohl in positiver als auch in negativer Anknüpfung?
Nicht leisten kann und wird dieses Arbeitsbuch die Verknüpfung mit dem Ethos anderer *Religionen;* denn einerseits ist es fraglich, ob das, was als ›Ethik der Weltreligionen‹ angeboten wird, mehr als einen Vergleich des Ethos bestimmter Kulturen darstellt, zum andern scheint es an einer hermeneutischen Basis zu fehlen, *Ethik* (im Sinne der Bestimmung des ersten Kapitels) kulturübergreifend zu entwerfen. (Z.B. werden jene Gesichtspunkte östlicher Religionen, die ein anderes Naturverhältnis eröffnen wollen, zuerst in abendländische Denkzusammenhänge hinübertransportiert, bevor sie diskutiert werden; und das Ergebnis dieser Transaktion verstört oft die wahren Kenner jener Religionen, aus denen die Einsichten [angeblich] stammen sollen.)

## 5.2
## Entfaltung

### 5.2.1
### Die Anfänge der Ethik im altgriechischen Denken

Die wichtigsten Begriffe unserer Ethik verdanken sich dem *griechischen Denken.* Darauf wies das erste Kapitel bereits hin. Was wir heute ›Ethik‹ nennen – das methodische und kritische Nachdenken über die Normen unserer Verhaltensorientierung – begann in einer *Krise des politischen Systems der Griechen,* jenem Flächenmuster von Stadtstaaten, unter denen zwei der wichtigsten – Athen und Sparta – im 5. Jh. v.Chr. ihre Kultur durch langen Krieg zugrunde richteten. Die weit im Mittelmeerraum wirkende griechische Kolonisierung machte mit anderen Kulturen und Moralen bekannt; außerdem ließ das wenig vorbildliche Verhalten der griechischen Götter die religiöse Stütze der Moral wanken.
Der Anfang der Ethik kann in den Lehren der *Sophisten* angesetzt werden. Sie diskutieren das Verhältnis von *Physis* und *Nomos;* der gesellschaftlich vorherrschende Ver-

haltenscode (Nomos) wurde in ihren Augen relativ; gelten sollte allein die Physis. Stärkte die »Natur« die Mächtigen, die Recht und Ordnung setzen sollten (Kallikles von Archarnae), oder waren alle Menschen »von Natur aus« als gleich anzusehen (Hippias von Elis)? Der gesetzlose Zustand sei voll Schrecken, stellte Protagoras fest (von dem übrigens der Satz stammt, daß der Mensch Maß aller Dinge sei). (Vgl. o. S. 36.)

*Demokrit* – nicht zu den Sophisten gehörig – scheint als erster mit Nachdruck die Frage nach dem *Glück* (εὐδαιμονία – die älteren deutschen Philosophen sprechen von »Glückseligkeit«, z.B. Kant) aufgeworfen zu haben. *Sokrates* hingegen wird den Sophisten nicht ganz fern gestanden haben. In der Sicht der Dialoge Platons hat Sokrates die These vertreten, daß alle Menschen das Rechte tun würden, wenn sie um es wüßten; daß sie es aber oft unterließen, geschehe aus Unwissenheit. Deshalb wollte er durch seine mäeutische Methode das schlafende Wissen in den Diskussionspartnern wachrufen. Das Motto des Orakels von Delphi »Erkenne dich selbst« (γνῶθι σεαυτόν) war wohl auch sein eigener Grundsatz gewesen. In diesem Sinn wollte er die ἀρετή wecken, die Tüchtigkeit zu guten Zielen durch eine gute Verhaltensdisposition (»Tugend«). Außerdem trug Sokrates eine Auffassung von der Seele vor, die durch den Tod befreit wird, weil der Körper sie befleckt hat.

Sein Schüler *Plato* entfaltete diesen Ansatz, wobei die *intellektuelle* zugleich die ethische *Einsicht* einschloß und eine durchaus politische Zielsetzung annahm, die einst in Sizilien umgesetzt werden sollte. Platons Staatsidee kam einem totalitären Erziehungssystem nahe (vor allem in den ›Nomoi‹).

Das Interesse dieses großen athenischen Philosophen galt dem, was die Welt für unsere Erkenntnis strukturiert, weil es die Dinge ähnlich oder unähnlich sein läßt, was sie zu benennen erlaubt und schließlich ihre Einheit sicherstellt. Das eigentlich Wirkliche im jeweils einzelnen, zufälligen Dasein ist die *Idee;* alle Ideen sind in einer höchsten, der des Guten, geeint. Seit Plato stellt die Ethik die Frage nach dem *höchsten, alles einenden Gut. Gerechtigkeit* ist die Ordnung der Seele, wobei der wissende Teil über das Muthafte, beides aber über die Triebe herrscht. Die abendländische Minderbewertung des Leibes hat in dieser Hierarchie eine ihrer Wurzeln. Lust darf nur in Verbindung mit der Einsicht wirken; die Götter hingegen erfreuen sich wohl eines neutralen Zustands zwischen Lust und Schmerz.

Platons Schüler *Aristoteles* konnte der Ideenlehre nicht zustimmen. Darum suchte seine *Ethik* (vgl. ›Nikomachische Ethik‹, ›Eudemische Ethik‹, ›Magna Moralia‹) *das Gute in den Lebensverhältnissen.* Männer (!), die aufgrund ihres Standes und ihrer Bildung zur Lebensreife gelangten, könnten sich über das Gute verständigen. Aristoteles wurde zum paradigmatischen Ethiker des Abendlandes; sein Ansatz kehrte immer wieder – vor allem wenn die kritische Grundlegung der Ethik ihrerseits in die Krise geriet; und das geschieht selbst heute noch. Das meiste dessen, was gut ist, ist es nur in Beziehung auf etwas anderes (»gut zu . . .«). Aber das Gute kann auch *in sich selbst gut* sein. Deshalb ist nach dem zu fragen, was Menschen *erstreben.* Ihr letztes Gut ist das Glück (εὐδαιμονία); es umfaßt das Gutsein sowie das Wissen davon. Die Theorie (s.o. S. 54ff) wird nicht ausgeschaltet – im Gegenteil: In ihr vollendet sich das Glück. Deshalb zählen *intellektuelle Tüchtigkeiten* (»Tugenden«) wie Weisheit, Großmut, Selbstbeherrschung so viel. Der moralische Mensch erkennt die Freiheit in der überlegen-

den Wahl bzw. dem Vorsatz (προαίρεσις); er folgt nicht seinen Trieben. Die Weisheit (σοφία) ist seine höchste Aktivität und zugleich Tüchtigkeit.
Auch die Ethik des Aristoteles hat enge Beziehungen zur Politik – ist sie doch die Ethik der Männer der herrschenden Schicht der Freien. Aristoteles stellt den *Polis*-Staat als Naturgegebenheit dar; ohne die Vergemeinschaftung könnte kein Mensch überleben. (Erst die Stoa, eine Philosophie, die vor allem von gebildeten Unfreien getrieben wurde, hat die Vergemeinschaftung auf die Menschheit insgesamt ausgedehnt.) Nach der großen athenischen Periode der Philosophie (die sich im Peripatos fortsetzte) machten weniger bedeutende Schulen von sich reden. Von den *Kynikern* (Diogenes von Sinope) stammt das Ideal des »Zurück zur Natur«, das die Selbstgenügsamkeit fördert. Diese ist auch den *Epikuräern* nicht fremd; trotzdem wurden sie von christlicher Polemik als hemmungslos den Begierden hingegeben dargestellt. Was immer lebt, sucht Lust (bzw. Freude) und nicht den Schmerz. Jedoch sollte ein Jünger Epikurs nicht den aktiven Lustgewinn, sondern den ruhigen Mittelweg suchen; die ἀταραξία, die Unerschütterlichkeit, wird zum epikuräischen Leitgedanken. Sie hat gewisse Ähnlichkeiten mit dem stoischen Apathie-Ideal.
Die (bereits erwähnte) *Stoa* entspricht mit ihrem kosmopolitischen Gedanken – der *Gleichheit aller Menschen* als Vernunftwesen – vermutlich am meisten dem politischen Horizont der hellenistischen Epoche, nachdem Alexander der Große die Macht der Stadtstaaten zerbrochen hatte. Der einzelne Mensch ist dem universalen Gesetz unterworfen; dies entspricht der Weltvernunft (λόγος). Es bedeutet dann weder Determinismus noch Entfremdung, wenn das Lebensgesetz in den Individuen selbst Teil dieser Vernunft ist. Rasse und Rang haben nun keine Geltung mehr. Die Natur lehrt, daß Eltern ihre Kinder lieben; darin entspringt das Streben nach Einheit des Menschengeschlechts (Oikeiosis-Lehre). Die stoischen Weisen konnten die besondere Stellung der Theorie (s. Aristoteles) und die Unerschütterlichkeit der Kyniker für ihre Zeit und Lebensverhältnisse neu interpretieren. Ihre Gedanken wurden oft volkstümlich. Durch die popularphilosophische Umsetzung fand die Argumentation der stoisch-kynischen Diatribe in das Neue Testament Eingang (z.B. mit dem Gedanken der Physis, der hinter Röm 1,19-23 steht, oder in Argument und Gegenargument in 1Kor 7,17-24). Aber die neutestamentlichen Autoren folgten nicht dem stoischen Grundsatz, daß die Übereinstimmung des Menschen mit der Natur zugleich Übereinstimmung des Menschen mit sich selbst sei. Zu deutlich erkannten und erfuhren sie den Bruch, den die Sünde in alle Beziehungen bringt.
Wie unterschiedlich auch die griechische Ethik auftrat – seit Sokrates und den Sophisten wurde die Frage nach dem Verhältnis von *Natur* und überliefertem, aber gesetztem *Recht*, seit Plato und Aristoteles das Thema des *Guten* und der *Tugend* lebendig diskutiert. Alles das ging in die Entfaltung der Ethik des Christentums ein. Besondere Wirkung entfaltete der vor allem von der Stoa angestoßene Gedanke eines *Naturrechts*, der ein Leben »secundum naturam« bzw. »secundum rationem« (das zweite vor allem in der Neuzeit) herleiten und begründen wollte. Die alte Kirche unterschied allerdings bald ein absolutes, im Paradies gültiges und ein relatives, der Situation der sündigen Menschheit angepaßtes Naturrecht.

### 5.2.2 Ethische Anstöße der alttestamentlichen Tradition

Mit der platonischen Idee des Guten oder der stoischen Behauptung eines λογιστικόν (eines an das Weltgesetz bindenden Vernunftelements im Menschen) war die Tendenz zu theoretischer Systematisierung des Sittlichen angelegt. Sie machte sich immer wieder in der Tradition christlicher Ethik geltend. Daneben wirkte der Einfluß der *alttestamentlichen Tradition.* Sie kennt keine theoretische Systematisierung des Ethos. Das sittliche Verhalten wird entweder inmitten der Lebensverhältnisse geordnet und dabei in Regeln gefaßt oder auf Gottes Gebot bezogen; seinen Zusammenhang gewinnt es aus Gottes Geschichte mit seinem Volk. Nur in der alttestamentlichen Weisheit zeigt sich eine von der Geschichte Gottes mit seinem Volk nicht beeinflußte Auflistung sittlicher Grundsätze und Klugheitsregeln, die in den Ordnungen der Schöpfung gründen.

*Religion und Ethik* gingen in *Israel* eine einzigartig intensive Verbindung ein, die vor allem damit zusammenhängt, daß Israels Gottesglaube die verschiedenen historisch-sozialen Umbrüche zu bestehen half. Da ist (a) der bereits erwähnte Übergang vom Halbnomadentum zum *seßhaften Leben* im palästinischen Kulturland. Mit der Seßhaftigkeit traten (b) Ackerbau und *Landbesitz* in den Vordergrund; eine territoriale Bindung baute sich auf, ohne daß die verwandtschaftlichen Beziehungen gleichgültig wurden. Die (c) *Staatenbildung* und Zentralisierung rief eine soziale Differenzierung hervor. Eine Beamtenoberschicht entstand; am anderen Ende der sozialen Skala fanden sich Sklaven, die entweder Kriegsgefangene oder in Schuldknechtschaft geratene Israeliten waren. Die Großfamilie trat zurück. »Witwen und Waisen« waren ihres Schutzes beraubt. Der Untergang des Nordreiches provozierte (d) die Reform des Königs Josia im Südreich, eine *Zentralisierung des Kultus,* die den levitischen Landpriestern ihre bisherige Rolle nahm. (e) Das *Exil* und das geschrumpfte Territorium Judäa nötigten den verbliebenen Rest Israels stärker als zuvor, seine Identität in Auseinandersetzung mit Weltreichen und Weltpolitik zu bestimmen. Eine weitgefächerte Diaspora suchte in verschiedensten Kulturkreisen ihr besonderes Dasein zu bewahren.
Sittliche und rechtliche Normierungen finden sich an verschiedenen Stellen des Alten Testaments. Die älteren Propheten wie *Amos* und *Jesaja* legen den Maßstab des Rechtes an: Jahwe fordert *Gerechtigkeit.* Sicher haben sie nicht das mosaische Gesetz vor Augen, sondern Verhaltensmaßstäbe, die man heute dem naturrechtlichen Typ zuordnen könnte und deren spätere Formen sich in der Weisheit finden. Sie predigen weniger positive religiöse Rechtssätze, bereiten aber in mancher Hinsicht doch eine ›Gesetzesreligion‹ vor.
Die *Tora* ist keine Sammlung fertiger Rechtssätze, sondern gruppiert Feststellungen und Anweisungen, die sich auf alle Lebensbereiche erstrecken. Solche Vorschriften wurden gesammelt und mitunter programmatisch im Rahmen historischer Erzählung als Corpus vorgestellt. Der Grundbestand des sog. *Deuteronomiums* geht vermutlich auf die Programmschrift der Reform des Josia zurück: Jahwe schließt mit seinem Volk einen Bund, um die Verheißungen an die Erzväter zu erfüllen. Dieser Bund wird in der Liebe zu dem einen Gott (Dtn 6,4f – in das Neue Testament als Teil des

Doppelgebots eingegangen) erfüllt. In die priesterschriftliche Sinaiperikope wird das *Heiligkeitsgesetz* (Lev 18ff) eingebaut: Wenn die Israeliten heilig sind wie ihr Gott, folgt aus dem Halten der Gebote das Leben. (Zu Fragen der Rechtscorpora s.o. S. 35ff.)
Neben den in Corpora gesammelten Anweisungen und Rechtssätzen gab es einen breiten Unterstrom von *Sitte* und *weisheitlicher Lebensregelung;* viele seiner Normen teilte Israel mit anderen Völkern. Andere gaben dem Volk in der Unterscheidung von anderen Völkern eine Identität: »So tut man nicht in Israel« (2Sam 13,12) dürfte eine stehende Formel solcher Weisungen gewesen sein. Ob sie von Familienhäuptern gelehrt wurden? Auch die von der Weisheit indikativisch ausgesagte Ordnung der Welt und des Lebens stimulierte zur Lebensklugheit; als nützlich und glückbringend galt es, sich an sie zu halten. Besondere Situationen erforderten es, Verhaltenskataloge oder Anweisungen für das Leben vor Gott und in seinem Volk zusammenzustellen. Die sogenannten *Torliturgien* in Ps 15 und Ps 24 (ferner Jes 33,14-16) zählen solche Qualifikationen auf. Die Bestimmung des Gerechten nach Ez 18,5-9 dürfte einen ähnlichen Hintergrund haben. Schließlich lassen sich die *Dekaloge* (Ex 20,2-17 und Dtn 5,6-21) besonders gut rezitieren und wurden darum wohl auf Festen vorgetragen.
Während die Weisheit oft an Einsichten appelliert, die eigentlich allen Menschen evident sein müßten, galten andere – sittliche wie rechtliche – Aufforderungen vor allem deshalb, weil sie auf Jahwe zurückgeführt wurden. Er gebietet und verknüpft seinen Segen mit ihrer Einhaltung; er ist heilig und fordert von seinem Volk Heiligkeit. Werden sittliche Verhältnisse untergraben und zerstört, dann ist das *Gottesverhältnis* von Grund auf betroffen; prophetische Gerichtspredigt wollte das herausstellen. Da der Mensch nicht als isolierter Täter angesehen werden konnte, war auch seine *Mitwelt* betroffen: Bis ins dritte oder vierte Glied sucht Jahwe die Schuld der Väter heim (ursprünglich wohl an den zusammenwohnenden Generationen), aber er segnet sie bis ins tausendste Glied. So meinte man während des Exils, für die Schuld der Väter zu leiden. Das bittere Wort »Die Väter haben saure Trauben gegessen, und die Zähne der Söhne werden stumpf« (Jer 31,29; Ez 18,2) zeugt davon. Ezechiel jedoch stellte den Rechtssatz auf, daß die Väter nicht mehr für die Söhne und die Söhne nicht mehr für die Väter haften.
Jahwes Autorität wurde allerdings nicht nur direkt mit den sittlichen und rechtlichen Weisungen verbunden, sondern auch durch eine Reihe von *Begriffen:* Das Gegensatzpaar von Gut und Böse, die Gerechtigkeit, die Heiligkeit, die Huld, Liebe, Treue und das Erbarmen. Das Einhalten der ursprünglichen, dem Leben dienenden Ordnungen wies sich als *Frieden* (Schalom) aus. Zerbrachen die Lebensverhältnisse, dann wurde Sünde offenbar.
Welche besonderen Themen kennzeichnen die sittlichen und rechtlichen Weisungen Israels? Umfangreich sind die Normen für das rechte Verhalten gegenüber *Gott* – und das nicht nur im Lebenswandel, sondern vor allem im Kultus. Der *Mitmensch* wird herausgestellt – als Volksgenosse oder Nächster, als Fremdling (*Buber:* Gastsasse) und auch als Feind, dessen Esel sogar der Fürsorge bedarf (Ex 23,3f). Ferner ist das Verhältnis der Generationen geregelt, das menschliche Leben und – sehr streng – die Ehe sollten geschützt werden. Das Eigentum ist zu achten; der Bürger vor Gericht hat die Wahrheit zu sagen, und um Personen minderen Rechts wie Sklaven soll man sich kümmern.

Eine *politische Ethik* zeichnet sich in Israel nur am Rande ab, obwohl sich in der Anlage des deuteronomistischen Geschichtswerks eine heftige Kritik am Königtum zeigt. Einen Sonderfall stellt die Konstruktion des Heiligen Krieges bzw. des Krieges Jahwes dar. Aussagen über ihn lassen sich entweder historisch verständlich machen (als Rückprojektionen Israels in der schwierigen Lage als Kleinstaat oder Vasallenstaat unter den Weltmächten) oder auch sozialpsychologisch: Menschliches Aggressionspotential wird hier auf Gott verschoben, damit Menschen überhaupt Distanz dazu gewinnen können – als erster Schritt zu einem befreiteren Umgang damit.
Die *nichtmenschliche Kreatur* kommt an verschiedenen Stellen vor: In Ps 104 steht der Mensch mitten unter den Tieren, denen Jahwe seine Fürsorge zuwendet. Nach Gen 1,28 herrscht er über sie, aber er schlachtet sie noch nicht, sondern ist beauftragt, pfleglich mit ihnen umzugehen, um auch in dieser Hinsicht Ebenbild des fürsorgerlichen Schöpfers zu sein.

### 5.2.3
### Alttestamentliche bzw. jüdische Traditionen und griechische Ethik

Die alttestamentlichen Traditionen lassen sich nicht ohne weiteres den griechischen assimilieren. Trotzdem wurde das im Zeitalter des Hellenismus versucht. Die ›*Goldene Regel*‹ läßt sich zuerst im hellenistisch-jüdischen Schrifttum nachweisen (vgl. *Dihle, A.:* Die Goldene Regel, Göttingen 1962); sie beweist, daß abstrakte Formulierungen in die Ethik des damaligen Judentums eindrangen. *Philo* (von Alexandria) ist der bekannteste Vertreter einer Angleichung an hellenistische Denkmuster (und deshalb für das Verständnis hellenistisch-judenchristlicher Gemeinden neutestamentlicher Zeit interessant). Als Eklektiker hielt er das stoische Apathie- und Autarkie-Ideal aufrecht, was schwerlich zu Israels Jahwe-Glauben paßt, denn Israels Gott ist leidenschaftlich gerade in seiner Heiligkeit. Glaube und Frömmigkeit werden bei Philo zu Legenden. Das Alte Testament wird allegorisiert.
Am nächsten lag es, die Berufung auf die *Natur* (des Menschen) in der griechischen Ethik mit dem *Schöpfungsglauben* zu vereinen, was auch immer wieder geschehen ist. Schwieriger war die Idee des Guten (Platon) zu assimilieren. Immerhin half der Neuplatonismus den Christen, die Jenseitigkeit Gottes zu betonen, ohne ihn in eine Weltvernunft von eher pantheistischer Qualität aufzulösen. Was wurde dann aus dem Glauben an die geschichtliche Begegnung Gottes? Die *Eschatologie* konnte die zeitlose Transzendenz der Idee des Guten so umformen, daß alles Streben der Menschen erst am Ende der Zeit in Gott Erfüllung findet. Dem z.B. von Sokrates bekannten Dualismus des geistigen und des materiellen (leiblichen) Daseins erlag die Christenheit jedoch immer wieder, obwohl er den anthropologischen Einsichten des Alten und Neuen Testaments entgegensteht. Die radikalen Formen des Dualismus in jüdischen ›Sekten‹ (wie in Qumran) und in der Gnosis ließen sich allerdings mit Hilfe des Neuplatonismus abwehren, der ein von Gott bis zur toten Materie reichendes abgestuftes Sein kennt, dessen Güte entsprechend abgeschattet wird. Ethik kann in diesem Denkzusammenhang am Streben nach oben orientiert sein und das leibliche Dasein latenter Abwertung überlassen.

### 5.2.4 Ethik im Neuen Testament

Auch im Neuen Testament läßt sich keine geschlossene Ethik finden. Selbst ein systematischer Abriß seiner wichtigsten ethischen Gesichtspunkte fällt schwer. Im allgemeinen halten sich die Verfasser der Darstellungen neutestamentlicher Ethik an eine historische Abfolge von Positionen. Darin liegt bereits ein wichtiger Hinweis: Neutestamentliche Ethik ist *kein deduktives System*, das sich von einem Prinzip herleitet; sondern sie zeigt einen Wandel, innerhalb dessen das kontinuierliche Moment erst gesucht werden muß. In dieser Hinsicht kommt der im Alten Testament bezeugte Glaube an den geschichtlich begegnenden Gott zur Geltung.
Wer das Neue Testament selbst gründlich liest und die Darstellungen neutestamentlicher Ethik studiert, wird zwei *Schwerpunkte* neutestamentlicher Ethik finden, die sich in den verschiedenen Traditionskreisen und Schriften noch einmal differenziert vorstellen:

a) die *Verheißung der Nähe Gottes* und des von ihm geschenkten Lebens,
– das zu den Menschen kommt und in seinem Kommen bereits gegenwärtig ist oder
– das noch aussteht, aber schon jetzt die Zeiterfahrung und die Wirklichkeit der Menschen aufbricht.

Die in der Verheißung gegenwärtige Nähe Gottes bezeugt sich in der Predigt Jesu vom Reich Gottes, in der zugesagten Gerechtigkeit und in der Sendung des Sohnes und der darin offenbaren göttlichen Liebe. Damit ist bereits das zweite tragende Moment benannt:

b) die *Liebe*. Das Gebot der Liebe bedeutet nicht, ohne Normen zu handeln, sondern muß sich immer wieder an den gelebten Normen konkretisieren. Vom Samaritergleichnis bis zu den Ermahnungen der Briefe zieht sich eine breite Spur von Konkretionen der Liebe durch das Neue Testament.
Die folgenden Absätze wollen kurze Hinweise auf die ethischen Komponenten in den verschiedenen Schrift- und Traditionskreisen des Neuen Testamentes geben. Sie sind auf die gerade genannten Hauptgesichtspunkte (a und b) ausgerichtet.
Die *Nähe Gottes* wird von *Jesus* als *Gottesherrschaft* verkündigt. An Jesu Zuspruch und Umgang mit Menschen zeigt sich sowohl präsentische wie futurische Eschatologie. Das Heil ist nicht so von Gott verfügt, daß es den Menschen zur Verfügung stünde, sondern es *begegnet:* Nur als kommendes und verheißenes ist es bereits gegenwärtig. Das Reich Gottes ist nicht auf das Innere beschränkt (Fehlübersetzung von Lk 17,21, wo es nicht heißen darf »ist mitten in euch«, sondern »ist in eurer Mitte«). Es wird im Glauben und in der Freude empfangen und sucht Konsequenzen im Verhalten der Angesprochenen. Sicherlich hat der vorösterliche Jesus in die *Nachfolge* (Lk 6,32ff) und – vom Täufer beeinflußt – zur *Umkehr* gerufen (Mk 1,15).
Das *Doppelgebot der Liebe* (Lk 10,27, zusammengesetzt aus Dtn 6,5 und Lev 19,18b) ist in der vorliegenden Form vielleicht erst in der hellenistischen Gemeinde formuliert worden. Einige Ausleger schließen aber auf eine parallele Tradition in der Logienquelle Q und damit auf ein höheres Alter. Zumindest der Sache nach gehören beide

Gebote in die Predigt Jesu; denn Jesu Radikalität beweist sich darin, daß er eine unerhörte Freiheit im Umgang mit dem Gesetz an den Tag legt. Das von Gott gewollte Handeln konkretisiert sich am Nächsten; wer mein Nächster ist, zeigt sich an der Bedürftigkeit eines anderen Menschen, besonders einem Feind. Gott selbst ist radikal und fordert deshalb vom Menschen das Radikale (vgl. S. 121). So ist die von Jesus gelebte und den Nachfolgern nahegelegte Niedrigkeit zu verstehen.
Nach den Briefen des *Paulus* kommt Gott den Menschen mit seiner *Gerechtigkeit* nahe. Sie ist nicht allein auf den Zuspruch von Rechtfertigung zu beschränken, sondern stellt Gottes Anspruch auf seine ganze Schöpfung heraus, indem sie mit den Gegenmächten kämpft. Gottes Gerechtigkeit wird sich in der Endzeit durchsetzen und greift schon jetzt nach den Menschen. Jetzt wird sie durch *Christus* im *Geist* lebendig. Der Geist wirkt nicht im isolierten Menschen, sondern drängt zum Mitmenschen; darum ist die paulinische Ethik als eine Ethik im Leibe Christi zu verstehen. Das pneumatische Element zeigt sich in den Charismen, die dem Nächsten dienen (u.a. Röm 12,3ff). Stärker als in der Verkündigung Jesu fällt nun auch der Blick auf das Vergangene ins Gewicht. Gott wird nicht nur kommen, sondern ist bereits gekommen – in seinen erbarmenden Taten (Röm 12,1) in Jesus Christus; in ihre Wirkung sind die Christen durch die Taufe hineingenommen; als Rückerinnerung ist sie zugleich ›Vorauserinnerung‹ an das, was Gott tun wird. Die Ethik gründet im heilsgeschichtlichen Zusammenhang. Christen können Normen der Umwelt aufnehmen, aber sie werden sie im Sinne der Liebe bearbeiten, die ja nach Röm 13,8ff die Gebote des Gesetzes Gottes erfüllt. Der ganze Mensch ist verwandelt; in neuem Gehorsam erfüllt er alle Gebote in einem.
Die *Deuteropaulinen* setzen den Akzent noch stärker auf das, was Gott bereits getan hat, auf den bereits errungenen Sieg Christi. Aber diese Taten Gottes müssen am Leben der Christen bewährt werden. Erst in den *Pastoralbriefen* mehren sich die Zeichen von Konsolidierung der Gemeinde, treten patriarchalische Muster stärker hervor und schwächen die in den Deuteropaulinen noch erkennbare Einsicht, daß das Handeln der Christen dem Handeln Gottes *entsprechen* und erneuernd wirken muß. Die Haustafeln (z.B. Eph 5,22-6,9; Kol 3,18-4,1) weisen Züge eines christlichen Konservatismus und Patriarchalismus auf.
Der *johanneische Schriftenkreis* bezeugt Gott, der durch die *Sendung des Sohnes* den Menschen nahegekommen ist; die Christen sollen »an ihm« bleiben. Das Kreuz Jesu Christi stellt zugleich seine Erhöhung dar. Ob Johannes und seine Schüler ein noch ausstehendes Eschaton kennen, ist eine schwierige und umstrittene Frage der Exegese. Merkwürdig berührt es, daß Johannes die Liebe als Bruderliebe hervorkehrt und damit die Radikalität Jesu, der zur Feindesliebe auffordert, zurückdrängt. Solche Einengung der Liebe auf den Kreis der Gemeinde scheint damit zusammenzuhängen, daß Johannes seine kleine Gemeinde in einer Verfolgungssituation zur Sammlung ruft.
Selbst wenn Gottes zuvorkommende *Nähe* (in den verschiedenen Vorstellungen) und die *Liebe* die Strukturen neutestamentlicher Ethik bestimmen, so ist doch deren Kontinuum kaum in einem ethischen Prinzip zu suchen. Es erweist sich vielmehr als eine Frage der theologischen Grundlegung. Dabei ist umstritten, ob der Gesamtzusammenhang neutestamentlicher Verkündigung aufgrund des darin eingeschlossenen

Existenzverständnisses zu deuten ist (Bultmann) oder vom Gottesverständnis und von der Christologie aus erkannt werden kann (Barth, Bonhoeffer). Die beiden letzten Gesichtspunkte sind dem ursprünglichen Sinn wohl näher, denn das Existenzverständnis ist ein neuzeitliches Deutungsprinzip, das an die Schriften des Neuen Testaments herangetragen wird. Eine kontinuierliche Linie in der *Christologie* setzt allerdings voraus, daß der vorösterliche Jesus sein Dasein ganz aus Gott verstand und von daher sein Reden und Handeln selbst so qualifizierte, daß sich an seiner Person entschied, ob Menschen vor Gott bestehen können oder nicht. Die Universalisierung des Adressatenkreises der Liebe bestätigt das, denn die Lebenswirklichkeit der Menschen selbst gibt wenig Gründe, über eine Ethik für die uns Nahestehenden hinauszugehen. Wenn jedoch der Feind zum Kriterium der Liebe wird und der verhaßte Samariter im Sinne der Nächstenliebe handelt, so überschreiten Menschen ihre eigenen, sie absichernden Entwürfe der Wirklichkeit. Gott selbst ist der Grund und der Anstoß zu diesem Überschritt.

Jesus richtete das Verhalten im Blick auf Gottes sich ankündigendes Reich neu aus. Wie ging er aber mit der *Überlieferung* um? Er rezipierte zum Teil die jüdische Tora, aber nahm auch weisheitliches Gut auf. Er provozierte festgefahrenes Gesetzesverständnis, indem er am Sabbat heilte oder nach Lk 16,16 einen grundsätzlichen Einschnitt gegenüber Gesetz und Propheten feststellte. Viele Ausleger meinen, daß jenes »Ich aber sage euch . . .« der Bergpredigt-Antithesen eine unerhörte Vollmacht herauskehre, die die Torafrömmigkeit provozieren wolle. Seine Nachfolger haben aber richtig verstanden, daß Jesus damit nicht Gottes Willen, den er auch in oder hinter der Tora am Werk sehen konnte, aufheben wollte: Deswegen kann *Matthäus* in seinem Evangelium Jesus als den Lehrer besserer Gerechtigkeit (Mt 5,20) und das Liebesgebot als Quintessenz der Tora verstehen.

Angesichts der Evangelien und vor allem der paulinischen Briefe scheint es angebracht, neutestamentliche Ethik als *Arbeit an vorgefundenen sittlichen Normierungen* zu betrachten. Jesu provozierendes Handeln und Reden will Gottes Gesetz nicht grundsätzlich überholen, sondern in seinem wahren Sinn erfüllen. Die Arbeit an vorgefundenen Normierungen kann nicht in scheinbarer Radikalität alles über den Haufen werfen, sondern muß an den neuralgischen Punkten ansetzen. Paulus könnte vor allem mit Gal 3,28 ein Beispiel geben: Alle sind eins in Christus; trotz bleibender schöpfungsgemäßer Unterschiede von Weiblichem und Männlichem werden die sozialen Ansprüche und die Statusprobleme (in den Rollen von Frau und Mann) relativiert. Ob Paulus den Sklaven zum Schritt in die Freiheit oder zum Bleiben im Sklavenstand geraten hat, ist aufgrund des ergänzungsbedürftigen Verses 1Kor 7,21 umstritten.

Erst in den Generationen nach Paulus setzten sich *konservative Ordnungsmuster* durch (vor allem in den *Pastoralbriefen*). Die Ethik des *Johannes* beschränkt sich auf seine Gemeinde, ihre Reichweite deckt nur einen Teil des jesuanischen und des paulinischen Verkündigungsanspruchs ab. Die Auseinandersetzung mit der Umwelt kann aber auch in apologetische Tendenzen einmünden. So bemüht sich *Lukas*, im römischen Reich zu demonstrieren, daß die Christusgemeinden keine politische Gefahr darstellen. Auf der anderen Seite zeigt er eine gewisse Neigung zu den »Armen« (von Parteilichkeit zu sprechen wäre wohl übertrieben), die sich an den Fragen von Besitz und Sozialstatus orientiert, während Matthäus die »Armen« als Menschen anspricht, die nicht allein vom Besitz, sondern von allem, was gesellschaftliches Ansehen verleiht (auch vom religiösen Statuswissen), ausgeschlossen sind.

### 5.2.5 Christliche Ethik in der ausgehenden Antike und im Mittelalter

a) Die spätantike *Gnosis* forderte das Christentum mit ihrem Dualismus von überirdischer Macht bzw. Existenz und Materie (als Erscheinung einer dunklen kosmischen Macht) heraus. In ihrem Weltbild war nur ein *Determinismus* möglich. Die Moral sollte dann dazu anleiten, entweder in radikaler Askese der Welt zu entsagen oder völlig indifferent zu sein (»Alles ist erlaubt«, zitiert in 1Kor 10,23). Die alte Christenheit hätte sich nur um den Preis, den Schöpfungsglauben aufzugeben, der Gnosis annähern können.
Die ersten christlichen Theologen nach der Urchristenheit, die Apologeten, greifen auf *stoische* Erkenntnisse zurück. Der göttliche Bote (Jesus) steht mit der unverfälschten, natürlichen sittlichen Erkenntnis im Einklang. Der Gedanke des Naturrechts findet offene Türen; absolut sei es im Paradies gültig gewesen, relativ nach dem Sündenfall. Die Christen fühlen sich durch den Glauben an die Auferstehung und die Erlösung in dieser sittlichen Erkenntnis anderen überlegen; zum besonderen Kennzeichen ihres Verhaltens wird die *Demut*.
Die großen alexandrinischen Theologen systematisieren die Lehre vom Menschen und von der Moral. *Clemens* von Alexandrien betont den *Willen*. Während das griechische Denken den Willen nur in Verbindung mit einem intellektuell erkannten Ziel verstehen konnte (als προαίρεσις, als Vorzugswahl), löst Clemens ihn davon ab, weil viele einfache Gläubige ohne intellektuelle Erforschung des Glaubens in überzeugender Sittlichkeit leben. Damit widerlegt Clemens auch den gnostischen Determinismus. *Origenes* versucht, die philosophische trichotome Seelenlehre (Begehren, Muthaftes, Geist) um das paulinische *Pneuma* zu ergänzen; dieses zeigt sich im *Gewissen* und ordnet die drei Schichten. Die Seele kann dank der Hilfe des Geistes aus der groben Materie in die geistige Existenz aufsteigen. Der menschliche Wille kann in einer gewissen Analogie zum göttlichen Willen gesehen werden. *Augustin* hebt später den Widerstreit dieser beiden Willen hervor.
Verschiedene Strömungen kämpfen miteinander. Die mehr der Welt zugewandte übernimmt aus der Stoa den Anspruch, der natürlichen Ethik zu entsprechen, sowie die Lehre von den Affekten, die in der Apathie still werden sollen. Hinzu kommen die *Tugenden*, deren letztes Ziel in Gott liegt. Die *radikale Ethik* und der Lebensstil des (oft institutionskritischen) Pneumatikers wird auf das *Mönchtum* übertragen und dabei mit institutionellen Formen versöhnt. Harte asketische Ideale, Klassifikation der Sünden und der Wunsch nach besonderer Vollkommenheit verbinden sich dabei.
*Augustin*, der große Lehrer der lateinischen Kirche, betont, wie erwähnt, den Willen; aber er muß im Streit mit *Pelagius* klarstellen, daß kein eigener Schritt den Menschen der Fülle der Glückseligkeit, Gott, nahebringt. (In jungen Jahren war Augustin vom Manichäismus beeinflußt, er löste sich von ihm mit Hilfe des Neuplatonismus und seiner Stufenontologie). »Frui Deo« – sich ganz der von Gott geschenkten Seligkeit

öffnen – wird Augustins zentrale Formel; das »frui« steht dem »uti«, der vom Menschen ausgehenden Nutzung des Seienden (unterhalb Gottes), entgegen. Wie die Erkenntnis erst durch Gottes Licht, so muß der Wille durch die Anziehung der »beatitudo« ausgerichtet werden. Was nicht zu Gott strebt, erschöpft sich im Irdischen; die zwei Richtungen des Strebens begründen die beiden »civitates«.
Augustins Ethik kann *›eudämonistisch‹* genannt werden: Die *Selbstliebe* soll in die *Gottesliebe* einbezogen werden. Dann gilt der Satz »Dilige et, quod vis, fac!« (Tr. in ep. Ioh. 7,8), der häufig zitiert wird, um die Situationsethik des 20. Jh.s zu begründen. Aber das »frui« der Gottesliebe bezieht das »uti« des Seienden ein; die Liebe kann nicht ohne die bereits normierte Lebenswirklichkeit der Menschen Gestalt annehmen.
Augustins Ethik richtet sich an der Liebe zum zeitlosen Sein Gottes (als »vita beata«) aus; in Gott wird die Geschichte aufgehoben. Die »civitas Dei« sammelt vernunftbegabte Wesen in der Liebe zu diesem höchsten Ziel; die »civitas diaboli« folgt der Begehrlichkeit, der »concupiscentia«. Wenn Luther 1100 Jahre später von zwei Reichen spricht, meint er allerdings Gottes eschatologische Beziehung zur Welt; Gott kämpft um sie, darum soll und darf sie nicht der Gegenmacht verfallen. Augustin dagegen überlagert das biblische Zeugnis zu stark mit einem neuplatonischen Ansatz.
Von ihm leitet er zwei Lebensaufgaben ab: Die *Askese* soll das Streben nach unten, die »concupiscentia«, besiegen; und die *»caritas«* (nicht der Eros!) soll zur Gemeinschaft mit Mensch und Gott bringen. Mönche und Weltchristen sollen sich beiden Aufgaben zugleich stellen.

b) Die *Ethik des Mittelalters* bearbeitete die antiken Themen neu und mußte sich mit Alternativen voller Spannungen auseinandersetzen: Ist die Ethik der Christen in einer auf Gott als das zeitlose Prinzip verweisenden *Seinsordnung* oder in der *Heilsgeschichte* begründet, setzt sie bei der Vernunft und damit in der Natur oder in der Offenbarung und damit bei Gottes gebietender Autorität an? Die großen mittelalterlichen Theologen suchen eine *Synthese* aus jeweils beiden Seiten.
Im Hochmittelalter hebt *Abälard* besonders den Willen Gottes hervor; im Spätmittelalter betonen ihn *Duns Scotus* und die Nominalisten. Während Abälard ihn von Vernunft und Weisheit geleitet sieht, kann im Nominalismus der Anschein einer Dissoziation von beidem aufkommen. Als die Idee des »summum bonum« vom Willen Gottes abgelöst wird, gilt das von Natur aus Rechte aufgrund einer obersten Norm: Es ist die »recta ratio«, die selbst dann gültig wäre, wenn es Gott nicht gäbe; diese Vernunft des Sollens, nicht die Seinsordnung trägt die Normen (*Ockham, Gregor von Rimini*). So geht aus einem extremen theologischen Voluntarismus ein von Gott ablösbarer Rationalismus hervor.
*Thomas von Aquino* ist der Meister einer Synthese, die nicht den Willen, sondern die Vernunft und die Weisheit Gottes in den Vordergrund stellt. Er integriert die weltflüchtigen Tendenzen der Askese mit jener in seiner Zeit wieder bekannt gewordenen *aristotelischen Ethik*, die menschliche Handlungen und Grundhaltungen analysiert. Gott hat seine vernünftige Ordnung in alles Sein gelegt, so daß es kraft inneren Strebens das ihm gemäße *Gute* sucht. Das gilt vom vitalen Bereich ebenso wie von der Vernunftseele des Menschen, die sich sittlich vervollkommnen soll. Den aristotelischen Begriff der ἕξις nimmt er als »habitus« auf und interpretiert ihn als die Ausrich-

tung eines ›Subjekts‹ innerhalb seiner Ordnung und gemäß der Eigenart der zu behandelnden Sache. Die Tugenden sind habituelle Ausrichtungen des Menschen; sie betreffen die erregbare und die begehrende Schicht des Menschen ebenso wie sein Vernunftvermögen. Die ›Summa‹ des Thomas behandelt die Tugenden sehr ausführlich; erst nachdem sie aufgedeckt hat, daß der Mensch dieses ihm gemäße Gute nicht erreichen kann, steht seine *Erlösungsbedürftigkeit* fest; nun kann Thomas von Christus sprechen. Aus Gottes Gnadenoffenbarung sind die *theologischen Tugenden* zu verstehen: *Glaube, Liebe und Hoffnung* vollenden auf übernatürliche Weise, worauf der Mensch kraft seiner geschaffenen Natur eigentlich angelegt war. Sie drängen die von Aristoteles ausgezeichnete intellektuelle Tugend der sittlichen Einsicht (φρόνησις) und die Bedeutung der Autarkie zurück; deshalb sind sie gerade Menschen *aller* Schichten erreichbar. Auch zielen Nächstenliebe und Vergebung weit über die φιλία, die Freundschaft, hinaus.

Denselben Grundsatz der überhöhenden Ergänzung läßt Thomas bei der Auslegung des *Naturrechts* walten. Eigentlich ist es dem Menschen kraft einer mit ihm geborenen Einsicht (συντήρησις – Gewissen) bekannt; denn Gott hat seine »lex aeterna« in alle Dinge und als »lex naturalis« in die sittliche Vernunft gelegt. Daraus erwächst das »ius naturale«, das wiederum alles positive Recht normiert. Was die Menschen eigentlich von jeher vernünftigerweise wissen müßten, wurde durch die Sünde verdunkelt; deshalb schärft es Gott durch seine *Offenbarung* (am Sinai) wieder ein.

Wie kann aber die Spannung zu einer heilsgeschichtlich verstandenen Ethik bewältigt werden? Schon Thomas gelang es nicht, das Gute der Seinsordnung, hingeordnet auf das »summum bonum« Gottes, mit der endzeitlichen Offenbarung Gottes zu vereinen. Immerhin zog er die natürliche (aristotelische) Ethik in die »sacra doctrina« hinein. Gegen den Voluntarismus der nominalistischen Theologen betonten Thomisten in der Spätscholastik, besonders im 16. Jh., daß auch die Folgerungen aus den Prinzipien des Naturrechts ebenso wie diese selbst gelten. Bis heute läßt sich in manchen Strängen katholischer Moraltheologie ein Objektivismus der dem Sein insgesamt einwohnenden Werte feststellen.

Aufgrund ihrer ontologischen Voraussetzungen stieß der in der katholischen Moraltheologie weitertradierte Thomismus mit der empirischen und mit der Transzendentalphilosophie zusammen. Heute gibt es jedoch bestimmte Berührungen mit der analytischen Moralphilosophie, wenn sie nach Prinzipien des Sollens sucht und die Frage nach dem Verhältnis von Ethik und Geschichte mehr oder weniger ausklammert.

### 5.2.6
### Zur Ethik der Reformatoren

a) Auch die *reformatorische Ethik* kennt die Spannung zwischen heilsgeschichtlicher Grundlegung einer christlichen Ethik und allgemeinen ethischen Grundsätzen, die im Wesen des Menschen liegen. Praktische Philosophie heute ist am Verhältnis von Ethik und Geschichte weniger interessiert als an einer Logik von moralischen Sätzen; deshalb findet sie zur mittelalterlichen Ethik leichter Zugang. Wenn die reformatorische Ethik dabei ins Abseits gerät, bleibt ihr doch der Vorzug, verdrängte Themen herauszustellen. Unter ihnen ist die Frage nach *geschichtlicher Erfahrung* von besonderer Bedeutung, weil sie weder das Gute in eine Seinsordnung stellt noch den obersten ethischen Grundsatz (die »Norm für Normen«, s. S. 27) als logisches Prinzip zu fassen erlaubt.

b) Der Schlüsselbegriff in *Luthers* Kampf um den Heil zusagenden Glauben ist *Gottes Gerechtigkeit* (in ihrer Beziehung zur Gerechtigkeit unter Menschen). Auf der Seite des Menschen schließt er eine bestimmte Anthropologie ein. Als Mönch wurde Luther im Sinne des seit der Antike tradierten hierarchischen Schichtenmodells der Seele unterrichtet; wo die Vernunft dem Begehren unterliegt, kommt die *Sünde* zur Herrschaft. Luther verstand schließlich, daß *Fleisch* und *Geist* jeweils die ganze Existenz des Menschen meinen und nicht mit zwei Seelenschichten identisch sind. Die Sünde kommt aus dem Geist des Menschen, weil dessen Ausrichtung auf Gott und den Mitmenschen verloren ist.

Gottes Gerechtigkeit folgt nicht dem (aristotelischen) Konzept der »iustitia distributiva«, die nach Leistung oder Würdigkeit zuteilt. Das biblische Verständnis meint vielmehr jenen Rahmen von Bedingungen, die überhaupt erst Leben im guten Sinn ermöglichen. Das gewährt Gott ohne jede Verrechnung von Voraussetzungen beim Empfänger. Mit dieser Einsicht erschütterte Luther die mittelalterliche Tugendethik, nach der dem Getauften bzw. dem bereuenden Sünder Glaube, Liebe und Hoffnung als theologische Tugenden eingegossen werden und damit Gottes Gnade im Menschen beinahe zuständlich wird. Gnade, eigene Bemühung des Menschen und institutionelle Gnadenvermittlung standen hier in einem pädagogisch klug ausgewogenen Verhältnis. Für Luther kommt hingegen alles auf das *Empfangen* und damit auf den *Glauben* an: Das *erste Gebot* fordert auf, Gott Gott sein zu lassen; mit dem ersten werden im Glauben alle anderen Gebote erfüllt.

Was ändert sich durch diesen Ansatz? Der Kompromiß zwischen asketischer Radikalität und ›antidualistischer Wertschätzung‹ des geschaffenen Lebens hatte zu einer *Zweistufenethik* (der Vollkommenen und der Weltchristen) geführt. Weil Luther Gott als den Gott der gesamten Welt erkennt, steht das alltägliche Handeln (gewissermaßen als weltlicher Gottesdienst) nicht mehr zurück. Auch gilt die *Bergpredigt* nicht den Vollkommenen allein, sondern den Christen als Bürgern des Reiches Christi, die nun die (in der Bergpredigt gesuchte) Liebe paradoxerweise auch in die Macht und Gewalt ausübenden Ämter weltlichen Lebens tragen, um den Nächsten zu schützen. Luthers Aussagen von den *zwei Reichen* zielen nicht auf eine zerspaltene Persönlichkeit (›Person‹ und ›Amt‹).

Wie geht Luther mit den Grundsätzen des *Naturrechts* um? Er vermeidet die deduktive lex-aeterna-Lehre (s.u. zu Thomas, S. 120). Dann ist es nicht mehr möglich, zeitlose Verhaltensnormen aus Gottes Wahrheit herzuleiten; denn sie wird mit Gottes Herrlichkeit erst am Ende aller Tage bekannt werden, während wir uns jetzt an *Christus* halten sollen, in dem Gottes Liebe im Rätsel des für uns gelittenen Leidens am Kreuz zu erkennen ist. Weil Luthers Ethik die eschatologische Ausrichtung des biblischen Geschichtsglaubens aufnimmt, kommen zwei Wege für ihn nicht in Frage: die Herleitung des Sollens aus einer (theologisch fundierten) Seinsordnung sowie die »recta ratio« der nominalistischen Naturrechtslehre und mit ihr die Selbstevidenz der sittlichen Vernunft. Denn Luther und die Reformatoren fragen, unter welchen Bedingungen überhaupt die Selbstübereinstimmung sittlicher Vernunft erst gewonnen werden kann. Ihr Kampf um den rechten Glauben ist auch ein Kampf um die *rechte Freiheit.* Sie vermag anzuerkennen, daß alle Menschen kraft der Vorsehung Gottes im Sinn der Gegenseitigkeit handeln können. Sich in den anderen hineinzuversetzen, wie es die Goldene Regel vorsieht – das ist die Quintessenz des kulturgeschichtlich zunächst nur Israel gegebenen Dekalogs.

c) *Melanchthon* führt Aristoteles wieder in den Unterricht ein. Damit bereitet er einer philosophischen Ethik im Protestantismus Bahn. Wenn es jedoch um die Bedingungen ihrer Verwirklichung geht, dann ist auch nach Melanchthon zuerst der *Glaube* gefragt. Denn der Mensch wird zutiefst von Affekten bestimmt; sind sie verderblich, dann kann ihnen nur ein stärkerer Affekt entgegentreten: der den Menschen verwandelnde Glaube. Mit Hilfe der Unterscheidung von *Gesetz und Evangelium* will Melanchthon die Humanität neu begründen.

d) *Zwingli,* der Zürcher Reformator, unterscheidet zwar göttliche und menschliche Gerechtigkeit, aber er findet im Evangelium eine Art von neuem Gesetz. Die oberdeutsche und Schweizer Reformation drang deshalb mit größerem Nachdruck auf die Gestaltung politischer Verhältnisse. Trotzdem hielt sich *Calvin* deutlich an die Unterscheidung zweier Reiche. Mit den hochmittelalterlichen Theologen sieht auch er die Gebote der ersten Tafel (Gebote, die die Gottesbeziehung betreffen) als Teil des natürlichen Gesetzes an. Wie Melanchthon kennt er den »dritten Brauch« (tertius usus) des Gesetzes Gottes; es gilt im Vollzug des christlichen Lebens und nicht nur dem Sünder im Christen. Aber die Selbstverleugnung des zur Selbstliebe geneigten Menschen bleibt eine wichtige Voraussetzung (Institutio III, 6-20). Calvin stellt deshalb die Heiligung und die Gestaltung des Christenlebens stärker heraus. Ein Teil des Calvinismus konnte später den Staat für die rechte Gottesverehrung verantwortlich machen.

e) Auf dem sog. *›linken Flügel‹ der Reformation* wurde der Bruch mit einer ontologisch fundierten oder einer in einem formalen Prinzip gründenden Ethik besonders deutlich. Hier gilt das schlichte, biblisch bezeugte Gebot Gottes und damit sein offenbarter Wille. Christus wird als Künder eines neuen Gesetzes angesehen, das in den Bergpredigtantithesen deutlich bezeugt ist. Inmitten der Welt und doch gegen sie soll das Reich Gottes sichtbar werden. Es steht jetzt jedoch nicht – wie bei Luther – in seiner Schwäche und Anfechtung unter dem Kreuz, sondern die wahren Christen als Glieder des Reiches stellen sich leidend unter das Kreuz. Viele Gruppen haben das überzeugend getan, indem sie den Kriegsdienst verweigerten. Abseits der Großkirchen entwickelten sie eine viel zu lange unbeachtete *Friedensethik.*

### 5.2.7
### Von der Reformation zur Neuzeit

a) Die innerprotestantischen konfessionellen Differenzen wirkten sich nach der Reformationsepoche in der Grundlegung der Ethik kaum aus. Erst im 19. Jh. wurde die Unterscheidung von Gesetz und Evangelium zu einem lutherischen Anliegen gegen-

über den Reformierten. Die Theologen beider Konfessionen vertraten im Zeitalter der Orthodoxie eine stark untergliederte *Lehre vom Gesetz* (z.B. der lutherische spätorthodoxe Dogmatiker *Hollaz:* usus politicus zur Wahrung sozialer Disziplin, usus elenchticus zum Aufweis der Sünden, usus paedagogicus zur Hinführung zu Christus, usus didacticus zur Anleitung der Werke des Glaubens [Examen theologicum achroamaticum III,I, 38]). Konfessionelle Unterschiede wurden eher in der Seelenführung sowie in der Auseinandersetzung mit umgebenden Kulturen deutlich (von puritanischer Gesinnung war im Zusammenhang mit Max Webers These über den modernen kapitalistischen Geist die Rede, s.o. S. 21).
Während sich die Theologie auf die dogmatische Darlegung des rechten Glaubens versteifte und die protestantischen Hohen Schulen aristotelische Tugendlehre vermittelten, wurden die für die Ethik wichtigsten Fragen außerhalb von Theologie und Kirche gestellt und diskutiert:

b) Die *Begründung des staatlichen Gewaltmonopols:* Aus reformierten Traditionen kommt zwar der Bundesgedanke, der auf Souverän und Volk übertragen wurde und den Fürsten an das Volk band. Wirklich und nachhaltig säkularisiert wird der Staat allerdings durch *Hobbes* (Leviathan oder Stoff, Form und Gestalt eines bürgerlichen und kirchlichen Staates, hg. v. I. Fetscher, Neuwied u.a. 1966). Weil die Wahrheit Gottes in so viele konfessionelle Wahrheiten zersplittert ist, taugt sie nicht zur Begründung der politischen Macht; erst die politische Macht setzt durch ihre Autorität das vernünftige Recht in Geltung. Ihr unterwerfen sich die Untertanen bedingungslos, weil sie sonst nicht dem Krieg aller gegen alle entkämen und ein vernünftiges Leben führen könnten. Darum steht diese souveräne Macht über dem Gesetz. Vernunft und Macht werden nun zu den großen Themen der Neuzeit.

c) Kann die *praktische Vernunft* in sich selbst begründet sein? Je länger die Neuzeit währt, desto deutlicher wird, daß die praktische Vernunft nur dann eine Grundlage in der Wirklichkeit hat, wenn diese nach Zwecken geordnet ist und objektiv auf ein letztes Ziel bzw. ein höchstes Gut zuläuft. Diese Wirklichkeit wäre bereits von sich her theologisch zu sehen. Aber die aufkommende empirische Einstellung kann das teleologische Konzept immer weniger an der Erfahrung bestätigen. Deshalb bestimmt *Kant* die praktische Vernunft als *Selbstgesetzgebung;* die Autonomie wendet sich von der ontologischen Fundierung der Ethik ab. Die Aufklärung setzt voraus, daß die Vernunft solch ein Selbstverhältnis herstellen und bewahren kann. Der christliche Glaube bekennt aber, daß die Freiheit zu sich selbst als Geschenk Gottes empfangen wird. Damit gerät er in den Verdacht der Heteronomie.

d) *Vernunft* und *Wille* treten in ein spannungsvolles Verhältnis. Lehrte die antike Philosophie mit der προαίρεσις, der Vorzugswahl, daß Menschen nur anstreben könnten, was sie als Ziel rational begriffen hätten, so verselbständigt das Christentum den Willen. Die empiristische Philosophie der Neuzeit radikalisiert diese Trennung und richtet die Vernunft auf die Wahrnehmung des Gegebenen aus. Manche (v.a. englische) Denker ziehen daraus den Schluß, daß der Wille nicht von der Vernunft zu neuen Handlungen bewegt werden könne, und postulieren deshalb einen besonderen moralischen Sinn. Im 20. Jh. verstärkt sich die Tendenz, die Ethik von der (mit Ist-Aussagen befaßten) Wissenschaft zu isolieren und sie dann etwa auf Emotionen zu verweisen. (Die moderne Psychologie kann sich kaum mehr mit der Vorstellung eines Willens befreunden, sondern beschränkt sich auf die Motivation.)

e) Ist dann ein *eudämonistischer* (in der εὐδαιμονία, der Glückseligkeit wurzelnder) *Ethikansatz* überhaupt noch möglich? *Kant* läßt ihn nicht zu, denn die reine Selbstbestimmung der Vernunft (als Pflicht) muß sich äußeren Motiven (»Neigungen«) verschließen (vgl. Kritik der praktischen Vernunft, in: Werke, hg. v. W. Weischedel, Bd. 4, S. 103ff). Allerdings läßt er damit die Menschen faktisch in zwei Welten leben, im Bereich der Freiheit und Selbstbestimmung (in die rätselhafterweise das Böse einbricht) und in der determinierten Realität des Leibes und der Gegenstände.
Obwohl in der angelsächsischen Philosophie ein empirisches Klima herrschte und die Ethik von der empirischen Wissenschaft *unterschieden* wurde, machte dort ein ›naturalistischer‹ (Sein und Sollen psychologisch integrierender) Ethikansatz von sich reden. Er geht von der empirischen Feststellung aus, daß alle Menschen Glück suchen: Der *Utilitarismus* will, daß jedes Individuum sein Glück sucht und sich in den Wettstreit mit den anderen Individuen einbringt; der Markt der Ökonomie reguliere das eigennützige Streben so, daß dem Mitmenschen das Beste zukomme. Denn die Sympathie sei eine Grundgegebenheit des Menschseins (vgl. Einführung in die utilitaristische Ethik, hg. v. O. Höffe, München 1975).

f) Stimmt aber die rein vernünftige Selbstbestimmung mit den empirischen Lebensbedingungen überein? *Kant* postulierte, daß in Gott das höchste Gut zu erreichen sei und durch ihn allein die vernünftige Selbstbestimmung sowie das empirische Glücksverlangen zur Übereinstimmung kommen werden. Spricht die Geschichte für diese Hoffnung? Kant meinte wagemutig, je offenkundiger die Unvernunft (z.B. der Kriege) hervorträte, desto stärker würde sich das Verlangen nach vernünftigen Lebensverhältnissen geltend machen (vgl. Idee zu einer allgemeinen Geschichte in weltbürgerlicher Absicht, in: Werke, hg. v. W. Weischedel, Bd. 5, S. 31ff). *Hegel* sah die Vernunft so weit in der Weltgeschichte realisiert, daß sie in einer vernünftigen Staatsverfassung Gestalt angenommen habe (vgl. Grundlinien der Philosophie des Rechts, neu hg. v. J. Hoffmeister, Hamburg 1955). (Wenn einige Ethiker heute auf der Autonomie bestehen und die Freiheit in der abendländischen [gesellschaftlichen und politischen] Entwicklung realisiert sehen, müssen sie im Grunde Hegels Geschichtsentwurf nachgehen und alle Geschichte nach Kant und Hegel nach diesem Muster deuten. Die entsetzlichen Kriege des 20. Jh.s können dann eigentlich nur Zwischenfälle im Kontext einer an sich vernünftigen Entwicklung sein.)

g) Die Beiträge der theologischen Ethik im 17. und 18. Jh. sind – an diesen Fragen und Antwortversuchen gemessen – bescheiden. Bis ins 19. Jh. hinein wollten viele Philosophen noch Sachwalter des theologischen Erbes sein. Eine Ausnahme unter den theologischen Ethikern bildet *Schleiermacher,* der nicht zufällig zwischen beiden Disziplinen geschwankt hat.
Schleiermacher griff das neben der Vernunft so wichtige Thema der *Geschichte* auf.

Auch er ordnet die Natur unter den Geist und stellt die Vernunft in einen Strom des Geistes hinein, der vom Urbild Christus ausgeht und dabei den Logos (die Weltvernunft) aufnimmt und verwandelt; die Geschichte beweise den Fortschritt der Versittlichung. Dabei betont Schleiermacher allerdings nicht nur die Strukturen geschichtlichen Lebens, sondern hebt jene Eigentümlichkeit hervor, in der die geschichtlichen Erfahrungen je neu zum Leben kommen. Jesus ist deshalb kein Vorbild, das ein Muster für die Nachahmung bildet, sondern das *Urbild*, das eine nicht-normierte geschichtliche Entwicklung anstößt.

Weil Schleiermacher die Einheit der Pflicht nicht im Sinne Kants vertreten kann, sondern eine Vielheit von Pflichten konstatiert, führt er die Ethik wieder auf das Höchste Gut zurück; es gilt ihm nicht nur als Postulat und regulative Idee, sondern als das Ziel der (unendlichen) Geschichte des Geistes. In ihm verbirgt sich das Reich Gottes, das in einem Individuum, in Jesus Christus, hervorgetreten ist und sich auch heute fortschreitend verwirklichen soll. Schleiermachers ›Christliche Sitte‹ (hg. v. L. Jonas, in: SW, Abt. 1, Bd. 12, Berlin 1843) beschreibt, wie Menschen durch den Glauben in diese Bewegung des Geistes hineingestellt werden. Überwiegt bei ihnen die Lust, dann wirkt ihr Handeln ansteckend; Schleiermacher nennt es *verbreitend* (wobei er z.B. an die Erziehung denkt). Reagiert ein Handeln auf die Unlust, dann soll es die geistige Ausrichtung von Menschen *wiederherstellen* (die Buße gehört hierhin). Über dem Schwanken von Lust und Unlust steht das *darstellende* Handeln, worunter Schleiermacher Kultur und Gottesdienst zählt.

Schleiermacher hat Kants Zwei-Welten-Theorie nicht völlig hinter sich gelassen: Der *Geist* wirkt zuerst in einer *inneren* Sphäre, der Familie und der religiösen Gemeinde, um dann in die *äußere* Sphäre, den Bereich der Talente, der leiblichen Existenz und der äußerlichen Ordnung des Staates, überzugreifen.

In Schleiermachers Ethik vereinen sich antike Momente (Plato, der von Schleiermacher übersetzt wurde), Kants Kritik der Urteilskraft (unter welchen Voraussetzungen können wir die Welt geordnet erkennen?) und romantische Gedanken (der Ausgriff auf das Ganze und die Unauflöslichkeit des einzelnen) mit dem Fortschrittsgedanken der Aufklärung. Zentrale biblische Bezüge sind der Geist und das Reich Gottes (bzw. das Himmelreich), deren eschatologischer Einbruch in die Geschichte allerdings einem mehr kontinuierlichen Wachstum gewichen ist.

### 5.2.8
### Protestantische Ethik im neunzehnten Jahrhundert

Schleiermachers Ethik gehört bereits in das 19. Jh. Aber sie versucht, die vorhergehende Entwicklung zusammenzufassen. An Schleiermacher und sein Programm der Herrschaft des Geistes über die Natur schlossen sich zwei theologische Richtungen an: die *Vermittlungstheologie* und die *liberale Theologie.* Sie standen im Wettbewerb mit konservativen Richtungen, die sich vor allem durch den Schrecken der Französischen Revolution bewegen ließen, die bestehenden politischen Strukturen zu stützen oder die Restauration zu fördern. Im *Konservatismus* fanden sich auch die neuere Erweckungsbewegung und der Konfessionalismus vereint. Sie formten reformatorische

Stände- und Ordnungsaussagen zu einer neuen Ordnungstheologie (s.o. zu den Schöpfungsordnungen, S. 44f).

Während die Vermittlungstheologie darauf setzte, daß sich Glaube und Vernunft ergänzen, wollte die liberale Theologie den Glauben in der modernen Welt plausibel machen. *Ritschl* erkannte, wie die Welt der äußeren Erfahrung zum alleinigen Bereich der exakten Wissenschaften wurde; Kants praktischer Philosophie meinte er aber einen Freiraum religiösen Redens zu verdanken. Auch Ritschl bezog sich auf das Reich Gottes, das er als ein geistiges Reich sittlicher Zwecke betrachtete; an ihm mitzuwirken und die Welt zu kultivieren sei »*Beruf*« des Christen (vgl. Die christliche Lehre von der Rechtfertigung und Versöhnung, Bd. 1-3, Bonn [3]1888ff).

Mit der ›Ethik‹ seines Schülers *Wilhelm Herrmann* (Tübingen 1901) treten wir bereits ins 20. Jh. ein. Herrmann ließ von Ritschls Sozialethik ab und konzentrierte sich mehr auf die Person des einzelnen, der als sittliches Wesen der Welt begegnet und sich in der Religion selbst finden soll – angestoßen von anderen Personen, durch die hindurch die Person Jesu auf die Person des Glaubenden wirkt. Herrmann ließ ein gewisses Maß an Determination sogar im Bereich des sittlichen Lebens gelten; Menschen müssen wissen, wie andere üblicherweise handeln, sonst gäbe es kein Vertrauen im Zusammenleben.

Während die *katholische Theologie* (und Moraltheologie) auf den Thomismus (Neuthomismus) eingeschworen wurde, um vor den zahlreichen Irrtümern der Moderne gefeit zu sein, paßte sich die protestantische Ethik – oft wider Willen – ihrer Epoche an; sie besetzte Reservate (wie das Reich der Zwecke in der Kultur abseits von Naturwissenschaften und Techniken) oder entwarf mit dem Bild einer obrigkeitlichen Ordnung ein patriarchalisch-personales Bild von der Regierung, das die bestehenden Machtstrukturen nur bestätigen und legitimieren konnte. Beide, Konservatismus und Liberalismus, könnten heute nur dann empfohlen werden, wenn der Lauf der Welt und die Geschichte der Menschen tatsächlich im großen und ganzen vernünftig wären.

### 5.2.9
### Protestantische Ethik im zwanzigsten Jahrhundert

Im 20. Jh. wurde die Aufklärung und das aus ihr hervorgegangene Postulat der Autonomie im allgemeinen nur vor dem internen Forum der Vernunft, weniger häufig im Blick auf die Realisierung der Vernunft in der Geschichte befragt. Ein deutliches Urteil über die Geschichte wurde zwar im Marxismus laut; er will bis heute das Versagen der aufklärerischen Vernunft durch ein neues Subjekt, die Arbeiterklasse, überwinden und die Entwicklung zum substantiell-vernünftigen Ende führen. Die neomarxistische ›Kritische Theorie‹ (der sog. Frankfurter Schule) zweifelte allerdings an der Möglichkeit, die Geschichte zum glücklichen Ende hinzuführen. Auch von anderer Seite kamen heftige Zweifel an der zur Vernunft gekommenen bzw. kommenden Geschichte. (Ein Beispiel wird im folgenden Kapitel behandelt.) Meist steht hinter diesen Anfragen nicht ein bloß antiaufklärerischer Geist, sondern das Bewußtsein der ›*Dialektik der Aufklärung*‹. Die Krise zu erfahren und zu benennen bedeutet nicht ohne weiteres, das Rad der Geschiche zurückzudrehen und beispielsweise aus der Autonomie in die Heteronomie zurückzufallen. Drei Beispiele aus dem Protestantismus sollen diese Vermutung verstärken: der soziale Protestantismus, die Ethik der Wort-Gottes- (bzw. dialektischen) Theologie und die Erneuerung lutherischer Ethik durch Bonhoeffer.

a) Aus dem sehr differenzierten sozialen Protestantismus sollen zwei Ansätze zur Sprache kommen:

– *Reinhold Niebuhr* (ursprünglich geprägt von der Social-Gospel-Bewegung) und der frühe *Paul Tillich* (als religiöser Sozialist) hoben die sozialethischen Themen hervor. Niebuhr erkannte (in: Moral Man and Immoral Society, New York 1935), daß die Liebe oft im individuellen Bereich befolgt wird, aber daß sich in der Gesellschaft einseitige Interessen durchsetzen. Im Kampf der Entrechteten für ihr Recht sah Niebuhr deutliche Zeichen eines Altruismus, der sich allerdings auf die kämpfende Gruppe beschränkte. Das Recht könne zwar für einen gewissen Interessenausgleich sorgen; aber sein Zwangscharakter müsse durch die sozial verstandene Liebe als Fähigkeit zur Selbsttranszendenz korrigiert werden. Niebuhr ließ in den dreißiger Jahren allmählich von seiner zum Marxismus neigenden Radikalität ab und betrachtete alle menschlichen Einwirkungen auf die Geschichte als vorläufig (vgl. The Nature and Destiny of Man, Bd. 1-2, London 1942ff). Beides gelte vom Menschen: seine Endlichkeit in der Geschichte und seine Fähigkeit, die Natur zu überschreiten und dank seiner begrenzten Freiheit Geschichte zu machen. Das konnte Niebuhr allerdings nicht direkt auf ein sittliches Reich Gottes beziehen, denn die Norm des wahren Reiches Gottes suche die menschliche Vervollkommnung am Gekreuzigten, im vollkommenen Opfer der Liebe. Das überschreite jedoch die Möglichkeiten der Geschichte. Gottes in Christus gekommenes Reich erschließe zwar den Sinn der Geschichte; jedoch werde er gerade durch die Geschichte nicht verwirklicht, sondern erst mit dem kommenden Gottesreich antizipiert.

Niebuhrs ethischer Ansatz mag hier stellvertretend für nordamerikanische Beiträge im ökumenischen Gespräch dieses Jahrhunderts stehen. Sie gehen – anders als europäische Entwürfe – mit mehr Pragmatismus auf politische und soziale Strukturen ein; aber sie haben vorschnell – vor allem in der Zeit des ›Kalten Krieges‹ – Demokratie und Christentum für die gesamte Menschheit gleichgesetzt, ohne die historischen und kulturellen Differenzen unter Menschen zu beachten.

– Der *Religiöse Sozialismus* war ein europäisches Phänomen. Einen geschlossenen Entwurf der Ethik haben religiöse Sozialisten nie vorgelegt. So hat sich *Tillichs* ethisches Denken nur in Aufsätzen niedergeschlagen. Bis zum Einbruch des Nationalsozialismus verband Tillich seine Ethik mit einem Geschichtsschema: Die Säkularisierung habe die *heteronomen* Bindungen der traditionellen Kultur unterlaufen, die *Autonomie* mache sich nicht allein im Bürgertum, sondern besonders nachdrücklich in der Arbeiterklasse geltend. Aber sie sei aus sich heraus nicht beständig, weshalb sie in eine die Sinnfrage und die Verbindung mit dem Unbedingten integrierende *Theonomie* übergeleitet werden müsse (vgl. Christentum und soziale Gestaltung. Frühe Schriften des religiösen Sozialismus, in: *Ders.*, Ges. Werke, hg. v. R. Albrecht, Bd. 2, Stuttgart 1962). Tillich deutete die zwanziger Jahre als Entscheidungszeit, als *Kairos*. Damit wollte er die eschatologische Wende in die reale Geschichte einpflanzen. *Pro-*

*phetie* und Aufklärung blieben für Tillich jedoch verbunden; nachdem er in die Vereinigten Staaten emigriert war, hat er das prophetische Prinzip von seiner Epochendeutung und von der sozialistischen Bewegung abgelöst und ihm ganz allgemein die Frage nach dem Unbedingten zugeordnet. Gesellschaftliche Gerechtigkeit wurde nun mit Hilfe der Liebe weniger formal als personal verstanden, als Bejahung der Person als Person. Im rechten Augenblick bezeugt die Liebe prophetischen Geist und durchbricht die Schematismen eines starren Naturrechts.

b) Die Ethik der *Wort-Gottes-Theologie* resultiert nach beinahe allgemein verbreiteter Auffassung aus einer Krisenerfahrung, die noch heftiger als bei Niebuhr zutage trat. Der Erste Weltkrieg war das herausfordernde Anzeichen des Niedergangs der bürgerlichen Kultur und Religion. Allerdings verwies das Nein der dialektischen Theologie zur Symbiose von Christentum und Kultur – erst unterschwellig, dann deutlich – auf ein zu entfaltendes Ja. Während das Nein die Ordnungen aushöhlte, die Legitimation der Institutionen untergrub und die Christen höchstens zum unterwandernden Mitspielen bewegen wollte, gründete die sich allmählich profilierende Ethik doch im Ja Gottes zur Welt, das allerdings sehr unterschiedlich verstanden wurde (vgl. die Literaturangaben unter 5.3.2f):

– Bei *Friedrich Gogarten* war es an die *Entscheidung* gebunden, die auf die absolute Autorität des Wortes Gottes antwortet; die Geschichte und die Vernunft boten keinen autoritativen Anhalt mehr. Gogarten konnte die Reaktion der Glaubenden auf Gottes Wort »Hörigkeit« nennen und diese suggestive Vokabel in seiner ›Politische(n) Ethik‹ (Jena 1932) verwenden; sie führte ihn ohne großen Bruch zu den Deutschen Christen.
– Bei *Rudolf Bultmann* trat es an der Gestalt des Nächsten hervor; sie läßt das unbedingte »Du sollst« (vor allem im Gebot der Nächstenliebe) konkret werden.
– *Emil Brunner* kritisierte die dem Wort Gottes entgegenstehende Autonomie der (gottfernen) Vernunft heftig, aber hielt trotzdem daran fest, daß auch dem Sünder eine formale Gottebenbildlichkeit und die Fähigkeit zu innerweltlicher Ordnung erhalten geblieben sei. Darum ergänzte er das Gebot Gottes um Ordnungen, die er später in Beziehung zu einer aristotelisch beeinflußten Gerechtigkeitslehre setzte.
– *Karl Barth* entfaltete seine Ethik im Rahmen seiner ›Kirchliche(n) Dogmatik‹, nachdem er den christologischen Grund der Theologie herausgestellt hatte. Von Gottes Wort läßt sich nur im Blick auf den *Menschgewordenen* reden: An ihm bestimmt sich jener einzige Gott, der sich Menschen erwählt; an ihm wird der Mensch für Gott bestimmt. Dieser Ansatz wird heute von vielen als heteronom kritisiert; andere meinen, daß mit ihm die Autonomie ausschließlich auf Gott konzentriert und somit die Autonomie der Menschen negiert sei.

Anders, als solche Interpreten meinen, stellt sich Barth der Frage, wie Gott und sein Wort zu verstehen sind, nachdem der moderne Gedanke des sittlichen Subjekts (vgl. Kants Autonomie) an der Geschichte der europäischen Gesellschaften und Staaten gescheitert ist und sich die Weltgeschichte weder im Sinne Hegels als vernünftig noch im Sinne Schleiermachers als Fortschritt des Geistes erwiesen hat. Dem Anspruch des Subjekts, sich selbst zu begründen und sich die Wirklichkeit anzupassen, wird im Hören des Wortes und Gebotes widersprochen, dem Entwurf einer zum vernünftigen

Ziele strebenden Geschichte steht die Geschichte des Gekreuzigten entgegen, an dem der Mensch erst sein Recht erfährt, und die Geschichte des Auferstandenen, an dem Gott seinen Willen und sein Ziel gegen die Geschichte menschlichen Irrtums und Angriffs auf das Leben herausstellt.

Deshalb zielte Barth mit seiner Theologie auf eine *qualifizierte Weltlichkeit* und bedachte – zum Ärgernis für viele bis heute – deren *politische Konsequenzen*, vor allem seit dem *Barmer Bekenntnis* von 1934. Seine Ethik des Gebotes Gottes trägt der mit dem Autonomiepostulat intendierten Freiheit Rechnung, indem sie das *Evangelium* – und damit das Dürfen – vor das Gesetz – und damit die Forderung – stellt. Der Weg theologisch-ethischer Erkenntnis führt nicht von der Sünde zur Gnade; nein, die Sünde ist erst dort richtig erkannt, wo sie als der Abfall vom Leben, Freiheit und Heil gewährenden Willen Gottes verstanden wird. Barth will damit nicht die Autonomie zurücknehmen, sondern ihr in Gestalt der christlichen Freiheit Erfüllung verschaffen. Sie kann weder in einer sittlichen Welt jenseits des empirischen Lebens feststehen, noch kann sie das Scheitern der Vernunft an einer unvernünftigen Geschichte negieren. Barth will die Freiheit am Verhältnis zum lebendigen Gott substantiell werden lassen. Dieser Gott gebietet nicht als Fremdinstanz, sondern als das Gegenüber, das einen jeden Menschen zu dem ihm eigensten Sein ruft und führt.

Während Barth sein Gebotsverständnis vor allem im Rahmen der *Gotteslehre* entfaltet, geht es ihm in der *Schöpfungslehre* um das zeitliche Sein des Menschen als Gottes Gegenüber. Ihm sind gewisse Ordnungen und Konstanten des Verhaltens erschlossen. Die Statik der Naturrechtslehre und die geschichtsunabhängigen Grundzüge einer Anthropologie des Mängelwesens – beides in der Regel Argumente in konservativen Ethiken – können in Barths Ethik nicht ihre ideologische Wirkung entfalten.

Ein wichtiges Thema der *Versöhnungslehre* ist das lebensförderliche Recht. Damit erweitert Barth das kritische, auf die Bibel bezogene Gerechtigkeitsverständnis der Reformatoren vom Gottesverhältnis auf das mitmenschliche Leben. Überhaupt fallen manche Parallelen zu Luther auf, ja es ließe sich behaupten, daß Barth Luthers These von der Erfüllung aller Gebote im ersten Gebot mit Hilfe seiner zeitkritischen *theologischen* Ethik für das 20. Jh. entfaltet.

c) Der *lutherischen Ethik* des 20. Jh.s folgt der zweifelhafte und nicht immer berechtigte Ruf, konservative Ordnungsethik zu sein (s.o. S. 44f). Sofern dieser Verdacht zutrifft, wäre zu prüfen, ob die politische Einstellung der Autoren dem theologischen Ansatz vorangeht oder ob sich irgendwo Zeichen einer auch in und von eigenen Voraussetzungen und Urteilen befreienden Theologie und Ethik finden.

Einen Weg, solche Freiheit zu gewinnen, weist *Dietrich Bonhoeffers* ethisches Denken, das intensiv mit seiner Biographie und mit der Erfahrung der eigenen Zeit verknüpft ist (vgl. die Literaturangaben unter 5.3.2f). Bonhoeffer will *Jesus Christus in der Welt von heute* verstehen und bezeugen. Um 1930 wendet er sich gegen den breiten Strom theologischen Denkens und öffnet sich einer Friedensethik. Sie ist von der *Kirche* zu verantworten; damit wird die ekklesiologische Grundlegung der Ethik zum Thema. In der Zeit des Kirchenkampfes vor dem Zweiten Weltkrieg kämpft Bonhoeffer gegen die »billige Gnade« und sucht nach jener Gemeinde, in der die Bergpredigt ganz ernst

genommen wird. Gerade weil sie anders ist, dient sie auch dem Staat, den sie an seine humanen Aufgaben erinnern soll.
Mit seinem Eintreten in den aktiven Widerstand beginnt Bonhoeffer seine Arbeit an der Ethik, die nur bis zu Fragmenten gedieh. Ihre Ansätze stehen im Rahmen eines christologischen *Wirklichkeits*verständnisses. Bonhoeffer lehnt das Denken in zwei Räumen strikt ab und trifft damit sowohl eine uneschatologische, dualistische Zweireichelehre und die Unterscheidung von Natur und Übernatur einschließlich einer von der Welt des Lebens isolierten Offenbarung als auch die Trennung der Gesinnung und des persönlich-inneren Lebens von den Verhältnissen in der Gesellschaft. Bonhoeffer blickt in zwei Richtungen, die er in ihrer Unterschiedlichkeit zugleich festhalten will: Freiheit und Verantwortung sind in der *säkularen Welt* auszuüben (die zum Herrschaftsbereich Christi gehört), aber die Gemeinde soll sich dem *Gekreuzigten* gleichgestalten und als Leib Christi versöhnte Welt repräsentieren. Bonhoeffer fängt diese Spannung mit Hilfe eschatologisch verstandener Rechtfertigungsaussagen auf: Gottes Wort ist qualitativ und zeitlich das Letzte, von ihm her ist die Welt des Lebens als das Vorletzte positiv zu bestimmen. Kein Radikalismus darf über es hinweggehen, jedoch darf auch kein Kompromiß das Letzte verraten. Während *Max Weber* die Instanz, vor der *Verantwortung* abzulegen ist, verschleierte (s.o. S. 14ff), weist Bonhoeffer auf den Menschgewordenen: Die Bindung an Gott (in Stellvertretung und Wirklichkeitsgemäßheit) sowie die Freiheit des eigenen Lebens (unter Selbstprüfung und im Wagnis konkreter Entscheidung) bilden die Struktur verantwortlichen Lebens.

### 5.2.10
### Einsichten aus der Geschichte abendländischer Ethik

Der geraffte Überblick über Ansätze der Ethik im Abendland zielte auf die Frage, wie evangelische Ethik heute möglich sei. Einige fundamentale Entscheidungen abendländischer Ethik, die zugleich heute relevante, aber hochproblematische Fragestellungen darstellen, sind dabei hervorgetreten:
– Der Ansatz beim *Guten* als idealem Sein oberhalb eines ontologischen Entwurfs oder inmitten der Lebensverhältnisse.
– Die *formale Rechtfertigung sittlicher Normen* ohne Ontologie oder ohne Gesamtentwurf der Wirklichkeit, sondern durch Rekurs auf einen zeitlos und umfassend gültigen formalen Satz (Goldene Regel).
– Das prekäre Verhältnis der *praktischen Vernunft* (als Pflicht) zur realen *Geschichte* der Menschen.
– Die *Zuwendung Gottes* als Neubestimmung der Wirklichkeit des Lebens (Bund, Reich Gottes) und damit als neue Perspektive für das immer von Normen bestimmte gemeinsame Leben.
– Die Vorbereitung auf die Erlösung durch eine *Tugendethik*.
– Der *Glaube*, nicht als Tugend, sondern als widerfahrende fundamentale Ausrichtung des Lebens (und damit auch des Verhaltens) der Christen.
– Die Erkenntnis Gottes des *Gebieters* zugleich als Kritik und Befreiung der sich in ihren Widersprüchen verstrickenden Autonomie.
Am Ende des 20. Jh.s steht die philosophische Ethik unter dem Eindruck der sich of-

fensichtlich dem Ende zuneigenden analytischen Moralphilosophie, aus der sich höchst unterschiedliche Konsequenzen ergeben (s.o. S. 72). Daneben finden sich inhaltliche Ansätze, die sich v.a. auf das Mitleid (im Anschluß an *Arthur Schopenhauer*, aber auch *Albert Schweitzer*) beziehen (vgl. *W. Schulz, W. Marx* u.a.). Die *katholische Moraltheologie* kennt einen die Autonomie und einen die Theonomie betonenden Flügel. Einige ihrer Vertreter versuchen, den neuzeitlichen Gedanken der Autonomie in eine transzendentale Gotteslehre einzubeziehen: Gott gilt als der in jedem Akt des Menschen mitgesetzte Grund der Freiheit.
Auch die evangelische Ethik fällt in ähnliche Flügel auseinander, die übrigens auch politischen und kirchenpolitischen Orientierungen folgen: hier Barmen, dort Volkskirche, hier Wort Gottes, dort Freiheit und Autonomie. Dabei drängt sich die Frage auf, ob dem appellativen Stil bestimmter Ansätze christologischer Ethik, die sich von ihrem ursprünglichen Anliegen entfernt, nicht eine Ethik der Autonomie entspricht, die die Freiheit eher beschwört, statt sie in der realen Geschichte nachzuweisen. Dabei drängen materiale Themen über den oft formalen Rahmen der Grundlagendiskussion hinaus – heute v.a. der Friede einschließlich der weltweiten Gerechtigkeit, die Rolle der Frauen (bzw. beider Geschlechter) und die Bewahrung einer lebenswerten Umwelt. Die Anfragen der *Befreiungstheologie* betreffen manchmal weniger die Grundlagenfragen als die Vermittlung ethischer Einsichten (z.B. des Freiheits-, des Reich-Gottes- und des Kirchenverständnisses) im Blick auf die drängendsten gesellschaftlichen Probleme.

## 5.3 Vertiefung

### 5.3.1 Literatur zur Vertiefung ethischer Kenntnisse im Blick auf Bibel und Reformation

Neben den historischen Grundlagen der Ethik und ihren wichtigsten Begriffen gilt es, die Kenntnisse der für die evangelische Ethik entscheidenden Bereiche und Epochen zu erweitern:
a) des biblischen, vor allem des neutestamentlichen Ethos,
b) der reformatorischen Grundentscheidungen und
c) zumindest eines aktuellen Entwurfs der jüngeren Zeit.
Dem dritten Gesichtspunkt versucht der Anhang (s.u. Kap. 17) zu genügen. Darum werden hier lediglich Hinweise auf die beiden ersten gegeben.

a) Eine umfassende, Ethnologie, Rechtsgeschichte, Institutionenlehre usw. einbeziehende Geschichte der ethischen Ansätze in den *alttestamentlichen Traditionen* fehlt leider. Das ist um so überraschender, als sich entsprechende Veröffentlichungen im Gebiet des Neuen Testaments häufen. Vielleicht liegt dieser Mangel auch an den bevorzugten Fragestellungen jener, die sich mit ethischen Themen befassen. Die soziale und institutionelle Einbindung von Normen tritt im Alten Testament wesentlich deutlicher hervor; es könnte die immer noch zu verspürenden Einseitigkeiten der Existenztheologie korrigieren. Zwei Einführungen sind älteren Datums und entsprechen nicht mehr unseren Fragestellungen:
*Hempel, J.*: Das Ethos des Alten Testaments, Berlin ²1964 (BZAW 68).
*Oyen, H. van*: Ethik des Alten Testaments, Gütersloh 1967.

*Alts* Anstoß hat zu einer Fülle von Untersuchungen des altisraelitischen Rechts geführt. Die von Alt, *Mowinckel, Noth, von Rad* u.a. vertretene These vom pansakralen Stadium der Rechts-

und Institutionenbildung in Israel läßt sich heute nicht mehr halten. Gesichtspunkte der Gegenseitigkeit (talio) und die Tatsache, daß ›primitive‹ Gesellschaften über nur wenige Alternativen verfügen, drängten zur unmittelbaren Anwendung und Konkretisierung des Rechts. In vielen Fällen wurde es wohl erst sekundär theologisch legitimiert. Vielleicht treten damit überhaupt erste ethische Perspektiven hervor: Um Jahwes willen war etwas bewußt zu tun und nicht allein um des Bestandes einer Gemeinschaft oder eines Gesellschaftssegments willen, was sich als Überlebensfrage geradezu von selbst empfahl.
Vgl. dazu:
*Alt, A.:* Die Ursprünge des israelitischen Rechts, in: *Ders.:* Kleine Schriften zur Geschichte des Volkes Israel, Bd. 1, München $^{4}$1977, S. 278-332.
*Boecker, H.J.:* Recht und Gesetz im Alten Testament und im Alten Orient, Neukirchen-Vluyn $^{2}$1984 (NStB 10).
*Gerstenberger, E.:* Wesen und Herkunft des ›apodiktischen Rechts‹, Neukirchen-Vluyn 1965 (WMANT 20).
*Horst, F.:* Gottes Recht. Gesammelte Studien zum Recht im Alten Testament, München 1961 (TB 12).
*Liedke, G.:* Gestalt und Bezeichnung alttestamentlicher Rechtssätze, Neukirchen-Vluyn 1971.
*Schottroff, W.:* Zum alttestamentlichen Recht, VuF 22 (1977), Heft 1, S. 3-29.

Unter den Gebotssätzen haben die leicht zu memorierenden Kataloge besondere Aufmerksamkeit gefunden, der *Dekalog* (Ex 20,2-17; Dtn 5,6-21) mehr als die Torliturgien (Ps 15; Ps 24,3-6; Jes 33,14-16). Als Zusammenfassung einer Gemeindeethik spielt er in den Katechismen eine bedeutende Rolle. Aber in der Regel erscheint sein Text umgearbeitet; die geschichtlichen Erinnerungen Israels sind nur in reformierten Katechismen aufbewahrt. Da der Dekalog der Kirche als geoffenbarte Wiedererinnerung des Naturrechts galt, wurden v.a. der Vorspruch und das Sabbat-Heiligungs-Gebot entsprechend umformuliert. Um so wichtiger ist die Aufgabe, seinen ursprünglichen Sinn und seine Begründung aus seinem Kontext (Sinaigeschehen) zu erheben.
Vgl. dazu u.a.:
*Gese, H.:* Der Dekalog als Ganzheit betrachtet, in: *Ders.:* Vom Sinai zum Zion, München 1974, S. 63-80.
*Hossfeld, F.-L.:* Der Dekalog. Seine späten Fassungen, die originale Komposition und seine Vorstufen, Göttingen 1982.
*Noth, M.:* Die Gesetze im Pentateuch. Ihre Voraussetzungen und ihr Sinn, in: *Ders.:* Gesammelte Studien zum Alten Testament, München $^{2}$1960 (TB 6), S. 9-141.
*Schmidt, W.H.:* Überlieferungsgeschichtliche Erwägungen zur Komposition des Dekalogs, VTS 22 (1972), S. 201-220.
*Stamm, J.J.:* Der Dekalog im Lichte der neueren Forschung, Bern u.a. $^{2}$1962.

Die intensive Forschung an *einzelnen Geboten* hat gezeigt, daß sie oft einen anderen Sinn hatten, als wir ihnen heute zulegen. Z.B. wollte das fünfte Gebot sicherstellen, daß alte, arbeitsunfähige Eltern von den Kindern versorgt werden, nicht aber den Gehorsam des kleinen Kindes einschärfen. Daraus folgt, daß bloßes Zitieren biblischer Gebotssätze nicht genügt. Wer sich auf sie beruft, impliziert mit seiner Berufung eine theologische Hermeneutik und eine ethische Theorie (oder zumindest eine Begründung, warum das Gebot heute in einem andern Sinn verpflichtet).
Beispiele:
*Albertz, R.:* Hintergrund und Bedeutung des Elterngebots im Dekalog, ZAW 90 (1978), S. 348-374.
*Alt, A.:* Das Verbot des Diebstahls im Dekalog, in: *Ders.:* Kleine Schriften . . ., Bd. 1, München $^{4}$1968, S. 333-340.
*Bernhardt, K.-H.:* Gott und Bild. Ein Beitrag zur Begründung und Deutung des Bilderverbots im Alten Testament, Berlin 1956.
*Knierim, R.:* Das erste Gebot, ZAW 77 (1965), S. 20-39.
*Lang, B.:* »Du sollst nicht nach der Frau eines anderen verlangen«. Eine neue Deutung des 9. und 10. Gebots, ZAW 93 (1981), S. 216-224.

*Link, Ch.:* Das Bilderverbot als Kriterium theologischen Redens von Gott, ZThK 74 (1977), S. 58-84.

Besonderes Gewicht in der theologischen Ethik haben alttestamentliche Aussagen, die den Sinn und das Verhältnis von *Gerechtigkeit* und *Liebe* betreffen. Dabei zeigt sich, daß Gerechtigkeit weit über die von Aristoteles festgestellte Bedeutung einer nach Kriterien zuteilenden und einer durch Strafe oder Entgelt ausgleichenden Gerechtigkeit hinausgeht. Gottes Gerechtigkeit stellt die Bedingungen zu einem Leben her, das sich in der Beziehung zu Gott und Mitmenschen erfüllt. Sie sucht nach einem Recht unter Menschen, das gerade dem Schwachen Leben ermöglicht. Zwar rückt Gerechtigkeit in diesem Sinn der Liebe näher, aber erreicht nicht die ungeschuldete Liebe, die sich die Gegenseitigkeit nicht vorher sichert.
*Crüsemann, F.:* Jahwes Gerechtigkeit (ṣ$^{e}$daqā / ṣædæq) im Alten Testament, EvTh 36 (1976), S. 427-450.
*Kaiser, O.:* Dike und Sedaqa. Zur Frage nach der sittlichen Weltordnung, NZSTh 7 (1965), S. 251-273.
*Koch, K.:* ṢDQ im Alten Testament. Eine traditionsgeschichtliche Untersuchung, Diss. Heidelberg 1953.
*Mathys, H.-P.:* Liebe deinen Nächsten wie dich selbst, Freiburg/Schweiz u.a. 1986 (OBO 71).
*Michel, D.:* Begriffsuntersuchung über ṣädäq – ṣ$^{e}$daqa und $^{'a}$mät – $^{'a}$muna, Habilitationsschrift Heidelberg 1964.
*Rad, G. von:* ›Gerechtigkeit‹ und ›Leben‹ in der Kultsprache der Psalmen, in: *Ders.:* Gesammelte Studien zum Alten Testament, München $^{3}$1965 (TB 8), S. 225-247.
*Ders.:* Bruder und Nächster im Alten Testament, in: *Ders.:* Gottes Wirken in Israel, Neukirchen-Vluyn 1974, S. 238-249.
*Reventlow, H. Graf:* Der Eifer um Recht und Gerechtigkeit im Alten Testament, in: Die Verantwortung der Kirche in der Gesellschaft, Stuttgart 1973, S. 57-84.
*Schmid, H.H.:* Gerechtigkeit als Weltordnung, Tübingen 1968 (BHTh 40).

Wichtige ethische und rechtliche Aspekte der *Lebensgemeinschaft der Menschen* bzw. der ganzen *Schöpfung* zeigen anhand beider Testamente:
*Steck, O.H.:* Welt und Umwelt, Stuttgart u.a. 1978.
*Würthwein, E.* und *Merk, O.:* Verantwortung, Stuttgart u.a. 1982.

Die *›Ethik‹ des Neuen Testaments* (besser wäre von Zeugnissen neutestamentlichen Ethos' zu sprechen) wurde viel umfassender bearbeitet, so daß sich ausführlichere Hinweise erübrigen. Vier Darstellungen aus neuerer Zeit ragen heraus; sie gehen von einem historischen Abriß aus und versuchen, in dem Material eine systematische Linie zu finden:
*Becker, J.:* Das Problem der Schriftgemäßheit der Ethik, in: HCE, Bd. 1, S. 243-269.
*Lohse, E.:* Theologische Ethik des Neuen Testaments, Stuttgart 1988 (Theol. Wissenschaft 5, 2).
*Marxsen, W.:* »Christliche« und christliche Ethik im Neuen Testament, Gütersloh 1989.
*Schrage, W.:* Ethik des Neuen Testaments, Göttingen $^{5}$1989 (NTD Erg.-Reihe 4). (Vgl. auch seinen Artikel ›Ethik IV‹, in: TRE, Bd. 10, S. 435-462.)
*Schulz, S.:* Neutestamentliche Ethik, Zürich 1987 (Zürcher Grundrisse zur Bibel).

Dabei gehen die Darstellungen vom *vorösterlichen Jesus* aus. Für sie steht fest, daß Jesu Gesetzeskritik durch seine Verkündigung des nahenden Reiches Gottes begründet ist. In den nächsten beiden Generationen setzt sich die Grunderkenntnis von Gottes heilsgeschichtlicher Zuwendung zu den Menschen mit der veränderten Eschatologie auseinander. Während Jesu ›Ethik‹ schwerlich zu systematisieren ist, drängt bei *Paulus* das Liebesgebot in die Mitte; die Generation nach ihm ist vor allem mit der Institutionalisierung von Normen befaßt. Mit hermeneutischen Überlegungen (wie neutestamentliche ethische Aussagen in unsere Zeit zu transferieren seien) gehen die genannten Darstellungen sparsam um. Im Gespräch zwischen Exegese und Moraltheologie greifen katholische Autoren diese Frage auf:
*Hoffmann, P.* und Eid, V.: Jesus von Nazareth und eine christliche Moral, Freiburg, Br. $^{3}$1979 (QD 66).

*Merklein, H.:* Die Gottesherrschaft als Handlungsprinzip. Untersuchungen zur Ethik Jesu, Würzburg 1978 (fzb).
Zu Paulus:
*Merk, O.:* Handeln aus Glauben. Die Motivierung der paulinischen Ethik, Marburg 1968 (MThSt 5).
Einen Überblick über die neuere Diskussion bieten:
*Bald, H.:* Eschatologische oder theozentrische Ethik?, VF 24/1 (1979), S. 35-52.
*Rebell, W.:* Neutestamentliche Ethik – Anmerkungen zum gegenwärtigen Diskussionsstand, ZEE 32 (1988), S. 143-151.
Bewußt auf unsere Zeit zielt die *sozialgeschichtliche Bibelauslegung*, die vor allem an den Themen der Armen und der Institutionenkritik interessiert ist. Manchmal fehlt ihr die gründliche Reflexion auf die soziologischen oder politologischen Grundbegriffe, die sie verwendet, zum Beispiel »die Armen« oder »der Staat«. Über die Bedingungen der Anwendung der so aktuell gemeinten Auslegungen muß der Ethiker noch gesondert nachdenken. Als Beispiele seien genannt:
*Schottroff, L.* und *Stegemann, W.:* Jesus von Nazareth – Hoffnung der Armen, Stuttgart [2]1981.
*Theißen, G.:* Soziologie der Jesusbewegung, München [2]1978 (TEH 194).
*Wengst, K.:* PAX ROMANA. Anspruch und Wirklichkeit. Erfahrungen und Wahrnehmungen des Friedens bei Jesus und im Urchristentum, München 1986.

b) Die evangelische Ethik kann es sich eigentlich nicht leisten, im Viersprung Jesus-Paulus-Luther-Gegenwart die Geschichte der Ethik zu bewältigen. Darum versuchte das fünfte Kapitel einen Überblick. Die *reformatorischen Grundentscheidungen* sind gerade in diesem Zusammenhang wichtig.
Als Grundlagen sollten jedem Theologen vertraut sein:
*Luther, M.:* Von den guten Werken (1520), in: WA 6, S. 196-276.
*Ders.:* Von der Freiheit eines Christenmenschen (1520), in: WA 7, S. 20-38.
*Ders.:* Von weltlicher Obrigkeit, wie weit man ihr Gehorsam schuldig sei (1523), in: WA 11, S. 245-281.
*Ders.:* Wochenpredigten über Mt 5-7 (1530/32), in: WA 32, S. 299-544.
*Melanchthon, Ph.:* Loci communes rerum theologicarum seu Hypotyposes theologicae (1521), in: Studienausgabe, Bd. 2,1, S. 15ff.
*Calvin, J.:* Institutio Christianae Religionis, v.a. II,7 und IV,20 (= Unterricht in der christlichen Religion. Nach der letzten Ausgabe übers. u. eingel. v. O. Weber, Neukirchen-Vluyn [5]1988).

Die Problemkreise *Glaube – Werk, Rechtfertigung – Heiligung, Gerechtigkeit Gottes – Gerechtigkeit der Menschen, Gesetz – Evangelium, Reich Gottes – Reich der Welt* vor allem im Werk Luthers werden in kaum noch zu überblickender Sekundärliteratur dargestellt. Ihre Akzente sollen zumindest erwähnt werden:
- Gewissensreligion Luthers (*K. Holl* und seine Schule, die eine weite Distanz zur politischen Ethik sucht),
- Luther als Deuter der menschlichen Existenz in den Kategorien ›Gesetz und Evangelium‹ (*G. Ebeling*),
- Luther als auf Gottes Wort ausgerichteter Theologe, der in der kritischen Unterscheidung der Regimente doch die Verantwortung für die Institutionen sucht *(E. Wolf)*.

Angesichts der politischen Abstinenz des größeren Teils der Luther-Deutungen nimmt es nicht wunder, daß Zwingli und Calvin immer wieder als die ethisch und politisch Engagierteren erscheinen, ja, daß der Verdacht laut werden kann, heutige Kirchenpolitik habe sie mit einem bestimmten Verständnis verbunden.
Einige Interpretationen sollen ohne Rücksicht auf ihre Tendenz aufgeführt werden:
*Althaus, P.:* Die Ethik Martin Luthers, Gütersloh 1965.
*Duchrow, U.:* Christenheit und Weltverantwortung. Traditionsgeschichte und systematische Struktur der Zweireichelehre, Stuttgart 1970.
*Fast, H.* (Hg.): Der linke Flügel der Reformation. Glaubenszeugnisse der Täufer, Spiritualisten, Schwärmer und Antitrinitarier, Bremen 1962.

*Gäbler, U.:* Huldrych Zwingli. Eine Einführung in sein Leben und Werk, München 1983.
*Hamm, B.:* Zwinglis Reformation der Freiheit, Neukirchen-Vluyn 1988.
*Joest, W.:* Gesetz und Freiheit, Göttingen [4]1968.
*Neuser, W.H.:* Calvin, Berlin 1971.
*Scharffenorth, G.:* Den Glauben ins Leben ziehen ... Studien zu Luthers Theologie, München 1982.
*Scholl, H.:* Reformation und Politik. Politische Ethik bei Luther, Calvin und den Frühhugenotten, Stuttgart u.a. 1976.
*Schrey, H.H.* (Hg.): Reich Gottes und Welt. Die Lehre Luthers von den zwei Reichen, Darmstadt 1969.
*Sperl, A.:* Melanchthon zwischen Humanismus und Reformation, München 1959.
*Wendel, F.:* Calvin. Ursprung und Entwicklung seiner Theologie, Neukirchen-Vluyn 1968.
*Wingren, G.:* Luthers Lehre vom Beruf, München 1952.
*Wolf, E.:* Zur Frage des Naturrechts bei Thomas von Aquin und bei Luther, in: *Ders.:* Peregrinatio, Bd. 1, München [2]1962, S. 183ff.

## 5.3.2 Weitere Literaturhinweise

a) Zur Geschichte der Ethik:

*Dilthey, W.:* Weltanschauung und Analyse des Menschen seit Renaissance und Reformation, in: *Ders.:* Gesammelte Schriften, Bd. II, Stuttgart u.a. 1957.
*Frey, Chr.* (unter Mitarbeit von *M. Hoffmann*): Die Ethik des Protestantismus von der Reformation bis zur Gegenwart, Gütersloh 1989.
*Gass, W.:* Geschichte der christlichen Ethik. Bd. 1: Bis zur Reformation, Berlin 1881; Bd. 2,1: 16. und 17. Jahrhundert, Berlin 1886; Bd. 2,2: 18. und 19. Jahrhundert, Berlin 1887.
*Hirsch, E.:* Geschichte der neueren evangelischen Theologie im Zusammenhang mit den allgemeinen Bewegungen des europäischen Denkens, Bd. 1-5, Gütersloh [2]1960.
*Luthardt, E.:* Geschichte der christlichen Ethik, Bd. 1-2, Leipzig 1888-1893.
*MacIntyre, A.:* A Short History of Ethics, London 1967.
*Troeltsch, E.:* Die Soziallehren der christlichen Kirchen und Gruppen, in: *Ders.:* Gesammelte Schriften, Bd. 1, Tübingen [3]1923.

b) Zu 5.2.1:

*Düring, J.:* Aristoteles. Darstellung und Interpretation seines Denkens, Heidelberg 1966.
*Gadamer, H.-G.:* Platos dialektische Ethik und andere Studien zur platonischen Philosophie, Hamburg 1968.
*Hager, F.P.* (Hg.): Ethik und Politik des Aristoteles, Darmstadt 1972 (WdF 208).
*Höffe, O.:* Praktische Philosophie – Das Modell des Aristoteles, München/Salzburg 1971 (Epimeleia 18).
*Pohlenz, M.:* Die Stoa. Geschichte einer geistigen Bewegung, Bd. 1 und 2, Göttingen [4]1970-1972.
*Ross, W.D.:* Aristotle, London [5]1949.
*Schwartz, E.:* Ethik der Griechen, hg. v. W. Richter, Stuttgart 1951.

c) Zu 5.2.3:

*Dihle, A.:* Die Goldene Regel, Göttingen 1962 (Studienhefte zur Altertumswissenschaft 7).

d) Zu 5.2.5:

*Dempf, A.:* Ethik des Mittelalters, München/Wien 1927.
*Dihle, A.:* Art. ›Ethik‹, in: RAC, Bd. 6, Sp. 646-796.
*Kluxen, W.:* Philosophische Ethik bei Thomas von Aquin, Mainz 1964.
*Kühn, U.:* Via caritatis. Theologie des Gesetzes bei Thomas von Aquin, Göttingen 1965 (Kirche und Konfession 9).

*Merks, K.-W.:* Theologische Grundlegung der sittlichen Autonomie, Düsseldorf 1978 (MThSt. S 5).
*Osborn, E.:* Ethical Patterns in Early Christian Thought, Cambridge u.a. 1976.

e) Zu 5.2.7:
*Acton, H.B.:* Kant's Moral Philosophy, London 1970.
*Birkner, H.J.:* Schleiermachers christliche Sittenlehre, Berlin 1964.
*Calixt, G.:* Werke in Auswahl, Bd. 1-4, hg. v. I. Mager, Göttingen 1970ff.
*Eisenstadt, S.N.:* Die protestantische Ethik und der Geist des Kapitalismus, Opladen 1971.
*Elert, W.:* Morphologie des Luthertums, Bd. 1-2, München 1958.
*Hobbes, Th.:* Leviathan oder Stoff, Form und Gestalt eines bürgerlichen und kirchlichen Staates, hg. v. I. Fetscher, Neuwied u.a. 1966.
*Lessing, G.E.:* Die Erziehung des Menschengeschlechts, hg. v. L.F. Helbig, Bern 1980.
*Miller, M.:* Der Übergang. Schleiermachers Theologie des Reiches Gottes im Zusammenhang seines Gesamtdenkens, Gütersloh 1970.
*Schleiermacher, F.D.E.:* Ethik (1812/13), hg. v. H.-J. Birkner, Hamburg 1981.
*Ders.:* Grundlinien einer Kritik der bisherigen Sittenlehre (1846), in: *Ders.:* Werke, Bd. 1, S. 1ff.
*Smith, A.:* The Theory of Moral Sentiments, in: The Works of Adam Smith, hg. v. D. Steward, Vol. 1, London 1811ff.
*Staedtke, J.:* Demokratische Traditionen im westlichen Protestantismus, in: *Strohm, Th. u.a.* (Hg.): Kirche und moderne Demokratie, Darmstadt 1973, S. 346ff.
*Steinvorth, U.:* Stationen der politischen Theorie, Stuttgart 1981.

f) Zu 5.2.8:
*von Harless, G.Ch.A.:* Christliche Ethik, Stuttgart $^{6}$1864.
*Herrmann, W.:* Der Verkehr des Christen mit Gott, Tübingen $^{7}$1921.
*Ders.:* Ethik, Tübingen $^{3}$1904.
*Ders.:* Schriften zur Grundlegung der Theologie, hg. v. P. Fischer-Appelt u.a., München 1966ff.
*Ritschl, A.:* Die christliche Lehre von der Rechtfertigung und Versöhnung, Bd. 1-3, Bonn $^{3}$1888ff.
*Rothe, R.:* Theologische Ethik, Bd. 1-5, Wittenberg $^{2}$1867ff.
*Troeltsch, E.:* Grundprobleme der Ethik, in: *Ders.:* Ges. Schriften, Bd. 2, Tübingen $^{2}$1922, S. 552-672.

g) Zu 5.2.9:
*Barth, K.:* Der Römerbrief (Erste Fassung 1919), in: Karl Barth. Gesamtausgabe (im folgenden abgekürzt: GS), II. Akademische Werke, hg. v. H. Stoevesand, Zürich 1985.
*Ders.:* Der Römerbrief, 13. Abdruck der neuen Bearbeitung, Zürich 1989.
*Ders.:* Die Kirchliche Dogmatik, Bd. I-IV,4, Zürich 1932ff.
*Ders.:* Ethik I (1928), in: GS, II. Akademische Werke, hg. v. D. Braun, Zürich 1973.
*Ders.:* Ethik II (1928), in: GS, II. Akademische Werke, hg. v. D. Braun, Zürich 1978.
*Ders.:* Evangelium und Gesetz, München 1961 (TEH 50).
*Ders.:* Rechtfertigung und Recht. Christengemeinde und Bürgergemeinde, Zürich 1970 (ThSt 104).
*Bethge, E.:* Dietrich Bonhoeffer. Theologe – Christ – Zeitgenosse, München $^{6}$1986.
*Bonhoeffer, D.:* Ethik, München $^{12}$1988 (Kaiser Tb. 34).
*Ders.:* Nachfolge, München 1989 (DBW, Bd. 4) und $^{17}$1988 (Kaiser Tb. 10).
*Ders.:* Widerstand und Ergebung. Briefe und Aufzeichnungen aus der Haft, hg. v. E. Bethge, Gütersloh $^{13}$1985 (GTB 1) und München $^{3}$1985.
*Brakelmann, G.:* Die soziale Frage des 19. Jahrhunderts, Bielefeld $^{7}$1981.
*Bultmann, R.:* Das Problem der Ethik bei Paulus, ZNW 23 (1924), S. 123ff.
*Ders.:* Das christliche Gebot der Nächstenliebe, in: *Ders.:* Glauben und Verstehen (im folgenden abgekürzt: GuV), Bd. 1, Tübingen $^{4}$1961, S. 229ff.
*Ders.:* Die Bedeutung des Gedankens der Freiheit für die abendländische Kultur, in: GuV, Bd. 2, Tübingen $^{3}$1961, S. 274ff.
*Ders.:* Gedanken über die gegenwärtige theologische Situation, in: GuV, Bd. 3, Tübingen $^{2}$1962, S. 190ff.

*Ders.:* Formen menschlicher Gemeinschaft, in: GuV, Bd. 2, Tübingen [3]1961, S. 262ff.
*Ders.:* Humanismus und Christentum, in: ebd., S. 133ff.
*Ders.:* Theologie des Neuen Testaments. Durchges. u. erg. v. O. Merk, Tübingen [9]1984.
*Dannemann, U.:* Theologie und Politik im Denken Karl Barths, München u.a. 1977.
*Deresch, W.* (Hg.): Der Glaube der religiösen Sozialisten, Hamburg 1972.
*Elert, W.:* Das christliche Ethos, Hamburg [2]1961.
*Gogarten, F.:* Politische Ethik, Jena 1932.
*Ders.:* Verhängnis und Hoffnung der Neuzeit, Stuttgart [2]1958.
*Herr, Th.:* Zur Frage nach dem Naturrecht im deutschen Protestantismus der Gegenwart, München u.a. 1972.
*Marquardt, F.-W.:* Theologie und Sozialismus. Das Beispiel Karl Barths, München 1972.
*Niebuhr, R.:* An Interpretation of Christian Ethics, New York 1935.
*Ders.:* Moral Man and Immoral Society. A Study in Ethics and Politics, London 1963.
*Ders.:* The Nature and Destiny of Man, Bd. 1-2, London 1942ff.
*Shanahan, W.O.:* Der deutsche Protestantismus. 1815-1871, München 1962.
*Tillich, P.:* Christentum und soziale Gestaltung. Frühe Schriften des religiösen Sozialismus, in: *Ders.:* Gesammelte Werke, hg. v. R. Albrecht, Bd. 2, Stuttgart 1962.
*Ders.:* Das religiöse Fundament des moralischen Handelns. Schriften zur Ethik und zum Menschenbild, in: *Ders.:* Gesammelte Werke, hg. v. R. Albrecht, Bd. 3, Stuttgart 1965.
*Tödt, H.E.:* Dietrich Bonhoeffers ökumenische Friedensethik, in: *Pfeiffer, H.* (Hg.): Frieden – das unumgängliche Wagnis, München 1982 (IBF 5), S. 85ff.
*Ders.:* Rudolf Bultmanns Ethik der Existenztheologie, Gütersloh 1978.

h) Zu 5.2.10:
*Boff, L.:* Die Neuentdeckung der Kirche, Mainz [2]1980.
*Miguez-Bonino, J.:* Theologie im Kontext der Befreiung, Göttingen 1977.
*Moderow, H.M.* und *Sens, M.:* Orientierung Ökumene, Berlin/DDR 1979.

# 6
# Die christologische Grundlegung der Ethik – eine Antwort auf das Scheitern des Projekts der Aufklärung

## 6.1
## Einführung

Zwischen dem *biblischen Fundament* des Glaubens (die ethischen Aussagen eingeschlossen) und unserer *sittlichen Orientierung heute* klafft eine Lücke, öffnet sich ein »garstiger Graben«. In ethischen Stellungnahmen von Kirchen, von Gemeinden, Gruppen oder einzelnen Christen wirken biblische Aussagen oft wie ein bloßes Motto oder ein angefügter Zierrat. Könnten nicht außerchristliche Stimmen ohne biblischen Rückverweis zu demselben Ergebnis kommen? Haben sich Gremien oder Einzelpersonen vor der Öffentlichkeit der (geringer werdenden) Autorität der Bibel bedient, sie nur zur Legitimation mißbraucht? Die erste der Fragen zielt auf das *Universalisierbarkeits*argument, das später zu behandeln ist (s.u. S. 205), die zweite nimmt die *Ideologie*debatte auf und schärft das kritische Anliegen der Rechtfertigungslehre ein: Wer aus Gottes Zuwendung lebt, darf Aussagen der biblischen Botschaft nicht zur eigennützigen Rechtfertigung vor den Mitmenschen verwenden.

Das Problem des Abstands zum biblischen Zeugnis wird meist als das Problem einer theologischen *Hermeneutik* verhandelt. Der Begriff der Hermeneutik ist jedoch mit Problemen beladen: Im 19. Jh. wandelte sich die Bedeutung der Hermeneutik von der »Kunst der Auslegung« zur »Lehre vom Verstehen geschichtlichen Sinns«; im 20. Jh. bezog er in besonderer Weise das *menschliche Selbstverständnis* ein; dieses legt sich in Texten aus (oder auch in sie hinein?). Deshalb konnten »Gesetz« und »Evangelium« in einer neueren lutherischen Theologie zu Chiffren menschlicher Existenzweisen werden. Als Fundament des theologischen Verständnisses des Glaubens sollen sie den Zusammenhang mit dem biblischen Zeugnis herstellen.

Allerdings entschlüsseln Texte nicht nur die zunächst nur auf sich selbst bezogene Existenz, sondern auch *Strukturen einer möglichen Welt.* Diese ist nicht ein Entwurf eines spekulativen Geistes, sondern kann für gesellschaftliches Handeln in hohem Maße Folgen haben. Ein die Ethik betreffender Weltentwurf kam bereits zur Sprache: (a) Solange die von Aristoteles übernommene *Teleologie* (Zielstruktur der Welt) galt, konnten und sollten sich die Menschen in deren Ordnungen einfügen. In diesem Rahmen gewann die Bibel ohne größere Schwierigkeiten Geltung: Was sie Schöpfung nannte, war zumindest in Umrissen allen Menschen kraft ihrer geschaffenen Natur und der ihr einwohnenden Ziele deutlich. Die göttliche Offenbarung mußte die Erkenntnis der allgemeinen sittlichen Ordnung dann neu einschärfen, wenn sie dem natürlichen Verständnis durch die Sünde dunkel geworden war. (b) Die neuzeitliche Autonomie hingegen schränkte den einstmals objektiven Zweckcharakter der Welt insgesamt auf den *Menschen* als *Zweck* – als Träger einer Würde – ein und ließ die empirische Welt außer ihm zum Feld menschlicher Zielprojektionen werden. Noch konnte die Freiheit der Autonomie mit der ›Freiheit des Christenmenschen‹ und indirekt mit biblischen Gesichtspunkten identifiziert werden. Dieser Ansatz der Ethik in der Vernunft scheitert spätestens heute an der von menschlichen Zielsetzungen und

ihren Folgen verunstalteten Welt, die auch die Würde des Menschenlebens, nicht Mittel, sondern sein eigener Zweck zu sein, gefährdet.
Damit sind auch zwei Ansätze christlicher Ethik gefährdet, die mit Hilfe eines anthropologischen Kontinuums an biblische Aussagen anknüpfen wollen; in beiden Fällen wird die Offenbarung als Ergänzung oder Überhöhung der von vornherein gegebenen (der natürlichen oder allgemeinen) Erkenntnis verstanden. Der oft mißverstandene *christologische Ansatz* (s.o. S. 94ff) will gerade die Voraussetzungen klären, unter denen sich eine bestimmte Wirklichkeitsauffassung mit einer bestimmten Ethik verbindet. Dabei geht es um *grundlegende Perspektiven* für beide; diese sind nicht a priori gegeben, sondern im sozialen Zusammenhang zu erschließen. Die Kirche bzw. die Gemeinde in ihrer jeweiligen Gesellschaft gewinnt dabei besondere Bedeutung.

## 6.2 Entfaltung: Das Scheitern des moralischen Menschen und des Fortschrittsgedankens (Die Umwertung aller Werte)

Auch das in diesem Kapitel anstehende Problem soll nicht im allgemeinen erörtert, sondern anhand eines Schwerpunktthemas verhandelt werden. Es betrifft das Denken *Nietzsches,* das vielfach verkürzt wurde, sei es im Sinne vitalistischer Lebensphilosophie, als Vorbereitung des Faschismus oder als Nihilismus. Einige seiner Aussagen sollen in Verbindung mit neueren Interpretationen zentrale Herausforderungen an eine christliche Ethik markieren. Sie lassen sich in der *Botschaft vom Tode Gottes* entschlüsseln und werden auch am Gehalt der viel mißbrauchten Formel des »Willens zur Macht« nicht vorbeigehen.

Nachdem Nietzsches Werke unter dem Einfluß seiner Schwester zunächst unsachgemäß ediert wurden, liegt nun eine kritische Ausgabe, auch in Form einer Studienausgabe, vor: Sämtliche Werke, hg. v. G. Colli u. M. Montinari, 15 Bde., München u.a. 1980 (im folgenden: KSA). Über verschiedene Interpretationen informiert: Nietzsche, hg. v. J. Salaquarda, Darmstadt 1980 (Wege der Forschung 521).

### 6.2.1 Der Tod Gottes und das Entschwinden des Ziels aller Geschichte

In der Theologie ist vor allem Nietzsches Aussage vom Tod Gottes bekannt geworden: »Der tolle Mensch« verkündet ihn in der ›Fröhlichen Wissenschaft‹.

Vom Tod Gottes sprach zum erstenmal indirekt der französische Mathematiker, Philosoph und Theologe *Pascal* (1623-1662) – ein wahrhaft moderner Mensch – als er mit Schaudern in eine Welt ohne Maß schaute und in ihr keinen festen Halt fand: »Denn, was ist zum Schluß der Mensch in der Natur? Ein Nichts vor dem Unendlichen, ein All gegenüber dem Nichts, eine Mitte zwischen Nichts und All« (Pensées 72). Die zum Arbeitsfeld des Menschen degradierte Natur offenbart also von sich aus keinen Gott mehr. »Was mich angeht, so gestehe ich, daß, sobald die christliche Religion diesen Grundsatz enthüllt, daß die Natur des Menschen verdorben und er von Gott verstoßen sei, die Augen geöffnet sind, um die Zeichen dieser Wahrheit überall zu sehen; denn die Natur ist derart, daß sie überall sowohl im Menschen als außerhalb des Menschen auf einen verlorenen Gott hinweist und auf eine verderbte Natur« (Pensées 441; deutsch: Über die Religion [Pensées], Heidelberg [7]1972). An diese berühmten Gedanken erinnert *Hegel* am Ende seiner Schrift ›Glauben und Wissen‹ und gesteht »... das Gefühl: Gott selbst ist tot« (ThWA, Bd. 2, S. 432). Hegel versteht den Pascalschen Ansatz so: Wenn der neuzeitliche Mensch in der durch ihn gestalteten Welt nach ewiger Wahrheit sucht, kann er sie nicht mehr an unverbrüchlichen Zielen, die in der Natur selbst liegen, festmachen. Keine Naturordnung, keine Naturschönheit verrät von sich aus etwas von Gott.

Eine fragmentarische Aussage des späten *Nietzsche* bekennt im Rückblick auf seine Jugend: »Über das Verhältnis der Kunst zur Wahrheit bin ich am frühesten ernst geworden« (KSA, Bd. 13, S. 500). Diese Aussage läßt sich interpretierend ausweiten: Im Christentum zerbricht die Harmonie von *Schönheit* (der Kunst) und *Wahrheit* (der Erkenntnis der Strukturen der Welt). Denn der Gekreuzigte (kein Gott der schönen Erscheinung wie im Griechentum) beansprucht durch das Evangelium, die Wahrheit Gottes zu bringen.
Damit widerspricht der Gekreuzigte jenen Gottesideen, die selbst im evangelischen Kirchengesangbuch laut werden:

> »Gott ist das Größte, das Schönste und Beste.
> Gott ist das Süß'te und Allergewißte,
> aus allen Schätzen der edelste Hort«
> (Paul Gerhardt, EKG 346,10).

Mit dem Gekreuzigten wird die *Wahrheit* zum *Anstoß* und die *Schönheit* der *Kunst* zum bloßen *Schein.* Sie reproduziert nicht mehr das von Göttern in die Welt gelegte Maß. Nietzsche scheint das Geschick der Neuzeit am Ärgernis des Gekreuzigten bestätigt zu sehen: Er selbst zerbricht am Zerfall einer Welt, deren Einheit einst durch Ordnung, Schönheit und Wahrheit verbürgt schien. Denn das *mittelalterliche Denken* nannte jene Strukturen, die das Sein Gottes, des Menschen und der Welt verbinden sollten, ›*Transzendentalien*‹: das Eine, das Wahre, das Gute, das Schöne (heute versprechen nur noch Heiratsannoncen ungeniert das Gute und Schöne). Wahrheit lag für vorneuzeitliche Menschen in den guten Ordnungen, Schönheit in deren Zusammenspiel; und alles war auf ein Ziel ausgerichtet: *Gott, das höchste Gut.* Die Moral konnte in diesem geordneten Kosmos in geordneten Bahnen verlaufen. (Die gotischen Kathedralen können als Ausdruck dieses Weltempfindens und dieser Selbsterfahrung gelten.)
Mit der *Neuzeit* – das zeigten bereits die Ausführungen zu Theorie und Praxis (S. 53ff) – verliert der Mensch seine Mittelpunktstellung und die Wirklichkeit ihre Ordnung und Schönheit. Im Aphorismus »Der tolle Mensch« sagt Nietzsche: »Wir alle sind seine [d.h. Gottes] Mörder. – Irren wir nicht wie durch ein unendliches Nichts? Haucht uns nicht der leere Raum an? Ist es nicht kälter geworden? Kommt nicht immerfort die Nacht und mehr Nacht?« Gleichwohl fügt Nietzsche pathetisch an: »Es gab nie eine größere Tat« (Die fröhliche Wissenschaft, Aph. 125). Mit dem Verlust dieser Welt verliert der Mensch auch seinen sicheren Ort in ihr und die aufklärerische *Vernunft* ihre Selbstgewißheit; war sie doch wie ein letzter Versuch, dem Menschen eine zentrale Position im Ganzen der Welt zu sichern. *Nietzsche* kritisiert nicht nur die christliche Tradition, den »Platonismus für das Volk«, sondern ist auch ein *radikaler Aufklärer der Aufklärung* selbst.

Seine Schriften bestehen zum Teil aus geschliffenen Aphorismen, Sätzen, die ihre Einsichten wie Brenngläser konzentrieren; diese Form schaut Nietzsche bei den *französischen Moralisten* des 17. Jh.s ab, die Instinkte, die Triebe und Vernunftregungen des Menschen als Aspekte einer bleibenden Gestalt der menschlichen Seele beschrieben. Vom Menschen zu reden hieß für sie, vom Seelenleben und der Moral, vom »Allzumenschlichen« zu sprechen. Damit setzten sie in einer Epoche beginnender systematischer Naturerforschung eine gleichbleibende Natur des Menschen selbst und damit auch Grundzüge einer sich durchhaltenden Moral voraus. Mit dem literarischen Ausdrucksmittel dieser Moralisten, den Aphorismen, untergräbt Nietzsche jedoch das letzte Fundament einer unwandelbaren Wahrheit auch des Menschen.
Nietzsche steht auf der Höhe seiner Zeit (mit der mächtig gewordenen Technik, dem Imperialismus usw.), wenn er zeigt, daß *Menschsein (gerade in seinen empirischen Aspekten) nicht ohne weiteres einen zeitlosen Grundzug erkennen läßt. Als Künstler* unterminiert er das geordnete Schöne, die Gegenwart des Gottes Apoll in der Welt, wenn er das Rauschhafte, das Charakteristikum des Gottes Dionysos, herausstellt (vgl. Nietzsches Erstlingsschrift ›Die Geburt der Tragödie‹, KSA, Bd. 1, 9ff und dagegen die Erzählung von der Hochzeit zu Kana [Joh 2,1-4], deren Weinwunder sich mit dem Dionysos-Kult auseinandersetzt, aber dagegen nicht die klare, rationale, geordnete Welt des Apoll einführt, sondern den Weg Jesu zeigt). *Als Gesetzgeber* unterminiert Nietzsche die alte Moral in ihren Fundamenten, mag ihr Gebäude auch noch einige Zeit aufrecht stehen. Gerade die alte Moral berief sich auf eine konstante Menschennatur und auf die Herrschaft der rationalen Seele, die mit einer letzten Zielbestimmung der Welt übereinstimmen kann; sie konnte deshalb ein unumkehrbares Gefälle nach vorn bzw. oben voraussetzen. (Nicht nur das Mittelalter faßte Geschichte so auf, sondern auch die *Aufklärung* kannte eine Teleologie in Gestalt der Fortschrittsgeschichte.)
Aber die Geschichte selbst hat den Entwurf der *Fortschrittsgeschichte* längst überholt. Was ist dann die Wahrheit der Geschichte? Theologisch-heilsgeschichtlichem Denken zufolge findet sie sich in jenem *Ziel*, in das die Geschichte schließlich einmündet. Die Aufklärung suchte die Wahrheit der Geschichte in ihrer *Vollendung* (vgl. *Lessings* Programm der ›Erziehung des Menschengeschlechts‹ bzw. *Kants* Projekt ›Zum ewigen Frieden‹). Nietzsche kann sich beider Konzeptionen nur so erwehren, daß er statt einer nach vorn gerichteten Geschichte ein *Spiel ohne Ziel*, ohne eindeutiges Vorwärts oder auch Rückwärts, ansetzt. Dieses Spiel beschreibt er mit der seine Leser leicht täuschenden Metapher der *»ewigen Wiederkehr des Gleichen«*, die nicht etwa dem Zeitempfinden im Baalskult des Alten Testaments zu vergleichen ist, in dem der sterbende und auferstehende Gott die Rhythmen der Natur wiederholt und die Gläubigen solcher Stetigkeit versichert. Die *Wahrheit der Wiederkehr* hat weder mit der traditionellen Moral- und Schönheitsauffassung noch mit den Rhythmen der Natur zu tun. (Ob dieser radikale Ansatz nihilistisch genannt werden kann, ist fraglich, weil das ›Nihil‹, das Nichts des Nihilismus, immer noch das Nichts als Negation der Seinsordnung ist und sich so vom Gegenteil bestimmen läßt. Dem durchschnittlichen Nihilisten ist schließlich das eigene Dasein immer noch wichtig.)

### 6.2.2
### Die Destruktion der zeitlosen Grundlage der Moral

Nietzsche zielt auf die *grundlose Freiheit jenseits der Alternative von Teleologie und Nihilismus.* Darum geht der Weg seines Denkens in ›Also sprach Zarathustra‹ vom Kamel (der Furcht vor der Übermacht Gottes) zunächst zum Löwen (zur Umkehrung des Idealismus, des Platonismus, im Kampf mit einem letzten Gott, der Moral) und dann zum Kinde über (dem menschlichen Willen in wahrhafter Gelöstheit) (KSA, Bd. 4, S. 29-31). Dieser Schritt erlaubt nur noch einen einzigen ethischen Grundsatz: Setze selbst Werte, erkenne dich aber darin als einen Aspekt, einen Wurf des großen Spiels. (Ob diese Deutung des kindlichen Daseins dem Lobe Jesu der Kinder entspricht, wird später zu bedenken sein.)
Im Kontrast zum *spielenden Leben* in einer ziellosen Geschichte ohne Überwelt formuliert Nietzsche sein kritisches Verständnis von *Wahrheit:* Sie ist eine *Lüge,* ». . . *die Art von Irrtum,* ohne welche eine bestimmte Art von lebendigen Wesen nicht leben könnte . . .« (KSA, Bd. 11, S. 506). Sie gaukelt uns vor, die eigentlichen Strukturen des Wirklichen im Griff zu haben. So wird die *Moral,* im Verbund mit der *Wahrheit,* zum notwendigen Mittel der Selbsterhaltung, wenn der Mensch nicht Tier bleiben will. Ein Aphorismus aus ›Menschliches, Allzumenschliches‹ (Nr. 40) bestätigt diesen Ansatz: »Das Übertier. Die Bestie in uns will belogen werden, Moral ist Notlüge, damit wir von ihr [der Bestie] nicht zerrissen werden. Ohne die Irrtümer, welche in den Annahmen der Moral liegen, wäre der Mensch Tier geblieben. So aber hat er sich als etwas Höheres genommen und sich strengere Gesetze auferlegt. Er hat deshalb einen Haß gegen die der Tierheit näher gebliebenen Stufen; woraus die ehemalige Mißachtung des Sklaven, als eines Nicht-Menschen, als einer Sache zu erklären ist.« Diese und ähnliche Aussagen haben zu dem Schluß verleitet, Nietzsche habe den *Faschismus* vorbereitet, etwa indem er von der blonden Bestie sprach (Zur Genealogie der Moral, in: KSA, Bd. 5, S. 273). Aber das dürfte ein Mißverständnis sein; denn mit Sätzen dieser Art *wollte er die Aufklärung über sich selbst aufklären.* Nachdem sie die Welt des Menschen geschichtlich gemacht hatte, hielt sie trotzdem an einer zeitlosen, ungeschichtlichen Grundlage der Moral fest. Es ist, als ob Nietzsche voraussah, daß die letzte Bastion der Religion, ein Glaube aufgrund der praktischen Vernunft, wanken und hinfallen werde. Das schrieb er in einer Zeit, als neuprotestantische (liberale) Theologen den Weg zum Christentum durch die Gefilde der Moral finden wollten (s.o. S. 91f).
Im gerade zitierten Aphorismus 40 aus ›Menschliches, Allzumenschliches‹ zeigt Nietzsche jedoch, daß die *Vernunft* nicht als das Höhere anzusehen ist, wenn wir nicht mehr vom Menschen in die Tierwelt hinunter, sondern von der Tierwelt zum Menschen ›hinauf‹-denken. Biologisch gesehen ist der Mensch *ärmer* als das Tier. Er braucht jedoch das Bewußtsein, etwas Besonderes zu sein, weil er sonst mit den eigenen Affekten nicht umgehen könnte. Damit *desolidarisiert er sich jedoch von der Natur.*

Diese Aussagen Nietzsches sind ohne ihren eigentlichen Bezug von bestimmten Ideologien aufgegriffen worden:
a) Zuerst sind die biologistischen und faschistischen Rassentheorien zu erwähnen, die ihren Willen zur Macht an anderen Menschen erproben. Ihr Rassismus ist nicht Nietzsches nachnihilistische Freiheit, denn das ›Kind‹ wird dabei durch den Gewaltverherrlicher ersetzt.
b) Ernsthafter zu bedenken ist die biologisch-philosophische Anthropologie. Sie interpretiert Nietzsche so, als sei sein entlarvendes Denken nur eine empirische Reduktion und nicht etwa eine Auseinandersetzung mit Geschichts- und Fortschrittsdenken gewesen. Nietzsche wollte jedoch den Menschen perspektivisch in seinen vielfältigen Daseinsvollzügen sehen (vgl. *Müller-Lauter, W.:* Nietzsches Lehre vom Willen zur Macht, in: Nietzsche, hg. v. J. Salaquarda, Darmstadt 1980, S. 234-287). Deshalb geht die Anthropologie des 20. Jh.s an Nietzsches Aufklärungskritik vorbei. Das gilt vor allem von *A. Gehlen,* der, etwa dem (oben zitierten) Aphorismus 40 folgend, den Menschen als Mängelwesen bezeichnet, dem Sprache und vernünftiges Nachdenken als Kompensation seiner biologischen Mängel zukommen. Weil er ohne Institutionen und soziale Regulierung untergehen würde, sei die Moral für ihn zum Überleben notwendig (Gehlen benutzt in diesem Zusammenhang das Wort »Zucht«). Mit dieser Interpretation

müßte Gehlen freilich selbst ein Opfer des Moralkritikers Nietzsche werden; denn dieser wollte den Konservatismus ebensowenig rechtfertigen wie den Fortschrittsglauben.

In seinem späten Werk ›Moral und Hypermoral‹ (Frankfurt/M. 1969) stellt Gehlen vier Arten des Ethos heraus, zwischen denen deutliche Schranken stehen:

a) Die überall wirksame Moral des Wohlbefindens und des Glücks;
b) die Moral der Gegenseitigkeit unter Menschen, die sich nahestehen;
c) ein familienbezogenes Verhalten, das auch in Gruppen ausgeübt wird, aber sich nicht auf die Menschheit ausweiten läßt (dann würde es ein unerlaubter Humanitarismus);
d) eine Moral der Institutionen, einschließlich des Staats, die unbarmherzig mit der Zurechnung der Folgen der Entscheidung rechnet.

Wenn die Christen heute *»Liebe durch Strukturen«* zu entdecken suchen oder das Gewissen für die Probleme der Menschen in der ›Dritten Welt‹ schärfen wollen, dann würden sie – folgte man Gehlen – unstatthaft Gesichtspunkte der dritten Ebene auf die vierte übertragen.

### 6.2.3
### Konsequenzen

Aus dieser Infragestellung der praktischen Vernunft sind Konsequenzen nicht nur für die Ethik, sondern auch für die *Dogmatik* zu ziehen.

*Einerseits* ist es kaum verständlich, daß *›Religion‹* wieder ein so beliebtes Thema christlicher Theologen wurde. Sicherlich kann niemand an der Kategorie ›Religion‹ vorbeigehen, wenn ein bestimmtes (religiöses) Verhalten von Menschen beschrieben werden soll. Aber als *anthropologisches Postulat* (der Mensch sei unabdingbar religiös) kann das Religionsthema gefährlich werden; ja, es bedroht den Sinn christlichen Glaubens, wenn er als ein Sonderfall von Religiosität verstanden wird. In der kritischen Sicht Nietzsches war Religion eines jener Mittel, mit denen Menschen eine Zeitlang ihre Geschichte bewältigen konnten, bis schließlich die Aufklärung – mit der von ihr proklamierten vernünftigen und moralischen Religion – der Aufklärung selbst verfiel. Religion läßt sich dann als *Legitimationspotential* (im Krieg), als *Disziplinierungsmittel* (in der Erziehung) oder als einen für das eigene Leben nützlichen *Selbstbetrug* (Ideologie) durchschauen. Als wohl einzige theologische Richtung, die dem unerbittlichen Ernst Nietzsches gleichkam, griff die Wort-Gottes-Theologie die Religionskritik aus theologischen Gründen auf: Religion sei ein Werk des Menschen, das sich dem Zuvorkommen Gottes nicht verschließe. Obwohl vermutlich keiner ihrer Vertreter Nietzsche gründlich kannte, hatten sie eine Ahnung von dem, was Nietzsche aufgedeckt hatte: Die Konstanten des Menschseins sind fraglich geworden.
Andererseits muß die von Nietzsche aufgedeckte Spannung von Kunst und Wahrheit den theologischen Sachverstand herausfordern. Von der Kreuzestheologie her ist Nietzsches Erschrekken gut zu verstehen – weiß sie doch, daß sich *Gott*, von dem die Menschen die Fülle des Sinns und der Orientierung erwarten, an dem, was den Menschen als sinnlos erscheint, als *Gott* erweist: Er bestimmt sich am Kreuz für die Menschen (vgl. *Jüngel, E.:* Gott als Geheimnis der Welt, Tübingen 1977). Gott, den die Menschen als Herrscher über die Geschichte suchen und dessen Wahrheit am Ende aller Tage hervortreten soll, identifiziert sich mit Jesus und dem Tod dieses einzelnen Menschen. Zu Ende gehen, Endlichkeit, Leiden – diese Merkmale ermöglichen erst *Erfahrung der Geschichte* in ihrer ganzen Tiefe. Nur wenn Christen das Anstößige des Kreuzes nicht mit einer triumphalen Auffassung von Auferstehung verdrängen, werden sie lernen, in der Geschichte nicht ein Prinzip oder ein universales Telos zu suchen (das läßt sich immer wieder an Luthers Kreuzestheologie lernen, z.B. in der Heidelberger Disputation 1518, WA 1, S. 353-374). Dann wird deutlich, daß sich Gott nicht mehr in einem alles umfassenden metaphysischen Entwurf von Welt finden läßt.

Die *Konsequenzen für die Ethik* müssen ebenso deutlich benannt werden. Die vom aufgeklärten Menschen beanspruchte Zentralstellung der Vernunft wird fraglich; wir

können längst nicht mehr so handeln, als sei die Welt das Produkt unserer Vorstellungen, unserer Begriffe und deshalb für uns verfügbar. Die ökologische Krise deckt erst recht die prekäre Stellung des Menschen auf.
Jedoch fordert Nietzsche auch heraus, sich an einem Punkt mit ihm besonders auseinanderzusetzen: Es geht um die *Zeit* des handelnden Menschen. (In der evangelischen Ethik hat dieses Thema wenig Resonanz gefunden; Ausnahmen sind *Hermann, R.:* Ethik, hg. v. J. Haar, Göttingen 1970; *D. Bonhoeffers* dritter Ethikansatz [die letzten und die vorletzten Dinge] und in gewisser Weise *K. Barth* in seiner Anthropologie, KD III,2, § 47.) Wenn die Menschen der Neuzeit von den Folgen ihres Handelns, etwa von großtechnischen Projekten, eingeholt werden, wenn sie selbst von Produkten beeinflußt und verändert werden, dann sind sie Gefangene der Entscheidungen der Vergangenheit – einer kollektiven Vergangenheit, die ein einzelner gar nicht zu verantworten hat. Nietzsches spielerische ewige Wiederkehr würde bedeuten, daß der Wille sagt: Ich habe das gewollt – und damit genug. Der *Vergebung* erfahrende Glaube kann dabei nicht stehenbleiben, sondern wird zu folgender Einsicht kommen: Menschen sind in die Konsequenzen ihres kollektiven und individuellen Handelns verstrickt; gerade wenn sie sich ihnen stellen sollten, desolidarisieren sie sich, fliehen sie vor der Verantwortung für das Vergangene, weil es zu schwer wird. Damit wird ihre Zukunft mehr und mehr von der Vergangenheit aufgesogen. Wenn sie hingegen die Vergangenheit mit ihrem Scheitern (aber auch mit ihrem Gelingen – auch wenn es noch so bruchstückhaft ist) annehmen, weil sie auf Gottes Vergebung bauen, können sie neue Schritte in die *Zukunft* wagen. Die Modi der uns zufließenden Zeit zu integrieren wird zu einer zentralen Aufgabe der Ethik (vgl. auch S. 159f).

### 6.2.4 Zusammenfassung

Das Ergebnis dieser keineswegs zufälligen Erinnerung an Nietzsche für eine christliche Ethik sollen folgende Sätze festhalten:
(1) Das Programm der *Umwertung aller Werte*, die Kritik der traditionellen Moral bei Nietzsche, übersieht zwar, wie sozial eingeübte Normen weiterbestehen, aber es deckt die Schwierigkeiten bei der Begründung einer Moral durch die Vernunft oder in der Ontologie auf. Darauf darf die christliche Ethik nicht apologetisch reagieren; sie muß die *Ausgangsfragestellungen* verstehen.
(2) Nietzsche klärt vor allem die *Aufklärung über sich selbst* auf. Obwohl sich mit dem *neuzeitlichen Weltbild* eine *geschichtliche Sicht* der menschlichen Welt durchgesetzt hatte, hielt die Ethik der Aufklärung weiter an Konstanten moralischer Orientierung im Menschen fest. Diese Wahrheit will Nietzsche mit seinen Aphorismen unterlaufen.
(3) Nietzsche fragt nach der *Geschichtlichkeit der Geschichte;* dabei führt er sie nicht auf ein letztes Ziel zurück, sondern sieht sie nach dem Ende teleologischer Denkmuster in ein befreites Spiel einmünden.
(4) Die in die christliche Schöpfungslehre aufgenommene Anschauung der Welt als Einheit von *Schönheit* (Ordnung) und *Wahrheit* (Zielbestimmtheit) ist damit am Ende. Christliche Theologie wird sich fragen müssen, was an die Stelle dieses Weltentwurfs

treten soll; deshalb gehört eine auf die heutige Lebenswirklichkeit bezogene Dogmatik zur Ethik.

(5) Die Diastase von Wahrheit und Schönheit verweist darauf, daß die Christen allzuoft den *Anstoß des Kreuzes* vergaßen und noch heute vergessen. Gerade am Kreuz bestimmt sich der sonst als zielvoll-planend vorgestellte Gott für uns; am Abschrekkenden, am Abgründigen, am Ende Jesu wird *Gott* erkannt.

(6) Damit wird christliche Ethik an das *Konkrete*, an das Endliche und Vieldeutige sozialer und individueller Existenz in der Geschichte gewiesen. Sie muß nach der endlichen *Zeit* und ihrer Bewältigung fragen und sich gerade deshalb als neuzeitliche Disziplin an die *Christologie* halten müssen.

## 6.3 Vertiefung

Die Abschnitte der ›Entfaltung‹ zielten auf die *christologische Grundlegung der Ethik* – nicht in heteronomer Absicht, sondern angesichts der Krise der Autonomie. Es muß der christlichen Ethik um das wahre Freiheitsverständnis gehen – in Treue zum biblischen Zeugnis, im Dialog mit den Strömungen der eigenen Epoche. Aus diesen Gründen kann und will dieses Arbeitsbuch *Dogmatik und Ethik* nicht völlig trennen. Die folgenden Fragestellungen bezeichnen Gebiete, in denen die Ethik um den Wirklichkeitsbezug der Dogmatik, die Dogmatik hingegen um die Ausrichtung der Lebenswelt und damit des Verhaltens nicht nur der Christen, sondern aller Menschen besorgt sein sollte.

### 6.3.1 Gottes Ziel mit der Welt und die Anfechtung durch die Theodizee-Frage

Noch einmal ist an das große Thema der *natürlichen Theologie* zu erinnern. Sie greift den teleologischen Entwurf des Seins – vor allem aristotelisch geprägter Metaphysik – auf: Alles, was ist, hat sein Telos (daher ›Teleologie‹) in sich, seine *Wirk*-lichkeit (ἐν-έργεια) ist seine in es gelegte Zielausrichtung (ἐν-τελέχεια). Kann die Ethik überhaupt auf diesen Weltentwurf verzichten? Kann sie die Sicht der Naturwissenschaften von einer nicht-intentionalen Welt (die nicht als von einem planenden Verstand entworfen angesehen wird) übernehmen? Dieser Weltentwurf hat sich vor allem im 19. Jh. als *Evolutionstheorie* entfaltet. Er lädt geradezu ein, die Welt so zu gestalten, wie der Wille des Menschen ihr Ziele setzt. (Im Verlauf der Ökologiedebatte haben verschiedene Denker versucht, das teleologische Weltbild wieder aufleben zu lassen [*Jonas, Spaemann* – s.u. S. 165ff].) Aber das Verblassen einer objektiven Teleologie bedeutet nicht unbedingt eine Bedrohung der biblischen Verkündigung. Sicher kennt die alttestamentliche Weisheit Spuren Gottes im Naturgeschehen; sie zeigen sich allerdings erst dem Weisen, der seinen Blick von Gott recht leiten läßt. *Biblisches Zeugnis* spricht einhellig von einem Gott, der nicht aus dem Vorfindlichen erschlossen werden kann, sondern der *sich selbst* in *geschichtlichen Erfahrungen* zeigt – seine Offenbarung ist ›kontingent‹ und nicht aus Strukturen der Natur oder Vernunft herzuleiten.

Zwar kann auch Paulus an Vorstellungen der natürlichen Theologie anknüpfen (Röm 1,18ff), aber er bekräftigt zuletzt damit doch nur die unmöglich gewordene Möglichkeit des Menschen, an der Welt Gott zu erkennen. Deswegen wird Gottes Ziel mit den Menschen und der Welt von der Zweideutigkeit geschichtlicher Erfahrungen überschattet. Gott geht nicht in den Ordnungen der Welt auf, aber er läßt, den Menschen begegnend, seine Schöpfungsabsicht vorläufig auch durch ihre Erfahrungen hindurchscheinen, wenn er sie in lebensförderliche Beziehungen zueinander und zur Welt stellt. Trotzdem bleibt Gott selbst in seiner Offenbarung und vor allem am Kreuz der Welt verborgen; der Tag seiner vollkommenen Enthüllung ist noch nicht gekommen. Biblisches Zeugnis sagt weder, daß der Mensch bedingungslos Partikel eines von vornherein auf ein Ziel hin geordneten Ganzen ist, noch daß er die Welt allein aus der Perspek-

tive der menschlichen Existenz betrachten darf. Der Glaube setzt weder bei einem absoluten Gott noch bei einem ganz auf sich gestellten Menschen ein, sondern beim Geschehen der *Begegnung Gottes mit dem Menschen* – in Christus und ihm folgend im Heiligen Geist. Von diesem Ereignis her eröffnet sich eine Perspektive der Hoffnung für die Welt des Lebens, die aus ihr selbst nicht begründet werden kann.
Eine der wichtigsten, in der christlichen Ethik kaum wirklich aufgegriffenen Aufgaben liegt in der sog. *Theodizee-Frage:* Wie ist Gott, der Inbegriff des Guten, angesichts des Übels und des Bösen in der Welt zu rechtfertigen? Wie ist das Übel und das Böse in der Welt angesichts der Idee des Guten (in Gott) zu verstehen? Hat das Gute dabei überhaupt Bestand? Die teleologische Sicht der Welt kann nur gelten, wenn die Gesamtbilanz der Geschichte das Gute überwiegen läßt, wenn sie eine Ordnung auf das ›summum bonum‹ hin erkennen läßt.
Drei Lösungsversuche seien zum Weiterdenken empfohlen:

a) *Augustin* löst sich unter neuplatonischem Einfluß vom Dualismus der Manichäer, der das Böse aus einem selbständigen Prinzip neben Gott hervorgehen ließ. Nach seiner neuen Erkenntnis setzt das höchste Sein, das Gute schlechthin, anderes Sein aus sich heraus. Dieses andere Sein kann ihm jedoch nicht gleichgestellt werden; je tiefer etwas auf den Stufen des Seins angeordnet ist, desto größer ist auch seine Defizienz am Guten, das allerdings im geschaffenen Sein nie ganz erlischt. Die Ethik läßt sich vom Streben nach Glückseligkeit in der Schau Gottes (frui Deo) leiten. – Diese Theorie stellen v.a. Schriften aus dem Jahr der Bekehrung Augustins vor: De beata vita ([386] CC 29 Green 1-61, deutsch: Vom seligen Leben, übers. v. J. Hessen, Leipzig 1923 [PhB 183], De ordine ([386] CC 29 Green 87-137 bzw. Deutsche Augustin-Ausgabe, 1. Abt.: Die frühen Werke des hl. Augustinus, hg. v. C.J. Perl, Paderborn [4]1966). Zu lesen lohnt sich vor allem ein kleines Werk, das eine Art Katechismus oder Laiendogmatik darstellt und die These vom Bösen als einer »privatio boni« behandelt: Enchiridion de fide, spe et caritate (ad Laurentium) aus dem Jahr 421-423 (CC 46 Evans 21-114, zweisprachig: Enchiridion . . . Handbüchlein über Glaube, Hoffnung und Liebe, hg. v. J. Barbel, Düsseldorf 1960).

b) Den *Begriff ›Theodizee‹* prägte der Philosoph *Leibniz* im 17. Jh. in der Auseinandersetzung mit dem aufklärerischen Philosophen *P. Bayle.* Leibniz' Theorie setzt ein Naturreich und ein ihm übergeordnetes Geistesreich voraus. Zu den Vernunfttatsachen gehört die Einsicht in die unendliche Weisheit Gottes, die alle Möglichkeiten durchspielen kann, aber vor dem nicht aufzuhebenden Gesetz steht, daß Ja nur sein kann, wo auch Nein gelten kann, und Gut nur, wo Gut auch abwesend sein kann (die Privationstheorie wirkt sich auch hier aus). Als der allem überlegene Kombinierer hat Gott die bestmögliche aller Welten geschaffen. Leibniz verteilt das Übel auf drei Arten: das metaphysische (dem Sein außer Gott fehlt Vollkommenheit), das moralische (der Wille kann sich frei – und damit auch gegen das Gute – entscheiden) und das physische (notwendige Folge von Schmerz und Leid).
Weil die Schrift von Leibniz (Die Theodizee, übers. v. A. Buchenau, Hamburg [2]1968) schwer zu lesen ist, wird ein Sammelband empfohlen, der entsprechende Auszüge bringt: *Sparn, W.:* Leiden, Erfahrung und Denken. Materialien zum Theodizeeproblem, München 1980 (TB 67).

c) Eine *Kombination von Ontologie und Geschichtstheorie* versuchte *Hegel.* Ein Satz aus seiner Einleitung zu den Vorlesungen über die Philosophie der Geschichte bezeichnet seinen Ansatz präzise: »Unsere Erkenntnis geht darauf, die Einsicht zu gewinnen, daß das von der ewigen Weisheit Bezweckte wie auf dem Boden der Natur so auf dem Boden des in der Welt wirklichen und tätigen Geistes herausgekommen ist . . . In der Tat liegt nirgend eine größere Aufforderung zu solcher versöhnenden Erkenntnis als in der Weltgeschichte. Diese Aussöhnung kann nur durch die Erkenntnis des Affirmativen erreicht werden, in welchem jenes Negative zu einem Untergeordneten und Überwundenen verschwindet, durch das Bewußtsein, teils was in Wahrheit der Endzweck der Welt sei, teils daß derselbe in ihr verwirklicht worden sei und nicht das Böse neben ihm sich letztlich geltend gemacht habe« (ThWA, Bd. 12, Frankfurt/M. 1970, S. 28). Das »Bezweckte« zeigt, daß Hegel noch einem teleologischen Muster folgt. Die »Aussöhnung« bezeichnet eine philosophisch gedachte Versöhnung, die vom Geist geleistet wird: Gott, die absolute Idee, hat sich in das Endliche, in den Tod entäußert, um dieses ihm Entgegenstehende in

seine Unendlichkeit einzuschließen. (Diese Konstruktion bildet den heimlichen, nicht ausdrücklich verhandelten Hintergrund für die Theorie, das Christentum sei in der Neuzeit in die Freiheit abendländischer Gesellschaften eingegangen, s.u. S. 127f).
Ganz anders denkt eine neutestamentlich begründete Versöhnungslehre: Das Kreuz Jesu Christi ist nicht die »Erkenntnis des Affirmativen«, nicht die Gedankenversöhnung, sondern als reales Todesleiden der gedanklich nicht aufzuhebende Widerspruch, daß sich Gott, bei dem der Glaube die Fülle alles Sinns – für uns noch verborgen – sucht, mit dem für Menschen Sinnlosen identifiziert.

d) Die Theodizeefrage legt der dem biblischen Zeugnis folgenden Theologie nahe, ihre Ethik weder auf eine teleologische Ontologie noch auf eine Theorie vom Fortschritt der Geschichte, der eine Erfüllung mit sich brächte, zu bauen.

### 6.3.2 Ideologie und Ethik

Für den Glauben wie für die Vernunft besteht die Gefahr, vor der Realität des Leidens in die Gedanken zu fliehen. Diese Gefahr liegt im Bereich der *Ideologie.* Ideologie, *negativ* verstanden, meint folgenden Sachverhalt: Menschen betrügen sich selbst und andere Menschen über ihre wahre Lage und ihre Interessen, indem sie z.B. hohe Ideale oder erbauliche Motive vorschieben. Der Begriff der Ideologie stammt aus dem 19. Jh.: Zuerst ging es darum, moralische Ideen zu erzeugen und zu steuern. Anfang des 19. Jh.s forderten französische Denker (u.a. *Destutt de Tracy*) eine Moralwissenschaft, die wie eine streng rationale Wissenschaft aufgebaut sein sollte. Wie die technische Vernunft die äußerlichen Daseinsvollzüge, so sollte die moralische Vernunft die moralischen Ideen der Menschen gestalten. Darin kommt ein typischer Wunsch der Aufklärung zum Vorschein: *Die Gesetze der Moral sollen so feststehen wie die Naturgesetze;* die Macht der Ideen soll durch vernünftige Institutionen die Gesellschaft gestalten. *Napoleon* aber stellte fest, daß die Macht nicht in den Institutionen selbst, sondern in der Gewaltausübung zu finden ist. Deswegen begann er, die Ideenhändler als ›Ideologen‹ zu verspotten. Damit schuf er einen Begriff, der Folgen hatte (vgl. *Dierse, U.* und *Romberg, R.:* Art. ›Ideologie‹, in: HWPh, Bd. 4, Sp. 157-185).
Auf diesem Hintergrund ist es konsequent, wenn *Marx* und *Engels* diesen Ideologieverdacht aufnehmen. Ideologien sind ideelle Welten, die sich zum Schein verselbständigen und sich nicht mehr auf die realen, die produzierenden Menschen beziehen lassen. Sie verdecken die Tatsache, daß Produktionsverhältnisse und Produktivkräfte auseinandergetreten sind, daß etwa die Aneignung durch wenige und die Herstellungskapazität der neuen Maschinen auseinanderklaffen. »Opium des Volks« gibt sich das Volk selbst, das in seinem Elend keinen anderen Trost weiß (*Marx, K.,* MEW, Bd. 1, S. 378); »Opium *für* das Volk« geben die Herrschenden dem Volk, damit es sein Elend besser hinnimmt (*Lenin, W.I.U.:* Sozialismus und Religion [1905]). Der Marxismus beschreibt Wissenschaft, Philosophie, Religion und Ethik als Instrumente der herrschenden Klasse; erst wenn sie in ihrer wahren Funktion verstanden werden, ist der Weg zur richtigen *Praxis* frei.
Was bedeutet das für die Grundlegung der *Ethik?* Als Ideologie wäre sie ein Mittel, einseitige Interessen zu stabilisieren; je verschleierter sie aufträten, desto schwerer könnte die kritische praktische Vernunft sie entlarven und relativieren.
Allerdings kennt der *Marxismus* mindestens zwei profilierte Richtungen, eine *mechanistische* und eine *praktische* (vgl. *Wellmer, A.:* Kritische Gesellschaftstheorie und Positivismus, Frankfurt/M. [2]1969). Die erste will die Entwicklungsgesetze der Ökonomie und Gesellschaft ›wissenschaftlich‹ feststellen, um aus der Krise des Kapitalismus sein ›dialektisches Umschlagen‹ in die klassenlose Gesellschaft zu folgern. Diese Zielgewißheit rechtfertigt das revolutionäre Handeln. Im Namen der notwendig nahekommenden Revolution und der letzten und besten Gesellschaft können Revolutionäre sogar über das kurzfristige Wohl vieler Menschen hinweggehen. Aus diesem Ansatz erklären sich auch die grausamen Seiten der vom Marxismus inspirierten Systeme. Die andere Seite ist eher ›praktisch‹, was im Sinne des Aristoteles verstanden wer-

den sollte: Das gute Ziel macht auch die Handlung schon in gewisser Weise gut. Die *Arbeit* soll in sich wertvoll sein, sie soll der Selbstfindung und Selbstachtung des arbeitenden Menschen dienen und nicht nur ein Mittel zur Verwirklichung eines entfremdeten Zwecks darstellen. So zielt dieser Ansatz auf eine *Freiheit*, die keiner allein für sich erreicht, sondern die alle – zusammenarbeitend – verwirklichen.

Mit Hilfe der antiken Kategorien läßt sich besser verstehen, warum auch dieses humanistische Programm in eine mechanistische Theorie zurückfallen kann: Aristoteles versteht unter Praxis vor allem das Leben selbst (als Zweck in sich) und nicht nur einen einzelnen, irgendwann vollzogenen Arbeitsakt. Wenn nun *Arbeit allein* den Menschen definiert, fallen Kinder als nur werdende, Alte als nur gewesene Produzenten aus der ›Praxis‹ heraus; Kranke und Behinderte müssen ›wertlos‹ werden – als Mensch zählt, wer in den gesellschaftlichen Arbeitszusammenhang einzugliedern ist. (Kritisch ist anzufügen, daß Aristoteles nur das Leben freier Männer in den Blick nahm.)

Die *christliche Ethik* darf nicht vor dem wichtigen und kritischen Denkmodell des Marxismus zurückscheuen. Sie muß es vielmehr ernst nehmen als eine Anfrage an menschliche Produktionsweisen und auch an die Kirchen, weil sie an den Problemen der neuzeitlichen Gesellschaft immer wieder versagen. Aufgabe der christlichen Ethik ist es, umfassendere, integralere Bestimmungen des menschlichen Lebens zu gewinnen – nicht defensiv, sondern offensiv – und sich mit dem Ideologieverdacht rückhaltlos auseinanderzusetzen, d.h. ihre Richtungsanweisung für gelingendes Leben inmitten des gesellschaftlichen Zusammenhangs auch kritisch gegen machtvolle Interessen zu entfalten.

Aber wird das nicht in einer Weise politisch, daß es der Theologie und ihrer Ethik nur schaden kann? ›Rechts‹ und ›links‹ sind politische Positionsanzeigen, die zwar bis heute polarisieren, aber in ihren sich auflösenden Formen oft nicht mehr allzuweit voneinander entfernt sind. Denn auch der *Konservatismus* hat eine dem steril gewordenen Marxismus vergleichbare mechanische Auffassung von der menschlichen Gesellschaft und ihrer Geschichte entwickelt, weil auch er das Motto »good is what works« beherzigt oder ungeklärte Sachzwänge beschwört und sich auf Eigengesetzlichkeiten beruft.

Eine heimliche Verwandtschaft konservativer Gesellschaftstheorie mit marxistischen Ansätzen findet sich in jener Faszination, die Ideologie auf konservative Theoretiker ausstrahlt. Der Zürcher Sozialphilosoph *H. Lübbe* unterscheidet zwischen Betrugstheorie und Ideologie. Er geht damit über den marxistischen Vorwurf hinaus, will aber nicht jenseits eines herrschenden Gesellschaftssystems neue Dimensionen guten Lebens entdecken. »Die Betrugstheorie richtet sich an andere und erfüllt ihren praktischen Zweck, wenn die anderen sie glauben«. Soweit könnte der Marxismus mitgehen. Aber die Ideologie ist kein Betrug eines einzelnen Interessenten, der an anderen verübt wird: »Die Ideologie dagegen ist jene Betrugstheorie, die nur dann funktioniert, wenn *man selber* daran glaubt« (Politische Philosophie in Deutschland, Basel u.a. 1963, S. 15 [Hervorh. nicht im Orig.]). Das heißt doch: Wir produzieren Welten und verändern gerade darin die gesellschaftlichen Zusammenhänge, ohne zu fragen, ob zuletzt irgend etwas unserer Interpretation und Veränderung entgegensteht. Im Rahmen seines Ansatzes kann Lübbe der christlichen Frömmigkeit einen unschätzbaren Wert zuerkennen: Christen haben es besser als kritisch fragende Philosophen, weil sie ein Gebot Gottes kennen. Christliche Religion hat die Funktion, die ›Kontingenz‹ des Daseins bewältigen zu helfen. Wird der Glaube an Gott dadurch zum Placebo? Aber ein Placebo helfe selbst dann, wenn der Patient von der Wirkungslosigkeit überzeugt sei. Die Funktion der (christlichen) Religion sei in keine andere Funktion aufzulösen (vgl. *Lübbe, H.:* Religion nach der Aufklärung, Graz u.a. 1986).

Auch der Bielefelder Systemtheoretiker und Soziologe *N. Luhmann* wertet die Ideologie ähnlich: »Ein Denken ist . . . ideologisch, wenn es in seiner Funktion, das Handeln zu orientieren und zu rechtfertigen, ersetzbar ist« (Soziologische Aufklärung, Bd. 1, Opladen [3]1972, S. 57). Mit anderen Worten: Unsere Gesellschaft ist als ein System zu denken, das sich selbst erhalten will und deshalb Informationen aufnehmen und verarbeiten muß. Kein Ziel läßt sich von außen an dieses System herantragen. Luhmann hält jedem, der nach unverbrüchlichen Zielvorstellungen für den menschlichen Lebensvollzug fragt, entgegen, dieses sei eine alteuropäische Denkweise. Eigentlich wäre die Ethik angesichts dieser beiden konservativen Theorieansätze am Ende. Jedoch bezieht Luhmann sie in den Zusammenhang der Funktionen ein und begründet die Moral auf dem gegenseitigen Achtungserweis (Theorietechnik und Moral, hg. v. N. Luhmann u. St. Pfürtner, Frankfurt/M. 1978).

### 6.3.3 Bekräftigung des christologischen Ansatzes

Damit wird der Theologie in aller Schärfe die Frage gestellt, ob sie die Krise der Vernunft in der Neuzeit ausnutzen will, um sich angesichts der Verlegenheit säkularer Weltorientierung als eine Sachwalterin endgültiger Wahrheit zu empfehlen, die leider von selbstwidersprüchlichen Emanzipationsbestrebungen zurückgedrängt wurde. Solche Theologie fiele jedoch unweigerlich unter den Ideologieverdacht; sie würde Gott proklamieren, ohne daß er das eigene Leben bestimmen würde.

Deshalb können christliche Ethiker gar nicht anders, als diese Krise auch für sich anzuerkennen und ernst zu nehmen. Sie werden ihre Ethik nur vom *Kreuz Jesu Christi* her bedenken und entwerfen können: jenem Ereignis der Weltgeschichte, in dem sich Gott, der Verborgene, mit dem toten Jesus und mit unserem verwirkten Leben identifizierte und so offenbarte. Damit das Kreuz nicht zum Symbol wird, das alle Leiden der Menschen in sich verschlüsselt zur Darstellung bringt, darf es vom *Bekenntnis zum Auferstandenen* nicht getrennt werden. Die Auferstehung ist nicht der Triumph über die Nichtigkeit alles Lebens, sondern *Gottes* Einspruch gegen den Tod – ein für allemal bekundet in Jesus Christus, ohne daß bereits das Leben aller anderen Menschen dem Tod entnommen wäre. Schlüssel zu einer theologischen Ethik ist deshalb heute, vielleicht eindeutiger als je zuvor, die *Christologie.* Vom Sein, Handeln, Reden Jesu Christi müssen wir ausgehen, um die schöpfungsgemäßen Grundzüge des Lebens zu identifizieren und in der Hoffnung auf Gott auch unsere Zukunft zu gewinnen.

### 6.3.4 Literaturhinweise

(über die Angaben im Text des vorangehenden Kapitels hinaus)

a) Zu 6.1:

*Ebeling, G.:* Wort und Glaube, Bd. 2, Tübingen 1969, v.a. S. 1-55.

*Ders.:* Zum Verhältnis von Dogmatik und Ethik, ZEE 26 (1982), S. 10-18.

*Ricoeur, P.:* Der Text als Modell, in: Seminar: Die Hermeneutik und die Wissenschaften, hg. v. H.G. Gadamer u. G. Boehm, Frankfurt/M. 1978, S. 83-177.

*Ders.:* Hermeneutik und Strukturalismus. Der Konflikt der Interpretationen, Bd. 1, München 1973.

b) Zu 6.2.1:

*Kaufmann, W.:* Nietzsche, Darmstadt 1982.

*Link, Ch.:* Subjektivität und Wahrheit, Stuttgart 1978 (FBESt 33).

*Picht, G.:* Nietzsche, Stuttgart 1988 (Vorlesungen und Schriften 4).

*Rich, A.:* Blaise Pascal, Freiburg/Schweiz u.a. 1979.

*Salaquarda, J.* (Hg.): Nietzsche, Darmstadt 1980 (WdF 521).

*Schulz, W.:* Der Gott der neuzeitlichen Metaphysik, Pfullingen 1957.

*Ulrich, H.G.:* Anthropologie und Ethik bei Friedrich Nietzsche, München 1975 (BET 68).

c) Zu 6.2.2:

*Hermann, R.:* Ethik, hg. v. J. Haar, Göttingen 1970 (Ges. u. nachgelass. Werke 4).

*Jüngel, E.:* Unterwegs zur Sache, München 1972, v.a. S. 80-125.

*Luther, M.:* Disputatio de homine (1536), in: WA 39,I, S. 174-180.

*Sauter, G.:* Was heißt ›christologische Begründung‹ christlichen Handelns heute?, EvTh 35 (1975), S. 407-421.

*Spaemann, R.* und *Löw, R.:* Die Frage Wozu?, München u.a. $^{2}$1985.

d) Zu 6.3.1:
*Bornkamm, G.:* Das Ende des Gesetzes. Paulusstudien, München [4]1963 (BET 16), S. 9-33.

e) Zu 6.3.2:
*Post, W.:* Kritik der Religion bei Karl Marx, München 1969.

# 7
# Zwischenüberlegung

Die vorausgehenden sechs Kapitel erörterten Grundprobleme der (theologischen) Ethik im Gespräch mit der praktischen Philosophie und anderen Wissenschaften. Sind die Ansätze philosophischer Ethik so umfassend, können sie solche Allgemeingültigkeit beanspruchen, daß eine theologische Ethik überflüssig wird? Oder wird sich der theologische Ethiker nun die Aufgabe stellen, das allgemeine sittliche Bewußtsein im Blick auf die Realität der Kirche und die Glaubensüberzeugungen einzelner Christen zu interpretieren?

Zwei Entwürfe lassen das zum Programm werden, indem sie schlicht ›Ethik‹ heißen:
*W. Trillhaas* geht in seiner ›Ethik‹ (Berlin ³1970) von anthropologischen Grundannahmen aus, die an Gehlens Lehre vom Menschen erinnern (s.o. S. 108f); dann behandelt er reformatorische Fundamentalaussagen (z.B. von der Heiligung) in dem vorgegebenen Rahmen.
*T. Rendtorff* setzt in seiner ›Ethik‹ (2 Bd.e, Stuttgart 1980/81) voraus, daß sich das Christliche in die Gesellschaft der Neuzeit eingesenkt habe. Darum läßt er seine ›Ethik‹ im Kontext des gegebenen und weiterzugebenden Lebens ansetzen, das u.a. in seinem eigenen Entwurf zur Reflexion kommt; eine Ableitung der Ethik aus der Dogmatik ist nicht sachgemäß.

In diesem Arbeitsbuch steht auch das Thema der *Geschichte* im Vordergrund. Weil die Frage offenbleiben muß, ob die Vernunft in der Geschichte zu sich selbst kommt (vgl. Kap. 6), reicht es nicht hin, die Ethik auf einem formalen Verständnis praktischer Vernunft zu begründen und sich in der Sicherheit zu wiegen, daß die Realität irgendwann den Anforderungen der Vernunft entsprechen werde. Statt dessen soll sie beim geschichtlichen Erbe inmitten der völlig offenen Geschichte ansetzen und von dort aus nach dem suchen, was alle Menschen so angehen kann, wie es der kategorische Imperativ Kants oder die Goldene Regel auf ihre Weise beanspruchen. Alles Interesse richtet sich dabei auf das *Liebesgebot* und seine nähere Bestimmung. (Nicht unbegründet vermutet *W. Frankena* in seiner ›Analytische[n] Ethik‹, München ³1981, der Agapismus könne neben dem deontologischen und dem teleologischen Ansatz [dazu s.u.] eine besondere Ethik bilden [S. 72f].)

Einige Thesen sollen den Ertrag der vorangehenden Kapitel und die nun einzuschlagende Richtung festhalten:

1. *Christliche Ethik* wird nicht allein am *guten Wollen*, an der Gesinnung, sondern an der *Verantwortung für die Folgen zu messen* sein. Sonst würde sie *weltlos*, gäbe es auf, Gottes Schöpfung in dieser Welt zu entdecken.

2. *Evangelische Ethik* darf nicht das *Normenproblem* umgehen, etwa indem sie sich auf eine *Liebesethik der reinen Spontaneität* zurückzieht.

3. *Biblisch fundierte Ethik* geht nicht vom formalen Gesichtspunkt der Autonomie aus, sondern von der *flexiblen Erfindungsregel* des *Liebesgebots* und vor allem vom

Willen des gebietenden Gottes. Er schützt den Nächsten vor unseren Selbstbildern.

4. Damit stellt sich dieser Ethik die Frage, wer überhaupt lieben kann und was für ein Mensch der *zu Liebende* sein soll. Die Liebe ist nicht *beliebig*, sondern läßt die *Strukturen* beachten, in denen *Menschsein gelingt* oder *scheitert*. Darum ist jede Ethik im Grunde Sozialethik, auch wenn sie den Aspekt des persönlichen Lebens herausstellt.

5. *Biblische Orientierung* in der *Neuzeit* darf den *Wandel menschlicher Gesellschaft und menschlicher Selbstbilder* nicht überspringen. In der zweischneidigen Entwicklung von Wissenschaft, Technik und Ökonomie trifft die christliche Gemeinde auf Folgen einer Geschichte, die sich nicht ohne Mitwirkung des Christentums entwickelt hat.

6. Dabei gilt es zu erkennen, daß der volle Sinn von *Praxis* nicht allein die richtige Handlung, sondern das *Menschsein des Handelnden* meint. Ethik fragt deshalb: *Wer sollen, wollen und können wir sein?*

7. Weil es mit dieser Frage um die *Zukunft* des Menschen (und der Welt seines Lebens) geht, reicht sowohl die im Gang der Geschichte fraglich gewordene Autonomie wie auch der Ansatz bei vorgegebenen Ordnungen des Schöpfers nicht aus. Zukunft wird nicht allein durch Überlieferung, sondern im Bekenntnis zum dreieinigen Gott erschlossen. Als Dreieiniger ist er der Lebendige und niemals der starre, autoritäre Gebieter. Das Bekenntnis ist mehr als Überlieferung; es führt zum Gebet und ruft mit ihm die Macht Gottes über die Zukunft in die Welt.

# 8
# Eine Ethik für alle Menschen oder nur für Christen?

## 8.1
## Einführung

a) Die Ethik listet nicht nur einzelne *Normen* auf und ordnet sie entsprechend ihrer Geltung hierarchisch; denn ihr Thema ist das sittlich qualifizierte Verhalten; es betrifft die *Identität* aller Beteiligten, ob sie handeln oder betroffen sind. Was trägt christliche Theologie dazu bei, diese Identität zu bestimmen?

b) Die ethische Frage betrifft nicht weltlose Subjekte und ihre Gesinnung, sondern sucht nach neuen *Möglichkeiten gemeinsamen Lebens* in einer Welt, deren Zukunft durch menschliches Handeln oder Unterlassen zutiefst bedroht sein kann. Welche Bestimmung der *Welt* ist dem christlichen Glauben angemessen?

Zu a: Die philosophische Frage nach der Rechtfertigung sittlicher Normen setzt voraus, daß diese bereits im Handeln bzw. Unterlassen zur Geltung kommen. Formale Prinzipien praktischer Vernunft wie die Autonomie werden auf gelebte Normen bezogen. Aber was tragen sie zur inhaltlichen Feststellung des Menschlichen bei? Der Glaube betrifft nicht den kulturell invarianten Menschen, aber er will helfen, in kulturellen und geschichtlichen Unterschieden *Perspektiven gemeinsam gelingenden Lebens* zu finden. Wie lassen sie sich feststellen?

Zu b: Überlegungen zum *Theorie-Praxis-Verhältnis* ergaben, daß sich die Welt nicht einfach als Schöpfung darstellt, sondern daß sie als Schöpfung *zu entdecken* ist. Was Schöpfung bedeuten kann, zeigt sich an lebensförderlichen Begegnungen, die Menschen in ihrem Verhalten verändern und nicht jene maßlosen Eingriffe legitimieren, die aus der Utopie der Technik entspringen können.

Zu a und b: Die Hinsichten auf den Menschen und auf die Welt des Lebens sind in der Frage nach dem *Sinn* und dem *Ziel der Geschichte* vereint. Eine Ethik des Guten muß die Frage, wo das Gute zu finden und wie es zu verwirklichen sei, beantworten. Wenn das Gute und das Wohlgeordnete (das Schöne) nicht mehr aus der Dynamik der Welt herzuleiten sind, zeigt sich die Dramatik des Kreuzes ganz: Gott will sein Ziel mit der Welt eschatologisch enthüllen, indem er an das Kreuz Jesu anknüpft; dort erhält der Mensch sein Recht, wird der Tod als Letztinstanz entmachtet. Von dort her stellen Christen die Frage nach dem *Leben in der Zeit.* Wie versöhnen sie sich mit ihrer Endlichkeit?

Obwohl damit schon deutliche Richtungszeichen für eine *christliche* Ethik gesetzt wurden, ist noch nicht hinreichend geklärt, ob es überhaupt eine *christliche* Ethik gibt oder ob sie nicht vielmehr eine Variante der allgemeinen Ethik darstellt. Die oft gestellte Frage nach dem *christlichen Proprium* schließt eine Art Addition von allgemein-menschlichen Grundsätzen und christlichen Sondernormen ein. Die folgenden Überlegungen zielen hingegen auf eine umfassende, Lebenswelt und Identitätsfrage umschließende Perspektive, innerhalb derer sich ständig Überschneidungen mit Anliegen einer humanistischen Ethik ergeben können.

## 8.2 Entfaltung

### 8.2.1 Normen, die alle Menschen verpflichten

a) Seit Jahrhunderten waren Theologen überzeugt, daß es eine *alle Menschen verpflichtende Sittlichkeit* gebe; sie beriefen sich auf Anlagen, die dem Menschen in der Schöpfung mitgeteilt und durch das Verhängnis des Sündenfalls nicht völlig ausgelöscht wären. Dazu kamen – je nach Ansatz – *offenbarungstheologische Gesichtspunkte:* Gott bringt das natürliche, das schöpfungsgemäße Gesetz bzw. Recht am Sinai erneut in Erinnerung. Was Gott am Anfang gibt, ist die ›lex naturalis‹, die Gegenwart seines Geistes in der endlichen Vernunft; was er am Sinai proklamiert, stammt aus der Offenbarung und ist ›lex divina‹. Weil Gott aber nur ein ursprüngliches Recht und Gesetz wiederholt, ist der Inhalt des am Sinai proklamierten Dekalogs ›lex naturalis‹, der durch die Offenbarung bestätigt und durch das ›ius divinum‹ modifiziert wird (z.B. verordnet Gott statt eines religiösen Feiertags im allgemeinen den besonderen Sabbat).
So stellt *Thomas von Aquin* im ›Tractatus de lege‹ (STh $I^{a}$ $II^{ae}$ , q 90ff) den Zusammenhang dar:

Die ›*lex aeterna*‹
(Vorsehung Gottes)

↙ ↘

begründet die ›*lex naturalis*‹ (directio ad communitatem perfectam) und diese
↓
normiert die ›*lex humana*‹.

wird offenbart als ›*lex divina*‹ (directio ad ultimum finem).

Das Evangelium fügt diesem Gesetz ›Räte‹ für besondere Christen, die Mönche, hinzu (evangelische Räte = consilia evangelica).
Sie setzen sich zusammen aus:
Mt 19,21 – Armut; Lk 9,23 – Selbstverleugnung; Mt 19,12 – Keuschheit; Mt 5,44 – Verzicht auf Vergeltung; Mt 5,39 – Erdulden von Unrecht; Lk 6,30 – Überfluß an Werken der Barmherzigkeit; Mt 12,36 bzw. 5,34 – Vermeiden unnützer Worte; Mt 18,9 – Vermeiden von Gelegenheiten zur Sünde; Mt 7,1 – Klugheit; Mt 23,2 – Vermeiden von Heuchelei; Mt 6,31 – Sorglosigkeit im Blick auf Ernährung; Mt 18,15 – Brüderliche Vermahnung.

b) Mit der *Reformation* verliert diese Lösung ihre Selbstverständlichkeit. Können Vernunft und Offenbarung in der Ethik noch so einander zugeordnet werden? Fundamentaler ist für die Reformation die Zuordnung von *Gesetz und Evangelium.* Die Vernunft kann sich auf beides beziehen, z.B. durch das allen Menschen gegebene Gesetz reden oder im Evangelium wieder zur Geltung gebracht werden.

*Luther* stellt die aktuelle Begegnung mit Gott und dessen lebendiges Gebot heraus; er zeigt kein Interesse an einer ontologischen Konstruktion, die Gottes ewiges Gesetz und die Gesetze der Menschen in einem ontologisch-theologischen Zusammenhang darlegen möchte. Dabei betont er, daß der evangelische Sinn der Gebote im ersten, im Gebot »Ich bin der Herr, dein Gott . . .« liegt (vgl. den Sermon ›Von den guten Werken‹, WA 6, S. 196-276). Im ersten Gebot will der Kernsatz der Rechtfertigung (Röm 1,17) in Kraft gesetzt werden: »Der Gerechte wird aus Glauben leben.« Dieser Glaube und die ihn begleitende Zuversicht kommen allein aus Christus; glaubend bilden wir Christus in uns hinein. So geben wir Gott recht und empfangen selbst Recht von Gott her.

Diesem Gott zu glauben und ihn zu lieben schließt ein, daß alle weiteren Gebote im Tun des *Alltags* erfüllt werden. Luther zählt auf: Arbeiten, Handwerk, Gehen, Stehen, Essen, Trinken, Schlafen (!), allerlei Werk tun (für des Leibes Nahrung und gemeinen Nutz) (ebd., S. 205). Auch das profanste Tun gefällt Gott. Damit beseitigt Luther die Abstufung zwischen allgemeiner Sittlichkeit und evangelischen Räten. Das rechte Tun im Alltag erfüllt die Liebe zum Mitmenschen; eigentlich sollten alle Menschen sich darauf verstehen können. Aber kein Mensch kann das erste Gebot aus eigener Kraft halten; sondern Gott muß im Glauben durch seinen Geist an uns wirken, um das gute Werk durch uns zu vollbringen. Aber Gott ist nun keine entfremdende Autorität mehr.

Was dem *Nächsten* gegenüber zu tun ist, müßte allen Menschen einleuchten. Aber daß Luther es erst gegen eine Vollkommenheitsethik entdecken und hochschätzen lernen mußte, beweist, wie wenig sich das Selbstverständliche ›von selbst versteht‹. Der Grund des gebotenen Tuns sowie seine Richtung können deshalb nicht von vornherein allgemein zugängig sein; Gott selbst muß erst die Einsicht dazu geben. Deshalb ist die Frage, ob es eine allen Menschen zugängige Ethik gebe und was als das Christliche hinzutrete, falsch gestellt. Das Christliche als Akzidens gibt es nicht, denn der Glaube ist radikal, er ergreift den Menschen ganz, nicht ergreift der Mensch ihn als seine eigene Möglichkeit. Im Glauben braucht der Christ keinen Lehrer zu guten Werken (S. 207); denn in ihm gewinnt sein Leben jene es ganz gründende Ausrichtung, von der her all sein Tun gut werden kann.

c) *Melanchthon* war der erste Systematiker der evangelischen Kirche. Deshalb wollte er die Verbindung von philosophischer und christlicher Ethik in einen begrifflich strukturierten Zusammenhang bringen:

(1) Die gesamte christliche Existenz steht und fällt mit der rechten Unterscheidung und Zuordnung von *Gesetz und Evangelium.* Das Gesetz als ›lex divina‹ ist von Gott gegeben, damit wir wissen, wer wir sind und was wir tun sollen (quales nos esse et quae facere) (Loci 1559, Studienausgabe [= StA] II,1, S. 278). Der Gehorsam gegen *Gott* entscheidet über ewiges Leben oder ewigen Tod des Menschen. Die ›lex divina‹ zielt auf die Liebe zu Gott, menschliche Gesetze hingegen nur auf äußere Werke (ex-

terna opera). Da Menschen Gottes eigentliches Gesetz nicht halten können, warten sie auf die Einlösung seiner das Gesetz begleitenden Verheißungen (promissiones) im Evangelium Jesu Christi.

(2) An den Inhalten des Gesetzes ändert sich allerdings mit der Gabe des Evangeliums nichts, denn es betrifft auch die Christen weiterhin unter dem Gesichtspunkt des *usus paedagogicus* (bzw. politicus): Gott will, daß alle Menschen zur Ordnung gebracht werden. »Vult enim deus coerceri disciplina omnes homines, etiam non renatos, ne externa delicta committant« (ebd., S. 321f). Diesen Satz formuliert Melanchthon in der Erkenntnis, daß ein Gesetz nicht für Gerechte da ist, sondern für Gesetzlose, Unheilige und Ruchlose, Vatermörder und Muttermörder usw. (und er zitiert dabei 1Tim 1,9). Vier Gründe sprechen nach Melanchthon dafür, diesen ›Brauch‹ (usus) des Gesetzes zu wahren: Erstens gebietet Gott es, zweitens sollten Strafen (der Magistrate bzw. Gottes) vermieden werden, drittens muß der öffentliche Frieden bewahrt werden, viertens stellt es die »paedagogia in Christum« dar (nach 1Kor 6,9f muß die Begehrlichkeit gezügelt werden, damit das Reich Gottes kommt).
Das theologische Interesse Melanchthons ruht auf dem *›usus praecipuus‹*: Das Gesetz soll unsere Sünde und unser Vergehen aufdecken, damit wir uns um so intensiver auf Christus hin ausrichten und von ihm her das Heil erwarten. Die Funktionen dieses Brauchs sind: ». . . ostendere peccatum, accusare, perterrefacere et damnare omnes homines in hac corruptione naturae« (ebd., S. 323). Dieser ›usus‹ leitet von der menschlichen Grundsituation zur Christusoffenbarung über.
Der dritte Brauch, der *tertius usus* (bei Calvin übrigens der ›usus praecipuus‹), ist umstritten. Nach Melanchthon gilt er denen, die durch die Begegnung mit Christus wiedergeboren sind; denn in ihnen wirkt die Sünde fort; darum brauchen sie Hinweise, wie sie Gott gehorchen können. Wer durch Christus vom Gesetz befreit ist, wird zwar von dessen verdammender Macht nicht mehr betroffen; aber seine Inhalte gelten für ihn weiter.

*Luther* hat den ›tertius usus‹ nicht gekannt; Stellen in der Nachschrift der Antinomer-Disputationen wurden (durch *W. Elert*) als Fälschungen erwiesen. Aber er erkannte neben dem ›simul iustus ac peccator‹ ein ›partim iustus ac peccator‹ an; das Gesetz überführt nicht nur den Sünder, es hat auch eine Verheißung (vgl. *Joest, W.:* Gesetz und Freiheit, Göttingen [4]1968, S. 65ff).

Was ist nach Melanchthons Auffassung konkret zu tun (Quae opera sunt facienda?, StA II,2, S. 387)? Die Antwort lautet: Alles, was Gottes Wort gebietet, ist bereits im *Dekalog* zusammengefaßt. Vor allem geht es um »interiora opera«, die sich auf das erste Gebot beziehen: credere Verbo Dei, timere deum, confidere deo. Der *Glaube* ist das vornehmste gute Werk.

(3) Wie weit überschneiden sich nun allgemeine menschliche und christliche Ethik? Mit *Melanchthon* wäre zu folgern, daß sich die Inhalte so gut wie ganz überschneiden; denn er hält mit den Philosophen fest, daß sich trotz der Sünde bestimmte *praktische Prinzipien* im Menschen erhalten haben. Den Sündern gebricht es nicht an einer gewissen Einsicht, aber ihre Zustimmung zum Gesetz ist schwach (StA II,1, S. 313ff). Melanchthon geht an den Geboten des Dekalogs entlang und hebt zu jedem der er-

sten acht Gebote (das neunte und zehnte sind wohl ins siebte eingeschlossen) eine dem Menschen angeborene praktische Einsicht als Analogon hervor:

**1. Tafel**

| | |
|---|---|
| 1. Gebot | Es gibt *einen* Gott, ein ewiges Bewußtsein; Gott ist weise, gerecht usw. |
| 2. Gebot | Alles, was die *Eidesleistung* und den Bruch des Eides betrifft, ist hierin zusammengefaßt. |
| 3. Gebot | Alles, was ehrenwerte *religiöse Zeremonien* betrifft (z.B. auch in Athen), ist hierin eingeschlossen. |

Also enthält auch die erste Tafel, die Tafel der Gebote gegen Gott, naturrechtliche Gesichtspunkte. Deshalb konnte die Obrigkeit verpflichtet werden, für die rechte Verehrung Gottes zu sorgen. Von der zweiten Tafel gilt folgendes:

**2. Tafel**

| | |
|---|---|
| 4. Gebot | Gott gebietet, daß *Ordnung und Regiment* in der Gesellschaft sein sollen. |
| 5. Gebot | *Gewalt ist abzuwehren.* |
| 6. Gebot | Allen Menschen ist die Beachtung bestimmter Formen bei der Eheschließung geboten. |
| 7. Gebot | Diesem wird die berühmte naturrechtliche Formel ›*suum cuique tribuere*‹ zur Seite gestellt. (Die Formel »Jedem das Seine« findet sich zuerst bei *Ulpian*, einem römischen Juristen [170-228 n.Chr.].) |
| 8. Gebot | Die Wahrheit ist zu lieben. |

In der ersten Auflage der Loci theologici von 1521 (vgl. StA II,1, S. 1-163) hält Melanchthon an einem viel schmaleren Katalog des Naturrechts fest:
1. Deus colendus est.
2. Quia nascimur in quandam vitae societatem, nemo laedendus est.
3. Poscit humana societas, ut omnibus rebus communiter utamur (StA II,1, S. 42).– Melanchthon setzt also das Gemeineigentum vor das Privateigentum; im Grunde hat erst der Sündenfall den Menschen das Privateigentum aufgezwungen (darin spiegelt sich ein absolutes, ein paradiesisches gegenüber einem relativen, dem Menschen unter dem Sündenfall angepaßtes Naturrecht).

d) Warum kommentiert Melanchthon die Gebote durch naturrechtliche Parallelen? Er gibt sich selbst Rechenschaft: Unter das Naturrecht darf nichts Falsches gemischt werden. Außerdem bestätigt die Parallele naturrechtlicher Sätze zu den geoffenbarten Zehn Geboten (als ›lex divina‹), daß *Gott* selbst *Urheber des Naturrechts* ist. Aus der Ethik entspringt also eine Art von Gottesbeweis. (Aber der Ungläubige könnte das Argument umkehren und sagen: Wozu brauchen Menschen noch Offenbarung, wenn ihnen durch die Natur bereits alles gesagt ist?) Melanchthons Ansatz ist auch bei *Calvin* zu spüren, der die drei ›usus‹ des Gesetzes kennt (Institutio II,7).

e) Melanchthons Verständnis des Gesetzes hat auf das Luthertum offensichtlich mehr gewirkt als Luthers ursprüngliche Auslegung. Darum sind beider Positionen eine Art von Signal geworden, an denen sich heute verschiedene lutherische Positionen erkennen lassen. Von zwei entgegengesetzten Positionen wird im 20. Jh. eine Abgrenzung gegen Melanchthon gesucht:
– Konservative lutherische Theologen – ein Beispiel ist *W. Elert* – verdächtigen Melanchthon, sich reformierten Auffassungen angenähert zu haben. Durch den ›tertius

usus‹ werde das Christenleben vergesetzlicht; die Werke des Menschen beeinflußten gegen die Absicht der Rechtfertigungslehre nun doch wieder sein Gottesverhältnis. Die Lehre vom Gesetz gehöre ausschließlich in den Lebenszusammenhang vor bzw. außerhalb Christus.

– Lutherische Theologen, die sich von der Wort-Gottes-Theologie her verstehen und das Barmer Bekenntnis als konstitutiv für die Kirche betrachten, erkennen in Melanchthon den Anfang einer statischen Ordnungstheologie. Weil Melanchthon aristotelische Schulphilosophie mit sozialphilosophischen Denkmustern der Reformation verband, konnten sich Tugend- und Ordnungsvorstellungen in einem konservativen (und später sogar restaurativen) Orientierungsmuster verweben, das als typisch für das Luthertum galt. Der von Melanchthon ausgelegte ›ordo politicus‹ ist nicht nur eine Sollens-, sondern eine Seinsordnung. Damit gerieten lutherische Kirchen in die Gefahr, jedwede bestehende politische oder soziale Ordnung als natürlich und vom Schöpfer gewollt zu legitimieren. (Ausgerechnet die ›Seinsordnungen‹ übernahm der bereits erwähnte Elert, obwohl er sich von Melanchthon absetzen wollte.)

f) Zu *Luther* zurückzukehren bedeutete, Gesetz und Ordnungen anders zu verstehen. Dabei zeigte sich, daß Luther unter ›lex‹ nur zwei Funktionen wahrnahm: weltliche Gerechtigkeit zu erhalten und die Sünde aufzudecken, so daß sich das erschreckte Gewissen zu Christus hinwendet (nach Röm 3,20; vgl. WA 39,I, S. 440f.485). Aber es wäre falsch, die sozialen und politischen Ordnungen allein auf die bewahrende Funktion des Gesetzes abzustellen. *Offensichtlich reicht die theologische Kategorie des ›Gesetzes‹ gar nicht hin, um Luthers (sozial)ethischen Ansatz zu erfassen.* Drei Gründe stützen diese Vermutung:

(1) Luther hat in seinen Predigten Christen ermahnt und ermuntert. Dabei hat er sich nicht nur auf das Gesetz im usus civilis oder im usus theologicus berufen, sondern er ist vom Evangelium ausgegangen. Er kennt also auch ein vom Kommen Christi her erneuertes Handeln und Verhalten der Christen.

(2) Luther hat das ›natürliche Gesetz‹ nicht inhaltlich fixiert, wie Melanchthon das tat. Den Dekalog hat er als der ›Juden Sachsenspiegel‹ verstanden und ihn nur deshalb in veränderter Form selbst seiner Zeit ausgelegt, weil er den Gesichtspunkt der Gegenseitigkeit (die Aufforderung, sich in den anderen zu versetzen und seine Not sowie Bedürftigkeit zu erkennen) so vollkommen ausdrückt. Im Glauben könne der Christ jedoch neue Dekaloge entwerfen (WA 39,I, S. 47).

(3) Fast immer umgangen wurde Luthers trinitarisches Bekenntnis am Ende seiner sonst so polemischen Schrift ›Vom Abendmahl Christi‹. Wäre Luther ein Vertreter neuerer Ordnungstheologie, dann müßte er die Ordnungen ausschließlich auf den Schöpfer zurückführen und ihre Deutung an den ersten Artikel anschließen. In seinem Bekenntnis spricht Luther von den »heiligen Orden« des Priesteramts, des Ehestands und der Obrigkeit im Zusammenhang des *zweiten* Artikels. »Über diesen drei Stiften und Orden ist nun der allgemeine Orden der christlichen Liebe, in dem man nicht allein den drei Orden, sondern auch allgemein einem jeden Bedürftigen mit al-

lerlei Wohltat dient – wie: Speisen die Hungrigen, Tränken die Durstigen, Vergeben den Feinden, Bitten für alle Menschen auf Erden, Leiden allerlei Böses auf Erden ... Dennoch ist keiner dieser Orden ein Weg zur Seligkeit. Sondern es bleibt nur der eine Weg über diesen allen, nämlich der Glaube an Jesus Christus« (WA 26, S. 505 – hier zitiert nach ›Ausgewählte Schriften‹, hg. v. K. Bornkamm u. G. Ebeling, Bd. 2, Frankfurt/M. 1982, S. 257).
Deshalb hat Luther die Gestaltung der Ordnungen unter einen dynamisierenden Gesichtspunkt – das *Wohl des Nächsten* – gestellt. In den Ständen wirkt der Schöpfer Menschen zugut. Er hat den Fürsten Rechtsunterricht gegeben (Das Magnificat verdeutschet und ausgelegt [1520/21], WA 7, S. 540-604; Von weltlicher Obrigkeit, WA 11, S. 245-281, v.a. S. 271-281). Den Städten empfahl er, Schulen einzurichten (An die Ratsherrn ..., WA 15, S. 25-53); die Eheleute wollte er nicht nur zur alltäglichen Zusammenarbeit anhalten, sondern zu geistlicher Geschwisterschaft bringen (vgl. die nützliche Zusammenstellung ›Vom ehelichen Leben‹, hg. v. D. Lorenz, Stuttgart 1978).

g) Luthers und Melanchthons Denken markieren zwei Wege, die Ausrichtung der Ethik auf *alle* Menschen und deren theologische Begründung zu verbinden. Luther bestreitet keinesfalls sittliche Grundsätze bei allen Menschen, aber versagt sich ihrer naturrechtlichen und ontologischen Fundierung. Was alle Menschen verpflichtet und zum Wohl aller getan werden soll, wird vom Kommen Christi und dem darin bestätigten guten Willen Gottes her immer neu inhaltlich zu bestimmen sein. Dann kann der Glaube nicht einfach zur Motivation des Handelns schrumpfen, sondern er interpretiert das Menschsein und die Welt als Voraussetzungen des Verhaltens. Durch Richtungsvorgaben wird er unter den Möglichkeiten des Handelns auswählen helfen.
Melanchthon könnte eine andere Antwort auf die Frage, ob sich ein *inhaltliches Spezifikum christlicher Ethik* finde, geben. Er würde es allenfalls in Grenzen zulassen; denken ließe sich, daß im dritten Gebot nicht nur die Anweisung liegt, religiöse Zeremonien würdig zu begehen, sondern den Sonntag zu feiern, oder daß die Eheschließung eine spezifische christliche Form erhält und der Hausvater nach dem vierten Gebot einen besonderen religiösen Auftrag zur christlichen Unterweisung, eine priesterliche Funktion, wahrnimmt. Sonst jedoch läuft Melanchthons Ethik darauf hinaus, die Kirche kraft ihres deutlicheren Wissens aus der Offenbarung das Allgemein-Menschliche einschärfen zu lassen. Sie nimmt ein Wächteramt gegenüber der Gesellschaft wahr; in diesem Sinne kann sie gerade von der Obrigkeit nützlich eingesetzt werden. Schließlich droht eine besondere Gefahr: Gründet die Ethik in der allgemein-menschlichen Vernunft, dann muß sie sich besonders mit der offenkundigen Unvernunft der Menschen befassen. Dabei könnte sie nach einer Institution rufen, die die natürliche Vernunft schützt; so kann die Sorge um das Humane zum Konservatismus werden.

h) Die Ausführungen dieses Abschnitts können in folgenden Sätzen zusammengefaßt werden:

(1) Seit der Stoa und der Zeit der Kirchenväter entfaltete sich die Ethik der Kirche in zwei Richtungen: Die aus dem *Naturrechtsgedanken* abgeleiteten Normen sollten

von Heiden wie Christen als das Vernünftige verstanden werden. Die Sinaioffenbarung bestätigte diese allen Menschen gegebene, aber bedrohte sittliche Grundlage. Aus der besonderen Offenbarung in Jesus Christus konnten zusätzliche Sonderregeln für Christen gewonnen werden.

(2) Die Inhalte der allgemeinen Ethik waren in den *Zehn Geboten* zusammengefaßt (die zwar eine lex divina darstellen, weil sie am Sinai offenbart wurden, aber in Umrissen das einschärften, was bereits Adam bekannt war).

(3) Unter den Reformatoren greift *Melanchthon* nachhaltig auf diese Tradition zurück und findet zu den Geboten der ersten und zweiten Tafel jeweils eine naturrechtlich fundierte Norm, die allen Menschen zugemutet werden kann.

(4) Dieses Verständnis der Gebote Gottes gehört zum *usus civilis* seu *politicus*. Eindeutig auf die Offenbarung ausgerichtet ist hingegen der *usus praecipuus:* Menschen sollen am Gesetz zerbrechen, damit sie ihre Sünde erkennen. Der *tertius usus* hingegen hilft, das Verhalten der Wiedergeborenen zu steuern. Luther hat ihn nicht vertreten, aber hat das Evangelium praktisch gepredigt (Joest: usus practicus evangelii).

(5) Das Besondere einer christlichen Ethik kann zwar auch in ihren Inhalten liegen, aber konzentriert sich in der *Ausrichtung des gesamten Verhaltens auf Gott:* Alle Gebote werden im ersten Gebot erfüllt; Gott allein ist zu glauben, er ist zu lieben. Damit setzt Luther einen etwas anderen Akzent, der allerdings liebevolles und vernunftgerechtes Handeln unter Nichtchristen nicht ausschließt.

### 8.2.2
### Allgemeine Ethik oder christliche Ethik, vernünftige Ethik oder theologische Ethik – eine Alternative?

Bereits in den reformatorischen Ansätzen zur Ethik scheint jener Zwiespalt angelegt zu sein, der die Ethik der evangelischen Kirche heute kennzeichnet, der sich durch theologische Richtungen zieht und vor allem auch kirchenpolitische Bedeutung hat. Oberflächlich betrachtet hat er mit Parteiung zu tun, mit Zustimmung zum theologischen Ansatz *Barths* oder seiner Ablehnung, mit der Historisierung des *Barmer Bekenntnisses* oder mit seiner aktuellen Geltung (s.o. S. 94ff). Diese Motive können das Übergewicht erlangen; aber wer die Ethik gründlich aufarbeiten will, muß auch gründlicher fragen. Selbst wenn triviale, aber wirksame Motive wie Macht oder Einfluß die eigentlichen Anlässe für die Wahl einer ethischen Richtung sein sollten, so können sie nur mit besserer Begründung verstanden oder bestritten werden.

#### 8.2.2.1
#### Humane Ethik statt theologischer Ethik?

Melanchthons Verbindung von Rechtfertigungsglauben (nur ein Affekt besiegt Affekte!), Naturrecht und Ordnungslehre hat im Protestantismus in vielfältigen Variationen Schule gemacht. Wo könnten seine Nachfolger heute stehen?

a) Ähnliche Fragen greift im 20. Jh. *W. Trillhaas* auf: Ethik, Berlin ³1970. Seine Begründung weist folgende Schwerpunkte auf:
– Die *Konsequenzen* des christlichen Glaubens sind eine außerchristliche, die *Bewährung des christlichen Glaubens* ist eine innerchristliche Frage. Auf jeden Fall muß die christliche Praxis in ihren Folgen unmittelbar einleuchten können (*T. Rendtorff* nimmt das z.B. in ›Kirche und Theologie‹, Gütersloh 1966 auf: In der Neuzeit trennt sich das ethisch orientierte Christentum als Lebensform von der dogmatisch fundierten Kirche; darin liegt eine positive Stellungnahme zur Aufklärung).
– Die Probleme der Ethik sind mit dem *Menschsein* gegeben (S. 115f), nicht erst mit dem Christsein. Jede Ethik muß deshalb kommunikabel sein und sich auf das Humanum beziehen. Ethik ist *angewandte Anthropologie.*
– Der Mensch wird mit seinen eigenen Motiven – Haben-Wollen, Hunger, Sexualität usw. – konfrontiert. Die Ethik kontrolliert diese Motive aus der Reflexion heraus.
– Dabei greift Trillhaas nicht mehr unmittelbar auf Gedanken des Naturrechts zurück, sondern verläßt sich auf die biologische Anthropologie des 20. Jh.s. *Gehlen* steht Pate, vermittelt durch Gehlen aber *Nietzsche:* Der Mensch ist das nicht-festgestellte Tier: Er braucht Institutionen, Regelungen, um überhaupt in seiner Umwelt überleben zu können (s.o. S. 108f). Merkwürdiger Vorgang! Nietzsche, als kritischer Aufklärer der Aufklärung, griff zum Mittel biologistischer Destruktion, um zu erweisen, daß wir nicht mit einem feststehenden rationalen, moralischen Menschen rechnen können. Gehlen kommt darauf zurück und verkennt die aufklärend-destruktive Absicht dieses Konzepts, um daraus ein menschliches Kontinuum zu konstruieren: Der Mensch ist bedrohter als das Tier, seinen eigenen Trieben so ausgeliefert, daß er seinen Antriebsüberschuß kultureller Regulierung unterwerfen muß.
– Trillhaas' ›Ethik‹ folgt einigen Gedanken dieser Anthropologie und setzt beim *Allgemein-Menschlichen* an. Das spezifisch Christliche, die Liebe, bildet etwas *Überschießendes* (S. 18). Allerdings dürfte es nicht mehr »überschießend« genannt werden, wenn es sich als ein besonderer christlicher Inhalt fixieren ließe.

b) Trillhaas' Konzept hat Nachfolger gefunden. Ein eher mittelbarer Schüler ist *T. Rendtorff.* Auf ihn scheint die Bezeichnung »Theorie des neuzeitlichen Christentums« zurückzugehen; sie wurde zum Inbegriff einer theologischen Richtung. (Zuerst wurde sie in einer Festschrift für Trillhaas dokumentiert: Beiträge zur Theorie des neuzeitlichen Christentums, hg. v. H.J. Birkner u. D. Rössler, Berlin 1968.) Das neuzeitliche Christentum ist nicht die Kirche des 20. Jh.s, sondern stellt eine Lebensweise dar, die aus der Aufklärung entstanden ist und eine christliche Lebensform fortführt, die sich aus den dogmatischen Fesseln der Kirche befreit hat.
Rendtorffs Entwurf heißt ebenso lapidar wie der von Trillhaas ›Ethik‹ (Bd. I, Stuttgart 1980; Bd. II, ebd. 1981). Aber Rendtorffs ›Ethik‹ bezieht sich nicht mehr auf den Menschen im allgemeinen, sondern auf dessen *Lebenswirklichkeit* in der neuzeitlichen Geschichte. Mit dem Leben der Menschen ist die Frage nach dem Leben selbst gestellt: Wie können wir es sinnvoll leben? Wir übernehmen es als Geschenk, dabei wird sein Sinn durch eine verpflichtende Geschichte vermittelt. In ihr erfüllt sich die neuzeitliche *Freiheit.* Theologisch kann sie sich auf Paulus und auf Luther berufen; profanhistorisch ist sie eine Freiheit zur vernünftigen und wissenschaftlichen Bewältigung der Welt. Niemals kann sie in dem Sinne revolutionär sein, daß sie alle gesellschaftlichen Verhältnisse umzustürzen droht; denn die Freiheit ist bereits gegeben. Insofern hat das aufgeklärte Europa Maßstäbe für die ganze Welt gesetzt. (Im übrigen geht Rendtorff davon aus, daß er sich mit dem Glauben auf Luther, mit dem Gegebensein des Lebens auf Melanchthon beziehe [Art. ›Ethik‹ VII, in: TRE, Bd. 10, S. 481-517, bes. S. 482].)
Diese Art eines *aufgeklärt-liberalen Konservatismus* entspricht auch der in den siebziger Jahren angebahnten Tendenzwende. Nach Rendtorffs Ansicht darf das Theologische nicht politisiert, das Politische nicht theologisiert werden; denn die christliche Wahrheit gilt zunächst dem *Individuum* als ›Umwelt‹ des umfassenden sozialen Systems (vgl. Gesellschaft ohne Religion?, München 1975). Wenn der einzelne seine Lebensführung gestalten soll, greift er auf Normen sozial vermittelter Lebensformen zurück. Eine besondere christliche Ethik ist gerade deshalb nicht möglich, weil sich das Christentum bereits in gesellschaftliche Lebensformen eingesenkt hat und Gemeingut geworden ist. Aber die christliche Wahrheit kann – jenseits des Systems –

die vorgegebenen Lebenszusammenhänge interpretieren. Darin wird das (soziale) Leben reflexiv, wie Rendtorff, die Soziologie *Luhmanns* aufnehmend, sagt. In der ›Selbstthematisierung‹ hat das Vertrauen zu Gott als Begleiter (und damit Schöpfer) des Lebenszusammenhangs Vorrang.
Formal betrachtet ist Rendtorffs Ethik trinitarisch aufgebaut; wenigstens will der Dreischritt ›Gegebensein des Lebens‹, ›Geben des Lebens‹ und ›Reflexivität‹ diesen Eindruck wecken. Ob es jedoch ohne echte Eschatologie eine die Lebenswirklichkeit erhellende Versöhnungslehre und überhaupt die tiefe und echte Erfahrung der Entzweiung des Lebens in der Sünde geben kann? Die Perspektive ›Schöpfung‹ stellt allerdings in dieser Ethik nicht die Ordnungen (s.o. S. 44f.91f), sondern den Geschenkcharakter des Lebens heraus; im Gegebensein wird aber seine institutionelle Verfaßtheit vorausgesetzt.

c) Im kirchlichen Zusammenhang findet nicht allein diese liberal-lutherische Stimme Gehör. Zu häufig ähnlichen Ergebnissen kommt *M. Honecker* auf einem anderen Weg (Konzept einer sozialethischen Theorie, Tübingen 1971 / Sozialethik zwischen Tradition und Vernunft, Tübingen 1977). Obwohl er die Frage nach der allgemeinen Verbindlichkeit der Ethik – Melanchthons Frage – stellt, setzt er bei Luthers Unterscheidung von innerlichem und äußerlichem Menschen an. Der innerliche steht unter Gottes geistlichem Regiment, er wird im Glauben zum Tun des Vernünftigen motiviert. Das äußerliche Regiment – zur Linken Gottes –, von Luther u.a. mit seiner Sozialphilosophie der Stände ausgelegt, könne heute nicht mehr wie im 16. Jh. verstanden werden. Wir seien an die *Vernunft* statt an die Stände gewiesen. Was inhaltlich zu tun sei, stelle nicht der Glaube, sondern die Vernunft fest; mit ihrer Hilfe schaffe Gott in der Welt politische und soziale Ordnung.
Die meisten protestantischen Ethiker heute berufen sich lieber auf Luther als auf Melanchthon. Vor allem Honeckers Entwurf will eine zeitgemäße Auslegung der *Zwei-Reiche-Lehre* Luthers sein. Der *Glaube* und die *Vernunft*, die Beziehung zu Gott und das politische Leben seien deutlich zu unterscheiden. Die Inhalte der Ethik würden durch vernünftige Überlegungen festgelegt. (Vgl. auch: Vernunft, Gewissen, Glaube. Das spezifisch Christliche im Horizont der Ethik, ZThK 77 [1980], S. 325-344.) Dieses Argument richtet sich gegen prophetische Einreden von kirchlichen Amtsträgern in die Politik. (Die kirchenpolitischen Gründe dafür liegen auf der Hand: Jahrhundertelang verstand sich die Kirche als Institution, die über die öffentliche Moral wachte und politische Mächte zu legitimieren half. Die Erfahrungen des ›Dritten Reichs‹ ließen viele evangelische Christen mit der traditionellen Unterordnung unter die ›Obrigkeit‹ brechen. Die Bekennende Kirche setzte sich in einer Strömung fort, die auch in der Bundesrepublik Deutschland häufig zu politischen Entscheidungen eine kritische Stellung bezog. Weil sie nicht in den unkritischen Antikommunismus einstimmen wollte, rief sie eine Opposition auf den Plan, die sich auf die angeblich notwendige politische Abstinenz der Kirche berief. Die Fronten wirken bis heute nach. Ob diese ›Unpolitischen‹ mit ihrer Zwei-Reiche-Lehre nicht doch politisch sind, müßte allerdings untersucht werden. Schließlich gingen die nationalen und antikommunistischen Motive des deutschen Nationalprotestantismus nach 1945 auseinander in die eher neutralistisch-nationalen Kämpfer für die Wiedervereinigung und in die Befürworter der Westintegration zur Abwehr des Kommunismus. Allerdings förderte auch das stalinistische Verhalten der SED die antikommunistische Einstellung.)

### 8.2.2.2
### Was bedeutet *christliche* Ethik heute?

Dem Allgemein-Menschlichen kann sich niemand entziehen – es sei denn um den Preis der eigenen Humanität. An der Vernunft kann niemand vorbeigehen, es sei denn, er wählte bewußt den Irrationalismus. Darum erscheint es wie eine Selbstverständlichkeit, zuerst nach der ›Ethik‹ zu fragen und danach theologische Themen aufzugreifen. Sind die Entwürfe theologischer Ethik nicht an universalen Maßstäben interessiert, leiden sie daran, auf einer Entscheidung ohne rationalen Grund aufzubauen oder sich willkürlich auf die Offenbarung zu berufen – nach der Maßgabe »friß, Vogel, oder stirb« (*Bonhoeffer, D.*: Widerstand und Ergebung, Gütersloh [13]1985, S. 137).

Trotzdem ist die Alternative nicht so einfach. In Kap. 1-7 wurden Fragestellungen genannt, die sich mit den genannten Gründen für eine allgemeine Ethik nicht zufriedengeben. Was ist denn die *Vernunft*? Gewährt sie der Ethik mehr als ein formales Prinzip, das bereits anerkannte oder vorgeschlagene *Normen* zu prüfen erlaubt? Verdanken sich Normen der Nützlichkeit, oder dienen sie der Identität? Wie ist die *Geschichte* zu entwerfen, in der die Vernunft durch menschliches Handeln Gestalt gewinnen soll? Wie ist mit der abgründigen *Dialektik* umzugehen, daß so viele Projekte des *Guten* das *Böse* hervorbringen und die beste Motivation nicht davor bewahrt, Mensch und Mitwelt des Menschen zutiefst zu schädigen? Deshalb spricht vieles dafür, die *Entscheidungen der Wort-Gottes-Theologie* erneut zu prüfen und ihre reformatorischen und vor allem ihre biblischen Begründungen zu sichten. Dabei kann Luthers Ansatz in der Christologie herangezogen werden. Die schon erwähnte Streitschrift ›Vom Abendmahl Christi‹ (1528) schließt ein persönliches Glaubensbekenntnis ein. Obwohl Luther ›Ist‹-Aussagen von Gott benutzt, lautet sein Schlüsselsatz: »Das sind die drei Personen und ein Gott, der sich uns allen selbst ganz und gar gegeben hat mit allem, was er ist und hat« (Ausgewählte Schriften, hg. v. K. Bornkamm u. G. Ebeling, Bd. 2, S. 258). Das Sich-Geben wird an Christus erkannt; erst von ihm her kann die Liebe als ›Sich-Geben‹ verstanden werden.

Was nötigt uns heute, diese Seite Luthers herauszustellen und dann – allen Differenzen zum Trotz – *Luther und Barth* einander anzunähern? Ein Grund liegt im Versagen des Luthertums im ›Dritten Reich‹. Mit dem Begriff der Schöpfung wurden viele Ordnungsgestalten menschlichen Lebens theologisch verklärt – leider auch der ›Führer‹ des ›Dritten Reiches‹ und das Volk. Die ideologische Blindheit der Schöpfungsordnungstheologie beweist, daß Menschen ihre Geschichte machen, ohne deren Ergebnisse zu wollen, und daß theologische Denkmuster dabei mithelfen. Die Christologie eliminiert nicht den Schöpfungsglauben, wie oft unterstellt wird, sondern identifiziert die Schöpfung durch den Gott, der sich in Christus »gibt«.

Längst bevor die Barbarei des ›Dritten Reiches‹ über das deutsche Volk Macht gewann, waren der ›dialektischen Theologie‹ (Wort-Gottes-Theologie) Zweifel entstanden, ob vorgegebene Ordnungen zur Bestimmung des Lebens der Menschen ausreichten. Sittlichkeit sei nicht in Kongruenz mit den Naturgesetzen menschlichen Handelns zu sehen, heißt es in der 1928 von *K. Barth* in Münster und 1930 in Bonn gehaltenen Ethikvorlesung. Barth spitzt seine Einwürfe zu: »Aber der Mensch, an den sich das Wort Gottes richtet, kann in der Theologie nirgends zum Thema, zum Subjekt, von dem geredet wird, werden« (Ethik I, hg. v. D. Braun, Zürich 1973, Bd. 1, S. 19). Will Barth damit ›steil von oben‹ exklusiv von Gott her reden? Ist sein Ansatz autoritär, weil er die Vernunft als das Identische im Menschen angreift? Nein, er entfaltet eine Ethik, die auch der Kritik der Aufklärung (wie sie hier an Nietzsche aufgewiesen wurde) gerecht werden will: Gerade jener Mensch, der sich als Wesen der Vernunft über sich selbst aufklären will, ist keine Konstante mehr, sondern lebt in lebendigen Beziehungen in einer ihm widerfahrenden, aber auch von ihm mitproduzierten Geschichte. Gott bestimmt als vorrangiges Subjekt der Ethik den Menschen in dessen

Selbstverständnis und Praxis radikal neu. Und neu zu werden bedeutet, eine *Zukunft* und damit *Geschichte* zu gewinnen.
Die Ethik der Wort-Gottes-Theologie vor allem Barths spitzt sich deshalb ganz auf die Frage zu, was Gott *jetzt aktuell* will, dann erst achtet sie auf die *Ordnungsvorgaben* des Schöpfers im Lebenszusammenhang der Menschen. Diese gelten nicht einfach aus natürlicher Einsicht, sondern werden durch das Ereignis des Wortes Gottes bestimmt. Barths Ethik richtet sich deshalb *an der Gestalt und am Ereignis Jesu Christi aus.* Das ist keine grundlose Entscheidung, weil es um fundamentale Perspektiven der *Wirklichkeit* angesichts des *Wortes Gottes geht.*
Das ›Wort Gottes‹ ist kein irrationaler, willkürlich gewählter Grund der Ethik und erst recht kein Versuch der Selbstimmunisierung:

a) Welche Verbindung von Wirklichkeit und Wort Gottes gemeint ist, läßt sich anhand eines Vergleichs klären. Im traditionellen *ontologischen* (metaphysischen) Schema lassen sich zwei Sphären des Seins unterscheiden. Sie können übereinander oder gegeneinander stehend gedacht werden. Im – metaphorisch gesprochen – ›oberen‹ Bereich ist Gott, der alles andere schafft und durch die ersten Geschöpfe, die Engel, seine geistige mit der geistig-materiellen Welt der Menschen verbindet. Den ›unteren‹ Bereich ordnet die Stufenfolge Mensch – Tier – Pflanze – Unbelebtes. Durch den Fall einiger Engel und den Fall des Menschen entstand eine feindliche Spannung; Christus mußte kommen, um Mensch und Gott wieder zu versöhnen. Sein Dienst führte zur ›recapitulatio‹, zur Wiederherstellung des ursprünglichen von Gott gewollten Zustands. Was der Mensch eigentlich ist, steht damit von Urzeit an fest; durch die Erlösung kommt eigentlich nichts Neues in die Welt hinein. Christus hat mit diesem *Grundriß des Seins* insgesamt nur soweit zu tun, als er Gottes *Logos* bei der Schöpfung ist. Diese Ontologie will in sich geschlossen sein. Das Wort Gottes setzt diese beiden Räume – in einem Seinszusammenhang – nicht voraus, sondern erschließt erst den Raum, in dem Gott den Menschen begegnet und Perspektiven des Lebenssinns eröffnet.

b) Die alles Leben umfassende Wirklichkeit kann stärker *prozessual* verstanden werden. Im Abschnitt 8.2.2.1 kam die Konzeption einer Freiheitsgeschichte zur Sprache. Sie setzt die Idee der Fortschrittsgeschichte fort, wie sie von *Schleiermacher* bestimmt wurde, und modifiziert sie mit *Troeltsch*: Ein absoluter Endpunkt ist aus der Geschichte nicht mehr herzuleiten, aber die abendländische Entwicklung hat einen Stand erreicht, hinter den keine Diskussion mehr zurückfallen darf. Der neutestamentliche und der reformatorische Anstoß zur Freiheit wandern in die Gesellschaft ein und verändern sie so, daß die politisch-gesellschaftlichen Strukturen und das persönliche Streben nach Freiheit einander ergänzen. Die Gesellschaft wird sich ihrer Geschichte (zur Freiheit hin) bewußt; diese aufgeklärte Sicht der Geschichte stellt die höchste Form des geschichtlichen Bewußtseins dar und kann nicht unterboten werden. Wenn sich etwa Christen der ›Dritten Welt‹ in der Ökumene kritisch zur Theologie und Ethik der abendländischen Christenheit äußern, müssen sie deren Begriffe verwenden – in *Rendtorffs* Augen der Beweis, daß abendländisches Geschichtsbewußtsein die fortgeschrittenste Weltdeutung darstellt.

Das Geschichtsbewußtsein wird mit der Geschichte kongruent. Zwei Erfahrungen sollen das bestätigen: Das religiöse Wahrheitsbewußtsein bearbeitet die Sinnfragen der einzelnen Menschen, die – als einzelne – nicht im sozialen System aufgehen können, aber in einem System gesellschaftlicher Freiheit ›mitspielen‹. Auf der anderen Seite ›thematisiert‹ sich das umfassende (soziale) System ›selbst‹ (wie Rendtorff im Anschluß an den Soziologen Luhmann sagt). Auch religiöse Aussagen und vor allem ethische Diskurse können dazu gehören; und die Kirche wird gut daran tun, als Volkskirche diese ›Selbstthematisierungen‹ in großer Fülle zuzulassen, ohne durch einseitige politische und theologische Kundgaben die Freiheit anzugreifen.
Auch diese Sicht der Wirklichkeit ist auf ihre Weise geschlossen. Sie ist zwar geschichtlich angelegt, und Geschichte kennt Veränderung. Sie kennt zwar kein Telos als letztes, umfassendes Ziel wie eine heilsgeschichtliche Konzeption, die einer teleologischen Ontologie zur Seite gestellt wurde, aber die Geschichte der Freiheit kommt im Bewußtsein der Freiheit (und auch in einer erneuerten liberalen Theologie) mit sich selbst in Übereinstimmung. An diese Konzeption müssen deshalb alle jene Fragen gestellt werden, die mit dem Stichwort der Theodizee (s.o. S. 112) oder der Krise der Aufklärung (s.o. S. 108) aufgeworfen wurden. Das Kreuz Jesu Christi als Widerspruch von Sinn und Sinnlosigkeit, das uns Gott anders enthüllt, als unser religiöses Suchen es kann, hat in diesem Entwurf keinen konstitutiven Platz.

c) Darum ist der kritische Ansatz der Wort-Gottes-Theologie bis heute aktuell. *Barths* Ethik kann, ja muß für eine veränderte Zeit noch einmal neu erarbeitet werden. Ihr soll *Bonhoeffers* Ethik zur Seite gestellt werden – nicht nur wegen vieler Parallelen, sondern auch wegen ihrer christologischen Begründung, die ausdrücklich auf das Wirklichkeitsverständnis abhebt und damit auf die hier skizzierten Probleme eingeht:

»Solange Christus und die Welt als zwei aneinander stoßende und einander abstoßende Räume gedacht werden, bleibt dem Menschen nur folgende Möglichkeit: Unter dem Verzicht auf das Wirklichkeitsganze stellt er sich in einen der beiden Räume, er will Christus ohne die Welt oder die Welt ohne Christus ... So schwierig es nun sein mag, sich dem Bann dieses Raumdenkens zu entziehen, so gewiß ist es doch, daß es sowohl dem biblischen wie dem reformatorischen Denken zutiefst widerspricht und daß es daher an der Wirklichkeit vorbeigeht. Es gibt nicht zwei Wirklichkeiten, sondern *nur eine Wirklichkeit*, und das ist die in Christus offenbar gewordene Gotteswirklichkeit in der Weltwirklichkeit« (*Bonhoeffer, D.*, Ethik, München $^{12}$1988, S. 210 [Hervorh. im Orig.]).

Bonhoeffer zieht die Summe aus der christologischen Orientierung der evangelischen Theologie dieses Jahrhunderts: Als sich die *Wort-Gottes-Theologie* in den zwanziger Jahren ganz auf *Christus* konzentrierte, setzte sie sich dabei auch mit dem von *Troeltsch* vorgetragenen Konzept der relativen Höchstgeltung der im Abendland entfalteten Geschichte auseinander; demgegenüber will *Gottes Wort* die Vorerwartungen der Menschen verändern und ihre abgeschlossenen Wirklichkeitsentwürfe von Grund auf neu bestimmen. Das ist der Reflex der Eschatologie in der Theologie! An Christus wird Gott neu und anders erfahren und die menschliche Bestimmung der Wirklichkeit verändert.

*Gott und Mensch sind nicht auf sie definierende Schemata festgelegt,* sondern kommen im Ereignis des Wortes – und das bedeutet *Begegnung* – zur Erkenntnis. (Daß die Wort-Gottes-Theologie es so meinte und nicht autoritär von oben her, aus dem Himmel herab, Wahrheit regnen lassen wollte, zeigt Barths Ethikvorlesung an der Frage »*Was* sollen wir tun?« auf. Barth weist darauf hin, daß die Kriegstheologie [1914-1918] das ›Was‹ immer mit einem selbstgewissen ›Das‹ beantworten konnte. Statt dessen fordert er zuerst eine kritische Ethik, die Hohlräume schafft. Weil wir uns in unseren Festlegungen verstricken, werden wir in diesen Festlegungen angegriffen, um die *wahre Freiheit* gewinnen zu können [Ethik I, S. 110ff]. Auch in der ›Kirchlichen Dogmatik‹ erkennt Barth eine ›allgemeine Ethik‹ an; sie bestätige die Wahrheit der den Menschen zugewendeten Gnade Gottes [KD II,2, S. 574].)
Der christologische Ansatz der Ethik wollte – und will – *das Selbstverständliche durchbrechen, weil Menschen sich gerade dadurch von sich selbst entfremden.* Darum gehört es zu dieser Ethik, kritische Fragen angesichts jener Strukturen zu stellen, die ihrer Zeit oft so selbstverständlich erscheinen, etwa

– angesichts der Bürgerlichkeit des Christentums (der junge Pfarrer Barth in einer Arbeitergemeinde; vgl. *Karl Barth – Eduard Thurneysen:* Briefwechsel, Bd. 1 [1913-1921], Zürich 1973 [GA V]);
– angesichts der Symbiose der Kirche mit dem Volksgedanken und dem Nationalgefühl (vor allem 1933 und danach; vgl. *Barth, K.:* Die Not der evangelischen Kirche, ZZ 9 [1931], S. 89-122; vgl. ferner: *Fürst, W.* [Hg.]: ›Dialektische Theologie‹ in Scheidung und Bewährung 1933-1936, München 1966);
– angesichts des christlich eingeübten Gehorsams, der politisch nicht aufbegehren läßt (siehe das Widerstandsthema, vor allem bei D. Bonhoeffer; vgl. *Tödt, H.E.:* Dietrich Bonhoeffers ökumenische Friedensethik, in: Frieden, das unumgängliche Wagnis, hg. v. H. Pfeiffer, München 1982 [IBF 5], S. 85-117; *Bethge, E.:* Dietrich Bonhoeffers Weg vom ›Pazifismus‹ zur Verschwörung, ebd., S. 118-136);
– angesichts des allzu guten Gewissens, in der richtigen Gesellschaft zu leben und diese richtige Gesellschaft im Vollbewußtsein der Christlichkeit gegen den ›roten Antichristen‹ verteidigen zu müssen (nach 1945).

Allerdings muß es uns heute bedenklich stimmen, wenn dieser Ansatz sich so sehr auf das Ereignishafte konzentriert und zumindest in seinen Anfängen die *strukturellen* Probleme menschlichen Zusammenlebens oft vernachlässigt hat. Manche Theologen in der Tradition Barths verwechseln noch heute Individual- und Sozialethik, suchen nach symbolischen Subjekten des Bösen in der Weltgesellschaft und flüchten in den Appell, der das Gegenüber als Objekt moralischer Belehrung behandelt.

d) Ist die Wahl des ethischen Ansatzes Sache einer bloßen Entscheidung, die in das Belieben z.B. einer Theologin oder eines Theologen gestellt ist? Es könnte so aussehen. Aber die Ethik hat mit der vorgegebenen oder zu entdeckenden, mit der festgestellten oder erst noch zu interpretierenden Wirklichkeit zu tun, in der wir gemeinsam leben wollen. Weil Menschen handelnd ihre Geschichte bewirken und das gelebte Ethos ihre Handlungen steuert, stellt sich die ethische Frage mit Nachdruck; sie ist nicht beliebig. Die Konsequenzen individuellen und kollektiven menschlichen Verhaltens unterstreichen das nachdrücklich. Keinesfalls beliebig ist auch eine Kernfrage menschlichen Daseins: Weil das Menschenleben in der Wirklichkeit des Lebens keine absolute Erfüllung und keinen letzten Sinn erfährt (warum würden sonst Fragen gestellt und so viele Anstrengungen zur Veränderung unternommen?), spielt die *Zukunft* eine Schlüsselrolle bei der Entscheidung für einen ethischen Entwurf. Biblisch gesprochen: Nur wenn Gottes Sein mit den Menschen in den drei Hinsichten seines trinitarischen Daseins und die Reich-Gottes-Perspektive zur Geltung kommen (s.o. S. 16ff), ist die Wahl eines ethischen Ansatzes theologisch verantwortet. Die Reduktion auf den ersten Artikel und das ungeklärte Allgemeinmenschliche bzw. das Vernünftige überzeugt nicht.

e) Die für dieses Arbeitsbuch entscheidenden Überlegungen des Teils 8.2.2.2 sollen in kurzer Form zusammengefaßt werden:
(1) Vor allem *Melanchthon* konnte eine allgemeine, ein für allemal festgestellte praktische Menschenvernunft voraussetzen; wir können es nicht, weil sich die Vernunft vergeschichtlicht hat. Der Einspruch von Theologen wie *Barth* und *Bonhoeffer* gegen die Selbstverständlichkeiten ihrer Epoche muß deshalb neu interpretiert werden: Es gilt, der *Vernunft* einen *Inhalt* zu geben und sie mit der Geschichte in Beziehung zu setzen.
(2) Statt die Ethik der Wort-Gottes-Theologie als ein deduktives, aber uneinsichtiges System zu verstehen, das aus einem Ereignis, dem Kommen Jesu Christi, hergeleitet wird, soll die *Offenbarung Gottes* an einem *konkreten* Menschen (Jesus) so verstanden werden, daß sie *neue Möglichkeiten des Lebens,* also auch *neue Perspektiven der Wirklichkeit* handelnder Menschen und *neue Gehalte des Vernünftigen* aufschließt.
(3) Das Besondere christlicher Ethik ist damit die *Ermutigung* zu einem Entdekkungsprozeß: Was heißt Menschsein, was heißt Vernunft heute?
(4) Was es bedeutet, christliche Ethik von Gottes Selbstkundgabe (Offenbarung) in Jesus Christus zu entwerfen, müssen wir heute angesichts der Fragen nach dem Vernünftigen erst *rekonstruieren. Barth* und *Bonhoeffer* bezogen den Ansatz ihrer Ethik auf das *Ereignis* göttlichen Gebietens; sie fanden deshalb keinen rechten Zugang zum Problem der Normen, das dieses Arbeitsbuch seit Kap. 3 begleitet.

## 8.3 Vertiefung

### 8.3.1 Theologische Themen, die bei der Begründung von Normen zu berücksichtigen sind

#### 8.3.1.1

›Gesetz und Evangelium‹ ist eine vor allem unter lutherischen Theologen viel gebrauchte Doppelformel. Sie wird häufig als Ausdruck zweier Grundweisen menschlicher Existenz verstanden und umfaßt als *Gesetz* den Anspruch fordernder Normen und das Scheitern sowie als *Evangelium* das erlösende Wort Gottes (vgl.: Gesetz und Evangelium, hg. v. E. Kinder u. K. Haendler, Darmstadt 1968 [WdF 142]).

Auch im populären theologischen Sprachgebrauch steht das Gesetz für Drohung, ja Zwang und das Evangelium für Dürfen und Freiheit. Diese Unterscheidung kann sich auf Aussagen Luthers berufen, vor allem auf seine Auseinandersetzung mit dem katholischen Gnadenverständnis sowie auf seine Entdeckung des biblischen Sinnes der Gerechtigkeit Gottes.
Vor solch suggestivem Verständnis ist jedoch Folgendes festzuhalten: Die Unterscheidung von Gesetz und Evangelium ist immer *perspektivisch* und deshalb auf bestimmte theologische Sachverhalte bezogen. Immer kennzeichnet sie das Verhältnis des Menschen zu Gott, genauer: Sie charakterisiert das *Widerfahren des verkündigten Wortes Gottes.* Die Schmalkaldischen Artikel

Luthers (BSLK, S. 435-457), aber auch die Konkordienformel (SC V, BSLK, S. 951), sagen das eindeutig aus: Die Unterscheidung sei ein »besonders herrliches Licht«, um die Schriften der Apostel zu erklären und zu verstehen und Gottes Wort recht einzuteilen. Sonst werde aus dem Evangelium ein Gesetz gemacht und es verliere seine Kraft, die betrübten Gewissen zu trösten. Daraus sind einige *Folgerungen* zu ziehen:

a) Es ist *nicht angemessen*, in der Unterscheidung von Gesetz und Evangelium einen theologischen *Universalschlüssel zur Wirklichkeitsdeutung* zu sehen. Sonst drohen zwei Abwege:
– Die Unterscheidung kann für einen neueren lutherischen Traditionalismus eine ähnliche Rolle wie das katholische *Natur-Übernatur-Denken* spielen. Dann wird ›Gesetz‹ die zentrale Kategorie für allgemeine menschliche Ordnungsformen und Normen; das menschliche Zusammenleben hat keine Verheißung, es steht unter der Notwendigkeit, die Folgen der Sünde zu steuern.
– Das ›Gesetz‹ kann zur *Kategorie für das allen Menschen Einleuchtende werden* (vgl. *Ebeling, G.*: Die Evidenz des Ethischen . . ., in: *Ders.*, Wort und Glaube, Bd. 2, S. 1-41 und die darauf folgende Auseinandersetzung mit *Pannenberg*). Ebeling kennt zwar die Möglichkeit, eine *Ethik der Freiheit* von der *des Gesetzes* zu unterscheiden, aber die Freiheit bleibt ohne Konturen: »Für eine am christlichen Verständnis der Sünde orientierte Ethik des Gesetzes ist die Eindämmung der Sündenfolgen zwecks Erhaltung des Lebens . . . der Leitgesichtspunkt, der für das grundsätzliche Verständnis des Ethischen ebenso wie für die materialethischen Fragen maßgebend ist . . .« (*Ebeling, G.*: Zum Verhältnis von Dogmatik und Ethik, ZEE 26 [1982], S. 10-18, hier S. 17f). Wenn er in seiner ›Dogmatik des christlichen Glaubens‹ (Bd. 3, S. 57) erwägt, die Ethik vom Geist Gottes her zu entwerfen, so nennt er ein Anliegen, das er durch seinen Ansatz leider verstellt hat und auch nicht ausführt.

b) Die Unterscheidung von Gesetz und Evangelium darf *nicht* der von *Altem und Neuem Bund* entsprechen. *Luther* konnte im Alten Testament bereits das Evangelium finden (Abrahamsverheißung). Wo Luthers Einsicht vergessen wurde, konnten weder der Glaube Israels noch der des Judentums recht verstanden, mußte das gute Gebot Gottes zum ›Gesetz‹ stilisiert werden. Hier hat die Theologie *Barths* und ihre Umsetzung in die ›Theologie des Alten Testaments‹ durch *G. von Rad* Einsicht geschaffen.

c) Die Unterscheidung von Gesetz und Evangelium entspricht nicht der *zweier Reiche oder Regimente* (vgl. den Sammelband ›Reich Gottes und Welt‹, hg. v. H.H. Schrey, Darmstadt 1969, v.a. den Beitrag von *W. Joest*, S. 196-220). Denn der ›usus theologicus‹, das Aufdecken der Sünde, gehört zum geistlichen Regiment Gottes. Wird das nicht mehr verstanden, dann gehört das Gesetz »aufs Rathaus« (Agricola), kann von der Kanzel nur noch lauer Trost regnen und darf der Prediger nichts zum Verhalten der Menschen und zur öffentlichen Ordnung sagen. Das öffentliche Leben würde einer Vernunft überlassen, in der keinerlei Kriterien des von Gott gewollten Lebens gelten.

d) Auch *Paulus* will mit Hilfe der Kritik am Gesetz nicht ein allgemeines Urteil über Israel, seine Gebote und die Tora aussprechen, sondern das neue Sein in Christus von seinem Herkommen absetzen. Aber es ist der Christus Israels, der nach Röm 10,4 das Ziel in Gestalt von Erfüllung und Ende des Gesetzes ist. *Luther* hat das Nacheinander der (von Paulus angesprochenen) Äonen als paradoxes Ineinander betrachtet (simul iustus ac peccator), um alle Vergegenständlichung, Aufrechnung, Absicherung des neuen Seins zu vermeiden. Andererseits hat er doch ein ›partim iustus, partim peccator‹ anerkannt, so daß *W. Joest* zu Recht neben dem Transgressus des Christen (von der Sünde zur Gerechtigkeit aus Gott) einen gewissen Progressus finden kann (Gesetz und Freiheit, Göttingen [4]1968). Er schreitet allerdings nicht in Richtung auf das Reich Gottes voran, sondern läßt dieses im Menschen wirksamer werden.

e) Im *19. Jh.* wurde die Interpretation von Gesetz und Evangelium zum konfessionalistischen Schibboleth der ›Lutheraner‹ gegegenüber den Reformierten. *M. Schneckenburger* warf sie 1855 in die Diskussion (vgl. *Wolf, E.*, Sozialethik, Göttingen 1975, S. 74ff). Nun wurde der Calvinismus als eine neue Form von ›Gesetzlichkeit‹ betrachtet, ihm wurde unterstellt, mit der positiven Wertung des Gesetzes die Illusion zu nähren, christlich legitimierte Politik sei möglich, und die Demokratie als die dem Christentum angemessene Staatsform oder sogar die Revolution gutzuheißen. Diese Unterscheidung stand bis tief in unser Jahrhundert hinein im Dienst einer Furcht vor Revolution und Demokratie.

f) Die politischen Hintergrundmotive verbanden sich mit dem unter (a) skizzierten Verständnis und sorgten dafür, daß konservative Theologen *dem deutschen Luthertum eine eigene politische Sendung zwischen dem demokratisch-egalitären Ethos des Westens und dem Byzantinismus des Ostens* zuerkannten (z.B. bekämpften *P. Althaus* und *E. Hirsch* am Ende der zwanziger Jahre heftig die Ökumene der Kirchen). Sie zogen hierarchische Ordnungsgefüge vor, die sie aber in der Weimarer Republik bedroht sahen, so daß sie für die Republik Röm 13,1-7 nicht gelten ließen. In diesem Sinn heißt es im ›*Ansbacher Ratschlag*‹, der von W. Elert formuliert und von P. Althaus mitunterzeichnet wurde und ein Gegengewicht zur Barmer Theologischen Erklärung sein sollte: »Das Gesetz, ›nämlich der unwandelbare Wille Gottes‹ (Form. Conc. Epit. VI,6), begegnet uns in der Gesamtwirklichkeit unseres Lebens, wie sie durch die Offenbarung Gottes ins Licht gesetzt wird. Es bindet jeden an den Stand, in den er von Gott berufen ist, und verpflichtet uns auf die natürlichen Ordnungen, denen wir unterworfen sind, wie Familie, Volk, Rasse (d.h. Blutzusammenhang) . . . In dieser Erkenntnis danken wir als glaubende Christen Gott dem Herrn, daß er unserem Volk in seiner Not den Führer als ›frommen und getreuen Oberherren‹ geschenkt hat und in der nationalsozialistischen Staatsordnung ›gut Regiment‹, ein Regiment mit ›Zucht und Ehre‹ bestreiten will« (Die Bekenntnisse und grundsätzlichen Äußerungen zur Kirchenfrage, hg. v. K.D. Schmidt, Bd. 2: Das Jahr 1934, Göttingen 1935, S. 102-104, hier S. 103). (Althaus parallelisierte die beiden Regimente Gottes mit Gesetz und Evangelium und konnte das Reich Christi nicht in den Institutionen wirksam sehen.)

g) Zeigt (f) einen *latenten Vorrang der politischen vor der theologischen Orientierung* (denn der antirevolutionäre Konservatismus leitet die theologische Interpretation der Wirklichkeit), so wollte *K. Barth* das Verhältnis umkehren, *dem Theologischen einen kritischen Vorrang einräumen und gerade dadurch politisch werden.* Was er in den Barmer Thesen angestoßen hatte, entfaltete er in der wichtigen Schrift ›Evangelium und Gesetz‹ (1935). Sie kehrt im Titel die gebräuchliche *Reihenfolge* um und folgt damit Gal 3,17 (Gottes Verheißung war eher als jenes Gesetz, das aus dem guten Gebot Gottes eine Drohung macht, weil die Menschen es zum Mittel ihrer Selbstrechtfertigung gegenüber Gott machen – im Sinne von Röm 7). Was Gott will und gebietet, bleibt auch dann gut, wenn es zum »Gesetz der Sünde und des Todes« wird; denn das Gesetz ist von Gott in die Hände der Sünder gegeben. So will Barth den reformatorischen Grundsinn der Unterscheidung (sie interpretiert das *Ereigniswerden des Wortes* und schematisiert nicht etwa die Wirklichkeit) wiederentdecken. Deshalb kann die Ethik nicht die Wirklichkeit, auf die sie sich beziehen will, theologisch ausschließlich als ›Gesetz‹ qualifizieren.

### 8.3.1.2

Die sogenannte *Zwei-Reiche-Lehre* wird immer wieder mit der Unterscheidung von Gesetz und Evangelium vermengt. Sie will jedoch nicht das Wirken des Wortes Gottes in menschlichen Existenzsphären differenzieren, sondern Gottes Walten in seiner Welt so ergründen, daß seine *Einheit mit Gott* selbst vorausgesetzt, seine Unterscheidung für die Menschen im Vorletzten (also unter eschatologischer Perspektive des Kampfes Gottes gegen das Böse bzw. den Bösen) gewahrt wird. Leider sind Luthers unsystematisch vorgetragene Reichs- und Regimentenaussagen oft mißverstanden und zur Unterstützung eines Dualismus aufgeboten worden. Die Fehlformen sollen zuerst angedeutet werden, um auf ihrem Hintergrund einen angemessenen Umgang mit den ursprünglichen Aussagen sicherzustellen.

a) Eine Form des *Dualismus* trennt Gottes Ziel mit den Menschen von dem, was Menschen jetzt tun, so entschieden, daß auf die eine Seite das *anklagende Gesetz* und auf die andere Seite der *passive Glaube* tritt.

b) Ein anderer Dualismus unterscheidet den Bereich *vernünftigen Handelns* (in menschlichen Angelegenheiten und eigengesetzlichen Sphären) von der *Motivation*, die der Glaube bringt.

c) Weiter kann auch das *Individuum* des Christen von der Gesellschaft und somit die Sphäre der *Liebe* von der Sphäre des *Rechts* unterschieden werden – eine Tendenz, die sich im 19. Jh. anbahnte. Die Botschaft vom Reich Gottes betrifft dann nur Herz und Gesinnung.

Denkbar wäre ein Gegenkonzept, das Gottes Reich schon jetzt am Werk sieht entweder in einer Kirche, die das Gottesreich repräsentiert und ein höheres Recht als der Staat beansprucht (wie es z.T. im Mittelalter geschah), oder in der *schwärmerischen* Position (das Evangelium gestaltet die Verhältnisse neu und definitiv), schließlich in der *neukantianischen* Fassung – die Vernunft als sittliche Kraft treibt ein Reich sittlicher Geister voran, der Christ ist darin zur Kulturarbeit berufen (auf *Ritschl* wurde bereits hingewiesen, s.o. S. 92).
Beiden Formen von Zwei-(Be-)Reiche-Lehren oder Zwei-Sphären-Theorien steht die *neutestamentliche Konzeption des Reiches Gottes* entgegen: Gott kämpft um seine Schöpfung und führt die *Einheit der von ihm geschaffenen Wirklichkeit* im Kampf gegen alle sich endgültig gebärdenden Herrschaften und gegen alle Verkehrungen geschöpflichen Lebens herauf. Aber sein exklusives Tun bleibt nicht außerhalb unserer Welt. Indem *Jesus* die *kommende Basileia* ansagt, werden *Breschen in die allzu verschlossene Wirklichkeit der Menschen geschlagen*, können sich Menschen ändern und in Richtung auf das kommende Reich leben, das ihnen jedoch prinzipiell *voraus* bleibt. Während die von Gott geschaffene Wirklichkeit im Licht der Zusage Gottes *eine* ist, kämpfen aus der Perspektive des Menschen zwei Wirklichkeiten miteinander (von Paulus als der alte und der neue Äon dargestellt, als Geschehen einer Ablösung, über deren entscheidende Schwelle der Christ bereits getreten ist, weil Christus in die Welt kam und alle, die an ihn glauben, nur von ihm her bestimmt sind).
Wenn *Luther* diese *eschatologische Spannung* festhalten will, benutzt er jene *Reichs-* und *Regimentenaussagen*, die erst in unserem Jahrhundert als ›Lehre‹ vorgestellt worden sind. (Die kaum zu überblickende Literatur wird exemplarisch vorgestellt in: Reich Gottes und Welt, hg. v. H.H. Schrey, Darmstadt 1969; vgl. besonders *Duchrow, U.:* Christenheit und Weltverantwortung, Stuttgart 1970.) Zwei Motive verquicken sich für Luther:

a) Die *Einheit* der Wirklichkeit Gottes, die sich in seinem Erhalten der Schöpfung, aber vor allem im Kommen Christi bekundet. Um der Einheit göttlicher Offenbarung und göttlichen Gebots willen darf es keine Zwei-Stufen-Ethik oder gar Zwei-Klassen-Ethik für Christen geben, derzufolge sich nur Vollkommene (Mönche) an die Bergpredigt-Antithesen halten sollten. *Alle* Christen folgen dem Widerstandsverbot (Mt 5,38) ganz, wenn sie sich aus der Beziehung zu diesem Gott und seiner einen Wirklichkeit verstehen (Von weltlicher Obrigkeit, WA 11, S. 247ff).

b) Ist der Nächste in Not, können sie sich aber nicht auf die Unbedingtheit eines buchstäblichen Gebots berufen oder ihre private Heiligung suchen, sondern werden Widerstand aufbieten, obwohl es dem Wortlaut der Bergpredigt widerspricht. Dabei halten sie sich an Gottes lebendiges Gebot, gerade wenn sie ihm nun in einem *Amt* – d.h. einem göttlichen Ruf zur Liebe des Nächsten – nachkommen und ihm mit dem richterlichen Urteil, dem Richtschwert oder dem Soldatenberuf dienen. (Das Kriterium der *Nächstenschaft* ist so deutlich, daß sich heutige Kriegsführung schon wegen ihrer dämonischen Möglichkeiten nicht mit Luther legitimieren kann.) In der Perspektive des Menschen, in der Vorläufigkeit des Schon-Jetzt und Noch-Nicht wird Gottes Handeln nicht als Einheit, sondern nur in zwei Regimenten erfahren, ist die Welt noch Kampfplatz zwischen Gott und Satan.
Der Christ ist darum nicht in sich und für sich die Person, die *außerdem* ihre Rolle in einem auf das äußerliche Leben gerichteten Amt spielt (mit tadelloser Gesinnung, aber u.U. anrüchigen

Mitteln); sondern des Christen Person gründet ganz in der zuvorkommenden Annahme durch Gott und aktualisiert sich in der Beziehung zu ihm und zur Welt der Mitmenschen (coram Deo – coram hominibus – unterschieden und verbunden). Der Christ ist ein Wesen der Beziehungen. (Besonders wichtig ist *Luthers* Bergpredigtauslegung [Wochenpredigten über Mt 5-7], in: WA 32, v.a. S. 388ff – z.B. S. 390: Weltperson und Eigenperson; S. 391: zwei Personen, die ein Christ tragen muß; S. 390: Christ in relatione – Christ.) Der Christ ist Sünder und Gerechter (in re – in spe) zugleich. *Gebote* könnten den Sünder im Christen treffen, den alten Adam, der durch »tägliche Reu und Buße soll ersäuft werden« (so der Kleine Katechismus zur Taufe, vgl. BSLK, S. 516). So bedürfte der Christ nur des bürgerlichen und des theologischen (der Sünde überführenden) Brauchs des Gesetzes; sein Handeln wäre ein ständiges Vorwärtsgehen und Zurückfallen. Tatsächlich hat Luther auch mit Nachdruck alle Versuche abgelehnt, die Heiligung im Menschen habituell zu erfassen und die Eindeutigkeit der Rechtfertigung dadurch zu gefährden. Die meisten neueren lutherischen Theologen sind ihm darin gefolgt und haben die Existenz des Christen wie die seiner Welt unter der *Antithese von Gesetz und Evangelium* beschrieben. Das verband sich oft mit einer Passivität gegenüber politischen Verhältnissen, weil sich – gemessen an Gottes eigentlichem Ziel – auf der Erde nichts im Sinne des Reiches Gottes verändern läßt. Aber das neutestamentliche ›Schon-Jetzt‹ und die paulinische Bestimmung des Christen im neuen Äon treten dann zurück. Die Ethik kann nicht mehr an die Pneumatologie anknüpfen, die Heiligung droht zur privaten Arbeit an eigener Sündigkeit zu werden, aber nicht produktive Arbeit an der Welt zu sein.
Mit Joests Hinweis auf ein partim, das dem simul folgt (s.o. S. 134), läßt sich ein fixierter Dualismus aufbrechen: In immer neuen Schritten lassen sich Veränderungen als positive Möglichkeiten in Gang setzen, ohne daß sie weder den Grund unseres Handelns – Gottes Rechtfertigungstat an uns – noch das Ziel unseres Lebens im Glauben – daß Gott alle Wirklichkeit zur Einheit bringt – einholen würden. Im Glauben sind diese Schritte Zeichen der Hoffnung, auch wenn die Realität sie oft widerlegt, zweideutig werden läßt und *neue* Situationen von den Christen neue Reaktionen erfordern.

### 8.3.1.3

Weitere Themen zur Vertiefung bieten sich an, aber sind z.T. bereits in vorhergehenden Kapiteln behandelt oder zumindest angestoßen worden:

a) Die unter 8.2.1 in Ausschnitten angedeutete *Geschichte des Naturrechts* hat umfangreiche Darstellungen erfahren. Als Einführung mag *K.-H. Iltings* Art. ›Naturrecht‹ (in: Geschichtliche Grundbegriffe, Bd. 4, S. 245-313) dienen. Dem Verfasser ist besonders daran gelegen, die Ablösung des Naturrechts von einem theologischen Rahmen zu verfolgen und es in der Selbstbestimmung der Vernunft gründen zu lassen. Dann wird die Freiheit zur Erbin der gesetzgebenden Vernunft, sie muß mit der Freiheit aller sittlichen Subjekte koordiniert werden (vgl. ferner *Welzel, H.:* Naturrecht und materielle Gerechtigkeit, Göttingen $^{4}$1962).

b) *Luthers Verhältnis zum Naturrecht* stellt *E. Wolf* dar: Zur Frage des Naturrechts bei Thomas von Aquin und Luther, in: *Ders.:* Peregrinatio, Bd. 1, München 1954, S. 183-213. Zwei nicht gerade häufig beachtete Texte Luthers können die Naturrechtsfrage mit der Regimentenlehre verbinden helfen: Der Prophet Sacharja ausgelegt. Kap. I (in: WA 23, S. 477-664, v.a. S. 511-515) und die Predigt am Michaelistage 1539 (in: WA 47, S. 853-858): Gottes Regiment ›für sich selbst‹ wirkt als schöpferische Kraft in den Kreaturen, sein Regiment durch die Engel leitet die Kreaturen, indem es ›von außen‹ etwas hinzugibt (z.B. gute Gedanken) und die Vernunft als Mittel verwendet. Gott wirkt weiter durch die Apostel und Prediger sowie durch das weltliche Regiment. Luther kennt also u.U. bis zu vier Regimente, das heißt Regierweisen Gottes.
Weil die Engel nach Luther Lust zum *Gebot Gottes* bewirken, kann die Frage der Auslegung des Dekalogs angeschlossen werden. In der ›Unterrichtung, wie sich die Christen in Mosen sollen schicken‹, eine von Luthers Predigten zum Buch Exodus (von 1525, in: WA 16, S. 363-393), sieht Luther im Dekalog ein Gesetz der Juden: ». . . Mose wollen wir halten für einen Lehrer,

aber für unseren Gesetzgeber wollen wir ihn nicht halten, es sei denn, daß er gleichstimme mit dem Neuen Testament und dem natürlichen Gesetz« (ebd., S. 374, Rechtschreibung verändert). Das Evangelium geht alle Welt an und mit ihm das Gebot, einander zu lieben (ebd., S. 390). Luther sieht also im Evangelium den eigentlichen Sinn des natürlichen Gesetzes durch die Liebe wiedergebracht. Darum heißt es am Ende der Schrift ›Von weltlicher Obrigkeit . . .‹: »Denn die Natur lehrt, wie die Liebe tut, daß ich tun soll, was ich mir wollt getan haben« (WA 11, S. 279, Rechtschreibung verändert).
Luthers Verständnis leitet an, auf den Ausgangspunkt zu achten, von dem her das Vernünftige universal identifiziert werden kann: die im Evangelium gebotene Liebe. Damit entmachtet er die Gebote nicht, sondern sieht sie als kulturell bedingte Normen an. Die Liebe prüft, wie sie allen gelten können.

c) Demgegenüber bleibt die reformierte Theologie enger am ursprünglichen Wortlaut der zehn Gebote; reformierte Katechismen zitieren sie nach Ex 20: Die Tradition des alten Bundes setzt sich im neuen fort. Aufschlußreich sind z.B. der Genfer und der Heidelberger Katechismus. Der erste prüft in Frage 138, ob die in Ex 20,2 angesprochene Befreiung aus Ägypten auch für die Christen zutreffe. Leiblich sei sie auf Israel beschränkt, als Befreiung aus geistlicher Gefangenschaft umfasse sie aber auch die Christen (vgl. *Niesel, W.* [Hg.]: Bekenntnisschriften und Kirchenordnungen der nach Gottes Wort reformierten Kirche, Zollikon u.a. 1938, S. 17).

d) Es lohnt sich, angesichts dieser Grundlegungsfragen noch einmal gegenwärtige philosophische Begründungen zu prüfen (etwa anhand des Bandes ›Transzendentalphilosophische Normenbegründungen‹, hg. v. W. Oelmüller, Paderborn 1978). Neben Skeptikern, die auf eine Begründung verzichten, und anderen, die auf eine nicht begründbare Entscheidung zurückgehen (*H. Lübbe* im Anschluß an *M. Weber*), werden Begründungen in der unbegrenzten Kommunikation (*K.O. Apel*) und in der Entwicklung der Vernunft, die der Logik der Evolution folgt und auf Universalität drängt (*J. Habermas*), vorgeführt. Wichtig sind zwei Bedenken: Die Bedingung der Möglichkeit, universale Regeln anzuerkennen, müsse zuvor festgestellt sein; sie liege in der *Freiheit* (*Krings*). Die universale Geltung sei nicht der generellen Bedeutung gleichzusetzen, sondern unterstelle, daß alle der Befolgung der Regel zustimmen könnten, wobei das vernünftige Leben als das gemeinsame gute Leben vorauszusetzen sei (*Kambartel, F.*, in: Normenbegründung – Normendurchsetzung, hg. v. W. Oelmüller, Paderborn 1978).
Theologen können für die so weit vorangetriebenen Klärungen dankbar sein. Sie müssen nach der Wirklichkeit dieser Voraussetzungen fragen; dabei werden sie die Freiheit in der *Versöhnung* (im zweiten Artikel), das gemeinsame Leben in der *Gabe des Geistes* (im dritten Artikel) begründet sehen.

e) Mit der Frage nach Grundsätzen oder Grundnormen, die alle Menschen binden, hängen drei Themen zusammen, die heute von großer Dringlichkeit sind: die *Menschenrechte*, die *Gerechtigkeit* und das *Gemeinwohl*.

(1) Die *Menschenrechte* werden als mit dem Menschen geborene Rechte verstanden; sie sind unveräußerlich – ihr Anspruch kann nicht in einem (fiktiven) Vertrag der Untertanen mit dem Inhaber des Gewaltmonopols ›veräußert‹ werden. An dieser Denkfigur läßt sich ablesen, daß die Menschenrechte dem frühneuzeitlichen Gedanken des *Vernunftrechts* viel verdanken. Eine ältere These wollte sie vor allem auf protestantische Denkmuster, die in der ›Bill of Rights‹ von Virginia 1776 und in der Unabhängigkeitserklärung der Vereinigten Staaten zur Wirkung gekommen seien, zurückführen (*Jellinek, G.*: Die Erklärung der Menschen- und Bürgerrechte, München $^{4}$1927). Aber die protestantischen Kirchen und ihre Theologen waren nicht unbedingt führend in der Rezeption und Ausarbeitung von Menschenrechten. Die Ökumene hat allerdings die Anstöße der Vereinten Nationen (Allgemeine Erklärung der Menschenrechte 1948, Menschenrechtskonventionen 1966 – Internationaler Pakt über wirtschaftliche, soziale und kulturelle Rechte, Internationaler Pakt über staatsbürgerliche und politische Rechte) aufgenommen; die konfessionellen Weltbünde haben sie zum Anlaß von Studien genommen.

Entstehungsgeschichte und Rechtstexte bietet *Heidelmeyer, W.* (Hg.): Die Menschenrechte, Paderborn u.a. 1970. Eine sozialethische Begründung aus der praktischen Vernunft, die wie bei Luther nicht aus einer Vernunftontologie hergeleitet wird, vertritt *M. Honecker* (Das Recht des Menschen, Gütersloh 1978). Einen theologischen Umgang mit Menschenrechten suchen *W. Huber* und *H.E. Tödt* (Menschenrechte, München 1988) in Analogie zu Richtungsvorgaben des Glaubens bei Wahrung einer Differenz, da die im Glauben geschenkte Freiheit und Gleichheit nicht in der vom Recht gewährten Freiheit und Gleichheit aufgehen. (Weitere Interpretationsmodelle werden bei *Honecker*, a.a.O., S. 128–166 übersichtlich vorgestellt.)

(2) Die *Gerechtigkeit* fragt in ihren verschiedenen Konzeptionen auch nach dem, was allen Menschen gemeinsam sein könnte. Das Kriterium »Jedem das Gleiche« führt schnell zum Unrecht, weil Besonderheiten der Situation berücksichtigt werden müssen; das Kriterium »Jedem das Seine« betont zunächst die Verschiedenheit, aber schließt ein, daß darin ein verbindendes Element liegt. Darum steuern sozial festgelegte Menschenbilder die Bestimmung der Kriterien. Was ist geschichtlich oder variiert mit den Kulturen, was soll allen Menschen gelten? In den Vereinten Nationen und deren Unterorganisationen, aber auch an anderer Stelle werden Versuche unternommen, die *Basisbedürfnisse* aller Menschen zu formulieren. Wichtige Gesichtspunkte bieten *Perelman, Ch.*: Über die Gerechtigkeit, München 1967; *Rawls, J.*: Eine Theorie der Gerechtigkeit, Frankfurt/M. 1975; *Höffe, O.*: Politische Gerechtigkeit, Frankfurt/M. 1987.

(3) Vom ›*Gemeinwohl*‹ ist vor allem in der katholischen Soziallehre die Rede. In ihrer langen Tradition wirkte sich die Bestimmung des Menschen als politisch-gesellschaftlichen Lebewesens (ζῷον πολιτικόν) durch *Aristoteles* aus, aber auch die mittelalterliche teleologische Konzeption eines Guten, das die Gesellschaft eint (bonum commune). Der Gedanke des Gemeinwohls ist unverzichtbar und wehrt der Macht von Einzelinteressen. Die Theorie des Liberalismus wollte keine inhaltliche Bestimmung des Menschen einsetzen. Deshalb blieb sie in ihrer frühen utilitaristischen Form bei den unterschiedlichen Bedürfnissen der Menschen stehen; jeder sollte sie nach eigenen Kräften erfüllen, das vielseitige Streben würde sie von selbst ausgleichen. (Kritische Gesichtspunkte trägt *Höffe, O.*: Strategien der Humanität, Freiburg/Br. u.a. 1975 vor.)

### 8.3.2
### Literaturhinweise

(über die Angaben im Text des vorangehenden Kapitels hinaus)

a) Zu 8.2.1:

*Althaus, P.*: Die Ethik Martin Luthers, Gütersloh 1965.

*Gollwitzer, H.*: Luthers Ethik, in: *Ders.*, Forderungen der Umkehr, München 1976, S. 75-94.

*Heckel, J.*: Lex Charitatis. Eine juristische Untersuchung über das Recht in der Theologie Martin Luthers, Köln 1953; überarb. u. erw. Aufl. Köln $^{2}$1973.

*Heintze, G.*: Luthers Predigt von Gesetz und Evangelium, München 1958 (FGLP 11).

*Scharffenorth, G.*: Den Glauben ins Leben ziehen ... Studien zu Luthers Theologie, München 1982.

b) Zu 8.2.2.1:

*Gehlen, A.*: Der Mensch. Seine Natur und seine Stellung in der Welt, Wiesbaden $^{13}$1986.

*Ders.*: Urmensch und Spätkultur, Frankfurt/M. $^{2}$1964.

# 9
# Das Liebesgebot – ›Prinzip‹ der christlichen Ethik?

## 9.1
## Einführung

Ein analytischer Moralphilosoph vermutet, daß es neben dem deontologischen (pflichtethischen) und dem teleologischen (güterethischen) Ansatz einen dritten gebe, den er Agapismus nennt (vgl. Frankena, auf ihn wurde bereits auf S. 117 hingewiesen). Dann muß die ›Grundnorm‹ bzw. das ›Prinzip‹ der christlichen Ethik im Liebesgebot zu finden sein. Ob diese beiden Begriffe hinreichend genau sind, muß erst noch festgestellt werden; eindeutiger als bei den allgemeinsten Grundsätzen philosophischer Ethiken müssen beim Liebesgebot das *Subjekt* der Liebe, die *Wirklichkeit*, in der sich die Liebe verwirklichen will, sowie schließlich deren Bedingungen mitbedacht werden. *W. Schrage* faßt diesen Gesichtspunkt pointiert zusammen: »Es gibt keinen sakralen Bereich, in dem man nur mit Gott zu tun hat, und daneben dann einen profanen Bereich, wo der Nächste zu seinem Recht kommen kann, sondern in der gesamten Wirklichkeit des Lebens hat man es mit Gott und dem Nächsten zu tun« (Ethik des Neuen Testaments, Göttingen [5]1989, S. 77). Das erinnert an Bonhoeffers theologische Leidenschaft für die eine Wirklichkeit Gottes (s.o. S. 131).
Das Liebesgebot wird oft im Sinne der Situationsethik zitiert, die sich von fixierten Normensätzen abwendet. Als Prinzip der Ethik muß es jedoch auf die im Leben schon immer vollzogenen Normen bezogen werden; und diese sind sozial eingeübt.

## 9.2
## Entfaltung: Das Liebesgebot – universal und konkret zugleich

### 9.2.1
### Ansätze zur Näherbestimmung

Das *Gebot der Nächstenliebe* ist keine christliche Erfindung. Aber die *Kombination von Gottes- und Nächstenliebegebot* (aus Dtn 6,5 und Lev 19,18) in Mk 13,28ff (bzw. in der Q-Parallele) – eine Antwort auf die Frage nach dem höchsten Gebot (also einer Art Grundnorm) – ist neu. Die Markusperikope zeigt mit ihren Prädikationen »verständig« usw., daß hinter ihr das hellenistische Judentum steht. Deshalb vermuten Exegeten immer wieder, nicht Jesus, sondern die Gemeinde nach ihm habe beide Gebote zusammengestellt. Allerdings findet sich eine analoge Überlieferung in der Logienquelle Q; sie erlaubt u.U., vor das hellenistische Judenchristentum zurückzugehen. *G. Bornkamm* will im Novum dieser Kombination sogar eine Besonderheit der Verkündigung Jesu erblicken (in: Das Doppelgebot der Liebe, Ges. Aufsätze, Bd. 3, München 1968, S. 37-45). Die Gottesliebe bemißt sich an der Nächstenliebe; deshalb kritisiert Jesus die Korbanpraxis (Mk 7,9ff). Auch pflegt er mit Zöllnern und Sündern zu Tische zu sitzen. Zugleich absorbiert die Nächstenliebe nicht die Gottesliebe; denn Gott, der Vater Jesu, erschließt erst die neue Perspektive des Zusammenlebens; die Ankündigung seines Reiches befreit aus lebensfeindlichen Bindungen und hilft, den Nächsten recht zu erkennen. Es wäre weder im Sinne Jesu noch des neutestamentlichen Zeugnisses überhaupt, die Gottesliebe in der Nächstenliebe aufgehen zu lassen. (Auch heute sprechen starke Gründe gegen die Anthropozentrik einer etwas dürftigen liberalen Theologie.) Im Gleichnis vom Weltgericht (Mt 25,31-46) tritt der Menschensohn zugleich als Richter und Notleidender auf.

Die *praktische Philosophie* hat drei Fragen im Blick auf ethische Grundsätze eingeschärft; sie können hier aufgenommen und anhand des Doppelgebots der Liebe überlegt werden:

1. Die *Reichweite* von Normen, mitbedacht im Postulat der Universalisierbarkeit: Jeder andere müßte an meiner Stelle so handeln können. Das Doppelgebot der Liebe setzt den Glauben voraus; *alle* Menschen sollen auf ihn angesprochen werden können. Beim Gebot der Nächstenliebe interessiert jedoch die Frage, *wer* der Nächste ist. Nach Lev 19,18 ist es der Volksgenosse; erst mit den späten Propheten wird der Gedanke wach, alle Völker könnten den wahren Gott anbeten. Die Ausweitung des Begriffs des Nächsten geht aber wohl erst auf Jesus zurück und wird mit der Beispielgeschichte des Lukas vom barmherzigen Samariter (Lk 10,25-37) deutlich: Der Anhänger einer häretischen Religion handelt an einem Menschen, der nicht seines Glaubens ist.

2. Die im Universalisierbarkeitspostulat eingeschlossene *Reziprozität*: Versetze dich in den anderen und frage dich, ob du an seiner Stelle die Folgen deiner Handlung tragen möchtest (s.u. auch den Grundsatz der ›Generalisierbarkeit‹). Der Gelehrte fragt Jesus, wer sein Nächster sei. Die Beispielgeschichte vom Samariter endet mit der Gegenfrage, wer dem Überfallenen der Nächste war. Obwohl *J. Jeremias* das nur für eine Inkonsequenz des Stils hält, kann eine zum Leben Jesu passende *Verschiebung der Perspektiven* damit gemeint sein. Das Ich des vom Liebesgebot zum Handeln Aufgeforderten und das Du des Nächsten lassen sich nicht so gegeneinander austauschen, wie es eine Argumentation mit zwei beliebigen Größen oft tut: Jener Gelehrte, der Jesus fragt, wird dabei behaftet, daß er in Gedanken sich selbst zum Zentrum machte; nun soll er aus sich heraustreten und von anderen her denken.

3. Das *logische Verhältnis von Grundnorm und untergeordneter Norm*: Der allgemeinste Imperativ (etwa als Goldene Regel) muß alle anderen Regeln logisch einschließen. Das Liebesgebot kennt diese formale Kraft nicht; seine Verwendung im Neuen Testament beweist, daß es mitten im Zusammenhang *gelebter* Normen zur Sprache kommt (z.B. Röm 13,8-10). Dabei läßt es nicht zum Handeln Geforderte und (potentiell) Betroffene formal gleich werden, sondern rechnet mit einem nicht austauschbaren Ich an seinem Ort und in seiner Zeit. Daß der andere ebenso ›Ich‹ ist, macht die Gleichheit aller Menschen aus; daß ich selbst zur Liebe herausgefordert bin und nicht ausweichen darf, stellt die Unvergleichlichkeit mit anderen heraus. *Allgemeinheit* und *Konkretheit* liegen im Liebesgebot unauflösbar ineinander, während praktisch-philosophische Prinzipien auf Allgemeinheit drängen und deshalb angesichts der bestimmten und unausweichlichen Verpflichtung in Verlegenheit geraten.

### 9.2.2
### Das Liebesgebot und das Postulat der Universalisierbarkeit

Das *Liebesgebot* hat zwar prinzipielle Bedeutung, aber steht in einer (noch zu bestimmenden) Spannung zu allgemeinen Grundsätzen der praktischen Philosophie. Seine *spezifische Herausforderung* soll nach einem kurzen Definitionsversuch solcher Grundsätze dargestellt werden:

a) Ein sittlicher Grundsatz kann an der *Generalisierbarkeit* seiner Folgen beurteilt werden. Das sittliche Subjekt soll eine Handlung unterlassen, wenn ihre Folgen, sofern sie von allen unternommen würde, überwiegend schädlich wären (vgl. *Singer, M.G.*: Generalization in Ethics, London 1963).
b) Ein sittlicher Grundsatz kann an seiner *Universalisierbarkeit* gemessen werden: Jeder an meiner Stelle müßte sich in einer Situation, die hinreichend ähnlich ist, als vernünftiges Subjekt ebenso entscheiden.
Der letzte Gesichtspunkt hilft zunächst zu bestimmen, was das Liebesgebot eigentlich will; der erste kann sich als pragmatische Umsetzung in bestimmten Situationen anschließen, wenn die zu verantwortenden Folgen geklärt werden müssen.

Das *Liebesgebot* setzt also eine Art von Universalisierung voraus: Jeder muß am Samariter lernen können, daß er in entsprechender Situation auch entsprechend zu handeln hätte. Aber wie steht es mit dem *anderen*, der von dem dann gewählten Verhalten betroffen ist? Darf der andere anders sein als ich? Wie weit kann er vor den Diktaten meines Geschmacks, meiner Vorlieben, meiner Wünsche und der Engstirnigkeit meines Selbstbildes, auf ihn projiziert, geschützt werden? Denn in Verkehrung des Liebesgebots könnte ich ihm mit dem »wie dich selbst« das alles zumuten. *Der andere darf anders sein*, denn die Beispielerzählung vom Samariter kehrt die Perspektive um.

*An der Stellung zum anderen gehen praktische Philosophie und Liebesgebot auseinander*, wie die Grade der Universalisierbarkeit nach *J.L. Mackie* (Ethik, Stuttgart 1981) beweisen (vom ersten bis zum dritten Schritt steigt ihre Anforderung an):

1. Jeder, der ernsthaft behauptet, eine Handlung oder ein Sachverhalt seien sittlich gut/schlecht, richtig/falsch, muß diese Behauptung in *allen Situationen* vertreten, die hinsichtlich ihrer relevanten Gesichtspunkte ähnlich sind (deshalb gelten numerische Unterschiede oder Eigennamen in jenen Regeln, die dieser Universalisierung folgen, nicht).
*Konsequenz:* Gewisse Formen des ethischen Egoismus oder des ichbezogenen Altruismus sind erlaubt (z.B.: für das Wohl seiner Kinder besonders zu sorgen).
*Kritik:* Diese rein formale Betrachtungsweise überläßt die Inhalte sittlicher Normen dem, der diese Norm vertritt. Deshalb muß die angeblich logische These der Universalisierung als moralisches Prinzip behandelt werden: Die Universalisierbarkeit setzt ein gewisses Einverständnis aller Beteiligten über das, was gut ist, voraus.

2. Jeder, der ernsthaft behauptet, eine Handlung oder ein Sachverhalt seien sittlich gut/schlecht, richtig/falsch, muß sich ernsthaft fragen, ob er in dem Fall, in dem er

selbst der *Betroffene* wäre, zu seiner Regel stünde. *Unterschiede* zwischen den Menschen sind nur dann relevant, wenn sie sich von *jedem* Standpunkt aus als relevant erweisen (d.h. der Rassenfanatiker darf nicht sagen: Wenn ich ein Jude wäre, würde ich der Sonderbehandlung zustimmen; dieses Beispiel wird in der angelsächsischen Moralphilosophie häufig diskutiert; es beweist, daß eine logische Verallgemeinerung nicht ausreicht).
*Kritische Anfrage:* Können wir uns in die Lage des anderen anders versetzen als mit aktuellen eigenen Vorlieben, Wertvorstellungen, Idealen?

3. Jeder, der ernsthaft behauptet, eine Handlung oder ein Sachverhalt seien sittlich gut/schlecht, richtig/falsch, muß sich so an die *Stelle des Betroffenen* versetzen, daß dessen Wünsche, Geschmack, Vorlieben, Ideale, Wertvorstellungen, seine anderen Qualitäten, Fähigkeiten und seine äußere Lage wie zu etwas Eigenem werden (aber da es unendlich viele andere Menschen gibt, muß man nach einem Kompromiß suchen, der die Interessen aller berücksichtigt).
*Konsequenz:* Wir brauchen Modelle eines fiktiven Einverständnisses im Blick auf einen derartigen Kompromiß.

Der hier herangezogene Verfasser sieht die dritte Stufe als Überforderung unserer Moral an. Die christliche Ethik lernt daraus, daß die radikale und zugleich konkrete Sittlichkeit, die sich ganz auf den anderen einläßt und seiner Zukunft produktiv vorausdenkt, nicht ohne weiteres in allgemeine Regeln umzusetzen ist.

### 9.2.3
### Die Bestimmung des Nächsten

Die laut Urteil des Philosophen überfordernde dritte Stufe der Universalisierbarkeit regt an, die Bedeutung des Liebesgebots noch genauer zu klären. Entscheidend ist, wer bzw. was unter dem *Nächsten* zu verstehen ist.

a) Sollen wir ihn ganz entsprechend seinen eigenen Wünschen und seinem *Selbstbild* lieben? Manche Eltern lieben in ihren Kindern ein Selbstbild, das sie durch ihre Erziehung erreichen wollen. Ihre Haltung greift die Freiheit des anderen, die auch im Kind zu achten ist, an. Die entgegengesetzte Gefährdung der Liebe tritt ein, wenn wir mit Alkoholikern oder anderen Süchtigen umgehen: Diese wollen, was ihre Sucht kurzfristig stillt. Ihre aktuellen Bedürfnisse zu befriedigen wäre falsch verstandene Liebe. Deshalb muß ein *produktives* Bild für das Leben des Nächsten die Liebe ausrichten. So sehr es kulturell variieren mag – das Zeugnis des Neuen Testaments weist in seiner Vielfalt bestimmte *Perspektiven* auf, die noch zur Sprache kommen werden.

b) Können wir uns immer in andere so hineinversetzen, daß wir das rechte Maß zwischen diesen Extremen finden? Die meisten Handlungen der Menschen folgen eingefahrenen Mustern; sie setzen also Normen – ob implizit oder explizit – voraus. Auch das Neue Testament überliefert eine beträchtliche Anzahl solcher Normen, die obendrein deutlich von einem besonderen kulturellen Kontext zeugen; ein Beispiel sind die Haustafeln aus nachpaulinischer Zeit. Darum kommt es auf das Gespür an,

Situationen zu erkennen, in denen das Liebesgebot Normen um- oder neubestimmen soll. Denn die geltenden Normen müssen geprüft werden, ob sie durchweg (und hier hat der Gesichtspunkt der Generalisierung [s.o. S. 142] Bedeutung) ein Verhältnis zu anderen Menschen fördern, das der *Nächstenschaft entspricht.* (Die Bestimmungen des ›selbst‹ werden auf S. 186ff fortgeführt.)

c) Wie weit reicht die Verpflichtung der Nächstenschaft? Drei mögliche Grenzen sind zu erwägen:

(1) Die *Nahen* und die *Fernen:* Die Beispielerzählung vom Samariter beweist, daß die *entscheidende Grenze* nicht räumlich, sondern *institutionell und kulturell* ist. Gerade sie soll überwunden werden!

(2) Die *konkreten* und die *abstrakten* Mitmenschen: Das Liebesgebot scheint sich auf *unmittelbar begegnende Nächste* zu beziehen. Auch wenn das Neue Testament gesellschaftliche Strukturprobleme kaum im allgemeinen angreift, sondern konkrete Opfer von Strukturen sieht, so liegt doch in *Jesu Auseinandersetzung mit Institutionen um der Menschen willen* ein Anfang der ›Liebe durch Strukturen‹.

(3) Die *Freunde* und die *Feinde:* Das *Feindesliebegebot* (Mt 5,43ff) definiert geradezu den Nächsten; aber definieren heißt ausgrenzen – und der Feind wird eben nicht ausgegrenzt. Selbstverständlich ist er nicht in seinem Haß und seiner Drohung zu lieben, sondern als von Gottes Güte zu einem anderen Leben Bestimmter. Auch die alttestamentliche Weisheit riet, den persönlichen Feind zu lieben, schloß aber den Feind des Volkes oder Gottes aus. Die »Feinde« in Lk 6,35 und Mt 5,44 (Plural!) schließen eine Kategorisierung aus. Daran zeigt sich die am weitesten gehende Entschränkung der Nächstenschaft (s.u. S. 206ff).
Heute muß besonders eine vierte Grenze bedacht werden:

(4) Die *Lebenden* und die *Noch-nicht-Geborenen:* Der Gedanke, daß der Lebensstil Heutiger das Leben Zukünftiger angreift oder aufs schwerste gefährdet, liegt außerhalb der Erfahrungen der Bibel. Das Alte Testament kennt zwar einen Tun-Ergehen-Zusammenhang, der aber die zusammenlebenden Generationen betrifft und von den Propheten außer Kraft gesetzt wird. Weil jedoch nirgends das Ende menschlichen Lebens und menschlicher Geschichte in die Entscheidung der Menschen gegeben, sondern Gott allein vorbehalten ist, sind die in ihren Lebensmöglichkeiten bedrohten Ungeborenen auch in den Horizont der Nächstenschaft einzubeziehen.

### 9.2.4 Goldene Regel und Liebesgebot

Neben das Gebot der Nächstenliebe tritt häufig die *Goldene Regel.* Sie gehört zur Vulgärethik der späteren Antike. In positiver Fassung begegnet sie in der Bergpredigt: »Alles nun, was ihr wollt, daß es euch die Menschen tun, das sollt auch ihr ihnen tun; denn darin besteht das Gesetz und die Propheten« (Mt 7,12).

Der Gesichtspunkt der *Reziprozität* (s.o. 9.2.2) erlaubt es, die Goldene Regel neben das Nächstenliebegebot zu stellen. Aber sind die beiden Grundnormen zur Deckung zu bringen?

*A. Dihle* hat Herkunft und Sinn der Formel dargestellt (Die Goldene Regel, Göttingen 1962). Rabbinen kennen sie als Summe des Gesetzes (Schammai und Hillel, vgl. ebd., S. 8f). Ihre Formulierung erfolgte relativ spät, weil sie Abstraktion voraussetzt; aber im Hintergrund bewahrt sie archaische Vorstellungen vom vergeltenden Ausgleich auf. Wird die Vergeltung jedoch Gott überlassen, dann kann der Ausgleichsgedanke anleiten, ein produktives Verhältnis zum Mitmenschen zu suchen. Dihle bezweifelt allerdings, daß die Goldene Regel gerade das leisten konnte, weil sie eher an die zu erwartende Gegenhandlung als an die Zuneigung, die der Mitmensch erfahren soll, denke. Von der Goldenen Regel führe kein Weg zum Liebesgebot, das mit der Erweiterung des Begriffs des Nächsten eine neue Ethik heraufführe (ebd., S. 116).

Neben dem verbindenden Gesichtspunkt der Reziprozität lassen sich *Unterschiede zum Liebesgebot* feststellen.

(1) Im strengen Sinn ließe sich nur die *positive Form der Goldenen Regel*, wie sie Mt 7,12 aufzeichnet, mit dem Gebot der Nächstenliebe vergleichen. Beide fordern zum aktiven Verhalten auf. (*R. Bultmann* betrachtet allerdings die positive und die negative Form als gleichwertig [Die Geschichte der synoptischen Tradition, Göttingen $^{3}$1957, S. 107], während *J. Jeremias* die positive Variante – zu Unrecht – als die christliche Form ansieht [Art. ›Goldene Regel. 2‹, in: RGG$^{3}$, Bd. 2, Sp. 1688-1689].) Wer genauer nachdenkt, wird auf einen wichtigen Unterschied stoßen: Die negative Form setzt voraus, daß alle Menschen Schmerz, Leid und Übel in gleicher Weise erfahren können, die positive hingegen, daß im Selbstbild verallgemeinerbare Grundzüge liegen, die beim Mitmenschen gefördert werden sollen. Der erste Gesichtspunkt gehört zu einer Ethik der Selbsterhaltung, die zur Unterlassung, der letzte zu einer Ethik der Selbstgestaltung, die zur Aktivität anleitet. Bei ihr fallen die kulturellen und sozialen Unterschiede stärker ins Gewicht.

(2) Die Voraussetzungen des *Ausgleichs* sind bei der negativen und der positiven Fassung allerdings verschieden. Bei der negativen Fassung gebietet die Klugheit, alle, die mich potentiell schädigen können, zu berücksichtigen. Auf wen soll ich jedoch zugehen, wenn ich die positive Fassung ernst nehme? Wegen der größeren Eindeutigkeit von Schmerz, Leid und Übel ist die Gegenseitigkeit bei der negativen Fassung eher gesichert als bei der positiven: Wer fängt an, etwas Gutes für andere zu tun, und wer garantiert, daß die anderen so handeln, wenn ihnen etwas zugute kam? Im geschlossenen Gruppen- oder Solidarverband mag es einen sozialen Zwang zum Austausch von Wohltaten geben, in der sehr bunten, heterogenen Lebenswelt der hellenistischen Spätantike ist das nicht vorauszusetzen.
Die Bergpredigt erwartet, daß Jünger Jesu sich mit ihrem Tun vorwagen, ohne zuvor die Gegenseitigkeit zu berechnen. Weil die Schwachen durch die Seligpreisungen in eine neue Situation gestellt werden, können sie sich selbst dank eines auf Gottes Verheißung gegründeten Vertrauens riskieren. So erscheint es als nicht zufällig, daß die Bergpredigt die Goldene Regel in *positiver Form* vorträgt. In diesem Zusammenhang stellt sie die Frage, auf welchem Grund ein später vielleicht mit Enttäuschung und ge-

brochener Gegenseitigkeit beantworteter Selbsteinsatz erfolgen kann. Ohne Bestimmung des Nächsten und ohne ermutigende Perspektive für die Welt gemeinsamen Lebens ist der Selbsteinsatz nicht denkbar. Feindesliebe und angekündigtes Reich Gottes bilden die Bedingung der Goldenen Regel, wie sie Mt 7,12 formuliert.

### 9.2.5 Die Bedeutung der Liebe für die praktische Vernunft

Die *Goldene Regel* entspricht am ehesten jenem *obersten Grundsatz sittlicher Verpflichtung*, den um die Logik moralischer Argumentation besorgte Philosophen heute suchen.

Als Beispiele seien *R.M. Hare* und *K. Baier* erwähnt. Hare sieht in Wertausdrücken ein deskriptives und ein präskriptives Element (Die Sprache der Moral, Frankfurt/M. 1972). Das letztere gehört in einen Zusammenhang, dessen oberster logischer Grundsatz der Goldenen Regel entspricht: Wenn ich an Stelle des anderen wäre, dann ... Diese Argumentation erweist allerdings ihre Ohnmacht, wenn sie mit dem Rassenfanatiker konfrontiert wird (s.o. S. 143). Sie setzt – wie die Goldene Regel – bereits ein (stilles) Einverständnis über das sittlich Gute bzw. Böse voraus; im Falle eines Konflikts sittlicher Urteile taugen beide Argumente nicht. ›Der Standpunkt der Moral‹ (deutsch: Düsseldorf 1974) von *K. Baier* sieht die Gefahr eines bloßen Ausgleichs, der in der Goldenen Regel gemeint sein könnte; er wäre die Kombination von verschiedenen Selbstinteressen, jedoch noch kein Anzeichen von Moralität. Der Standpunkt der Moral braucht feste Regeln, die universal sind und für jedermann inhaltlich gelten.

Die inhaltliche Unbestimmtheit der Goldenen Regel und ihre (bedingte) Nachbarschaft zum Gebot der Nächstenliebe beleuchten noch einmal das *Verhältnis von praktischer Philosophie* (die sich bis heute oft an einen Gesichtspunkt wie die Goldene Regel hält) *und theologischer Ethik*. Deren Aufgabe liegt darin, die Sittlichkeit von Normen inhaltlich zu bestimmen. Diese Arbeit erstreckt sich auf das Selbstbild, das Verständnis des Nächsten, auf *Perspektiven gemeinsamen gelingenden Lebens* (je nach kultureller und sozialer Situation) und auf die Bedingungen, die zu entsprechendem Verhalten führen.

Um die weiteren Überlegungen in diesem Rahmen zu orientieren und die niemals hinreichend bestimmte Vernunft zu stützen, sollen solche Perspektiven im Hören auf biblisches Zeugnis versuchsweise formuliert werden:

– Die *Menschlichkeit Jesu* kann Perspektiven für gelingendes Leben auch in geschichtlichen und sozialen Situationen anderer Epochen eröffnen. Hervorzuheben ist Jesu Vertrauen, das menschliche Abgrenzungen überwindet, seine Wendung zu den sozial Deklassierten, sein Angriff auf Institutionen, die das Leben von Menschen schädigen, sowie sein Kampf gegen das Böse, das im Menschen selbst entspringt, aber sich mit dem Guten oder sogar der Religion tarnt.
– Sie wird die Einsicht verstärken, daß Menschen als in sich verschlossene Individuen nicht erfüllt leben können, sondern in *dialogischer Existenz* auf der Basis des Grundvertrauens (die Seligpreisungen!) ihr Leben gestalten sollen.
– Alles Leben verdankt sich einer *Vorgabe* Gottes.
– Die Glaubenden dürfen mit ihrer eigenen *endlichen Lebenszeit* versöhnt sein, weil sie gerade darin ein Stück geschöpflichen Seins entdecken können. Die guten, dem

menschlichen Leben gezogenen Grenzen zeigen sich nicht nur an der eigenen Lebenszeit, sondern auch an der *Existenz des anderen*, der uns allerdings weniger in Grenzen zwängt als bereichert, sowie an der *nichtmenschlichen Kreatur*, die wir nicht nur als Mittel ausnutzen dürfen, sondern als einen stillen Interaktionspartner anerkennen werden.

– Gott schenkt eine *Freiheit*, die sich im Verhalten auch gegenüber denen, die uns bedrohen, bewähren darf.

– Schließlich ist die *Verantwortung* zu nennen, die nicht nur mögliche Folgen von Handeln und Unterlassen berechnet, sondern eine Antwort auf Gottes Zuvorkommen durch den Selbsteinsatz darstellt.

– Die *christliche Ethik* wird die praktische Philosophie nicht als Konkurrenz verstehen, sondern einen Dialog mit ihr suchen, der nach den Bedingungen der Sittlichkeit und der Anwendung formaler Regeln der praktischen Vernunft fragt. Das Sein des anderen ist im Horizont der Nächstenschaft als *Mitsein* – mitmenschlich, mitgeschöpflich und auch mitweltlich – zu verstehen.

Alle diese Gesichtspunkte sollten in ihren Konsequenzen auch säkularen Menschen verständlich gemacht werden können. Daß sie aber eine *Ermutigung zu einem gelingenden Leben* sein wollen, die uns verpflichtet, deren Wahrheit aber den anderen nicht überwältigt, können wir nur im *Glauben* an den Gott festhalten, der uns – Leben schenkend und Sinn in Sinnlosigkeit verheißend – zuvorkommt.

Das Ergebnis dieses Abschnitts zeigt, daß die *Liebe* zwar prinzipielle Bedeutung für die christliche Ethik hat, jedoch *kein Deduktionsprinzip* darstellt und nicht mit dem umfassendsten und höchsten Imperativ des Präskriptivismus (s.o. S. 146) verglichen werden darf. Das Liebesgebot des Neuen Testaments schließt eine genaue Bestimmung des zur Liebe Geforderten und des Nächsten ein; es bringt eine Anthropologie mit sich.

## 9.3 Vertiefung

### 9.3.1 Antike Synonyme für ›Liebe‹

Die *Liebe* hat, wie die vorangehenden Abschnitte zeigten, durchaus *rationale Komponenten* und darf keinesfalls mit einer nur emotiven Spontaneität gleichgesetzt werden (zum Emotivismus s.o. S. 72). Im Kontrast zu einigen sinnverwandten Begriffen läßt sich der Gedanke der Liebe genauer bestimmen.

Φιλία, die *Freundschaft*, ist nach *Aristoteles* eine sittliche Tugend, keine Leidenschaft, die den Menschen ergreift; sie wird vom Menschen gewählt. Sie will für den Freund das Gute; möglich ist sie zwischen Personen, die in genügend Hinsichten einander gleich sind und Voraussetzungen für ein gemeinsames Leben aufweisen (Nikomachische Ethik, Buch VIII und IX). Hier gilt das Sprichwort: Gleich und gleich gesellt sich gern. Ἀγάπη, die *Liebe*, durchbricht diese Voraussetzungen; in ihrem göttlichen Urbild führt sie das Ungleiche zusammen, Gott und Mensch; sie macht den Geliebten erst liebenswert, liebt ihn also ohne Voraussetzungen. (Vgl. Luthers 28. These in der Heidelberger Disputation von 1518: »Amor Dei non invenit sed creat suum diligibile. Amor hominis fit a suo diligibili« [Gottes Liebe setzt nicht das Liebenswerte voraus, sondern erschafft es sich. Menschenliebe entzündet sich an dem, was ihm liebenswert ist – WA 1, S. 354].) Das bewährt sich in der Liebe zum Feind.

Ἔρως ist die *Liebe zu etwas*, ein Begehren dessen, was der Begehrende nicht besitzt. In *Platons* ›Symposion‹ sucht der Eros das Schöne und das mit dem Schönen verbundene Gute. Ἔρως ist der Aufstieg zur Schau des Schönen, die das Leben erst lebenswert sein läßt. Ἔρως ist wiederholt mit der ἀγάπη konfrontiert worden; nicht allein seine sinnlichen Seiten förderten die Unterscheidung.

Vor allem ist *A. Nygrens* Gegenüberstellung zweier Grundmotive in ›Eros und Agape‹ (deutsch: Gütersloh ²1954) hervorzuheben: Die Agape stelle im Christentum eine neue Gottesgemeinschaft – statt der Rechtsgemeinschaft der Pharisäer – her. Die Kreuzestheologie des Paulus grenze das Agapemotiv auch gegen die hellenistische Eros-Frömmigkeit ab; diese verstehe die Erlösung als das Gewinnen eines Anteils am Göttlichen, während die Agape Gottes Herablassung zum Menschen – in Christus allein! – beweise. Nygrens ausgiebige Konfrontation hat viel Kritik erfahren. Integrativer denkt zum Beispiel *P. Tillich.* Er sieht in der Gerechtigkeit bereits Liebe angelegt und deshalb mehr als einen Ausgleich und Verteilungsmaßstäbe, sondern die Anerkennung der Person als Person. Die Liebe in allen ihren Facetten sei der Wunsch nach der Wiedervereinigung mit dem Getrennten. Dabei stelle die ἀγάπη das religiöse Element der Liebe heraus, die Kraft der Selbsttranszendenz, während ἔρως die schöpferischen Potentialitäten betone, die – mit der ἀγάπη integriert – das religiöse Suchen an die Kultur bänden (Der religiöse Ursprung der moralischen Gebote, in: GW, Bd. 3, Stuttgart 1965, S. 27-40). Tillich wendet sich zu Recht von Nygrens diastatischer Konzeption, der Konfrontation von Eros und Agape, ab. Seine Interpretationsthese läßt aber die eschatologische Erneuerung menschlicher Liebe durch die voraussetzungslos gegebene Gottesliebe nicht erkennen.

### 9.3.2
### Liebe und Situationsethik

Viel diskutiert und noch häufiger ohne gründliche Diskussion zum Programm erhoben wurde *R. Bultmanns* situationsethischer Entwurf ›Das christliche Gebot der Nächstenliebe‹ (1930) (in: GuV, Bd. 1, S. 229-244). Für den Christen hört das Sollen nie (in einem erreichten Idealzustand) auf, denn er hat immer den Nächsten, dessen Du einen stetigen Anspruch darstellt. Zwar gab es Liebe bereits vor dem Christentum, aber nicht jene besondere Weise des Seins zum anderen, die die natürliche Lebensrichtung umkehrt. Die Liebe ist kein Prinzip, sondern sie wird im Tun, in der geschichtlichen Entscheidung, als die eigene Möglichkeit ergriffen. Die oben der Nächstenliebe zugesprochene Rationalität fällt deshalb bei Bultmann weitgehend aus. Aber Bultmann deutet an, daß der Glaube erst die Situation der Gleichheit mit dem Nächsten eröffnen muß: Beide sind begnadigte Sünder. Deshalb muß die Liebe Gottes dem Liebenden zuvor begegnet sein. (Vgl. dazu: *Tödt, H.E.:* Rudolf Bultmanns Ethik der Existenztheologie, Gütersloh 1978.)

In Abgrenzung gegen die religiöse Vermittlung zielt der Abschnitt 9.2 auf die befreiend-erneuernde Identifikation menschlichen Verhaltens als Liebe, deren Urbild in Gottes ungeschuldeter Zuwendung zum Menschen liegt. In Auseinandersetzung mit Bultmann geht es hier aber auch um die *kognitive Struktur der Liebe*, die nicht nur die Herausforderung des Nächsten erfahren, sondern die Kriterien der Nächstenschaft kennen muß. Denn der situationsethische Ansatz »ama et fac quod vis« (*Bultmann*, a.a.O., S. 239; dagegen Augustin: »dilige et, quod vis, fac!« [Tractatus in ep. Joh. 7,8], gemeint als kritische Auseinandersetzung mit vorgefundenen Normen) gehört in den Dezisionismus, der die Entscheidung als letzten, nicht ableitbaren Akt ansieht.

Ein Dezisionismus läßt sich in der politischen Theorie (*Th. Hobbes:* Die Autorität des Souveräns setzt die Normen des Staats) und in der Ethik (*M. Weber:* In einer Welt ohne objektives Ziel setzt sich jeder selbst ein Ziel) finden. Die grundlose Dezision unterminiert die praktische Vernunft. Das Pathos des Dezisionismus begleitete den Untergang der Weimarer Republik. Bultmann fand sich arglos in gefährlicher Nachbarschaft.

Eine neue Variante gibt sich pragmatisch: Menschen könnten nicht in jeder Situation jede Entscheidung bis zum Ende diskutieren; das Ideal einer freien Diskussionsgemeinschaft sei deshalb absurd. Statt dessen werden sie auf den Common sense rekurrieren. *H. Lübbe*, profilierter Vertreter dieser an die Erfüllung der Vernunft in der Geschichte (s.o. S. 90) erinnernden These, findet das uns bedrängende Problem in der Wahl der Strategien, das weitgehend anerkannte Vernünftige zu verwirklichen (Theorie der Entscheidung, Freiburg/Br. 1971).

### 9.3.3
**Zum Problem der ›Liebe duch Strukturen‹** (s. Abschnitt 13.2.2)

### 9.3.4
**Literaturhinweise**
(über die Angaben im Text des vorangehenden Kapitels hinaus)

a) Zu 9.2.1:
*Fromm, E.:* Die Kunst des Liebens, Frankfurt/M. 1975.
*Kuhn, H.:* »Liebe«. Geschichte eines Begriffs, München 1975.
*Lührmann, D.:* Liebet eure Feinde, ZThK 69 (1972), S. 412-438.
*Theunissen, M.:* Der Andere, Berlin 1965.
*Waldenfels, B.:* Das Zwischenreich des Dialogs, Den Haag 1971 (Phaenomenologica 41).

b) Zu 9.2.2:
*Hare, R.M.:* Die Sprache der Moral, Frankfurt/M. 1972.

c) Zu 9.2.3:
*Becker, J.:* Feindesliebe – Nächstenliebe – Bruderliebe, ZEE 25 (1981), S. 5-17.
*Bonhoeffer, D.:* Nachfolge, München [10]1971.
*Hoffmann, P.* und *Eid, V.:* Jesus von Nazareth und eine christliche Moral, Freiburg/Br. u.a. 1979 (QD 66).
*Huber, W.:* Feindschaft und Feindesliebe, ZEE 26 (1982), S. 128-158.
*Mathys, H.P.:* Liebe deinen Nächsten wie dich selbst. Untersuchungen zum alttestamentlichen Gebot der Nächstenliebe (Lev 19,18), Freiburg/Schweiz u.a. 1986 (OBO 71).
*Reuter, H.-R.:* Liebet eure Feinde!, ZEE 26 (1982), S. 159-187.
*Schottroff, L.:* Gewaltverzicht und Feindesliebe in der urchristlichen Jesustradition, in: *G. Strekker* (Hg.): Jesus Christus in Historie und Theologie (FS Conzelmann), Göttingen 1975, S. 197-221.

d) Zu 9.2.4:
*Erikson, E.H.:* Die Goldene Regel im Licht neuer Einsicht, in: *Ders.:* Einsicht und Verantwortung, Frankfurt/M. 1971, S. 192-215.
*Schwartz, W.:* Analytische Ethik und christliche Theologie, Göttingen 1984 (FSÖTh 46).
*Wimmer, R.:* Universalisierung in der Ethik, Frankfurt/M. 1980.

e) Zu 9.2.5:
*Hoffmann, P.* und *Eid, V.:* Jesus von Nazareth . . . (s.o. unter c).
*Jüngel, E.:* Paulus und Jesus, Tübingen [4]1972.
*Schillebeeckx, E.:* Jesus, Freiburg/Br. u.a. 1975.

f) Zu 9.3.3:
*Krockow, Ch. v.:* Die Entscheidung, Stuttgart 1958.

# 10
# Zwischenüberlegung

Die vorhergehenden Kapitel stellten Überlegungen vor, die sich auf die Möglichkeit einer *christlichen*, genauer: einer *theologischen* Ethik *heute* erstrecken. Ohne die Bedeutung der *Vernunft* (vor allem in den Einigungsprozessen der Menschen) und eines *Common sense* (der schon immer von einem Einverständnis im Blick auf das Gute oder das Bessere ausgehen kann) abzustreiten, muß die theologische Ethik nach dem *Sinn der Geschichte* und nach den *Realisationen des Vernünftigen* in ihr fragen. Im Laufe der Erörterungen dieses Arbeitsbuches trat die Frage nach der Identität der Subjekte der Verantwortung hinzu. Aber von welchem *Gegenstand* soll die Ethik handeln? Sind die *Normen* das Thema der Ethik? Normen können auch in der Soziologie und in anderen Humanwissenschaften zum Gegenstand werden. Die Ethik analysiert und reflektiert hingegen einen Gegenstandsbereich, in dem es um Aufforderung, um Bewertung und sittliche Verpflichtung geht. Darum kann sie sich als Lehre von *Gütern* oder von *Pflichten* entfalten. Im Rahmen von Lebensentwürfen kann das Gute in Gestalt von *Tugenden* auftreten. Mit dem Guten, der Pflicht und der Tugend sind die drei großen grundlegenden Themen der abendländischen Ethik benannt. Sie müssen in ein Verhältnis zum Glück bzw. zur Glückseligkeit treten, die oft als Ziel sittlichen Lebens gelten.

*Schleiermacher* hat die drei Bereiche – für die protestantische Ethik beispielhaft – vereint. In seinen ›Grundlinien einer Kritik der bisherigen Sittenlehre‹ (in: Werke. Auswahl, hg. v. O. Braun u. J. Bauer, Bd. 1, Leipzig 1910, S. 19-346) führt er folgende Gedanken aus: Eine den Standards der Wissenschaftstheorie seiner eigenen Zeit entsprechende Abhandlung reiche nicht zu, die Ethik einheitlich zu entfalten; denn außer durch Induktion und Deduktion müsse der Zusammenhang menschlichen Handelns im Sinne Platons als *Kunstwerk*, orientiert an der Idee des Guten und des Schönen, dargestellt werden. Gehe man von einem einzigen Begriff aus, erfasse man lediglich das *Allgemeine;* aber im einzelnen (Menschen) solle der Gesamtzusammenhang je und je *eigentümlich* zur Darstellung kommen. Beides, das Allgemeine und das Eigentümliche, zu umfassen war Schleiermachers Anliegen, das er im *Höchsten Gut* (nicht als der Spitze, sondern der umfassenden Gesamtheit der Güter) verwirklicht sehen wollte. Der Gesamtzusammenhang menschlicher Handlungen sollte auf dieses Höchste Gut hin als Kunstwerk angesehen werden können. Der Begriff der *Pflicht* (nach Kant) schließe ein Gesetz ein und bleibe in der Allgemeinheit stecken; wie sollten daraus zukünftige Handlungen ›vor-gebildet‹ werden? Die *Tugend* beschränke sich auf die innerliche Kraft und die Gesinnung; so könne sie nicht auf die Wirkung nach außen achten; aber sie hebe das Moment des Eigentümlichen hervor. Beides, Gesetzmäßigkeit und individuelle Gestaltung, wollte Schleiermacher in der Lehre vom Höchsten Gut vereinen, die das durch sittliche Tätigkeit Hervorgebrachte zur Darstellung bringt. Allerdings bedurfte er dazu einer bestimmten Geschichtsphilosophie, deren Problematik angedeutet wurde (s.o. S. 90f).

Das Gute und die Pflicht sind die Schlüssel zu einer fundamentalen Unterscheidung in der praktischen Philosophie der Gegenwart (somit auch in der analytischen Moralphilosophie). Vor allem die letztere spricht vom *teleologischen* (güterethischen) und vom *deontologischen* (pflichtethischen) Ansatz. Seit die Diskussion um beide Richtungen etabliert ist, wird nun die Klage über den Verfall der *Tugenden* laut (*MacIntyre, A.:*

Der Verlust der Tugend, Frankfurt/M., New York 1987). Bevor sich die theologische Ethik auf diese Themen einläßt, sollte sie sich jedoch der Frage stellen, ob sie nicht ein eigenes Thema aufbieten soll: die *Gebote* bzw. das *Gebot* Gottes.

Immer wieder einmal erscheint eine Ethik, die an den *Zehn Geboten* entlanggeht (vgl. *Fritzsche, H.G.*: Evangelische Ethik, Berlin 1961). Viele Katechismen sind dabei Vorbild. Allerdings wurde bereits (o. S. 122f) gezeigt, daß die Zehn Gebote als offenbarte Bestätigung des natürlichen Gesetzes galten. Ihr Verhältnis zum Liebesgebot und Jesu Umgang mit dem Gesetz wären zusätzlich zu erörtern, was oft nicht deutlich geschieht.
Neben dem ›Gesetz‹, dem Inbegriff der an sich *guten* Ordnungen, die vor dem Bösen schützen, und dem sittlich *verpflichtenden* Anspruch, an dem wir scheitern, wurde in neuerer Zeit *das* Gebot Gottes (im Singular!) zum Thema der Ethik. In *E. Brunners* Ethik geht es in den Titel ein: ›Das Gebot und die Ordnungen‹ (Tübingen 1932). *P. Althaus* konfrontiert mit ihm das Gesetz; im Gesetz treibt Gottes Liebeswille ein opus alienum, während das Gebot in das Liebesangebot Gottes eingeschlossen ist (Gebot und Gesetz, Gütersloh 1952).

*K. Barth* will die Ethik nicht von der Dogmatik trennen und legt in der Ethik das Wort Gottes in seinem Anspruch an den Menschen aus. Seine Kritiker äußerten den Verdacht, daß mit dem Gebot ein autoritärer Widerspruch zum Autonomie-Prinzip der Neuzeit gemeint sei; sie erhoben deshalb die Freiheit zum Gegenthema (vgl. auch S. 127f). Die Texte weisen jedoch etwas anderes aus; es läßt sich in Barths Gotteslehre (KD II,2, darin bes. S. 564ff) und vielleicht noch deutlicher in deren Vorform in den Ethik-Vorlesungen (v.a. Ethik I [1928], hg. v. D. Braun, Zürich 1973 [GA II]) wahrnehmen:
- Während für die theologische Ethik des 19. und beginnenden 20. Jh.s festzustehen schien, was der *Mensch* ist, geht es Barth um Gott, der den Menschen *neu bestimmt* (ebd., S. 14ff).
- Weil die neuzeitliche Ethik vom mehr oder minder isolierten *Subjekt* ausging, geht es Barth darum, jene umfassendere Wirklichkeit theologisch festzustellen, in und aus der unser Handeln zu verstehen ist (ebd., S. 19ff).
- Weil Vorschriften abstrakt sind, will er die konkrete Situation, in welcher der Glaube tätig wird, als Teil des von Gott eröffneten Lebens beschreiben (*Aktualität*) (ebd., S. 24).
- Weil die Ethik so selbstsicher auftrat und immer schon wußte, was zu tun war (v.a. in der Kriegstheologie), gilt es, sich erst von Gott für das *Was* öffnen zu lassen (ebd., S. 110ff).
- Im Einzelgebot soll die Wahrheit des Gebotes Gottes aufscheinen (ebd., S. 119).

Das ›Gebot Gottes‹ ist Bezeichnung der fundamentalen ethischen Situation, in der die Identität der zur Verantwortung Gerufenen (s.o. S. 19f) und die Perspektiven der Welt, die mitzuverantworten ist, vom begegnenden Gott her erhellt werden. Mensch und Welt werden durch das Gebot in die Verpflichtung zu einer Handlung hineingenommen. Gott *als Gebietender* öffnet diese Situation, so leuchtet in ihr *Zukunft* und wird die Verheißung laut, daß verantwortetes Handeln in der Geschichte von Gott her seinen Sinn erhalten kann. Das ist Barths praktische Absicht, die aus dem eindeutigen Vorrang Gottes vor der Selbstbetrachtung des menschlichen Subjekts hervorgeht. Gottes Gebot ist in der ›Kirchlichen Dogmatik‹ Barths der von Gottes Zuspruch und Anspruch zugleich erfüllte Moment, in dem die Gnade ein *Dürfen* und damit eine *Freiheit* erschließt. Darum ist es der erste ›Schritt‹ des Tuns, sich das »gnädige Tun Gottes recht sein zu lassen« (KD II,2, S. 643).

Dieses Verständnis des *Gebots* konkurriert nicht mit der Erörterung des Guten, der Pflicht und der Tugend; es kann sie auch nicht ersetzen. Es steuert zwar die gesamten folgenden Erörterungen, aber es beansprucht nicht einen isolierten thematischen Block.

In der Analyse der Bedeutung des *Guten* wird die verantwortungsethische Frage nach den Folgen vertieft; in den Erörterungen der *Pflicht* kommt noch einmal das Kriterium der Universalisierung zur Sprache.

# 11
# Das Gute in der Ethik

## 11.1
## Einführung

Was halten Menschen für gut? Die wenigsten werden das theoretisch exakt artikulieren können; aber alle meinen, in den meisten Situationen zu wissen, was für sie gut ist. Jedoch schwankt der Geschmack im Laufe des Lebens; unterschiedliche Menschen haben verschiedenen Geschmack; überhaupt ist die Relativität oder Willkür des Geschmacks das Ende ethischer Verläßlichkeit oder Beständigkeit.

Der antike Lustspieldichter *Aristophanes* hat in seiner Komödie ›Plutos‹ populäre Vorstellungen vom Guten in einem komischen Dialog zusammengestellt: Der zerlumpte Bauer Chremylos und sein Sklave Karion kehren aus Delphi zurück und sprechen zuerst gemeinsam: »An allem bekommt man endlich Überdruß.« Danach fahren sie so fort, daß Chremylos das erste und das dritte, Karion das zweite und das vierte Stichwort nennt:
»An Liebe, Semmel, Musenkunst und Zuckerwerk;
an Ehre, Kuchen, Tapferkeit und Feigenschnitt(e);
an Ruhm, an Rührei, an Kommando, an Gemüs.«
Der Delphische Apoll riet beiden, den ersten ihnen Begegnenden mitzunehmen. Sie geraten an den blinden Plutos, der Reichtum und Armut verteilt. Weil sie für seine Heilung sorgen, verteilt Plutos nun sehend, was einen sozialen Aufstand zur Folge hat. In dem hier wiedergegebenen Dialog vertritt der eine die ›geistige‹, der andere die sog. ›materielle‹ Seite der Güter. Beide stellen jedoch fest, daß Güter im Überfluß weniger wert sind. So nehmen sie eine Einsicht der neuzeitlichen Ökonomie vorweg (die in der Grenznutzenschule Gewicht erhalten hat): Ein Gut bleibt nur solange wertvoll, wie es die Bedürfnisse befriedigt; klingen die Bedürfnisse ab, ist es weniger wert.

Auf solch sprunghafte Wertschätzung kann die Ethik allerdings nicht bauen, wenn sie etwas Verläßliches sagen soll. Das weiß die vor- und nichtchristliche Ethik genausogut wie die christliche. Deshalb wird sie sich bemühen, die Güter (d.h. alles, was objektiv oder subjektiv gut ist) zu ordnen; dabei wird sie vor allem nach jenen Gütern suchen, deren Konjunktur nicht schwankt, weil sie zuoberst stehen. Diesem Anliegen will der Versuch entsprechen, Güter menschlichen Lebens hierarchisch zu ordnen, vom niedrigsten bis zum *höchsten Gut* hin. Der Begriff des Höchsten Guts hat in das Christentum Eingang gefunden; er hat zunächst metaphysische Bedeutung gewonnen und ist häufig mit Gott und seinem Reich assoziiert worden; in der fortschreitenden Aufklärung ist ein ethisches Verständnis übriggeblieben.
Aber können wir ein für allemal die Güter in sich hierarchisch ordnen und dafür bei allen Menschen ein Einverständnis erzielen? Man frage einmal, was Menschen für besonders gut halten. Welche Gesichtspunkte könnten zur Sprache kommen?

- Gut ist, was Menschen *glücklich* macht. Alle suchen das ihnen gemäße gute Leben, die einen im alternativen Leben, die anderen im ökonomischen Erfolg.
- Die einen leben für Besitz und Aufstieg, die anderen, wohl eine Minderheit, wollen von solcher Sorge *frei* sein.
- Gutes Leben heißt, sich *selbst* zu *verwirklichen.*

- Gutes Leben bestätigt sich, wenn andere sagen: Jener bedeutet uns etwas.
- Als ein zu menschlichen Wertschätzungen quer stehender Satz läßt sich Mk 10,18 zitieren: »Was nennst du mich (Jesus) gut? Niemand ist gut außer Gott allein.«

Besteht das Gute also aus vielen Äquivokationen? Wer nach dem Guten sucht, wird einen bunten Strauß pflücken! Seine Vielfalt spiegelt eine geschichtliche Erfahrung: Konzeptionen des guten Lebens streiten miteinander, was sich bis in die *Religionssoziologie* hinein verfolgen läßt: Menschen wählen je nach ihrem Entwurf vom guten Leben ihre Religion: der Mönch den heiligen Antonius, der Ritter den heiligen Georg, der Jäger den heiligen Hubertus und der Zimmermann den heiligen Joseph (vgl. den instruktiven § 7 im V. Kap. von ›Wirtschaft und Gesellschaft‹ von *M. Weber*, Studienausgabe, Köln u.a. 1964, S. 368ff). Und der Bürger der Neuzeit? Er hält es, sofern er Protestant ist, vielleicht mit einer abstrakteren Religion, die nach Bewährung im beruflichen Erfolg sucht. Die evangelische Frömmigkeit ist längst nicht so reich an buntschillernder und an spezifische Situationen gebundener Religiosität; in ihr scheint jedoch das Bild Gottes selbst verschiedene Züge anzunehmen, die sicherlich mit den Vorstellungen vom guten Leben der Menschen zusammenhängen (z.B. der Gott der Providenz für Kinder, der Gott der Autorität für die Disziplinierung Jugendlicher, der Gott des Zorns in der Gesetzestheologie usw.).

## 11.2 Entfaltung

### 11.2.1 Vom Wandel im Verständnis des Guten bzw. des guten Lebens

Eine am guten Leben interessierte Ethik wird oft ›eudämonistisch‹ genannt; denn das Gute (ἀγαθόν) hängt mit dem Glück bzw. der Glückseligkeit (εὐδαιμονία) zusammen. (Dazu ist zu vergleichen: *Reiner, H.:* Die philosophische Ethik, Heidelberg 1964; *Reiner, H., Locher, A., Riesenhuber, K., Bartuschat, W.:* Art. ›Gut‹, in: HWPh, Bd. 3, Sp. 937-972.)

a) *Platon* unterschied drei Arten von Gütern (von Gutem):
- solche, die wir aus Liebe zu den Gütern selbst haben möchten;
- andere, die wir sowohl um ihrer selbst wie um der Folgen willen lieben;
- schließlich jene, um die wir uns nur wegen ihrer erwünschten Folgen bemühen (Der Staat 357b-358a).

Zur ersten können ein reines Herz oder eine lautere Gesinnung gehören. Zur zweiten rechnet die Gerechtigkeit – wir freuen uns an ihr; wird sie ausgeübt, fördert sie das eigene und das gemeinsame Leben. Zur dritten kann ein Handwerkszeug gehören, das allerdings einem äußeren Zweck dient; dagegen wird ein Kunstwerk um seiner selbst willen begehrt.
Trotz des reichhaltigen Spektrums von Gütern wird enttäuscht werden, wer immer etwas *Vollkommenes* sucht. Auch das Beste hat Schattenseiten. Z.B. kann die Gerechtigkeit formal werden und erstarren; dann geht sie an der Besonderheit konkreter Fälle vorbei und mißt die Bedürfnisse der Menschen nach einem abstrakten Maß. Alle Gestaltungen unserer sinnlichen Welt, darunter viele Tugenden, haben nach Platon Mängel – doch verweisen sie über sich hinaus und suchen das *wahre Maß der Vollkommenheit.* Es ist die *Idee des Guten* jenseits der Welt der Physis (Der Staat 509b); sie bildet das Urmaß aller Vollkommenheit, und zu ihr streben alle Dinge dieser Welt. In der Idee ist das Gute mit dem Schönen eins (καλοκαγαθόν). Eine »ge-

sunde«, mit der Ordnung des Kosmos harmonisierende Seele hat an diesem Guten teil und gewinnt daraus ihr Lebens*glück*.

Nach einer späteren Einsicht Platons (Philebos 23c-31a) läßt sich das Gute dialektisch im Denken *auflösen;* als letzte *Einheit* muß es deshalb über das Denken hinauszielen und bildet an sich ein grenzenlos Unbestimmtes. Trotzdem läßt es sich mit Lust wahrnehmen; ja, durch Vernunftüberlegungen läßt es sich begrenzen und erweist sich als die Einheit von Ebenmaß (συμμετρία), Schönheit (κάλλος) und Wahrheit (ἀλήθεια). Das Gute ist etwas Göttliches, das in Göttern, in der Seele und im Leib wirksam ist.

b) Bei *Aristoteles* findet sich eine andere Überlegung. Da vieles gut sein kann – Gott, die Vernunft, die Tugenden des Menschen, das richtige Maß etwa eines Hausbaus, der richtige Augenblick –, werden unter dem Begriff des Guten *kategorial verschiedene Dinge* vereint. Deshalb läßt sich das Gute nicht als ein gemeinsames begriffliches Moment (z.B. in den Maßen vieler gelungener Häuser) verstehen, sondern muß *mehr als einen Allgemeinbegriff* für bestimmte Arten von Gütern darstellen. Darum nimmt Aristoteles zu folgender Bestimmung Zuflucht: Das Gute ist, *woraufhin alles strebt* (EN 1096a, 23-27). Das Gute ist nicht auf ein höchstes Gut – als Idee – bezogen, sondern muß dem guten Menschen als ein in sich selbst Gutes erscheinen. Darunter fällt die *Erkenntnis;* solange sie strebt, will sie zur reinen Erkenntnis gelangen, die das Gute in sich ist – zur Selbstanschauung des Göttlichen in uns. Weiter gehört dazu die *Handlung:* Menschen handeln, weil sie ein *Ziel* erstreben. Und auch das ist auf seine Weise ein Gut, das Gut der *Poiesis*, des zweckrationalen Handelns. Höher sind Handlungen zu bewerten, die um ihrer selbst willen anzustreben und deshalb in sich gut sind (als *Praxis*, z.B. der Erwerb der Tugend) (EN 1097 a15-b21) (s.o. S. 54f).

Den unterschiedlichen Handlungen entsprechen *zwei Arten von Glück* (εὐδαιμονία): die Versenkung in die theoretische Anschauung der Welt als Ordnungsganzheit und die Selbstvervollkommnung in Daseinsakten, die um ihrer selbst willen zu begehren sind. Der *Philosoph kommt dem eigentlich Guten am nächsten*, weil er zur theoretischen Anschauung hinstrebt (EN 1178 a5-8).

Dennoch ist der unphilosophische Mensch nicht vom Guten ausgeschlossen. Auch ihm steht ein um seiner selbst willen zu begehrendes Gut offen: die Entfaltung zur *Reife des Mannes*, dazu Gesundheit, Wohlhabenheit, eine schöne Gestalt und das Leben mit anderen im Staate. Allerdings hat Aristoteles nur die athenischen Vollbürger im Sinn; die Sklaven und die »Banausen« (Handwerker) sind davon ausgeschlossen.

c) Aristoteles bestimmte das Gute innerhalb des Lebens in der *Polis*, wo sich die im Guten erfahrenen Männer über das Gute selbst verständigten. Wer das Gute sucht, wird es nur finden, wenn er schon in einem Lebenszusammenhang des Guten steht. Aber die Polis des Aristoteles geriet in die Krise. Menschen aus anderen Schichten als denen der Vollbürger wollten an Bildung und sittlicher Vervollkommnung beteiligt sein. Später suchten die Vertreter der *stoischen Philosophie* das sittliche Glück gegen alle äußere Bedrohung im Individuum zu bewahren. Nun bildet nicht mehr die politische Ordnung die Ordnung des Kosmos und seines höchsten Gutes ab, sondern ist das Individuum unmittelbar in den Gesamtzusammenhang der Welt hineingestellt. Glück läßt sich in der *Apathie* finden, der Ablösung von allen äußeren Erschütterungen und von rastloser Glückssuche. Im übrigen hat eine andere philosophische Richtung, die immer wieder verzerrt vorgestellt wurde, das nicht wesentlich anders angesehen; es handelt sich um *Epikur* und seine Schule. Sie betonten die Freude (ἡδονή), nicht die maßlose Lust.

d) Die antiken Bestimmungen des Guten sind in das junge *Christentum* eingedrungen; jedoch sind sie dabei verändert worden. Sie setzten sich in verschiedenen Konzeptionen fort. Stand Gott als höchstes Gut über allem und strebte der Mensch zur Schau Gottes, waren platonische (bzw. neuplatonische) Gedanken nicht fern. *Augustins* Doppelformel des »frui« und »uti« lehrt, die Güter zu unterscheiden; nur ein ewiges Gut kann dem »frui« entsprechen (s.o. S. 84f). Lag das Interesse eher auf dem guten Leben hier und jetzt, das dem unsterblichen Leben vorausgeht, dann wurde die Tugendlehre und – seit dem Hochmittelalter - die ›Nikomachische Ethik‹ des Aristoteles aufgenommen, neu interpretiert und erweitert. Glaube, Liebe und Hoffnung traten als theologische Tugenden hinzu. Für *Thomas von Aquino* ist das Gute final, aus freier Absicht entstanden, aber nicht kausal determiniert. Alles Gute ist in die gesamte Ordnung des Guten eingeflochten. Der Aristotelismus half, Gnade und Natur zu unterscheiden, so daß hier und jetzt das irdische Gut nicht im ewigen unterzugehen droht.

e) *Reformatorische Vorstellungen* vom Guten werden selten beachtet. Zunächst konnte es so scheinen, als träte selbst die radikalere augustinische Auffassung vom frui Deo als Inbegriff des Guten und der Glückseligkeit in den Schatten der radikalen Gotteserfahrung *Luthers,* der bis zur Hölle verzweifeln wollte, wenn Gott das verlangte; die Selbstliebe hatte nun keinen legitimen Platz mehr. Die sog. ›*guten Werke*‹ täuschen den Menschen, der von sich aus nichts Gutes vor Gott bringen kann; denn Gott selbst macht ihn ganz gerecht, ein besonderes Tun (z.B. die Kontemplation) kann Gerechtigkeit nicht wirken. Das Gute kann im Vertrauen auf Gott empfangen und genossen werden; vor den Menschen haben dann auch die Werke Bestand, aber eine Ontologie des Guten, die Gott als Inbegriff des Guten in ihren Zusammenhang hineinzieht, verbietet sich. Schöpfung kann als gute Möglichkeit des Lebens erfahren werden, wenn die Menschen sie als Gabe empfangen und Gott ihnen als Mensch in Christus entgegenkommt, nicht hingegen, wenn der Mensch am Geschaffenen ablesen will, was Gott ist.
Ein Blick in Luthers *Kleinen Katechismus* genügt, um diesen Zusammenhang festzustellen. Die Auslegung des ersten Artikels zählt elementare Güter des Lebens (einschließlich »Weib und Kind«, die nicht zu Sachen werden, sondern wie »Essen und Trinken« und anderes als Geschenk Gottes herausgestellt werden) auf. Die Formel, daß Gott für mich als Menschen sorgt »ohne alle mein Verdienst und Wirdigkeit«, beweist, daß Schöpfung im Licht der Rechtfertigung erfahren wird. Deshalb ist das keineswegs individualistische Ich (»*Ich* gläube, daß *mich* Gott geschaffen hat . . .«) vom zweiten Artikel her zu bestimmen: »Ich gläube, daß Jesus Christus . . . sei *mein* HERR . . .« und wird im Heiligen Geist und im Glauben des dritten Artikels erst recht verstanden: »Ich gläube, daß ich nicht aus eigener Vernunft noch Kraft an Jesum Christ . . . gläuben . . . kann . . .« (Hervorh. nicht im Orig.).
Ist der Gott der Philosophen der Inbegriff des Guten und Ziel alles Strebens zum Guten, so wird hier das Gute in seiner Vorläufigkeit als Gottes *Gabe* erkannt. Gott bleibt ihr grundsätzlich überlegen; er will nicht die Potenz einer menschlichen Idee des Guten sein. Hier steht der Mensch nicht in der Ordnung des Strebens, sondern des Empfangens; der Rechtfertigungsglaube kehrt die menschliche Einstellung so um, wie es Jesu Ansage des Reiches Gottes tat. Auf dieser Grundlage wächst Vertrauen; und es wird als gut bestimmt, was das Leben als Geschenk Gottes fördert.

f) Die Vorstellungen vom Guten in der Neuzeit beweisen, daß die Reformation nicht einfach in die *Moderne* einmünden kann, sondern ein oft vergessenes oder verdrängtes kritisches Potential bereithält. Der englische Philosoph *Hobbes* gibt der Moderne im 17. Jh. Ausdruck, wenn er ein ständiges Fortschreiten von einer Begierde zur anderen feststellt (De homine, in: Opera latina, hg. v. W. Molesworth, Bd. 3, S. 77). Ein Eudämonismus, der zugleich psychologisch sein will, herrscht bei ihm vor. *Kant* bricht mit dem Gedanken, daß sich das Handeln am guten Ziel ausrichten solle; was Menschen als gut betrachten und somit Gegenstand ihrer Neigung ist, schwankt so sehr, daß es niemals vernünftige Konsistenz erlangen kann. Nur der *reine Wille,* sich entsprechend der Vernunft zu bestimmen, sei gut. Die Glückseligkeit darf nicht zum Handlungsmotiv werden. Aber die Hoffnung auf ihr Zusammenfallen mit der Selbstbestimmung aus Vernunft zielt auf die Idee Gottes.

g) Im *19. und 20. Jh.* dominieren eudämonistische Ansätze, die allerdings die ursprünglich mit der Theologie verbundene εὐδαιμονία (bzw. beatitudo) zum psychologischen Glück herabstilisieren. Das Glückskalkül der modernen Ökonomie wird noch zur Sprache kommen (s.u. S. 165f). Hinzuweisen ist aber auf drei Entwicklungen, die zum Teil in die populären Moralvorstellungen einwandern:

(1) Der Begriff des *Willens* schwindet. Statt dessen treten Bedürfnisse und Motive hervor, die Befriedigung verlangen. *Freud* kennt allerdings die Sublimierung libidinöser Regungen und ein Realitätsprinzip, das die Grenzenlosigkeit des Verlangens nach Lust durchbricht.

(2) Die *Wertethik* (v.a. *Schelers*) greift den Formalismus der kantischen Ethik an. Der schillernde Begriff des Werts (eigentlich ein Erbe des Tugendbegriffs) setzt Hierarchien von Werten und einen eigenen Seinsbereich jenseits des Empirischen voraus (s.u. S. 179f).

(3) Die Eigenständigkeit des Begriffs des ›Guten‹ hebt auch *G.E. Moore* hervor, als er um die Jahrhundertwende ›gut‹ als einfachen, undefinierbaren Begriff herausstellt. Definieren ließen sich dagegen nur komplexe Sachverhalte. Was ›gut‹ ist, läßt sich in seinem Werk eigentlich nicht verstehen. Deutlich unterscheidet er es aber von Urteilen über ›facts‹, die auf Beschreibungen beruhen. Moore schärfte einen von *Hume* stammenden Gesichtspunkt ein, der die Bestimmung von ›gut‹ durch naturale Eigenschaften verbietet (sog. ›*naturalistischer Fehlschluß*‹) (s.o. S. 72). Aber was ist ein naturaler Sachverhalt? Zählt auch die Rede von Gott als dem Guten dazu? Dann fiele die Metaphysik darunter! Und was bedeutet das undefinierbare ›gut‹? *Hare* trifft wohl den Sinn dieses ›Fehlschlusses‹ am genauesten, wenn er ihn ›deskriptiv‹ nennt: ›Dies ist ein gutes, d.h. verpflichtendes A‹ (mit dem Einschluß: Tu dies!) wird ersetzt durch ›Dies ist ein A, das ein B *ist*‹; die Empfehlung bzw. Aufforderung oder Verpflichtung werden durch eine Feststellung ersetzt.

h) Der Überblick zeigt deutlich, daß die neueren Auffassungen vom ›Guten‹ den Anschluß an umfassende Lebenskonzeptionen einbüßen, wie sie in der Antike, im Mittelalter oder der Reformation gegeben waren. Entweder gehen sie den Menschen der Moderne selbst in ihrem Lebensvollzug verloren; oder die Ethik verliert sie aus dem Gesichtsfeld, weil sie sich selbst auf zu enge Fragestellungen (z.B. die Logik der Tatsachen und der Präskriptionen) einläßt. Die *Sinnfrage* sollte jedoch ein Indiz dafür sein, daß Lebensentwürfe immer wieder – so auch heute – mindestens stillschweigend die Frage nach dem Guten stellen.

### 11.2.2 Eine biblische Orientierung

a) Die Begriffe des ›Guten‹ und des ›Glücks‹ (bzw. der ›Glückseligkeit‹) haben eine Geschichte. Diese Geschichte beweist, daß hinter der unterschiedlichen begrifflichen Konturierung verschiedene Entwürfe vom guten Leben stehen. Die Entwürfe sind nicht einfach beliebig; ein Pluralismus des ›anything goes‹, wie ihn heute Vertreter der Postmoderne proklamieren, ist eine geschichtliche Ausnahme. Entwürfe laufen dem jeweiligen Zustand des Lebens voraus. Sie setzen sich mit einem Grundproblem menschlichen Lebens auseinander: Wie sollen das Übernommene, die Vorgaben und auch die Beschränkungen der Vergangenheit, mit der Zukunft in Gelingen und – leider auch – Scheitern verbunden werden? Wir wählen aus den Entwürfen nicht dezisionistisch, sondern entsprechend den Fragen und vor allem der Antwort, die unser zukünftiges Sein betrifft, aus. Bei aller geschichtlichen und kulturellen Verschiedenheit werden Christen voraussetzen, daß sich Grundlinien der Orientierung – Perspektiven gelingenden Lebens – im Hören auf biblisches Zeugnis immer wieder identifizieren lassen.
Ein wesentlicher Gesichtspunkt, der vom aristotelischen Konzept abrücken läßt, ist mehrfach angeklungen: Im Guten kommen nach Aristoteles die *Freunde* überein und fördern sich gegenseitig, aber Jesu Verkündigung lehrt den *Feind* und mit ihm zusammen die Güte des Lebens neu zu entdecken. Wer von Jesu Gottesreich Ankündigung dazu befreit wird, kann – wenn notwendig – radikal mit dem gewohnten Verhalten und den Sicherheiten, die es versprach, brechen. Der christliche Glaube lebt von der *Vergebung* – für andere und für uns selbst. Sie beweist seine Radikalität in der Zu-

kunftsperspektive: Das Vergangene soll dem weiteren Leben nicht wie ein Fluch folgen. In diesem Rahmen soll die Frage nach dem Guten biblisch, und damit kritisch und befreiend, durchdacht werden.

b) Der Abschnitt 9.2.5 schloß mit der These, daß nicht in der Liebe allein oder in der Freiheit für sich, sondern in einer vielgestaltigen Erörterung *gelingenden Lebens* der Anstoß neutestamentlicher Verkündigung für die Ethik liege. Darum sollten wir das, was uns von der Bibel her angeht, nicht von vornherein in den Rahmen eines bestimmten Existenzverständnisses ordnen (wie *R. Bultmann* – vgl. z.B. ›Geschichte und Eschatologie‹, Tübingen 1958, v.a. S. 164ff); auch können wir nicht nur unsere eigenen Fragen von der Bibel beantworten lassen (*Tillich, P.:* Systematische Theologie, Bd. 1, Stuttgart 1955, S. 74-81). Wenn Menschsein ›Hörersein‹ bedeutet (wie es der katholische Theologe *Karl Rahner* immer wieder betont: Hörer des Wortes. Zur Grundlegung einer Religionsphilosophie. Neu bearbeitet v. J.B. Metz, München 1963), dann übermittelt die biblische Verkündigung nicht nur Informationen, sondern hilft, verschüttete Lebensmöglichkeiten und eine Zukunft über das vergängliche Leben hinaus aufzudecken. Alle jene Fragen, die unser Dasein betreffen, werden von der biblischen Antwort völlig neu bestimmt; vielleicht wird den Hörern biblischer Verkündigung im Hören das Feststehende fraglich und das Fragliche fest. Das *Ich* dessen, der Verantwortung trägt, soll ständig erneuert und von der durch Christus begründeten Hoffnung bestimmt werden.

c) Das *Gute* und das *Glück* sind beinahe ein stehendes Begriffspaar. Gut sei, was den Menschen glücklich mache, lautet eine häufige Auskunft. Seinen eigentlichen Gehalt zeigt das Wort ›Glück‹ erst, wenn es in das Griechische zurückübersetzt wird: εὐδαιμονία. Die *Eudämonie* geht auf den Dämon zurück, der in der Seele wohnt. Im Falle des Glücks ist es ein guter Dämon. Glücklich ist, wer über die gewöhnlichen Sorgen hinaus dem Guten in der Gestalt der Idee zustrebt (*Platon*); glücklich ist, wer in seinem Lebensvollzug ein Maß entwickelt, das keinem extremen Verhalten nachgibt, sondern die ›Praxis‹ des Lebens im Dialog mit dem überlieferten Guten gelingen läßt (*Aristoteles*). Diese philosophische Idee des Glücks hat auch das Christentum und die abendländische Geistesgeschichte begleitet. Die lateinischen Kirchenväter sprechen von der ›beatitudo‹, was mit zwei deutschen Ausdrücken übersetzt werden kann: mit ›*Glück*‹ und mit ›*Seligkeit*‹. Beide können sich verbinden, so daß Philosophen bis ins 19. Jh. von ›*Glückseligkeit*‹ sprechen. (Zum Überlieferungszusammenhang vgl. 11.2.1.)

d) In welcher Hinsicht erschließt die biblische Verkündigung neue Perspektiven? Am Leitfaden des Glücks und damit auch des Guten ergibt sich eine Antwort: εὐδαιμονία (Glück) und εὐδαιμονικός (glücklich) treten in der Bibel nicht auf, hingegen kommt das Wort μακάριος (›selig‹ – aber warum nicht auch ›glücklich‹?) in wichtigem Zusammenhang vor. Zunächst fällt auf, daß gutes Leben oft gar nicht beschrieben, in Indikativen festgestellt, sondern *durch Zuruf ausgesprochen*, ja zuerkannt wird. Ein Beispiel: Ps 1,1 beginnt mit אשרי, einem status constructus: Glücklich, selig ist, wer . . . Dann spricht der Psalm von dem Mann, der sich nicht mit den Gottlosen herumtreibt, sondern murmelnd (vielleicht auch sich rhythmisch bewegend?) Gottes Weisung in Herz und Sinn aufnimmt. Das »Wohl dem . . .« (geläufige Übersetzung von Ps 1,1) ist dem *Heil* benachbart; und es ist ganz gewiß nicht jenseitig (im Sinne der Metaphysik) und schon gar nicht immateriell gemeint (die Unterscheidung von Materiellem und Immateriellem trifft besonders auf das Alte Testament nicht zu). Deshalb wird auch Hiob in sein früheres Glück eingesetzt: Er erhält wieder Söhne, Töchter, Rinder und Schafe. Trotzdem läßt diese Restitution viele Rätsel offen: Warum solches Leiden? Der Hilferuf mancher Klagepsalmen »Wie lange noch, Herr?« wird trotz Gottes Selbsterweisen in der Geschichte mit seinem Volk immer wieder laut.

Neutestamentliche ›Glücklichpreisung‹ ruft noch entschiedener aus manchen gewohnten Vorstellungen vom Guten heraus. Die *Bergpredigt* (Matthäus) und die *Feldrede* (Lukas) kennen Makarismen, die nur einem verengten Verständnis vom Leben hier und jetzt weltabgewandt-fromm klingen: »Selig sind, die ...« (Mt 5,3-12; Lk 6,20-23; zur Auslegung s.o. S. 16f). Als Beispiel sei die Seligpreisung der Armen gewählt. Lukas spricht von den Armen, die buchstäblich hungern, Matthäus von den Armen »im Geist«. (Eine Übersicht zur Auslegung bieten *Hoffmann, P.* und *Eid, V.*: Jesus von Nazareth und eine christliche Moral, Freiburg/Br. u.a. 1975, S. 27-39.) Dieser Geist ist kein immaterielles Fluidum und erst recht nicht die Vernunft der Gebildeten. Matthäus knüpft an eine jüdische Tradition an, welche die ענוים, die sozial wenig Geachteten, als Empfänger der Botschaft Gottes ansah. Sie galten als sozial deklassiert, weil sie am stolzen religiösen Wissensstand, am Prestige der Religionsausübung und an den Erfolgen der Schulen nicht teilhatten. Lukas sollte nicht allzu einseitig für eine materialistische Exegese beschlagnahmt werden (ist er doch eher staatstreu im Sinne des römischen Imperiums), Matthäus hingegen sollte nicht einseitig spirituell verstanden werden, denn er hat den *umfassenderen Begriff für reale Armut;* dieser schließt wichtige Merkmale sozialer Deklassierung (mangelnde Teilhabe an religiöser und an allgemeiner Bildung) ein – ein genauso wichtiges Indiz für sozialen Ausschluß wie der Mangel an Brot.

Die Provokation der Seligpreisungen steckt in einem augenfälligen Paradox. *H.-R. Reuter* hat vorgeschlagen, sie einmal mit »Glücklich ist, wer ...« zu übersetzen (Die Bergpredigt als Orientierung unseres Menschseins heute, ZEE 23 [1979], S. 84-105). Die Nachsätze dieser Seligpreisungen wären dann Aussagen, die insgesamt auf folgenden Nenner zu bringen wären: »... wer nach sonst geltenden Maßstäben nicht glücklich ist«. Doch nicht der Mangel selbst bringt Glück; nur Masochisten gewinnen ihr Glück aus Leiden. Außerdem wird den Bedürftigen Sättigung und Fülle zugesagt, denn das *Reich Gottes* ist keine blasse Idee. Jesu Verheißung der Fülle liefe ins Leere, wenn die Armen in das Negative verliebt sein sollten. Darum lassen die Seligpreisungen etwas sonst gern Verdrängtes erkennen: *Wer im Mangel lebt, wird das Menschlichste am Menschsein eher wachhalten: die das ganze Leben kennzeichnende Bedürftigkeit und Verletzlichkeit.*
Von ihr her läßt sich erst verstehen,
- wie sehr wir auf den anderen angewiesen sind,
- daß nur *mitleiden* kann, wer seine eigene Bedürftigkeit wahrzunehmen bereit ist, und schließlich,
- daß wir zuerst *vom Empfangen leben* und deshalb zu empfangen lernen müssen; was unser Leben menschlich macht, ist nicht Leistung oder aufrechnende Gegenseitigkeit.

Diese fundamentale Bedürftigkeit wird tief von der Einstellung zur Zeit, vor allem zur eigenen *Lebenszeit* geprägt.

(1) Verstehen wir sie als Zeit, die wir haben, gewinnen und ausfüllen können – und die uns schließlich doch zerrinnt? Steht es so, dann möchten Menschen ihr Dasein

über dessen begrenzte Zeit hinaus retten, indem sie sich Denkmäler setzen – in Kindern, in großen Taten oder Werken, die an sie erinnern.

(2) Ist sie Zeit, die wir empfangen und die uns inmitten verrinnender Lebenszeit trotzdem *nach vorn*, in der *Hoffnung* auf *Gottes Reich* und *sein Kommen* blicken läßt? Wer die fundamentale Bedürftigkeit und die zeitliche Verfaßtheit des eigenen Lebens nicht verantwortlich wahrnimmt, wird dazu neigen, die pathischen Seiten der eigenen Existenz zu unterdrücken; er wird fordern und anklagen, er wird an sich reißen, wessen er zu bedürfen meint; aber er wird das alles nicht festhalten und bewahren können (s. auch S. 168f).

e) Wenn die Ethik mit der Frage des Guten und des Glücks einsetzt, trifft sie eine *Entscheidung im Blick auf die Grundausrichtung des Lebens.* Aristoteles kommt heute bei manchem philosophischen Ethiker wieder zur Geltung; auch die Bibel beansprucht nach 2000 und mehr Jahren, dem Leben heutiger Menschen Richtung zu geben. Das Thema des guten Lebens fordert zum Vergleich heraus. Ein Zitat des Aristoteles kann dem entscheidenden Punkt näherbringen: »Wie nämlich für den Flötenkünstler und den Bildhauer und für jeden Handwerker oder Künstler, kurz, überall da, wo Leistung und Tätigkeit gegeben ist, eben in der *Leistung*, die man annehmen darf, der Wert und das Wohlgelungene beschlossen liegt, so ist das auch beim Menschen anzunehmen, wenn es überhaupt eine ihm eigentümliche Leistung gibt. Sollte es nun bestimmte Leistungen und Tätigkeiten für den Zimmermann oder Schuster geben, für den Menschen als Menschen aber keine, sondern sollte dieser zu stumpfer Trägheit geboren sein? Sollte nicht vielmehr so wie Auge, Hand, Fuß, kurz jeder Teil des Körpers seine besondere Funktion hat, auch für den Menschen über all diese Teilfunktionen hinaus eine bestimmte Leistung anzusetzen sein?« (EN 1097b-1098a; Hervorh. nicht im Orig.).
Aristoteles beantwortet die selbstgestellte Frage positiv: Die Leistung liegt darin, das eigene Leben in sittlicher Vollkommenheit zu verwirklichen; dieses Gut wird um seiner selbst willen erstrebt (EN 1094a). ». . . Glücklich, wer im Sinne vollendeter Trefflichkeit (ἀρετή) tätig und hinreichend mit äußeren Gütern ausgestattet ist . . .« (EN 1101a). Das ist nicht Selbsterhaltung, sondern *Selbstgestaltung bzw. -steigerung.* Durch Tüchtigkeiten bzw. *Tugenden* gelangt die Seele zu *innerer Harmonie.* Darin liegt die eigentliche Lebensleistung eines guten Menschen; er darf sein äußeres Glück wegen seines sittlichen Strebens genießen. Wie auf S. 155 dargelegt wurde, steht diese Leistung allerdings nicht jedem Menschen offen, sondern vor allem Männern der sozialen Oberschicht. Ihre Reife verbürgt ihnen das Glück; Pferde, Rinder und besonders auch Kinder sind nicht glücklich: οὐδὲ παῖς εὐδαίμων ἐστίν (EN 1100a). Wollte jemand dagegen aufbegehren, würde Aristoteles ihn damit beruhigt haben, daß *Kinder* glücklich seien, wenn man für sie hoffe; durch die Jahrhunderte galt ein Kind als kleiner Erwachsener (*Ariès, Ph.:* Geschichte der Kindheit, München u.a. 1976). Das *Kind* ist noch nicht verantwortlicher Teilhaber der Polis – aber, muß die Gegenfrage lauten, ist es nicht Repräsentant jener Bedürftigkeit, die uns alle erst zu Gemeinschaftswesen macht?
Dieser Hinweis auf den aristotelischen Lebensentwurf hilft, die neutestamentlichen

Perspektiven gelingenden Lebens nicht nur im Blick auf die Feindesliebe, die Vergebung und die von Gott eröffnete Zukunft, sondern in zwei weiteren Hinsichten abzusetzen:

(1) Wenn Jesus die Kinder herausstellt, setzt er ein Zeichen. Sie gelten nicht etwa als niedliche Wesen, deren körperliche Proportionen einen Pflegetrieb wecken. Denn auch zur Zeit Jesu gab es trotzige und bockige Kinder – sie sollten deshalb nicht als unschuldige Wesen verklärt werden: In Mt 11,16 vergleicht ein kurzes Gleichnis »dieses Geschlecht« mit Kindern, die ihren Einfällen frönen und andere Kinder dafür einspannen wollen: Sie flöten und sind beleidigt, wenn die anderen nicht tanzen; sie klagen und sind beleidigt, wenn die anderen nicht Trauerzeremonien aufführen. Jedoch heißt es in Mk 10,14, daß den *Kindern das Reich Gottes* gehöre. Vielleicht verbirgt sich dahinter eine Diskussion, ob die Kinder überhaupt zur Gemeinde gehörten. Selbst wenn erst die Urgemeinde diesen Abschnitt formulierte, entspricht er der Wendung Jesu zu den Armen (s.o.).
Was folgt daraus für den Entwurf einer christlichen Ethik heute? Jede wohlüberlegte Ethik fordert nicht nur auf und ordnet bzw. begründet Imperative, sondern sie sucht das jeweilige Subjekt der Verantwortung, einen bestimmten Menschen in seiner *Zeit* und an seinem *Ort*, der aber von einem bestimmten Woher und Wohin lebt. Diese Grundorientierung wird mit Jesu Hinweis auf die Kinder – als Repräsentanten der Erwartung – angesprochen.

(2) Der Kontrast zum aristotelischen Lebensentwurf läßt sich weiter verstärken: Der wichtigste Begriff des oben gegebenen Zitates ist »Werk«, ἔργον – jedes integrierte, jedes *gute Leben ist »Werk« par excellence.* Die εὐπραξία (Glück ist im rechten Handeln) ist das selbstbezweckte Ziel (EN 1139a). An diesem Verständnis vom Werk, am Werkcharakter des Christenlebens, nicht primär am einzelnen guten Werk nahm der junge Martin Luther Anstoß (vgl. Der Durchbruch der reformatorischen Erkenntnis bei Luther, hg. v. B. Lohse, Darmstadt 1968 [Wege der Forschung 123]). Luther konnte deshalb so heftig gegen Aristoteles polemisieren, weil seine Lehre die Gnade Gottes im menschlichen Habitus und in den theologischen Tugenden vergegenständlichen half. Allerdings wird Gottes Werk an uns, wird die Rechtfertigung ohne unser Zutun von evangelischen Theologen immer wieder als das Unanschauliche schlechthin dargestellt. Im Blick auf den *Lebensvollzug* sollte sie nicht unanschaulich bleiben; denn sie hat zur Folge, daß wir das Leben nicht als Werk des männlichen, reifen, tugendorientierten Lebensvollzugs sinnhaft gewinnen, sondern es von Grund auf als ein *Geschenk* empfangen und gerade dem Ausdruck geben. (Vgl. dazu *Link, Ch.:* Vita passiva. Rechtfertigung als Lebensvorgang, EvTh 44 [1984], S. 315-351.) Folgerungen legen sich nun von selbst nahe: Christen werden anders mit den Defiziten des Lebens, mit Entmutigungen und auch mit dem Scheitern umgehen. Wer das Leben als Werk begreift, *muß* geradezu handeln, weil mit seinem Handeln die Integration seines Lebens auf dem Spiel steht; wer von Jesu Seligpreisungen her lebt, muß nicht mehr handeln, sondern er *darf* und wird es, weil er frei von den Zwängen ist, sich selbst und seinen Ruf gegen die ablaufende Lebenszeit zu erhalten. Des einen Lebenszeit ist auf die Reife hin orientiert, des anderen vom Reich Gottes her erfüllt. Das will jedoch gegenwärtig sein, obwohl es sich nur der Hoffnung zeigt.

Könnte aber ein Leben, das so im Empfangen gründet, nicht zum *Quietismus* führen? (Der Quietismus versagt sich dem Handeln, weil es zur vergehenden Welt gehört.) Die Bergpredigt und die reformatorische Lehre der Rechtfertigung blicken nicht am tätigen Menschen vorbei; aber sie fragen nach der *Grundausrichtung* des Lebens im Tun. Ist das Leben im aristotelischen Sinne ein »*Werk*«, dann sind die Handlungen sein Ausdruck. Scheitern und Unglück lassen sich allenfalls mit der Gelassenheit der Weisen integrieren, aber die Sünde und das Böse, die Vergangenheit und Zukunft festlegen, ja einengen, kommen ebensowenig in den Blick wie die neue Freiheit für alle. Ist das Gelingen des Lebens aber ein ›*Geschenk*‹, wird das Leben eine humanere Gestalt suchen, weil in allen seinen Lebensvollzügen die Bedürftigkeit und Verletzlichkeit durchscheinen kann. Biblisch fundiertes Ethos mit seiner ganz anderen Ausrichtung des Lebens ist also nicht passiv, endet nicht mit dumpfer Einwilligung in Leiden und Entbehrung, sondern weckt die *aktive Auseinandersetzung mit den guten und den dunklen Möglichkeiten des Lebens* – jedoch im Wissen, daß die Güte unseres Lebens, daß sein Gelingen zuletzt nicht von unseren Erfolgen abhängt.

Allerdings klingen die Makarismen (die *Seligpreisungen*) der Bergpredigt reichlich utopisch. Werden die Sanftmütigen jemals die Erde besitzen? Die Erfahrung mag skeptisch stimmen. Christen werden aber durch das, was zunächst vor Augen steht, hindurchblicken und kritisch beachten, wohin durchschnittliche Erfahrung führt. *Erfahrung* beruht auf Regelmäßigkeit; der Erfahrene kann aus so und so vielen ähnlichen Situationen durchschnittliche Erwartungen bestärken. Er lebt aus der Kontinuität menschlicher Zeit. Sie ist im Alltäglichen – vor allem bei der Entwicklung von Vertrauen – nicht zu verachten, aber sie hat ihre deutlichen Grenzen: »Das haben wir immer so gemacht . . .«, »Wer A sagt, muß auch B sagen . . .«, »Wir haben Milliarden investiert, und nun soll das alles umsonst sein?« – hinter solchen Äußerungen stehen als *Sachzwänge* getarnte langfristige kollektive Festlegungen, die kein einzelner ohne weiteres bewegen oder verändern kann, aber die ein öffentliches Bewußtsein zu verantworten hat.

Jedes Handeln drückt in seiner Begründung und seinem Ziel auch eine bestimmte Auffassung von der Zeit aus (was meist nicht bewußt wird). Mit seinem Ziel will es neue Zeit gewinnen. Darum hatte es für seine Hörer Bedeutung, als Jesus das *Reich Gottes* ankündigte. Die neuere Auslegung hat uns gelehrt, daß Jesus darin kein Ereignis sah, in dem Menschenzeit und Geschichte kulminieren, denn es steht der von Menschen gemessenen, gezählten, als Nacheinander von Momenten vorgestellten Zeit entgegen. Aber das Reich Gottes will auch nicht das uns sichtbare Jenseits der Ideen veranschaulichen, sondern es ist *diesseitig jenseitig*, weil es, obwohl *ausstehend*, schon *jetzt und hier* wirkt. Weil es *aussteht*, verweigert es sich dem beherrschenden Zugriff; weil es *schon jetzt wirkt*, stößt es an, menschliche Wirklichkeit neu zu erfahren und zu gestalten. Handeln folgt dann nicht in letzter Konsequenz allein den Leitlinien der von uns mitgestalteten und erfahrenen Vergangenheit, sondern gründet im *Vertrauen*, daß Gott alles ändern kann.

Die beiden katholischen Theologen *Paul Hoffmann* und *Volker Eid* halten das so fest: »Jeder jeweilige Zustand des Menschen und der Gesellschaft, und wäre er auch so optimal wie möglich, ist immer *auch* von Ungerechtigkeit und Zwängen bestimmt . . . Hiergegen erweist sich das Reich Gottes als die *bessere Alternative*, als kritische Überbietung; denn genau das, was jeweils individuelles und soziales Leiden verursacht, erscheint in seinem Licht als abschaffbar. Dies wird am Verhalten Jesu deutlich . . . Er nimmt Stellung zugunsten der Armen, der Trauernden, der Hungernden, der sozial Deklassierten, er solidarisiert sich mit den Sündern, den Verachteten und Ausgestoßenen; er bricht – das belegt beispielsweise die Zachäus-Geschichte – durch befreiende Zuwendung Verhärtungen auf . . . (Die Rede von der Basileia . . .) legt nämlich individuelles und soziales Leiden so offen, daß von den dabei Angesprochenen und Betroffenen Einsicht in die Wirklichkeit menschlichen Leidens, in die entsprechenden sozialen Zusammenhänge und Bedingungen gewonnen wird, welche Einsicht sie zum *Umdenken* (Metanoia) *und befreienden Tun* veranlassen kann« (Jesus von Nazareth und eine christliche Moral, Freiburg/Br. u.a. 1975, S. 62).

f) Vom *Guten* ist in der Bibel nicht selten die Rede. Im Alten Testament hängt es von Gottes Güte – von Gottes Zuwendung zum Menschen durch seine Schöpfung und durch sein Heil – ab. Das Neue Testament kennt nicht nur die Makarismen; deren Ausrichtung kann jedoch auch die Perspektive bilden, in der Aussagen vom Guten zu lesen sind:

(1) Mehrfach kommen gute Dinge vor. Ein markanter Satz der Bergpredigt des Matthäus spricht davon, daß sogar *böse Menschen gute Gaben* geben können (Mt 7,11). Um wieviel mehr wird dann der himmlische Vater denen, die ihn darum bitten, Güter geben (ebd.)! Jesus will das verkannte Selbstverständliche wiederentdecken lehren; oft jedoch steht es allen menschlichen Erfahrungen entgegen, wie das weisheitliche Wort »Bittet, so wird euch gegeben, suchet, so werdet ihr finden, klopfet an, so wird euch aufgetan« (Mt 7,7) lehrt. Sofern es durchschnittlichen Erfahrungen widerspricht und doch das Selbstverständliche herausstellt, könnte es Jesu eigenes radikales Vertrauen meinen. Ebenso radikal ist das eigentlich Selbstverständliche, das anschließend in der Goldenen Regel (Mt 7,12) zum Ausdruck kommt: Wenn wir mit dem Tun des Guten beginnen, dann ist längst noch nicht ausgemacht, ob andere unser Handeln entsprechend erwidern (s.o. S. 144ff). Hier wird das sonst verschüttete *Natürliche* im Licht der befreienden Taten und Worte Jesu neu erkannt. Gottes alles umkehrendes Tun und die Ankündigung seines Reiches stoßen an, neue Möglichkeiten des Handelns zu entdecken. (Das wird auch im Lobpsalm der Maria deutlich: Nach Lk 1,53 füllt Gott die Hungrigen mit Gütern [ἀγαθά].)

(2) Das Gute kann ein *Ziel* darstellen. Röm 8,28 verspricht, daß denen, die Gott lieben, alle Dinge zum Guten dienen. Paulus beruft sich auf Gottes Geist, der jetzt – in einer zwiespältigen Welt und unter seufzenden Kreaturen – bereits neues Leben möglich macht.

(3) Auch vom *sittlich Guten* ist im Neuen Testament die Rede. Drei Stellen sollen herausgehoben werden. In Röm 2,10 erkennt Paulus allen, die das Gute tun, Ruhm, Ehre und Frieden zu, ob sie nun Juden oder Griechen sind. Die berühmte ›Obrigkeitsperikope‹ fordert auf, das Gute zu tun, weil es Lob in den Augen der Behörden finde (Röm 13,3).
Offenkundig greift Paulus ein Verständnis des Guten auf, das im sozialen Umfeld gilt, sonst hätte er nicht eine eingeübte Redeweise aufgegriffen, sondern das Gute erläu-

tert. In Röm 12,1-2 wird dieses Verständnis in einen theologischen Rahmen gestellt, der die Grundlegung theologischer Ethik insgesamt betrifft. Seine Struktur zeigt sich in folgender Übersicht:

παρακαλῶ = ich ermutige, tröste, vermahne:

| | | |
|---|---|---|
| *Grund* der Ermutigung: | Gottes Zuvorkommen (in erbarmenden Taten, die mit der Taufe den Christen appliziert worden sind) | |
| *Ziel* der Ermutigung: | Die *leibhafte Hingabe*, das Opfer des eigenen leiblichen Lebens im alltäglichen Handeln | |
| | ↓ | |
| | *Qualifikation* der leibhaften Hingabe: | Sie ist vernünftiger Gottesdienst – das Gute, Anerkannte und Vollkommene in ein Verhältnis zum Willen Gottes setzend |
| | | ↑ |
| Erneute *Zielbestimmung*: | Sich nicht dem Äon (der Weltzeit jetzt) gleichschalten, sondern die Lebensrichtung erneuern | |
| | ↓ | |
| | *Konsequenz:* | Prüfung des Willens Gottes (s.o.) |

Die den paränetischen Teil des Römerbriefs einleitenden Verse beweisen, daß zunächst das *Sein* der Adressaten im Glauben bestimmt wird; der *Indikativ* hat Vorrang. Aus ihm folgt der *Imperativ.* Die christliche Ethik setzt nicht beim Nullpunkt an, sondern prüft vorhandene Normen, ob sie dem Willen des in Jesus Christus erkannten Gottes entsprechen. Die paulinische Begründung ist in ihrer Struktur den Einsichten, die aus der Bergpredigt gewonnen wurden, ähnlich. Die Bergpredigt hebt mit Seligpreisungen an, Paulus beginnt mit Feststellungen über den Glaubenden: Erst wird das neue Sein erinnert oder angesagt, dann folgt das Sollen; der Indikativ geht dem Imperativ voraus.

### 11.2.3
### ›Arbeitende Ethik‹

Röm 12,2 läßt anklingen, was vom Ethos und der ethischen Besinnung der Bibel, v.a. Jesu und des Paulus, zu sagen ist: Das Ethos und die Ethik arbeiten an vorgefundenen Normen und Lebensperspektiven, um in Anknüpfung und Kritik Möglichkeiten neuen Lebens zu entdecken. Diesem ›Arbeiten‹ können wir entsprechen, wenn wir die Bedeutungen des Guten heute erkennen wollen.

Für die Alten – vor allem wenn sie Platon folgten – hielt die Idee des Guten den Kosmos zusammen. Sie band die Menschen an eine hinlänglich gute Ordnung der Welt

und des Gemeinlebens. Weil der Weltverlauf auf das höchste Gut zielte (mittelalterliche Theologie), hatte die Welt ein objektives Ziel (ein *Telos*). Die natürliche Vernunft konnte diesen Zusammenhang in Umrissen erkennen und einen *teleologischen* Gottesbeweis formulieren. *Gott* selbst erwies sich einer platonischen oder christlichen Metaphysik als die *reine Gestalt des Guten.*
Diese Welt ist vergangen (vgl. S. 111ff). Zwar mögen viele das Verblassen einer zielgerichteten Welt beklagen; einzelne versuchen heute, sie wiederzubringen (vgl. *Strauss, L.:* Naturrecht und Geschichte, Stuttgart 1956; *Jonas, H.:* Das Prinzip Verantwortung, Frankfurt/M. 1979; *Spaemann, R.* und *Löw, R.:* Die Frage Wozu?, München/Zürich [2]1985). Eine ›arbeitende Ethik‹ wird jedoch nicht nur auf Entwürfe achten, sondern die heute vorherrschenden Muster des Lebensvollzugs prüfen. Die meisten Ziele moderner Menschen wurden erst durch menschliches Experiment und Handeln gesetzt und der Natur aufgeprägt, sie sind nicht auf ein metaphysisch bestimmtes und in der bestehenden Welt widergespiegeltes höchstes Gut bezogen.

Wann kommen in der Lebenswelt der Menschen neuzeitliche Vorstellungen und Handlungsmuster auf? *Darwins* Evolutionstheorie entwarf einen Weltverlauf, der nicht von einem allumfassenden Bewußtsein Schritt für Schritt entworfen ist; Gott kann allenfalls in den Ordnungen, die der Zufall hervorbringt, erahnt werden (vgl. Die Entstehung der Arten [1859], Stuttgart 1974). Jedoch ist die metaphysische Eindeutigkeit des Guten bereits lange vor Darwin zerbrochen. *Hobbes* bestimmt in der frühen Neuzeit, *gut sei, was von uns erstrebt werde* (De homine 11,4ff). Folgten wir vordergründigen Wünschen, strebten wir nach scheinbarem Gut; blickten wir jedoch voraus und überlegten dabei vernünftig, träfen wir auf echtes Gut. Die *Art unserer subjektiven Voraussicht* bestimmt, was gut ist. Der Mensch sieht sich selbst an, betrachtet sein *Können* (›Vermögen‹), folgt seinem *Streben* und bestimmt daran das *Gute.* Wie kann es dann für andere verbindlich werden? Entweder müssen alle ihre Ansichten vom Guten öffentlich machen, sie miteinander *diskutieren* und sich dann einigen; oder in allen Menschen wird (unbeschadet ihrer zufälligen Existenz) ein *gemeinsames Minimum an Vernunft* vorausgesetzt.
Nun kann die Theorie allein die Vorstellungen einer teleologischen Ordnung nicht zerbrechen. Mit dem Guten waren Konzeptionen vom Glück verbunden. Bereits Lehrer der Antike bezeichneten das Glück als *Freude* (daher *›Hedonismus‹*). Allerdings war sie sogar für die Epikureer nicht einfach der Genuß vor allem materieller Dinge. In der Neuzeit konnte aber ein undifferenzierter Hedonismus geradezu zur Lebensanschauung werden; er übersetzt dann die Voraussetzungen der modernen *Ökonomie* in die Ethik: Der Mensch hat Bedürfnisse; der Tendenz nach lassen sie sich beliebig vermehren und immer raffinierter erfüllen. Der *Utilitarismus* als ethische und sozialpolitische Strömung ist ein wichtiger Begleiter des aufkommenden *Kapitalismus;* seine Anthropologie und Ethik bilden die Wurzeln des *Liberalismus.* Auf ›pleasure‹ beruft sich *J. Bentham,* als er eine Psychologie menschlichen Entscheidens und menschlicher Antriebe entwirft. (Zur Einführung: *Höffe, O.:* Ethik und Politik, Frankfurt/M. 1979, S. 120ff; Einführung in die utilitaristische Ethik, hg. v. O. Höffe, München 1975.) Alle menschlichen Einstellungen streben vom *›pain‹* (Schmerz, Leid) zum *›pleasure‹* (Freude, Lust). Der Merkvers des J. Bentham (1748-1832), eines damals fortschrittlichen Sozialphilosophen, lautet:

> »Intense, long, certain, speedy, fruitful, pure –
> such marks in pleasures and in pain endure.
> Such pleasures seek, if private be the end:
> If it be public, wide let them extend.
> Such pains avoid, whichever be thy view:
> If pains must come, let them extend to few.«

(Zitiert nach: Approaches to Ethics, hg. v. W.T. Jones u.a., New York u.a. 1962, S. 273.)

Der *Utilitarismus ist allerdings nicht nur trivial, denn er wehrt sich gegen Instanzen, die das Gute von oben her verordnen.* Auch setzt er (wie die schottische Moralphilosophie der damaligen Epoche) voraus, daß alle Menschen ein natürliches Wohlwollen gegen andere hegen und es sogar unbeabsichtigt verwirklichen, wenn sie – wie es der Merkvers empfiehlt – nur für sich streben. Wer seinen eigenen Erfolg sucht, tut auch für die anderen das Beste. Aus dieser Tradition schöpft auch der Ökonom und Moralphilosoph *Adam Smith* (1723-1790) (Verfasser des Buches ›Der Reichtum der Nationen‹, das den Wohlstand nicht auf den Boden oder die Naturschätze, sondern auf die Arbeit und ihre Organisation zurückführt). Smith sah im Marktgeschehen eine geheimnisvolle ›*invisible hand*‹ am Werk, die das egoistische Streben so koordiniert, daß ihm zugleich das Beste aller entspringt. Der Markt lenkt souverän, wie es kein einzelner zu tun vermag. Auch das Marktprinzip ist *kritisch*, solange es absolutistische Herrscher gibt, die in ihrer Person das Gute des Landes verkörpern wollen und es durch ihre Kameralisten und Minister dem Volk verordnen.

Der Utilitarismus wird hier als ethische Theorie der herrschenden Praxis moderner abendländischer Menschen vorgestellt. An ihn sind Fragen zu stellen:
(1) Wissen alle in durchsichtiger Weise, was für sie gut ist, oder lassen sie sich durch Verdrängungen, Verlockungen, Werbung usw. betrügen?
(2) Sind alle Güter gleichwertig? (*J.St. Mill* sagt eine Generation nach Bentham: »Es ist besser, ein unzufriedener Mensch zu sein als ein zufriedengestelltes Schwein, besser ein unzufriedener Sokrates als ein zufriedener Narr« [Der Utilitarismus, deutsch: Stuttgart 1976, S. 18].)
(3) Können alle in der Konkurrenz des Marktes mithalten und das erbringen, was andere als nützlich ansehen?
(4) Was geschieht, wenn das individuelle Gute nicht im Konzert des Marktes mitspielt, sondern sich machtvoll einseitig durchsetzen will? Der Liberalismus kommt damit vor die *sozialstaatliche Frage.*

Theologische Ethiken berücksichtigen dieses einflußreiche ethische System kaum. Und doch stellt es Grundzüge unserer Lebenswirklichkeit heraus. Die Moderne ist tiefer als jede andere Epoche der Menschen von der Ökonomie betroffen und gezeichnet. Z.B. sind Supermärkte Institutionen der konzertierten privaten Suche nach dem Guten; sie erlauben den Kunden, sehr viele Präferenzskalen zu realisieren, wenn sie den Einkaufswagen aus den Regalen füllen – vorausgesetzt, sie haben Geld. Die Werbung versucht, die privaten Hierarchien von ›pleasure‹ neu zu ordnen; sie verspricht Glück durch Maximierung des Genusses. *Das Gute wird ökonomisiert;* deshalb werden Ethiker oft die Wirtschaftsseiten der Zeitungen studieren müssen, denn sie betreffen das Verhalten der Menschen tief. Die *Grundlegungsfragen* der Ethik (vor allem die Frage nach dem Guten) sind tief *mit der Ökonomie verbunden.*

Dieses Gute ist heute mit Röm 12,2 kritisch zu prüfen: Kann es den in einem jeden Leben angelegten Fragen entsprechen, kann es die heimlichen und offenen Sinnfragen ernst nehmen, trägt es der Verletzlichkeit und Bedürftigkeit der Menschen Rechnung, weiß es – wie der christliche Glaube – von einer befreienden Perspektive zur Zukunft hin?

### 11.2.4
### Eine Anknüpfung an unsere Lebenswelt

Moderne (v.a. analytische) Philosophen reduzieren den teleologischen Ethikansatz (nicht gleichzusetzen mit der teleologischen Weltsicht) meist auf ein Konzept, durch das ein Übergewicht guter Folgen sichergestellt werden soll. Was ›gut‹ zuletzt bedeutet, bleibt dem subjektiven Urteil oder dem Common sense überlassen. Theologen müssen sich bis zu einem gewissen Naturalismus vorwagen und zumindest in allem, was der Bedürftigkeit und der Verletzlichkeit des Menschen als Geschöpfes Gottes Rechnung trägt, ein gemeinsames *Gut* entdecken. Trotz dieses wichtigen Gutes kann der teleologische Ethikansatz nicht die Frage umgehen, was nach dem Schwinden einer objektiven Zielstruktur der Welt, geeint im Höchsten Gut, zu sagen und zu tun ist.

Drei Weisen, dieses Problem zu beantworten, lassen sich denken:
- eine Rückwendung,
- der Protest,
- eine konstruktive Auseinandersetzung, die über das jeweils von Menschen angenommene und festgesetzte Gute hinausblickt und fragt, was Menschen bei anderen Menschen ausrichten, wenn sie das Gute auf ihre Vorlieben festlegen und diese vielleicht anderen aufzwingen.

a) Jedoch bedeutet die Rückwendung de facto nicht, zum alten Zustand zurückzukehren, sondern einen neuen, in seinen Folgen meist nicht beabsichtigten Weg zu beschreiten. An ein weiterhin geltendes teleologisches Weltbild will sich z.B. die *traditionelle katholische Moraltheologie* halten.

Zweideutig zeigt sich das an päpstlichen Stellungnahmen zu ›künstlichen‹ Verhütungsmethoden, etwa in der Enzyklika ›Humanae vitae‹ (1968, verschiedene Ausgaben). ›Natürlich‹ sind eben nur jene Methoden, Nachkommenschaft zu verhüten, die von der Natur selbst vorgesehen werden. Diese Natur gilt als in sich selbst zielbestimmt, sie spiegele – wenn auch gebrochen – den Willen des Schöpfers wider.
Aber die Folgen sind deprimierend; denn oft stoßen dort, wo der Papst diesen Weg empfehlen möchte, verschiedene Welten zusammen: eine althergebrachte soziale Welt, in der zahlreiche Nachkommen notwendig sind, damit die wenigen Überlebenden für die alten Eltern sorgen, und eine neue Welt, in die rudimentäre Kenntnisse der Medizin und Hygiene einströmen und neue Überlebensmöglichkeiten eröffnen. Bei diesem Zusammenstoß entsteht ein Elend, das anderen Epochen in solchem Umfang nicht bekannt war.
Ein anderer, säkularer Versuch findet sich bei *Hans Jonas* (Das Prinzip Verantwortung, Frankfurt/M. 1979). Obwohl Jonas den ungeheuren Wandel der Welt erkennt, greift er mittelbar auf die alten teleologischen Denkmuster zurück. Der homo faber habe über den homo sapiens Macht gewonnen und die Welt umgestaltet. Dabei sei die Evidenz des Guten, wie sie der alten Zeit gegeben schien, zerbrochen. Viele Menschen ahnten das und wollten in die Utopie fliehen. Aber damit umgingen sie jene *Verantwortung,* die nun notwendig sei. Die von Jonas proklamierte ›Verantwortung‹ wird gestützt durch die *Furcht,* daß die Menschheit nicht mehr überleben könnte. Daher formuliert Jonas den Kantschen Imperativ neu: »Handle so, daß die Wirkungen deiner Handlung verträglich sind mit der Permanenz echten menschlichen Lebens auf Erden . . .« (S. 36). Er meint zeigen zu können, daß die Natur selbst Zwecke hege. Darin liege bereits die Selbstbejahung des Seins (vgl. S. 155). In der Selbsterhaltung sei das Wollen des Guten schon immer da, es brauche gar nicht erst geboten zu werden. Jedoch hätten die *Menschen* einen *Willen;* deshalb müßten sie wenigstens in einigen Bereichen den Zweck ausdrücklich bejahen, um ihn dann als ›gut‹ zu verfolgen. Wenn sie das als Pflicht und Schuldigkeit empfänden, zeigten sie, daß sie mit den bejahten Zwecken zugleich das Gute als eine im Sein mitgesetzte Zielstruktur kennten: *Die Menschheit soll sich selbst erhalten.*
Aber ist die tödliche Doppeldeutigkeit im Handeln der Menschen nicht eine Möglichkeit der Natur? Ist gar die Natur in sich ambivalent? Dann gerät Jonas in Gefahr, der Natur eine Utopie überzustülpen.

b) Der *Protest* gegen die neuzeitlichen Entwürfe vom Guten ist v.a. in der *Wort-Gottes-Theologie* deutlich zu finden. Wo er nur Protest bleibt, hinterläßt er ein Ungenügen; kann er dann überhaupt helfen, eine einseitig von der Ökonomie bestimmte Situation zu verändern? Oder verhallt er im moralischen Appell, der sich zwar im Recht sieht, aber, weil ohnmächtig, zugleich immer moralistisch und verurteilend wirkt? *K. Barth* (vgl. KD IV,1, S. 395ff) und *D. Bonhoeffer* (vgl. Schöpfung und Fall, München 1958, S. 86ff) betonen, daß der Mensch nicht aus eigener Macht das Gute letztgültig bestimmen könne; sie sprechen ihre Einsicht in eine Entwicklung hinein, die als gigantisches Projekt, das frei gewählte Gute zu maximieren, verstanden werden kann.

Was ›gut‹ bedeutet, muß sich in Abgrenzung gegen das Böse bestimmen lassen. Aber wie steht es mit der *Sünde*? Barth und Bonhoeffer (wie auch andere Theologen) verstehen, der Bibel folgend, Sünde *nicht als Verstoß gegen das Gute*, das von vornherein feststünde, sondern entsprechend dem verlockenden Angebot der biblischen Schlange: *eritus sicut deus scientes bonum et malum* (Gen 3,4) – ihr werdet das, was euer Leben trägt und integriert, gänzlich selbst bestimmen (*Tillich* teilt diese Sicht und benutzt den Begriff »Hybris« für die eigentliche Gestalt der Sünde: Systematische Theologie, Bd. 2, Stuttgart 1958, S. 57ff). Kritische Theologen könnten dabei stehenbleiben, diese der philosophischen Tradition entgegenstehende Einsicht nur als Einspruch gegen ihre Gesellschaft zu formulieren, ohne daß sie ihre Kritik (die ja dem Widerspruch Gottes gegen das Tun der Menschen folgen will) an den Verhältnissen, in denen auch sie selbst leben, entfalteten. Dann würde ihr Predigen und Theologisieren so mißverstanden werden, als seien sie selbst Schiedsrichter über Gut und Böse; dem Guten nacheifernd verfielen sie der Versuchung, die mit der Gestalt der Schlange angedeutet ist.

Wegen der Gefahr, sich eine alles überragende Schiedsposition zuzusprechen, hält Barth fest, daß theologische Ethik nicht vom Guten schlechthin wie von einem Neutrum reden könne; und *Bonhoeffer* schreibt in seiner ›Ethik‹ (München [12]1988):

»... der absolute Maßstab eines an und für sich Guten – vorausgesetzt, daß sich etwas derartiges überhaupt widerspruchslos denken läßt – macht das Gute zu einem toten Gesetz, zum Moloch, dem alles Leben und alle Freiheit geopfert wird ...« (S. 228)

*Bonhoeffers* theologische Relativierung des Guten geht offenkundig zur neuzeitlichen Subjektivierung des Guten parallel. Zugleich durchschaut Bonhoeffer jedoch, daß weder Ökonomie noch Individualismus vor abstrakten Moralen und Ideologien bewahren, die konkrete Menschen unter ihre Schemata knechten wollen.

*Bonhoeffer* stellt nachdrücklich fest, daß der Ursprung der Ethik nicht im Ich liege (ebd., S. 202). Das Gute kann auch nicht eine formale Idee sein – etwa die Auffassung, gut sei es, daß jeder seine eigene Freiheit für sich verwirkliche und sich darüber hinaus von bindenden Vorstellungen des Guten nicht berühren lasse; sondern das Gute muß am *Leben* Anteil haben. Das Leben der Menschen ist jedoch zerrissen; ausgerechnet im Namen des Guten oder hoher Werte geschehen unerhörte Verbrechen, weil das Gute abstrakt bleibt und die Machtausübung nur verhüllt. Wenn das Gute nicht abstrakt bleiben und der Willkür von Menschen überlassen sein soll, dann muß es an der Zerstörung des menschlichen Lebens (auch im Namen des angeblich Guten!) *mitleiden*. Deshalb sucht Bonhoeffer die Antwort auf die Frage nach dem Guten in *Christus*, der mit uns leidet (ebd.).

Wenn Wort-Gottes-Theologen das *Gute* im Protest gegen die eigene Zeit an das *Christus*-Ereignis banden, so mag das wie ein ohnmächtiger, den vernünftigen Diskurs scheuender Ansatz erscheinen. Tatsächlich kann er in leeren christologischen Formeln steckenbleiben. Aber der Glaube an den Menschgewordenen befreit, in und mit der eigenen Zeit zu leben, ohne dem stillschweigenden Konsens der eigenen Epoche zu willfahren. Da den Menschen ein letztes, sie sicherndes Urteil über das Gute entzogen ist, darf auch nicht die Konkurrenz der Güter, wie sie der Ökonomie und der Marktidee zugrunde liegt, als Letztposition ausgegeben werden. Christen fragen nach Leid und Freude, nach Recht und Grenze des konkreten Lebens – und das gerade in den sozialen und ökonomischen Strukturen.
Deshalb sind Barths und Bonhoeffers Aussagen nicht einfach zu wiederholen; ihr christologischer Ansatz ist *heute* zu entschlüsseln: Suchen wir nach einem *Grund* und nach Kriterien des Guten, so findet er sich nicht jenseits der Welt wie der Gott der natürlichen Theologie oder das ›summum bonum‹ der Tradition. Sondern er ist dort zu suchen, wo Gott selbst sich in angefochtenem menschlichen Leben, in dessen Zerrissenheit und Zufälligkeit, zeigt und dadurch die Zukunft zu einem Leben erschließt, das in anderen Zeiten und Kulturen zwar variieren kann, aber seine Verbindlichkeit nicht verliert. Daraus ergeben sich *Grundlinien* guten (besser: *gelingenden*) *menschlichen Lebens*, die nicht als Sätze festgestellt und dann dem Lebensvollzug übergestülpt werden, sondern zuerst am Leben, Sterben und Auferstehen Jesu Christi heraustreten (s.o. S. 109ff.151f). Der Glaube folgt *diesem* Jesus Christus nach und wirkt sich in Lebensentwürfen sowie ihrem Vollzug aus.

*K. Barth* hat versucht, Richtungen für Lebensentwürfe aufgrund der Begegnung Gottes mit den Menschen zu formulieren (KD III,4, S. 42):
(1) Der Mensch führt sein Sein in der Geschichte, er ist befähigt, sich vor Gott zu verantworten.
(2) Er ist Sein in der Begegnung von menschlichem Ich und menschlichem Du.
(3) Er ist durch Gottes Geist Subjekt eines stofflichen Organismus in dessen Ganzheit.
(4) Er hat durch Gott ein zeitlich befristetes Dasein und läßt Gott selbst die Hoffnung seiner Existenz sein.

*D. Bonhoeffer* spricht in seiner ›Ethik‹ von der »Struktur des verantwortlichen Lebens« (S. 238ff):

Sie zeigt sich in der

- Bindung des Lebens
  - als Stellvertretung (inmitten der von Sünde gezeichneten Lebensverhältnisse)
  - in Wirklichkeitsgemäßheit (die nicht Gott und Welt in zwei Räume verweist)
- Freiheit des Lebens
  - als Selbstprüfung des Lebens und Handelns, ob es Gottes Kommen in Christus entspricht
  - im Wagnis der konkreten Entscheidung, so daß die Tat ihre Rechtfertigung von Gott her empfängt

Ob diese Gesichtspunkte ausreichen, sei vorerst dahingestellt. Sie schließen schwierige theoretische Probleme ein:
(1) Sie müssen so *allgemein* sein, daß sie auf verschiedene kulturelle Lebensentwürfe zutreffen.

(2) Sie müssen sich in verschiedenen Lebensformen *konkretisieren* lassen.
(3) Sie können nicht aus einem ungeschichtlichen Vernunftgrundsatz hergeleitet werden, sondern müssen aus der Geschichte des Kommens Christi gewonnen werden (deshalb der Ansatz bei der Christologie). Aber wie wird diese Geschichte verstanden?
(4) Sie wollen alle Menschen zu einem Leben gewinnen, das in verschiedenen Gestalten sich auf die hier eröffneten Perspektiven einstellt. Jedoch wird es schwerlich zu bestreiten sein, daß sie eine Interpretation der oben (S. 157ff) herausgestellten fundamentalen menschlichen Bedürftigkeit darstellen.

c) Gerade moderne Gesellschaften sind nicht mehr naturwüchsig, sondern deutlicher als frühere als Systeme (aus Funktionen und Strukturen) anzusprechen. In den Strukturen haben sich *kollektive Entscheidungen* niedergeschlagen, die nun die Mitspieler im Gesellschaftssystem aus Gründen des Überlebens mitvollziehen, ohne sie als einzelne korrigieren zu können. Deshalb gilt es, ein umfassendes *öffentliches Bewußtsein* für die Probleme und Folgen gesellschaftlicher Selbsterhaltung und Selbststeigerung zu erzeugen. Eine christologisch ausgerichtete Ethik *wird bei der Ökonomisierung unserer Gesellschaft* ansetzen (bei der Fixierung des Guten im ›pleasure‹ sowie der Quantifizierung und der damit verbundenen Produktionsweise und Bestimmung des Menschen). Die theologische Einrede in das selbstmächtig festgesetzte Gute muß eine *Sozialethik* hervorbringen und heute vorherrschende Lebensformen – im Sinne einer ›arbeitenden Ethik‹ – kritisch sichten (s.o. S. 164ff).
Sie wird das Gute nicht aus der Idee eines ›höchsten Guts‹ deduzieren können, sondern seine Ausprägungen und Ansprüche in den Lebensvollzügen und ihren sozialen Bedingungen aufsuchen, um sie an den Leitlinien gelingenden Lebens (s.u. S. 171ff) zu diskutieren. Das soll sich auf verschiedene Bereiche erstrecken:

(1) Vermutlich half die (inzwischen ohnmächtig gewordene) teleologische Sicht der Welt, die Natur davor zu bewahren, zum Feld ungeregelten Experimentierens und zügelloser Ausbeutung von Menschen zu werden. Sie ließe sich wohl nur in Nischen technisch geprägter Gesellschaften wiederbringen. Aber die menschlichen Zwecken und Gütern einseitig unterworfene Natur antwortet in der ökologischen Krise so, daß alles Leben (von Mensch, Tier und Pflanze) in nie gekanntem Ausmaß bedroht ist. Das Gute verwirklicht sich nicht durch äußere, durch technische Zwecksetzungen. An die Stelle des teleologischen Entwurfs und der Instrumentalisierung der Natur kann das Konzept des *Spielraums* treten. Es gilt, den Punkt des Umschwungs zu erkennen, wo die Nutzung, ja Ausbeutung der Möglichkeiten der Natur die Möglichkeiten an anderer Stelle und vor allem für die Zukunft gemeinsamen Lebens reduziert oder sogar zerstört.

(2) Die Sozialethik wird das gesellschaftliche Wissen und die darin wirkenden kollektiven Bewertungen untersuchen. Gegenüber einseitiger Herrschaft von ›pleasure‹ gilt es, auch den Beitrag des in das Leben integrierten *Leidens* zur Humanität zu verstehen.
Die Gesellschaft ist (neben der Sprache) die umfassendste Institution; auch sie soll der Bedürftigkeit und Verletzlichkeit der Menschen Sorge tragen. Personale Identität ist mit sozialer Identität verbunden, sie muß sich mit gesellschaftlichen Sinnangeboten

und Praktiken auseinandersetzen. Christliche Sozialethik wird die vorherrschenden gesellschaftlichen Standards kritisch sichten, z.B. die *gesellschaftliche Statuszuweisung durch Erfolg* oder die *Verdrängung der Behinderung und des Leidens* an den Rand der Gesellschaft sowie die *Isolierung der Sterbenden.* Die Folge darf allerdings nicht sein, Leiden als unabänderlich zu verklären, vor allem wenn es durch Herrschaftsmechanismen oder Machtausübung ausgelöst wird.

Zu warnen ist vor den Empfehlungen von Politikern, *Werte* wiederzubringen oder neu zu schaffen; denn ›Werte‹ sind oft individualistisch und lenken von Interessen und verhängnisvollen Orientierungen der Gesellschaft ab (s.u. S. 179f).
Am System der Ökonomie scheint der Wille einzelner oder von Gruppen zur Verantwortung abzuprallen. Trotzdem ›funktioniert‹ es auch dank der oft nicht bewußten *alltäglichen Verhaltensweisen* seiner Teilnehmer. In unseren Entscheidungen und Verhaltensweisen mischen sich Notwendigkeiten des Überlebens mit sozial vermittelten Motiven der Selbststeigerung, wie sie z.B. im *Utilitarismus* vorgestellt werden.

(3) Auch die *persönliche Lebensgestaltung* soll in die Prüfung des Guten einbezogen werden. Zur Integration des eigenen Lebens gehört eine gewisse Kohärenz der Bewertungen und Einstellungen; Tugenden sollen sich in einem Lebensentwurf verbinden. Da von Tugenden an späterer Stelle die Rede sein wird, genügt hier der Hinweis, daß ein postmodernes ›anything goes‹ zu oft widersprüchlichem Engagement führt: Man kann für die Selbstverwirklichung der Frau (die wahrhaft notwendig ist!) gegen die Leibesfrucht eintreten und zugleich den millionenfachen Tod von Kindern durch mangelnde Regulierung der Weltwirtschaft vehement verdammen. Man kann den Staat, der Volkszählungen betreibt, als Orwellsche Instanz ansehen und ihm angesichts der Gefahren der Gentechnologie trotzdem zumuten, mit Autorität einzugreifen. Diese Diffusion des Guten erreicht nie gekannte Maße und Widersprüche; sie wird von der *Betroffenheitsrhetorik* überdeckt. Diese gehört vermutlich nicht nur zur theoriefeindlichen Postmoderne, sondern erscheint wie ein Reflex der kapitalistischen Grundentscheidungen an der einzelnen Person: Utilitarismus und Liberalismus kennen nur noch das formale Zusammenspiel des vielfältigen Guten, das sich je einzelne Menschen wählen. Die durchaus variablen christlichen Lebensformen und -entwürfe werden sich aber auf die Gabe des Geistes Gottes beziehen und darin ihre *Einheit* finden müssen.

### 11.2.5
### Biblische Perspektiven gelingenden Lebens

Das Ergebnis dieser Überlegungen kann in Leitsätzen zusammengefaßt werden, die in biblischer Verkündigung begründete Perspektiven für Lebensentwürfe festhalten; sie ergänzen, was auf S. 117f und 146f vorsichtig formuliert wurde:

(1) Eine in biblischer Verkündigung fundierte Ethik des Guten zielt auf die *Ganzheit des Lebens.* Das Leben gelingt nicht dem Menschen, der allein von seiner Vernunft her lebt, sondern dem, der Vernunft, Willen und Emotion in seiner leiblichen (und deshalb sozialen Existenz) kultiviert.

(2) Aufgrund der Leiblichkeit sind die *Basisbedürfnisse* zu respektieren, die mit den Bedürfnissen anderer zusammen erfüllt werden müssen. Die biblische Verkündigung kennt keinen Robinson Crusoe, sondern nur den Menschen in *Gemeinschafts*bezogenheit. Sie muß in die Regulative einer modernen, die Gemeinschaftsbezüge übersteigenden *Gesellschaft* übersetzt werden.

(3) Das *geschöpfliche Leben läßt sich mit der Endlichkeit seiner Lebenszeit* versöhnen. Der Mensch hat seine Zeit. Das entlastet ihn davon, sein eigener Schöpfer sein zu müssen. Er kann im Glücken und Scheitern, das er beides in seinem Leben erfährt, mit dem Nächsten zusammen die von Schuld und Zweideutigkeit gezeichneten Lebensverhältnisse bestehen.

(4) Nicht stumpfe Einwilligung, nicht skeptischer Heroismus läßt in die Endlichkeit geschöpflichen Lebens einwilligen, sondern Versöhnung äußert sich als *Offenheit zu einer bestimmten Zukunft* – einer Zukunft, die Gott das letzte Wort läßt, den Menschen aber weder auf Optimismus noch auf Pessimismus festlegt und deswegen unbeirrt gegen die Träume der Wissenschaften und Technik auf der einen, die gespenstischen Visionen des Endes des Menschen durch den Menschen auf der anderen Seite zu handeln und hoffen erlaubt.

(5) In der Auseinandersetzung mit der Tradition, mit guten Vorgaben, aber auch mit entmenschlichenden Strukturen sind Christen herausgefordert, die *Güte des von Gott geschaffenen Lebens produktiv neu zu entdecken.* Die *Reich-Gottes-Botschaft Jesu* ist der *›Entdeckungszusammenhang‹ für die Schöpfung Gottes.*

(6) Die biblische Verkündigung kennt kein höchstes Gut als Abschluß einer ethischen Theorie (und als Kriterium alles dessen, was Menschen für gut befinden), sondern sie setzt voraus, daß Christen schon immer das Gute ihrer sozialen Umgebung kennen, es prüfen und dann als Gut annehmen, wenn es dem *konkreten Gebot Gottes,* d.h. seiner Weisung, aus seiner Vorgabe im Sinne der Nächstenschaft zu leben, entspricht.

## 11.3 Vertiefung

### 11.3.1 Das Übel, das Böse, die Sünde

Das Gute kam in 11.2 ausführlich, sein Gegensatz nur mittelbar zur Sprache. Die traditionelle Ethik setzt die Bestimmung beider Seiten mit einem Satz der ›natürlichen‹ Sittlichkeit oft schon voraus: bonum faciendum, *malum vitandum.* »Das Böse ist zu meiden« – als würde es bereits immer feststehen, was ›böse‹ ist, und sich das Böse nicht auch im Vollzug gut gemeinter Handlungen einschleichen. Menschen unseres Jahrhunderts erfuhren wie nie zuvor, daß nicht schlichte Bosheit, sondern die Anmaßung, das Gute als Programm durchzuführen, Perversionen hervorbrachte. Vielleicht hat mancher, der den Satz »bonum faciendum, malum vitandum« weitergab, doch gewußt, wie stark das Böse Menschen anziehen kann – es kann höchst *attraktiv* sein. Warum sollte man es sonst meiden? (In der praktischen Philosophie ist das Böse eigentlich kein Thema. Nur die Frankfurter Schule hat Auschwitz zum Anlaß genommen, den Selbstwiderspruch der anscheinend so triumphalen neuzeitlichen Vernunft aufzuzeigen [z.B. *Horkheimer, M.* und *Adorno, Th.W.:* Dialektik der Aufklärung, Amsterdam 1947 bzw. Frankfurt/M. 1969].)

a) Zuerst müssen die *Gegenbegriffe des Guten* erläutert werden:
– Das ›malum‹ als *Übel* bezeichnet alles, was Schatten über das Leben breitet – Krankheit, Verbrechen, Beeinträchtigung der Freiheit und der Selbstachtung.
– Das ›malum‹ als das *Böse* umfaßt alles, was sittlich schlecht ist, sittliche Einstellungen verletzt, moralische Werte angreift und das Leben des anderen, von Gott gewollten Geschöpfes mit Absicht schädigt.
– Die Sünde ist eine theologische Kategorie; sie ist nur bedingt ein Gegenbegriff zum Guten und mit keiner der beiden Formen des ›malum‹ ganz identisch, sondern zuallererst im *Beziehungsfeld von Gott und Mensch* zu bestimmen: Nicht wollen, daß Gott Gott sei, sagt Luther (WA 1, S. 225) und meint weniger die Gleichgültigkeit als das Streben, sich als Herrn über Gutes und Böses aufzuspielen – eine Position, die Menschen schlechterdings nicht zusteht und die lebensförderlichen Beziehungen so verkehren kann, daß Menschen ihre Mitmenschen im Namen der Wahrheit und des Guten ›beseitigen‹.

Die Sünde kann sich sowohl am Guten wie am Bösen zeigen; deshalb wird sie *nie* mit der Verletzung moralischer Vorschriften völlig identisch sein. *Sünde* zu bekennen ist immer ein ›geistlicher‹ (d.h. aber *nicht:* ›übernatürlicher‹) Vorgang.
Die *christliche Ethik* versteht die Sünde häufig als Verfehlung einzelner. Gruppen, die auf Heiligung drängen, und ein christlicher Konservatismus, der bestimmte Ordnungen legitimieren möchte, sind meist nicht bereit, *strukturelle Formen und Folgen* der Sünde anzuerkennen. Vor allem die amerikanische Social-Gospel-Bewegung und, von ihr herkommend, *Reinhold Niebuhr* haben aber auf strukturelle Formen der Sünde verwiesen, die nicht einfach auf den schlechten Willen einzelner zurückzuführen sind. Biblischen Vorstellungen ist es durchaus nicht fremd, daß ›dieses Geschlecht‹ Gottes Willen mißachtet, indem es das Leben seiner Geschöpfe angreift und zerstört.
Um den Moralismus einzudämmen, soll zunächst die Vielfalt des Bösen angesprochen und dann ein theologisch zureichendes Verständnis von Sünde vorgestellt werden.

b) Das Böse hat die Menschen nicht nur abgestoßen. Zwar bildet es die Kunst oft mit Fratzen ab; jedoch kann die Tatsache, daß es so aufdringlich gestaltet wurde (z.B. in den Versuchungen des Hl. Antonius, in Höllenszenen an Kirchenportalen usw.), den Verdacht wecken, daß es tatsächlich attraktiv, ja auf seine Weise sogar schön sein kann. Auch das *Aggressive*, das *Abstoßende* zieht an: Gladiatorenkämpfe, Unfallopfer, sexueller Sadismus und organisierte Tierquälerei begleiten den Weg der abendländischen Menschheit in die (angebliche?) Zivilisation. (Von der Wandlung des Aggressiven berichtet *Elias, N.:* Über den Prozeß der Zivilisation, Bd. I, Frankfurt/M. 1976, S. 63ff.) Das Böse wurde in früheren Zeiten anders wahrgenommen; im aufgeklärten Zeitalter (und mit den Standards der Hygiene) ist es sauberer oder versteckter geworden. Einst wurden Aggressionen oft nicht verborgen: Ritter schlugen offensichtlich ohne Gefühl auf ihre Opfer ein, ihre Frauen begleiteten sie bei Strafaktionen, um die schon besiegten Opfer zu blenden; Mönche und Nonnen mußten sie dann pflegen (vgl. Elias). In Zeiten, als Krankheit und Tod nicht versteckt oder gar verschönt wurden (vgl. dagegen *Waugh, E.*, Der Tod in Hollywood, Frankfurt/M. 1955), lagen heroische Größe und offene Grausamkeit oft nahe beieinander. Museen zeigen noch in den von uns als Kunstwerken geschätzten Monumenten des Alten Orients, wie sich Verachtung und Grausamkeit an den Gefangenen austobten. Heute bestellt man das Rote Kreuz ins Land und führt ihm potemkinsche Dörfer vor – die Öffentlichkeit ist zu fürchten; die Opfer der Folter verschwinden lautlos und auf Nimmerwiedersehen.

Aber die einstmals so offen zugelassene Lust am Bösen hat vermutlich auch ihre Grenzen gehabt. War die narzißtische, auf Selbstdarstellung bezogene Lust an Stärke und Quälerei erfüllt, ließ sie abrupt nach. Viele Deutsche konnten nach 1945 Erfahrungen mit einem Volk machen, das nicht durch die Epoche der Aufklärung gegangen war, sondern offene Brutalität und spontanes Wohlwollen dicht nebeneinander übte. Verdrängt wurden jedoch die vorangegangenen, schleichenden, aber hochorganisierten Grausamkeiten der Deutschen; diese waren rational und deshalb abgründig boshaft.

Die neuzeitliche Erfahrung mit dem Bösen unterscheidet sich offensichtlich von der früherer Menschen. Es wird verwaltet, es ist mehr von der Lust an offenen Quälereien bestimmt; es tritt ›banal‹ auf, wie *H. Arendt* angesichts des Millionenmörders A. Eichmann entdeckte (Eichmann in Jerusalem. Ein Bericht von der Banalität des Bösen, deutsch: München 1964). Daß *Auschwitz* geschah, wurde erst nachträglich in vollem Maße offenkundig; was während des Krieges auf Massenmord durch bürokratische Maßnahmen deutete, wurde verdrängt. Von Nationalsozialisten gedrehte Filme, die mit dem Elend der Juden im Warschauer Ghetto Ekel erzeugen sollten, wurden von höchster Stelle zurückgehalten; man befürchtete die gegenteilige Wirkung, das Mitleid.

c) Die Gestalten des Bösen ändern sich – sollte es Zufall sein, daß seine Gestalt zuerst von der Dichtung beschrieben wurde? Als der Fortschrittsglaube auf den Höhepunkt trieb und sich Europas Selbstbewußtsein, die Mitte der Kultur zu bilden, mächtig entfaltete, als sich die Menschen dank Wissenschaft und Technik als die Herren ihrer Zukunft wähnten, hat ein Lyriker, *Ch. Baudelaire* (1821-67), seine Sammlung »Blumen des Bösen« genannt. Baudelaire setzt das Häßliche an die Stelle jenes Schönen, das seine Zeit in einer Kunst suchte, deren leere Schönheit oft an den Kitsch grenzte. Mittelalterlich anmutende Züge von Bettlern, Greisen und verblühten Frauen durchziehen manche seiner Gedichte. Rückwärtsgewandte Bilder lassen trotzdem vorausblicken und decken so die Ambivalenz des Fortschritts auf: Die Städte werden zu bizarren Landschaften monotoner Kompositionen aus Metall, Marmor und Wasser; sie verbannen das Regellose und damit das Lebendige (z.B. im ›Rêve parisien‹). Menschen- und seelenlose Gebilde bauen sich auf; aus ihnen möchte sogar die Phantasie des Dichters auswandern, weil er nur noch erschreckt zuschauen kann. Kehrt sein Ich aus dem bösen Traum zurück, so findet es keine Welt, deren Sonne den Alptraum verbleichen ließe, sondern ein beengendes Zimmer, dessen Wanduhr mit Leichenklängen schlägt. Die Zeit des Fortschritts wird ausgeläutet.

Der Philosoph *Paul Ricoeur* spricht hundert Jahre nach Baudelaire von einer *»Epigenese des Bösen«*. *›Epigenese‹* sowie *›Präformation‹* sind Ansätze der Evolutionstheorie. Entweder entwickelt sich nur, was bereits in nuce angelegt ist; dann ist der Gang präformiert. Oder jede neue Entwicklungsstufe bringt neue Möglichkeiten hervor, dann ist von Epigenese zu sprechen.

Die Epigenese bringt neue und damit auch mehr Möglichkeiten hervor; die Erweiterung der Möglichkeiten gehört zum Fortschrittsideal. Diese Struktur sieht Ricoeur im Bösen (Phänomenologie der Schuld, Bd. 2: Symbolik des Bösen, Freiburg/Br. u.a. 1971; von der »Epigenese des Bösen« spricht er auch in seiner Auslegung Sigmund Freuds: Die Interpretation. Ein Versuch über Freud, Frankfurt/M. 1969). Darunter fallen auch die Kälte, die Berechnung, die Perfektion des Bösen – und das alles ohne offengelegte aggressive Absicht, ohne direkte und perverse Lust an der Quälerei. Das Böse scheint ohne ausgesprochen *böse* Intentionen seiner Urheber, ohne boshafte Wollust zu arbeiten: Die Herren treffen sich am Kamin in der Villa am Wannsee; Cognac, sonst knapp, wird reichlich gereicht, die Bürokraten der Ministerien sind auch zur Stelle; und in kurzer Zeit haben sie ein Papier fertig, das die ›Endlösung der Judenfrage‹ anordnet. Wie weit sind die leisen, die dezenten Tötungsmaschinerien von rauschenden Blutbädern antiker Sieger entfernt! Ist erst einmal das *Postulat der Humanität* in der Welt, müssen sich die Täter des Bösen rechtfertigen. Sie stilisieren sich zu Wohltätern der Menschheit. Die Spanier im 16. Jh. hatten manchmal schon so hohe moralische Schwellen in ihrem Inneren aufgerichtet, daß sie die Indianer aus der Menschheit hinausdefinierten, um sie den Conquistadores und deren Goldrausch auszuliefern. Die Tötungsmaschinerien des 20. Jh.s arbeiten geräuschlos, soweit es irgend geht, an der Beseitigung von ›Untermenschen‹. Müssen sich ihre Betreiber rechtfertigen, dann berufen sie sich auf hohe *Ideale* (wie der SS-Führer Himmler in einer Rede 1943 in Posen; er appellierte an den Opfergeist der SS-Männer, die sich beschmutzen müßten, um die Deutschen vom Judentum zu ›befreien‹). Das Böse kommt im Mantel der Moral daher; deshalb konnten die Nachbarn nach dem Kriege mit dem offenkundig biederen ehemaligen SS-Mann, der in Polen nur ›Befehlen nachkam‹, ohne Schaudern zusammenleben.

d) Die Ethik kann sich nicht mehr darauf beschränken, Gutes und Böses im Menschen miteinander ringen zu sehen und dem Guten im Kampf beizustehen. So wäre die Ethik nur Teil einer auf das Individuum zugeschnittenen *Bildungstheorie.* Aber mit Eichmann und den Seinen wurden die Prinzipien einer sittlichen Bildungstheorie pervertiert: Pflicht, Ordnung und Zucht wurden zu Masken des Bösen. In Eichmann zeigen sich die Folgen einer bestimmten Sozialisation und bestimmter historischer Konstellationen, die in *autoritären Strukturen* gerinnen und menschenfeindlich werden. Maschinengewehre in den Händen der von der Tradition eines Kleinstammes geprägten Haufen Idi Amins übersteigern traditionelle Aggressivität; Papiere und eine funktionierende Organisation in den Händen subalterner Menschen, die blind an das Volk und seinen Führer glauben, potenzieren die Menschenverachtung ins Ungeheure. Niemand kann noch sagen, die Mittel seien neutral, der einzelne jedoch leider unzureichend, denn das *Zusammenspiel von Können, von Mitteln und sozial vermittelten Persönlichkeitsstrukturen bricht auseinander.* Das Böse entgleitet der Zurechnung auf einzelne, es verläuft sich in die Verhältnisse, nistet in Strukturen. Gemeinden und Kirchen wären verloren, wenn sie nur an den Willen des einzelnen appellierten. Spielen sie nicht in den Strukturen mit? *Buße* setzt mit der rechten Einsicht an; es gilt, Sünde von den moralischen Schablonen zu befreien und mit den Erfahrungen des Bösen im 20. Jh. zu verbinden.

e) Die Erfahrungen der »Epigenese des Bösen« finden in der Bibel kaum Resonanz. Palästina war klein, meist Spielball von Mächten, deren Organisation weniger komplex als in der Neuzeit war. *Dimensionen* und *Anschaulichkeit des Bösen wandeln sich,* aber die *Abgründigkeit der Sünde* bleibt dieselbe! Der lebendige, dem Menschen Grenzen setzende Gott wird durch Bilder oder abstrakte Werte ersetzt, in deren Namen Unrecht an den Geschöpfen Gottes geschieht. Das zweite Gebot ist nicht nur ethnologisch oder religionsgeschichtlich interessant!
Die Entfaltung der Lehre von der Sünde gehört in die Dogmatik. Einige Gesichtspunkte sollen im Blick auf ethische Fragen genannt werden:

(1) Die Sünde ist die *abgründige Möglichkeit der Freiheit* und eigentlich eine Unmöglichkeit, weil sie die zukünftigen Möglichkeiten des Lebens verstellt. *Gen 3,* die Erzählung von Schlange und Apfel, ist eine *Ätiologie*: Sie will die Versuchbarkeit des Menschen und sein Verfehlen, aber auch sein Leid und seinen Schmerz für die Zeit des aktuellen Erzählens aus der Herkunft verständlich machen, aber nicht im modernen Sinn kausal begründen. »Eritis sicut Deus ...« – auf dem Hintergrund von Religionskritik und Aufklärung betrachtet, bietet die Schlange gar nichts Schlechtes an; sie

will dem Menschen nur geben, was ihm zu seiner Größe fehlt – eine einzige Möglichkeit, greifbar in dem geheimnisvollen Baum. (Vgl. *D. Bonhoeffers* Auslegung gerade dieses Satzes, in: Schöpfung und Fall, München [4]1958, S. 79ff, und o. S. 168.) Warum sollte ihm diese Grenze gezogen sein? Es geht nicht um einen eifersüchtigen Besitzer des Apfelbaums, sondern um die ›unmögliche Möglichkeit‹, das Maß des Geschaffenen zu überschreiten: »liberté qui prend en charge le mal« (Freiheit, die sich das Böse auflädt – *Ricoeur, P.:* Finitude et Culpabilité, Bd. 1, Paris 1960, S. 15), weil sie unendlich sein will und sich nicht mit ihrer begrenzten Lebenszeit versöhnt (vgl. aber *Barth, K.*, KD II,2, S. 666.669; *Bonhoeffer, D.*, Ethik, München [12]1988, S. 233.296).

(2) Die Sünde greift die das Leben tragenden Beziehungen an. Dabei bedient sie sich der Ordnungen, die an sich gut sind. Paulus deckt in Röm 7 diesen inneren Widerspruch auf: Die gute, von Gott gegebene Ordnung des Gesetzes der Freiheit und des gemeinsamen Lebens wird zum Anstoß, Gottes eigentliche Absicht zu verkehren. Statt daß Gottes Gesetz um des Menschen willen da ist, existiert der Mensch um des knechtenden Gesetzes willen. Sünde kann sich am Gesetz sogar hochmoralisch zeigen; so kann Paulus sich selbst Eifer um das Gesetz in seiner Lebensphase als Pharisäer bescheinigen (Gal 1,14).

(3) Sünde kann auch *Verzweiflung* sein – wie *Kierkegaard* es ausdrückt: verzweifelt *man selbst* sein wollen und verzweifelt *nicht man selbst* sein wollen (Die Krankheit zum Tode, hg. v. H. Diem u. W. Rest, Köln/Olten 1956, S. 31). Der Mensch verliert das Vertrauen auf Gott.

(4) Sünde kann wie *Macht* oder *Schicksal* über den Menschen kommen. *G. von Rad* sagt in seiner ›Theologie des Alten Testaments‹: »Sünde war auch eine *soziale Kategorie*« (Bd. 1, S. 277; Hervorh. nicht im Orig.). Gott sucht die Sünden der Väter an den Nachkommen bis ins dritte und vierte Glied heim (Ex 20,5); so viele Generationen konnten in der Großfamilie zusammenleben und waren alle von der gemeinschaftszerstörenden Kraft der Sünde mitbetroffen.

(5) Inwieweit sind die vier Hinsichten in der Bibel begründet?

(5.1) Das Alte Testament kennt keine einheitliche Terminologie für ›Sünde‹. Der deutsche Begriff kann die mit folgenden Wörtern verbundenen Erfahrungen nur ungenügend wiedergeben:

| | | | |
|---|---|---|---|
| **חטאת** | = *ḥaṭṭa'at* | ist | Verfehlung gegen Gott oder die Menschen, Verfehlung eines Ziels; |
| **עון** | = *ʿawon* | bedeutet | bewußtes Abweichen von einem Weg; |
| **פשע** | = *paešăʿ* | ist | Abfall, Rebellion; |
| **רשע** | = *raešăʿ* | stellt | das qualitative Unrecht dar (v.a. rechtlich festgestellt); |
| **רעה** | = *raʿāh* | gilt | ganz allgemein als das Böse. |

Das Beziehungsfeld dieser Wörter kann kultisch, religiös oder mitmenschlich sein – in allem zeigt sich, daß gute Grenzen, die Jahwe absteckte, überschritten werden.

(5.2) Im *Neuen Testament* spricht Paulus um ihres Machtcharakters willen von der Sünde im Singular: Sie ist ἁμαρτία. In Röm 5 projiziert er sie um ihres Geschickcharakters willen auf Adam. Viel bemüht wurde Röm 5,12: Auf ἐφ᾽ ᾧ πάντες ἥμαρτον hat Augustin eine *Erbsündenlehre* begründen wollen (das ἐφ᾽ ᾧ kann vierfache Bedeutung haben: 1. in quo [Phil 3,12]; 2. aufgrund dessen; 3. final; 4. *weil* [Verhängnis und eigene Verantwortung gehören zusammen]). Aber die ›Erbsünde‹ steht der (oben behandelten) Abgründigkeit der Freiheit entgegen, weil sie wie ein mehr oder minder mechanisches Geschick und nicht einmal als eine das Zusammenleben überwuchernde Folge mißbrauchter und dann verlorener Freiheit begriffen wird.
Paulus verfolgt in Röm 5 andere Absichten: Er will die Realität der neuen, in Christus gewonnenen Freiheit aufzeigen, indem er im Kontrast, ja holzschnittartig argumentiert: Dort die alte, hier die neue Sphäre des Lebens. Aus der Adamswirklichkeit kommen alle her. So ist Adam eher ein Symbol kollektiver Befindlichkeit als der Anfang mechanisch sich fortpflanzender Sünde.

(6) Weil die Lehre von der Erbsünde zu bedenklichen *Konsequenzen* (v.a. im Blick auf den Leib und die Sexualität) führt und die Verantwortung des Menschen verringern könnte, wurde an ihrer Stelle ein anderer Begriff ins Gespräch gebracht: Die ›Seinssünde‹ soll den Tatsünden gegenüberstehen; sie soll die *Grundbefindlichkeit* des Menschen anzeigen und nicht als eine von den Eltern auf die Kinder tradierte Sündensubstanz angesehen werden. Vielmehr ist sie an *allseitiger Desolidarisierung* zu erkennen: »Die Frau, die du mir zugesellt hast, die hat mir von dem Baume gegeben«, entschuldigt sich Adam.
Jeder bloß moralische Ansatz, Sünde zu verstehen, geht zuletzt fehl; denn die Sünde ist nur *theologisch* zu erfassen: *Sie zerstört das von Gott gewollte Beziehungsfeld guten menschlichen Lebens* – nicht allein aus Niedertracht und Bosheit, sondern auch aus Verzweiflung, mit Hilfe selbstmächtiger Ideen und Ideale, und das heißt durch den Hochmut, das Gute selbst bestimmen zu können. Der biblische Gott hilft aber nicht, abstrakte Werte zu befestigen, sondern will, *daß Schöpfung in jedem einzelnen, unverrechenbaren, konkreten Lebensvollzug zum Ausdruck kommt* – Schöpfung ist eine Qualität des Lebens inmitten einer oft gebrochenen und ambivalenten Wirklichkeit.

(7) Deshalb setzt die *Wort-Gottes-Theologie* nicht bei Definitionen des Guten an, um daran die Sünde zu bestimmen, sondern sie *blickt auf ein konkretes Leben,* an dem das, was Gott will, wahr wird. Im Kontrast dazu wird die Realität der Sünde deutlich. *K. Barth* stellt in seiner ›Kirchlichen Dogmatik‹ (KD IV,1, S. 83) folgenden Leitgedanken auf:

| | | | |
|---|---|---|---|
| Gott, sich dem Menschen als Mensch zuwendend, | ist der wahre, sich erniedrigende Gott, | der wahre, von Gott versöhnte Mensch | und der Bürge und Zeuge unserer Versöhnung. |
| Die Sünde ist des Menschen Widerspruch | in Hochmut, | in Trägheit, | in der Lüge. |

Die Lüge sollte ausgeweitet werden auf die Verzweiflung, die die Bestimmung zum Ebenbild Gottes nicht wahrhaben will, auf die Angst, die die Tröstungen des Glaubens abweist, auf die Moral, die sich des Guten so sicher ist, auf die Ideologie, die sich über lebendige Menschen hinwegsetzt.

### 11.3.2
**Weitere Hinweise zur teleologischen Betrachtung der Welt** (in Fortsetzung von 11.2.4)

Intensiv verbunden haben sich in kirchlicher und christlicher Pädagogik und in der Einübung und Gestaltung frommen Lebens die *teleologische Sicht der Welt* und Vorstellungen vom *guten Leben.* Die Philosophie des *Aristoteles* und die natürliche Theologie haben sich darin ausgewirkt und sich mit dem Glauben an Gottes Vorsehung und an ein jenseitiges Ziel der Menschen verbunden. Dieser Bereich der Ethik führt tief in das Ethos, in die gelebten Vorstellungen vom guten Leben hinein und rührt an den Alltag vergangener Generationen, von dem wir bis heute zu wenig wissen. Wo lassen sich Entwürfe guten Lebens aufspüren?

(a) So gut wie alle Jesusbilder – selbst die historisch-kritischen – spiegeln Vorstellungen ihrer Verfasser vom guten Leben. Die berühmte ›Geschichte der Leben-Jesu-Forschung‹ von *A. Schweitzer* demonstriert das einzigartig (Tübingen [9]1984). Erst die Wiederentdeckung *eschatologisch-apokalyptischer Vorstellungen* (etwa durch *J. Weiß*, einen Vertreter der religionsgeschichtlichen Schule: Die Predigt Jesu vom Reiche Gottes [1892], Göttingen [2]1900) hat den befremdenden Jesus wieder sehen gelehrt, was jedoch viele nicht daran hinderte, Jesus um so entschlossener als Lehrer der Sittlichkeit oder sogar als Künder einer Revolution vorzustellen. Eine Summe der Forschungsergebnisse, die auch die ethische Herausforderung Jesu deutlich sichtbar macht, bietet z.B. *Schillebeeckx, E.:* Jesus, Freiburg/Br. u.a. 1973.

(b) Predigten, Ordensregeln und vergleichbares Material der Kirchengeschichte könnten Einsichten in Vorstellungen guten Lebens früherer Christen eröffnen. Obwohl die Reformation wissenschaftlich mit höchster Intensität bearbeitet worden ist, fehlt doch weitgehend der Einblick in die Wirkungen reformatorischer Theologie auf die *Lebensführung* des Kirchenvolks. *Melanchthons* Aristoteles-Rezeption war für die protestantische Schulphilosophie wichtig; sie brach den Tugendlehren Bahn. Seine ›Ethicae doctrinae elementa‹ von 1556 sind nur lateinisch zugängig (CR/M, Bd. XVI, S. 165f). Luthers ›praktischer‹ Einfluß spricht aus seinen Predigten: »Gesetz und Evangelium, Zorn und Gnade, Anfechtung und Trost werden nicht im beziehungslosen Nebeneinander oder gar Gegeneinander, aber auch nicht im streng getrennten Nacheinander verkündigt, sondern in ihrer inneren Zusammengehörigkeit von Christus her und auf Christus hin. ›Nihil nisi Christus sit praedicandus‹!« (*Heintze, G.:* Luthers Predigt von Gesetz und Evangelium, München 1958 [FGLP, 10. Reihe, Bd. 11], S. 283). Hier war kein Platz für eine aus sich selbst einsichtige kosmologische Ordnung des Guten, die auf das Höchste Gut deutet, sondern die Güte des Schöpfers zeigte sich in den Gaben zum Leben, die im Glauben empfangen werden.

(c) Erst wo das ›Nihil nisi Christus sit praedicandus‹ zurücktrat, konnte eine *moralische Religion* hervortreten und die Güterlehre bzw. Teleologie mit dem Vorsehungsglauben verschmelzen, ohne das anklagende Gesetz Gottes und das Kreuz Christi sehr ernst zu nehmen. Die Frömmigkeit der *Aufklärung* hat sich zum Teil bis heute erhalten, aber ist mehr und mehr zu einer inneren Überzeugung geworden, die an der Welt, wie Naturwissenschaften und Technik sie sehen, keinen Anhalt mehr hat: Religion soll die Sinnfrage aufnehmen und gute Menschen erziehen. Zeugnisse gelebter Ethik, die Güterlehre und Vorsehungsglauben verbindet, finden sich unter anderem im Gesangbuch; bezeichnenderweise sind sie meist in den Anhang verbannt worden. Glück des Menschen und Güte des Schöpfers preist *Ch.F. Gellert* z.B. in »Wie groß ist des Allmächtigen Güte«. Es lohnt einen Vergleich mit dem Lied des spätorthodoxen Theologen *P. Gerhardt* »Die güldne Sonne . . .« (EKG 346). Obwohl auch dieses Lied eine Teleologie reproduziert, erinnert es sich dann doch der Vergänglichkeit und Gebrochenheit des Lebens; es nimmt alles *von Gott her* und ordnet es nicht unmittelbar auf ihn hin. Darum heißt es: »Die besten Güter sind unsre Gemüter . . .«, denn der animus, das Gemüt, ist das Organ der Rezeptivität (V. 3). Gott wird jedoch im Sinne der Lehre vom summum bonum gepriesen: »Gott ist das Größte, das Schönste und Beste . . .« (V. 10).

### 11.3.3
### Ein ergänzender Hinweis zum Ansatz der Ethik Barths und Bonhoeffers

Die sehr variable Vorstellung vom guten bzw. gelingenden Leben wird in der *Wort-Gottes-Theologie* bzw. in *Bonhoeffers* christologischem Ansatz durch Strukturen geschöpflichen Seins (Barth, s.o. S. 169) bzw. durch die Struktur verantwortlichen Lebens präzisiert (s.o. S. 169). Es lohnt, einen Vergleich des Barthschen und des Bonhoefferschen Ansatzes vorzunehmen (vgl. S. 168ff). Barths erste Richtlinie (Sein in der Geschichte) könnte durch Bonhoeffers Hinweis auf das Wagnis der konkreten Entscheidung ergänzt werden; das Sein in der Begegnung (zweite Richtlinie) erfährt durch die Stellvertretung eine christologische Präzisierung. Die dritte und die vierte Richtlinie interpretieren den etwas pauschalen Begriff der »Wirklichkeitsgemäßheit«.

*Bonhoeffer* hat wohl *Barths* Ethik-Vorlesungen (1928ff) durch Nachschriften gekannt und auch noch Barths Lehre vom Gebot Gottes (KD II,2, S. 564ff) zur Kenntnis genommen. Barth und Bonhoeffer kommen in der christologischen Fundierung oft überein. Anders als *E. Brunner* wollen sie die Vernunft nicht verkleinern, sondern als geschichtliche begründen; ihr Sinn ist vom ›Vernehmen‹ her zu verstehen. Brunner wollte hingegen in seiner Ethik (Das Gebot und die Ordnungen, Tübingen 1932) die Gottständigkeit gegen die Selbständigkeit der Vernunft ausspielen (ebd., S. 64). Die vernehmende Vernunft muß in den Gesamtzusammenhang des leiblich-seelischen Lebensvollzugs und damit in geschichtliches Dasein eingebettet sein. Ein bloß formales Autonomie-Verständnis kommt dann nicht in Frage.

### 11.3.4
### ›Werte‹

Vom *Guten* und von *Gütern* wird heute seltener gesprochen als von *Werten*. Aber die Bedeutung von ›Werten‹ streut außerordentlich. Am unverfänglichsten ist die Rede von ›values‹ im Angelsächsischen. Sie bezieht sich (1) auf wertende Aspekte der Umgangssprache (linguistischer Ansatz): »Es ist gut, daß . . .«, »Ich freue mich über . . .«, »Es ist angemessen, daß . . .« usw. (vgl. *Große, E.U.:* Text und Kommunikation, Stuttgart 1976). Sie bezieht sich weiter (2) auf die soziale Tatsache der Bewertung: Menschen ziehen etwas vor, halten etwas für gut oder schlecht. Diese ›Werte‹ betreffen kein homogenes Gebiet, sondern materielle und wirtschaftliche Seiten des Daseins ebenso wie moralische oder ästhetische (und andere) (vgl. *Rescher, N.:* Introduction to Value Theory, Englewood Cliffs / N.J. 1969). Im deutschen Sprachbereich sind ›Werte‹ stärker auf einen ›axiologischen‹ Ansatz fixiert, d.h. sie werden mit einer ›*Wertlehre*‹ verbunden. Der Begriff des ›Wertes‹ hat sich allerdings erst durchgesetzt, als die Tugenden ihren öffentlichen Charakter einbüßten und die Ökonomie das gesellschaftliche Leben stärker als je zuvor zu beherrschen begann; der ›Wert‹ ist aus der Ökonomie in die Ethik hinübergewandert.

Jedoch bereitet nicht die Herkunft dieses Begriffs die größten Schwierigkeiten, sondern der Versuch, einem System von Werten ein geschlossenes ideales Sein neben oder oberhalb der Welt der realen Dinge zuzuerkennen: *M. Scheler* setzte vier Stufen zeitloser Werte an: das Angenehme, die vitalen Werte (wie das Leben), das Geistige (wie die Wahrheit) und zuoberst das Heilige. Er reagierte damit auf den Niedergang einer teleologisch ausgerichteten Metaphysik und auf den aufkommenden Positivismus. Alles Werten beruhe auf einer eigenen Art von Erkenntnis, der Intuition (vgl. Der Formalismus in der Ethik und die materiale Wertethik, Bern $^{5}$1966 [Ges. Werke

2]). Anders als Empiristen konnte Scheler den Werturteilen die Qualität, wahr oder falsch zu sein, zuerkennen.
Zwar ist es wichtig festzuhalten, daß Menschen nicht nur eine distanzierte theoretische Erkenntnis der Welt haben, sondern von vornherein wertende Einstellungen mitbringen. Sie jedoch in einem ›platonischen Werthimmel‹ zu verselbständigen löst sie von der Geschichte und der gesellschaftlichen Wirklichkeit ab. Die angebliche Zeitlosigkeit der Werte kann dazu dienen, ihre Herkunft und Interessen zu verschleiern.
Von ›*Werten*‹ läßt sich sinnvoll reden
(1) im Blick auf den *Charakter einer Handlung*: Oft gibt es mehrere Wege, ein Gut zu erreichen; sie sind so zu be*werten*, wie sie dem Ziel entsprechen. Ein markantes Beispiel ist das Verhältnis von revolutionärem Handeln und dem Ziel, das damit erreicht werden soll, der besseren Gesellschaft;
(2) im Blick auf fundamentale *gesellschaftspolitische Orientierungen* (›Grundwerte‹), die aber mit der politischen Realität kritisch vermittelt werden müssen.
Bedenklich ist
(3) die Rede von Werten, die ideologisches Beiwerk einer stark materialistischen Kultur und einer überwiegend von ökonomischen Interessen geleiteten Politik ist. (Dieses Bedenken trifft auf weite Teile der von *Gorschenek, G.* [Hg.] dokumentierten Debatte zu: Grundwerte in Staat und Gesellschaft, München 1977.)

### 11.3.5
### Institutionen

Das *antike Verständnis* verband das *gute* und das *öffentliche Leben*. Ethik und Politik haben nach Aristoteles eine enge Verbindung. Paulus sieht das πολίτευμα, das eigentliche Gemeinwesen der Christen im Himmel (Phil 3,20). Deshalb können die Gemeinschaft der Christen und das Gute des Lebens hier und jetzt nicht identisch sein; die Güter des Lebens werden relativiert, und das gute Leben wird ein Vorletztes. Im Blick auf die eschatologische Bestimmung sollte man es nicht ›gelungen‹ nennen, wie das heute oft geschieht, sondern vorlaufend-›gelingend‹. Der Abschnitt 11.2.4 verwies unter c) auf den Ansatz einer speziellen Sozialethik.
Ein noch längst nicht ausgeschöpftes Beispiel dieses Ansatzes bietet *Wolf, E.*: Sozialethik, hg. v. Th. Strohm, Göttingen 1975. Wolf geht den Weg der reformatorischen Alternative zum aristotelischen Modell und setzt bei Luthers ›Definition‹ des Menschen – »hominem iustificari fide« – an. Statt der Ordnungen oder Stände, die die Reformatoren mehr oder weniger neben der Rechtfertigungslehre behaupteten, fragt Wolf nach der Gestaltung der strukturellen Normierungen des sozialen Lebens: »Institutionen sind soziale Daseinsstrukturen der geschaffenen Welt als Einladung Gottes zu ordnender und gestaltender Tat in der Freiheit des Glaubensgehorsams gegen sein Gebot« (S. 173).

### 11.3.6
### Literaturhinweise

(über die Angaben im Text des vorangehenden Kapitels hinaus)

a) Zu 11.2.1:
*Aristoteles:* Nikomachische Ethik, I. 4.
*Birnbacher, D.* und *Hoerster, N.* (Hg.): Texte zur Ethik, München 1976, Kap. 9.
*Kant, I.:* Grundlegung zur Metaphysik der Sitten, in: Werke, hg. v. W. Weischedel, Bd. 4, S. 9-102.

*Pieper, J.:* Die Wirklichkeit und das Gute, München [8]1956.
*Wright, G.H. von:* The Varieties of Goodness, London 1963.

b) Zu 11.2.2:
*Bultmann, R.:* Das Problem der Ethik bei Paulus, ZNW 23 (1924), S. 123-140.
*Reiner, H.:* Die philosophische Ethik, Heidelberg 1964.
*Ritter, J.:* Art. ›Glück, Glückseligkeit‹, in: HWPh, Bd. 3, Sp. 679-707.

c) Zu 11.2.3:
*Birnbacher, D.* und *Hoerster, N.* (Hg.): Texte zur Ethik, München 1976, Kap. 7.

d) Zu 11.3.1:
*Ebeling, G.:* Das Problem des Bösen als Prüfstein der Anthropologie, in: *Ders.:* Wort und Glaube, Bd. 3, Tübingen 1975, S. 205-224.
*Fromm, E.:* Das Menschliche in uns. Die Wahl zwischen Gut und Böse, Konstanz/Zürich 1968.
*Lorenz, K.:* Das sogenannte Böse. Zur Naturgeschichte der Aggression, Wien [16]1965.
*Mostert, W.:* Gott und das Böse, ZThK 77 (1980), S. 453-478.
*Plack, A.:* Die Gesellschaft und das Böse, München [7]1970.

e) Zu 11.3.3:
*Grenholm, C.H.:* Kriterien für die sozialen und politischen Handlungen der Kirche, ZEE 24 (1980), S. 303-321.
*Riedel, M.:* Norm und Werturteil, Stuttgart 1979.

f) Zu 11.3.5:
*Huber, W.:* Freiheit und Institution, EvTh 40 (1980), S. 302-315; überarb. Fassung in: *Ders.:* Folgen christlicher Freiheit. Ethik und Theorie der Kirche im Horizont der Barmer Theologischen Erklärung, Neukirchen-Vluyn [2]1985 (NBST 4), S. 113-127.

# 12
# Die Gestaltung und die Integration des Lebens – durch Tugenden oder aus den Gaben des Geistes Gottes?

## 12.1
## Einführung

Die Ethik fragt nicht nur »Was soll ich tun?« (oder »Was sollen wir tun?«), sondern »Wer sollen wir sein – in gemeinsam gelingendem Leben?«. Die letzte Frage ist in der modernen Metaethik bzw. in der Theorie der Begründung von Normen wenig beachtet worden – aus verständlichen Gründen: Die Antwort fällt nicht in den Bereich abstrakter Normen, die sich womöglich einer logischen Ordnung fügen, sondern sie deckt *Lebensentwürfe* auf, die sich geschichtlich wandeln und deshalb nicht mit logischer Konsequenz zu universalisieren sind. Die Frage der *Geschichte* und der kulturellen Relativität ist dann nicht abzuweisen. Aber an kulturell verschiedene typische Lebensentwürfe läßt sich trotzdem das sehr variable Kriterium der *Humanität* anlegen: Würden die Betroffenen dem auch zustimmen können, wenn sie Alternativen kennten? Wird ein Leben, das sich an diesem oder jenem Lebensentwurf ausrichtet, an seinem Ende vor Lebensekel und Verzweiflung bewahrt sein? Aber Kriterien von großer Allgemeinheit sind rar; Überzeugungskraft gewinnt ein Lebensentwurf nur durch seine Verwirklichung und seine Ausstrahlung auf andere.

Die Frage nach Lebensentwürfen bringt verschiedene Einsichten:

– Jede Biographie ist eine *soziale Biographie*. Die meisten Mittel und Wege, die ein Leben gelingen lassen, sind sozial vorgegeben und lassen sich nicht in allen Hinsichten verändern. Aber Menschen können – in Auseinandersetzung mit ihrer sozialen Umwelt – individuelle Muster bilden.

– Die einzelnen Züge der Biographien sollen sich in Perspektiven fügen, in denen sie ein Ganzes ergeben (s.o. die Perspektiven guten bzw. gelingenden Lebens, S. 171f).

– In diesem Rahmen sind auch die *Stetigkeiten* des Handelns zu suchen. Sie sind in der Vergangenheit als Tugenden vorgestellt und reflektiert worden. Als die Tugenden verblaßten, haben sie keine rechten Nachfolger gefunden, außer den undeutlichen ›Werten‹ (s.o. S. 179f).

– Einzelne Tugenden lassen eine Affinität zu bestimmten sozialen Schichten erkennen; marxistische Kritik könnte ihnen Klassencharakter bescheinigen.

– Ihre Bestimmung und Gestaltung setzte von alters her ein bestimmtes *Selbstverhältnis* voraus, das in der Reformation in die Krise geriet. Entweder ist der Rechtfertigungsglaube das Ende aller Tugendethik oder er begründet die mit Tugenden gemeinte Stetigkeit menschlichen Handelns in anderer Weise neu.

– Die Stetigkeit betrifft gerade jenes alltägliche Dasein und Handeln, in dem die Reformatoren ›weltlichen Gottesdienst‹ einüben wollten. Der neutestamentliche Begriff der *Charismen* kann diese Fragestellung erweitern.

## 12.2
## Vertiefung

### 12.2.1
### Tugend als Tüchtigkeit

a) Das griechische Wort für Tugend ist ἀρετή und sollte mit *Tüchtigkeit* übersetzt werden. Im biblischen Zeugnis läßt sich nichts unmittelbar Vergleichbares finden; aber die Rede von der Frucht des Geistes (vgl. Gal 5,22; Phil 4,8 mit 1Petr 2,9; 2Petr 1,3.5) läßt eine ähnliche Fragestellung aufscheinen. Nur ist damit bereits auch der wesentliche Unterschied angedeutet: Die *Frucht des Geistes* wächst aus dem von Gott gegebenen Geist; die Tugenden erwirbt sich der Tugendhafte selbst, indem er sich in die Tradition stellt und von den im Guten erfahrenen Menschen lernt, was das Gute ist. *Aristoteles* hat die Tugenden bestimmt und systematisiert; *Platon* war ihm darin vorangegangen. Selbst wenn dieses Thema nicht unmittelbar an biblisches Zeugnis anknüpft – ein Anliegen des Christentums ist es geblieben. Bis in die Neuzeit ist die christliche Ethik vor allem eine Tugendethik gewesen; z.B. lehnen sich die großen mittelalterlichen Ethiksysteme an Aristoteles an. Luther hingegen griff Aristoteles heftig an.
An früherer Stelle ist bereits ein wichtiger Gedanke aus der Nikomachischen Ethik (EN) des *Aristoteles* vorgestellt worden: *Lebensglück* (εὐδαιμονία) stelle nicht ein äußeres Gut dar, sondern sei eine Tätigkeit der guten Seele selbst (s.o. S. 160f). Leben gelinge, wenn es selbst eine bestimmte Leistung darstelle und ἔργον sei.

Was macht *Menschsein* zu einem eigentümlichen *Werk*? Die folgende Übersicht verdeutlicht das dabei vorausgesetzte Menschenbild:

| | |
|---|---|
| (1) Der *Mensch* hat die Funktion des *Lebens* (ζῆν) sein Leben ist auch Nahrungsaufnahme und Wachstum (θρεπτικὴ καὶ αὐξητικὴ ζωή). | mit den *Pflanzen* und *Tieren* gemeinsam; |
| (2) Sein Leben äußert sich als *Sinnesempfindung* (ζωὴ αἰσθητική) | wie bei Pferd, Rind und allen Lebewesen (ζῷα). |
| (3) Das *Eigentliche* des menschlichen Lebens (τὸ ἴδιον) liegt im Wirken des rationalen Seelenteils (ζωὴ πρακτικὴ τοῦ λόγον ἔχοντος). | |

(Vgl. EN 1097b-1098a; vgl. ferner ebd., 1102).

Das *Menschsein* wird auf *drei Schichten* der Seele verteilt, eine vegetative, eine animalische und eine vernünftige. Diese drei Schichten sind hierarchisch angeordnet; das Vernünftige soll führen. Wie der Handwerker durch den Gebrauch des Werkzeugs zu seinem Handwerk, so wird der Mensch durch den Gebrauch des rationalen Seelenteils zum Leben *tüchtig;* diese Tüchtigkeit wird *Tugend* genannt. Dabei muß die *Vernunft* die begehrenden Schichten zügeln und beherrschen; Oben und Unten sollen im rechten Verhältnis bleiben. Diese *Ordnung* wird zu einem festen Zustand: Tugend wird jene *beständige Haltung* (ἕξις = habitus) genannt, die solche Ordnung einübt und den Menschen in das Gemeinleben hineinstellt. (Die Seelenordnung spiegelt sich nach Platon in einer sozialen Ordnung: Den drei Ständen der Herrscher, Wächter und Handwerker entsprechen die drei Tugenden: der Weisheit, der Tapferkeit und des besonnenen Maßhaltens – und die drei Schichten der Seele: λογιστικόν, θυμοειδές, ἐπιθυμητικόν – das Vernünftige, das Muthafte, die Triebe [Politeia 427c-445e].) Diese Seelenlehre hat das Abendland und seine Ethik bis in die Neuzeit bestimmmt.

Die Tugenden sind nach Aristoteles (EN 1105b-1145a) folgendermaßen zu ordnen:

Der vernünftige Seelenteil

richtet sich auf das *Vernünftige*
durch
*dianoëtische Tugenden:*
– sittliche Einsicht (φρόνησις)
– und Weisheit (σοφία).

richtet sich auf das *Begehrende*
durch
*ethische Tugenden:*
– Tapferkeit (ἀνδρεία)
– besonnenes Maßhalten (σωφροσύνη)
– Großzügigkeit (ἐλευθεριότης)
– Großgeartetheit (μεγαλοπρέπεια)
– Hochsinnigkeit (μεγαλοψυχία)
– vornehme Ruhe (πραότης)
– Gerechtigkeit (δικαιοσύνη)
– Güte (ἐπιείκεια).

Nicht alle diese Tugenden sind heute noch ohne weiteres zu verstehen; einige stellen die Ideale eines freien, von Arbeit nicht betroffenen athenischen Bürgers sehr deutlich heraus.
Die weniger verständlichen Züge dieser Tugenden sollen erläutert werden: Die *sittliche Einsicht* hilft bei der innerlichen Beratung: Wie gehe ich an einen Fall heran? Wie werde ich glücklich? Die *Weisheit* stellt ein intuitives Wissen des Höchsten dar; sie denkt nicht an das Glück, denn Weisheit zu haben ist in sich selbst Glück. Die *Tapferkeit* stellt die Mitte zwischen Feigheit und Tollkühnheit dar, das *besonnene Maßhalten* die Mitte zwischen überschäumender Lust und Traurigkeit. (Diese Tugenden suchen den Mittelweg zwischen Extremen.) Die *Großzügigkeit* betrifft den Umgang mit dem Geld, die *Großgeartetheit* das feste und bestimmte soziale Auftreten. *Hochsinnigkeit* beweist, wer sich selbst hoher Dinge für wert hält (Ehre!). Die *vornehme Ruhe* macht die üblichen Aufregungen nicht mit. Die *Gerechtigkeit* teilt jedem das Seine zu, sie sorgt aber auch für den Ausgleich im Tauschprozeß. (Sie wurde im übrigen von Platon als Mitte und Zentrum aller Tugenden angesehen, weil sie die verschiedenen Aspekte der Seele ordnet.) Auf Gott übertragen spielte diese Art von Gerechtigkeit in der christlichen Theologie eine verhängnisvolle Rolle (s.u. S. 193).

Die in Tugenden gewonnene, ja geronnene *innere Ordnung* stellt das *Glück* des Menschen her, an dem allerdings Kinder noch nicht und Frauen nie vollen Anteil haben; denn Glück liege allein in der Reife des Mannes (s.o. S. 160f).

b) Die von Platon und Aristoteles erörterten Tugenden haben das *christliche Ethos des Abendlandes* mitgeformt. Ihnen sind verschiedene Interpretationen widerfahren. Vor allem wurden sie um die *theologischen Tugenden Glaube, Liebe und Hoffnung* ergänzt. *Thomas von Aquino* gibt mit den Teilen I-II und II-II seiner ›Summa theologiae‹ ein Beispiel: Nachdem er im ersten Teil das Thema ›Gott‹ behandelt hat, richtet er im zweiten seine Aufmerksamkeit auf die Bewegung des vernünftigen Geschöpfs zu Gott hin. Darunter fallen die Handlungen. Sie sind spezifisch menschlich, wenn sie nur dem Menschen und seinem sittlichen Willen zukommen; sie sind Mensch und Tier gemeinsam, wenn sie den Leidenschaften (passiones) entstammen, die in Begehren (als aktives) und Zorn (als reaktives Verhalten) eingeteilt werden können. Handlun-

gen entstehen aus innerlichen Handlungsgründen (principia), die im *Habitus* (s.o. ἕξις) liegen oder von außen – als Gesetz und Gnade – hinzutreten. Die *Gnade* muß sich dann den Habitus schaffen und Tugenden formen. Alle Menschen können die Kardinaltugenden der Tapferkeit, Klugheit, Gerechtigkeit und des Maßhaltens entfalten; die Gnade kann in ihnen zusätzlich die theologischen Tugenden des Glaubens, der Liebe und der Hoffnung formen. An diesem Punkt des mittelalterlichen Glaubensethos ist *Luther* gescheitert: Er konnte den Glauben nicht als anschaubaren Zustand in sich finden.
Mit der Übernahme dieser Tugendethik handelte sich *Thomas* eine bestimmte *Menschensicht* ein, die schwerlich biblisch genannt werden kann. Der rationale, der vernünftige Seelenteil muß über den anderen Aspekten leiblich-seelischen Lebens stehen; er ist gewissermaßen Antenne und Eintritt für Gott. Zwar ist das thomistische System kaum Gegenstand der reformatorischen Auseinandersetzung gewesen. Aber es illustriert jene Synthese von Theologie und Ethik, von der sich Reformatoren ablösten. Vier Punkte des Anstoßes sind festzuhalten:

(1) Von *Christus* ist erst nach der Abhandlung der Tugendlehre die Rede; er wird ihr so gewissermaßen eingepaßt: Weil der Mensch nicht zu Gott hin lebt und seine Handlungen nicht den Tugenden entsprechend formt, bedarf er des Erlösers.
(2) Der *Glaube*, das bedingungslose Sichverlassen auf Gott, wird habituell, wird zur Tugend (wie Liebe und Hoffnung).
(3) *Gesetz und Gnade* treten als äußerliche Entstehungsgründe von Handlungen auf, nicht jedoch als Gesetz und Evangelium, die das den Menschen im Innersten treffende Wort Gottes unterscheiden.
(4) *Gerechtigkeit* als Kardinaltugend folgt den Gesichtspunkten der Verteilung oder des Ausgleichs. Gottes gerecht*machende* und die dem Menschen widerfahrende Gerechtigkeit kann aber nicht nach dem Muster einer Kardinaltugend gedacht werden.

Die Reformation konnte weder eine Lehre von der im Habitus zuständlichen Gnade noch ein Konzept theologischer Tugenden vertreten. *Melanchthon* jedoch fand einen Weg, die Tugendethik wieder einzuführen, wobei er allerdings bei einer biblisch fundierten Anthropologie einsetzen wollte: Nicht der rationale Seelenteil, sondern der im Geist neugegründete Affekt besiegt die von Gott wegführenden Affekte im Menschen. Der so im Glauben erneuerte Mensch hält die Zehn Gebote und beachtet in ihnen das allgemeine Naturgesetz. Dank dieses Ansatzes findet die antike Tradition wieder Eingang. In seiner ›Epitome Philosophiae moralis‹ behandelt Melanchthon vor allem die Gerechtigkeit, daneben auch die Wahrheit, Wohltätigkeit, Dankbarkeit und Freundschaft. Durch Melanchthon wurde Aristoteles zum praktischen Philosophen der lutherischen Kirchen und ihrer Schulen. Die hierarchische Ordnung der Seele hat sich tief in der abendländischen Geschichte abgelagert und unser Selbstverständnis geprägt. Im 19. und 20. Jh. geriet dieses Selbstbild in eine tiefe Krise. *F. Nietzsche* destruierte diese Art intellektueller Moral vom Begriff des Ressentiments her (Zur Genealogie der Moral, KStA 5, S. 273). Später zeigte die Psychoanalyse, daß Menschen sich im festen Bewußtsein ihrer inneren Ordnung trotzdem über sich selbst täuschen; gerade wenn sie meinen, ihr Begehren und ihren Willen vernünftig zu beherrschen, schlagen unbewußte Motive durch, die nur verdrängt waren. ›*Bürgerliche Tugenden*‹ wie Ordnungsliebe, Fleiß, Sparsamkeit, Pünktlichkeit und Selbstbeherrschung trugen dazu bei, die Lehre von den Tugenden obskur zu machen. Sie erschienen oft nur noch wie abgespaltene Motive zwanghafter Charaktere.

### 12.2.2 Die kritische Sicht der Reformation

a) Die Tugendlehre gründet auf einem sozial bedingten Menschenbild. Dies kann sich sogar in Institutionen niederschlagen und bestimmte Modelle der Sozialisation stützen. Die *mittelalterliche Auffassung von Tugenden* stand im Hintergrund, als der Mönch *Luther* in eine tiefe *Krise* geriet. Sieben Stufen des Christwerdens (die jedoch nicht in allen theologischen Entwürfen vorkamen) sollen einen Teil der *Voraussetzungen* dieser Krise verdeutlichen:

(1) Das Christwerden beginnt mit der *anfänglichen Gnadengabe*, der ›gratia gratis data‹.
(2) Diese setzt den trotz des Sündenfalls gebliebenen *freien Willen* in Gang, der Gottes Tun zustimmt, allerdings nur kraft anfänglichen Glaubens und Galgenreue (fides informis, attritio). (Der Glaube spielt zunächst nur eine geringe Rolle.)
(3) Verstärkt durch die umsonst gegebene Gnade, entfaltet sich im *Sakrament der Buße* echte *Reue* (contritio). In ihr wirken Gott und Mensch zusammen.
(4) Gott spricht – durch den Beichtiger – dem Sünder *Vergebung* (remissio peccatorum) zu. Sie schafft im Inneren des Menschen freien Raum, damit
(5) der Heilige Geist in Gestalt der Liebe (caritas) einziehen kann. Er heilt, er kräftigt den guten Willen und stärkt zu wirksamem Handeln. Die Geistgabe ist eine Gnade, die den Menschen bei Gott wohlgefällig macht (gratia gratum faciens). Sie wird durch die *Sakramente*, v.a. durch die Eucharistie, vermittelt und verstärkt.
(6) Nun gewinnt der Mensch wieder, was Adam einst als zusätzliche Gnadengabe besaß, aber durch den Sündenfall verloren hatte. Die eingegossene Liebe *›formiert‹ den Glauben* (er wird ›fides caritate formata‹), indem sie ihn zu einer festen, beständigen Haltung (habitus) im Menschen macht. Er muß sie in sich finden können, wenn er in sich blickt. Und sie muß sich in der Lebensführung zeigen (im ›facere quod in se est‹). (*»Wenn er in sich blickt«* – gerade das tat der junge Luther und fand nichts dergleichen in sich: »Die Angst mich zu verzweifeln trieb, daß nichts denn Sterben übrigblieb . . .« [EKG 239,3]. – *Elemente der Tugendlehre* des Aristoteles haben auch bei diesem Schritt weitreichende Folgen; sie *bestimmen, was Glaube ist.* Einen Prozeß wie in den Schritten 1-6 hat Luther bis zum Scheitern durchlebt, zuerst als Erziehungsmittel, dann nur noch als drohende und strafende ›lex‹ im Sinne des Paulus [Röm 7]. Was unsere Dogmengeschichten mit feinverzweigter Begrifflichkeit präsentieren, ist in Wirklichkeit ein *Lebensprozeß* gewesen, den moderne Menschen nicht mehr ohne weiteres nachvollziehen können.)
(7) Die habituelle Liebe und der habituelle Glaube müssen durch Werke geübt und verstärkt werden. *Werke* aber schaffen doppelten *Verdienst*: Unmittelbar belohnt *Gott* aus Freiheit, weil er es so will (meritum de condigno); mittelbar trägt das Werk seinen eigenen Lohn, weil Gott es so bestimmt hat, daß der am Werk beteiligte freie Wille verdienstlich sein soll (meritum de congruo = Verdienst aufgrund des ›facere quod in se est‹).

b) Diese sieben Schritte halten idealtypisch, jedoch nicht für jedes theologische System des späten Mittelalters fest, wie das Christwerden abläuft – ein *pädagogisch klug ausgedachter Prozeß*! *Luther* scheiterte an ihm, und zwar aus verschiedenen Gründen:
(1) Er erfuhr *Gott radikaler*: Gott läßt sich in seiner Freiheit in solchen Prozeß nicht hineinziehen, sondern will ganz des Menschen Gott sein und nicht nur dessen koordinierter, wenn auch überragender Mitspieler.
(2) Dieser Prozeß läßt *Christus* hinter jene Gnade zurücktreten, die in der Kirche institutionalisiert und durch deren Ämter vermittelt wird. Für Luther hingegen will Gott in Christus Mensch sein. Nun gilt das Ereignis der Fleischwerdung, nicht eine institutionelle Gnadenvermittlung.
(3) Der *Glaube* wird als Tugend habituell und führt zum Werk. Mit der reformatorischen Wende muß sich dieses Verständnis völlig verändern. Nun wird der Glaube als *Grundvollzug eines Daseins verstanden, das sich von Gott empfängt, erneuern läßt und darin Gott die Ehre gibt.*
(4) Vor allem geriet Luther in Verzweiflung, weil er die *Gerechtigkeit* nur nach dem Muster der Tugend des gerechten Verteilens und Ausgleichens entsprechend einer Schuldigkeit verstand: Gott teilt Lohn in Entsprechung zum Tun des Menschen zu (das gilt selbst dann, wenn er dabei seine eigene Gnade als den ersten Schritt voraussetzt). In seiner Not entdeckte Luther an Röm 1,17 neu, daß Gerechtigkeit *Leben* und

*Heilwerden* bedeutet: Aus Glauben zu leben heißt gerecht sein. Christus wird unsere Gerechtigkeit, weil an ihm selbst das Gericht über unsere Sünde vollzogen ist. Die nun wiederentdeckte *christliche Freiheit* bedeutet das Ende des an der Tugendethik orientierten Wegs, Christ zu werden. *Reformatorische Ethik setzt ein neues, völlig verändertes und doch im biblischen Sinne ursprünglicheres Verständnis vom Menschsein voraus.* Es erfüllt sich erst im vom Geist Gottes erneuerten Leben, aber es steht ständig im Kampf mit dem anderen, dem vergehenden Leben in der Gottesferne.

c) Die Konfrontation eines geschlossenen Tugendethos mit der biblisch-theologischen Anthropologie scheint die reformatorische Ethik in große Schwierigkeiten zu stürzen (es sei denn, man folgte Melanchthons Lösung). Die Zurückhaltung protestantischer Ethik in der Normenfrage mag hierin begründet sein. Wie läßt sich das Anliegen der *Stetigkeit* im Verhalten und Handeln mit der Nichtgegenständlichkeit des Glaubens, mit der Bestimmung des Menschen als ›simul iustus et peccator‹ verbinden?
Dieses Dilemma braucht aber nicht das letzte Wort zur Tugendethik zu sein. Die bisherigen Darlegungen bewiesen, daß Auswahl und Verständnis der empfohlenen Tugenden von einem Menschenbild, ja von einem Entwurf gelingenden Lebens abhängen. Zu diesem Thema äußert sich die Reformation deutlich. Grundlage ist die Dialektik von Sünder- und Gerechtsein; aber an diesen dem Menschen widerfahrenen ›transgressus‹ schließt ein ›progressus‹ an, wie Joest, Luther interpretierend, gezeigt hat (s.o. S. 134). Der ›progressus‹ wird den ›transgressus‹ nie aufheben, aber er kann das Interesse auf den Alltag richten, in dem menschliches Handeln aufgrund des Gebotes Gottes dem Nächsten dient und im Dienst seine Stetigkeit entfaltet. Dann gilt es, nicht einfach Aristoteles nachzuahmen, wie es altprotestantische Bildungsanstalten taten, sondern neue Tugenden zu bedenken.
Leben gelinge als sein eigenes ›Werk‹, sagte die Ethik des Aristoteles. *Leben sei Geschenk* des Schöpfers und seiner Gnade und werde in deren Klammer zum Werk, ließe sich das mittelalterliche Modell des Christwerdens verstehen. Die Reformation betont aber, daß gottgewolltes Leben auf dem Geschenk der Gerechtigkeit beruht. Damit bleibt es selbst ein Geschenk, aber es setzt zum Handeln im Vorletzten frei und erlaubt dann auch Stetigkeiten des Verhaltens.

d) Diese Einsicht soll durch einige Aussagen Luthers verstärkt werden. Vielleicht wird in der lutherischen Ethik die Schrift ›Von der Freiheit eines Christenmenschen‹ allzusehr hervorgehoben. Sie betont die Wende zum neuen Leben im Glauben, aber sagt wenig Genaues über das Verhalten, das daraus folgt. Der Sermon ›Von den guten Werken‹ (WA 6, S. 202-276) ist in beiden Hinsichten, im Blick auf Grund und Folgen, deutlicher. Alle Gebote werden im ersten Gebot erfüllt: Gott will des Menschen *Gott* sein (s.o. S. 121).
Dieser theologische Impuls könnte heute als autoritär mißverstanden werden. Tatsächlich will das erste Gebot den Menschen sowohl von äußerlicher wie von verinnerlichter bedrückender Autorität befreien. Zur *äußerlichen* Autorität zählt die Kirche als Vermittlerin lebensnotwendiger Gnade, zur *verinnerlichten* ein Gott, der Gerechtigkeit zuteilt und durch ein starres Gewissen spricht.
Wer unter solcher Autorität steht, gerät in einen Selbstwiderspruch. Dies wird vielleicht an einem Menschen deutlich, der – wie ein Autobiograph – sein Leben vor sich ablaufen läßt und sich dabei vor sich selbst so rechtfertigt, als nähme er schon ein Stück Rechenschaft des letzten

Gerichts vorweg. Wenn er sich selbst nicht mehr rechtfertigen kann, verdrängt er alles, was sein Selbstbild angreift. Kann dieser Vorgang jemals enden, wenn ein strenger Richter im Gewissen spricht? Luther erlebte das Jüngste Gericht an sich selbst vorweg: Keine Täuschung war möglich, kein Winkel seines Lebens schien dem Richter verborgen; dessen Forderungen bedrängten ihn und stießen ihn in die Abgründe der Anfechtung. Bis zur Hölle wollte er sich für diesen Gott und seine tödliche Gerechtigkeit demütigen. Jedoch erfuhr er, daß gerade das Sichwegwerfen, das Sichverdammen als scheinbarer Verzicht auf eigene Rechtfertigung ihn *nicht von sich selbst erlöste.*

Das erinnert an Kierkegaards Bestimmung »Verzweifelt man selbst sein wollen, verzweifelt nicht man selbst sein wollen« (s.o. S. 176). Selbst wenn die meisten Menschen des 20. Jh.s nicht mehr ein lebendiges göttliches Gegenüber kennen, so sehen sie sich doch immer wieder gezwungen, sich vor äußeren oder inneren Instanzen zu rechtfertigen, die vielleicht diffuser und gefährlicher, weil weniger bestimmt sind als jener mittelalterliche Gott.

Vor dem Hintergrund solcher Gefangenschaft in sich selbst spricht Luther von der ›Freiheit eines Christenmenschen‹, nicht jedoch im Blick auf die Stetigkeit und Verläßlichkeit im Alltag und die Gestaltung des neu begründeten Lebens. Die neu verstandene *Freiheit* kann sich eingestehen, daß wir uns selbst verfehlen, wenn wir unser Leben auf Werke gründen wollen.

Obwohl diese Freiheit nicht primär ethisch gemeint ist, betrifft sie den Daseinsentwurf des tugendhaften Menschen von Grund auf: Der *Mensch des Aristoteles* blickt nicht in seine Abgründe, wenn er sein Glück in Mannesreife und Autarkie erwirbt. *Der Mensch der* von Aristoteles mitgeprägten *mittelalterlichen Ethik* steht unter dem Druck eines schematischen Gerichtsgedankens – der Christus der Kirchenportale blickt streng auf die Menschen, die unter ihm hindurchschreiten und die dereinst vom Gerichtsengel auf die Waage mit den Schalen des ewigen Lebens oder der ewigen Verdammnis gestellt werden sollen. Christus wird so zum Ausdruck eines Prinzips; seine Gnade ist nicht ohne Werk. Luther hingegen lernt das *Evangelium* anders zu verstehen: *Es sagt ihm, daß der Mensch nicht an den Konsequenzen seines eigenen Lebens zugrunde gehen muß,* sondern durch Gottes Zuwendung neu anfangen darf. Das Gericht über ihn ergeht nicht nach dem tödlichen Schema verteilender Gerechtigkeit, sondern es vollzieht sich an Jesus Christus; er selbst ist die *lebendige* und nicht die schematische Gerechtigkeit. Wie in keinem anderen Entwurf kommt hier die gelebte Zeit zum Ausdruck: der Sog des *Alten,* das uns die Zukunft nehmen will, das *Jetzt* als Kampf des alten und neuen Lebens und die einzig das Leben ›zurecht‹bringende *Zukunft,* die Gott schenkt.

In seinem Sendschreiben ›Von der Freiheit eines Christenmenschen‹ kleidet Luther diesen Sachverhalt in ein Bild der Mystik, in den fröhlichen Wechsel des Sünders mit Christus (WA 7, S. 25): Wie die Braut mit dem Bräutigam wird die Seele mit Christus vereint (ein Stück von Frömmigkeit sublimierter Erotik!). An Christus läßt Gott sehen, was die Konsequenz unseres Lebens ist: die völlige Verlassenheit und der Tod; denn die Sünde zerstört die tragenden Lebensbeziehungen; und der Tod als der Sünde Sold ist das Siegel auf dieser Zerstörung. Er herrscht bereits überall dort, wo die lastende Vergangenheit die Gegenwart und die Zukunft in sich hineinreißen will. In der Auferweckung schenkt Gott das Leben neu. Christus tauscht mit uns; er nimmt den Ernst des Gerichts als Konsequenz unseres Lebens auf sich, und uns fällt das geschenkte Leben zu. An die Stelle des sittlichen Vollkommenheitsstrebens tritt eine *erlöste Fröhlichkeit* und ein *getröstetes Gewissen.*

e) Bedeutet das nun Gleichgültigkeit gegenüber allem Tun? Die *Reformierten* hoben die Heiligung neben der Rechtfertigung hervor, um die Gefahr des Quietismus abzuwehren. Daß der Glauben tätig werden muß, ist auch Luthers Auffassung: Er läßt das gesamte Verhalten des Christen im *Halten des ersten Gebots* begründet sein und trennt es damit nicht von der Rechtfertigung. Die Heiligung ist kein zweiter, in sich geschlossener Vorgang neben der Rechtfertigung (Von den guten Werken, 1520). Im Blick auf den Menschen und seine Lebensentwürfe bedeutet das: *fides facit personam* (WA 39, I, S. 282): Der Glaube bestimmt die Person in allen ihren Beziehungen; die Person kann nicht wie ein alles in sich fassender Keim vorausgesetzt werden, der sich

durch Glauben und eigene Leistung entfaltet (vgl. *Joest, W.:* Ontologie der Person bei Luther, Göttingen 1967).
Aber *gerade weil die Grundlage des Christenlebens im Glauben nicht Werk und nicht Leistung ist, wird der Glaube tätig werden.* Freiheit, die sich nicht bewährt, wäre eine Scheinfreiheit. Mit dem ersten Gebot hält der Christ zugleich alle anderen Gebote so, daß er sie freiwillig, gern und phantasievoll tut. Manchmal schließt Luther das Tun durch ein »*sponte*« (z.B. WA 2, S. 492) an den Glauben an; oder er verwendet das Bild vom guten Baum, der von selbst gute Früchte bringt (z.B. WA 7, S. 32). Wie viele andere Aussagen Luthers ist auch diese als Beitrag in einem polemischen und befreienden Dialog zu verstehen; sie wendet sich gegen das Verrechnen des eigenen Tuns in die Lebensbilanz, die vor Gott ausgebreitet wird.
Eine unmittelbare Anwendung dieser Gedanken *heute* brächte Schwierigkeiten, denn die Lebenswelt ist so komplex geworden, daß wir häufig zunächst fundierter Analysen bedürfen, um der Liebe zum Nächsten angemessenen Ausdruck zu geben. Weder das »sponte« noch das Bild vom guten Baum stellen eine Antwort auf die von der Sozialethik zu behandelnden strukturellen Probleme dar. Und die sog. Personalethik kann die Frage nach den Verhaltensstetigkeiten nicht umgehen.
Diese Probleme werden in einer anderen Schrift Luthers angesprochen: In ›De servo arbitrio‹ hält Luther fest, daß der *Mensch cooperator, nicht concreator Dei* sei, mit Gott Mitwirkender, nicht Mitschaffender (Nachweise bei *Seils, M.:* Der Gedanke vom Zusammenwirken Gottes und des Menschen in Luthers Theologie, Gütersloh 1962). Schöpfung bedeutet, aus dem Nichts etwas hervorzurufen – und das vermögen Menschen nicht; Grund und Gelingen unseres Lebens bleiben für das Tun uneinholbar. Aber im Sinne der Welterhaltung Gottes humanes Leben zu fördern, das Gute der Menschen zu suchen und im Sinne der Hingabe Gottes in Christus Liebe zu üben steht uns offen. Das kam im 16. Jh. im Begriff des ›*Berufs*‹ zum Ausdruck, der einen Teil des Feldes der Tugendethik besetzt; heute läßt er sich kaum noch in seinem ursprünglichen Sinn verstehen (s.o. S. 70).

f) Die Voraussetzungen der antiken und mittelalterlichen Tugendethik werden von der reformatorischen Theologie in Frage gestellt, so daß ein neues evangelisches Tugendverständnis notwendig wird. Der Ertrag dieser Überlegungen kann in folgenden Sätzen zusammengefaßt werden:

(1) Der pädagogisch kluge, von der Gnade und eigenen Anlagen getragene Selbststeigerungsprozeß des mittelalterlichen Christen ging fehl. Luther erkannte: *Gott* gibt nicht in Raten und entsprechend bestimmter Voraussetzungen, was zum Leben gut ist; er gibt sich selbst ganz – in Christus – und gewährt damit eine Freiheit, die voraussetzungslos ist. Diese Freiheit macht Mut zu einem Handeln, das allerdings nicht den Sinn und die Rechtfertigung des gesamten Lebens bewirkt.

(2) Der *Glaube* ist keine theologische Tugend und bildet sich nicht als Habitus im Menschen aus, sondern ist ein Grundvollzug unseres Daseins – vor Gott! Er erneuert uns, so daß wir erst durch ihn zu seinen Subjekten werden.

(3) Auch *Liebe* läßt sich *nicht* mehr als *Tugend* verstehen, sondern sie widerfährt und wird aus dem Widerfahren weitergegeben. Sie entzündet sich nicht, wie menschliche Liebe, an liebenswerten Voraussetzungen beim anderen, sondern sie schafft neue Möglichkeiten des Lebens (s.o. S. 140f.147).

(4) Die *geschenkte Identität,* die Befreiung vom ›Werk‹, führt nicht zu einem Quietismus, sondern äußert sich ›von selbst‹ (wir könnten sagen: wie selbstverständlich, aber überlegt) im Tun.

(5) Der Glaube weist uns unseren Platz in der Welt als ›*Beruf*‹ (als ›Berufung‹ durch Gott) an. Evangelische Spiritualität fragt nach der Bewährung der Gabe Gottes im alltäglichen Leben, die mit dem heutigen Verständnis des Berufs nicht mehr angemessen zum Ausdruck kommt.

### 12.2.3
### Tugenden heute?

a) Das Problem der *Tugend* ist mit der reformatorischen Kritik (an den theologischen Tugenden und an Aristoteles in der Theologie) längst nicht erledigt. »Tugend ist eine durch fortgesetzte Übung erworbene Lebenshaltung: die Disposition (Charakter) der emotionalen und kognitiven Fähigkeiten und Kräfte, das sittlich Gute zu verfolgen, so daß es weder aus Zufall noch aus Gewohnheit oder sozialem Zwang, sondern aus Freiheit, gleichwohl mit einer gewissen Notwendigkeit, nämlich aus dem Können und der (Ich-)Stärke einer sittlich gebildeten Persönlichkeit heraus geschieht«, definiert das ›Lexikon der Ethik‹ (hg. v. O. Höffe, München $^{2}$1980, S. 252f). Dieses Zitat eines Praktischen Philosophen unserer Zeit beweist, daß die Tradition des Aristoteles immer wieder auflebt; hier spricht sie aus der Formulierung »sittlich gebildete Persönlichkeit«. Dennoch bereitet es Schwierigkeiten, Aristoteles und sein Konzept wiederzubeleben:

(1) Die Tugenden sollen sich in einem Entwurf glückenden Lebens vereinen, das in gesellschaftliche Bedingungen eingebettet ist. Sie streben Güter an, die in einer Praxis inhärent sind (*MacIntyre, A.:* Der Verlust der Tugend, Frankfurt/M., New York 1987, S. 255f). Das vorherrschende Ethos unserer vom Primat der Ökonomie gestalteten Gesellschaften orientiert sich am utilitaristischen Muster, das jedoch Güter annimmt, die nicht mehr als innerlich oder äußerlich unterschieden werden können (ebd., S. 265); die Mittel-Zweck-Beziehung herrscht vor. *Tugenden* drohen zur *Privatsache,* zum Ausdruck eines individuellen Habitus zu werden.

(2) Tugenden (im aristotelischen Verständnis) setzen eine Ordnung des Guten (Teleologie!) voraus, die sich in ihnen zum Ausdruck bringt. Werden Tugenden jedoch privat, dann dienen sie eher dazu, naturhafte Leidenschaften des Menschen einzudämmen. Die ›bürgerlichen‹ Sekundärtugenden wie Pünktlichkeit, Ordnungsliebe u.a. ergreifen ihr Regiment, das sich selbst in verbrecherischen ideologischen Systemen als erfolgreich erweist. Während die Freundschaft des Aristoteles das Gute mit

dem Freund zu teilen suchte, werden die Sekundärtugenden zum Selbstzweck ohne weiterreichende soziale sittliche Orientierung.

(3) Was heißt »sittlich gebildete Persönlichkeit«? Der christliche Glaube muß sich vom aristotelischen Ideal trennen. Aristoteles läßt erkennen, daß die Dummheit das Gutsein ausschließt. Christen wissen, daß sich das Böse an das Gute und gerade an die Intelligenz ketten kann. Der Bereich des geteilten Guten wird von *Aristoteles* anhand der *Freundschaft* bestimmt; die Basiskategorie der von *Jesus* verkündeten Liebe ist der *Feind*. In den Zusammenhang des von Aristoteles konzipierten Sittlich-Guten wächst der Mann hinein; zur Liebe Jesu werden Menschen gleich welchen Geschlechts oder Alters erneuert. Die Demut ersetzt die φρόνησις, die überlegene, intellektuelle sittliche Einsicht des von Arbeit freigestellten Großbürgers.

b) Ein *evangelisches Verständnis* für *Tugenden heute* zu entwickeln bedeutet, die »sittliche Persönlichkeit« zu bestimmen und die Lebenswelt nach dem Verlust teleologischer Denkmuster als Ort tätiger Bewährung zu verstehen. Stetigkeiten im Verhalten von Menschen werden dann im Sinne der *Charismen* des Neuen Testaments zu bestimmen sein.

(1) Kein Zweifel kann daran bestehen, daß Menschen aller sozialer Schichten und Bildungsgrade ihr Leben *gestalten*, sofern die Probleme der Selbsterhaltung nicht alle Energie aufzehren. Jedoch ist auch das Moment der Solidarität unter jenen, die um soziale Teilhabe kämpfen, ein Element der Gestaltung im Kampf des Überlebens. Aber die traditionellen Tugendkataloge lassen meist das rationale Element führend sein. Das antike Drei-Stufen-Schema des Menschen förderte bis in unsere Zeit das Vorbild des gebildeten Mannes. Luther findet hingegen das Zentrum des Menschen im ›Herzen‹, womit er den Ort meint, an dem sich die leiblich-affektive *und* die rationale Selbstbefindlichkeit artikulieren (auch das ›Gewissen‹ kann diesen Ort bezeichnen). Das ›Herz‹ muß nicht allein durch wissende Einsicht ›gebildet‹ werden, sondern soll zuerst Ort der befreiten Selbstwahrnehmung werden – nicht in der Jagd nach sich selbst in ständiger Selbstbehauptung, sondern befreit durch Gott zum Nächsten und so zu sich selbst. Darum ist das *getröstete Gewissen* der Kern der Lebenseinstellungen und Verhaltensstetigkeiten, die auch das Anliegen der Tugend sein wollen.

(2) Der reife Mann stellte sich nach Aristoteles in das von der Polis ermöglichte gute Leben und dessen Ziele hinein. Mittelalterliche Tugenden waren auf die göttliche Ordnung des Guten im Kosmos bezogen. Hielt die den Tugenden zugeordnete Welt nicht mehr, dann wurden die Tugenden privat und innerlich – z.B. nach dem Niedergang der griechischen Polis in der Stoa oder nach dem Verlust der Einbindung in eine zielorientierte Welt im modernen Bürgertum (s.o. zu den Sekundärtugenden).

(3) Neben der Einpassung in die Strukturen des Guten einer zielorientierten Welt und der Privatisierung der Tugenden findet sich ein dritter Weg, der *biblisch-evangelische*: Die Verhaltensstetigkeiten bedeuten zugleich eine Auseinandersetzung mit der sozialen Lebenswelt. Sie sollen als Gaben verstanden werden, die im Sinne der *Nächstenschaft* eingesetzt werden. Während jedoch die *Charismen*, die von *Paulus* ge-

nannten Gnadengaben, eher auf die individuellen Beiträge zum gemeinsamen Leben der Gemeinde zielen, ist die *Frucht des Geistes* nach Gal 5,22f jene stetige Haltung, die *alle* Christen aufweisen sollen. Sie heißt pointiert ›Frucht des Geistes‹, weil vorher von den ›Werken des Fleisches‹ die Rede ist (V. 19). (Offensichtlich hat auch der Wechsel vom Plural zum Singular Bedeutung; die ›Frucht‹ in ihren verschiedenen Ausprägungen kommt aus einer durch den Geist Gottes mit sich selbst eins gewordenen Person und dient der Einheit der Gemeinde.) Der Katalog des Paulus ist recht traditionell; aber er setzt mit der Liebe ein, deren besondere Kennzeichen schon erörtert wurden (s.o. S. 140ff): Sie durchbricht die Schranken der Freundschaft (s.o. S. 147). Nach Gal 5,22f folgen aus dem Geist Gottes die Freude, der Friede, die Langmut, die Freundlichkeit, die Gütigkeit, die Treue, das milde Verhalten und der Abstand zu den verzehrenden Lastern – insgesamt keine ›Tugenden‹ der Oberschicht!

Suchte die *Reformation* überhaupt die Auseinandersetzung mit ihrer sozialen Lebenswelt, und setzte sie dafür Tugenden ein? Uns erscheint ihr Ethos oft patriarchalisch und konservativ. Aber das Ende des Fehdewesens und der gerade erst gewonnene Landfriede ließen Luther auf Rechtlichkeit der Ordnungen achten und nur in wenigen Hinsichten auf Veränderung blicken. Eine typische reformatorische Tugend läßt sich kaum nennen, weil eine entfaltete Tugendlehre nur in der philosophischen Ethik dargeboten wurde. Aber das *Berufsethos* spielt eine besondere Rolle, weil es die Trennung von zwei Klassen von Christen aufhebt, von Mönchen und Weltchristen, und gerade die schlichte Arbeit aufwertet. Kriterium bleibt die *Nächstenschaft.*
Tugenden wandeln sich und treten mit der fortschreitenden Neuzeit zurück. Die Nächstenschaft und der sozial engagierte Beitrag zum besseren Leben in komplexen gesellschaftlichen Verhältnissen sollte *heute* für Christen Kriterium sein, wenn sie unter verschiedenen Tugenden wählen (und dabei herrschende Verhaltensweisen im Sinn einer befreienden und darum kritischen Haltung ablegen):

– Die sogenannten bürgerlichen Tugenden (Ordnung, Sparsamkeit, Ehrlichkeit usw.) werden dabei relativiert.

– Die Tapferkeit wurde in den Kriegen mißbraucht; an ihre Stelle sollten Zivilcourage und Mut (als Tugenden, die gegen die Anpassung angehen) treten.

– Offenheit gegenüber Gott und Mensch, Vertrauen, Standfestigkeit und Freimut verbindet die neutestamentliche παρρησία. Sie wird vom Auftreten Jesu und seiner Jünger und von der apostolischen Amtsführung ausgesagt. Auch sie ist ein Aspekt der Nachfolge Christi.

– Weil die formale Intelligenz in der Informationsgesellschaft triumphiert, sind – als Gegenkräfte – Klugheit und Weisheit wieder hochzuschätzen.

– Stärker als die Fairneß einer liberalen Gesellschaft, die jedem eine Chance gibt, ist die Solidarität zu werten, die sich dem Schwächeren zuwendet oder sich auf dessen Seite stellt. Sie geht nicht von einer Gegenseitigkeit des Gebens und Nehmens aus, sondern will zuerst den Mitmenschen in das gemeinsame Leben hineinnehmen.

Mit den Tugenden steht es wie mit den Normen (s.o. Kap. 3): Sie werden nicht für die christliche Ethik neu erfunden, sondern der Christ, der im Glauben sein Leben gestalten will, muß unter den Tugenden auswählen und Akzente setzen.

## 12.3 Vertiefung

### 12.3.1 Gerechtigkeit – mehr als eine Tugend

*Platon* sah die *Gerechtigkeit* als die führende Tugend an, weil sie ein Gleichgewicht zwischen den drei Seelenteilen (und den ihnen jeweils zugeordneten Tugenden der Besonnenheit, der Tapferkeit und der Weisheit) stiften sollte. *Aristoteles* rechnete die Gerechtigkeit unter die ethischen Tugenden; er unterschied die Verteil- und die Ausgleichsgerechtigkeit (in der lateinischen Terminologie: iustitia distributiva und iustitia commutativa). Weil Aussagen zur Gerechtigkeit (Gottes wie der Menschen) in der Bibel häufig und wichtig sind, hat die Gerechtigkeit als Tugend eine besondere Geschichte im Abendland gehabt.
*Jedem das Seine,* sagt ziemlich undeutlich ein naturrechtliches Kriterium, das sich auf die ›Verteilgerechtigkeit‹ konzentriert. Ein anderes Kriterium der gerechten Verteilung besagt: Jedem das Gleiche, der gleiche Leistungen erbringt. Die proportional vergeltende Gerechtigkeit wurde auf Gott übertragen, der die Werke der Menschen entsprechend belohne. So wurde Gott genauso einem Gerechtigkeitsschema unterstellt wie der Mensch. An diesem Gott zerbrach Luther, bevor er Röm 1,17 (iustus ex fide vivit) verstand (WA 56, S. 170ff). Er erkannte, daß Gottes Gerechtigkeit nicht ›austeilt‹ bzw. ›zuteilt‹, belohnt oder straft, denn so könnte der Mensch nicht bestehen; vielmehr vollzieht sie das uns geltende Gericht an Christus und schenkt uns das Leben. Deswegen sah sich Luther dazu gedrängt, die *iustita fidei* und die *iustitia civilis* streng auseinanderzuhalten (vgl. Sermo de triplici iustitia, WA 2, S. 43ff: Sermo de duplici iustitia, ebd., S. 145ff; ferner o. S. 124f).
Damit schloß er die Möglichkeit aus, den umgekehrten Analogieschluß zu tun: von der Gerechtigkeit Gottes auf eine bessere Menschengerechtigkeit zu schließen. Fordert Gottes Recht nicht doch das der Menschen heraus? Der *biblische Gehalt des Wortes* ›Gerechtigkeit‹ überschreitet das Maß einer Tugend bei weitem. Denn Gottes Gerechtigkeit *heilt* das angegriffene Leben der Angefochtenen und richtet die Benachteiligten auf, ohne die Menschen nach Kriterien zu messen.
Die Botschaft der Propheten zielt auf eine Gerechtigkeit, die gelingendes Leben erst möglich macht. Die »bessere Gerechtigkeit« der Bergpredigt meint diesen Sachverhalt, wenn sie auf Gottes Vollkommenheit Bezug nimmt. *E. Käsemann* und seine Schüler haben darüber hinaus gezeigt, daß Gerechtigkeit Gottes bei Paulus mehr als Gerechtsprechung des einzelnen bedeutet, sondern Gottes um die Welt als Schöpfung kämpfende Macht herausstellt (*Käsemann, E.:* Gottesgerechtigkeit bei Paulus, in: *Ders.:* Exegetische Versuche und Besinnungen, Bd. 2, Göttingen 1964, S. 181-193). Um so mehr muß dann die iustitia fidei Anstoß zur Bewährung von Gerechtigkeit im gesellschaftlichen Leben sein, was ihre Unterscheidung von der iustitia civilis nicht ausschließt.
Diesem Anspruch heute nachkommen zu können setzt voraus, daß wir im alltäglichen Verhalten bereits verschiedene Gerechtigkeitskriterien mitvollziehen, oft ohne sie differenziert wahrzunehmen. Sie lassen sich aber so ordnen, daß die Gerechtigkeit das Leben aller Menschen nach Kräften fördert, etwa in folgender Weise:
– Jedem das Gleiche, der *gleiche Bedürfnisse* hat (als Möglichkeit, das Leben im Verhältnis zu den eigenen Anlagen und Voraussetzungen zu gestalten).
Diesem Kriterium sind weitere unterzuordnen:
– Jedem überhaupt das Gleiche so (als korrigierendes Prinzip im Sinn objektiver Gleichheit), daß alle ein annähernd *gleich gutes Leben* führen können (z.B. mehr Hilfe für große Familien als für kleine oder für Ledige und vor allem die Gleichheit vor dem Recht).
– Jedem das Gleiche, der *gleiche Leistung* zeigt oder gleiches Verdienst um die Gesellschaft hat (z.B. Arbeit oder Einsatz an verantwortlicher Stelle, sie sollen als wichtiger Beitrag für die Gesellschaft mehr als schnell austauschbare Arbeit zählen).
(Vgl. *Frey, Ch.:* Grundwerte und ihre politische Verwirklichung, Die Mitarbeit 30 [1981], S. 47-58.)

Diese Hierarchie läßt sich erheblich differenzieren. Die iustitia civilis verlangt nach *Ordnung der ihr immanenten Kriterien*; das biblische Gerechtigkeitsverständnis kann zu dieser Ordnung beitragen. Damit wird gesellschaftliche Gerechtigkeit nicht etwa theologisch deduziert; aber die Erkenntnis der Gerechtigkeit Gottes wird auch nicht auf sein geistliches Regiment (durch das Gesetz im usus theologicus sowie im Evangelium) beschränkt, sondern wirkt kritisch und erneuernd bei der Feststellung menschlicher Gerechtigkeit mit.
Diese Überlegungen überschreiten das Konzept der Gerechtigkeit als Tugend. Die Gerechtigkeit wird nun zu einem Komplex von Regeln für das soziale und politische Leben, das sich von der persönlichen Lebensführung und der Ausbildung von Tugenden ablöst. Das Beispiel der Gerechtigkeit zeigt zugleich die Grenzen einer Tugendethik in hochkomplexen neuzeitlichen Gesellschaften.

### 12.3.2
### Achtung und Freiheit als Grundlagen der Ethik?

Die Tugenden suchten nach menschlichen Eigenschaften als Beitrag des einzelnen zum gemeinsamen, zum sozialen Leben und als Teilhabe an einer guten Praxis. Der geschichtliche Wandel ließ die Moral fließender und die sozialen Zusammenhänge komplexer und dynamischer werden. Deshalb konzentriert sich die praktische Philosophie bzw. die Soziologie der Moral auf allgemeinere Voraussetzungen beim einzelnen, die nicht mehr als Tugenden, sondern als *Moralprinzipien* bezeichnet werden sollten. Der Soziologe *N. Luhmann* führt die Moral auf die Anerkennung des anderen zurück, die er als »Achtung« einführt. Er will die Person nicht als in sich feststehend (›Substanz‹) und dann erst von äußeren Beziehungen beeinflußt betrachten, sondern sieht *ego* und *alter* in »doppelter Kontingenz«, d.h. von jeder der beiden Seiten nicht notwendig festgelegt, sondern funktional aufeinander eingespielt (Theorietechnik und Moral, hg. v. N. Luhmann u. St. Pfürtner, Frankfurt/M. 1978). Als *transzendental* und deshalb fern einer traditionellen Tugendlehre ist das Prinzip der Freiheit im Entwurf des Philosophen *H. Krings* zu verstehen. Transzendental nennt er jene Freiheit, weil sie Voraussetzung jedes Streits um Normen und jedes Diskurses über das gute Leben ist. Diese Freiheit kann nicht selbst eine Norm sein, sondern sie ist die Regel für reale Freiheiten. Sie wird nicht durch einen Glaubensakt vorausgesetzt, sondern »affirmiert« sich selbst, indem sie sich zugleich auf dieselbe Freiheit bei anderen bezieht (Freiheit als Chance. Kirche und Theologie unter dem Anspruch der Neuzeit, München 1972; vgl. auch die Diskussion in: Normenbegründung – Normendurchsetzung, hg. v. W. Oelmüller, Paderborn 1978).
Die christliche Ethik wird nicht die Bedeutung dieser Überlegungen bestreiten; aber sie wird ihre Verbindung zum Vollzug des Lebens der Menschen in der realen Geschichte suchen. Luhmanns hochabstraktes (systemtheoretisches) Moralprinzip muß mit den Überlegungen konfrontiert werden, die hier dem anderen galten (s.o. S. 143ff); die Affirmation der Freiheit durch Krings muß um ihren Selbstwiderspruch und ihren Verlust durch die Sünde erweitert werden. Wenn sie als scheiternde und verlorene sich selbst zum Thema wird, kann die christliche Ethik nur Gott als ihren Grund ansehen.

### 12.3.3
### Die Sympathie und das Mitleid

Eine weitere Tugend, die Sympathie (bzw. das Mitleidenkönnen), ist in ähnlicher Weise zum Moralprinzip erhoben worden.
Die schottische Moralphilosophie des 18. Jh.s setzte die Sympathie – das Vermögen, sich in den anderen versetzen zu können – als menschliche Grundgegebenheit voraus. *A. Smith*, Moralphilosoph und Theoretiker des Markts (Der Wohlstand der Nationen, hg. v. H.C. Recktenwald, München $^{4}$1988), stützte seine Überzeugung, daß jegliches individuelle Streben dennoch zum Wohl aller ausgehe, mit der Behauptung der Sympathie. Die Gesellschaftsethik des *Utilitarismus* strebt danach, die Güter zu maximieren. Heute wird oft ein *negativer Utilitarismus* vertreten; er geht davon aus, daß Maximierungsstrategien in weiten Teilen der Welt und vielen Be-

reichen der Gesellschaften mehr Elend als Gutes bewirken; deshalb seien zuerst *Leiden zu minimieren.* Diesem Utilitarismus muß eine andere Form von Sympathie, ein Mitleidenkönnen, zugrunde liegen. Das wurde von *A. Schopenhauer, A. Schweitzer* u.a. vertreten (heute u.a. von *W. Schulz, W. Marx, H. Ebeling*).

*Schopenhauer* ordnete den Leib vor den Intellekt. Deshalb betrachtete er den *Willen* als leibhaftes, nicht als rationales Vermögen. Dieser Wille kenne keine selbstgesetzten Grenzen, er diene der egoistischen Selbstbehauptung. Schärfer als bei Tieren sei der Konkurrenzkampf bei Menschen ausgeprägt. Sei die Not des eigenen Daseins bewältigt, könne der Mensch allerdings diesem Willen zur egoistischen Selbstbehauptung entfliehen und die Kunst pflegen; über die Kunst hinaus gewähre allerdings nur ein entsagendes Verhalten eine Art praktischer Erlösung. Verstehe der Mensch erst, daß der elementare Lebenswille zum Leiden (aus egoistischem Streben) führe, könne er seine Erkenntnis am Mitleiden ausrichten. Nicht durch die Vernunft an sich, sondern durch *Mitleid* sei das Ich in der Lage, sich mit dem anderen zu identifizieren.

Schopenhauer wird immer dann modern, wenn eine Konjunktur rationaler Daseinsbewältigung abflaut. *A. Schweitzer* vermutete aber in der dann naheliegenden indischen Weltverneinung ein lediglich theoretisches Mitleid (Kultur und Ethik, München $^{2}$1923, S. 259). Deshalb bezog er die christliche Liebe ein und interpretierte sie als Mitleid. Die Liebe zur Kreatur und die Ehrfurcht vor allem Sein galten ihm als »Mittelstück« der Liebe zu Gott und der Liebe zum Menschen (Straßburger Predigten, hg. v. U. Neuenschwander, München 1966, S. 124).

*W. Schulz* versteht das Mitleid als eine »Instanz« der Ethik, die selbständig neben der Vernunft steht. Es ist sowohl unmittelbarer Affekt als auch »vorgreifende Bereitschaft«, »Leiden, wo auch immer und wie auch immer es auftritt, zu verhindern und zu lindern« (Philosophie in der veränderten Welt, Pfullingen $^{2}$1974, S. 751). Schulz' Einschätzung des Mitleids läßt allerdings jene Fragen offen, die bereits beim Nachdenken über die Liebe zu stellen waren:

- Kann der andere als Person gemeint sein? (Schulz: »Beim Mitleid sieht man gerade von der bestimmten Person ab und meint nur noch den Leidenden *als Leidenden*« – ebd., S. 750; Hervorh. im Orig.).
- Welche Lebensperspektive habe ich für ihn, und wie vermeide ich es, ihm in der Unmittelbarkeit die meinige überzustülpen?

### 12.3.4
### Reife durch Tugend - Reife im Glauben

Tugenden wurden in der Ethik mit einem Entwurf menschlichen Lebens zusammen präsentiert. Der Ansatz des Aristoteles zielte auf die Reife des Mannes. Vermittelt durch psychologische Überlegungen fragt der amerikanische Theologe *P. Lehmann* nach der *Reife*; mit dieser Frage steht er einsam unter den Ethikern da. Reife zielt für ihn aber nicht auf die Moral, sondern ist die »Frucht des christlichen Glaubens« (Ethik als Antwort, München 1966, S. 46). Nach Eph 4,13-16 soll der Leib der Gemeinde zu einem »vollkommenen Menschen« zusammenwachsen. Reife ist also nicht die Integration in einer Person, sondern in der Wechselbeziehung der Gemeinschaft. Lehmann gibt E. Fromm recht, der die Selbstliebe nicht mit einem Bann belegt, sondern auf das wahre Selbst gerichtet sieht. Deshalb schließt sich Lehmann der Anregung Fromms zu einer nicht-autoritären, indikativischen Ethik an. Aber der Zwiespalt von Leben und Tod sowie zwischen der Reife des einzelnen und der aller Individuen macht Lehmann gegenüber der humanistischen Ethik (auch E. Fromms) nüchtern. Die christliche Ethik muß nach der Ermöglichung solcher Reife fragen.

### 12.3.5
### Literaturhinweise

(über die Angaben im Text des vorangehenden Kapitels hinaus)

a) Zu 12.1:

*Bollnow, O.F.*: Wesen und Wandel der Tugenden, Frankfurt/M. 1958.

*Foot, Ph.*: Virtues and Vices and Other Essays in Moral Philosophy, Berkeley 1978.

*Pieper, J.*: Das Viergespann. Klugheit, Gerechtigkeit, Tapferkeit, Maß, München 1964.

b) Zu 12.2.1:
*Kant, I.*: Die Metaphysik der Sitten. 2. Teil: Tugendlehre (verschiedene Ausgaben).
*Krämer, H.J.*: Arete bei Platon und Aristoteles. Zum Wesen und zur Geschichte der platonischen Ontologie, Amsterdam [2]1967.
*Lehmann, P.*: Ethik als Antwort, München 1966.
*MacIntyre, A.*: Der Verlust der Tugend, Frankfurt/M. u.a. 1987 (Theorie und Gesellschaft 5).
*Nietzsche, F.*: Jenseits von Gut und Böse, in: KSA, Bd. 5, v.a. S. 151-178.
*Wengst, K.*: Demut – Solidarität der Gedemütigten, München 1987.

c) Zu 12.2.2:
*Bornkamm, H.*: Iustitia dei in der Scholastik und bei Luther, ARG (1942), S. 1-46.
*Frey, Ch.*: Die Reformation Luthers in ihrer Bedeutung für die moderne Arbeits- und Berufswelt, in: Luther und die Folgen, hg. v. H. Löwe u. C.J. Roepke, München 1983, S. 110-134.
*Joest, W.*: Ontologie der Person bei Luther, Göttingen 1967.
*Jüngel, E.*: Zur Freiheit eines Christenmenschen. Eine Erinnerung an Luthers Schrift, München 1978.
*Lohse, B.* (Hg.): Der Durchbruch der reformatorischen Erkenntnis bei Luther, Darmstadt 1968.
*Wingren, G.*: Luthers Lehre vom Beruf, München 1952.

d) Zu 12.2.3:
*Frey, Ch.*: Tugenden – ein Thema für evangelische Ethik?, EvErz 37 (1985), S. 349-358.

e) Zu 12.3.1:
*Frey, Ch.*: Gerechtigkeit, WPKG 66 (1977), S. 458-475.
*Perelman, Ch.*: Über die Gerechtigkeit, München 1967 (BSR 45).
*Rawls, J.*: Eine Theorie der Gerechtigkeit, Frankfurt/M. 1975.

f) Zu 12.3.3:
*Ebeling, H.*: Selbsterhaltung und Selbstbewußtsein. Zur Analytik von Freiheit und Tod, Freiburg, München 1979.
*Marx, W.*: Gibt es auf Erden ein Maß? Grundbestimmungen einer nichtmetaphysischen Ethik, Hamburg 1983.
*Schweitzer, A.*: Die Ethik der Ehrfurcht vor dem Leben, in: *Ders.*: Ges. Werke, Bd. 2, München 1974, S. 375-402.

# 13
# Die Pflicht in der Ethik

## 13.1
## Einführung

Die Goldene Regel, die naturrechtliche Tradition und die neuere Moralphilosophie (mit dem Kriterium der Universalisierbarkeit) suchen nach sittlichen Richtlinien, die alle Menschen binden. Die Vorstellungen vom Guten bzw. vom guten Leben, vom Glück und von der Reife, die Tugenden integriert, waren immer mehr oder minder sozial und geschichtlich bedingt. Kann das geschichtlich Bedingte, das Kontingente, *die Menschen in ihrem Gewissen binden?* Ein entscheidendes Thema der Ethik steht deshalb noch aus: die Pflicht.
In der Pflicht geht es um ein *Sollen,* dem sich Menschen nur um den Preis, ihre Menschlichkeit anzugreifen, entziehen können, aber auch um den *Gedanken des allgemein Geforderten* und so auch allgemein Zumutbaren. *Was gilt für alle Menschen?* Die Ethik der Pflicht (oder der deontologische Ansatz der Ethik) sucht nach Regeln, die unbedingt und ohne Rücksicht auf die Folgen der nach ihnen ausgerichteten Handlungen befolgt werden müssen. (Eine extreme Position könnte auf Regeln verzichten und auf Einzelurteile bauen, die eine unbedingte Verpflichtung einschließen. Damit würde die Ethik jedoch der Kommunikation entzogen.) Obwohl die deontologische Ethik von dem abzusehen scheint, was sich im realen Leben der Menschen abspielt, hängt auch die Pflicht mit einer bestimmten Auffassung vom menschlichen Leben zusammen. Der von der Pflicht betroffene Mensch wird offensichtlich auf einen *vernünftigen Kern* reduziert. Angesichts des Pflichtbegriffs sollte deshalb die christliche Theologie herausgefordert sein, diesem von allen Zufälligkeiten abstrahierten Selbst- oder Ich-Kern jene Liebe entgegenzustellen, die alle Menschen beansprucht, aber sie als einzelne auch in ihrer Besonderheit (in ihrer *Kontingenz*) ernst nehmen und damit unreduziert betrachten will.

Mit der Berufung auf eine *Pflicht* umzugehen fällt manchmal nicht leicht. Was meint jemand, der feststellt, er fühle sich diesem oder jenem verpflichtet? Fragt man ihn nach den Gründen, dann antwortet er vielleicht, daß der andere ihm geholfen habe oder daß verwandtschaftliche Bande es erforderten. Manchmal drückt der Rekurs auf die Pflicht aus, daß man im Grunde viel lieber etwas anderes täte und sich dennoch dagegen entscheiden will. Dann spricht die *strenge Stimme der Pflicht,* die nicht nach Lust, Vergnügen oder Freude fragt. Zwei griechische Termini können den Unterschied bekräftigen: Die erste Art der Pflicht betrifft das, was sich gehört, τὰ καθήκοντα (vgl. auch Röm 1,28), die zweite ein besonderes Müssen, deshalb τὸ δέον (im Neuen Testament nicht zu finden – außer einem ›δεῖ‹ in Röm 8,26, das die Form des Gebets betrifft). Dieser Widerstreit der Orientierung – in Gefühl, Willen, Vernunft – ist aus der *bürgerlichen Erziehung* bekannt. Verstärkt tritt er auf, wenn das pietistische Element hinzukommt. Vom *Protestantismus* heißt es oft, daß er in Verbindung mit dem Bürgertum eine Art Pflichtreligion geworden sei. Auch in einer säkularisierten Kultur gibt es distanzierte protestantische Religiosität, die mit einem unbeugsamen Pflichtgedanken einhergeht. Das Pflichtethos hat auch die Kultur geprägt und sich häufig darin *verselbständigt;* es ist in den Habitus des preußischen Offiziers oder des Bürokraten eingegangen, es trägt die problematische Hingabe eines Familienvaters, der – nicht mehr unbedingt religiös – seine Familie als Ersatzobjekt auswählt, und es ge-

hört zum Selbstbild manches älteren Beamten. Die Psychologen und Psychiater sehen dieses Pflichtethos allerdings anders. Sie zeigen, daß durch die Berufung auf die Pflicht oft nur ein *versteinertes Gewissen* spricht – eine autoritative Stimme, die so verinnerlicht worden ist, daß der von ihr Betroffene in seinem Gewissen keine von seinem eigenen Ich getragene Distanz mehr gewinnen kann.
Diese Sammlung von Pflichtvorstellungen reicht für eine begriffliche Bestimmung noch nicht aus. Deshalb ist die Sprache zu beachten: Das Englische kennt z.B. zwei Wörter, die in der neueren Moralphilosophie eine gewisse Rolle spielen: ›*duty*‹ und ›*obligation*‹. Sie lassen sich mit ›*Pflicht*‹ und ›*Verpflichtung*‹ übersetzen. ›*Duty*‹ ist eine bestimmte Aufgabe, die getan werden soll, weil man eine Verpflichtung eingegangen ist. ›*Obligation*‹ ist die Verpflichtung selbst, der man sich unterwirft – sei es durch ein Versprechen, durch einen Vertrag oder vielleicht gar durch einen Eid. Es gibt auch Verpflichtungen, deren sich ein Mensch gar nicht bewußt ist, sondern die aus einer Integration in bestimmte soziale Zusammenhänge erwachsen (z.B. der Eltern gegenüber ihren Kindern und umgekehrt). Sind wir eine Verpflichtung (obligation) eingegangen, dann kann sie sich geradezu gegen uns kehren. Am krassesten hat sich ein neurotisches Gewissen im ›Dritten Reich‹ ausgesprochen, wenn es sagte: »Mein Gewissen ist Adolf Hitler« (*Bonhoeffer, D.*: Ethik, München [12]1988, S. 258).

Damit deuten sich Fragestellungen an, die in den folgenden Teil überleiten:

1. Haben wir erst einmal festgestellt, was wir für gut halten und was andere als gut annehmen, dann folgt daraus noch lange nicht, daß wir es tun. Eigenen Bedürfnissen kommen wir meistens nach, fremden Bedürfnissen weniger oft und gern. Die Spontaneität, etwas aus geteilter Freude zu tun, wird schnell müde. Hier tritt die Verpflichtung ein. Die neuere Moralphilosophie hat dieses Phänomen im Zwiespalt von Sein und Sollen (›*is*‹ *and* ›*ought*‹) mitgesehen: Was wir als gut prädizieren, verpflichtet uns dadurch noch nicht.
2. Ein *weiteres Problem* betrifft die Verselbständigung der Pflicht: Spricht sie gegen unsere Neigungen und Wünsche, mithin gegen unser empirisches Ich, oder tritt in ihr die Stimme unseres eigentlichen Ichs hervor?
3. Schließlich weckt der Gedanke der Pflicht die Frage, welche fundamentalen Annahmen vom Sein des Menschen ihn notwendig begleiten.

## 13.2
## Entfaltung: Die Pflicht, konfrontiert mit der Liebe

### 13.2.1
### ›Pflicht‹ – Vorgeschichte eines Begriffs

Anders als beim ›guten Leben‹ oder beim ›Glück‹ läßt sich der *Pflichtbegriff* nicht bis zur athenischen Philosophie zurückverfolgen. Seine *Anfänge* liegen eher in der *Stoa*: τὸ καθῆκον war das Geziemende; *Cicero* (De officiis – Vom pflichtgemäßen Handeln, Stuttgart 1976) gab den griechischen Terminus mit ›officium‹ wieder. Ciceros Werk fand bei *Ambrosius* und beim jungen *Augustin* Widerhall. Nachdem der Humanismus Cicero neu lesen lehrte, gewann dessen Pflichtbegriff in der deutschen Aufklärung Bedeutung, v.a. bei *Ch. Wolff* und *Chr. A. Crusius*; dort wurde er im Sinne von ›obligatio‹ als Verpflichtung verstanden.
In dieser Tradition steht *Kant*, der als prominentester Pflichtethiker gilt; von ihm handelt der folgende Abschnitt. Doch ist nicht nur die Position des deutschen Idealismus (Kant, Fichte) in der Pflichtethik maßgeblich geworden. Im 20. Jh. hat sich der englische Philosoph *Ross, W.D.:* mit den Pflichten befaßt. Weil es keinem Pflichtethiker gelungen war, ein System von Pflichten

ohne Ausnahmen überzeugend darzulegen, unterschied Ross tatsächliche und prima-facie-Pflichten. Die ersteren gelten in der konkreten Situation. Eine prima facie geltende Regel findet »unter gewöhnlichen Umständen Anwendung« (*Frankena*: Analytische Ethik, S. 47). Aber in gewissen Situationen kann sich die Notwendigkeit ergeben, anders zu handeln, z.B. ein Versprechen, das sonst gültig wäre, nicht zu halten. Allerdings lassen sich die Pflichten nicht von vornherein so ordnen, daß deutlich wird, welche die andere verdrängen kann; es kommt auf die Situation an (vgl. *Ross, W.D.*: The Right and the Good, Oxford 1930; *ders.*: Foundations of Ethics, Oxford 1939).

Drei Gesichtspunkte und Fragestellungen sind beim pflichtethischen Ansatz besonders zu beachten:
- das ihn begleitende Menschenbild: *Subjekt* ist der *Mensch als Vernunftträger*, der entweder von der in der Menschennatur liegenden Vernunft oder von sich selbst in Anspruch genommen wird;
- die ihn begleitenden Annahmen über die *Welt*, in der pflichtgemäß gehandelt werden soll. Sie weist entweder bereits Strukturen der Vernunft auf, oder der Gang der Geschichte läßt trotz aller Unvernunft eine vernünftige Lösung offen;
- die *Autorität* der Pflicht: Gilt sie (nahezu) unbedingt, weil eine nicht zu befragende Autorität (Gott – aber welcher?) sie gebietet? Oder hängt sie einzig von der freien Selbstbestimmung ab?

Mit dem Begriff der Pflicht scheint sich die Ethik weit vom biblischen Fundament zu entfernen. Aber die zuletzt genannten drei Fragen betreffen den *Glauben* eines jeden Christen. Darum muß die christliche Ethik den Pflichtgedanken prüfen. Für den Protestantismus ist er eine besondere Herausforderung, weil der wichtigste Vertreter einer Pflichtethik, *Kant*, als der Philosoph des Protestantismus gegolten hat und gilt.
Pflicht ist ein Schlüsselbegriff bürgerlich-protestantischer Erziehung geworden; dabei hat die Pflicht – vor allem in der populären Form – freudlose Züge angenommen (vgl. *Schiller*, der die Philosophie Kants mit den Worten karikiert: »Gerne dien' ich den Freunden, doch tu' ich es leider mit Neigung, und so wurmt es mich oft, daß ich nicht tugendhaft bin«). Eine das Gewissen beherrschende Autorität, die prinzipienstarr wird und die Folgen von Entscheidungen zurückstellt, kann nicht menschenfreundlich sein. Ob die befremdlichen, manchmal auch inhumanen Konsequenzen, die oft aus dem Pflichtethos gezogen wurden, zu dessen theoretischen Ansatz stimmen, wird nun zu prüfen sein.

### 13.2.2
### Autonomie

Der Begriff der Pflicht wurde zum Zentrum in der philosophischen Ethik eines Mannes, der durch eine pietistische Erziehung gegangen war und sich später mit einer philosophischen Religion davon absetzte: *Immanuel Kant*. (Vgl. zum Folgenden: Grundlegung zur Metaphysik der Sitten, Königsberg 1785 / Kritik der praktischen Vernunft, Königsberg 1788.)

Warum ließ Kant die Ethik in der Pflicht gründen? Eine Skizze soll andeuten, welche Arten von Ethik Kant vorfand. Englische Moralphilosophen vertraten eine Art von *ethischem Naturalismus*; sie orientierten sich an sittlichen Gütern, die der Natur des Menschen entsprechen sollen. Sie betreffen die menschlichen Gefühle und Leidenschaften (vgl. *Kemp, J.*: Ethical Naturalism, in: New Studies in Ethics, hg. v. W.D. Hudson, London 1974, S. 173-228, bes. zu Hume). Andere folgten einem *Intuitionismus* (*Hudson*: Ethical Intuitionism, S. 229-303): Nicht das Gute des subjektiven Bedürfnisses, sondern das evidente, spontane Gefühl des Wohlwollens und der Sympathie begründe die Ethik (z.B. der Ansatz *Shaftesburys*). Die praktische Philosophie der deutschen Aufklärung stellte den Begriff der Pflicht eher heraus: Die rationalistische Metaphy-

sik des *Ch. Wolff* hielt sich an die Regel, daß der Mensch jenes Vollkommene tun solle, das durch ihn möglich sei (Philosophia practica universalis, Leipzig 1703). Diese Metaphysik konnte noch voraussetzen, daß Seele und Kosmos in einem Ordnungszusammenhang stehen, der ein ›summum bonum‹ verbürgt.
Alle angedeuteten Ansätze hielten der Kritik Kants nicht stand. Die *erste* Position erlaubte keine allgemeine Verbindlichkeit; im Extremfall verfolgt jeder das Gute, welches ihm gerade in den Sinn kommt. Auch die *zweite* Position (der Intuitionismus) läßt die Ethik ohne unverbrüchliche Grundlage, hängen doch Gefühle von zufälligen Einstellungen und damit auch von empirischen Bedingungen ab. Der *dritten* Position gegenüber muß die Vernunft erst ergründen, ob eine Gesamtordnung überhaupt plausibel ist. Durch ihre Verbindung von Vernunft und Empirie verstrickten sich alle drei Positionen in das Problem der *Freiheit*, wie sie die Vernunft beansprucht, und der *Determination*, wie sie die Empirie nahelegt. Deshalb mußte Kant den *Gedanken der Freiheit* gerade als *Impuls aufklärerischer Philosophie* mit der Frage nach der Verbindlichkeit sittlicher Aufforderungen zusammen bedenken. Ist es überhaupt möglich, *Grundsätze*, die *alle* Menschen in derselben Weise *verpflichten*, mit der Selbstbestimmung in Freiheit zu verbinden? Kant mußte nach einem selbstgesetzten Gesetz der Freiheit suchen.

Das Problem einer alle einbeziehenden *Verbindlichkeit* soll in Kants praktische Philosophie einleiten. Würde die Ethik die sittlichen Phänomene nur beschreiben, dann könnte sie etwa Folgendes erheben: Wo und wann immer Menschen leben, verhalten sie sich durchschnittlich so oder so. Fragten wir darauf, wie *wir* uns verhalten sollten, dann böten sich mehrere Antworten an, z.B.: wie der Durchschnitt, oder: wie wir es gerade wünschten. Solche Antworten befriedigen nicht. Vom durchschnittlichen Verständnis des Guten oder vom Gefühl des Glücks auszugehen bedeutete nach Kant, subjektiven Vorsätzen (Maximen) zu folgen und sie zu angeblich alle bindenden Gesetzen zu erklären.
Diese Ausgangsüberlegungen erläutern Kants Ansatz beim *Begriff der Pflicht.* Er schließt ein, daß die Verpflichtung zu einer bestimmten Handlungsweise *auch gegen unsere Wünsche und unser Begehren bestehen kann.* Wünschen und Begehren des empirischen Menschen sind jeweils verschieden, von den Umständen und der Geschichte abhängig. Um die unbedingte Geltung der sittlichen Norm zu sichern, kann Kant sich nicht an den empirischen, sondern nur *an den vernünftigen Menschen* halten. Denn einzig die Vernunft kann von den empirischen Umständen absehen. Z.B. kann sie über sich selbst nachdenken; dann hat sie keinen sinnlichen, sondern einen intelligiblen Gegenstand. Kant nennt sie dann *reine Vernunft.* Diese Vernunft ist nicht nur ein »Vermögen«, das mit den Sinnen Angeschaute begrifflich zu ordnen, sondern auch ein *Wille* (der Wille als das Vermögen, nach objektiven Vernunftgesetzen zu handeln, wird im zweiten Abschnitt der ›Grundlegung zur Metaphysik der Sitten‹ [im folg. GMS] vorgestellt, vgl. v.a. BA 36ff). Diese Vernunft ist nach Kant nicht ein Gedankenprojekt, sondern schafft sich Realität in der Freiheit; darum spricht Kant von einem »Faktum« der Vernunft (Kritik der praktischen Vernunft [im folg. KpV], A 9).
Weil die Gewohnheit Vernunft und Willen nebeneinanderstellt, ist nicht ohne weiteres klar, warum der *Wille* selbst reine Vernunft sein soll. Hierfür hat Kant aber einen Grund: Besäße der Mensch kein Streben, so würde er auch nichts erkennen; denn die Vernunft muß die Kategorien – sie sind gewissermaßen ihr Inventar – auf die empirische Welt anwenden können; sie muß sich auf die sinnliche Welt ausrichten, und diese muß ihr entsprechen können. Aber der Wille ist mehr als ein bloßes Sichaus-

richten auf etwas, er ist ein Wählen (GMS, BA 36f), das von der Vernunft bestimmt ist. Der *Wille ist mehr als Trieb oder Begehren*, denn diese haben empirische Güter zum Ziel und überlassen jede Ethik dem Zufälligen. Der vernünftige Wille kann sich selbst verstehen und vor allem sich selbst ein Gesetz geben. Während sich der *theoretische* Verstand auf die sinnlich anzuschauende Empirie ausrichtet, muß sich die *praktische Vernunft* auf *Handlungen* beziehen. Sie ist darauf angewiesen, einen vernünftigen – und das bedeutet: nicht zufälligen, sondern universalen – *Maßstab zu finden*. Nach allem, was von Kant bereits gesagt wurde, kann der Maßstab nicht aus der Empirie erhoben werden, sondern nur aus der Vernunft selbst. Dann wird er auch für alle anderen vernünftigen Wesen gelten.

Der gesuchte Maßstab oder Grundsatz liegt in der *Verallgemeinerungsfähigkeit*, die nicht als Generalisierung, sondern als *Universalisierung* verstanden werden muß (s.o. S. 141f). Er gründet in der Voraussetzung, daß *jeder, der Mensch ist, die gleiche Vernunft hat*. Kants *kategorischer Imperativ* lautet in einer Fassung: »Handle so, daß die Maxime deines Willens jederzeit zugleich als Prinzip einer *allgemeinen* Gesetzgebung gelten könne« (KpV, A 54, Hervorh. nicht im Orig.; die ›Grundlegung zur Metaphysik der Sitten‹ formuliert: ». . . handle nur nach derjenigen Maxime, durch die du zugleich wollen kannst, daß sie ein allgemeines Gesetz werde«, GMS, BA 52).

Kant behandelt in einer heute nicht sofort einleuchtenden Terminologie auch das Problem der *Verbindlichkeit* der sittlichen Verpflichtung. Der Imperativ ist kategorisch, weil sich ohne ihn die Vernunft selbst aufheben würde. *Sie ist eben nur praktische Vernunft, weil sie per definitionem universal ist* und weil ihre Regeln dem Gesichtspunkt der *Universalisierbarkeit* (s.o. S. 141f) folgen: Was mein Vorsatz mir als Handlungsprinzip vorstellt, muß jederzeit und unbeschränkt für *alle* gelten können. Da dieser Satz nicht auf Erfahrung zurückzuführen ist, handelt es sich um einen *synthetischen Satz a priori*. (A posteriori wäre er, wenn er aus Erfahrungen abstrahiert wäre. Ein synthetischer Satz verbindet in Subjekt und Prädikat zwei nicht auseinander herzuleitende Momente. Alle gehaltvollen empirischen Sätze sind synthetisch. Umstritten ist allerdings, ob es nichtempirische synthetische Sätze geben kann, wie Kant das meint.) Aber der Imperativ hat daneben einen pragmatischen Sinn: Die Vernunft kann die allgemeine Praxis dessen, was nicht universalisierbar ist, auch nicht selbst wollen (vgl. *Hoerster, N.*: Kants kategorischer Imperativ als Test unserer sittlichen Pflichten, in: Rehabilitierung der praktischen Philosophie, hg. v. M. Riedel, Bd. 2, Freiburg/Br. 1974, S. 455–475).

Die unbedingte Bindung durch dieses Gesetz nennt Kant die *Pflicht*. Die Pflicht ist *die einzige vernunftgemäße Triebfeder (d.h. der Antrieb) des reinen guten Willens;* alle anderen Triebfedern haben empirische Züge; aus ihnen gehen keine kategorischen Imperative hervor, sondern *hypothetische*: *Wenn* du dieses oder jenes Gut erreichen willst, *dann* tue dieses oder jenes! Der kategorische Imperativ rekurriert aber auf kein äußeres Gut, sondern auf den eigenen guten Willen. »Es ist überall nichts in der Welt, ja überhaupt auch außer derselben zu denken möglich, was ohne Einschränkung für gut könnte gehalten werden, als allein ein *guter Wille*« (GMS BA 1, Hervorh. im Orig.). Einem ganz am sinnlichen Dasein orientierten Menschen wird die Pflicht als von außen aufgenötigt erscheinen, eine psychoanalytische Erklärung könnte sie auf eine fremde Autorität – die vielleicht verinnerlicht wurde – zurückführen. Sollten wir die

Pflicht als so fremd erfahren, dann wären wir nach Kant uns selbst entfremdet und keine moralischen Menschen; denn nirgends ist der Mensch so sehr bei sich selbst wie in der reinen Vernunft. Darum kann die ›Grundlegung zur Metaphysik der Sitten‹ den kategorischen Imperativ auch anders formulieren: »Handle so, daß du die Menschheit sowohl in deiner Person, als in der eines jeden andern, jederzeit zugleich als Zweck, niemals bloß als Mittel brauchst« (GMS, A 66f).
Der *Mensch als Person* ist sein eigener Zweck. Aristoteles galten jene Daseinsvollzüge als die höchsten, die ihr Ziel und ihren Zweck in sich selbst haben (vgl. die ›Praxis‹ gegenüber dem zweckrationalen Handeln der ›Poiesis‹, s.o. S. 55). Kant nimmt dieses Thema vor dem Forum der von Empirie abgelösten Vernunft auf. Die praktische Vernunft definiert die Person; nie darf diese nur Mittel sein. Zugleich läßt die zuletzt zitierte Formulierung des kategorischen Imperativs deutlich werden, daß alle Menschen im Blick auf die Vernunft gleich sind. Deswegen findet der vom kategorischen Imperativ Angesprochene die Mensch*heit* an sich selbst – ein eigenartiger Gedanke, denn die Logik geht davon aus, daß der oder das einzelne nur der besondere Fall des Allgemeinen ist. Beim Menschen gilt diese logische Voraussetzung nicht, denn das Allgemeine, die Menschheit, ist in jedem einzelnen offensichtlich ungeteilt präsent. (Wie weit Kant an dieser Stelle gehen will, ist dem Zusammenhang nicht zu entnehmen. Könnte nicht daraus folgen, daß *in jedem Menschen, dessen Leben unwürdig behandelt oder vorzeitig beendet wird, die gesamte Menschheit beschädigt wird*? Diesen letzten Gesichtspunkt hebt z.B. die ›Schwarze Theologie‹ Südafrikas hervor.)
Wie kommt dieses Gesetz in die Vernunft? Psychoanalytische Erkenntnis könnte eine *äußere* Instanz benennen, die Menschen im Zuge der Sozialisation *verinnerlichen.* Kant hätte diese Erklärung als empirisch ablehnen müssen, hätte er sie gekannt. (Auch die Psychoanalyse selbst läßt eine Gegenfrage offen: Relativiert sich das Gesetz der Pflicht, wenn seine äußere Entstehung feststeht? Schuld- und Verpflichtungsgefühle können so tief reichen, so hartnäckig gegen Triebwünsche streiten, daß Menschen trotz aller Einsicht in deren hypothetische Entstehung nicht von ihnen freikommen. *Freud* hat zeitlebens dieses Problem bearbeitet bis zum Mythos vom ermordeten Urvater, der eigentlich einem Seelenforscher, der den exakten Wissenschaften nacheifern wollte, nicht anstand. Vgl. *Freud, S.*: Der Mann Moses und die monotheistische Religion, [Neuausg.] Frankfurt/M. 1975.)
Da Kant jedoch den Menschen als Person, die Person aber als selbstzweckliches Wesen begreift, kann nach ihm die Stimme der Pflicht (des reinen guten Willens) *nicht* von außen eingegeben sein; keine empirisch festgestellte Autorität genügt der *Unbedingtheit der Pflicht.* Sie verdankt sich hingegen der Selbstgesetzgebung der Vernunft in uns, der *Autonomie.* Diese meint die freie, einsichtsvolle und vernünftige Bestimmung nach einem Gesetz, das für alle gelten können muß und das die praktische Vernunft selbst ausdrückt. Es ist *Selbstaufforderung und Selbstbindung* ohne jedes Wenn und Aber.

Sind diese Gedanken über die Pflicht nicht *welt*fremd? Kant will, daß die weltlose Autonomie *mit der Grundtendenz der empirischen Welt übereinstimmt.* Zwei Probleme nötigen ihn, die Übereinstimmung zu postulieren, und sie erinnern an die Grundlegung der Sittlichkeit in der *Teleologie*: die Glückseligkeit und das Übergewicht des Guten in der fortschreitenden Weltgeschichte (vgl. GMS, BA 7). Alle Menschen su-

chen nach Glück, aber die Natur hat sie für das Glücklichwerden nicht genügend ausgerüstet. Das Ziel der Glückseligkeit wird von Kant nicht revoziert; aber zuerst muß die Vernunft mit ihrem eigenen Zweck übereinstimmen, ohne daß eine letzte Übereinstimmung mit dem Glück und mit den Möglichkeiten von Natur und Geschichte ausgeschlossen werden kann. Am Ende seiner ›Kritik der praktischen Vernunft‹ führt Kant aus: Zwar garantiere der reine Gedanke der Vernunft nicht aus sich heraus, daß unser Streben nach Glückseligkeit und unser Handeln aus Pflicht übereinstimmten, aber um der Vernunft willen müsse postuliert werden, daß Pflicht und Glückstreben zuletzt doch zu *einem* Ziel führten, das *Gott* verbürge (KpV, A 233ff). Die Ordnung der Pflicht und die Ordnung der Natur (und auch der Menschengeschichte) dürfen unter *einem* Zweck betrachtet werden: »Zwei Dinge erfüllen das Gemüt mit immer neuer und zunehmenden Bewunderung und Ehrfurcht, je öfter und anhaltender sich das Nachdenken damit beschäftigt: *Der bestirnte Himmel über mir, und das moralische Gesetz in mir*« (KpV, A 289, Hervorh. im Orig.). Die äußere, die empirische Welt muß sich aufgrund dieses Zweckgedankens (der zwar nicht objektiv, aber ein notwendiges Postulat ist) für die vernünftige Selbstbestimmung offen zeigen; deshalb sieht Kant die Geschichte der Menschen (die aus der Natur hervorgeht) einem *ewigen Frieden* entgegenstreben. (Vgl. die Schriften: ›Über den Gemeinspruch: Das mag in der Theorie richtig sein, taugt aber nicht für die Praxis‹, z.B. in: Werke, hg. v. W. Weischedel, Bd. 6, S. 127-172 / ›Zum ewigen Frieden. Ein philosophischer Entwurf‹, ebd., S. 195-251.)
Zwar ist der empirische Mensch ein »krummes Holz«, aber je mehr er seinen verderblichen Neigungen folgt, andere bedroht und Kriege inszeniert, desto eher wird er auch einsehen können, wie widervernünftig Kriege sind. Der offenkundige Antagonismus der Menschen führt dazu, daß sich die Vernunft doch im Rücken der Unvernunft durchsetzt. Dieses Postulat und die mit ihm verbundene Theologie wollte *Hegel* als weltgeschichtlich real sehen und Marx in eine historische Anthropologie und in eine Theorie geschichtlicher Revolutionen übernehmen. Deshalb stellt dieses Arbeitsbuch die Frage nach dem Verhältnis von Ethik und Geschichte (s.o. S. 117f).

Zwei Bemerkungen können diesen Problemaufriß abschließen. (1) Kant wußte, daß richtige Handlungen von außen erzwungen werden können. Sie erfolgen dann aus *Legalität*, nicht aus Moralität, d.h. nicht aus vernünftiger Selbstbestimmung. (2) Es stimmt zu Kants Ansatz, daß er zunächst von der Pflicht im Singular spricht. Sie ist eigentlich *eine*. Trotzdem kennt er einen Pflichtenkatalog (GMS, BA 52ff), der interessanterweise den Menschen, das Wesen der Vernunft, in empirischen Lebensverhältnissen berücksichtigt:

| | Vollkommene Pflichten, die unbedingt zu befolgen sind: | Unvollkommene oder Tugendpflichten, die der Klugheit einen Spielraum der Ausfüllung lassen: |
|---|---|---|
| gegen sich selbst | Selbsterhaltung | physische Kultur; Kultur der Moralität |
| gegen andere | Verbot des Tötens, der Lüge, des Geizes | Wohlwollen, moralisches Wohlsein |

Kant kann ferner zwischen *Rechtspflichten* und *Tugendpflichten* unterscheiden; Rechtspflichten lassen sich durch äußere Gesetzgebung abdecken, während Tugendpflichten nicht gesetzlich erzwungen werden können, weil ihre Zwecke in einem inneren, in einem Gemütsakt liegen. Diese Unterscheidung ist wichtig; denn die *christliche Ethik* diskutiert ein analoges Problem: Lassen sich die aus der Liebe gebotenen Einstellungen zu anderen Menschen auch rechtlich erzwingen? Eine durch Gesetz diktierte Geschwisterlichkeit ist keine mehr. Der Grundwert ›Brüderlichkeit‹ in der Triade der Postulate der Französischen Revolution ist am wenigstens geeignet, Recht zu prüfen oder hervorzubringen. Darum sprechen die Rechtsethiker lieber von ›Teilhabe‹.

Drei die Ethik als Lehre begleitende Momente wurden auf S. 199 genannt. Sie sollen auf Kants Pflichtethik angewendet werden:

1. Kants *Sicht des Menschen* setzt eine künstliche Spaltung des Naturwesens und der vernünftigen Person (als Selbstzweck) voraus. Ist das leibliche Leben dann allein äußeren Zwecken unterworfen (ebenso wie die Natur, aus der der Mensch kommt)?
2. Kants praktische Philosophie muß in der *Natur* und der *Geschichte* Zielhaftigkeit voraussetzen. Objektiv ist diese zwar nicht festzustellen, aber eine bloß subjektive Annahme, daß es sich hier so verhalte, genügt der Notwendigkeit der vernünftigen Selbstbestimmung nicht. Darum würde Kants System ohne das Postulat Gottes auseinanderbrechen; das aber stellt die Frage nach der *Zukunft* (in der nach Kant Glückseligkeit und vernünftige Selbstbestimmung einander entsprechen).
3. Kant weigert sich, die empirischen *Folgen* von Entscheidungen zum Ansatz sittlicher Bewertung zu machen (s.o. das Thema der Verantwortungsethik).

Indirekt kommt das Folgenprinzip jedoch mit der unter 2. skizzierten Überlegung zum Zuge. Folglich muß die Autorität der Autonomie den Gesamtzusammenhang von Zukunft, Welt und Mensch im Hintergrund haben. Ist die Vernunft angesichts der Frage der Zukunft aber zeitlich, dann setzt sie eine Autorität außerhalb ihrer selbst voraus, die ihr als endlicher erst die Autorität des unbedingten sittlichen Urteils verleiht.

### 13.2.3
### Eine kritische Auseinandersetzung

a) Kants Ansatz hat Geschichte gemacht und vor allem in einer Vulgärform das protestantische Bürgertum tief beeinflußt. Die Pflicht schärfte auch Sekundärtugenden ein, wobei sie allerdings die Autonomie abwarf. Kants praktische Philosophie half in einer weniger verzerrten Form vor allem liberalen Theologen des 19. Jh.s, sich neben den so mächtig gewordenen Naturwissenschaften zu behaupten. Das gilt für *A. Ritschl* und *W. Herrmann.* Sie erkannten, daß sich aus der empirisch betrachteten Welt kein Gottesbeweis mehr führen ließ; die natürliche Theologie war den Naturwissenschaften unterlegen. Sollte die Wirklichkeit der Menschen keine religiöse Bedeutung mehr aufweisen? Der liberalen Theologie blieb nur der Bereich der Moralität übrig: Gott ließ sich nach ihrer Einsicht zwar nicht aus der Gesetzmäßigkeit der Natur erschließen, aber konnte dem *moralischen Menschen* zur Frage werden (s.o. S. 91f).

Kant hatte gelehrt, daß *Gott* ein notwendiges *Postulat* sei, um die Kongruenz des *höchsten Gu-*

*tes* sicherzustellen. Der einzig gute und vernünftige Wille konnte nicht das Glück des Menschen erstreben, denn er gehorchte allein der autonomen Gesetzgebung. Mit dem »*supremum*« (der vollendeten Tugend des pflichtgebundenen Lebens) war in Kants Augen das *höchste Gut* noch nicht erfüllt; zu ihm gehöre auch das »*consummatum*«, das *Ganze*, das die *Glückseligkeit* einschloß (KpV, A 198). Gott galt als Instanz, die das Handeln aus Pflicht und das Streben nach Glückseligkeit zuletzt zusammenführte.
Die daran anknüpfenden Entwürfe der liberalen Theologen *A. Ritschl* und *W. Herrmann* (s.o. S. 92) haben diese Synthese durch das Gottespostulat nicht mehr recht im Blick. Der erste zieht sich auf das Reich der sittlichen Geister, der zweite auf die von der Persönlichkeit Jesu betroffene Persönlichkeit des Christen zurück. (Zu dessen Nachwirkungen bei *G. Ebeling* s.o. S. 134.)
Kant hat also den Protestantismus dahingehend beeinflußt, das Evangelium mit der reinen *Gesinnung*, das Gesetz mit der Selbstverstrickung des zum Bösen geneigten Menschen zu identifizieren. Obwohl das Böse nach Kant aus dem intelligiblen Menschen kommt, dürfte der *Dualismus von innerer Person und äußerlichen Lebensumständen*, wie ihn protestantische Mentalität oft vertritt, von Kants Unterscheidung des Intelligiblen und des Empirischen gefördert worden sein.

b) Die *Wort-Gottes-Theologie* hat den Weg der liberalen Theologie abgeschnitten. (*Karl Barth* war ein Schüler Herrmanns; er nahm an dessen Konzentration auf das Selbst Anstoß.) Jedoch müssen Kants Anliegen nicht mit seinem etwas einseitig ausgenutzten Erbe in der liberalen Theologie untergehen. Weder die teleologische noch die Tugendethik sind geeignet, die *unbedingte sittliche Verpflichtung* zu klären, die im Gewissen spricht. Sie ist Selbstbindung der sittlichen Vernunft und läßt sich nicht in der Empirie (nicht in Emotionen und im Glücksstreben) finden, sondern muß in etwas gründen, das *allen Menschen gemeinsam ist und einsichtig werden kann*: dem Selbstzweckcharakter jeder Person. Er tritt im reinen guten Willen hervor und gebietet, eigene Maximen (subjektive Handlungsvorsätze) zu prüfen, ob sie von allen Menschen befolgt werden können.

Die *neuere Moralphilosophie* ist meist mit Kant darin einig, daß ein wahrhaft sittlicher Standpunkt einen höchsten und allgemeinen Grundsatz voraussetzt. Der Gesichtspunkt der *Generalisierung* (s.o. S. 142) reicht allerdings an Kants Anliegen nicht heran, denn er achtet lediglich darauf, ob die Folgen einer Handlung allgemein wünschenswert sind; der Gesichtspunkt der *Universalisierung* fragt, ob der eigene Grundsatz auch vom anderen befolgt oder akzeptiert werden kann (s.o. S. 141). Ein Vergleich mit der dritten Stufe der Universalisierung (s.o. S. 143) verstärkt das kritische Bedenken, Kant könne die Menschen zwar im Blick auf ihre Autonomie als gleich angesehen, im Blick auf ihre konkrete, leibliche, geistige, soziale Geschichte aber aus der Grundlegung der eigentlichen Sittlichkeit ausgeklammert haben. Deshalb wird in den folgenden Abschnitten die sittliche Verbindlichkeit in der *Liebe*, die den anderen Menschen in seiner konkreten Existenz meint, gesucht.

In diesem Fall bieten sich die drei Wörter »*wie dich selbst*« des Liebesgebots zur kritischen Nachfrage an (zum Liebesgebot vgl. S. 140ff). Bei der Überlieferung dieses Gebots wird der Adressatenkreis immer weiter und sein Anspruch immer universeller. Jener andere, den die Liebe sucht, soll jenseits des begrenzten Kreises der Volksgenossen (und der Fremdlinge innerhalb des eigenen Lebensbereichs) unter anderen Völkern gesucht werden. Je mehr das Liebesgebot darauf drängt, die Distanz zu erkennen und zu überbrücken, desto stärker wird auch das oft unbequeme Anderssein des anderen ins Gewicht fallen. Die erfüllte Universalität erfordert diese Art der Konkretion.

An der Geschichte der Kirche läßt sich beobachten, wie die Grenzen der *Nächstenschaft* immer weiter gezogen wurden. Als die Spanier Südamerika eroberten und das Land den Indianern wegnahmen, betonten Theologen gegenüber der vulgären Meinung, daß die Indianer Menschen mit einer Seele und nicht etwa Tiere seien. Heute muß sich das Liebesgebot an den Grenzen zwischen Rassen und sozialen Gruppen bewähren. Diese Universalisierung betrifft nicht allein die christliche Ethik, sondern ist auch im Judentum vor sich gegangen (vgl. *Kremers, H.:* Gerechtigkeit und Liebe im Judentum und Christentum, in: Umkehr und Erneuerung, hg. v. B. Klappert u. H. Starck, Neukirchen-Vluyn 1980, S. 182-190). Diese Art der Universalisierung ist eigentlich wichtiger als jene andere, die fragt, ob anderen meine Regeln zuzumuten sind.
Die Entwicklung zur *Konkretion* läßt sich nicht so eindeutig aufweisen. Wenn die *Person* des Menschen durch ihr *einmaliges, geschichtliches (kontingentes) und leibhaftes Dasein gekennzeichnet* ist, dann ist die Beschränkung auf die reine praktische Vernunft nicht möglich. Zwar ruft das »wie dich selbst« und die Vorstellung vom anderen Menschen Schemata menschlicher Bedürfnisse hervor; aber diese Normen müssen jeweils in der konkreten Situation ausgelegt und verändert werden. Insofern muß *der andere nicht nach dem Bilde* sein, das der Adressat des Liebesgebots von sich selbst entwirft. Das »wie dich selbst« bekommt einen prägnanten Sinn: Liebe den anderen, der *bedürftig ist wie du, geschichtlich einmalig wie du, in vielen Hinsichten den anderen Menschen unvergleichbar – wie du*; deshalb darf er, solange er diese Gemeinsamkeiten nicht angreift, auch *anders sein, als du es selbst bist.*
*Kant* gibt selbst ein befremdendes Beispiel für mangelnde Konkretheit seines Ansatzes. In der ›Metaphysik der Sitten‹ (einer Rechtslehre mit angeschlossener Tugendlehre) behandelt er auch die Ehe. Die Ehepartner schließen als vernünftige Wesen einen Vertrag: Sie konzedieren einander die gegenseitige Benutzung der Geschlechtseigenschaften des anderen (Metaphysik der Sitten, § 24). *Vernunft und leibliches Dasein* sind so getrennt, daß letzteres zu einem äußerlichen Mittel werden kann.

c) Soll das »wie dich selbst« nur als Einweisung in konkrete Sittlichkeit betrachtet werden? *S. Kierkegaard* hat es einem Dietrich, einem Nachschlüssel verglichen, der schonungslos jeden Raum aufschließe, vor allem den unserer sündhaften Selbstliebe (in ›Leben und Walten der Liebe‹, zit. nach *Bornkamm, G.:* Jesus von Nazareth, Stuttgart 1956, S. 104). Erst müsse ich mich hassen lernen, um Gottes Liebe zu empfangen, erst vor meinem Egoismus erschrecken, um mich liebend zum anderen wenden zu können. Kierkegaard hat nicht nur die pietistische, sondern auch die reformatorische Auslegung aufgegriffen. Denn *Luther* hat (mit Nachdruck während seiner reformatorischen Wende) dem Liebesgebot die Aufgabe zuerkannt, mir meine Schuld vor Augen zu halten (z.B. Römerbrief-Vorlesung, WA 56, S. 390.392 – Lieben heiße, sich selbst zu hassen). Allerdings hat Luther später auch gesagt, die Vernunft tue, wie die Liebe lehre (s.o. S. 124f).

Die Artikulation des Selbsthasses weckt Bedenken. *E. Fromm* hat gegen einen christlichen Hang zum Selbsthaß eingewendet, daß er gerade nicht die Liebe wecke (Psychoanalyse und Ethik, Stuttgart u.a. 1954, v.a. S. 143). Die Praxis zeigte ihm, daß Christen, von hohen Anforderungen des Liebesgebots neurotisiert, sich tatsächlich selbst haßten; zur Liebe gedrängt, aber nicht befreit, liebten sie andere nur scheinbar und kaschierten mit Altruismus ihren Herrschaftsdrang. Die Beobachtung ist nicht ganz neu, hat doch schon *Nietzsche* den Christen vorgeworfen, daß sie mit der Maske der Selbstlosen ein Ressentiment betätigten (Jenseits von Gut und Böse, in: KSA, Bd. 5, S. 121-123).

Meint aber das Liebesgebot des Neuen Testaments ein Selbst, das erst durch den Abgrund des Selbsthasses gegangen sein muß? Was die drei Wörter »*wie dich selbst*« bedeuten, ist vom Gottesverhältnis her, *das Jesus den Menschen aufwies*, zu verstehen.

Gottes Nähe erneuert die mitmenschlichen Beziehungen, am eindeutigsten in der Feindesliebe, die nach einhelliger Erkenntnis der Exegeten von Jesus selbst geboten wurde. Der *Feind* ist die *Basisbestimmung der Liebe*; sie richtet sich nicht auf etwas, das schon von sich aus liebenswert ist, sondern unterläuft gewohnte menschliche Verhaltensweisen wie das aufrechnende Gegenseitigkeitsethos. *D. Bonhoeffer* sagt in seinem Buch ›Nachfolge‹ (München [17]1988, S. 122): »Der Feind ist im Neuen Testament immer der, der mir feindlich ist. Mit einem, dem der Jünger Feind sein könnte, rechnet Jesus gar nicht.«

Während Jesus den anderen durch den Feind präzisiert, denkt Paulus an die Schwachen. In seinen *Gemeinden* war die Konkretisierung der Liebe umstritten. Röm 14 und 1Kor 10 zeigen die Spannung zwischen ›starken‹ Christen, die sich vernunftgemäß verhalten, weil sie die heidnischen Schlachtriten für gegenstandslos erachten, und ›schwachen‹ Christen, die gerade deshalb kein Fleisch essen wollen. *Vernünftig* sind die Starken, weil sie die Götter der Heiden ignorieren; *unvernünftig* sind die Schwachen, aber soll man sie zur Vernunft zwingen? Die Vernunft kommt erst durch die Liebe zur konkreten Entscheidung: Die Starken sollen um der Schwachen willen auf das Fleisch verzichten. Paulus geht es also um die Identität und Integrität der wirklich Schwachen; an die Möglichkeit, sich aus taktischen Gründen für ›schwach‹ zu erklären und andere zu erpressen, denkt er nicht.

d) Diesem Abschnitt (13.2) ging es um die ›*Reziprozität*‹, die im Gedanken der Generalisierbarkeit berührt wird und in den drei Wörtern »wie dich selbst« des Liebesgebots enthalten ist. Das Liebesgebot setzt allerdings deutlichere Bestimmungen des Menschen als die praktische Vernunft voraus. Sie schließen sich den ›Perspektiven gelingenden Lebens‹ (s.o. S. 171f) an:

(1) Das Liebesgebot bezieht das Selbst im leibhaften Ich und im anderen (im Nächsten) auf die *gemeinsame Bedürftigkeit* und Verletzlichkeit, auf die Geschöpflichkeit und die sich je und je konkret realisierende Personalität.

(2) Es schließt beiden, dem zur Liebe Geforderten und dem anderen, eine sonst allzuleicht verschlossene *Zukunft* auf; alles, was das gemeinsame Leben trägt, erfährt von Gottes Nahekommen her eine neue Perspektive.

(3) Es setzt eine *Freiheit* voraus, die alle festgefügten Verhältnisse immer dann überschreiten läßt, wenn sie das vom Schöpfer gemeinte Leben bedrohen (z.B. durch das Ethos der aufrechnenden Gegenseitigkeit: Andere bestimmen sich als meinen Feind, also werde ich ihr Feind sein).

Die nähere Bestimmung der Reziprozität beweist, daß christliche Ethik nicht nur Normen herausstellt, sondern die Frage nach dem Wer, Wann und Wo (Subjekt, geschichtlicher und sozialer Situation) des Handelns stellt.

### 13.2.4
### Rückblick auf den Ansatz der Pflichtethik (Thesen)

(1) Jedes *teleologische Ethos* (das sich auf Güter im außermoralischen Sinne ausrichtet) *endet im Relativismus*; denn die Menschen halten verschiedene Dinge für gut – es sei denn, eine Metaphysik erlaubte noch, alle vorläufigen und relativen Güter auf ein *höchstes Gut* zu beziehen.

(2) Deswegen hat die deontologische Ethik versucht, jene *unbedingte sittliche Verpflichtung*, die den anderen Menschen genauso bindet wie mich, *in einem universalen Imperativ* zu finden.

(3) Neben der im kategorischen Imperativ ausgedrückten *Pflicht* können auch Pflichten in Betracht gezogen werden, die sich im Lebenszusammenhang als Regeln mit unbedingtem Anspruch präsentieren (Stoa: καθῆκον; englisch: duty).

(4) Kant sah zu Recht, daß die sittliche Verpflichtung, das unbedingte ›Du sollst‹, weder aus empirischen Bestimmungen des Guten noch aus Intuitionen oder der Idee einer Vollkommenheit herzuleiten ist. Der unbedingten Verpflichtung muß die Notwendigkeit der Vernunft entsprechen; sie gibt sich selbst in Freiheit das unbedingt verpflichtende Gesetz in der Form des kategorischen Imperativs.

(5) Subjekt dieser Pflicht ist ein *Vernunft-Ich*, das von seinen konkreten empirischen und sozialen Lebensbedingungen absehen kann. Als Wesen solcher Freiheit, nicht hingegen als determinierte Naturwesen binden sich Menschen an denselben sittlichen Grundsatz.

(6) »Die Theologie hingegen definiert aus der Fülle ihrer Weisheit den ganzen und vollkommenen Menschen« (*Luther*, Disputatio de homine, These 20, WA 39,1, S. 176); er ist das Geschöpf aus Leib und Seele in der ihm von Gott zugedachten Bestimmung. Mit der *Leiblichkeit* müssen gerade auch empirische Lebensumstände den Vernunftgebrauch prägen. Die unbedingte Verbindlichkeit ethischer Grundsätze läßt sich nicht mehr in der reinen Vernunft allein feststellen.

(7) In der Pflicht läßt sich der andere nicht übergehen, für den meine Vor- oder Grundsätze gelten sollen. Die Universalisierung wird durch den anderen definiert. Das »wie dich selbst« des Liebesgebots bestimmt den anderen genauer als die abstrakte Pflicht; er ist nicht das generalisierte Selbstbild, sondern er kann und darf – bei Wahrung der Freiheit aller – auch *anders* sein als wir.

(8) Wenn die christliche Ethik biblisch fundiert sein will, darf sie nicht einer generalisierenden Tendenz der vernünftigen Selbstbestimmung folgen. Sie wird die *universale Ausweitung* jener Liebe zum Grundsatz nehmen, die sich jeweils an *konkreten Umständen* neu bewährt und gerade darin das alle Menschen Verbindende neu bestimmen muß.

(9) Deshalb darf sie weder eine reine Prinzipienethik noch eine reine Situationsethik sein, denn inmitten vielfältiger konkreter Situationen arbeitet sich der alle Menschen treffende Anspruch der Liebe heraus.

(10) Deswegen wird das Doppelgebot der Liebe anleiten, *in jeweils neuen historischen Situationen auch das Vernünftige neu zu bestimmen.* Zu dieser Art von Vernunft gehört nicht nur die verallgemeinerbare Pflicht, sondern auch die kommunikative

Gestaltung des Lebens. Der allgemeinste Imperativ der Ethik kann nur der Prüfung vorgegebener Normen dienen; die Liebe hingegen setzt Phantasie für die Anwendung und Neubestimmung von Normen frei, denn sie ist auf die konkrete Gestaltung gemeinsamer Zukunft bezogen.

## 13.3 Vertiefung

### 13.3.1 Autonomie als universaler Anspruch?

Universalisierung und Konkretion sind die beiden miteinander in Spannung stehenden Kriterien, die sich aus der kritischen Diskussion der Pflichtethik ergeben und die Liebe als Grundlage der Ethik betreffen. Am höchsten scheint demnach eine Moralität zu bewerten zu sein, die universellen Prinzipien folgt und sich – unter deren Wahrung – den konkreten Problemen und Situationen öffnen kann. Wie lassen sich aber die beiden Kriterien auf bestimmte *soziale Lagen* oder *bestimmte Kulturen* beziehen?

a) Ausgangspunkt können Forschungen *J. Piagets* sein, die sich mit der Entwicklung moralischer Urteile vor allem bei Kindern befassen (*Piaget, J.:* Das moralische Urteil beim Kinde, Frankfurt/M. 1973). Piaget hob den sozialen Einfluß bei der Herausbildung des moralischen Urteils hervor, aber suchte darin Wege der Befreiung von sozialen Zwängen. Sein Freiheitsverständnis ist formal und will mit der Rationalität moderner abendländischer Wissenschaft Schritt halten. Auf Piagets Untersuchungen baut *L. Kohlberg* auf, wenn er sechs Stufen moralischer Entwicklung unterscheidet:
(1) vom *prämoralischen Niveau,* auf dem sich Kinder entweder (1.1) an Bestrafung und Gehorsam oder (1.2) an Belohnung orientieren,
(2) zum *konventionellen Niveau,* wo sie (2.1) als ›good boy‹ oder ›nice girl‹ handeln oder sich (2.2) an Autoritäten und Konventionen ausrichten,
(3) bis zum *prinzipiellen Niveau,* auf dem Menschen sich entweder (3.1) entsprechend einem Vertragsdenken verhalten und es vermeiden, andere zu schädigen, oder schließlich (3.2) eine Gewissens- und Prinzipienorientierung erreichen, deren Kriterien logische Universalität und Konsistenz sind (vgl. *Kohlberg, L.:* Essays on Moral Development, Vol. I, San Francisco 1981). (Die flexible Auslegung der Prinzipien im Blick auf konkrete Bedürfnisse anderer kommt allerdings zuwenig in den Blick!)
Beide Forscher behaupten, daß ihre Ergebnisse universal gelten. Ihre Theorien wollen die von Kant bekannte Trennung von vernünftiger Allgemeinheit und empirischen Lebensumständen überwinden. Allerdings müssen heute viele Feldforscher eingestehen, daß nicht wenige Gesellschaften eher sozialen Zwang und Konformität entwickeln, als zur Freiheit im Sinn der sechsten Stufe Kohlbergs (vgl. 3.2) gelangen. Nahezu die gesamte ›Dritte Welt‹ und viele Minderheiten in den USA schneiden schlecht ab, wenn diese Skala an sie angelegt wird. Sind die betreffenden Gesellschaften und Gruppen zurückgeblieben? Oder sollte besser ihre eigene Rationalität im Sinn eines *ethnologischen Relativismus* respektiert werden? Leider bliebe dann ein Paternalismus übrig, der die anderen »nur machen läßt« und die betreffenden Kulturen vielleicht in musealen Bedingungen erhalten möchte. (Vgl. ›Soziale Struktur und Vernunft‹, hg. v. T. Schöfthaler u. D. Goldschmidt, Frankfurt/M. 1984.)

b) Ähnliche Probleme und Fragen ergeben sich bei der Formulierung von *Menschenrechten.* Geht es an, im Namen einer Humanitätsidee, die vor allem im Abendland entwickelt worden ist, islamische Strafen oder afrikanische Frauenbeschneidung anzugreifen? Im Zuge der Vorbereitung der Erklärung der ›Allgemeinen Menschenrechte‹ (1948) warnte eine Gruppe von Ethnologen, anderen Kulturen westliche Rechtsvorstellungen aufzuzwingen (vgl. *Herskovits, M.J.:* Ethnologischer Relativismus und Menschenrechte, in: Texte zur Ethik, hg. v. D. Birnbacher u. N. Hoerster, München 1976, S. 36-42).

In solchen Einwänden tritt ein falsches Verständnis von Universalität und Universalisierbarkeit hervor, das dem Modell der Logik folgt: Je weiter und umfassender ein Begriff, desto mehr enger gefaßte Begriffe subsumiert er. Das Ethos der Bibel zeigt einen anderen Weg: nicht Subsumption unter ein feststehendes abstraktes Prinzip, sondern ständige Neuidentifikation der Grundsätze in lebendiger Geschichte. Z.B. muß, wer von der Liebe Gottes in Christus betroffen ist, in der Konfrontation von Starken und Schwachen die konkrete Gestalt der allen Menschen geltenden Liebe neu entdecken.
Abstrakte universale Grundsätze könnten mit gewissem Recht unter dem Verdacht stehen, eine Ökonomie zu begleiten, die menschliches Leben auf Kunden- oder Produzentenrollen reduziert und die das Geld, Ausdruck der umfassenden Austauschbarkeit, als weitreichendstes Medium der Menschen einsetzt.

c) Was kann die christliche Ethik zum *Konflikt von Kulturrelativismus und evolutionärem Universalismus* sagen? Elemente der ersten Position sind wohl in der ökumenischen Diskussion zu finden: Die Armen als Ausgangspunkt einer weltumspannenden Sozialethik bedeuten einen Protest gegen allgemeine, aber inhaltlich wenig profilierte Humanitäts- und Freiheitspostulate (*Santa Ana, J. de:* Gute Nachricht für die Armen, Wuppertal 1979). Ob die (oft sehr plakativ vorgestellten und deshalb doch wieder abstrakten) Armen wirklich den Charakter eines weltweiten Unterdrückungssystems entlarven oder ob sie nicht eher diejenigen sind, die nicht auf den sich beschleunigenden Zug sozialer und ökonomischer Entwicklung aufspringen konnten (die Mehrzahl der Armen lebt auf dem indischen Subkontinent!), bleibt der Sachanalyse zu klären. Sie stellen aber nicht das Prinzip der Ethik dar, sondern den heute wichtigsten Testfall für Prinzipien einer Ethik. (Im übrigen deutet die Verwendung des in den europäischen Kontext transportierten Befreiungspostulats häufig darauf, daß weltweite sozialethische Probleme wieder in die Individualethik zurückversetzt werden, weil der moralische Appell an die Stelle der Diskussion um Lebensentwürfe und Menschenbilder in sozialen Strukturen tritt.)

d) Wenn die christliche Ethik biblisch ist und nicht einfach die in der abendländischen Neuzeit gewonnene Freiheit affirmiert, dann wird sie aber an Folgendem festhalten:
(1) Im alttestamentlichen Ethos finden sich Linien, die über die ethnische Identität hinaus zielen – vom Fremdling bis zum Berücksichtigen der Völker (s.o. S. 141).
(2) Im Ethos Jesu und der Bergpredigt wird gerade den ›Armen‹ zugemutet, die universale Perspektive zu verfolgen (Feindesliebe!), weil sie die Bedürftigkeit des Menschen viel besser kennen (s.o. S. 159).
(3) Die Ethik auf das biblische Zeugnis zu gründen bedeutet, im Sinne der Botschaft vom nahen Gott gerade die Grenzen der eigenen Kultur aufzusprengen und die Mauer zwischen Juden und Nichtjuden eingerissen zu finden (vgl. Eph 2,14).
(4) Die christliche Ethik muß ihren Anspruch auf Universalität immer wieder an konkreten Lebenslagen und ihren sozialen Bedingungen neu bestimmen. Im Prozeß dieser produktiven, Menschen befreienden Neubestimmung muß es jedoch *konstante Elemente* geben. Sie sind nicht etwa in den Bedingungen eines Diskurses zu suchen, wie ihn die abendländische Aufklärung geschichtlich entwickelte, aber als universal annimmt, sondern im *Hören auf Gottes Wort* und in der je neuen und aktuellen Auslegung der darin gesetzten Perspektiven für gelingendes Leben.

### 13.3.2 Liebe durch Strukturen

Der Liebe eine so zentrale Stellung zu geben bringt mehrere Gefahren mit sich: Es könnte darüber die Einsicht verlorengehen, daß die Botschaft der Bibel eine bestimmte Ausrichtung des menschlichen Lebens mit einer Mehrzahl von Perspektiven im Sinn hat; *Gerechtigkeit, Klugheit* und viele andere Güter des Lebens könnten aus dem Blick geraten. Auch könnte sich ein starrer Gegensatz zwischen einer Ethik der Normen und einer Ethik der Liebe aufbauen. Schließlich neigen viele Christen dazu, die Liebe vor allem als *Spontaneität* und als rein persönliches Verhalten zu bestimmen. (Dann bliebe lediglich die austeilende und ausgleichende Gerechtigkeit übrig, um *soziale Strukturen* zu beurteilen und zu gestalten.) Aber es gibt zahllose Beispiele, wie gerade das angeblich Konkrete, Persönliche und Spontane nur strukturelle Formen von Herrschaft unbewußt stützt. Wie oft tarnt sich in menschlichen Beziehungen eine autoritäre Beherrschung mit der Liebe! Deswegen *müßten zur Liebe auch Distanz und überlegende Vernunft gehören*; oft muß die Liebe sich gerade an emotionalen Schranken als vernünftig bewähren. Bleibt jedoch die *Liebe* auf das Persönliche beschränkt und ist für soziale Probleme nur die *Gerechtigkeit* zuständig, dann entsteht jene eigenartige Form *neuzeitlicher Zwei-Reiche-Lehre*, die zwischen dem persönlichen Engagement des Christen als einzelnen und der Politik eine Trennungslinie zieht. Dagegen steht fest, daß Gerechtigkeit im Alten Testament mit der liebevollen Zuwendung *(ḥaeṣaed)* viel zu tun hat. Sie teilt nicht zuerst nach Kriterien aus, sondern blickt auf das, was für das Leben des jeweiligen Menschen notwendig ist: *Gerechtigkeit will das Lebensförderliche.* Weil vor allem das Ethos der bürgerlichen und der erweckten Christenheit Liebe und Gerechtigkeit kontrastiert hat, mußte die ökumenische Bewegung das Schlagwort »*Liebe durch Strukturen*« einführen. Es ist spätestens seit der Weltkonferenz für Kirche und Gesellschaft (1966 in Genf), angeregt durch *M. Kohnstamm*, im Umlauf und will die im persönlichen Verhältnis bestimmenden Momente der Liebe (s.o. S. 140) auch in sozialen Strukturen, durch die das Leben vieler, oft von Millionen, geprägt wird, zur Geltung bringen.

Verallgemeinerungsfähige Momente der Liebe können sein:
(1) ihr *universaler Anspruch* (allen Menschen soll ein humanes Leben zuerkannt werden);
(2) die *konkrete Ausrichtung* (allgemeine Verteilungsgesichtspunkte müssen so offen festgelegt werden, daß die Bedürfnisse einzelner in ihrer besonderen Lage nicht zu kurz kommen);
(3) angesichts der *geschenkten Zukunft* (Reich Gottes) soll die Liebe neue Perspektiven geschöpflichen Lebens eröffnen (Gesellschaftsstrukturen müssen dann der *Kommunikation* über Lebensentwürfe offenstehen);
(4) *Institutionen*, Recht, sozialpolitische Maßnahmen und ein weltweiter Ausgleich müssen *Dienstcharakter* haben; sie können nicht Selbstzweck werden;
(5) besondere Würdigkeit und Leistungen müssen als Kriterien der Verteilung relativiert werden und hinter der Stillung *elementarer* Lebensbedürfnisse zurückstehen.
Diese Kriterien sind dann wichtig, wenn die sonst auch in der Ökonomie und Politik nur selten differenzierte Gerechtigkeit versagt. Sie könnten nach dem Verfahren, das A. *Rich* in seiner ›Wirtschaftsethik‹, Gütersloh [3]1987, vorstellt, mit Hilfe von Maximen mittelfristiger Strategien in die reale Situation übersetzt werden (s.u. S. 238f).

### 13.3.3
### Literaturhinweise
(über die Angaben im Text des vorangehenden Kapitels hinaus)

a) Zu 13.2.2:
*Beck, L.W.*: Kants ›Kritik der praktischen Vernunft‹. Ein Kommentar, München 1974.
*Birnbacher, D.* und *Hoerster, N.* (Hg.): Texte zur Ethik, München 1976, Kap. 8.
*Hare, R.M.*: Universalisability, in: Proceedings of the Aristotelian Society 55 (1954/1955), S. 295-312.
*Moritz, M.*: Pflicht und Neigung. Eine Antinomie in Kants Ethik, in: Kantstudien 56 (1965), S. 412-429.
*Paton, H.J.*: Der kategorische Imperativ, Berlin 1962.
*Singer, M.G.*: Generalization in Ethics, New York 1961.

b) Zu 13.2.3:
*Bornkamm, G.*: Der köstlichere Weg (1Kor 13), in: *Ders.*: Das Ende des Gesetzes. Ges. Aufs., Bd. 1, München [4]1963 (BETh 16), S. 93-112.
*Schrage, W.*: Ethik des Neuen Testaments, Göttingen 1982 [bearb. [5]1989] (Grundrisse zum Neuen Testament 4), S. 69-87.202-208.280-301 [zit. nach [1]1982]

c) Zu 13.3.1:
*Birnbacher, D.* und *Hoerster, N.* (Hg.): Texte zur Ethik, München 1976, Kap. 2.
*Fromm, E.*: Die Kunst des Liebens, Berlin 1980.
*Ders.*: Haben oder Sein. Die seelischen Grundlagen einer neuen Gesellschaft, Stuttgart 1976.
*Habermas, J.*: Moralbewußtsein und kommunikatives Handeln, Frankfurt/M. 1983.

d) Zu 13.3.2:
*Kohnstamm, M.*: Person und Struktur am Beispiel internationaler Beziehungen, ZEE 14 (1970), S. 193-203.

# 14
# Ethos und Ethik, begründet im Menschsein?

## 14.1
## **Einführung** (zugleich eine Zusammenfassung des Vorhergehenden)

Moralisches Verhalten läßt sich darstellen, analysieren und auf seine Rechtfertigung hin untersuchen. Damit ist es jedoch noch nicht als *verpflichtend* erkannt. Fällt diese Erkenntnis allein in einen persönlichen Entschluß, so daß über ihre Verbindlichkeit nicht einmal mit Argumenten gestritten werden kann? Die vorangehenden Kapitel wollten allerdings nicht nur Phänomene des Ethos darstellen, sondern die ethischen Grundlagen diskutieren. Kann das *Sollen* im Guten gründen, das der teleologische Ansatz suchte, oder in der *unabweisbaren Pflicht* (als Selbstbestimmung des reinen guten Willens)? Die Güterethik bezieht sich entweder auf eine Art natürlicher Theologie (alles strebt zum ›summum bonum‹) oder beruft sich auf einen Ausgleich des von *allen* Menschen erstrebten Guten. Die Pflichtenethik setzt voraus, daß sich die praktische Vernunft unbeschadet der Wechselfälle empirischen Lebens konstant selbst bestimmen kann, weil ihr nichts näher steht als sie selbst. Die *Güterethik* ist, in gesellschaftliche Praxis übersetzt, höchst fragwürdig geworden: Die Menschen der Neuzeit gestalten – oft nolens volens – als gesellschaftliche Wesen ihre Welt und damit in gewisser Weise sich selbst, aber durchaus nicht immer zum Guten. Beim *deontologischen* Ansatz weckt der Rückzug auf die Logik der Universalisierung Bedenken: Sollten die Maximen abgesehen von allen empirischen Erfahrungen zum allgemeinen Gesetz werden können? Gehen damit nicht entscheidende Lebensbezüge verloren – so die Besonderheit eines jeden menschlichen Lebens, die Personalität im raumzeitlichen Dasein, die Begegnung von Menschen und die Rücksicht auf Folgen unserer Entscheidungen?

Auf den ersten Blick scheint unsere Lebenswelt ohne überzeugende Maßstäbe zu sein – Gott als notwendiger Fluchtpunkt der Transzendenz gilt als verloren und die Vernunft im Selbstwiderspruch. Trotzdem bleibt für die Ethik die Aufgabe, sich mit dem scheinbar Selbstverständlichsten auseinanderzusetzen: Menschen leben, sie *wollen* leben, ihr Leben *gestalten* und nicht einfach vegetativ fristen. Entweder lassen sie sich Anregungen und Modelle zur Gestaltung vorgeben – aus der Tradition, aus Brauch, aus Mode oder aus Träumen, die die Medien wecken, oder sie fragen durch die oft vordergründigen oder verführerischen Angebote hindurch nach einer *sinnvollen Lebensgestalt*. Das 11. Kapitel versuchte zu zeigen, daß es auf die Fundamente der Lebensführung ankommt, auf Sinnsuche gerade in Sinnlosigkeit, auf die Annahme der fundamentalen Bedürftigkeit trotz mancher Leistung, mehr noch: auf *Glauben* statt auf die Sicherheit des Wissens oder den Stolz, der sich oft mit der Skepsis verbindet. Im Projekt, gemeinschaftlich das Leben zu gestalten, liegt der Grund für jenes Sollen, das die Ethik als Wissenschaft nicht hervorbringt, sondern nur feststellen kann. Deshalb muß die Ethik auf das zeitlich verfaßte Dasein des menschlichen Lebens bezogen werden. Weil die Zukunft nicht einfach die mechanische Verlängerung des Gewordenen ist, kennen Menschen die Aufgabe, das Leben zu gestalten, und mit dieser Aufgabe ein Sollen, eine Verpflichtung. Sie mag sich mit zeitlich und kulturell veränderlichen Normen verbinden; aber sie wird sich über sie hinaus äußern, wenn das Gewissen prüft, ob sie dem verletzlichen und bedürftigen Leben des Geschöpfes Gottes dienten. Das läßt sich vom Glauben her verstehen.

## 14.2 Entfaltung: Fünf Aufgaben der theologischen Ethik

Unabweisbar ist die Aufgabe, ein Selbstverhältnis für die zukünftige Lebenszeit zu gewinnen und, weil wir nicht allein leben können, den Mitmenschen in dieses Selbstverhältnis hineinzunehmen. Auch sein Anspruch spricht durch das bedingte Sollen (oder Verpflichtetsein). Einer theologischen Ethik heute stellen sich *fünf Aufgaben*, die helfen, dieses Thema zu klären. Sie beziehen sich insgesamt vor allem auf die *Frage, ob und wie es eine Erkenntnis des Ganzen des menschlichen Lebens* gibt. Ist sie in einem Entwurf oder eher in Aspekten zu erfassen, durch die wir jetzt wie in einem ›zerkratzten Spiegel‹ den Zusammenhang erkennen (1Kor 13,12)?

### 14.2.1 Zum Verständnis des Menschen

Die erste der Aufgaben ist, die *Verkürzungen des Menschenbildes des Empirismus zu überwinden.* Der neuzeitliche Empirismus betont, daß aus *Sein* (empirisch Festgestelltem) kein *Sollen* (keine verpflichtende Norm) abzuleiten ist (s.o. S. 72). Die ihm am ehesten entsprechende Richtung der Ethik beruft sich deshalb auf emotionale Einstellungen (Emotivismus). Welches Bild des Menschen liegt diesem Entwurf bzw. Ansatz der Ethik zugrunde? Die Frage ist von besonderer Bedeutung, weil der Emotivismus als Theorie einer häufig auftretenden alltäglichen Einstellung entspricht.

Die im Emotivismus vorausgesetzte Diagnose geht auf den englischen Philosophen *D. Hume* (1711-1776) zurück. Er wandte sich gegen die Metaphysik (weil sie nicht-empirische Realitäten wie die ›Substanz‹ annahm) und führte alle Erkenntnis auf Wahrnehmungen im Bewußtsein, auf Sinneseindrücke und Assoziationen zurück. Die ›impressions‹ (Sinneseindrücke) würden durch drei Arten von Assoziationen verknüpft: (a) raum-zeitliches Auseinandergrenzen (contiguity), (b) Ähnlichkeit, (c) Kausalverbindung. Die Vernunft unterscheide mit Hilfe dieser drei Gesetze ›wahr‹ und ›falsch‹.
Die *Moral* gründet nach Hume allerdings nicht in der Wahrnehmungen ordnenden Vernunft (reason), sondern in den *Leidenschaften* (passions) der Seele. Tugenden und Laster seien nicht nach den Assoziationsgesetzen zu unterscheiden, sondern nach Ähnlichkeit (resemblance), Ausschließung (contrariety), Qualität (degrees in quality) und Proportion im Blick auf Größe und Zahl. Hume fingiert eine Welt, die sich auf der einen Seite in diffuse Sinneseindrücke und ordnende Vernunftgesetze, auf der anderen Seite in Leidenschaften, begleitet von moralischer Zustimmung oder Ablehnung, auseinanderlegen läßt. Menschen seien moralische Wesen, die zwar je für sich existierten, aber durch *Sympathie* aufeinander bezogen seien (vgl. A Treatise of Human Nature, London 1739-1740, Buch II, S. 240; ferner: An Enquiry concerning the Principles of Morals, London 1751).

Humes Welt- und Menschenbild ist bis heute abgewandelt wirksam. Eine Folge war *Moores* Angriff auf den »naturalistischen Fehlschluß«, dessen Problematik bereits erörtert wurde (s.o. S. 72).

Eine Version des Rationalismus bzw. Kritizismus hegt einen ähnlichen Dualismus: *Hans Albert* kann in seinem ›Traktat über kritische Vernunft‹ (Tübingen 1968) nur »Brücken-Prinzipien« (vom Sein zum Sollen) einräumen: Realisierbarkeitspostulat (Sollen impliziert Können), Kongruenz-Postulat (Weltbild und Ethik müssen kongruent sein) und Postulat der Revisionsfähigkeit (alle Werturteile müssen im Licht revidierter sachlicher Überzeugungen aufgegeben werden können) (S. 76ff).

Eine logisch konstruierte ›Brücke‹ vom Sein zur normativen Verpflichtung (Sollen) wird niemand vorweisen können, solange sich die zugrundeliegende Weltbeschreibung als wirksam erweist (s.o. den Ansatz Humes). Deshalb hat sich eine eigenständige Logik der Normen etabliert (*Wright, H. von*: Norm and Action, London 1963); sie stellt heraus, daß eine *Logik der Imperative* immer einen höchsten, allgemeinen Imperativ einschließen muß (eine Art Goldene Regel – vg. *Hare, R.M.*: The Language of Morals, Oxford 1952) (s.o. S. 72).
Allerdings ist diese strikt empirische Sicht des Menschen und seiner Welt nur eine mögliche Perspektive, der zwar großer Erfolg beschieden war, wie die ›exakten‹ Wissenschaften beweisen, aber deren Monopol auf Wahrheit alle Fragen nach einer *verantworteten Zukunft* nur auf Prognosen verweisen könnte. Deshalb sollte wissenschaftliche Argumentation über sie hinaus gehen können. Dann braucht die Spaltung von Sein und Sollen nicht das letzte Wort zu behalten. Selbst wenn ihm die Wissenschaftlichkeit bestritten würde – auch dem *praktischen Diskurs, der auf das gemeinsame Leben und seine Zukunft bezogen ist, muß Vernunft zugestanden werden.* Einen Anstoß gibt *Kant*, wenn er die drei grundsätzlichen Fragen »Was *kann* ich wissen?«, »Was *soll* ich tun?«, »Was *darf* ich hoffen?« in einer vierten zusammenfaßt: »Was *ist* der Mensch?« (Logik, A 25; Hervorh. nicht im Orig.) (s.o. S. 67). Ist-Sätze, die den Menschen betreffen, sind nicht einfach empirische Feststellungen, betreffen nicht einfach naturale Tatsachen, sondern umschließen dessen Seinkönnen und Sollen: Er *ist* ein Wesen, das fragt, was er sein *soll.* Allerdings wird das »soll« erst verpflichtend, wenn anstelle der dritten Person der Rede (über den Menschen) die erste bzw. die zweite eintritt: *Ich* bin Mensch und will als Mensch leben, *du* bist Mensch und willst als Mensch leben. Folglich soll ich oder sollst du ... Dabei erweitert sich unser Verständnis von ›Welt‹: Statt allein Horizont möglicher Gegenstände empirischer Feststellung zu sein, wird sie zum sich wandelnden Horizont des ›ist‹, aber auch des ›wir‹, des ›du‹ und des ›ich‹, des Diskurses, in dem wir nach Sinnhaftigkeit, Gelingen des Lebens, aber auch nach den Begründungen wissenschaftlichen Forschens und sittlicher Verpflichtungen fragen.

Zu den Verkürzungen zählt auch die Debatte um *Determinismus und Freiheit* (vgl. *Birnbacher, D.* und *Hoerster, N.* [Hg.]: Texte zur Ethik, München 1976, Kap. 10). Die empirischen Wissenschaften folgen eigentlich einem methodischen Determinismus; jedem von ihnen untersuchten Phänomen müssen hinreichende Bedingungen zugrunde liegen. Es geht aber nicht an zu sagen, *alles* sei determiniert. Deshalb haben empirische Wissenschaften im strengen Sinn gar nicht die Kompetenz, sich grundsätzlich zum Problem der Freiheit zu äußern. Die *christliche Ethik* will sich nicht im absoluten Sinn zur Freiheit äußern – als ob Menschen am Nullpunkt vor der Fülle der Möglichkeiten stünden. Vor allem der Abschnitt 11.3.1 versuchte zu zeigen, daß Freiheit als Übereinstimmung mit sich selbst in der Übereinstimmung mit Gott und in der Ausrichtung auf neu eröffnete Zukunft erfahren wird – aber stets in der gleichzeitig verschärften Erfahrung von

Unfreiheit als Selbstentfremdung, Gottesferne und Verlust wahrhaftiger Zukunft. Die Determinismus-Freiheit-Debatte verkennt die Abgründigkeit des Bösen und der Sünde.

Die erste der hier vorgeschlagenen Aufgaben der Ethik besagt also, daß die reduktionistischen Auffassungen der Wirklichkeit des Lebens in Wissenschaft und Praxis zu überwinden sind.

### 14.2.2
### Zum Verständnis der Vernunft

Die zweite Aufgabe betrifft die *Vernunft.* Sie hat eine ›pragmatische‹ Dimension, d.h. sie ist virtuell oder offenkundig auf *Verhalten* bezogen. Selbst die scheinbar reine Theorie einer Grundlagenforschung (etwa in den Naturwissenschaften) ist mittelbar mit gesellschaftlichen Folgen verbunden, wie die Atomphysik beweist. Wenn neben der Theorie Praxis und Poiesis (bzw. ihre Nachfahren) zu unterscheiden sind (s.o. S. 55), dann kommen in Wissenschaft und Technik heute Theorie und Poiesis zur Geltung, während die Praxis in Gestalt öffentlicher Verantwortung zu kurz kommt.
Die Vernunft sollte weiter reichen, als es Wissenschaft und Technik, die beiden Motoren moderner gesellschaftlicher Entwicklung, zulassen. Denn die Vernunft kann und soll auch ihr ›Inventar‹ erforschen (*Kant*) und vor allem nach dem Lebenszusammenhang fragen, der den Alltag und die wissenschaftliche Reflexion umfaßt. Unsere Lebenswelt und ihre Lebensformen tradieren schon immer Entwürfe menschlichen Daseins und des Ganzen der Wirklichkeit. Die utilitaristische Einstellung und die technische Vernunft sind nur in ihrer Verbindung so erfolgreich. Deshalb wird sich die Ethik nicht auf einzelne, sondern auf die in *Lebensformen* gebündelten Normen konzentrieren oder sogar epochale Gestalten der praktischen Vernunft (z.B. in der Aufklärung oder im industriellen Zeitalter) untersuchen. Dabei wird die praktische Vernunft – die Vernunft der Ethik – auf *Grenzfragen* stoßen, die uns zeigen, wo die eigentlichen fundamentalen Entscheidungen liegen, damit wir vor der Kurzschlüssigkeit eines Entscheidungspathos bewahrt bleiben. In der Ethik lautet eine – vielleicht die herausragende – der Grenzfragen: Warum sollen wir überhaupt moralisch sein bzw. handeln? Sie rührt an die Weise, wie wir schon immer leben, wie wir darin mit uns eins oder uneins und auf unsere Zukunft ausgerichtet sind.
Gab der *deontologische Ansatz* eine Antwort? Er drang bis zum Grundsatz der Universalisierbarkeit vor. Jeder, der ihn vertritt, wird auf bereits bestehende Auffassungen vom Guten zurückgreifen müssen und ist deswegen von teleologischen Gesichtspunkten abhängig. Ist nun das in der Gesellschaft vorgefundene Gute auch im umfassenden Sinn vernünftig? Mit dem *teleologischen Ansatz* macht sich heute eher ein *Relativismus* als die sittliche Verpflichtung geltend – es sei denn, alle Menschen hätten miteinander kompatible Bedürfnisse; darum wird das Universalisierbarkeitsprinzip gebraucht. Die beiden Ansätze ergänzen sich demnach.

Jeder ethische Ansatz vertritt deshalb Grundannahmen des Menschlichen; die säkularen haben dabei keinen Vorsprung vor den religiösen. An wichtige Grundannahmen sei noch einmal erinnert:
Der amerikanische Philosoph *J. Rawls* berücksichtigt mit seinem *Fairneß-Prinzip* die menschli-

che Ungleichheit, die mit der *Maximin-Regel* korrigiert werden soll (s.o. S. 46). In der fiktiven Situation ihrer Festsetzung könnten jedoch Spieler auftreten, die bewußt das Risiko eingehen, viel zu gewinnen oder auch viel zu verlieren, und deshalb eine Gesellschaft mit größtmöglicher Ungleichheit wünschen. Weil die fiktive Ursituation ein Regulativ des gegenwärtigen gesellschaftlichen Lebens sein soll, müßten wir prüfen, ob die Risikohaltung des Spielers nicht einer weitverbreiteten gesellschaftlichen Moral entspricht. Das kann hier nicht geschehen. Es genügt, auf die Problematik des Menschenbildes hinzuweisen; weder die quälende Frage des Bösen oder die Ermutigung zum Guten noch die Frage, ob der Mensch überhaupt für eine gute Zukunft leben kann und will, werden in diesem Ansatz recht berücksichtigt.
An einen weiteren aktuellen Versuch, die praktische Philosophie zu begründen, an das *Beratungsprinzip* (der Erlanger Philosophen *Kamlah, Lorenzen* und *Schwemmer*), wurde bereits erinnert (s.o. S. 45f). Reicht die Beratung an jenes produktive Sich-in-den-andern-Versetzen heran, wenn die an Geist und Vernunft Starken auf die Integrität der Schwachen achten (s.o. S. 207)? Christliche Ethik wird nie die Bedingungen der Intersubjektivität abstreiten; aber wer die Ethik auf sie gründet, muß ernst nehmen, daß die Intersubjektivität schon immer gefährdet, ja beschädigt ist.
Weil die menschliche Realität oft dem Beratungsprinzip widerspricht, ist der *diskursethische Ansatz* (s.o. S. 45) ehrlicher; er stellt einen idealen Diskurs den gesellschaftlichen Bedingungen ›kontrafaktisch‹ entgegen und nimmt eine Herrschaftsfreiheit in den Blick, die alle Teilnehmer des Diskurses gleichstellen soll. Unter welchen Bedingungen dieses regulative Ideal wenigstens im Ansatz zu verwirklichen ist, müßte nun diskutiert werden – nicht allein im Felde der Gesellschaftspolitik, sondern auch im Blick auf die Schwierigkeiten, den anderen als anderen zu akzeptieren.
Diese aktuellen Ethikansätze setzen in verschiedener Weise Anliegen der Aufklärung fort. Sie dürfen nicht in Bausch und Bogen verworfen werden. Die neukonservativen Absetzbewegungen sind zwar nicht im Blick auf regulierende Ideen naiv, aber sie setzen die gesellschaftliche Dynamik einfachhin als tragfähig voraus: In ihr habe sich Freiheit verwirklicht, in ihr sei bereits die Verständigung über das Gute geschehen; gefährlich sei hingegen der gesellschaftskritische Einspruch.

Die zweite Aufgabe der Ethik besteht darin, die Grundannahmen über den Menschen als soziales Wesen aufzudecken und nach deren Begründung wie auch deren Anhalt an der Wirklichkeit zu fragen. Eine christliche Ethik, die ihren Namen verdient, kann dabei ihre *theologischen Grundlagen* nicht verbergen. Vor allem ist die Realität des Bösen zu bedenken. Beide, der Aufklärer, der es nur mit einer idealen Gegenposition konfrontiert, und der Konservative, der es zum Grund seiner pessimistischen Abwertung des Menschen nimmt, haben sich darüber erhoben. Der Christ weiß sich vom Bösen angegriffen, aus eigenen Kräften unfähig, sich selbst davon in seinem Sein und Tun zu distanzieren. Offenbarung bedeutet, daß ihm Befreiung aus seiner Gefangenschaft unter dem Bösen zugesprochen wird. So erkennt er die »relative Freiheit des erhaltenen Lebens« und das Recht des »sich in den Grenzen der gefallenen Welt haltende(n) Optimismus im Blick auf die menschliche Geschichte« (*Bonhoeffer, D.*: Ethik, München $^{12}$1988, S. 157f).

### 14.2.3
### Vernunft und Glaube

Die dritte Aufgabe – nicht mehr der Ethik im allgemeinen, sondern der christlichen Ethik – besteht darin, den *Glauben* im Verhältnis zur *Vernunft* besser zu verstehen. Die Vernunft ist keinesfalls aus ihrer Aufgabe für die Grundlegung der christlichen

Ethik zu entlassen. Aber sie verdient einen befreienden und – wenn nötig – auch polemischen Dialog mit dem Glauben, dem es mit Erkenntnis und Praxis ernst ist. Der Glaube kann nicht darauf aus sein, die Vernunft zu widerlegen, um die von ihr leer hinterlassenen Felder zu besetzen. (Diese Art von Apologetik hat *E. Brunner* als ›Eristik‹ empfohlen und damit die gesamte ›dialektische Theologie‹ als vernunftfeindlich diskreditiert: Das Gebot und die Ordnungen, Tübingen 1932; Natur und Gnade, Tübingen 1934.) Der *Glaube* ist ein Geschehen am ganzen Menschen und damit ein Daseinsvollzug, dem immer wieder durchsichtig werden muß, daß er seinen Grund nicht aus sich selbst hat. Darum geht er nicht nur die kognitive Seite des Menschen an, sondern beschlagnahmt die *gesamte menschliche Existenz* (nicht nur des für sich, sondern des sozial existierenden Menschen). (Im Blick auf die Identitätsfrage behandelt diesen Problemkreis *Ringeling, H.*: Ethik vor der Sinnfrage, Gütersloh 1980, v.a. S. 113ff.)

Deshalb hat die *Pneumatologie* im Ansatz dieses Arbeitsbuches eine (etwas verborgene) Schlüsselstellung – wo die Theologie sie vernachlässigte, etwa in der hermeneutischen Theologie, wurde die menschliche Sozialität nachträglich an das Individuum herangetragen. Sozialität setzt aber Leiblichkeit, raum-zeitliche Existenz, Gefühl, Willen, Begehrlichkeit voraus – sie sind uns oft gar nicht in Gedanken bewußt, sondern als *Stimmungen* präsent. Der in diesem Dasein gerechtfertigte und erneuerte Mensch lebt im Geist, der alle diese Momente seines Lebens auf eine dem Nächsten dienende und auf Gott hoffende Zukunft ausrichtet. Darum muß sich die christliche Ethik auf die Gemeinde ausrichten und diese auch als ein Subjekt der Verantwortung im Glauben verstehen lernen.

### 14.2.4 Glaube, Liebe und Hoffnung

Diese dritte Aufgabe – einer theologischen Grundlegung – erfordert eine vierte: Das *Leben aus dem Geist* realisiert sich in *Glaube, Liebe und Hoffnung* und in ständiger Auseinandersetzung mit der Sünde (im biblisch-theologischen Verständnis) (s.o. S. 172-177). Aus diesen Merkmalen des erneuerten Lebens wird zwar keine Ethik deduziert, aber sie interpretieren die Grundfragen und Themen der Ethik. Wenn die Ethik Normen der Gestaltung des einzelnen Lebens wie des sozialen Zusammenhangs behandelt, trifft sie auf geschichtlich gewordene Lebensformen; sie sollen nicht nur durch das Prinzip der Universalisierbarkeit, sondern im Blick auf die Ziele und Möglichkeiten zukünftigen gemeinsamen Lebens geprüft werden. Dem ersten Anliegen schließt sich der Glaube mit Hilfe der Goldenen Regel, dem zweiten mit weiteren situations- und kulturübergreifenden Gesichtspunkten auf: (a) mit *Perspektiven gelingenden Lebens,* (b) mit der *Näherbestimmung des Vernünftigen durch die Liebe,* (c) mit einer *Bestimmung des Bereichs der Verantwortung.*

(a) Der *Glaube* sorgt sich auch darum, wie die in der philosophischen Ethik vorausgesetzte (oder postulierte) *Offenheit* und Dialogbereitschaft überhaupt erst zustande kommen kann, sieht er sie doch durch die Grundverkehrung des Menschen gefährdet, der Herr der Unterscheidung über Gut und Böse sein will (s.o. S. 168). Mit den Philosophen kann der Glaubende die Aussage aufgreifen, daß der Mensch ein *bedürftiges Wesen* sei. Aber wie ist diese Bedürftigkeit zu interpretieren, wie ist mit ihr umzugehen? Ist sie als Mangel zu beschreiben, der nach Kompensation ruft? Oder als stille Aufforderung, das Leben des anderen in Obhut zu nehmen (*Løgstrup, K.E.*: Die ethische Forderung, Tübingen 1959)? Schon in der Möglichkeit verschiedener Interpretationen – die In-Obhutnahme eingeschlossen – deutet sich die Verletzlichkeit des Menschen an: Dem anderen kann ein Selbstbild diktiert werden; sollen wir *für ihn* oder *mit ihm* handeln?

Der Glaube ist nach reformatorischem Verständnis ein Geschenk Gottes, das die Rechtfertigung des Sünders empfängt. Über dieses Geschenk kann kein Mensch Herr sein; deswegen ist Luthers (bereits einmal zitierte) Definition des Menschen keine Bevormundung, sondern der Bedürftigkeit aller Menschen angemessen: »Die *Theologie* hingegen definiert aus der Fülle ihrer Weisheit den *ganzen und vollkommenen Menschen* ... Paulus faßt in Rm 3: ›Wir erachten, daß der Mensch durch Glauben unter Absehen von den Werken gerechtfertigt wird‹ in Kürze die Definition des Menschen dahin zusammen, *daß der Mensch durch Glauben gerechtfertigt werde*« (hominem iustificari fide) (*Luther*, [Disputation] De homine, 1536, deutsch nach *Ebeling, G.*: Disputatio de Homine, Bd. 1, Tübingen 1977, S. 15ff; Hervorh. nicht im Orig.).

Weiß die Theologie *mehr* oder weiß sie *anderes* als die Vernunft? *E. Jüngel* hat die These vom ›eschatologischen *Mehr*wert‹ aufgestellt (Extra Christum nulla salus – als Grundsatz natürlicher Theologie?, ZThK 72 [1975], S. 337ff, v.a. S. 350): »Man muß zwar jeden Satz theologischer Anthropologie so umformulieren können, daß er auch, ohne Gott zu nennen, verständlich, sinnvoll und gewinnbringend ist. Aber es wird dann jede derartige Aussage von einem Satz des Evangeliums zu einem Satz des Gesetzes, von einem eindeutig wohltuenden Satz zu einem ambivalenten Satz. Das *spezifische* Plus, auf das es dem Glauben gerade ankommt, läßt sich nicht umformulieren« (ebd., S. 350; Hervorh. im Orig.). Dem ist im Blick auf falsche Wahrheitsansprüche des Glaubens – auch gegenüber der Vernunft – nichts hinzuzufügen. Nur erlaubt der »wohltuende Satz« nicht jede Ethik; und er wird auch zur Wahl säkularer Möglichkeiten des Verhaltens etwas sagen müssen. Der Geist Gottes muß sich über die persönliche Glaubenserfahrung hinaus auswirken können. Denn der Glaube darf nicht zur Motivation schrumpfen, der den Christen in die Säkularität entließe, um in ihr ohne eigene Vorzugskriterien die als vernünftig angebotenen Verhaltensmöglichkeiten zu diskutieren. Diese Unterscheidung beschränkte den Glauben auf eine Rolle, die ihm bestimmte Interessen in der Gesellschaft bereits zuschreiben: Motivierend, stabilisierend, aber aufs Innere beschränkt zu sein. Nach dem neutestamentlichen Zeugnis drängt er zur Gemeinde, die in der Welt steht und kämpft und deshalb vom Glauben her *Perspektiven gemeinsam gelingenden Lebens* suchen wird. Sie weisen ein in die Versöhnung mit Gott, mit den Mitmenschen und damit auch in gutes Leben in endender Zeit (s.o. S. 171f). Biblisches Ethos, so hieß es schon an früherer Stelle, ist ›arbeitendes‹ Ethos: Es sucht die Befreiung von der Sünde und ihren Folgen, die sich auch in den moralischen Normen niederschlagen, vertraut auf Vergebung und die Kraft zum Neuanfang und sucht nach Lebensformen, die diesem Ansatz in aller Vorläufigkeit entsprechen können. (Weil es nicht nur um Anweisungen für einzelne, sondern um Lebensformen in sozial erschlossener Wirklichkeit geht, sei noch einmal betont, daß sich einzelne Kriterien des personalen Ethos auch in das Ethos der Funktionen und Strukturen – kurz: der Institutionen – umsetzen lassen müssen.)

(b) Die *Liebe* wird innerhalb und außerhalb der Kirche oft auf das Ethos des Nahbereichs beschränkt. Außerhalb dessen soll das Zurechnungsprinzip oder – in der Politik – die Freund-Feind-Unterscheidung herrschen. Aber das Feindesliebegebot meint nicht nur den persönlichen, sondern den in sozialen Konstellationen begegnenden Feind; ist er das ›Basiskriterium‹, so reicht die Liebe über den Bereich der personalen Interaktion hinaus.
Die *Liebe der biblischen Verkündigung* ist gerade aufgrund des eschatologischen Einspruchs der Botschaft vom nahen Gott realistisch. Sie erkennt, was ist, und integriert die vernünftige Überlegung, was vom Standpunkt des anderen für ihn gut sein könnte; sie sichtet die vorhandenen Auffassungen vom Guten und prüft sie im Rahmen der durch die Ankündigung des Reiches Gottes verschärften Zeitwahrnehmung, damit sich nicht menschlicher Herrschaftsdrang in einer absoluten Konzeption vom Guten durchsetze. Sie zeichnet sich durch *Gelassenheit* aus, weil sie warten kann und das Schicksal der Menschen nicht allein in die Entscheidung des Menschen gelegt ist. Weil sie von Vergebung weiß, ist sie *weniger besorgt als die Vernunft*, die sich immer wieder selbst rechtfertigen muß. Und sie lehrt, Satzungen, Regeln, Institutionen dort zu überschreiten, wo sie der *Integrität des anderen* als Person oder als Rollenträger nicht mehr genügen – auch über die konkreten sozialen Bedingungen des Neuen Testaments hinaus, wenn neue Fragen wie die nach dem Status von Frauen, Kindern oder – ab dem 18. Jh. – von Sklaven wach werden. Weil sie sich jedoch mit dem *Vorletzten* bescheidet und mit der Hoffnung verbündet (1Kor 13), wird sie auch nicht den Augenblick der tätigen Verantwortung und die Spontaneität gegenüber der Analyse und Reflexion hervorkehren.

(c) Hinter ethischen Ansätzen stehen fundamentale Annahmen vom Sein der Welt und damit auch des Lebenszusammenhangs, in dem sich Menschen zu bestimmtem Handeln oder Verhalten verpflichtet wissen. ›*Welt*‹ soll hier nicht etwa nur den Inbegriff aller Gegenstände wirklicher oder möglicher Erfahrung bedeuten, sondern sie ist der nie einzuholende *Horizont menschlicher Selbsterfahrung*, der *Begegnung mit anderen*, aber auch der sachbezogenen *Erfahrung*, die durch Erkennen und Handeln gewonnen wird.

Beispiele solcher – oft nur mitlaufender – Weltorientierungen hat dieses Arbeitsbuch mehrfach aufgewiesen. Eine *naturalistische Eingrenzung* zeigt sich z.B. im Ansatz *Gehlens* (s.o. S. 108f). Im sonst ziellosen Prozeß der Entstehung der Arten tritt der Mensch als Mängelwesen hervor und kompensiert seine biologischen Defizite durch Institutionen. Eine *relativistische Sicht* der modernen Lebenswelt hält der Ansatz *M. Webers* fest (s.o. S. 9): Im Kampf um Macht und Status setzt jede soziale Gruppe ihre Werte an die Stelle der alten Götter. Eine neue Form des Konservatismus will Anliegen der alten teleologischen Systeme wiederbringen, ohne auf ein höchstes Gut zurückgehen zu können (vgl. *H. Jonas*, s.o. S. 167). Die Beipiele ließen sich fortsetzen.

Die biblisch-theologische Sicht hält die alles tragende *Erfahrung der Zeit* (der Zeitlichkeit des Daseins) fest. Eine Perspektive, in der die Welt zu erfassen ist, muß auch etwas über die *Zukunft gemeinsamen Lebens* sagen. Sie liegt in der Hoffnung auf Gott, der dem Leben sein Recht gibt – deutlich für alle, die glauben, in der Auferweckung Jesu Christi. Sonst wird die Welt im allgemeinen aus der Herkunft gedeutet – mythisch im Ursprung, empirisch in Entstehungstheorien und Ursache-Wirkungs-Zusammenhängen, sozial in der Herkunftsgeschichte. Der Glaube sieht nicht nur, sondern hofft und deutet im Licht der Hoffnung das, was Gott ihm hier und jetzt als vorgegeben zuwendet: Schöpfung ist die darin erkannte Vorgabe und nicht die religiös gedeutete Natur.

### 14.2.5
### Das Gewissen

#### 14.2.5.1

Die fünfte Aufgabe der christlichen Ethik ist die Bestimmung des *Gewissens.* Sie schließt an die Bestimmung des verantwortlichen Subjekts und seiner Welt in Glaube, Liebe und Hoffnung an. Der griechische Begriff, in dem der deutsche des Gewissens wurzelt, lautet συνείδησις (lateinisch: conscientia) und bezieht sich auf συνειδέναι, mitwissen. Was mit der verantwortlichen Orientierung zusammen gewußt wird (also begleitendes Wissen und gar nicht unbedingt Selbstreflexion ist), schwankt im Verlauf der Geschichte des Gewissensbegriffs. Der Abriß dieses Arbeitsbuchs weist aber darauf hin, daß im Gewissen vier Fragen bearbeitet werden sollen:
– *Wer* bin *ich* als zur Verantwortung Gerufener?
– Wer ist der *andere,* der Betroffene – in unmittelbarer Begegnung oder in den Strukturen des sozialen Daseins?
– *Was* ist zu tun bzw. nicht zu tun?
– *Worauf* zielt unsere gemeinsame Welt?

#### 14.2.5.2

Diese Fragestellungen haben sich bei der Entfaltung und Auslegung des *Gewissensbegriffs* verschieden artikuliert. Das *Alte Testament* kennt keinen Gewissensbegriff; das Wort ›Herz‹ (לֵב) kann am Rande des Alten Testaments die Funktion des Gewissensbegriffs übernehmen. *Philo von Alexandrien* entfaltet im Überschneidungsfeld alttestamentlicher und hellenistischer Traditionen eine Lehre vom Gewissen, die sich auf das ἐλέγχειν bezieht: Im Gewissen findet eine Art inneren Strafprozesses statt. Das Bild vom Ankläger, Richter und Beklagten in einem hat Schule gemacht; besonders eindrucksvoll spricht später *Kant* von einem inneren Gerichtshof.
Für das christliche Verständnis des Gewissens ist der *paulinische Gebrauch* des popularphilosophischen Begriffs entscheidend. Er bezieht sich auf drei hier bereits ausgiebig verhandelte Themen:

(1) Röm 2,15 hält fest, daß auch Heiden das Gesetz erfüllen können, obwohl sie es nicht in geschriebener Form kennen; denn sie haben eine Art Gerichtshof in sich (der vielleicht das eschatologische Gericht Gottes vorwegnimmt). Obwohl diese Stelle eigentlich nur das Tun des Guten hervorhebt und keine allgemeine Feststellung über die Sittlichkeit aller Menschen macht, wurde sie zum locus classicus der Naturrechtslehre (s.o. S. 120ff).

(2) Die Abschnitte 1Kor 8,7-13 und 10,23-30 betreffen das Verhältnis von Starken und Schwachen und damit auch (wie die Abschnitte auf S. 207 zeigten) das Verhältnis von Vernunft und Liebe. Paulus stellt der korinthischen Maxime »Alles ist erlaubt« die echte Freiheit entgegen; sie achtet die Integrität des anderen.

(3) Recht unbestimmt erscheint Röm 13,5: Nicht aus Furcht vor angedrohter Strafe, sondern aus ›Mitwissen‹ sollen die Christen mit den Behörden kooperieren. Nimmt man aber an, daß die Themen der paulinischen Paränese in Röm 12,2-13,14 nicht einfach aneinandergereiht sind, sondern einem Konzept folgen, dann läßt sich der Bezug des ›Mitwissens‹ in Röm 12,1-2 finden: Gott hat erbarmend und befreiend gehandelt; das bestimmt die Identität und die Lebenswelt der Christen, die nun durch vernünftigen Gottesdienst das an sie herangetragene Gute prüfen. Das Gewissen hat deshalb nicht allein die Funktion der Anklage oder des Gerichtshofs. »Paulus nimmt wie keiner vor ihm den Begriff der συνείδησις in umfassender Weite und Vielschichtigkeit auf. Er weitet ihn über das volkstümliche böse Gewissen und den hellenistisch-jüdischen ἔλεγχος zum zentralen Selbstbewußtsein des erkennenden und handelnden Menschen aus, was vorher, von wenigen Ausnahmen abgesehen, literarisch nicht greifbar war« (*Maurer, Ch.*: Art. ›σύνοιδα‹ κτλ., in: ThWNT, Bd. 7, S. 916).

Aus der *Geschichte des Gewissensverständnisses* sollen nur einzelne, jedoch entscheidende Weichenstellungen angedeutet werden:
Ein wohl aus einer Verschreibung entstandener Zufallsbegriff, *synteresis*, erweitert im *Mittelalter* das in Röm 2,15 angedeutete Verständnis: Alle Menschen haben als Geschöpfe eine unmittelbare, durch Adams Fall nicht völlig verdunkelte praktische Einsicht; sie muß jedoch durch die kirchliche ›Pädagogik‹ (s.o. S. 185f) gestützt werden. Gewissen als ›conscientia‹ ist dann über die *synteresis* hinaus als aktueller Vollzug des Urteils zu begreifen. Der Thomismus verstand den Anspruch des Gewissens eher rational, die Franziskanerschule willentlich.
Die Reformatoren konnten diesen Distinktionen nicht folgen. Luther fand im Gewissen nicht die Übereinstimmung des Menschen mit dem sittlichen Anspruch, sondern erfuhr es als Kampfplatz, Ort der Anfechtung und des Getrostseins aus Glauben. Denn der Mensch steht immer in einer Beziehung, die sein Leben bestimmt, sei es unter der widergöttlichen Macht in der Gefangenschaft des Ich oder mit Christus unter Gott, der den Sünder befreit.
Anders als im paulinischen ›Mitwissen‹, das die sittliche Gesamtbefindlichkeit des Menschen – unter anderen Menschen und in einer von Gott und dem Bösen umkämpften Welt – meint, beweist die *Neuzeit* einen Zug zur Verinnerlichung des Gewissens. Während der Pietismus das Gewissen als inneren Ort des Buß- und Heiligungskampfes erfährt, gehen Philosophen von den allen Menschen gemeinsamen Einsichten (notitiae communes) aus:
– Emotional und ästhetisch ist die Gewissensdeutung von *Shaftesbury*; sie ist auf den ›moral sense‹ (s.o. S. 90) bezogen. In der Selbstprüfung des Gewissens kommen das Verhältnis zu sich selbst wie auch das zu allen anderen Wesen des Kosmos zur Sprache.
– Die Entfremdung des Ich von sich selbst betont der junge *Rousseau* und sucht ein gutes Gewissen in der Liebe zum Guten.
– *Kant* stellt den Vergleich des Gewissens mit einem Gerichtshof heraus. Dabei ist das ›Mitwissen‹ allerdings beschränkt, denn es spricht die praktische Vernunft aus und zeigt die Pflicht an, »Pflichten anzuerkennen« (Metaphysik der Sitten. Tugendlehre, A 37). Jeder Mensch hat ein Gewissen; läßt es sich an einem Menschen nicht erkennen, so hält dieser sich lediglich nicht daran. Kants *Gewissensbegriff* deckt einige in der Neuzeit besonders umstrittene Gesichtspunkte auf:
(1) Kann das Gewissen *irren*? Kant verneint die Möglichkeit. Entweder urteilt das Gewissen, ob etwas Pflicht ist, oder es urteilt nicht. Hätte das Gewissen geirrt, hätte es gar nicht geurteilt. Also entscheidet das *subjektive* Urteil der praktischen Vernunft; *objektiv* könne das Urteil, ob etwas Pflicht sei, wohl irren, aber dann sei es kein Gewissensurteil (ebd., A 38).
(2) Spricht das Gewissen aus der *Einheit des Subjekts*, der moralischen Person, mit sich selbst? Kant bejaht das. Das Gewissen prüft nicht äußere Sachverhalte, sondern die Übereinstimmung der Vernunft mit ihrem Gesetz. Dabei geht das Gewissen den Weg, die Autonomie wie die Stimme eines anderen vorzustellen, »ob zwar dieses sein Geschäfte ein Geschäfte des Menschen mit sich selbst ist . . .« (ebd., A 100). Deshalb ist der Vergleich mit einem inneren Gerichtshof möglich (ebd., A 99); der Richter ist das eigentliche Ich, das Vernunftsubjekt, der Beklagte das Ich mit seinen Maximen.
(3) Ist das Gewissen *Gottes Stimme*? Da der Richter und der Verklagte in der Vorstellung eines Menschen nicht *eine* Person sein können, muß der Richter als andere, als »idealische Person«

(ebd., A 100f) vorgestellt werden. Sie spricht im Ich wie ein anderer; Kant bezeichnet sie als Stimme des »Herzenskündigers« (ebd.). Dieses moralische Wesen muß (wegen der Universalität seiner Gesetze) allgewaltig sein und seinen Gesetzen Wirkung verschaffen können; deshalb kann es Gott genannt werden. Kant macht jedoch deutlich, daß der Herzenskündiger im *Ich* spricht und »Subjekt der moralischen, von dem Begriffe der Freiheit ausgehenden, Gesetzgebung« ist (ebd., A 100f), also den Menschen der reinen Vernunft darstellt, dem der mit Vernunft begabte Sinnenmensch gegenübertritt.

– Die Problematik des Einklangs mit sich selbst im Gewissen beschäftigt auch Philosophen und Theologen nach Kant. *Hegel* kritisiert die Formalität der Kantischen Bestimmungen (vgl. [1]). Das Gewissen muß an Inhalten (und d.h. an Institutionen wie Familie, Gesellschaft und Staat) objektiv werden (Grundlinien der Philosophie des Rechts, §§ 137-139). *Feuerbach* sieht das Gewissen erst als befreit an, wenn es mit dem Glückseligkeitstrieb übereinstimmt und sich an die Stelle des anderen versetzen kann (vgl. dagegen [2]). *Schleiermacher* stellt fest, daß alle aus dem Gottesbewußtsein hervorgehenden Handlungen sich so im Selbstbewußtsein zeigen, daß sie die Abweichungen aufdecken und als Sünde verstehen lassen. Die Erlösungsbedürftigkeit läßt sich im nichterlösten Sein verspüren.

– Diese Gewissensvorstellungen sehen den Menschen auf dem Wege zur Übereinstimmung mit sich selbst – entweder in der Vernunft selbst, die über die Sinnlichkeit erhoben ist (Kant), oder gerade in der Sinnlichkeit, die sich von der Abstraktheit der Vernunft lossagt (Feuerbach). Daran hegt die *Psychoanalyse*, v.a. *Freuds*, begründete Zweifel. Weil das Gewissen im Lauf der Sozialisation (der Person- und Sozialwerdung) äußere Instanzen verinnerlicht, kann es irren; einen der Lebens- und Sozialgeschichte enthobenen Vernunftkern weist der Mensch nicht auf (gegen [1]). Weil das *Ich* als Träger des Selbstbewußtseins zwischen *Es* (dem triebhaften Leben und dem Verdrängten) und *Über-Ich* (den verinnerlichten Fremdinstanzen) steht und von beiden Seiten bedroht ist, kann es die Einheit mit sich selbst nicht ohne weiteres gewährleisten; sie deutet sich in der zerbrechlichen Integration jener verdrängten und abgespaltenen Seiten an, die dem Ich in ihm selbst nach wie vor deutliche Grenzen ziehen (gegen [2]). Weil das Gewissen starr werden kann (Herrschaft des Über-Ich) oder sich erst gar nicht herausbildet (Chaos wirkende Überflutung des Ich durch das Es), spricht aus ihm keine absolute Stimme. Trotzdem muß es einen festen Maßstab für die voll erreichte, allseits gefährdete Übereinstimmung mit sich selbst geben; er liegt wohl in einem Entwurf der Integration des Lebens (trotz Desintegration vieler Aspekte), in der Rettung des Ich vor den Übergriffen der beiden anderen Instanzen.

### 14.2.5.3

Die Geschichte des Gewissensbegriffs zeigt den Menschen auf der Suche nach der Einheit mit sich selbst. Gilt die Einheit als vorausgesetzt oder als gewonnen, so wird entweder die Vernunft oder die leiblich-sinnliche Seite menschlichen Lebens verabsolutiert. Von Offenbarung wird dann sinnvoll gesprochen, wenn die den Menschen unverfügbare Wahrheit Gottes gegen alle Absolutheitsansprüche zur Geltung kommt. Da diese Stimme nicht einfach heteronom ist, muß sie *unser Ich einschließen*. Sie trifft uns im *Gewissen*. Gottes Gebot erschließt uns die Situation der Verantwortung (s.o. S. 169f); so treten die Aspekte des Mitwissens hervor. Das Ich (bzw. Selbst) kann nicht als abgeschlossen betrachtet werden, sondern sucht inmitten des Selbstwiderspruchs nach seiner Einheit.

*P. Tillich* spricht in Anknüpfung an reformatorische Tradition vom »*transmoralischen Gewissen*« (Ges. Werke, Bd. 3, Stuttgart 1965, S. 56-70, v.a. S. 66ff). Damit trägt er dem biblischen Gottesverständnis Rechnung: Gott ist nicht an die Stimme des Gewissens gebunden, sondern er selbst bestimmt es souverän, indem er den Menschen – auch von sich selbst – befreit. Evangelische Ethik wird deshalb das Gewissen im Rahmen eines Beziehungsfelds, das entschieden über das Ich hinausreicht, bestimmen.

An *Luthers* Kampf bis zum Durchbruch evangelischen Glaubens läßt sich das erkennen; dabei geht es um die Innen- und Außenrelationen menschlicher Existenz:

(1) Der alte Weg im Stand des Mönchs ging von einem Habitus *im* Menschen aus, der Gnade und Geschöpflichkeit vereint und sich nach *außen* im verdienstlichen Werk zeigt. Der innere Kampf konnte dieser Außenbeziehung dienen – bis zur tiefsten Selbstdemütigung, die sich um Gottes willen in die Hölle erniedrigen wollte.

(2) Der neue Weg evangelischen Glaubens mußte die Außenbeziehung neu verstehen: Von *außen her* wird der Mensch im Glauben auch *innen* neu bestimmt; extra nos, außerhalb unseres Verfügens, ergeht Gottes lösendes Wort; Einheit mit uns selbst stellt nicht das Ich dank seiner Entäußerungen im Werk her, sondern Christus in uns, der den »fröhlichen Wechsel« mit uns eingeht.

(3) Beide Konstellationen kennzeichnen das Ich. Im ersten Fall (1) kommt es stufenweise zu sich selbst, im zweiten (2) gewinnt es sich durch eine radikale Verwandlung. So bildet sich an ihm die eschatologische Erneuerung ab.

(4) Die *Mit- und Umwelt* des in Christus erneuerten Ich erschließt sich in einer doppelten Beziehung nach außen: Bei sich zu bleiben bedeutete sündhaftes Verschlossensein; aber der *Nächste* ruft aus ihr heraus. Der Glaube will nach außen wirken, er bewährt sich im *Beruf*.

Bei der Interpretation des reformatorischen Gewissensverständnisses muß Sorgfalt walten. Ein Beispiel kann die Aufgabe herausstellen: »Luthers Religion ist *Gewissensreligion* im ausgeprägtesten Sinne des Worts . . . Wie sie aus einer Gewissenserfahrung bestimmter Art, aus dem von Luther in eigenartiger Schärfe erlebten Zusammenstoß eines ungespitzten Verantwortungsgefühls mit dem als unbedingt, als schlechthin unverrückbar geltenden göttlichen Willen hervorging, so ruht sie als Ganzes auf der Überzeugung, daß im Bewußtsein des *Sollens*, in der *Unwiderstehlichkeit*, mit der die an den Willen gerichtete Forderung den Menschen ergreift, *das Göttliche sich am bestimmtesten offenbart«* (*Holl, K.*: Gesammelte Aufsätze zur Kirchengeschichte, Bd. I: Luther, Tübingen [7]1948, S. 35; Hervorh. im Orig.).
Weil evangelisches Gewissensverständnis oft im Sinn dieser Auslegungstradition erörtert wird, sei kritisch eingewendet, daß der ethische Zugang zum Glaubens- und Gewissensthema Aspekte der Theologie des 19. Jh.s in Luthers Wende einträgt. Ich und Welt, um die Gott kämpft, werden von Holl zugunsten der religiösen Erfahrung des Individuums und der Selbständigkeit der Welt übergangen – ein verhängnisvoller Schritt, weil seine Schüler dann einer Zwei-Reiche-Unterscheidung folgten, die sie zu Beginn des ›Dritten Reichs‹ blind machte. Anders als sie hat Bonhoeffer das evangelische Gewissensverständnis im ›Dritten Reich‹ wieder neu zum Ausdruck gebracht, weil er wie Luther Christus als die Mitte seiner Theologie verstand.

*Bonhoeffer* legt in seiner Ethik das Gewissen nicht im Horizont der Selbstbezüglichkeit (eines Ich, das zwar mit sich in Konflikt sein kann) aus, sondern er nimmt das Thema des Gewissens im Sinne des Lutherschen ›extra nos‹ auf: Es ist *Ruf zur Einheit mit sich selbst* (Ethik, München [12]1988, S. 257); damit ist zugleich der *Verlust der Einheit* mit sich selbst signalisiert. Über diesem Zwiespalt steht kein Ich, das beide Seiten denkend umspannen könnte. Das Gewissen erinnert sich zwar seines Ursprungs und seiner Bestimmung, aber nur im Zerfallen seiner selbst. Es muß befreit *werden.* Bevor es befreit ist, spricht Gottes Stimme drückend und autoritativ; ist es befreit, wird sie uns wie zur eigenen Stimme. Die kritischen Vorstellungen vom heteronom gebietenden göttlichen Übervater sind ihm dann fremd.

Ein evangelisches Verständnis des Gewissens schließt ein, daß es nicht ohne weiteres Gottes Stimme ist; die evangelische Ethik kann sich deshalb ohne Scheu durch die Psychoanalyse belehren lassen (wobei sie diese wiederum auf ihre Voraussetzungen befragen darf). Eine unbedingte Verpflichtung darf der Christ nur im *befreiten Gewissen* hören. Das befreite Gewissen ist nicht starr, sondern glaubwürdig, indem es nicht die Vollmacht eines entfremdenden Gottes beansprucht, sondern zur Einheit mit sich selbst im Beziehungsfeld von Gott, Nächstem und Welt drängt. Das rechte Verhältnis zu ihnen ist sein Kriterium.

## 14.3
## Vertiefung

### 14.3.1
### Das Subjekt sittlichen Verhaltens bzw. der ethischen Reflexion

Wer ist das Subjekt sittlichen Verhaltens bzw. ethischer Reflexion?

a) Das Verständnis des *Gewissens* schließt ein, daß *jeder Mensch als Person* in seinem Gewissen unvertretbar sein soll. Der Satz »Mein Gewissen ist Adolf Hitler« ist ein gewissenloser Satz; die Aussage »Jesus Christus ist mein Gewissen« besagt hingegen, daß das Ich nicht ausgeschaltet, sondern aus der Gefangenschaft der Sünde und des Bösen zur eigenen Verantwortung in Christus befreit wird.
Während eine sittliche Entscheidung stets vom einzelnen vor seinem Gewissen gefällt wird, ist das Gewissen als Prozeß der Urteilsfindung dialogisch; denn es spricht oft gar nicht intuitiv, sondern aufgrund von Beratung mit sich selbst und anderen. Deshalb können auch Gruppen oder Institutionen, in denen gegenseitige sittliche Beratung stattfindet, Subjekte der Verantwortung werden. Dabei handelt es sich allerdings um Subjekte im abgeleiteten Sinn.
*Glaube, Liebe* und *Hoffnung* werden zwar vom einzelnen gelebt, aber in der Gemeinschaft und durch sie mit Leben erfüllt. Die Selbstdarstellung des Protestantismus als Gewissensreligion (s.o. zu *Holl* und seiner Lutherdeutung S. 224) hat diesen Aspekt meist übersehen und deswegen für das sittliche Problem sozialer Gebilde wenig Sinn gezeigt.
Die *Kirche* ist in besonderer Weise ein *Kollektivsubjekt.* Als ›*Leib Christi*‹ wird ihre *viele* Personen umfassende Gemeinschaft von *einer* Person her bestimmt: von Jesus Christus. Sie ist »*Jesu Christi* eigene *irdisch-geschichtliche Existenzform*«, sagt *K. Barth* (KD IV,1, S. 738; Hervorh. im Orig.) im Anschluß an *D. Bonhoeffers* Diktum »Christus als Gemeinde existierend« (Sanctorum Communio, hg. v. J. v. Soosten, München 1986 [DBW, Bd. 1], S. 127). Gegenüber römisch-katholischer Ekklesiologie und gelegentlichen Tendenzen bei Bonhoeffer betont Barth allerdings die Unumkehrbarkeit dieser Formel.

b) Die evangelische Theologie versagt sich oft der Forderung, die Kirche in die Grundlegung der Ethik einzubeziehen. Ihre Zurückhaltung stützt sich auf folgende Argumente:
– Sind die Fragen der Sittlichkeit allgemeinmenschlich, dann spricht die Kirche mit der Predigt des Gesetzes nur das an, was eigentlich alle wissen könnten; ihre *zentrale* Botschaft betrifft die an ihrer sittlichen Verpflichtung scheiternden Individuen (dazu s.o. S. 134).

– Im Sinne einer bestimmten Auslegung der *Zwei-Reiche-Aussagen* hat die Kirche die Aufgabe, sich der Sinnfragen der einzelnen anzunehmen, die – durch ihren Glauben motiviert – sich in der Öffentlichkeit verantwortlich betätigen.
– Das Konzept der ›*Königsherrschaft Christi*‹ (im Anschluß an Barth u.a. von *H. Diem* und *E. Wolf* vertreten) verfällt der Ablehnung.
Aber gerade dieses Konzept setzt eine zur *Nachfolge* und deshalb zu positivem Handeln in der Welt berufene *Kirche* voraus. Die Welt steht unter der Herrschaft Christi und läßt die Berufung auf eine Eigengesetzlichkeit nicht zu. In diesem theologischen Ansatz erhält die *Heiligung* gegenüber der Dialektik von Gesetz und Evangelium ein eigenes Gewicht. Deshalb gerät es in den Verdacht, die zentrale Bedeutung der Rechtfertigung aufzuweichen.
Die hier aufgezählten theologischen Argumente sind jedoch in aller Regel sekundär und sollen primäre Interessen, heute besonders einen Konservatismus, der die bestehende Gesellschaft und ihren Staat für einzig legitim hält, von ethischer Befragung freihalten.

c) Auf drei Ebenen kann die *Kirche* als *Subjekt von Verantwortung* angesehen werden:
– Sie kann durch *Gruppen* repräsentiert sein, die sich häufig um eines besonderen Anliegens willen sammeln. Ihnen muß die Frage gestellt werden, wie sie den Gesamtzusammenhang von Verantwortung beachten können. Im Sinne des reformatorischen Berufsgedankens soll jeder das Seine in seiner Situation tun; alle bilden mit ihrer Verantwortung und ihren Gaben (Charismen) den Leib Christi. Das moralisch gemeinte Engagement mancher kirchlicher Gruppen droht sich jedoch gegenüber dem, was Kirche begründet, zu verselbständigen. Ein Ansatz in dieser Richtung ist vor allem bei *H. Gollwitzer* zu finden (Forderungen der Freiheit, München 1962; Christentum, Demokratie, Sozialismus, Berlin 1980).
– Die Forderung nach einer Gemeindeethik wird heute lauter. Die *Gemeinde* wird aus der Versammlung um Gottes Wort und aus der Feier des Herrenmahls in die Welt gesandt, um Probleme ihrer Zeit und ihres Lebensbereichs daraufhin zu prüfen, ob sie dem Kommen der Herrschaft Gottes entgegenstehen. Die Verantwortung der Gemeinde kann nicht allein im exemplarischen Engagement für *ein* Problem unserer Zeit liegen, sondern ist umfassender, weil in der *Vielfalt* der Lebensbezüge ihrer Glieder die Wirklichkeit Jesu Christi und die Realität der Welt aufeinandertreffen. Diesem Anspruch kommen die Ansätze einer Ekklesiologie und Ethik, wie sie *Barth* und *Bonhoeffer* vorlegen, am nächsten.
– Die *institutionelle Seite der Kirche* ist selten Thema der Theologie oder der Ethik. Dennoch gilt es zu sehen, daß die Kirche als Institution vielfach aus institutionalisierten Beratungs- und Entscheidungsprozessen besteht. Wenn das Recht der Kirche Dienstrecht, ein Recht sui generis und nicht Imitation des staatlichen Rechts sein soll (*Barth, K.:* KD IV,2, S. 781ff), dann verbirgt sich in diesem theologischen Grundsatz die Frage nach dem ethischen Subjekt der Kirche. Dieser Ansatz kann sich auf *E. Wolf* (Sozialethik, hg. v. Th. Strohm, Göttingen $^3$1988) berufen und wird von *W. Huber* ausgeführt (Folgen christlicher Freiheit. Ethik und Theorie der Kirche im Horizont der Barmer Theologischen Erklärung, Neukirchen-Vluyn $^2$1985). Weil die wahre Kirche der Leib Christi ist, muß die Institution relativ sein und die befreiende Selbstkritik geradezu institutionalisieren (Huber).

d) Die *christologische Begründung* der Frage nach der Gemeinde bzw. der Kirche als Subjekt sittlicher Orientierung wird durch die Thesen der Theologischen Erklärung von *Barmen* (1934) gestützt. Deren erste und vor allem zweite These lassen nicht zu, einen Bereich der menschlichen Lebenswelt aus Christi Herrschaft und Anspruch auszugrenzen (Christus, das eine Wort Gottes, ist Zuspruch der Vergebung und Anspruch auf unser ganzes Leben). In der dritten These läßt sich der Ansatz einer Gemeindeethik erkennen (Christus handelt in der Gemeinde von Geschwistern, die zum Dienst befreit sind). Das läßt Schlüsse auf die institutionelle Seite der Kirche zu, wie die vierte These zeigt: In Christus bedeuten die Ämter Dienst und nicht Herrschaft (vgl. Die Barmer Theologische Erklärung, hg. v. A. Burgsmüller u. R. Weth, Neukirchen-Vluyn [4]1984).

e) Einige Spuren einer Gemeinde- oder Kirchenethik lassen sich aber auch außerhalb der Barmer Tradition auffinden:

– Ein lutherisches Konzept bietet *W. Elert* an. Sein Werk ›Das christliche Ethos‹ (Hamburg [2]1961) behandelt nicht nur das Ethos unter Gesetz und Evangelium, sondern bietet auch Erwägungen zum »*objektiven Ethos*« (S. 435ff). Ohne Rücksicht auf die Motive des einzelnen beansprucht es, christlich zu sein (S. 440). Allerdings ist Christus in der Kirche verborgen; die Worte des Gesetzes und der Gnade gelten nur dem einzelnen. »Das Wir bedeutet dann immer nur die a posteriori erfolgende Zusammenfassung zu einer Vielzahl, die alle das Gleiche vernehmen und erfahren« (S. 446). Elert kann sogar den Ethikern des *Kultur*protestantismus »Lob spenden, weil sie die auf die Welt gerichtete Sendung des Reiches Christi erkannten« (S. 541). Diese bei einem dezidiert konservativen Lutheraner eigentlich nicht erwartete Öffnung zur Welt soll sich sogar kritisch auswirken können, hat aber faktisch keine Folgen, weil das Ethos des Gesetzes und der Ordnungen dominiert.

– Ein reformiertes Kontrastbeispiel weist einige Ähnlichkeiten auf: Der niederländische Theologe *A.A. van Ruler* plädiert für eine *Theokratie* (Gestaltwerdung Christi in der Welt. Über das Verhältnis von Kirche und Kultur, Neukirchen-Vluyn 1956). Van Ruler findet das Reich Gottes nicht nur in der Kirche, sondern auch in einer christianisierten *Kultur* (S. 10f). Mystische und sittliche Gestalten des Gottesreiches stehen zwischen Kirche und Kultur. Aber van Ruler korrigiert seinen eigenen theokratischen Ansatz, wenn er zugesteht, daß Technik, Kunst und Wissenschaft ganz oder teilweise nicht zu christianisieren sind (S. 37).

Eine Gemeinde- und Kirchenethik muß sich auf die *Kultur* beziehen. Dieses Anliegen scheint in der Wort-Gottes-Theologie vernachlässigt worden zu sein. Bei genauerem Zusehen stimmt dieses Urteil nicht ganz:

– *Bonhoeffer* behandelt im zweiten Ansatz seiner Ethik das Thema »Erbe und Verfall« (Ethik, München [12]1988, S. 108ff). Die Kirche sei an der Vergöttlichung des neuen Menschen und der Katastrophe des Abendlands mitschuldig geworden; unter der Gestalt Christi müsse das Abendland erneuert werden (S. 119ff). Im vierten Ansatz der Ethikentwürfe Bonhoeffers wird die Kirche vom Bild des Leibes Christi her bestimmt, in dem das Bild der zwei Räume (des Natürlichen und des Übernatürlichen) überwunden wird (ebd., S. 218ff). Die Kirche als Mandat hat den Auftrag, die Wirklichkeit Jesu Christi in Verkündigung und kirchlicher Ordnung wirklich werden zu lassen (ebd., S. 224). Sie hilft deshalb jene Perspektiven zu erschließen, in denen sich christliche Ethik orientieren kann.

– Ein weiteres Beispiel gibt *H.J. Iwand*, dessen Ansatz sich aber nicht leicht erschließt, weil er sich in zahllosen Aufsätzen findet, die nicht immer leicht zu greifen sind (vgl. jetzt aber *Hoffmann, M.*: Bezeugte Versöhnung. Die trinitätstheologische Grundlegung der Ethik bei Hans Joachim Iwand, Essen 1988). Iwand, ein dem Kirchenkampf und dem Barmer Bekenntnis verpflichteter lutherischer Theologe, entdeckte deutlicher als Barth die Frage nach der Neubegründung der Gesellschaft in der abendländischen Geschichte. Seine ethische Leitfrage »Wer sollen wir sein?« knüpft an die Wirklichkeit des Heiligen Geistes in der Welt an. Die Gemeinde wird zum Subjekt eschatologischer Lebensorientierung, in der die sowohl der Natur wie dem Geist des Menschen widerfahrende Rechtfertigung Konsequenzen nach sich zieht. Ihr öffentliches Zeugnis geht in die Gesellschaft hinein. (Die Gegenüberstellung von Staat und Kirche ist mit dieser dritten Größe überwunden.) Dort wird es die Ideologien angreifen und die Menschenrechte fördern.

### 14.3.2 Literaturhinweise

(über die Angaben im Text des vorangehenden Kapitels hinaus)

a) Zu 14.2.1:
*Albert, H.* und *Topitsch, E.* (Hg.): Werturteilsstreit, Darmstadt 1977 (WdF 177).
*Biesenbach, H.*: Zur Logik der moralischen Argumentation, Düsseldorf 1982.
*Hudson, W.D.* (Hg.): The Is-Ought-Question, London 1969.

b) Zu 14.2.2:
*Habermas, J.* und *Luhmann, N.*: Theorie der Gesellschaft oder Sozialtechnologie – Was leistet die Systemforschung?, Frankfurt/M. 1971.
*Oelmüller, W.* (Hg.): Normenbegründung – Normendurchsetzung, Paderborn 1978.
*Ders.* (Hg.): Normen und Geschichte, Paderborn u.a. 1979.
*Ders.* (Hg.): Transzendentalphilosophische Normenbegründungen, Paderborn 1978.
*Toulmin, St.E.*: Reason in Ethics, Cambridge [8]1970.
*Waldenfels, B.*: In den Netzen der Lebenswelt, Frankfurt/M. 1985.

c) Zu 14.2.4:
*Ebeling, G.*: Disputatio de Homine, Bd. 1 und 2, Tübingen 1977-1982 (Lutherstudien, Bd. II,1 und 2).
*Honecker, M.*: Konzept einer sozialethischen Theorie, Tübingen 1971.
*Picht, G.*: Wahrheit, Vernunft, Verantwortung. Philosophische Studien, Stuttgart 1969.
*Wolf, E.*: Sozialethik, hg. v. Th. Strohm, Göttingen [3]1988.

d) Zu 14.2.5:
*Kähler, M.*: Das Gewissen, Halle 1878 (Nachdruck: Darmstadt 1967).
*Reiner, H.*: Art. ›Gewissen‹, in: HWPh, Bd. 3, Sp. 574-592.
*Wolf, E.*: Vom Problem des Gewissens in reformatorischer Sicht, in: *Ders.*: Peregrinatio, Bd. 1, München 1954, S. 81-112.

e) Zu 14.3.1:
*Barth, K.*: Die Kirchliche Dogmatik, Zürich 1932ff (IV,1, S. 718-825; IV,2, S. 695-953; IV,3, S. 552-1007).
*Burgsmüller, A.* (Hg.): Kirche als »Gemeinde von Brüdern« (Barmen III), Bd. 1 und 2, Gütersloh 1980-1981.
*Huber, W.*: Kirche und Öffentlichkeit, Stuttgart 1973 (FBESt 28).
*Ders.*: Kirche, Stuttgart u.a. 1979 (Themen der Theologie, Erg.-Bd.).
*Hüffmeier, W.* (Hg.): Für Recht und Frieden sorgen. Auftrag der Kirche und Aufgabe des Staates nach Barmen V. Theologisches Votum der Evang. Kirche der Union, Gütersloh 1986.
*Iwand, H.J.*: Nachgelassene Werke, hg. v. H. Gollwitzer u.a., München 1962ff (v.a. Bd. 2, S. 1-90.106-242; Bd. 4, S. 11-230).
Kirche als Lerngemeinschaft. Dokumente aus der Arbeit des Bundes der Evangelischen Kirchen in der DDR, Berlin (DDR) 1981.
*Kühn, U.*: Kirche, Gütersloh 1980 (Handbuch Systematischer Theologie, Bd. 10).
*Schmauch, W.* und *Wolf, E.*: Königsherrschaft Christi, München 1958 (TEH 64).
*Wolf, E.*: Barmen. Kirche zwischen Versuchung und Gnade, München 1957 (BETh 27).
*Ders.*: Peregrinatio, Bd. 1, München 1954 (v.a. S. 146-182.214-242.279-301).
*Ders.*: Peregrinatio, Bd. 2, München 1965 (v.a. S. 82-103.191-206.207-229.230-241.261-283).

# 15
# Wie können wir ein verantwortliches sittliches Urteil bilden?

## 15.1
## Einführung

Viele Menschen empfinden es als Zumutung, ihre sittlichen Urteile oder Standorte zu begründen. Der moralische *Appell* wirkt oft so, als ob das von ihm eingeforderte Gute eigentlich evident sei, aber aus Bequemlichkeit oder bösem Willen der anderen nicht verwirklicht werde.
Andere rufen hingegen laut nach mehr *Ethik*. Die abendländische Zivilisation bringt ständig *neue Probleme* hervor, die zunächst keiner verantwortenden Instanz zuzuweisen sind. In ihrer Verlegenheit rufen dann gerade jene nach dem *Staat*, die sonst seine bürokratische Allmacht und seine Überwachung fürchten. Kirchen, Gemeinden und einzelne Christen sind oft hilflos, weil sie in der Regel einer rudimentären politischen Ethik folgen, die nur das Gegenüber von Kirche und Staat, aber nicht die Öffentlichkeit und die *Gesellschaft* kennt, auf die Kirche, Staat und einzelne zu beziehen sind.
Deshalb muß die argumentative und kommunikative sittliche Urteilsbildung viel intensiver geübt werden. Sie ist Teil einer *kritischen Öffentlichkeit*, die auch politische Bedeutung hat. Sicherlich bleiben viele Urteile, Stellungnahmen und Entscheidungen vorreflexiv; sie halten sich an Maßstäbe, die sich im alltäglichen Leben bewährt haben. Jedoch kennt auch der *Alltag* seine Vorurteile und *Inhumanität*; die spontane Liebe widerspricht oft der wahren, zum anderen als dem anderen gewendeten Liebe.
Da zum *Gewissen* nicht allein die richtende, die beurteilende Stimme eines Prinzips, sondern auch die sittliche Selbstberatung des zur Verantwortung Gerufenen gehört, soll ein Entscheid an die reale Beratung mit anderen anknüpfen können. Das Gewissen ist keine gleichbleibende, stetige, göttliche Stimme in uns, sondern gibt dem Ruf zur Einheit mit uns selbst Ausdruck. Die Bedingungen (vernünftiger) Universalisierung, die konkreten geschichtlichen Umstände der von einer Entscheidung Betroffenen, die Lebensperspektiven der einzelnen und die Interpretation ihrer gemeinsamen Welt bilden ein *Beziehungsfeld*, das den Ort aufdeckt, an dem Gottes Gebot sprechen will (dazu s.o. S. 151f). Diese Einsichten sind bei der Vorstellung von *Schemata sittlicher Urteilsfindung* festzuhalten.

## 15.2
## Entfaltung: Sittliche Urteilsfindung

### 15.2.1
### Das Problem der Kasuistik

In der neueren evangelischen Ethik ist das sittliche Urteil ein Thema, das eher vermieden wird. Offensichtlich wirkt sich dabei die Furcht vor einer *Kasuistik* aus, wie sie in der römisch-katholischen Moraltheologie vermutet wird. Allerdings ist die Kasuistik keine katholische Besonderheit; auch die Medizin und das Recht arbeiten mit ihr. Ärzte und Richter müssen Fälle (casus) unter allgemeine Gesichtspunkte subsumieren. Auch sittliche Urteile haben die Aufgabe, *Norm* (eine allgemeine Regel) und *Situation* (den konkreten Fall und sein Umfeld) in einen einsichtigen Zusammenhang zu bringen.

In der katholischen Kirche hat die Herausbildung der Bußpraxis die Kasuistik gefördert. Der Priester mußte die Sünden nach ihrer Schwere ordnen und die entsprechende Auflage erteilen. Vor allem mußten in der seit dem tridentinischen Konzil eingeschärften Ohrenbeichte Sünden klassifiziert werden.
Die *Moralkasuistik* setzt ein *oberstes Prinzip* voraus, etwa den allgemeinen Satz: Das Gute ist zu tun, das Böse ist zu meiden. Dieses Prinzip kann unter anderem in den Zehn Geboten seinen Ausdruck finden. Die allgemeine Regel ist jedoch vom konkreten Fall weit entfernt; deshalb scheint bei der Subsumtion ein hohes Maß an Subjektivität im Spiel zu sein. Allerdings engen *Hilfsregeln* das Ermessen ein, z.B. »Gemeinwohl geht vor Eigenwohl«. Die Darstellungen der Geschichte der Theologie zeigen, wie der nachtridentinische Katholizismus mit der Freiheit des Ermessens kämpfte. Die drei bekannten Positionen lauten: Probabilismus (im Zweifelsfall geht die Freiheit des Ermessens vor der Norm), Probabiliorismus (nur wenn die Entscheidung zugunsten dieser Freiheit wahrscheinlicher ist, darf man ihr folgen) und Tutiorismus (nur wenn das Urteil der Kompetenten sicher ist, hat diese Freiheit Vorrang). Die Probleme sind heute noch v.a. durch *Pascals* Kampf mit den Jesuiten bekannt (Lettres provinciales).
Solche Kasuistik schien evangelische Theologen weder mit dem in Christus befreiten Gewissen (s.o. S. 223ff) noch mit dem Autonomieprinzip (s.o. S. 199ff) zu vereinen. Eine extreme Antwort auf kasuistische Tendenzen stellt die *Situationsethik* dar: Nicht das Was, sondern das Wie der Absichten des Handelnden sei entscheidend (vgl. *Bultmann, R.:* Das christliche Gebot der Nächstenliebe, in: GuV, Bd. 1, S. 229-244). Viel diskutiert wurde der Ansatz *J. Fletchers* (Moral ohne Normen, Gütersloh 1967). Der Situationsethiker trage seine Maximen in die Situation ein, aber lasse sie beiseite, wenn er damit der Liebe besser diene. Jedoch schien Fletcher zu wissen, daß die reine Spontaneität nicht selten hilflos ist. Deshalb plädierte er für eine Neokasuistik, die zwar keine festen Normen, aber die Maximen leitende Gesichtspunkte kennt: die Beachtung der Folgen (›Pragmatismus‹), die Relativierung der Maximen an der Situation, die positive Perspektive des Glaubens und die Beziehung aller Werte auf die Person.
*P. Lehmann* (Ethik als Antwort, München 1966) war präziser und nahm den Begriff des ›Beziehungsfeldes‹ (context) aus Anregungen des amerikanischen Philosophen *W. James* auf. Seitdem ist die *Kontextualität* ein Arbeitsprinzip vor allem der Theologie in der Ökumene. Das Beziehungsfeld ist nach Lehmann ein Netz von Umständen und menschlichen Bezügen (zu den Umständen und anderen Menschen), die von der Wirklichkeit Gottes und seiner Umgebung umschlossen sind.
*K. Barth* wandte sich zwar gegen die Kasuistik, schrieb ihr jedoch eine particula veri zu: Gott ist Schenkender, die Kasuistik hingegen ein Meisternwollen; Gottes Gebot ist keine feste Regel, die Kasuistik untergräbt des Menschen Handlungsfreiheit (KD III,4, S. 16f). Aber die Stetigkeit göttlichen Handelns ermöglicht auch eine Stetigkeit in der ›Horizontalen‹ des menschlichen Lebens.
Die Diskussion über die Kasuistik kennt eine Analogie in den *Sozialwissenschaften.* Auf der einen Seite suggerieren *Webers* Ansatz (s.o. S. 8f) und der *Funktionalismus,* daß die rationale Rekonstruktion des Wirklichen schon die Wirklichkeit des Lebens selbst sei – als ob Normen die Situation produzierten und nicht umgekehrt! Dagegen ist vom *Interaktionismus* und der *verstehenden Soziologie* zu lernen. *G.H. Mead* als ›Vater‹ des Interaktionismus zeigte, daß Ich-Werden nur in Beziehung zum anderen (dem ›signifikanten‹ als einer konkreten Beziehungsperson und dem ›generalisierten‹, dem typischen anderen) erfolgt und damit Rollen zum Selbstkonzept des Menschen gehören (vgl. sein Hauptwerk ›Geist, Identität und Gesellschaft‹, Frankfurt/M. 1968). Die verstehende Soziologie konzentriert sich auf den sinnhaften Zusammenhang der von Menschen erfahrenen Welt. Handelnde stehen bereits in einer sozialen Welt, gestalten ihr Leben in Lebensformen und schöpfen aus eigener Erfahrung, bevor der Rationalismus des erklärenden Wissenschaftlers diese in seine idealen Modelle preßt (vgl. *Schütz, A.:* Der sinnhafte

Aufbau der sozialen Welt, [Nachdruck] Frankfurt/M. 1974). Allerdings sind dem Interaktionismus und der verstehenden Soziologie Themen wie die geschichtliche Veränderung, die Macht und der Konflikt weitgehend fremd.
Die Ethik kann daraus schließen, daß ausformulierte Normen von der Lebenswelt abstrahierte Idealisierungen (Schematisierungen, s.o. S. 25f) darstellen. Weil aber die Lebenswelt nicht in stetem, ungebrochenem Strom dahinfließt, sondern von Konflikten und Krisen aufgebrochen wird, sind Auseinandersetzungen, Diskurse und Beratungen notwendig. In ihnen ist der Rückgriff auf Normen unumgänglich.

### 15.2.2
### Zwei Vorschläge zu Verfahren sittlicher Urteilsfindung

Die evangelische Ethik fragt erst seit neuerem nach sittlicher Urteilsbildung. Solange sie Gottes *Gebot* bzw. *Ordnungen* als Schemata isolierte und dann an die Situation herantrug, war ihr diese Fragestellung verschlossen, obwohl sich die Probleme der Kasuistik geltend machten. Theorien sittlicher Urteilsfindung gehen davon aus, daß weder der abstrakte Umgang mit Normen noch die Zuversicht, die Situation zu durchdringen und in ihr das Rechte tun zu können, Kriterien ethischen Nachdenkens genügen.
Zwei Ansätze der Urteilsfindung sollen in den folgenden Abschnitten vorgestellt und verglichen werden; beide stellen die Analyse der Situation vor die normative Erörterung bzw. Reflexion; darin unterscheiden sie sich von kasuistischen oder deduktiven Verfahren. Im Detail enthüllt sich allerdings ihr unterschiedlicher theologischer Ansatz.

a) *M. Honeckers* ›Konzept einer sozialethischen Theorie‹ (Tübingen 1971) fragt nach sozialethischer Begriffsbildung und setzt sich kritisch von dem Mißverständnis ab, ein Gebot ohne Rücksicht auf die Situation auszusprechen. (Wer z.B. Jesu Scheidungsverbot wiederhole, ohne die Beteiligten zu berücksichtigen, erreiche das Gegenteil dessen, was Jesus gewollt habe.)
(1) Deswegen schlägt Honecker eine *unvoreingenommene Analyse der Realität* vor. Damit wendet er sich gegen Ragaz, Moltmann und andere, die das Reich Gottes als Maßstab statt als Motivation betrachteten und die Profanität der modernen Gesellschaft übergängen.

Ist eine ›unvoreingenommene Analyse‹ überhaupt möglich? Kritische Sozialwissenschaft und Erkenntnistheorie verweisen auf Interessen, die wissenschaftliche Erkenntnisprozesse steuern (z.B. *Habermas, J.:* Erkenntnis und Interesse, Frankfurt/M. 1968). Begutachtungsprozesse, etwa bei Genehmigungsverfahren für Atomkraftwerke, haben der breiten Öffentlichkeit bewiesen, daß die Aussagen der Fachleute von ihrer Problemauswahl, ihrem Standort und ihrem Auftraggeber abhängig sind. Honecker gesteht jedoch der Vernunft – besonders des Fachmanns und des Politikers – besondere Kompetenz zu. Dem *Glauben* bleibt die *Motivation;* er macht bereit zu vernünftiger Beratung, die zu *sach*angemessenen Entscheidungen findet. Der bereits gestellten Frage nach der Perspektivität unserer Wirklichkeitsvorstellungen und unserer Vernunft (s.o. S. 216f) trägt Honecker weniger Rechnung.

(2) Als zweiten Schritt schlägt Honecker vor, die Phänomene zu *beurteilen* und zu *bewerten.*

Darum müßte er Rechenschaft von seinem Verständnis der Vernunft geben; denn auch sie enthält Bewertungsmaßstäbe. In seinem ›Konzept einer sozialethischen Theorie‹ ortet Honecker sein Anliegen in gewisser Nähe zur ›Kritischen Theorie‹ der Frankfurter Schule (S. 12ff.37ff). Die Spuren dieser Erörterung verlieren sich aber. In ›Das Recht des Menschen‹ (Gütersloh 1978) sieht Honecker (mit Luther) in der Vernunft »das Mittel der Verständigung für eine kommunikative Ordnung und damit für die Grundlegung einer universalen Rechtsgemeinschaft« (S. 162). Die praktisch aufgefaßte Vernunft suche nach »allen Menschen gemeinsamen Grundwerten« (S. 166).

(3) Ein dritter Aspekt der ›sozialethischen Begriffsbildung‹ ist der *Bezug auf die christliche Gemeinschaft* in der Gesellschaft. Eine dem Christentum eigentümliche Vernunft könne es zwar nicht geben; jedoch wüßten sich die Christen – mit Luther – zum Dienst befreit; und ihre Hoffnung, betont Honecker, zeige eine Affinität zur philosophischen Idee vom guten Leben. Jesus brachte den Schalom, als er das Recht Gottes proklamierte, und sandte seine Gemeinde zum *Dienst in der Welt.*

Das Problem dieses Ansatzes liegt im Gegenüber von Motivation und Sachanalyse bzw. Sachkriterien. Wo bleiben die Normen? Die analytische Moralphilosophie unterscheidet so scharf zwischen ›is‹ und ›ought‹, um der Verwechslung von Motiv und Norm vorzubeugen. Weist nicht der Sachbezug bestimmte Perspektiven auf, in denen das Problem der Norm enthalten ist? Die drei Aspekte sozialethischer Begriffsbildung lassen die Diskussion von Normen weitgehend aus. Honeckers Hinweise auf die Idee guten Lebens, auf Interessen und damit auch auf die Vernunft sind eigentümlich isoliert und wenig ausgeführt. Theologisch gesehen vertritt Honekker eine spezifische *Variante der sog. Zwei-Reiche-Lehre.* Dabei scheint er aber nur an eine der Unterscheidungen Luthers anzuknüpfen: die des inneren und des äußeren Menschen (s.o. S. 135ff). Luther griff gerade diese auf, um klerikale Übergriffe auf die soziale und rechtliche Sphäre des menschlichen Lebens und staatliche Eingriffe in das Gewissen abzuwehren. Honekker bietet Luthers Unterscheidung jedoch auf, um die Motivation aus Glauben und die allen Menschen gegebene Vernunft im sozialen und politischen Leben zu differenzieren. Außerdem kann er Luthers Stände- und Ämterlehre nicht mehr teilen, weil die Aufklärung eine neue Gesellschaft und ein verändertes Bild des Staates mit sich gebracht habe.
Vor einer Diskreditierung dieses Ansatzes aufgrund einer mutmaßlichen politischen Orientierung oder der kirchenpolitischen Wirkung seines Urhebers kann nur gewarnt werden. Statt eines oberflächlichen Urteils müssen die ethische Problematik (die Frage der Norm), die Unterscheidung des Glaubens von der Wahrnehmung des Wirklichen und die Profilierung der Vernunft erörtert werden.

b) Der Normativität trägt das Schema »sittlicher Urteilsfindung« von *H.E. Tödt* stärker Rechnung (vgl. seinen ›Versuch einer ethischen Theorie sittlicher Urteilsfindung‹, in: Perspektiven theologischer Ethik, München 1988, S. 21-48; ›Die Zeitmodi in ihrer Bedeutung für die sittliche Urteilsbildung‹, ebd., S. 49-84).
(1) Der erste Schritt, die *Wahrnehmung, Annahme und Bestimmung eines Problems als eines sittlichen,* ist nicht trivial zu verstehen. Selbst wenn alle Beteiligten einen bestimmten Problemdruck fühlen, so neigen sie doch dazu, ihre eigene Sicht in den Mittelpunkt zu stellen, oder sie meiden die Herausforderung durch die Situation, indem sie ihre Betroffenheit wissenschaftlich neutralisieren. Dieser erste Schritt will aufdecken, wie die Beteiligten vom Problem betroffen sind und daß sie es nur durch Selbsteinsatz bewältigen können. Oft wiegt ein Problem um so schwerer, je ferner eine gemeinsame Problemformulierung ist (das ist z.B. bei Generationenkonflikten oft der Fall). Schließlich gibt es viele unbequeme Probleme, die notorisch übersehen

oder verdrängt werden, weil die Symptome alle Aufmerksamkeit auf sich ziehen. Bereits der erste Schritt beweist, daß der *Glaube* einen wesentlichen Beitrag zur sittlichen Urteilsfindung leisten kann; weil er den Lebensvollzug ausrichten und an den Ängsten des Lebens arbeiten will, wird er helfen, die Augen für Probleme zu öffnen. Gerade Ängste hindern oft daran, verfahrene Situationen zu erkennen, so daß sie bearbeitet werden könnten. Der Glaube wirkt dabei in der Motivschicht, aber auch im Bereich der Erkenntnis (›kognitiv‹), weil er die Wirklichkeit der Problemsituation in seinen Perspektiven aufzuschließen hilft.

(2) Beim zweiten Schritt der *Situationsanalyse* laufen mindestens zwei Aspekte zusammen:

– Da sind zum einen die sich in der Situation abzeichnenden *Möglichkeiten*, das Problem zu lösen; sie werden allerdings oft so einseitig wahrgenommen, daß sie die Situation festlegen statt aufzuschließen. Vielfach wissen Menschen bereits, wie sie sich entscheiden wollen; deshalb drücken sie anderen ihre Sicht der Situation auf, um sie zu derselben Entscheidung zu bewegen.

– In der Situationsanalyse spielt die *Interpretation* der Beteiligten mit, die wie ein Netz über der Situation liegt – z.B. in Gestalt der Antwort auf die Frage, wie sie in ihrem Streben nach einem guten Leben von der Situation und ihren Problemen betroffen sind: »Wenn Menschen Situationen als real definieren, dann sind auch die Folgen real«, sagt das sog. Thomas-Theorem (s.o. S. 14). In der Situation erweist es sich auch als notwendig, bestimmte Perspektiven der Informationsauswahl und -gewichtung wahrzunehmen. So macht es einen Unterschied, ob ein Pfarrer in einer öffentlichen Versammlung zu rechtlichen Problemen des § 218 Stellung nimmt oder ob eine Beraterin in einer individuellen Situation mit einer Schwangeren, die ihre Schwangerschaft abbrechen möchte, spricht. Dabei können verschiedene sittliche Qualifikationen (vor allem auf seiten der Beratenden) und verschiedene Güter bzw. Verpflichtungen (auf beiden Seiten) zur Geltung kommen. Die relevanten Faktoren der Situation müssen schließlich für alle Beteiligten sichtbar werden.

Dieser zweite Schritt läßt sich zu einer wichtigen Fragestellung der politischen Ethik ausweiten. Wie kann das *Ineinander von normativen Hinsichten und Daten* in politischen Entscheidungen verstanden werden? Oft sind sie ja unentwirrbar miteinander verbunden; wenn Wissenschaft auch noch so wertfrei und neutral sein will, läßt sie doch immer bestimmte Auswahlhinsichten walten. Zwei Modelle der Politikberatung stellen das heraus (vgl. *Habermas, J.*: Verwissenschaftlichte Politik und öffentliche Meinung, in: Humanität und politische Verantwortung, hg. v. R. Reich, Zürich/Stuttgart 1964, S. 54ff):

– Das *technokratische Modell* der Politikberatung stellt den Fachmann und den Politiker einander gegenüber. Der Fachmann stellt Möglichkeiten vor (und verkürzt damit den antiken Sinn von ›Praxis‹ so, wie das seit der Neuzeit regelmäßig geschieht). Der Politiker fällt eine Entscheidung. Der sachbezogenen (aber auswählenden) Beratung des Fachmanns entspricht keine normzentrierte Beratung des Politikers; technischer Verstand und entscheidende Vernunft sind nicht miteinander ausbalanciert.

– Das *pragmatische Modell* der Politikberatung stellt die Öffentlichkeit zwischen Fachleute und Politiker. Fachleute müßten ihre Interessen vor der Öffentlichkeit darlegen und Rechenschaft über ihre Auswahlkriterien, ihre Situationsanalyse, ihre Datensammlung und die Folgerungen geben. Der Politiker sollte seine Entscheidungen wiederum auf die Öffentlichkeit beziehen und deren Gründe darlegen. Die *Öffentlichkeit* sollte zwischen dem Fachmann und dem Politiker vermitteln und durch umfassende Kommunikation der praktischen Vernunft eine Chance geben. Politische Machtwaltung wird gerade das oft verhindern wollen.

(3) In einem dritten Schritt sollen *Verhaltensalternativen* herausgestellt und beurteilt werden.

Die Stellung dieses Schrittes ist entscheidend. Normen werden nicht an Situationen herangetragen, wie es die Kasuistik vorsieht (s.o. S. 229ff), sondern Situationen sind bereits von normativen Perspektiven durchzogen. Deshalb wird auch die historische Analyse wichtig: Wie ist es zu diesen Normenmustern gekommen? Das unterscheidet diesen Vorschlag der sittlichen Urteilsfindung von der bei Honecker festangelegten Gegenüberstellung von Glaubensmotivation und Sachanalyse.

Weil dieses Urteilsfindungsmodell von einer engagierten Problemfindung ausgeht, muß es nicht nur die Angemessenheit der Mittel prüfen, sondern vor allem die *Identität* und *Integrität der Subjekte* (ob sie nun entscheiden und handeln oder ob sie betroffen sind) berücksichtigen. Dabei ist entscheidend, daß Ihr Betroffensein (und dabei auch die Weise, das eigene Leiden zu leben) als sittlich relevant erkannt wird; die Ethik thematisiert nicht nur die aktive Seite des Lebens.

(4) Der vierte Schritt ist der entscheidende und damit gleichsam die Achse des Urteilsfindungsmodells. Weil es um sittliche Urteilsfindung geht, wurde der normative Aspekt bereits in der Situationsanalyse (s. 2) angedeutet und bei den Verhaltensoptionen (s. 3) hervorgehoben. Die impliziten *Normen* werden expliziert und einem *Urteil* unterzogen. Normen schematisieren (s.o. S. 26f); sie verknüpfen, sagt Tödt, Situationsschema und Verhaltensschema. Normen werden im geschichtlichen Wandel und in sozialen Situationen bzw. Konstellationen erfahren. Das Urteil ist ein ethischer Akt, er führt nach den eingangs vorgestellten Definitionen über das sittliche Verhalten hinaus. (Zur Unterscheidung von Ethik und sittlichem Verhalten s.o. S. 4ff.)

Normen sind allerdings nicht nur Aufforderungen; sie bestimmen auch Bewertungen. Darum kann es hier um eine Güterabwägung gehen. Dann wird ein ›naturales‹ Gut hinter einem sittlichen zurückstehen. Aufforderungen und Gebotssätze sollen im Konfliktfall von einem (umfassenden) Oberzweck her beurteilt werden, schlägt die Erlanger Schule vor. Ursprünglich sah Tödt den Rekurs auf die ›Metanorm‹ der Liebe vor. Der Gesichtspunkt der Liebe schließt so viele Aspekte ein und grenzt an die Ziele menschlichen Lebens an, daß Tödt zu Recht den Gesichtspunkt der ›Perspektiven‹ herausstellt. Hier geht es um grundsätzliche Perspektiven menschlichen Lebens, weswegen nicht allein die Liebe, sondern die Vergebung, die Freiheit und andere biblische Gesichtspunkte zum Tragen kommen (s.o. S. 171f).

(5) Als *fünften Schritt* schlägt Tödt die *Prüfung der sittlich-kommunikativen Verbindlichkeit der in Aussicht genommenen Verhaltensoptionen* vor. Normen existieren nicht um ihrer selbst willen (vgl. Jesu Auseinandersetzung mit dem Sabbatgebot). Das Ergebnis einer Normenprüfung kann sich die Zustimmung der Beteiligten nicht erzwingen, weil damit die Fähigkeit zur Verantwortung als ein Fundament des Menschseins geleugnet würde. Ob sich die Beteiligten bereits im Durchgehen der Schritte in jeder Hinsicht vernünftig beraten und zu einem wahrhaftigen Konsens kommen, ist durch den Prozeß allein nicht verbürgt; es könnte der Fall eintreten, daß einer für den anderen, der jetzt der Entscheidung noch nicht beitreten kann, entschei-

den muß – aber so, daß jener vielleicht in der Zukunft der gefundenen Entscheidung zustimmen kann. Seine Integrität wird also vorauslaufend zu beachten sein (z.B. im Falle eines Alkoholikers, dem gegen seine aktuellen Motive geholfen werden muß). An dieser Stelle gerät die praktische Vernunft (vor allem in Gestalt der Diskurs-Theorie – s.o. S. 45) in eine Schwierigkeit, die sich bis zu der Frage steigern kann, ob Unvernünftige zur Vernunft gezwungen werden können. (Ein wichtiges Beispiel des Neuen Testaments – der Konflikt der Starken und der Schwachen [s.o. S. 207] – belegt, wie wichtig der Verzicht in eigener Sache sein kann, wie notwendig die Vernunft eine Näherbestimmung durch die Liebe braucht und daß jegliche Entscheidung vom Ziel der Integrität des anderen angeleitet werden muß.)

(6) An sechster Stelle steht der *Urteilsentscheid*. Er erinnert zunächst an Gerichtsverfahren. Besonders sprechend ist das Bild vom inneren ›Gerichtshof‹ des Gewissens und dabei vor allem von der Verkündung des richterlichen Urteils (s.o. S. 222f). Allerdings wird der Entscheid durch zwei Momente qualifiziert: Er muß bestimmte normative, sittlich verpflichtende Gesichtspunkte im Rücken haben, und er muß sich durch ein ›Ich will‹ bzw. ›*Wir* wollen‹ ausweisen. Die Entscheidenden müssen in eigener Person Stellung beziehen und sich selbst einsetzen. Der Charakter des Wagnisses bleibt.

Eine sittliche Entscheidung ist keinesfalls Entscheidungen im Blick auf technisch geeignete Verfahren gleichzustellen, deren Ergebnisse kontrolliert und deren Ablauf nachträglich verändert werden *können*. *D. Bonhoeffer* hat in seiner ›Ethik‹ von *Schuldübernahme* gesprochen (S. 255f). Er meint damit nicht eine verwegene oder tragische Einwilligung in die Notwendigkeit, schuldig zu werden; sondern der Christ soll sich mutig und getrost unter die Folgen der Sünde begeben, so wie Christus ihm vorausging. Der Christ sucht nicht sein privates Heil im Rückzug von der Welt, sondern engagiert sich in ihr – im Glauben daran, daß Gott einen neuen Anfang möglich macht. Christusnachfolge in Schuldübernahme kann uns zwar trösten, wenn wir versagen oder in alternativlose Situationen kommen; aber sie erlaubt uns nicht, leichtsinnig zu werden. Nur wenn wir schon bei den ersten beiden Schritten sittlicher Urteilsfindung wissen, wie sehr wir zur Verdrängung, zur Blindheit gegenüber den Interessen anderer und zur Trägheit neigen, können wir die Herausforderung eines verantwortlichen Lebens annehmen.

Die Art sittlicher Urteilsfindung hängt mit dem ihr zugrunde liegenden ethischen Ansatz zusammen. Das Verhältnis von Glaube und Vernunft, von Wahrnehmung der Lebenswelt und der Normen ist im Urteilsgang bzw. in der sozialethischen Begriffsbildung berücksichtigt.
Der Erörterung der Ansätze sittlichen Urteilens muß die Frage folgen, ob die vorgeschlagenen Verfahren nicht viel zu kompliziert sind, um bei der Lösung alltäglich anfallender Probleme und in der Routine beruflichen Verhaltens überhaupt Anwendung zu finden. Sie scheinen eher für die Ausnahmesituationen zeitaufwendiger Beratung erdacht zu sein. Dem ist entgegenzuhalten, daß sich auch die alltägliche Orientierung nicht von selbst versteht, sondern ›sedimentierte‹ Lebensentwürfe – in Rollen, sozial eingeübten Werthaltungen, kulturell verbürgten Standards – sowie schematische Bestimmungen des anderen – etwa in Entscheidungsverfahren, die ihn beteiligen oder ausschließen – enthält. An problematischen Punkten methodisch durchsichtig, kommunikativ und argumentativ Urteile einzuüben kann auf die Selbstverständlichkeiten und die Routine des Alltags zurückwirken.

c) Zum Abschluß dieser Erörterung soll festgehalten werden, daß eine wirklichkeitsbezogene Ethik die Normen *in* der Situation und *in* den Verhaltensoptionen aufsucht und beurteilt; sie wählt damit einen Weg zwischen dem kasuistischen Verfahren, eine Situation der (abstrakten) Norm zu subsumieren, und der Situationsethik, die am Normenproblem im wesentlichen vorbeigeht.

Ein sittliches Urteil hebt den normativen Aspekt eines Problems, der alternativen Verhaltensoptionen und der Entscheidung hervor. Darin unterscheidet es sich von *pragmatischen* oder *politischen Entscheidungsverfahren.*
Ein Vorschlag, politische Entscheidungen zu strukturieren, findet sich bei *Widmaier, P.*: Sozialpolitik im Wohlfahrtsstaat (Reinbek bei Hamburg 1976, S. 141). Zur Datensammlung (1) werden Kriterien, Normen und Standards (2) herangezogen, um das Problem einer Analyse (3) zu unterziehen. Sie erlaubt, alternative Annahmen (prognostizierte Entwicklungen) und Zielwerte (4) herauszustellen und auf diese Weise zu einer mehrstufigen Prognose (5) zu gelangen. Die sich daraus ergebenden Verlaufsmodelle (was wird sich aufgrund welcher Vorgaben und Entscheidungen einstellen?) erlauben eine politische Entscheidungsfindung (6). Ihr folgt die Ausführung und Kontrolle des Plans (7). Das Thema der Normen ist nicht abwesend, aber es wird mehr oder minder vorausgesetzt, daß Kriterien, Normen und Standards bereits im Spiele sind. Sittliche Urteilsfindung diskutiert gerade den normativen Aspekt. Dabei hebt sie das ›praktische‹ Element (s.o. S. 60f) im Pragmatischen hervor.

### 15.2.3
### Eine Erweiterung des Schemas sittlicher Urteilsfindung

Wer besonders nach der Ethik und ihren Grundlagen fragt, kann sich genötigt sehen, den vierten Schritt des von H.E. Tödt vorgeschlagenen Modells zu einem eigenständigen Urteilsgang auszubauen. Faktisch beschreitet das vorliegende Arbeitsbuch diesen Weg. Läßt er sich auf wenige Gesichtspunkte reduzieren, damit ein ›normativer Diskurs‹ strukturiert werden kann?
Die Überlegungen können mit Gesichtspunkten eines praktischen Philosophen der Gegenwart einsetzen. *O. Höffe* nimmt ein zeit- und situationsunabhängiges Moralprinzip (1) an; es ist notwendig, aber nicht zureichend. Deswegen müssen (2) die zusätzlichen Bedingungen des jeweiligen Sachbereichs aufgenommen werden (allgemeine Bedingungen des menschlichen Lebens). Dann werden (3) Verhaltensweisen, Lebensformen oder politisch-soziale Institutionen einbezogen. Daraus ergeben sich drei Argumentationsschritte: (1) Auszugehen ist vom Moralprinzip unbedingter Verpflichtung (etwa dem *Kant*schen Autonomie-Prinzip – mit allgemeinen Bedingungen menschlichen Lebens vermittelt, oder vom Verallgemeinerungsprinzip, das zur menschlichen Bedürftigkeit in Beziehung gesetzt wird); (2) die daraus erschlossenen ziemlich allgemeinen Sachprinzipien der Sittlichkeit werden auf besondere Probleme der jeweiligen Zeit (z.B. Verletzbarkeit der Natur) bezogen, um (3) situationsgemäße Verbindlichkeiten herzuleiten (z.B. Umweltschutz). Ihnen folgt (4) die Entscheidung (vgl. *Höffe, O.*: Sittlich-politische Diskurse, Frankfurt/M. 1981, S. 14ff). Höffe stellt ein Modell auf, das die Ökumene in etwas weniger entfalteter Form bereits seit der Konferenz von Oxford 1937 diskutiert: *Mittlere Axiome* vermitteln zwischen dem Allgemeinen, z.B. dem Liebesgebot, und der besonderen Situation.
Die Überlegungen dieses Arbeitsbuchs erlauben nicht, in der Folge der Schritte (1)-(4)

zu verfahren, weil sich dann gewisse Probleme der Kasuistik wiederholen würden. Einzusetzen ist beim erweiterten dritten Schritt: Menschen leben in Rollen, Lebensformen, entwerfen ihre Lebensziele, sind in soziale Strukturen und gesellschaftlich-politische Institutionen und damit in die Geschichte eingebunden. Aber die Frage nach einer verantworteten Zukunft (wie sollen, wie wollen wir leben?) führt sie über diese mehr oder minder bindenden Muster hinaus und läßt sie sowohl rückwärts, auf tradierte Lebensentwürfe, wie auch vorwärts blicken: Was ist der Sinn des Lebens; werden die normativen Vorgaben in den Lebensverhältnissen den Mitmenschen und der Integration des eigenen Lebens gerecht? Dabei kommen für Christen Grundannahmen des *Glaubens* unweigerlich ins Spiel. Folgerichtig fügt sich der zweite Schritt an: Welche Bedingungen menschlichen Lebens sind *vorgegeben*, und wie sind sie mit der Frage nach *zukünftigem* gemeinsamen Leben zu koordinieren? Eine *Ethik der Selbsterhaltung* beschränkt sich im wesentlichen auf die Natur des Menschen; sie ist jedoch im 20. Jh. ideologisch befrachtet und biologistisch verzerrt worden. Wurde sie sogar mit Schöpfungsaussagen verbunden, dann wurde der Auftrag des Glaubens, Schöpfung kritisch und produktiv im Vorgegebenen zu identifizieren, verpaßt. Der Glaube wird hingegen das Natürliche als Vorgabe Gottes im Licht der Botschaft vom kommenden Reich interpretieren. Auch die allgemeine Lebensbedingung der Güterabwägung (s.o. S. 153ff) und die Kriterien der Gerechtigkeit (s.o. S. 193ff) müssen von Glaube, Liebe und Hoffnung her verstanden werden (s.o. S. 218ff).
Der erste Gesichtspunkt, das Moralprinzip, ist in diesem Arbeitsbuch ständiger kritischer Diskussion unterzogen worden. Eine biblisch orientierte Ethik kann abstrakte Grundsätze wie die Reziprozität oder die Universalisierbarkeit (s.o. S. 141ff) und ihre Anwendungen im Diskurs und Fairneßprinzip (s.o. S. 45f) nur in Verbindung mit den Gesichtspunkten der zweiten und dritten Stufe diskutieren. Denn prinzipielle Aussagen taugen nur zur *nachgängigen* Prüfung bereits im Lebenszusammenhang vollzogener Normen.

Hingegen sind nun weitere Prinzipien (als Gesichtspunkte der Selbstprüfung in Entscheidungsverfahren) einzuführen:
(5) Das *Folgenprinzip* im Sinne einer *Verantwortungsethik*. Deshalb müssen die Schritte (3) und (4) des Philosophen in den Zusammenhang von Verhaltensalternativen eingebettet werden, damit die Entscheidung nicht wie die dezisionistische Aufhebung einer moralischen und pragmatischen Argumentation wirkt.
(6) Die Frage nach der *Kohärenz von Entscheidungen und Normen*: »Um des Menschen willen« stellt Jesus das Sabbatgebot in Frage, es stand nicht mit dem Liebesgebot in Einklang. Angesichts der Willkür, mit der heute die eine Gruppe dieses, die andere jenes Gut verficht, ist dieser Gesichtspunkt wichtig.
(7) Die *Frage nach der Realisation*: Muß die Geschichte zuletzt doch den Gesichtspunkten der Ethik entsprechen? Oder will der Glaube Menschen anleiten, mutig im Vorletzten das Rechte zu tun, dem stellvertretenden Handeln Jesu nachzugehen (vgl. Bonhoeffer) und dabei das mögliche Scheitern Gott anheimzustellen?
(8) Schließlich ist auch eine Antwort auf die Frage, in welcher generellen Perspektive die von uns erkannte und im Handeln veränderte, ja manchmal verstellte *Welt* zu verstehen ist (vgl. 7), von Gewicht. *Umfassende Perspektiven* wie Optimismus oder

Pessimismus, Zielhaftigkeit des Kosmos (Teleologie) oder Reich-Gottes-Glaube beeinflussen die Entscheidungen und steuern die Aufmerksamkeit für ethische Probleme.

Wie sich diese Gesichtspunkte bei der Urteilsfindung auswirken, versuchen zwei Studien zu zeigen: *Frey, Ch.*: Liberale Theorie und christliche Soziallehre, in: Liberalismus im Kreuzfeuer, hg. v. H.G. Nutzinger, Frankfurt/M. 1986, S. 151-172; *ders.*: Zur Beurteilung der Homosexualität aus theologisch-ethischer Sicht, ZEE 31 (1987), S. 103-106.

## 15.3 Vertiefung

### 15.3.1 Die Liebe und das Menschengerechte

Die Schritte sittlicher Urteilsfindung (in drei bzw. in sechs Schritten) erlauben keine bloß technische Handhabung. Sie sind *in sich selbst ein ethisches Problem.* Unter der Ziffer 15.2.3 wurde der vierte Schritt des von H.E. Tödt vorgeschlagenen Urteilsprozesses erweitert. Diese Erwägungen können mit dem Ansatz des Zürcher Sozialethikers *A. Rich* verglichen werden (vgl. seine ›Wirtschaftsethik. Grundlagen in theologischer Perspektive‹, Gütersloh 1984, bes. S. 173ff).

Rich fragt nach dem *Menschengerechten* und verbindet es mit dem *Sachgerechten* (S. 81). Dem spezifisch Christlichen wird zwar existenzbegründende Kraft zugesprochen, aber die Humanität bleibt immer nur menschlich (S. 127). Der Anruf des Eschaton im Vorletzten setzt keine Maßstäbe für die konkrete Weltgestaltung frei (S. 133). Rich teilt den existential-eschatologischen Ansatz (S. 162ff) und sieht die Liebe als ein kritisches Vermögen der Vernunft an (S. 168).

Die *Liebe* prüft (nach Phil 1,9-11), was *Recht* bzw. *Unrecht* ist; damit stellt sich Rich gegen eine vor allem im Luthertum seit dem 19. Jh. anzutreffende Interpretation der Reichs- und Regimentenaussagen Luthers, die bürgerliche Gerechtigkeit und Liebe voneinander trennen will. Aber die gesellschaftliche Gerechtigkeit kann und soll produktiv verstanden werden, wenn sie Anstöße zur Neubestimmung aus der Liebe empfängt. Sie können sich in *Kriterien des Menschengerechten* äußern.

Rich vertritt eine intuitive Herleitung sittlicher Grundsätze (oder praktischer Axiome) (S. 96f). Sie werden bekenntnismäßig eingeführt (S. 100f) und auf ihre Verbindlichkeit hin bedacht. Mit der prüfenden Liebe verbinden sich folgende Kriterien:

- die *Geschöpflichkeit*: Sie gesteht dem Geschöpf einen eigenen Rang zu; es ist nicht einem absoluten Willkürgott unterworfen (S. 173ff);
- die *kritische Distanz*: Durch den Fall des Menschen ist strukturell Böses in die Welt gekommen, weshalb sich Ordnungssysteme mit absolutem Anspruch verbieten (S. 179ff);
- die *relative Rezeption* (des Relativen in der Welt) (S. 181ff);
- die *Relationalität*: Die keinesfalls spezifisch christlichen Werte der Gesellschaft werden auf Freiheit und Dienstbarkeit des Christen bezogen, was einseitige Parteinahme und Radikalität einschließen soll (S. 184ff);
- die *Mitmenschlichkeit*: Sie bezieht sich auf das Gottebenbild und erlaubt weder die Einseitigkeit von Ich- noch von Du-Interessen (S. 192ff);
- die *Mitgeschöpflichkeit*: Sie will den homo faber und den homo conservator verbinden und die Schicksalsgemeinschaft mit der ganzen Schöpfung hervorheben (S. 194ff);
- die *Partizipation* sucht nach der Mitmenschlichkeit in Strukturen (S. 196ff).

Diese Kriterien lassen sich nicht ohne weiteres in die Gestaltung der sozialen Realität übersetzen. Denn zunächst müssen bestehende oder postulierte Gestaltungskonzepte gesichtet werden; dem schließen sich normenkritische Klärungen an. Diese Erörterungen führen zu *Maximen,* nach denen Entscheidungen zu vollziehen sind. Sie entsprechen den ›mittleren Axiomen‹

der ökumenischen Diskussion; diese sind zeitgebundene und auf bestimmte gesellschaftliche Zustände bezogene Richtungskriterien (vgl. *Visser't Hooft, W.A.* und *Oldham, J.H.*: Die Kirche und ihr Dienst in der Welt, Berlin 1937).

Richs ethischer Ansatz zeigt aus zwei Gründen zunächst Ähnlichkeiten mit dem deduktiven Verfahren der Kasuistik:

- Die *Liebe* fungiert auf den ersten Blick wie eine generelle Norm oberhalb der Kriterien. Rich betont jedoch, daß sie kein Kriterium, sondern eine *Instanz* sei.
- Die sittlichen Grundsätze werden bekenntnismäßig eingeführt. Tatsächlich sind sie bereits in die Lebenswelten und -formen eingebettet bzw. resultieren aus der menschlichen Frage nach der verantworteten Zukunft, die mit den vorherrschenden sittlichen Maßstäben nicht beantwortet werden kann.

Wenn der christliche Glaube dem sittlichen Verhalten Impulse gibt und Richtungen weist, so kann das nicht ›von oben‹ geschehen, sondern er wird alle Menschen *mitten* im Lebensvollzug ansprechen. Auch die Verkündigung trifft Menschen immer wieder in bestimmten Situationen. Obwohl diese nicht ohne weiteres die richtigen Fragen wachrufen, auf die biblische Verkündigung nur noch zu antworten brauchte (wie es ein vereinfachtes Korrelationsmodell will), so stellen sie doch den sich erweiternden (und zu erweiternden) Rahmen dar, in dem sittliche Probleme wach werden und das Wort Gottes als befreiender Zuspruch und Anspruch gehört werden will.

### 15.3.2
### Literaturhinweise

(über die Angaben im Text des vorangehenden Kapitels hinaus)

a) Zu 15.1:
*Huber, W.*: Kirche und Öffentlichkeit, Stuttgart 1973 (FBESt 28).
*James, W.*: Pragmatism, hg. v. R.B. Perry, New York [4]1949.

b) Zu 15.2.1:
*Frey, Ch.*: Art. ›Gesellschaft / Gesellschaft und Christentum VII. Neuzeit‹, in: TRE, Bd. 13, S. 13-39.
*Gustafson, J.M.*: Situation contra Prinzipien. Eine irreführende Debatte in christlicher Ethik, ZEE 13 (1969), S. 14-40.
*Hauser, R., Wolf, F.O.* und *Bleker, J.*: Art. ›Kasuistik‹, in: HWPh, Bd. 4, Sp. 703-707.
*Hofmann, R.*: Moraltheologische Erkenntnis- und Methodenlehre, München 1963.

c) Zu 15.2.2:
*Bender, W.*: Ethische Urteilsbildung, Stuttgart u.a. 1988 (Ethik, Bd. 1).
*Honecker, M.*: Sozialethik zwischen Tradition und Vernunft, Tübingen 1977.
*Jäger, H.U.*: Ethik und Eschatologie bei Leonhard Ragaz, Zürich 1971.
*Moltmann, J.*: Theologie der Hoffnung, München (1964) [12]1985 (BETh 38).
*Schwemmer, O.*: Philosophie der Praxis, [Neuausgabe] Frankfurt/M. 1980.
*Tödt, H.E.*: Versuch zu einer Theorie ethischer Urteilsfindung, ZEE 21 (1977), S. 81-93.

d) Zu 15.2.3:
*Frey, Ch.*: Theologie und Ethik der Schöpfung, ZEE 32 (1988), S. 47-62.

e) Zu 15.3.1:
*Rich, A.*: Aufrisse. Vorarbeiten zum sozialethischen Denken, Zürich 1970.

# 16
# Fragen zur Ertragssicherung

Die folgenden Fragen sollen helfen, wichtige Aussagen der Abschnitte 1-15 zu rekapitulieren. Sie berücksichtigen allerdings auch neuere Entwicklungen in praktischer Philosophie und Metaethik. Traditionelle Themen der praktischen Philosophie und vor allem der theologischen Ethik werden mit * hervorgehoben.

**(Zu 1.2)**

1. Wie unterscheiden sich Ethik und Metaethik?

*2. Wie unterscheiden sich Ethik und Ethos?

3. Was unterscheidet moralisch qualifiziertes Handeln von Brauch, Etikette, Mode usw.?

*4. Welche Bedeutungen haben die Begriffe »Moralität« und »Sittlichkeit« angenommen?

**(Zu 2.2 bzw. 2.3)**

5. Mit welchem Sinn und mit welcher Absicht konfrontiert Max Weber Gesinnungs- und Verantwortungsethik?

*6. Trifft Webers Qualifikation der Ethik Jesu (bzw. der Bergpredigt) als Gesinnungsethik zu?

7. Wie qualifiziert Weber jene Zivilisation und Epoche, in der die von ihm empfohlene Verantwortungsethik zur Geltung kommen soll?

*8. Welche literarischen Formen bzw. Überlieferungen umfaßt die Bergpredigt als Komposition des Matthäus? Welche sind in der christlichen Ethik besonders zu bedenken?

*9. Wozu fordern die ›Antithesen‹ der Bergpredigt auf? (Beispiele!)

10. Welcher Einwand kann gegen Webers Konfrontation von Gesinnungs- und Verantwortungsethik von einer evangelischen Ethik ins Feld geführt werden? Welche Gründe sprechen dafür, im Evangelium eine radikalere Form von Verantwortungsethik zu finden?

*11. Wie unterscheiden sich die Zweistufenethik (des Spätmittelalters) und die Zwei-Reiche- bzw. Zwei-Regimente-Aussagen Luthers?

*12. Wie wurden die Bergpredigt und ihr Ethos in der Neuzeit interpretiert?

13. Welche Gesichtspunkte werden von neueren Philosophen bzw. Theologen zur Bestimmung der Verantwortung vorgetragen?

**(Zu 3.2)**

14. Wie ist der Begriff der Norm in der Ethik zur Bedeutung gekommen?

15. Was spricht gegen die pauschale Annahme einer »Normativität des Faktischen«?

*16. Worin unterscheiden sich praktische (bzw. sittliche) Normen von Normen in anderen Bereichen?

17. Wie wirkt sich der Situationsbezug auf die Bestimmung von Normen aus?
*18. Welche Versuche, Normen anthropologisch zu begründen, kennen Sie? Was spricht für bzw. gegen diese Ansätze?
19. Wie verändern sich Normen bzw. Normensysteme in der Geschichte?
20. Was bedeutet das »von Natur Gerechte« für die Regulierung von Normen?
*21. Von welchem übergeordneten Gesichtspunkt her werden in Israel Normen neu qualifiziert?
*22. In welchem Verhältnis stehen Recht und Sitte (Sittlichkeit)?
23. Welche Probleme bringt der Rekurs auf die Autonomie mit sich?
*24. Inwiefern konnte bzw. kann die Kategorie des »Gesetzes« an die Stelle des naturrechtlichen Ansatzes treten?
*25. Was unterscheidet »Ordnungen« (»Schöpfungsordnungen«, »Erhaltungsordnungen«) von naturrechtlichen Normen?
26. Bei welchen Gesichtspunkten setzen Rechtfertigungsversuche von Normen in der gegenwärtigen praktischen Philosophie an?

**(Zu 4.2)**

27. Welche Gesichtspunkte des gesellschaftlichen Lebens in der Neuzeit können für die Begründung der Ethik besondere Bedeutung gewinnen?
*28. Wie können Theorie und Praxis im Zusammenhang der Philosophie des Aristoteles unterschieden werden? Was bedeutet Poiesis?
29. Wie kehren die mit diesen drei Begriffen angerissenen Probleme in der Neuzeit wieder?
30. Welche Hypothesen werden zum theologischen Beitrag zum Umbruch zur Neuzeit (des Abendlands) aufgestellt?
*31. Warum trägt der Rekurs auf Schöpfungsaussagen in der theologischen Ethik besondere Probleme ein?
32. Kann die theologische Ethik unseres Jahrhunderts noch an eine in der Natur bzw. im Lebenszusammenhang evidente Zielstruktur alles Daseins (Teleologie) anknüpfen?
*33. Wie hängt der christologische Ansatz in Theologie und Ethik mit dem Zusammenbruch teleologischer Erkenntnis zusammen?
34. Wie hängen Entwürfe vom »guten Leben« mit der Ökonomie (als Theorie bzw. als Praxis gesellschaftlichen Lebens) zusammen?

**(Zu 5.2)**

*35. Welche Hauptthemen finden sich in der praktischen Philosophie Platons bzw. des Aristoteles?
*36. Welche Anregungen brachte die stoische Philosophie in die abendländische Ethik-Diskussion ein? Haben diese Anregungen im Neuen Testament Resonanz gefunden?
*37. Welche Formen von Verhaltensregulierung kennt das Alte Testament?
*38. Wie hängen sie mit dem Gottesglauben Israels zusammen?
*39. Welche historischen Schichten sittlicher Weisung lassen sich im Neuen Testament identifizieren?

*40. Kommen Ethik bzw. Ethos Jesu von Nazareth und des Paulus trotz Verschiedenheiten in einer bestimmten Grundlage überein?
*41. Wie verbinden sich Weltorientierung und Weltflucht in der Geschichte der Christenheit?
*42. Wie verbinden sich biblische und antike Momente in der Ethik des Mittelalters?
*43. Worin grenzt sich Luther von der (spät)mittelalterlichen Ethik ab?
*44. Welche Unterschiede lassen sich in der Ethik der vier großen Reformatoren feststellen?
*45. Welcher dieser Ansätze bereitet die Emanzipation der Ethik aus der Theologie vor?
*46. Welche Anliegen kennzeichnen die Ethik Schleiermachers und in seiner Nachfolge die Vermittlungs- bzw. die liberale Theologie?
*47. Welche Fragestellungen traten im sozialen Protestantismus bzw. im religiösen Sozialismus hervor?
*48. Was ist der zeitkritische Sinn des christologischen Ansatzes in der Wort-Gottes-Theologie, und wie wirkt er sich in der Ethik aus?

**(Zu 6.2)**

49. Warum greift die Konstatierung des Todes Gottes die Grundlagen der überlieferten Ethik an?
50. Welche Probleme ergeben sich bei einem (antitheologischen, biologischen) Ansatz der Ethik in der Anthropologie? (Was bedeutet die Rede vom Mängelwesen Mensch?)

**(Zu 6.3)**

*51. Welche Konsequenzen hat die (theoretisch unlösbare) Theodizeefrage für die Ethik?
52. Worin liegt die ideologische Gefährdung christlicher Ethik, und wo setzt dagegen der Wirklichkeitsanspruch dieser Ethik an?

**(Zu 7)**

53. Welcher Tendenz folgen heutige Theologen, die bewußt keine theologische Ethik vorlegen?

**(Zu 8.2)**

*54. Worin unterscheiden sich Thomas von Aquino und Luther bei der Aufnahme naturrechtlicher Vorstellungen?
*55. Welche usus legis benennen Melanchthon und Calvin? Welchen usus heben sie jeweils hervor?
*56. Kennt die Heiligung der Christen nach Luther ein Gesetz?
*57. Mit welcher Legitimation übernahm die Christenheit Israels Zehn Gebote?
58. Welche Rolle spielt die Berufung auf eine allen Menschen offene praktische Vernunft in der gegenwärtigen evangelischen Ethik?

59. Welche Sicht der Lebenswirklichkeit von Menschen schließt die Wort-Gottes-Theologie in ihren neuzeitkritischen Ethik-Ansatz ein?
60. Ist Offenbarung dabei eine irrationale Zumutung?

**(Zu 8.3)**

*61. Was ist das ursprüngliche (reformatorische) Anliegen der Unterscheidung von Gesetz und Evangelium?
*62. Welcher Gesichtspunkt verbietet es, die Aussage von den zwei Regimenten Gottes mit der Unterscheidung von Gesetz und Evangelium zu parallelisieren?
*63. Zu welchen Fehlformen hat sich die Zwei-Reiche-Lehre im 20. Jh. entwikkelt?
*64. Welche Anliegen bewogen Luther zur Unterscheidung der Regimente Gottes?

**(Zu 9.2)**

*65. Wo findet sich das Liebesgebot in der Bibel, wie kommt es zum Doppelgebot der Gottes- und Nächstenliebe?
66. Welche drei Fragestellungen gegenwärtiger praktischer Philosophie helfen, die Bedeutung des Liebesgebots zu verstehen?
*67. Wie sind der »Nächste« und das »wie dich selbst« zu interpretieren?
*68. Was unterscheidet Liebesgebot und Goldene Regel, was ist ihnen gemeinsam?
*69. Welche Perspektiven für das Menschenleben setzt das Liebesgebot im Munde Jesu bzw. in der Verkündigung der Urchristenheit voraus?
*70. Wie ist das Verhältnis von Eros und Agape zu bestimmen?
*71. Hat die Situationsethik ein Recht, sich auf das Liebesgebot zu beziehen?

**(Zu 10)**

72. Welche drei Themen greift Schleiermacher auf, um die Fragen der Grundlegung der Ethik zu klären?
*73. Wie sind Gebot und Gesetz Gottes zu unterscheiden?
74. Worauf bezieht sich das »Gebot Gottes« in der Theologie Karl Barths? Begegnet es den Menschen in der Gestalt von Normen?

**(Zu 11.2)**

*75. Was bedeutet das Gute in der Tradition des Abendlands a) für den Lebenslauf von Menschen, b) im Zusammenhang der kosmischen Ordnung?
76. Hat die reformatorische Einsicht mit diesem Verständnis des Guten in kritischem Sinn zu tun?
*77. Wie kann das mit dem Guten zusammenhängende »Glück« bestimmt werden – a) philosophisch, b) biblisch?
*78. Was kennzeichnet den Entwurf des Lebens als »Werk«, wie können die Seligpreisungen das Leben gestalten helfen?

*79. Wie geht die paulinische Paränese mit dem »Guten« des Lebenszusammenhangs damaliger Gemeinden um?

80. Welche Aufgabe stellt sich den Christen heute in der Auseinandersetzung mit dem gesellschaftlich vorgegebenen »Guten«? Warum wird dieses vor allem von der Ökonomie bestimmt?

*81. Welches Verhältnis hat die (biblisch verstandene) Sünde zum moralisch »Guten«?

**(Zu 11.3)**

*82. Wie sind Übel, Böses und Sünde voneinander abzugrenzen?

*83. Welche Probleme bringt die Rede von »Werten« mit sich?

*84. Warum war die Ethik genötigt, auf den Begriff der »Institution« zurückzugreifen, und was bedeutet er?

**(Zu 12.2)**

*85. Wie hängen die Tugenden mit dem Menschenbild und dabei vor allem mit der Vorstellung von der Seele, wie sie die großen athenischen Philosophen entwarfen, zusammen?

86. Welche Bedeutung haben die Tugenden in der mittelalterlichen Theologie (v.a. des Thomas von Aquino)? Warum nahm der Mönch Luther daran Anstoß? (Vgl. seinen Kampf gegen die Habituslehre und das mit der Tugendvorstellung verbundene Verständnis von Gerechtigkeit.)

*87. Wie hängen Freiheit des Christen und sein Tun nach reformatorischer Lehre zusammen?

*88. Welche neutestamentlichen Begriffe können dem Tugendkonzept kritisch zur Seite gestellt werden?

**(Zu 12.3)**

*89. Wie unterscheiden sich philosophisches und biblisches Gerechtigkeitsverständnis?

90. Mit welcher Absicht werden Sympathie und Mitleid als Grundhaltungen des Menschen in die Ethik eingeführt?

**(Zu 13.2)**

91. Warum gilt Kants Pflichtethik als Ausdruck aufgeklärt-protestantischen Geistes?

92. Worin liegt – laut der Pflichtethik – die Verbindlichkeit des sittlichen Anspruchs?

*93. Was besagt der kategorische Imperativ?

*94. Wie läßt sich die »Person« in diesem Zusammenhang bestimmen? In welchem Verhältnis steht diese Bestimmung zu den Einsichten des christlichen Glaubens?

*95. Besagt das »wie dich selbst« des Liebesgebots dasselbe wie die im kategorischen Imperativ vorausgesetzte Universalisierbarkeit moralischer Vorsätze und Maßstäbe?

**(Zu 13.3)**

96. Wie verhalten sich der Anspruch sittlicher Maßstäbe auf Universalität und die kulturelle Verschiedenheit der Menschen zueinander?

*97. Welche Anliegen verschlüsselt das Schlagwort »Liebe durch Strukturen«?

**(Zu 14.2)**

98. Was sind die Folgen der vom Empirismus betriebenen logischen Trennung von Gegenstandsaussagen und moralischen Imperativen (»is« und »ought«) für die Sicht des Menschen und für den Ansatz der Ethik?

*99. Welche Leitlinien praktischer Vernunft liegen im christlichen Glauben?

*100. Welchen präzisen Beitrag erbringt die sonst oft leichtfertig zitierte Trias von Glaube, Liebe und Hoffnung für die Grundlegung der Ethik, was sagt sie zur Frage des Menschseins?

*101. Woher kommt der Begriff des »Gewissens«, und wo findet er sich im Neuen Testament?

*102. Darf das Gewissen in der christlichen Ethik ohne weiteres als Gottes Stimme gelten?

*103. Welche Bestimmung erfuhr das Gewissen in der reformatorischen Wende Luthers?

*104. Was bedeutet Bonhoeffers Deutung des Gewissens als »Ruf zur Einheit mit sich selbst«, was unterscheidet sie vom naturrechtlichen Verständnis?

**(Zu 14.3)**

*105. Welche Bedeutung haben Kirche und Gemeinde in der evangelischen Ethik?

**(Zu 15.2)**

*106. Wie läßt sich die Kasuistik bestimmen und bewerten?

107. Welchen Bezug zum christlichen Glauben und zur Dogmatik als Rechenschaft christlicher Lehre haben die hier vorgestellten Modelle sittlicher (ethischer) Urteilsfindung?

108. Wie verbinden sich Situationsanalyse und normative Gesichtspunkte in diesen Modellen?

# 17
# Einführung in wichtige ethische Entwürfe

## 17.0

Eigentlich sehen die meisten Prüfungsordnungen die Kenntnis eines *neueren ethischen Entwurfs* sowie zweier Spezialgebiete – eines unter dem Aspekt der Ethik der Person, das andere unter dem der Ethik des Sozialen – vor. Leider wird das selten ernst genommen. Wer jedoch sein *Urteil ausweisen* will, muß das gewählte ethische Problem in einen ethischen Zusammenhang stellen können. Dazu dient die Kenntnis eines Entwurfs. Um die Wahl eines Entwurfs zu erleichtern, werden nach allgemeinen Hinweisen (17.1) Ethiken mit knappen Charakterisierungen und Fragestellungen vorgeführt (17.2).

## 17.1
## Vorschläge zur Interpretation von Texten

Folgende Schritte sind zu beachten:

### 1 Vorausgehende Information

1.1 Wer ist der Autor?
1.2 Welcher Richtung, Schule usw. ist er zuzuordnen?

### 2 Erster Interpretationsgang

2.1 Läßt sich die Ausgangsfrage oder die Fragestellung des Autors vor einer ausführlichen Interpretation erheben? (Was will er eigentlich?)
2.2 Formulieren Sie selbst Ihre Fragestellung (am besten schriftlich zur Korrektur im Durchgang durch den Text)!
2.3 Aufbau des Textes (vorsichtiger Schluß auf die vermutlich wichtigen Teile, Gliederung).
2.4 Konsequenzen des Aufbaus für die Ausgangsfrage (2.1), für die vermutete Argumentation und den vermuteten Inhalt.
2.5 Welche Quellen benutzt der Autor (Abhängigkeit, Auseinandersetzung)?
2.6 Interpretation der einzelnen grundlegenden Abschnitte (welche Argumentationsfiguren liegen vor, was wird sachlich ausgesagt?).
2.7 Zusammenhang der einzelnen Abschnitte, Stringenz der Argumentation im ganzen, v.a. im Rückblick auf die Ausgangsfrage (2.1).
2.8 Kontext des interpretierten Textes.

### 3 Zweiter Interpretationsgang

3.1 Welche eigenen Stellungnahmen bringt der Leser in den Argumentationsgang einzelner Abschnitte ein?
3.2 Welche Stellung bezieht er zum ganzen Text?
3.3 Reformulierung:
  3.3.1 Versuch, die Probleme und Lösungen des Autors in der Wissenschaftssprache der eigenen Zeit zu reformulieren.
  3.3.2 Versuch, dieselben Probleme alltagssprachlich zu artikulieren.
3.4 Prüfung der Problemrelevanz:
  - Welche Probleme und Lösungen des Autors sperren sich gegen eine Reformulierung? Sind Sie in einer so beschränkten Perspektive gewonnen, daß sie ihre Relevanz eingebüßt haben?
  - Welche Probleme erweitern die Fragestellung und weisen über den Horizont des eigenen Denkens hinaus?

3.5 Formulierung von Einwänden
   3.5.1 aus dem Horizont des Verfassers (wenn möglich),
   3.5.2 aus dem Horizont des Interpreten.
3.6 Deutet die innere Struktur der Probleme und Argumente des Autors auf verborgene Voraussetzungen? Welche Anschlußfragen müssen gestellt werden?

## 17.2 Eine Auswahl von ethischen Entwürfen

**Althaus, Paul:** Grundriß der Ethik, Gütersloh [2]1953 (Grundrisse zur evangelischen Theologie).

Althaus war ein bekannter Vertreter der neueren lutherischen Theologie in Erlangen. Sein Lebensthema war die Offenbarung Gottes durch die Schöpfung – in deutlicher Abgrenzung gegen die auf Christus konzentrierte Theologie Barths. Althaus behandelt in seiner Dogmatik ›Die christliche Wahrheit‹ den Christenstand, sofern er *gegeben* ist. In seiner ›Ethik‹ verhandelt er ihn, sofern er *aufgegeben* ist.
Die ›Ethik‹ von Althaus gliedert sich in die Teile Grundlegung und Entfaltung. Die *Grundlegung* geht vom Gebot Gottes, seiner Erkenntnis und seiner Erfüllung aus. Die *Entfaltung* zeigt (A) Grundzüge des christlichen Lebens, (B) das Leben in den Ordnungen.
Unter den Grundzügen begreift Althaus das *erneuerte Leben des Christen* in der Gemeinschaft mit Gott (Gebet, Glaube, Liebe, Hoffnung) und die Ausprägung dieser Gemeinschaft mit Gott im Leben der Christen selbst (Gemeinschaft, Kultur). Das leitet von selbst in den Teil (B), das Leben in den Ordnungen, über, dessen Themen die Geschlechter, Volk und Rasse, Staat und Politik, Gesellschaft und Kirche sind.
Welche *Erfahrung* begründet die Ethik? Es ist das *Sittliche*, das unbedingte Sollen. Darin tritt Gottes Gebot von außen an den Menschen heran, zeigt sich als Entweder-Oder und fordert die Rechenschaft des ganzen Menschen. Dieses unbedingte Sollen gilt nicht nur dem Christen. Denn Gott offenbart sich auch in der Schöpfung, in der alle Menschen leben, und in der Geschichte, wie sie im Bewußtsein der Menschen nach vorn drängt. Darum stehen alle Menschen zunächst unter der Erfahrung des Gewissens, in dem sich unsere Wirklichkeitserfahrung konzentriert. Das Gewissen klagt an. Das besondere christliche Element tritt mit der Wiedergeburt ein. Der Mensch wird ein neues ethisches Subjekt (S. 51).
Wovon handelt die Ethik? Behandelt sie ein Gut oder den besonderen Inhalt eines Gebotes? Nein, ihr »Materialprinzip« ist die Wirklichkeit selbst, wie sie dem *Gewissen* entgegentritt. Mit diesem Wirklichkeitsbegriff ist zugleich eine besondere Sicht vom Menschen gegeben. Einmal ist der Mensch als Teil der Natur unwillkürlichen und zwanghaften Handlungen unterworfen. Das kann aber nicht alles sein, weil der Mensch untrennbar geistiges und leibliches Sein hat und deswegen auch zur Erforschung der geschaffenen Natur berufen ist. Die Ethik berücksichtigt deshalb Bindung und Freiheit; das evolutionistische Menschenbild dagegen greift zu kurz, wenn es den Menschen nur durch Gesetze konstituiert sehen will. Denn er handelt auch, ja er fragt, wie er handeln soll. Dazu gibt ihm die biologische Lehre vom Menschen keinen inhaltlichen Hinweis.
Aber auch die Gesetze der Schöpfung begrenzen nicht die sittliche Freiheit. Deren eigentliche Grenze ist die Unfreiheit zum Guten, die in aller Schärfe im Gewissen erfahren wird und zur Erneuerung aus Christus treibt.

**Zur Erarbeitung:**
1. Informieren Sie sich näher über den Verfasser, vor allem über seine theologische und politische Position.
2. Analysieren Sie die Grundlegung der Ethik und suchen Sie die *zentralen Begriffe* heraus.
3. Versuchen Sie, diese Begriffe in einen *dogmatischen Zusammenhang* zu ordnen, indem Sie deren Bedeutungen analysieren und sich mit Hilfe des Sachregisters der ›Christlichen Wahrheit‹ desselben Verfassers mehr Information verschaffen.

4. Versuchen Sie, die nun gewonnenen theologischen Einsichten auf Althaus' Verständnis der Weltwirklichkeit (Gesetz, Freiheit, Determination und Nichtdetermination) zu übertragen. In welchem Verhältnis steht Gott zu dieser Wirklichkeit als ganzer (*Uroffenbarung*, Christusoffenbarung)?
5. Bestimmen Sie nun das ethische »Subjekt«, den Menschen unter der Anklage des Gewissens und als erneuerten.
6. Versuchen Sie, die systematischen Zusammenhänge in einer Art Übersichtsskizze durchschaubar zu machen.
7. Nun lesen Sie ausschnittweise die für Ihre Fragen wichtigen Teile der Entfaltung.
8. Welche Abhängigkeiten sind bei Althaus festzustellen (Luther, Kant)?
9. Wie kehren die wichtigen Themen von *Gesetz und Evangelium* oder die *Lehre von den zwei Reichen* in Althaus' Grundriß wieder?
10. Wählen Sie sich ein oder zwei der besonderen ethischen Probleme und überprüfen Sie, welche Aspekte der Wirklichkeit Althaus sieht und wie er sie mit Hilfe seines Ansatzes beurteilt (z.B. das Problem der Todesstrafe).
11. Vergleichen Sie dessen Behandlung mit dem Verfahren einer anderen Ethik.

**Barth, Karl:** Der Christ in der Gesellschaft, in: Anfänge der dialektischen Theologie, hg. v. J. Moltmann, Bd. 1, München [5]1985, S. 3-37; Die Kirchliche Dogmatik, Zürich 1932-1967:
Bd. I,2, S. 875ff;
Bd. II,2, S. 564-818;
Bd. III,4 (in Auswahl).
Ferner: Evangelium und Gesetz, München 1956 (urspr. 1935) (TEH NF 50); Rechtfertigung und Recht, Zürich 1948 (urspr. 1938) (ThSt 1); Politische Entscheidung in der Einheit des Glaubens, München 1952 (TEH NF 34); Christengemeinde und Bürgergemeinde, München 1946 (ThSt 20); Das Geschenk der Freiheit, Zürich 1953 (ThSt 39).

Barth hat sich in seiner frühen Zeit als Pfarrer auch als Sozialist engagiert und trotz seiner Trennung von der sozialdemokratischen Partei in seinem politischen Urteil und Engagement nie nachgelassen. Oft war seine Stimme unpopulär, aber sie korrigierte die Kirche in entscheidender Weise in ihrer Orientierung, so als er den Treueid auf Hitler verweigerte oder die selbstgerechte Verdammung des osteuropäischen Sozialismus nach dem Zweiten Weltkrieg durch die westlichen Kirchen und Staaten durchschaute.
Vor allem wendet sich Barth *gegen die Trennung von Dogmatik und Ethik*, wie sie seit mindestens zwei Jahrhunderten üblich ist. Dagegen wendet er in KD I,2 ein: Wo die Heiligkeit des Christenstandes von selbst wahrnehmbar ist, wird das Wort Gottes verlassen und auf eine allgemeine Anthropologie zurückgegriffen. Dogmatik wird mit dem negativen Akzent der Spekulation versehen.
Der Christ ist ganz vom *Wort Gottes* her bestimmt und orientiert sich daher nicht an einer allgemeinen Ethik. Isolierung der christlichen Ethik gegenüber den allgemeinen Menschheitsfragen ist aber auch nicht am Platz, weil der Christ als Hörer des Wortes ein ganzer, an der gesellschaftlichen Wirklichkeit teilnehmender Mensch ist.
Welchem Guten soll er folgen, wenn er handelt? Es gibt kein tragfähiges allgemeines Gutes, sondern nur den guten Gott, der seinen guten Willen in Jesus Christus Gestalt werden läßt. Das mag autoritär klingen, soll aber nach Barth die *Freiheit des Menschen* begründen und festhalten. Wir müssen Genossen derjenigen werden, die unmittelbar mit Gottes Kundgabe konfrontiert waren.
Daß Gottes Gebot uns so weitergegeben wird und unmittelbar trifft, ist nicht Ausdruck bedrohlicher Heteronomie. Denn das Gesetz ist zunächst nicht unser Gericht, sondern die Zuwendung Gottes zu uns, und die ist *Gnade*. Alles ethische Handeln des Menschen im Gnadenbund geschieht deswegen aus Freiheit und Freude über diese Zuwendung. Gesetz ist Erlaubnis und Gewährung.
Eine Kasuistik im allgemeinen ist deswegen für Barth nicht annehmbar. Sie würde Gottes Zu-

wendung durch starre Regeln ersetzen. Aber im *Ereignis des Handelns und Verantwortens* werden Regeln von Mensch zu Mensch weitergegeben. Solche Regeln hat Barth in mitunter gekünstelter Analogie zum Christusereignis gerade zur politischen Anleitung herstellen wollen (Christengemeinde und Bürgergemeinde).

**Zur Erarbeitung:**
1. Informieren Sie sich über den Verfasser.
2. Versuchen Sie, sich einen skizzenhaften *Aufriß* der Barthschen Dogmatik zu verschaffen. (Dafür nehmen Sie am besten *Weber, O.:* Karl Barths Kirchliche Dogmatik, Neukirchen-Vluyn [11]1989 zur Hilfe.)
3. Lokalisieren Sie die ethisch relevanten Passagen in deren Zusammenhang.
4. Legen Sie durch Diagonallektüre die wichtigsten Seiten fest, die Sie dann intensiv durcharbeiten.
5. Versuchen Sie, andere Positionen als die Barths zu erarbeiten und beide gegeneinander abzuwägen, am besten mit Hilfe folgender Stichwörter: Gesetz und Evangelium (was sagen *Althaus* und *Elert* in ihren Dogmatiken oder Ethiken dazu? [vgl. Sachregister]), Bund und Rechtfertigung.
6. Wie wird der *handelnde Mensch* bei Barth bestimmt?
7. Nach welchen Gesichtspunkten richtet er seine Handlungen in bestimmten Situationen aus?
8. Wählen Sie sich ein Thema, das auch in KD III,4 abgehandelt ist, und suchen Sie dazu neuere und neueste Erörterungen in den Humanwissenschaften, um Barths Urteilsvermögen zu überprüfen (z.B. Thema des Selbstmords, der elterlichen Autorität).
9. Bestimmen Sie Barths Ethik innerhalb der Klassifikationen »Situationsethik«, »Kasuistik«, »Güterethik«, »Pflichtenethik« usw. Wichtig ist das Thema des mandatum concretum.
10. Wenn Sie Zeit und Lust haben: Versuchen Sie, den Zusammenhang von Barths Theologie und Barths *politischer Orientierung* zu erarbeiten und zu seiner ethischen Urteilsfindung in Beziehung zu setzen. Wie verbindet sich für ihn das im Wort Gottes Gebotene mit den politischen Situationen und dem dort Erforderten, etwa 1933-34 oder nach 1945?
Dazu folgende Literatur:
*Cornu, D.:* Karl Barth und die Politik, Wuppertal 1969.
*Marquardt, F.-W.:* Theologie und Sozialismus, München [3]1985 (dazu auch viele Rezensionen!).
11. Wenn Sie sich ein übersichtliches Exzerpt und vielleicht ein kleines Glossar der Barthschen Hauptbegriffe angelegt haben: Vergleichen Sie Ihre Ergebnisse mit dem Überblick bei *Dijk, J. van:* Die Grundlegung der Ethik in der Theologie Karl Barths, München 1966.

**Böckle, Franz:** Fundamentalmoral, München 1977.

Der emeritierte Bonner katholische Moraltheologe versucht mit diesem Entwurf eine Synthese. Die gegenwärtige katholische Moraltheologie tendiert zu zwei Flügeln, dem *theonomen* und dem *autonomen* Ansatz. Böckle kann beide Gesichtspunkte nicht auseinanderreißen. Gerade seine integrative Position empfiehlt seinen Entwurf, um mit gegenwärtiger katholischer Moraltheologie bekannt zu werden.
Nach *Mausbach/Ermecke* (Katholische Moraltheologie, Bd. 1, Münster [9]1959, S. 1) behandelt die Fundamentalethik die Grundlagen natürlichen sittlichen Handelns im Licht der Vernunft, die Fundamentalmoral hingegen die Grundlagen des sittlichen Handelns der Menschen bzw. der Christen im Licht des Glaubens und der von ihm geleiteten Vernunft. Böckle nimmt den ersten in den zweiten Gesichtspunkt hinein. Dabei zielt er auf die gelebte, die gedeutete und die gestaltete Erfahrung (S. 14). Wie lassen sich Grund und Grenzen sittlicher Autonomie angesichts der Einsicht feststellen, daß sich die Gestalt Christi, das »universale concretum«, einer normativen Verallgemeinerung widersetzt (S. 16f)?
Der *erste Teil* des Werks nimmt seinen Ausgang vom Menschen und erkennt die Autonomie an (S. 49ff), aber versteht dann mit *K. Rahner* Gott als das schlechthin vorgegebene und grundle-

gende Woraufhin unseres Denkens (S. 78ff); Gottes Freiheit gewährt anderen die Freiheit (S. 83ff). Schuld und Erfüllung sind im Menschenleben gleichermaßen zu bedenken.
Der *zweite Teil* behandelt Fragen der Normenbegründung, zieht dabei reichlich biblisches Material heran, behandelt das Naturrecht, die Themen der Güter, der Werte usw. und stellt das christliche Proprium darin fest, daß der Glaube ein vertieftes Verständnis von Autonomie und Schuld ermöglicht (S. 288ff). Schließlich wendet sich Böckle auch der Begründung normativer Urteile zu.

**Zur Erarbeitung:**

1. Zunächst sollte Böckles *Position* in den *Kontext* der gegenwärtigen Diskussion eingeordnet werden. Was bedeutet das Insistieren katholischer Moraltheologen auf der Autonomie? Liegt darin nur ein Protest gegen eine heteronome kirchliche Moral oder ein Versuch, die Synthese von Glauben und Vernunft bei *Thomas von Aquino* zeitgemäß auszulegen? (Ein dezidierter Autonomieanspruch trägt den Ansatz von *Korff, W.*: Wie kann der Mensch glücken?, München u.a. 1985 [der sich an *A. Auer* anschließt].)
2. Die Spannung von *Autorität Gottes* und *menschlicher Selbstbestimmung* läßt sich am besten an der Abfolge von biblischem und naturrechtlichem Ethos in Böckles Entwurf verfolgen. Wie verbindet Böckle beides in der Erfahrung als Quelle sittlicher Einsichten (Themen: Gewissen, Verbindlichkeit, Glaube und Vernunft usw. – vor allem S. 268ff)?
3. Die *theologische Synthese* (S. 70ff) kann mit Hilfe eines Einblicks in *Rahner, K.*: Grundkurs des Glaubens, Freiburg u.a. 1976 vertieft werden.
4. Ein Gespräch aus der Perspektive evangelischer Theologie und Ethik kann folgende Fragestellungen aufgreifen:
   - Wie sieht die Reformation das Verhältnis von Glaube und Vernunft angesichts des Totalaspekts des ›Sünders‹ in der simul-Formel, von woher wird die Vernunft in Kraft gesetzt?
   - Wie sieht die Wort-Gottes-Theologie das Verhältnis von Christusglaube bzw. Christologie und Vernunft (Beispiele: Barth, Kreck oder auch Bonhoeffer)?

**Bonhoeffer, Dietrich:** Ethik, zusammengestellt und hg. v. E. Bethge, München [12]1988.

Bonhoeffers ›Ethik‹ besteht aus Fragmenten, die im Zuge seiner konspirativen Tätigkeit und häufigerer Ortswechsel zu Beginn des Zweiten Weltkriegs entstanden. Sein Freund und Schüler Bethge hat sie ediert, von der sechsten Auflage an neu geordnet und in die vermutete zeitliche Abfolge der Entstehung gebracht. Deswegen empfiehlt es sich, nicht auf die früheren Auflagen zurückzugreifen. Eine kritische Neuauflage wird erneut Umstellungen zur Folge haben. Im Vorwort zur sechsten Auflage skizziert Bethge die *vier Ansätze* und die Bedingungen ihrer Entstehung:

A *Die Liebe Gottes und der Zerfall der Welt.* Dieser Ansatz, noch ganz in der Sprache des Buches ›Nachfolge‹ (1937), geht vom Gedanken der Einheit Gottes und der Welt in Christus aus. Christi Herrschaft ist weltweit und ausschließlich. Sie bedeutet für den ethisch handelnden Menschen Freiheit, Erlaubnis, Verantwortung, aber auch Ernstnehmen der säkularisierten Welt.

B Der zweite Ansatz, *Ethik als Gestaltung,* beruft sich auf die Inkarnation. Da das abendländische Erbe bis zur Diktatur Hitlers einen Verfall durchgemacht hat, ist keine Anknüpfung an ein überliefertes Gut mehr möglich. Menschenverachtung, Todesvergötzung oder Kult des Erfolgs sind die Zeichen des Verlustes einer guten Bindung an überkommene Werte. Bonhoeffer kann nicht mehr so wie im ersten Ansatz die säkulare Welt ernst nehmen und die Werte der Humanität in unmittelbarer Nähe zum Christentum finden. Jetzt muß sich die Ethik auf die Gleichgestaltung mit Christus berufen. Die Schuld der Welt fällt auf die Kirchen.

C Der dritte Ansatz beruft sich auf die *Rechtfertigung.* Bonhoeffer sieht das Leben der Menschen unter dem Zwiespalt von Letztem und Vorletztem. Das Wort der Rechtfertigung ist das Letzte, Anfang und Ende; von ihm her erst ist das Vorletzte, die Welt des Menschen mit seiner

Autonomie, in Gültigkeit gesetzt. Es wird auf-, nicht abgewertet. Bonhoeffer spricht vom Natürlichen, von den Rechten des Lebens, die vor den Pflichten stehen. Schwärmertum wäre es, die letzten Dinge allein zu sehen, Kompromiß, die vorletzten ausschließlich zum Ausgangspunkt zu nehmen. Um die Spannung von Letztem und Vorletztem auszuhalten, muß die theologische Ethik nicht vom Menschen allgemein, sondern vom Menschen Jesu (Christus) ausgehen.

D Der vierte Ansatz, *Christus, die Wirklichkeit und das Gute,* ist der ausführlichste. Seine beiden zentralen Stichwörter sind wohl »Sachgemäßheit« und »Schuldübernahme«. Auch hier ist alles christologisch zu verstehen. Nicht ein allgemeines Gute, sondern Christus als der Gute bindet das Leben aller Menschen an die Mitmenschen und an Gott. Das ist die einzige Bindung, die zugleich Freiheit ist. Verantwortliches Leben hat die Kriterien der Stellvertretung (weder das andere noch das eigene Selbst absolut zu setzen) und der Wirklichkeitsgemäßheit. Sachgemäßheit mißt sich immer an Persongemäßheit. Das Ich des ethisch Handelnden gewinnt sich nur in der Hingabe; die Wirklichkeit, der es sich aussetzt, wird erst begriffen, wenn sie von Christus, dem Wirklichen, her gesehen wird. Jeder andere Weg setzt eine falsche absolute Instanz. Selbstgewisse ethische Reinheit gibt es nicht, weil der Christ, wie Christus, Schuld übernimmt.

**Zur Erarbeitung:**

1. Informieren Sie sich über den Verfasser (z.B. durch die Biographie von *Bethge, E.:* Dietrich Bonhoeffer, München [7]1989; dort finden sich auch auf den S. 111-114, 167ff, 515ff, 803ff kurze Inhaltsangaben seiner wichtigsten Werke).
2. Versuchen Sie, sich die vier Ansätze zu verdeutlichen (durch Diagonallektüre, durch die Inhaltsangabe bei Bethge und Erarbeitung der zentralen Begriffe mit Hilfe des Sachregisters auf Karteikarten o.ä.).
3. Wählen Sie sich selbst einen Ansatz der Erarbeitung, wenn Sie einen ersten Überblick gewonnen haben. (Die ersten beiden sind so kurz, daß sie durch eigene Arbeit ergänzt und fortgeführt werden müssen; gewichtiger sind in ihrer Ausführung die Ansätze 3 und 4.) Sie können auch einen systematischen Ansatz (z.B. Christologie und Ethik, Verhältnis Christentum-Welt o.ä.) zur Erarbeitung wählen.
4. In jedem Fall ist es notwendig, sich die eigentlichen *systematischen Fragen* rigoros zu stellen: Was bedeutet es, daß Christus der Gute, der Wirkliche ist? Wie läßt sich das mit unserem Verständnis von Worten, von Wirklichkeit vereinbaren? Oder wird unser Vorverständnis damit kritisiert? Wie läßt sich der radikale Anspruch der Rechtfertigung (Letztes und Vorletztes) in unserer säkularen Welt vertreten, ohne daß es zu einem »sacrificium intellectus« kommt?
5. Dann wird es, je nach Erarbeitungsverfahren, notwendig sein, zentrale theologische oder ethische Stichwörter herauszustellen, die ihnen zugrunde liegende Tradition mit Hilfe eines Nachschlagewerkes zu erarbeiten und mit Bonhoeffers Verwendung zu vergleichen (z.B. Nachfolge, Gut [Gutes], Stellvertretung [s. auch *D. Sölles* Kritik an Bonhoeffer], Gewissen, Freiheit, Natürliches, Schuld[übernahme], Verantwortung, Beruf, Mandate). Halten Sie am besten schriftlich fest, was nach Ihren Feststellungen bei Bonhoeffer anders als in der Tradition ist.
6. Fragen Sie nach den *Folgen* eines solchen ethischen Ansatzes. Wie wird die Handlung eines Christen aussehen? Bezieht sich die Ethik auf das Selbstverständnis des Handelnden (Frage des Selbst, des Subjektes), auf seinen Ort in der Welt, auf den Inhalt seiner Handlung (Personenbezogenheit, Sachgemäßheit), soll die christliche Ethik motivieren oder Verantwortung wachrufen?
7. Vergleichen Sie mit Hilfe dieses Arbeitsbuchs Gesinnungs- und Verantwortungsethik und bestimmen Sie Bonhoeffers Bedeutung gegenüber der jüngeren protestantischen Tradition.
8. Verfassen Sie einen kleinen Abriß Ihrer eigenen schwerpunktmäßigen oder systematischen Erarbeitung und vergleichen Sie ihn mit wichtigen Abschnitten der Bonhoefferschen ›Ethik‹.

**Brunner, Emil:** Das Gebot und die Ordnungen. Entwurf einer protestantisch-theologischen Ethik, (Tübingen [1]1932) Zürich [3]1939.

Brunner gehörte zu den Mitstreitern der ›dialektischen Theologie‹. Sein ethischer Entwurf hat mehrere Auflagen erlebt und zusammen mit dem Buch ›Gerechtigkeit‹ (1943) die ökumenische Debatte sehr beeinflußt. Es gehört zu den wichtigsten theologischen Büchern dieses Jahrhunderts.

Brunners ›Ethik‹ entstand in den Jahren, als sich die Zusammenarbeit mit K. Barth auflöste und die Gruppe der ›dialektischen Theologie‹ auseinanderbrach. Der denkwürdige Streit zwischen Barth und Brunner ging um das Problem der ›*Anknüpfung*‹. Knüpft Gottes Wort an menschliche Bedingungen an? Barth verneinte das rigoros, Brunner unterschied zwischen *formaler und materialer Imago Dei* im Menschen: Trotz der Sünde sei dem Menschen die Sprache und die Struktur des Verstehens erhalten, so daß er auf Gottes Wort zumindest durch seine Sprachfähigkeit vorbereitet sei. Material sei der Mensch ganz von der *Sünde* gezeichnet und müsse auch ganz erneuert werden. Brunners Anknüpfungsverfahren hieß ›*Eristik*‹: die natürlichen Verhältnisse so zu durchleuchten, daß ihre Krise zu Tage tritt und das Wort Gottes als Heilsverkündigung zur Sprache kommen kann.

Dieser Weg zeichnet sich auch in der Anlage der Brunnerschen ›Ethik‹ ab. Sie setzt mit der ›Frage‹ ein: Die natürliche Sittlichkeit kann nicht aus und in sich selbst bestehen. Brunner kann weder ein Ja noch ein Nein über ihr aussprechen. Sie scheitert an der Frage des Bösen (S. 32, Gegensatz Sein-Sollen). Weil eine vernunftimmanente Besinnung das Problem nicht auflöst, tritt die Offenbarung helfend ein (S. 35f). Brunner hat also eine *apologetische Tendenz* in seinen Ethik-Entwurf hineingelegt.

Erst die *Offenbarung* hebt den Zwiespalt auf: Die leere Form des Gebots und die konkrete, aber der Form nicht genügende unreine Sittlichkeit stehen nicht mehr gegeneinander. Der *Glaube* wird zum Prinzip der Sittlichkeit, das Gute bestimmt sich aus der Bindung an Gott (S. 41 bzw. 44). Brunner muß nun den Widerspruch der Offenbarung zur Selbstbestimmung der Vernunft und zur Emanzipation zeigen. Denn sie haben ja das formale Prinzip der Sittlichkeit in die Welt gebracht. Der Christ ist nicht mehr »selb-ständig«, sondern »gott-ständig« (S. 64). Christliche Ethik kann nicht mehr Teil einer allgemeinen Ethik sein, sondern nur als Teil der Dogmatik zur Sprache kommen.

Nun unterscheidet Brunner zwischen dem *Gesetz*, das jeder Mensch kennen kann, und dem *Gebot*, in dem Gott sich selbst schenkt. Das Gebot läßt sich nicht in kasuistische Regeln fassen. Gerechtigkeit ist deswegen nicht formal. Unter diesem Gesichtspunkt führt Brunner seine konkreten ethischen Erwägungen durch. Sie stehen unter der Forderung der Liebe, die dem Nächsten gilt. Nur unter diesen Kriterien nimmt Brunner die *Ordnungen* des Zusammenlebens auf, in denen sich Gottes Schöpferwille zeigt. Funktionale Beziehungen (Gesellschaft) kommen deswegen nicht in sein Gesichtsfeld.

**Zur Erarbeitung:**

1. Informieren Sie sich näher über den Verfasser und seine Position (vgl. TRE; *Zahrnt, H.:* Die Sache mit Gott, München/Zürich [8]1988; *Hübner, E.:* Evangelische Theologie in unserer Zeit, Bremen 1966; ›Dialektische Theologie‹ in Scheidung und Bewährung 1933-36, hg. v. W. Fürst, München 1966).
2. Machen Sie sich an Hand des Inhaltsverzeichnisses den Aufriß deutlich. Wo vermuten Sie die wichtigsten Gesichtspunkte zu Brunners eigener *Position* (Problem der Vernunftautonomie, des Bösen, der Anknüpfung der Offenbarung, des göttlichen Gebots usw.)?
3. Analysieren Sie die Bücher 1 und 2 der Brunnerschen ›Ethik‹. Notieren Sie die Zentralbegriffe und verdeutlichen Sie sich bei der Lektüre mit Hilfe einer Skizze, wie der Gang der Argumentation verläuft.
4. Fallen Ihnen Alternativen zu diesem Ansatz ein?
5. Überlegen Sie selbständig, wie Brunner mit seiner Position (Tendenz zum *Personalismus*) ethische Probleme behandeln kann. Wie würde er sich den heute relevanten gesellschaftsethischen Fragen nähern? Könnte er einen Gesellschaftsbegriff etwa systemtheoretischer Art integrieren?

6. Prüfen Sie nun den Begriff der »Ordnungen« nach zwei Seiten: a) seiner theologischen Fundierung, b) seiner Bedeutung für gesellschaftsethische Fragen.
7. Wählen Sie sich zur konkreten Kritik ein Exempel, etwa aus dem Bereich der Wirtschaftsethik, zu dem Sie Rat in einem Wirtschaftslexikon, im Ev. Soziallexikon oder an anderer Stelle einholen. Wie verfährt Brunner im Vergleich dazu? Hat das theologische Gründe?
8. Formulieren Sie sich Ihr eigenes Urteil und überprüfen Sie es noch einmal schwerpunktmäßig an wesentlichen Stellen des Brunnerschen Buches.

**Bultmann, Rudolf:** Das Problem der Ethik bei Paulus, ZNW 23 (1924), S. 123-140 (ebenfalls in: *Ders.:* Der alte und der neue Mensch in der Theologie des Paulus, Darmstadt 1964, S. 7-27); Das christliche Gebot der Nächstenliebe, in: *Ders.:* Glauben und Verstehen (GuV) I, S. 229-244; Humanismus und Christentum, in: GuV II, S. 133-148; Formen menschlicher Gemeinschaft, in: GuV II, S. 262-273; Die Bedeutung des Gedankens der Freiheit für die abendländische Kultur, in: GuV II, S. 274-293; Gedanken über die gegenwärtige theologische Situation, in: GuV III, S. 190-212.
Ferner: *Ders.:* Theologie des Neuen Testaments, Tübingen [9]1984, S. 8f, 10ff, 57ff, 193ff, 223ff, 232ff, 260ff, 337ff, 552ff (vgl. auch das Sachwortverzeichnis).

Bultmann, Mitstreiter der ›dialektischen Theologie‹, kam ursprünglich aus der ›religionsgeschichtlichen Schule‹. Als *Neutestamentler* spielte er in den fünfziger und sechziger Jahren zugleich die Rolle des paradigmatischen *Systematikers.* Er hat keine in sich abgegrenzte ›Ethik‹ verfaßt, aber das Neue Testament mit so bestimmten Intentionen interpretiert, daß durchaus nicht nur das Programm einer neutestamentlichen Ethik, sondern auch Umrisse einer *Ethik der existentialen Interpretation* sichtbar werden. Die Aufarbeitung erfordert allerdings einiges systematische Interesse, das die einzelnen Fäden in den Aufsätzen und den Abschnitten seiner ›Theologie des Neuen Testaments‹ aufnimmt und zusammenführt.
Schon in frühen Zeiten hebt Bultmann das Verhältnis von *Indikativ und Imperativ* hervor. Er versucht die paulinische Aussage, daß der Christ der Sünde gestorben sei und nun nicht mehr der Sünde lebe, zu interpretieren. Zwar habe Paulus die Wiedergeburt aus der hellenistischen Mystik heraus begreifen wollen, aber doch an entscheidenden Stellen korrigiert. Gott begegne dem konkreten Menschen als tätiger Wille, der sein neues Sein in tätigem Gehorsam bewähre.
Der *neue Gehorsam* wird später mit der *Liebe* gleichgesetzt. Sie wehrt die Antwort auf die Frage, *was* zu tun sei, ab; denn die Liebe gestalte das *Wie,* aber nicht das Was des Handelns. Deswegen verbiete sich eine einsichtige Theorie der christlichen Ethik. Liebe ist eine Existenzmöglichkeit, nicht eine Sammlung von Vorschriften.
Wenn das Was der Liebe sich jeweils im Augenblick bewährt, geht es den Menschen existentiell an. Es ist die *Entscheidung,* die *Entweltlichung.* Die Welt tritt zurück, weil der Glaubende ganz auf sich gestellt ist und von Gott her sein Dasein empfängt.
Was das für die konkrete Orientierung des Christen bedeutet, läßt sich an den oben zuletzt genannten Aufsätzen deutlich ablesen. Die neuere Theologie bietet nur wenige Gelegenheiten, die Stellungnahme eines Theologen zu seiner Zeit so direkt und unverblümt abzulesen. Mit der Betonung der *Gemeinschaft* geht Bultmann die Erfahrung der Gesellschaft verloren. Ehe, Kameradschaft, Kunstleben und glaubende Gemeinschaft sind ihm Paradigmen. Infolgedessen bleiben für ihn die Probleme des Sozialstaats und der vielfältig interdependenten Gesellschaft undurchsichtig. Soziale Sicherung wird analog zum Widerstand gegenüber der Entweltlichung als Sekuritätsdenken verworfen. Auch hier zeigt sich die romantische Linie einer existentialen Hermeneutik, die das Verhältnis Gottes zum Menschen nach einem verklärten Vaterbild und das Verhältnis der Menschen untereinander am liebsten nach Analogie der heilen Familie sieht.

**Zur Erarbeitung:**
1. Informieren Sie sich über den Verfasser.
2. Stellen Sie mit Hilfe des ›Historische(n) Wörterbuchs der Philosophie‹ unter den Stichwörtern »Existentiale Interpretation« und »Existenzphilosophie« den Hintergrund Bultmannschen

Denkens fest. (Zur umfassenderen Einführung: *Tödt, H.E.:* Rudolf Bultmanns Ethik der Existenztheologie, Gütersloh 1978.)
3. Informieren Sie sich in Kürze (RGG/TRE) über das Denken seines liberalen Lehrers *W. Herrmann* und Bultmanns Kritik an ihm in GuV I (Die liberale Theologie und die jüngste theologische Bewegung).
4. Erarbeiten Sie sich einen zentralen Text des *Paulus,* der die Spannung von Indikativ und Imperativ enthält (Röm 12,1-2 oder eine andere Perikope).
5. Vergleichen Sie verschiedene Auslegungen (Kommentare!).
6. Inwiefern meint Bultmann die *reformatorische Problematik von Gesetz und Evangelium* wiederaufzunehmen (Artikel der RGG, der TRE, ›Hilfsbuch zum Studium der Dogmatik‹, hg. v. E. Hirsch, Berlin und New York $^{4}$1964 heranziehen)?
7. Bedenken Sie systematisch die Funktion des Begriffs der Liebe! Welche Bedeutung hat er, um theologisches Erkennen von Erkenntnisweisen in der Subjekt-Objekt-Distanz zu unterscheiden?
8. Untersuchen Sie, ob Bultmanns Blindheit für gesellschaftliche Phänomene mit dieser Erkenntnisweise und mit einer Engführung der existentialen Interpretation sowie ihrer existentiellen Anwendung zu tun hat.
9. Versuchen Sie, das Ergebnis Ihrer Einzelstudien in einen Zusammenhang zu bringen, am besten, indem Sie die zentralen Gedanken in abgekürzter Form auf einem großen Blatt schematisch zusammenzustellen versuchen.
10. Welche Bedeutung hat das Gebot Gottes für die Entscheidung eines Menschen in seiner Zeit?
11. Vergleichen Sie die Weiterführung dieses Ansatzes bei *Løgstrup, K.E.:* Die ethische Forderung, Tübingen $^{2}$1968.

**Elert, Werner:** Das christliche Ethos. Grundlinien der lutherischen Ethik, (Hamburg $^{1}$1949) Hamburg $^{2}$1961.

Elert war der wohl scharfsinnigste und zugleich (konservativ-)radikalste Vertreter der lutherischen Theologie unseres Jahrhunderts (und das nicht nur in Erlangen). Er gliedert seine ›Ethik‹ in drei große Teile: 1. Ethos unter dem Gesetz, 2. Ethos unter der Gnade, 3. Objektives Ethos.
In den Teilen 1 und 2 findet sich die Unterscheidung von *Gesetz und Evangelium* wieder, der 3. Teil läßt sich dagegen nicht so leicht von seinem Titel her bestimmen. Er enthält das Ethos des Verbandes, das *»objektive christliche Ethos«,* während sich Gesetz und Evangelium in der individuellen Person überschneiden.
Zunächst ist es wichtig, die *Bedeutung des »Ethos«* zu verstehen. »Ethos ist stetiges Verhalten von Menschen, sofern es qualitativer Beurteilung unterliegt« (S. 19). Es enthält Normen dessen, was sein soll, und nicht feststehende Naturgesetze.
Das christliche Ethos wird nun an der Qualität des Menschen mit *göttlichem Urteil* gemessen. Der Mensch unter göttlichem Urteil ist aber nicht der neuzeitliche Mensch, der sich aus sich selbst ethisch-qualitativ versteht.
Wo wird nun das *Urteil Gottes* relevant? In einem unbedingten, die Geschichte transzendierenden Geltungsanspruch, der im Gewissen laut wird. Menschliches Ethos kann christlich verstanden werden, aber nun nicht so, daß es in seiner Erfüllung aufgefaßt, sondern so, daß es als unerfüllt erkannt wird (Urteil Gottes).
Das *Ethos unter dem Gesetz* beginnt beim *Ebenbild Gottes.* Aber das Gesetz selbst steht wesentlich unter dem *Zorn Gottes.* Alle Ordnungen, auch die lebenserhaltenden, fallen darunter; deswegen sind sie Zwang. Die Fülle des alttestamentlichen Gesetzes wird im Neuen Testament zur Liebesforderung, die wegen ihrer Unendlichkeit unerfüllt bleiben muß. Dieser ›usus proprius legis‹ macht das Gesetz zum Ankläger. Selbst in den politischen Ordnungen ist deswegen nicht Segen, sondern Vergeltung zum Ausdruck gekommen.
Das *Ethos unter der Gnade* wird an *Christus* anschaulich, der ein »Gesell der Sünder« wird. In welcher Form sind wir mitbetroffen? Nur so, daß das Bild des neuen Menschen nach seinem Bild geprägt ist. Der Mensch kann von sich aus nicht in der Erneuerung kooperieren.

Das *objektive Ethos* selbst ist a posteriori. Es faßt die unter Gesetz und Evangelium stehenden Individuen zusammen. Es behandelt Leben und Recht der *Kirche* unter Gesetz und Evangelium, wobei die Dynamik der christlichen Bruderschaft die Kirche auf den Weg zwischen eschatologischem Noch-nicht und der Zeit weist.

**Zur Erarbeitung:**
1. Stellen Sie die wichtigsten Informationen zur Person des Verfassers zusammen.
2. Versuchen Sie, nach dem Inhaltsverzeichnis die für die theologische Grundlegung wichtigen Kapitel zu bestimmen.
3. Stellen Sie in ihnen die zum Verständnis des Buches wichtigsten Definitionen zusammen.
4. Versuchen Sie, das *Verhältnis von Gesetz und Evangelium* nach Elert zu bestimmen. Von wem, von welcher Richtung setzt sich Elert ab?
5. Versuchen Sie, die zeitgeschichtlichen Reflexionen zu diesem Thema im ›Christlichen Ethos‹ zu finden. Wie orientiert sich Elert *politisch*? Gibt es einen stringenten Zusammenhang zwischen seiner Theologie und seiner politischen Entscheidung?
6. Konfrontieren Sie einen seiner Leitbegriffe, sofern möglich, mit den Erkenntnissen der Handlungswissenschaften (z.B. Gewissen oder Verband).
7. Wie sieht Elerts Auffassung vom Menschen aus?
8. Konkretisieren Sie die theologische Grundlegung an einem besonderen Problem.
9. Wie ist die Begründung der *Sozialethik* nach Elert zu leisten?
10. Versuchen Sie, in einer kurzen Stellungnahme Ihre Beurteilung niederzuschreiben. Wie würden Sie Alternativen ansetzen lassen?

**Fleischer, Helmut:** Ethik ohne Imperativ. Zur Kritik des moralischen Bewußtseins, Frankfurt/M. 1987.

Der in Darmstadt lehrende Philosoph beruft sich für die Grundlegung seiner ›Ethik‹ auf *materiale Wertlehren*, wie sie vor allem *M. Scheler* und *N. Hartmann* entwarfen (S. 12).
Fleischer will in seiner Ethik nicht Imperative untersuchen, sondern an die *praktizierte Sittlichkeit*, an das Ethos, anknüpfen (S. 8f). Darum arbeitet er die *Potenzen der Ethik* heraus: Unter anderem sind Selbstsein, Selbstzwecklichkeit, Selbststeigerung, Integritätswahrung, aber auch Rivalität und Solidarität zu nennen (S. 26ff). Im Rahmen dieser Potenzen prägen sich Verbindlichkeiten aus (S. 36). Mensch und Mitmensch sind aufeinander bezogen, weil qualifiziertes Selbstsein zur Achtung und zur Kooperation drängt (S. 43).
Wie *Hegel* will Fleischer nicht das Sollen vom Sein, vom gesellschaftlichen und vom individuellen Leben, isolieren. Im Lebensvollzug zeigt sich, daß sich die Menschen einem Anliegen öffnen können – ein Urphänomen, das Ursprung des Ethos und Anlaß der ethischen Reflexion ist. Die *Freiheit* bildet sich *in*, nicht jenseits der *Natursphäre* heraus. Sie zielt auf realisierte Güterwerte. Gegen die Diskursethik unserer Tage meldet Fleischer ein Bedenken an: Jeglichem Diskurs muß eine ursprüngliche sittliche Einsicht vorgeordnet sein; die Menschen müssen erst zum Diskurs bereit sein.
Ein zweiter Teil dieses Entwurfs fragt nach der *gegenwärtigen ethischen Situation* sowie nach einer Ethik der Zukunft. Behandelt werden Themen wie die Ethik des Sozialismus, die Grundwerte, das Überleben der Menschheit, der Friede und das Verhältnis der Menschen zur Natur.

**Zur Erarbeitung:**
1. Informieren Sie sich – in Nachschlagewerken – zum Vorwurf des *Formalismus* gegen die Ethik *Kants* und über die sog. *materiale Wertethik*. An welcher Stelle des Entwurfs von Fleischer wird der Einfluß von *Scheler* und *Hartmann*, aber indirekt auch von *Hegel* (Vernunft in den Lebensverhältnissen) sichtbar?
2. Warum spricht der Verfasser von der »Grundlegung zu einer *Physik* der Sitten« (S. 17)? Hier lohnt sich ein Vergleich mit der »Grundlegung zur *Metaphysik* der Sitten« von Kant.
3. Bezieht sich dieser Entwurf primär auf die Gesinnung oder auf das Handeln, oder meint er

umfassendere Kataloge menschlichen Verhaltens und menschlicher Orientierung? Was bedeuten die sogenannten *Potenzen?*
4. Stellen Sie genauer fest, was Fleischer gegen vieldiskutierte Begründungsversuche praktischer Philosophie in der heutigen Zeit einzuwenden hat (S. 91ff).
5. Wählen Sie ein Problemfeld des zweiten Teils aus und prüfen Sie im Vergleich mit anderen Stellungnahmen, ob und wie Fleischers Entwurf eine besondere Perspektive für gegenwärtige Problemstellungen einschließt.

**Fletcher, Joseph:** Moral ohne Normen?, Gütersloh 1967 (Orig.: Situation Ethics. The New Morality, London 1966).

Fletcher ist ein amerikanischer Theologe, der sich in der Zeit der ›Honest-to-God‹-Debatte (*Robinson*) daranmachte, die Ethik zu revolutionieren – wenigstens sah er es so. Sein Buch wird im Englischen im Untertitel als Darstellung einer ›neuen Moral‹ angekündigt. Als ganz neu kann sie jedoch nicht bezeichnet werden. Denn Fletcher selbst kennt seine Vorläufer. Vor allem beruft er sich auf *E. Brunner* und *P. Tillich.*
Wichtig ist sein Verständnis von *Situationsethik.* Was gilt in der Situation des Handelns als Norm? Die Situation selbst? Nein, die *Liebe.* Aber die Liebe ist ein Prinzip, das zwar dasselbe bleibt, sich jedoch in seiner Selbigkeit den Umständen anpaßt.
Als Kontraste führt Fletcher den Legalismus und den Antinomismus an. Der Legalismus beruft sich auf unverrückbare Gesetze (z.B. das Naturrecht), der Antinomismus, bekannt von *Agricola,* dem Zeitgenossen *Luthers,* lehnt jedes Gesetz radikal ab, weil dem Christen und der Theologie nur das Evangelium aufgetragen sei.
Fletcher führt vier *Arbeitsprinzipien* auf:
1. Die *pragmatische* Einstellung: Gut ist, was sich im Handeln des Kontexts bewährt.
2. *Relativismus* (Berücksichtigung der zeitlichen Umstände).
3. *»Positivismus«,* d.h. die Glaubensaussagen sind gesetzt (positio). Vor allem beruft er sich hier auf die Bejahung des Satzes »Gott ist die Liebe«.
4. *Personalismus:* Alle Werte beziehen sich auf lebendige Personen und diese auf die Gesellschaft.

Deswegen kann christliche Ethik nicht ein Wert in sich selbst sein, sondern wird nur wertvoll, wenn sie dazu dient, dem Mitmenschen zu helfen.
Das alles steht, wie schon gesagt, unter dem Leitbegriff der *Liebe.* Sie ist im Kreuz Christi exemplarisch und wird im Christen zu einer Einstellung, so daß sich Fletcher der Gesinnungsethik nahefühlt. Auch läßt sich diese Liebe in die Gerechtigkeit übersetzen, weil Gerechtigkeit das will, was dem anderen zukommt. Und zwar handelt es sich hier nicht um ein Reziprozitätsverhältnis, sondern um eine dialoghafte Begegnung mit dem anderen Menschen.
Vier Faktoren sind bei der Handlung zu berücksichtigen: 1. der Zweck, 2. die Mittel, 3. die Motive, 4. die voraussehbaren Konsequenzen.

**Zur Erarbeitung:**
1. Informieren Sie sich über den Verfasser.
2. Stellen Sie fest, was man in der deutschen Diskussion unter Situationsethik versteht, und vergleichen Sie Fletchers Ansatz damit.
3. Erarbeiten Sie die biblische und die dogmengeschichtliche Bedeutung des Begriffs der *»Liebe«* in seiner Doppelstruktur als *Eros und Agape* (s. die Hinweise dieses Arbeitsbuchs).
4. Setzen Sie die Arbeitsprinzipien Fletchers (s.o.) dazu in Beziehung.
5. Informieren Sie sich durch Artikel in Nachschlagewerken über die Bedeutung von *Pragmatismus, Positivismus* und *Kontext* in der angelsächsischen Diskussion (z.B. in der ›Encyclopedia of Philosophy‹).
6. Sammeln Sie weitere zentrale Begriffe, die Fletcher benutzt: z.B. Prinzipien, Naturalismus, Gesetze usw.; versuchen Sie, aus dem Buch eine Definition zu gewinnen, und setzen Sie diese in Beziehung zu anderen Verwendungsarten.

7. Ermitteln Sie, ob Flechters Einwände gegen andere ethische Ansätze stichhaltig sind, indem Sie wiederum deren Einwendungen gegen die Situationsethik sammeln.
8. Wählen Sie einen ethisch relevanten Fall und erproben Sie daran Fletchers Verfahrensweise (z.B. das Problem des Schwangerschaftsabbruchs); vgl. Sie auch sein Buch ›Situation Ethics at Work‹.
9. Beurteilen Sie Fletchers Übersetzung der *Gerechtigkeit* in *Liebe* und umgekehrt.
10. Schreiben Sie Ihre eigene kritische Inhaltsangabe und vergleichen Sie sie mit der Ihnen Vorgegebenen.

**Fromm, Erich:** Psychoanalyse und Ethik, Konstanz o.J. (2. Aufl.; 1. Aufl. 1954).

Fromm gilt als profilierter Vertreter der ›*humanistischen Psychologie*‹. Aufgrund seines Ansatzes hat er der christlichen Ethik manche wichtige Fage zu stellen. Als Psychoanalytiker kommt er von *Freud* her. Freud, meint Fromm, habe zwei entgegengesetzte Auffassungen vertreten: Als typischer Vertreter des Rationalismus habe er die Selbstbestimmung des Menschen hochgehalten, aber den Menschen auf der anderen Seite als zügellos betrachtet, ihm Destruktion und Todestrieb zugeschrieben. Deswegen muß Fromm fragen, wie das Böse, das Übel in die Welt kommt. Ist es charakterbedingt, ist es die notwendige Reaktion auf den Lebenstrieb, so daß der Mensch, der leben will, auch haßt? Oder ist der *Destruktionstrieb* die *Folge ungelebten Lebens?*
Fromm entscheidet sich für die zweite Position und kann seine humanistische Ethik nur durchhalten, wenn er alles das aufspürt, was lebenshemmend ist. Seine humanistische Ethik hat *zwei Prinzipien*: ein materiales – gut oder böse ist nur, was für den Menschen gut oder böse ist, und ein formales – nur der Mensch ist Kriterium von Tugend und Sünde (S. 26).
Um des Menschen willen kritisiert Fromm alle nichthumanistische Ethik als autoritär. Die autoritär verstandene Sünde vergeht sich gegen die Autorität, nicht aber das lebendige Individuum. Autoritäre Ethik wird auf Gehorsam oder Ungehorsam bauen.
Autoritäre Ethik richtet ein *falsches Gewissen* auf. Es fühlt Angst (vor dem Strafenden), nicht aber Schuld. Das humanistische Gewissen sagt sich von der Tyrannei der Forderung der Selbstlosigkeit los; humanistische Ethik veranlaßt den Menschen als Subjekt der Handlung, zunächst *sich selbst anzunehmen* und dann sich dem anderen zu öffnen. Wer sich selbst nicht annimmt, sondern haßt, handelt nur scheinbar selbstlos am anderen Menschen, tatsächlich projiziert er nur seinen Selbsthaß auf ihn. Auch die Liebe kann Tyrannei sein.
Von diesem Ansatz her kritisiert Fromm, teils zu Recht, teils sehr undifferenziert, vor allem theologische und nichttheologische Traditionen des Abendlandes. Sein Schlüsselproblem ist die Frage nach Selbstsucht, Selbstliebe und Selbstinteresse.
Am verhängnisvollsten scheint ihm die Verurteilung der Selbstliebe durch den *Calvinismus* zu sein. Er habe die Liebe zu sich selbst und die Liebe zum anderen zur Alternative gemacht. In Wahrheit müßten beide zusammenwirken. Fromm scheint damit die Rechtfertigungslehre und ihre säkularisierte Form im Kant'schen Sittengesetz aufzugreifen.
Seine eigene Folgerung zeigt sich am Schluß des Buches (S. 267f). Er will nicht mit *Dostojevskij* sagen: Wenn Gott tot ist, dann ist alles erlaubt, sondern mit der humanistischen Ethik: »Wenn der Mensch lebendig ist, dann weiß er, was erlaubt ist« (S. 268).

**Zur Erarbeitung:**
1. Informieren Sie sich über den Verfasser, vor allem aber über die Ansätze der *Psychoanalyse*.
2. Erarbeiten Sie sich Fromms Position, vor allem mit Hilfe der Anfangs- und Schlußkapitel seines Buches. Notieren Sie sich die Hauptgesichtspunkte, die für und die gegen seine Position sprechen. Erst dann sollte sich eine intensivere Lektüre in Auswahl anschließen.
3. Analysieren Sie seine Grundlagen: Was ist der *Mensch*, von dem Fromm redet (Ich, Selbst, Gewissen, Angst, Schuld, Triebwesen usw.)? Reichen diese Bestimmungen für ein angemessenes Reden vom Menschen aus? Oder wird der »Mensch« zur Leerformel?

4. Analysieren Sie die von ihm abgelehnten Sachverhalte oder Positionen: Autorität, Gehorsam, nicht begründbares Böses usw. Mit welcher Evidenz kann er das abweisen? Handelt es sich vielleicht bei seinem Entwurf um eine neue dogmatische Position oder Weltanschauung?
5. Vergleichen Sie Fromms Darstellung der Wirkung des christlichen Liebesgebots mit seinen Intentionen. Wie redet das Neue Testament, wie eine christliche Ethik (Exempel wählen!) von Selbstsucht, Selbstliebe, Selbstlosigkeit? Was bedeutet die *Dialektik von Freiheit und Bindung* für das Selbstsein des Menschen (der Christenmensch als »freier Herr« und als »dienstbarer Knecht«)? (Hervorragend zum kritischen Vergleich: *Gollwitzer, H.:* Luthers Ethik, in: *Ders.:* Forderungen der Umkehr, München 1976, S. 75-94.)
6. Formulieren Sie Ihr eigenes Urteil: Wieweit ist Fromms Kritik berechtigt, inwiefern enthüllt sie eine ideologische Schlagseite, weil sie mit einem Popanz als Gegner argumentiert?
7. Fassen Sie Ihre Ergebnisse zusammen und überlegen Sie, wie eine christliche Ethik aussehen müßte, die den berechtigten Anliegen Fromms Rechnung trägt. An welchen Stellen wären die kirchliche Praxis und das Verhalten der Christen zu ändern?

**Harleß, G. Chr. Adolph von:** Christliche Ethik, Gütersloh [7]1875.

Harleß gehört zu den herausragenden Vertretern der lutherischen Theologie des 19. Jh.s in Erlangen. Seine ›Ethik‹ wird in diesem Rahmen vorgestellt, weil es sich bei ihr um die meistgelesene und am häufigsten gedruckte theologische ›Ethik‹ des 19. Jh.s handelt. Sie übertraf an Wirkung *Schleiermachers* ›Christliche Sitte‹, die es nur auf zwei Auflagen brachte. Harleß' ›Ethik‹ erreichte bis 1893 acht Auflagen.
Die restaurative Erlanger Theologie zeichnete sich durch ihre Gegnerschaft zur Aufklärung, durch ihre Wiederbesinnung auf das Luthertum und die Integration von Anliegen der Erweckung (Thema der Wiedergeburt) aus. Trotzdem hat Harleß' ›Ethik‹ nicht den Charakter, den wir heute von einer spezifisch lutherischen Ethik erwarten würden (vgl. *Elert, W.:* Das christliche Ethos). Ihre Mitte ist nicht die Beziehung von Gesetz und Evangelium, auch nicht die Zwei-Reiche-Lehre, sondern die *»subjektive Verwirklichung des von Christo ausgehenden Zieles«.* Es handelt sich also um die Auslegung der Lehre von der *Heiligung* und der *Wiedergeburt.* Die Dogmatik hingegen soll das Wesen des »objektiven Heilsgrundes und der objektiven Heilsvermittlung« herausstellen.
Bei diesem objektiven Heilsgut muß auch die Ethik einsetzen. Es ist Gottes Wille in Christo. Bezeichnenderweise kann Harleß diesen Willen nur auf dem Hintergrund des Selbstbewußtseins darstellen. Hier kommen also *Schleiermachers* Ansatz und die Anliegen der Erweckung (Frage nach dem frommen Ich) zum Zuge. Harleß befindet sich nun ständig auf dem Weg vom natürlichen zum christlichen Selbstbewußtsein. Die Brücke bildet das *Gewissen.* In ihm erlebt der Mensch sein Scheitern, aber auch ein ethisches Gesetz, das über dem je einzelnen Willen steht. Nur ist mit der Erkenntnis nicht das Vermögen gegeben, es zu erfüllen. Dazu ist Gottes Gnade notwendig, denn die Rechtfertigung durch Gott in Christus will nun ein entsprechendes Verhalten wachrufen.
Aufgrund dieser Gnade wird der Mensch wiedergeboren. Die *Wiedergeburt* bildet den Ansatz christlicher Ethik. Sie ist nicht ein einmaliger Akt, sondern ein ständiger Kampf des neuen mit dem alten Menschen. In diesem Kampf ist die *christliche Tugend* das Mittel zur Heilsbewahrung. Konsequent geht die Frömmigkeit darauf aus, zuerst die eigene Persönlichkeit zu formen, um so einen Beitrag zum Bau des Reiches Gottes zu leisten (§ 41). Bewahrung im himmlischen »Beruf« geht vor Bewahrung im irdischen »Beruf«. Die Bewahrung der Seele als erste Aufgabe hat ihre Rückwirkung auf das Gemeinschaftsleben. Zunächst sollen die Menschen miteinander verkehren, um diesen Geist zu stärken. Dann erst kann Harleß sich der »Bewahrung des Leibes zum Dienste der Seele in ihrer Rückwirkung auf die Gemeinschaft« zuwenden und Fragen wie die der bürgerlichen Gerechtigkeit oder des Krieges abhandeln.

**Zur Erarbeitung:**
1. Informieren Sie sich über den Verfasser und seinen Hintergrund (RGG; TRE; *Kantzenbach, F.W.:* Die Erlanger Theologie, München 1960 oder in Abrissen der Theologie des 19. Jh.s).

2. Studieren Sie gründlich und mit eigenen Überlegungen das ausführliche Inhaltsverzeichnis, das zu jedem Paragraphen Hinweise gibt. Nehmen Sie ein großes Papier zur Hand und entwerfen Sie für sich den Zusammenhang des Gedankengangs, soweit Sie ihn aus der Inhaltsübersicht nachvollziehen können.
3. Legen Sie nun fest, wo a) die theologischen Knotenpunkte, b) die wichtigen praktischen Fragen liegen könnten.
4. Beginnen Sie nun mit einer Auswahllektüre an den von Ihnen festgelegten Stellen, wobei Sie sich selbst eine Kontrollskizze anlegen sollten, um den Zusammenhang der Argumentation zu bestimmen (etwa: vom natürlichen Selbstbewußtsein über das Gewissen zur Rechtfertigungserkenntnis und zur Heiligung).
5. Stellen Sie nun mit Hilfe Ihrer dogmatischen Kenntnisse fest, welche theologischen Eigenarten Harleß aufweist (eventuell RGG-Artikel, ein Kompendium oder ein theologisches Begriffswörterbuch zur Hand nehmen). Was bindet Harleß an die Tradition der Reformation, was an die Theologie des 19. Jh.s (*Schleiermacher, Erweckungstheologie*)?
6. Stellen Sie nun in Ihrem zweiten Arbeitsgang fest, welche praktischen Konsequenzen die theologische Position von Harleß hat: Verhältnis von Individual- und Sozialethik, Gewichtung von ethischen Problemen, Ansatz beim Individuum, Fortschreiten zu Fragen der Gemeinschaft.
7. Wählen Sie ein Exempel (ein ethisches Problem) aus und überprüfen Sie daran Harleß' Argumentation: Welche Kenntnisse besitzt er, welche Gründe bewegen ihn zu seiner Entscheidung, auf welche Autorität beruft er sich (häufige ausführliche biblische Exkurse!)?
8. Halten Sie Ihr Ergebnis in kurzen, aber exakten Formulierungen fest und überlegen Sie nun, a) ob Sie eine theologische Alternative heranziehen möchten (wie müßte eine christliche Ethik dann ansetzen?), b) ob Sie sich in dem von Ihnen gewählten Exempel anders entscheiden würden (aus welchen Gründen?).
9. Überprüfen Sie die theologische Einordnung, die Sie im ersten Arbeitsschritt gefunden haben, anhand Ihrer Ergebnisse. Wie würde eine lutherische Ethik im 20. Jh. im Gegensatz zu Harleß' Entwurf aussehen?

**Hermann, Rudolf:** Ethik, hg. v. J. Haar, Göttingen 1970 (R. Hermanns Ges. und nachgelass. Werke, Bd. 4).

Hermann war ein Lutherforscher und Systematischer Theologe in Greifswald und Berlin, der heute leider fast vergessen ist. Seine ›Ethik‹ erschließt sich nicht sehr leicht, hat aber viele lohnende Gedanken, die einer Auseinandersetzung wert sind.
Hermanns Ethik ist eine Anleitung zur *Beurteilung des Handelns.* Darum ist der Beurteilungsmaßstab wichtig. Abgelehnt werden die Nützlichkeitsethik, die kasuistische Ethik, die imperative und die deskriptive Moral. Ausführlich setzt sich Hermann mit *Schleiermacher* auseinander, der nur relativ Gutes und relativ Böses kennt und beides in einen Entwicklungsgedanken einbezieht.
Sein Einwand gegen alle von ihm diskutierten Entwürfe lautet: Alles Handeln hat seine *Zeit* (S. 27), die Sittlichkeit hat ihren Zeitbegriff, die vor Gott gestellte Existenz. Dieser Zeit des jeweiligen individuellen Handelns korrespondiert die *Zeit Christi.* Er ist einmal erschienen und hat bewirkt, daß nun jede Epoche, Stunde usw. unmittelbar zu Gott ist.
Handeln ist also zeit- und geschichtsbezogen. Es schließt sich der Situation auf. Deswegen strebt es nicht einem zeitlosen Glück zu, sondern läßt sich auf die Sache hier und heute ein. In der *Sache* erzeugt die sittliche Handlung Wert, in der *Person* des Handelnden erzeugt sie Würde.
Wichtig ist nun die Unterscheidung zwischen sachlichem und sachgemäßem Handeln. Handeln aufgrund fachwissenschaftlicher Ausbildung ist sachgemäß und technisch, sittliches Handeln ist sachlich. Das Sittliche, das in ihm Gestalt gewinnt, will Geschichte werden.
An welcher Stelle wird nun das christliche Element sichtbar? Die für eine allgemeine Ethik brisante Frage ist, ob der Mensch das sittlich Gebotene tun kann. Er kann es nicht, sondern das

*Können* ist *in Christus begründet.* Im übrigen ist nicht nur die urteilende Vernunft, sondern der ganze Mensch am sittlichen Handeln beteiligt; und dieser ganze Mensch ist wieder auf Gesetz und Evangelium bezogen.
Der Mensch ist zeitlich; es gilt: »Ich bin meine Zeit« (S. 103). Zeit ist nicht ein Objekt, das man haben kann. Deswegen ist die sittliche Entscheidung zeitlich; und ein Werturteil oder ein Wertgefühl beziehen sich auf das Erleben der geschichtlichen Zeit, die sich am mächtigsten in der Lehre von Sünde und Gnade bezeugt.

**Zur Erarbeitung:**
1. Informieren Sie sich über den Verfasser. Welche Werke hat er sonst verfaßt, was sagt der Herausgeber der ›Ethik‹ in seinem Vorwort über ihn?
2. Notieren Sie sich aus dem erwähnten Vorwort auf S. 5f die vom Herausgeber vermerkten wichtigsten Stellen der Ethik-Vorlesung. Überlegen Sie, bevor Sie an die Arbeit gehen, ob Sie selbst etwas zu den Themen der Willensfreiheit, der Obrigkeit, der Werkgerechtigkeit wissen. Können Sie schon, ohne etwas gelesen zu haben, etwas mit Hermanns Aussagen von »Werterzeugung« und »Würdegewinn« oder mit der von Hermann betonten Bedeutung der Zeit für das Handeln verbinden?
3. Versuchen Sie, Hermanns Ethikansatz, der weniger deduktiv als im Dialog mit der Tradition entfaltet wird, historisch einzuordnen; vor allem das 2. Kapitel bietet sich dazu an (Auseinandersetzungen mit *Kant, Schleiermacher* usw.). Vgl. aber auch S. 17f, 28, 51, 65, 82f usw.
4. Suchen Sie nun, am besten in Diagonallektüre, die Passagen auf, in denen Hermann sein Anliegen entfaltet:
– Christus als Grundlage: S. 27 u.ö.;
– die erfahrene Zeit: S. 27, 63ff, 96ff;
– Rechtfertigung: S. 78ff. (Was sagt Hermann dazu in seinem Buch: Luthers These ›Gerecht und Sünder zugleich‹, [Nachdruck] Darmstadt 1960?)
5. Stellen Sie sich vor allem dem Problem, wie eine Handlung ethisch verantwortet wird. Was heißt »sachliches Handeln«? Wie sind der sittlich Handelnde und das Anliegen der Handlung sowie ihr Gegenstand darin aufeinander bezogen? Und wie setzt sich Hermann von Kant ab?
6. Suchen Sie sich ein Problem, das in der Nähe eines der §§ 11-15 liegt. Überlegen Sie sich, wie Sie mit dem Problem umgehen würden und wie Hermann damit verfährt.
7. Da in Hermanns ›Ethik‹ der systematische Ansatz nicht so leicht zu entdecken ist, fassen Sie am besten in neuer Reihenfolge für sich selbst das Ergebnis Ihrer Arbeit zusammen. Vielleicht geht das am leichtesten, wenn Sie sich ein Gegenüber denken, dem Sie Anliegen, Begründung und Auseinandersetzung der ›Ethik‹ Hermanns darlegen.

**Herrmann, Wilhelm:** Ethik, Tübingen/Leipzig 1901.

Herrmann gehört in die Schule *A. Ritschls.* Mit Ritschl, seinem Lehrer, lehnt der junge Herrmann die Metaphysik in der Theologie ab. Er sucht zunächst eine religiöse Weltanschauung auf der Grundlage des Gedankens des *Höchsten Guts.* Diesem Zweck dienen die Menschen als geistige Wesen. Das *Reich Gottes* soll auch durch unsere sittlichen Handlungen als das sittliche Reich freier Geister verwirklicht werden. Der junge Herrmann hat also einen dezidiert sozialethischen Ansatz.
Gegenüber der aufkommenden materialistischen Weltanschauung gibt Herrmann allerdings den Weltbezug preis und läßt den christlichen Glauben in dem *Selbstgefühl,* das der Christ hat, ansetzen. In der *Persönlichkeit* liegt das Ziel christlichen Glaubens und sittlichen Handelns. Durch das Scheitern an der Moral kann die persönliche Gewißheit eines Menschen, seine *Religion,* entstehen. Sie bezieht sich auf die *Persönlichkeit Jesu.* Der Glaube ist der Anfang eines neuen Lebens und die Überwindung unserer persönlichen Schranken.
Herrmanns ›Ethik‹ zerfällt deutlich in *zwei Teile.* Der *erste* behandelt die Fragen der Grundlegung der Ethik. Sie sind von den Fragen des Glaubens weitgehend unabhängig. Der *zweite* spricht vom christlich-sittlichen Leben.

Woher kommt die Ethik? Herrmann beantwortet die Frage nicht, weil sittliche Gedanken unmittelbar einleuchten. Der Mensch hat eine Sonderrolle in der Natur, denn er ist auf *Zwecke* ausgerichtet. Je kontinuierlicher diese Richtung verfolgt wird, desto mehr schält sich eine Gesinnung heraus. Der Zweck ist im Grunde der Mensch selbst. Das Selbstsein verbindet ihn mit den anderen Menschen. Nur denen, die auch ein Selbst sind, können wir vertrauen. Wir können uns darauf verlassen, daß sie genauso wie wir eine sittliche Persönlichkeit sein wollen. Die sittliche Gesinnung überwindet sogar den Tod. Die Eschatologie wird in die selbstbezogene Sittlichkeit aufgesogen. Aber diese Sittlichkeit gerät in einen schweren Kampf mit sich selbst. Erst sie kann das Böse erkennen (in der Natur gibt es das nicht); und die sittliche Persönlichkeit, ein Selbst, soll zu anderen sittlichen Persönlichkeiten selbstlos handeln. Die Wiedergeburt, die unter dem Eindruck der Persönlichkeit Jesu erfolgt, wird durch das religiöse Erleben anderer Menschen, die glauben, vermittelt; sie führt über den Zwiespalt der Schuld hinaus.

**Zur Erarbeitung:**

1. Informieren Sie sich über den Verfasser (z.B. in der TRE).
2. Beginnen Sie mit einem viel diskutierten Ansatz der jüngsten Zeit, der Wege zu Herrmanns ›Ethik‹ öffnet: *Ebeling, G.*: Die Evidenz des Ethischen und die Theologie, in: *Ders.*: Wort und Glaube, Bd. 2, Tübingen 1969, S. 1ff. Vgl. Sie dazu auch die Kontroverse mit *W. Pannenberg* in ZThK 70 (1973), S. 448-472.
3. Versuchen Sie nun, die erste Hälfte der ›Ethik‹ Herrmanns zu analysieren. Wie wird die Ethik hergeleitet, auf welche Ansätze beruft sich der Verfasser? Wie setzt er sich von ihnen ab?
4. Mit welchen *Zeitströmungen* setzt er sich auseinander (Monismus, Materialismus, verschiedene Theorien des Höchsten Guts)?
5. Was kennzeichnet eine *Persönlichkeit*? Was verbindet das Selbst mit der Sittlichkeit (Begriff des Zwecks)?
6. Wie können die vielen Monaden (sittliche Persönlichkeiten) zusammen bestehen?
7. Konstruieren Sie Herrmanns Übergang von der Sittlichkeit zur religiösen Erfahrung. Überzeugt er? Oder würden Sie einen anderen Weg gehen?
8. Wie kommt die *Welt*, wie die *Gesellschaft* in die Sicht der ›Ethik‹ Herrmanns? Wählen Sie ein Exempel im Abschnitt 2, Kapitel 2 des 2. Teils (z.B. die Arbeiterfrage oder die Nationalitätenpolitik). Welche Vorurteile brechen hier durch?
9. Um sich ein Urteil über die Entwicklung Herrmanns zu bilden, vergleichen Sie seinen Ansatz mit dem seines Lehrers *A. Ritschl*: Unterricht in der christlichen Religion, [Nachdruck] Gütersloh 1966. Wie verstehen beide das *Reich Gottes* oder das *Höchste Gut*?
10. Fassen Sie Ihre Ergebnisse möglichst übersichtlich zusammen und kontrollieren Sie diese anhand der Analyse von *Timm, H.*: Theorie und Praxis in der Theologie Albrecht Ritschls und Wilhelm Herrmanns, Gütersloh 1967.

**Honecker, Martin:** Konzept einer sozialethischen Theorie. Grundfragen evangelischer Sozialethik, Tübingen 1971.

Honecker lehrt Sozialethik an der Evangelisch-theologischen Fakultät in Bonn. In Distanz zu Barths Theologie stehend entwirft er eine Sozialethik, die dem Ansatz Ebelings nahesteht. Ihr Thema ist die Befreiung zu profaner Vernunft. Das und nicht mehr leistet der christliche Glaube. In mehreren Gängen der Auseinandersetzung versucht Honecker, diesen Standpunkt im Rahmen der gegenwärtigen theologischen Debatte zu begründen.
In der Einleitung sagt er bereits, daß ihm weder eine Theologie der Ordnungen (Luthertum, Schöpfungslehre) noch eine bei der Neuschöpfung ansetzende Theologie (Moltmann) genügten. Beide nähmen unsere jetzige Geschichte und die *Profanität der Vernunft* nicht ernst. Vor allem soll die Hoffnung nicht Gegenstand einer »theoretischen« Theorie, sondern praktisch werden; sie motiviert zum Tun. Die Eschatologie ist nur ein universaler Horizont der Theologie, der überall mitwandert.

Honecker selbst nimmt die *Zwei-Reiche-Lehre* zum Ausgangspunkt. Seiner Meinung nach bewahrt sie die säkulare Vernunft vor theologischer Überfremdung und erlaubt so, die Realität der heutigen Gesellschaft, dargestellt in den Sozialwissenschaften, sowohl zu begreifen als auch christliche Kriterien einzuführen, die – ohne der Sache vorzugreifen – ein Urteil bilden helfen. Sie verbinden sich – so der Verfasser – mit Gedanken der »Kritischen Theorie«, z.B. der *Idee des guten Lebens*, und befreien zum Dienst. Auf den S. 14ff findet sich eine Erläuterung seiner zentralen Terminologie.
Das *Proprium evangelischer Sozialethik* zeigt sich demnach nicht in einer eigenen Theorie, sondern in der Praxis. Die Gemeinschaft der Christen motiviert anders zum Handeln, als es vielleicht in der säkularen Welt geschieht. Ein dritter Teil enthält Konkretionen: Behandelt werden die Eigentumsfrage, Demokratie und die Theologie der Revolution.

**Zur Erarbeitung:**

1. Informieren Sie sich über den Verfasser, z.B. indem Sie seine Mitwirkung an Denkschriften der EKD verfolgen.
2. Stellen Sie die wichtigsten Gesichtspunkte zur Zwei-Reiche-Lehre auf den S. 8ff und 41ff zusammen. Wenn Sie die wesentlichen Gesichtspunkte formuliert haben, vergleichen Sie diese mit dem Schlußkapitel von *Duchrow, U.:* Christenheit und Weltverantwortung, Stuttgart 1970 oder mit *Bornkamm, H.:* Luthers Lehre von den zwei Reichen, Gütersloh ²1960 oder einem Aufsatz zum Thema in dem Sammelband: Reich Gottes und Welt, hg. v. H.H. Schrey, Darmstadt 1969. Welche Gesichtspunkte hebt Honecker heraus, welche stellt er hintan?
3. Erarbeiten Sie Honeckers Eschatologiekritik (vor allem die Kritik an Moltmann), z.B. auf S. 2ff, 17ff, 67ff und überprüfen Sie diese an Moltmanns ›Theologie der Hoffnung‹, München ¹1964. Welchen Sinn könnte die Verbindung von Eschatologie und Ethik haben?
4. Oder prüfen Sie anhand von *Horkheimer, M.*: Zur Kritik der instrumentellen Vernunft, Frankfurt/M. 1967, ob sich Ähnlichkeiten im Blick auf die Bewertung der Vernunft ermitteln lassen.
5. Greifen Sie eine der konkreten Stellungnahmen am Schluß des Bandes auf, prüfen Sie diese auf die Kriterien, überlegen Sie, ob mit denselben Kriterien auch andere Entscheidungen möglich sind und ob in ihnen die besondere christliche Praxis (S. 54) angelegt ist.
6. Überlegen Sie vom Neuen Testament her, wie eine christliche Ethik auch aussehen könnte und was Honecker zur Ethik des Neuen Testaments sagt.

**Jonas, Hans:** Das Prinzip Verantwortung. Versuch einer Ethik für die technologische Zivilisation, Frankfurt/M. 1979.

Jonas, ursprünglich ein deutscher Philosoph, mußte wegen seiner jüdischen Herkunft in die Vereinigten Staaten emigrieren. Als Schüler *Heideggers* und *Bultmanns* befaßte er sich vor allem mit spätantiken Religionen, dabei besonders mit der Gnosis. Eine längere Arbeitsperiode am Massachusetts Institute of Technology (MIT) hat ihm jedoch ein völlig anderes Arbeitsgebiet erschlossen, eine Ethik der gefährdeten Welt des Menschen und des Lebens überhaupt. Angesichts der Situation der Menschheit am Ende des 20. Jh.s setzt Jonas auf die Religion keine Hoffnung. Seine Ethik will der Religion die Arbeit abnehmen.
Der Titel des Werks wurde vom Verlag eingeführt. Der Sache nach geschah das zu Recht: Jonas wendet sich gegen euphorische Zukunftsstrategien, wie sie im ›Prinzip Hoffnung‹ von *E. Bloch* angelegt sind. Jonas geht von der *universalen Bedrohung des Lebens* aus; Leben wäre nicht echtes Leben, wenn es nicht *Weitergeben* wäre. Darum hängen hier Sein und Sollen zusammen.
Sein Lebensbegriff nötigt ihn, über die Betrachtung der Evolution als Konglomerat von Zufällen hinauszugehen. Zwischen der Sicht des universalen Zufallsgenerators und einer Metaphysik eines umfassenden göttlichen Ziels aller Geschichte kommt Jonas dem entelechischen Prinzip des *Aristoteles* nahe: Alles Lebendige ist in sich *zielbestimmt* (S. 143ff).
Jonas unterscheidet bisherige und neue Ethik: Die *Technik* darf nicht mehr als neutral angesehen werden, sondern ist *Macht*, statt der Anthropozentrik des Denkens und Handelns hat die

Biozentrik zu gelten (S. 22f). Das *Übel* sei leichter zu erkennen, auch in seinen Fernwirkungen, darum wird die Furcht zum Motor der Neuorientierung (S. 8.63ff).
Statt des individuellen, jetztbezogenen *kategorischen Imperativs* Kants formuliert Jonas: »Handle so, daß die Wirkungen deiner Handlung verträglich sind mit der Permanenz echten menschlichen Lebens auf Erden« (S. 36). Ein deontologisches Prinzip wird also teleologisch korrigiert. Im Hintergrund steht Jonas' These, daß Menschen die geduldigen Schritte der Evolution nicht wesentlich überschreiten sollten (weil sie das Beste hervorgebracht hat?) (S. 72).

**Zur Erarbeitung:**
1. Informieren Sie sich über die Auswirkungen bestimmter populärer Ansichten der *Evolution*(stheorie) auf die *Ethik* (z.B. bei *H. Spencer, E. Haeckel* oder im Sozialdarwinismus) (in Nachschlagewerken). Mit welchem Recht kann Jonas andere Schlüsse aus der Evolution des Lebens als die gerade genannten ziehen? Warum spricht er sogar von einer Metaphysik (S. 94)?
2. Bestimmen Sie den *teleologischen Grundzug* des Jonas'schen Entwurfs in Auseinandersetzung mit der abendländischen Teleologie (Nachschlagewerke).
3. Wie kennzeichnet Jonas die bisherige, wie die zukünftige Ethik (S. 22)? Kannte etwa die neuere Sozialethik keine Fernziele?
4. Wie begründet Jonas sein Postulat, daß *Zukunft* sein solle (S. 35.62 u.ö.)? Welche Perspektiven fallen in christlicher Ethik auf die Zukunft? Welche Konsequenzen für gesellschaftliche Praxis liegen darin?
5. Ist der Gedanke der *nicht-reziproken Verantwortung* als Archetyp unseres Handelns (S. 85) mit dem Sich-selbst-Überschreiten der Liebe zu vergleichen?
6. Welches Licht fällt auf die *Heuristik der Furcht* (S. 8 u.ö.) von der Unterscheidung von Gesetz und Evangelium her?
7. Untersuchen Sie die Konsequenzen des Ansatzes von Jonas in einem bestimmten Feld ethischer Praxis, z.B. der Regulierung der Gentechnologie (vgl. *Jonas, H.*: Technik, Medizin und Ethik, Frankfurt/M. 1987).

**Kamlah, Wilhelm:** Philosophische Anthropologie. Sprachkritische Grundlegung und Ethik, Mannheim u.a. 1973.

Der einstige Erlanger Philosoph hatte sich zunächst auf die Geschichtsphilosophie konzentriert, sich dann jedoch von ihr (und vom Christentum) abgewandt, um sich auf logische und wissenschaftspropädeutische Fragen zu konzentrieren. Deshalb sucht er in seiner ›Anthropologie‹, die zugleich eine Grundlegung der Ethik sein will, einen dritten Weg zwischen der szientistischen Reduktion (der Anthropologie bzw. Ethik) und der theologischen bzw. existenzphilosophischen Reflexion abseits der Wissenschaften: Seine Anthropologie soll die Anliegen der *praktischen Philosophie der Antike* wiederbringen (S. 21f).
Der Mensch ist das Lebewesen, das Logos hat (S. 30); das gilt bereits von seinem alltäglichen Sprechen. In alltäglicher Rede äußert sich die grundsätzliche *Bedürftigkeit des Menschen.* Die *praktische Grundnorm* dieses Entwurfs lautet daher: »Beachte, daß die Anderen bedürftige Menschen sind wie du selbst, und handle demgemäß!« (S. 95). Diese Norm wird durch die Tatsache gestützt, daß *Mitleid* nicht aufhört, wo die Solidarität nicht mehr standhält (S. 100ff).
In seinem Entwurf verbindet Kamlah stoische und christliche Elemente und interpretiert die *Liebe* als Aufgeschlossenheit für die anderen (S. 105f). Grundlage der Ethik ist die *Aufforderung*; alle Imperative sind im Grunde dreistellig: Jemand fordert jemanden zu etwas auf (S. 128f). Verhalten und Situation sind immer von Schemata erfaßt; diese erreichen nie die konkrete Situation, in der Aufforderungen ergehen und Menschen sich entscheiden. Daher ist in ihr nach bestem Wissen und Gewissen zu handeln (S. 142). Kamlah schließt mit einem Ausblick auf die Philosophie als Lebenskunst.

**Zur Erarbeitung:**

1. Informieren Sie sich über die Erlanger Philosophie und ihr *Beratungsmodell* der Ethik (z.B. bei *Wimmer, R.*: Universalisierung in der Ethik, Frankfurt/M. 1980, S. 34f.99ff, oder in ›Praktische Philosophie und konstruktive Wissenschaftstheorie‹, hg. v. F. Kambartel, Frankfurt/M. 1974).
2. Analysieren Sie die Bedeutung und die Ordnung von *Normen*, die Kamlah vorschlägt (Grundnorm, spezielle Normen, Rechtssätze).
3. Beachten Sie das Verständnis von Liebe, Mitleid, Bedürftigkeit und Solidarität. Was könnte ein christlicher Ethikansatz dazu sagen?
4. Stellen Sie dem Ansatz Kamlahs historische Positionen der Ethik zur Seite (eine Hilfe gibt das 5. Kapitel dieses Arbeitsbuchs). Überlegen Sie, welche Probleme sich ergeben, wenn der unhistorische Ansatz Kamlahs in die Geschichte der Ethik eingetragen wird. (Z.B.: Unter welchen Umständen können Epochen und Gesellschaften zur Anerkennung der Bedürftigkeit aller Menschen gelangen?)

**Kant, Immanuel:** Grundlegung zur Metaphysik der Sitten (1785). / Kritik der praktischen Vernunft (1788) (verschiedene Ausgaben, u.a.: Darmstadt 1986).

Die Erarbeitung des Kant'schen ethischen Entwurfs setzt einige philosophische Kenntnisse voraus. Wer sich mit Kants Ethik befaßt, wird aber prinzipielle Erkenntnisse gewinnen, die ihm vor allem bei der Erarbeitung der Theologie des 19. Jh.s zugute kommen.
Um nicht nur eine Geschichte der Philosophie zur Hand zu nehmen, bevor man eines der angegebenen Werke studiert, rät es sich, Kants Brief vom 21.2.1772 an M. Herz zu lesen (leicht zugängig in: Kants Briefe, hg. v. J. Zehbe, Göttingen 1970, S. 45ff). Hier unterscheidet Kant deutlich zwischen dem Sinnlichen und dem Intellektuellen in der Moral und sucht nach einer kritischen Grundlage der Vernunft, auf der er seine theoretische und seine praktische Philosophie aufbauen kann. Warum nennt er seine Ethik »praktische Philosophie«? *Praxis* ist nicht nur Handeln, sondern *Selbstverwirklichung* durch Handeln, das in diesem Fall ausschließlich vernünftig geleitet sein darf.
Bei den beiden angegebenen Werken handelt es sich also um eine vernünftige Grundlegung der Ethik, genauer: um eine Philosophie der *reinen* praktischen Vernunft. Hier ist die Vernunft mit sich selbst beschäftigt und keineswegs angewandte Vernunft. Ethische Maßstäbe müssen also in der Vernunft selbst liegen.
Kant setzt sich mit zwei moralphilosophischen Strömungen auseinander. Der englische *Empirismus* (*Shaftesbury, Hume*) begründete die Ethik in den moralischen Gefühlen (inhaltlich), die Schule *Chr. Wolfs* in einer *formalen Regel*: Tue das Vollkommene, das durch dich möglich ist. Da Kant von *Leibniz* gelernt hat, daß nur die Vernunft sich mit sich selbst befassen kann und das ihr großer Vorzug ist, sucht er nun die Vollkommenheit ganz in ihr: *Pflicht* gegenüber Neigung (zu empirischen Gehalten), *kategorischer Imperativ* gegenüber dem hypothetischen (der Möglichkeiten und Folgen in der empirischen Welt abwägt), *Moralität* gegenüber Legalität. Mit diesen Voraussetzungen tritt er in seine kritische Epoche ein.
Die ›Grundlegung‹ sucht nach den Ideen und Prinzipien eines möglichen reinen Willens, d.h. eines Vernunftwillens, der nicht von empirischen Bedingungen beeinflußt ist. Er muß ein Prinzip besitzen, das nicht von außen her, sondern in sich gut ist. Das ist die Pflicht, die nicht auf Vorteile oder gute Folgen einer guten Handlung schaut (Glückseligkeit). Sie formt sich im *Sittengesetz*, das alle *vernünftigen Wesen* kennen. Der *Imperativ* dieses Gesetzes kann nicht aus anderen Tatsachen abgeleitet werden, sondern muß aus sich heraus einsichtig und begründet sein (*a priori*). Er läßt sich so formulieren: Handle nur nach derjenigen Maxime, durch die du zugleich wollen kannst, daß sie ein allgemeines Gesetz werde.
Zweck dieses Gesetzes ist der Mensch selbst (Selbstzweck). Als Vernunftwesen untersteht er keinem äußerlichen Gesetz, sondern ist »auto-nom« (sich selbst Gesetz gebend). Das ist seine Freiheit.

**Zur Erarbeitung:**

1. Informieren Sie sich über den Verfasser und seinen philosophischen Ansatz, z.B. durch die angegebene Briefsammlung oder eine Philosophiegeschichte (wobei Sie allerdings die Inhaltsangaben der beiden zur Debatte stehenden Bücher nicht zu intensiv lesen sollten, um einen eigenen Zugangsweg zu ihnen zu finden).
2. Wählen Sie eines der beiden Werke als Grundlage Ihrer eigenen Arbeit.
3. Lesen Sie gründlich und sammeln Sie auf Karteikarten die zentralen *Begriffe* (in der ›*Grundlegung*‹: reine Moral, reiner Wille, guter Wille, Pflicht, praktisches Gesetz, Sittengesetz, kategorischer bzw. hypothetischer Imperativ, Zweck, Reich der Zwecke, Autonomie, Freiheit, intelligible Welt; zusätzlich dazu in der ›*Kritik der praktischen Vernunft*‹: transzendental, Gutes, Böses, Höchstes Gut, Maxime, praktisches Gesetz, praktische Regel, Glückseligkeit). Notieren Sie sich die wichtigsten Aussagen Kants dazu.
4. Versuchen Sie nun, sich selbst den Zusammenhang der Aussagen klarzumachen. Warum sieht Kant den empirischen Menschen als völlig *determiniert* an, warum postuliert er in der praktischen Philosophie seine Freiheit (Zusammenhang mit seiner Lehre von der Erkenntnis in der ›Kritik der reinen Vernunft‹) (Inhaltsangabe in einer Geschichte der Philosophie)?
5. Welche *Folgen* hat Kants Ansatz für *religiöse Fragen* (Reich Gottes und Reich der Zwecke in der ›Kritik der praktischen Vernunft‹)?
6. Welche *Folgen* hat Kants Ansatz für unser *alltägliches Verhalten* (Beispiele in der ›Kritik‹ sind der Selbstmord und die Lüge)? Kontrollieren Sie das in einer Schrift, die sich mit konkreten Problemen befaßt, z.B. ›Anthropologie in pragmatischer Hinsicht‹, ›Metaphysik der Sitten‹, ›Zum ewigen Frieden‹ usw.).
7. Ist Kant wirklich Vertreter einer *formalistischen Ethik*, wie es ihm vorgehalten wurde (Vergleich seiner ethischen Grundlegung und seiner Äußerungen zu praktischen Fragen)? Was wäre eine *materiale Ethik*?

**Kreck, Walter:** Grundfragen christlicher Ethik, München 1975 (Einführung in die evangelische Theologie, Bd. 5).

Kreck ist ein Schüler Karl Barths. Deswegen ist seine ›Ethik‹ ausdrücklich von *Gottes Gebot* her entworfen. Zum Vergleich s. die Anleitung zu Karl Barths Ethik in seiner ›Kirchlichen Dogmatik‹. Kreck wählt den in der ›Kirchlichen Dogmatik‹ im Band II,2 ausgeführten Ansatz (Ethik als Teil der Gotteslehre). Aber da in Barths ›Kirchlicher Dogmatik‹ die Offenbarung Gottes in Jesus Christus schon in die Prolegomena gehört, muß auch Kreck auf *Jesus Christus* blicken: Der Teil II der ›Grundfragen christlicher Ethik‹ heißt »Jesus Christus – das Gebot Gottes«.
Mit diesem Ansatz steht Kreck vor einem besonderen Problem: Wie soll sich eine ganz auf die Offenbarung in Jesus Christus gründende Ethik zu säkularen Ethiken und zum Ethos stellen? Jedes Ethos, sagt Kreck, lebe von einem Glauben (S. 10). Jede ethische Diskussion müsse zeigen, in welchem *Indikativ* der *Imperativ* (der Ethik) wurzele (S. 11). Kreck bestreitet also einen neutralen oder einen allen Menschen – Christen wie Nichtchristen – gleichermaßen zugänglichen Ausgangspunkt. Denn unsere gegenwärtige Erfahrung ist schon Deutung, und jede Deutung hängt von *Deutungskriterien* ab (S. 11). Deutungskriterien und Indikativ verstehen sich für den Christen aus dem Glauben an den in Christus sich offenbarenden Gott.
Trotzdem sieht Kreck, daß nicht nur Philosophen und katholische Moraltheologen, sondern auch evangelische Theologen nach dem Guten in viel allgemeinerer Absicht fragen. Kreck weist auf verschiedene Ansätze, Ethik zu begründen, hin (Eudämonismus, Pflicht, Werte, Situation usw.). Er moniert an katholischen Moraltheologien das Zweistockwerk-Denken und setzt sich dann mit protestantischen Ethikern auseinander (*W. Herrmann, F. Gogarten, W. Trillhaas*). Sein Ergebnis lautet: Wir können nicht von einem Allgemeinbegriff der Ethik ausgehen. Mit der *Soziologie* gibt es jedoch ein gewisses partielles, kontingentes Zusammentreffen (S. 74).
Der Teil II handelt, wie erwähnt, von *Jesus Christus*. Er ist Zuspruch (Indikativ) und Anspruch (Imperativ). Weil das zugleich gilt, können Gesetz und Evangelium heilsgeschichtlich nicht einander nachgeordnet werden. Nicht das Gesetz, sondern das Gebot Gottes gilt in Christus.

Christus ist die Offenbarung des dreieinen Gottes. Der Schöpfer und Erhalter ist Gebieter, jedoch nicht in Schöpfungsordnungen oder einem von Christus unabhängigen Naturrecht. Kreck sieht die Bestimmung der *Schöpfung* in der *Neuschöpfung* und ordnet sie – mit Bonhoeffers Ausdrücken – als Vorletztes dem Letzten zu. In ähnlichem Sinn vermag Kreck auch das Naturrecht als ein Phänomen, als des Menschen Frage nach dem Recht, zu akzeptieren. An die Stelle des Lichtes Christi darf es nicht treten.
Weitere Abschnitte befassen sich mit dem *Gebot des Versöhners* (Nachfolge usw.) und des *Erlösers* (eschatologische Bestimmung der Ethik). Ein IV. Teil zeigt, wie sich das *eine* Gebot Gottes in Geboten zu Gehör bringt (z.B. indem es Sitte und Gewohnheit durchdringt). Der V. Teil widmet sich der Diskussion um das *Gewissen* (dem keine selbständige Funktion neben dem Wort Gottes zukommt). Im Teil VII geht es um Strukturen. Zwar ändert das Evangelium Menschen, aber Menschen können Strukturen ändern. In einem Anhang versucht Kreck, seinen Ansatz an Problemen des Sozialismus, Kapitalismus, der Demokratie usw. zu konkretisieren.

**Zur Erarbeitung:**
1. Informieren Sie sich über den Verfasser. Hat er andere Werke verfaßt, aus denen sein theologischer Ansatz deutlich wird?
2. Versuchen Sie, sich deutlich zu machen, warum Kreck so sehr auf einer Grundlegung der Ethik in der *Christusoffenbarung* besteht. Wie sähe eine Ethik aus, die eine nicht auf Christus ausgerichtete Schöpfung zur Grundlage nähme, wie eine Ethik, die sich auf eine allen Menschen zugängliche Vernunft beriefe?
3. Versuchen Sie, die u.a. von *Schleiermacher* zusammengefaßten drei Ethiktypen – Pflichtethik, Güterethik, Tugendethik – an Krecks Entwurf anzulegen. In welchem Verhältnis steht Krecks Entwurf zu ihnen?
4. Versuchen Sie, Krecks Vorstellungen von der Beziehung einer Ethik auf die von Menschen gelebte Wirklichkeit herauszuarbeiten. Gibt es eine den Menschen gemeinsame Wirklichkeit, oder erscheint sie jeweils unter verschiedenen Deutungen? Und was wäre das christliche Spezifikum?
5. Ergründen Sie, ob Krecks Konkretionen am Ende seines Entwurfs von methodischen Einsichten geprägt sind. Oder ordnet der Verfasser seine Einsichten in unsere gesellschaftliche Wirklichkeit seinem theologischen Ansatz eher intuitiv zu?
6. Wie würde sich Kreck zu einer weitverbreiteten Unterscheidung stellen, die besagt, daß der Glaube den Christen zum Handeln motiviert, während die Vernunft feststellt, was zu tun ist?
7. Prüfen Sie, welche Fragen und beachtenswerten Anliegen in den von Kreck diskutierten und dann doch abgelehnten Ansätzen liegen (exemplarisch). Denken Sie dann darüber nach, wie diese berechtigten Anliegen unter der Christusoffenbarung neu verstanden werden.
8. Entwerfen Sie sich eine kleine Skizze vom Gesamtzusammenhang oder fassen Sie den Ansatz in Thesen zusammen. Und dann bedenken und formulieren Sie Ihre eigene Stellungnahme.

**Lehmann, Paul:** Ethik als Antwort. Methodik einer Koinonia-Ethik, München 1966.

Lehmann, ein Freund *Bonhoeffers* und Professor am Union Theological Seminary in New York, hat diese ›Ethik‹ unter dem ursprünglichen Titel ›Ethics in a Christian Context‹ verfaßt. Diese ›Ethik‹ hat die *Theologie der Revolution* angeregt; *R. Shaull* verweist immer wieder auf seine Abhängigkeit von Lehmann.
Lehmanns ›Ethik‹ will das ethische Denken aus der Enge und der Abstraktheit, von überzeitlichen Prinzipien befreien. Denn der Christ handelt in einem bestimmten *»Kontext«* (die deutsche Übersetzung lautet: *»Beziehungsfeld«*). Der Begriff des Kontextes stammt aus dem amerikanischen Pragmatismus; Lehmann verweist ausdrücklich auf *William James.*
In welchem Kontext handelt der Christ? Es ist die *Koinonia,* die Gemeinschaft der an Gott Glaubenden. Sie gehört in das größere Beziehungsfeld der Geschichte, in der Gott handelt. Und

zwar handelt Gott *»politisch«* in dem elementaren Sinne des Politischen, der die Beziehungen im menschlichen Gemeinwesen meint (*Aristoteles*: Polis). Politik ist Tätigkeit und zugleich Reflexion über Tätigkeit. Deswegen ist Ethik Reflexion über das schon immer in die Koinonia eingebundene Handeln.

Wie kann aber Gott politisch handeln? Lehmann bezieht sich vor allem auf das *alttestamentliche Gottesbild*, einen Gott, der nicht der zeitlose Beweger eines in sich ruhenden Kosmos, sondern der Handelnde und Geschichte Wirkende ist. Er wählt sich ein Volk, er sendet den Messias. *Messianisches Denken* (der Anbruch einer neuen Zeit, von daher die Affinität zu Revolutionen) und die Heilsökonomie aus der trinitarischen Selbstbewegung Gottes brechen in die Welt und treiben die Gesellschaft zur Änderung an. Die Kirche als die Koinonia ist die Trägerin dieses Geheimnisses.

In der Dynamik dieses Handelns Gottes akzeptiert das Christentum die tiefe Zweideutigkeit aller menschlichen Anstrengungen. Denn die christliche Ethik findet nun nicht mehr überzeitliche, allgemeingültige Maßstäbe oder Prinzipien vor, sondern sucht *gemeinsame Zielvorstellungen* als Zeichen des humanisierenden Handelns Gottes. Deswegen ist Koinonia-Ethik indikativisch. Sie sagt *neue Menschlichkeit* aufgrund des politischen, umwälzenden Handelns Gottes an.

Diese neue Menschlichkeit verteidigt Lehmann in einem zweiten Teil gegen Einwände der *Philosophie*, des *Humanismus* und der *Psychoanalyse*. Ihm geht es um Reife, in der Menschen durch Selbsthingabe an die anderen ein Selbst gewinnen und nicht umgekehrt erst fertiges Selbst sein müssen, um andere lieben zu können. Seine eigene Position in den Auseinandersetzungen hat Lehmann auf den S. 278-280 zusammengefaßt. Ein dritter Teil behandelt das Thema des *Gewissens*.

**Zur Erarbeitung:**

1. Informieren Sie sich über den Verfasser und die Wirkungen seines Buches (Stichwort »Theologie der Revolution«).
2. Beginnen Sie mit einer Analyse des Inhaltsverzeichnisses und ermitteln Sie, wo sich die zentralen Stichworte dieses Ansatzes finden: Koinonia, Beziehungsfeld, politisches Handeln Gottes.
3. Lesen und analysieren Sie die dafür zentralen Abschnitte.
4. Welche *biblische Grundlage* beansprucht Lehmann für seine zentralen Aussagen, welche blendet er aus? Welche theologiegeschichtlichen Positionen gehen in seinen Ansatz ein?
5. Vergleichen Sie seinen Ansatz mit einem anderen, in dem die Themen »Gesetz und Evangelium« oder »Zwei Reiche« dominieren. Wie beurteilen Sie dann Lehmanns ganz anders gelagerten Ansatz?
6. Entwerfen Sie nun mit eigenen Worten oder mit Hilfe einer Skizze den Lehmann'schen Ansatz für sich, verfolgen Sie seine Argumentation und erwägen Sie, welche Vorteile seine Entwürfe bringen.
7. Wie verhält sich Lehmanns Ethik zu den Ansätzen einer Güter-, Tugend- oder Pflichtenethik, wie zur Frage der Prinzipien oder der Situation? Können Handlungen nur formal oder auch material bestimmt werden, wenn man Lehmanns Weg geht?
8. Wählen Sie sich ein *Exempel* aus den Auseinandersetzungen Lehmanns mit der philosophischen, humanistischen und psychoanalytischen Ethik, prüfen Sie seine Argumente und die Position, mit der er sich auseinandersetzt, genauer. Wie würden Sie sich angesichts solcher Anfragen an die christliche Ethik entscheiden?
9. Prüfen Sie, ob sich die *Theologie der Revolution* zu Recht auf Lehmann beruft. Welche Kriterien sind aus diesem Ansatz für die Teilnahme von Christen an Revolutionen abzuleiten? Droht hier eine Geschichtstheologie nach Art der ›Deutschen Christen‹?

**Løgstrup, Knud E.:** Die ethische Forderung, Tübingen ²1968; *ders.:* Norm und Spontaneität, Tübingen 1989.

Løgstrup lehrte in Aarhus Religionsphilosophie und Ethik. Beeinflußt vom Existenzphilosophen *H. Lipps* und bekannt durch *Kierkegaard*-Studien, erschien er vielen als einer der Systematiker der *Bultmann*-Schule. Seine ›Ethik‹ geht von der fundamentalen Gegebenheit des Vertrauens aus: Wer vertraut, beschafft sich nicht vorher Beweise, daß sein Gegenüber vertrauenswürdig ist, sondern liefert sich ihm aus. Weil sich Menschen vor jeder Begegnung, vor jeder echten Kommunikation eine Vorgabe machen und sich zum anderen Menschen auf Entgegenkommen hin vorwagen, liegt auch in jedem Menschen, der einem entgegentritt, eine *Forderung.* Die Forderung läßt sich kaum in Worten ausdrücken, denn sie ist einfach da. Sie bedeutet, daß *der andere in Obhut zu nehmen* ist. Ich könnte sein Entgegenkommen, sein Sich-Öffnen ausnutzen, ich soll aber aus meiner Erfahrung (nach Art der Goldenen Regel) die Verletzlichkeit dieser Forderung verstehen und mich ihr unterwerfen.
Das *Vertrauen* ist gewissermaßen ein Existential. Es bedarf keiner theologischen Deutung, denn es ist eigentlich allen Menschen zu eigen. Die christliche Botschaft kann nur an diese allgemeine Struktur humaner Existenz anknüpfen. Die radikale Forderung kann verdorben werden. Die Gegenseitigkeit der Menschen kann in Einseitigkeit ersterben (Menschen klammern sich von anderen aus), sie kann der grenzenlosen Radikalität oder dem Kompromiß weichen. Vor allem läßt sich Vertrauen nicht erzwingen, auch nicht durch moralischen Appell.
Nur der kann die Forderung anderen Menschen verkünden, der ihnen ein solcher Segen ist, daß sein Leben alles ist, was der Mensch braucht. Uneingeschränkte Selbstlosigkeit im Dasein für andere wäre notwendig. Diese Radikalität wird nur in der *Gestalt Jesu* wahr, weil er die Liebe Gottes bringt. Sie gewährt die Vergebung für unseren Widerstand gegen die radikale Forderung. Wir erfahren sie durch andere. So erweist sich Jesu Sendung in den menschlichen Beziehungen als wahr.
Seinen Ansatz führt Løgstrup folgendermaßen aus:
(a) Er leitet aus dem Existential des Vertrauens die stumme Forderung ab.
(b) Er fragt, wie die Forderung in den ethischen *Normen* wirkt. Da Normen unzureichend sind und sich wandeln, kommt die Forderung im Grunde nur bei der Entscheidung zum Durchbruch.
(c) Er sucht nach der Möglichkeit christlicher Ethik und
(d) setzt sich mit falschen oder einseitigen Interpretationen auseinander.
(e) Er erörtert die Frage der *Entscheidung.* Sie tritt ein, wenn sich die Forderung im *Gewissen* aussagt.
(f) Sodann setzt er sich mit dem Verständnis wissenschaftlicher Ethik auseinander und
(g) setzt die Verkündigung Jesu zur Forderung in Beziehung.

**Zur Erarbeitung:**

1. Informieren Sie sich über den Verfasser und seinen theologischen und philosophischen Standort.
2. Nehmen Sie sich das Inhaltsverzeichnis des Buches vor und ermitteln Sie, welche Teile für einen ersten Lesegang besonders wichtig sind.
3. Wählen Sie sich einen Einstieg! Mindestens drei Wege sind möglich:
   3.1 Die Frage nach dem Ansatz der *christlichen Verkündigung*: Sie trifft unser Dasein;
   3.2 die zugrunde liegende *Daseinsanalyse,*
   3.3 ein besonderes Problem, von dem her die allgemeinen Gesichtspunkte ermittelt werden (z.B. S. 79ff: *der Wandel des Liebesverständnisses*; was bedeutet das für ethische Normen, wo setzt Ethik an, wenn Normen wandelbar sind?).
4. Wie auch immer Sie ansetzen, irgendwann in Ihrem Arbeitsgang werden Sie die Grundlegung des Vertrauens und der Forderung systematisch durchdringen und sich selbst durch ein Exzerpt, eine Skizze oder eine Rezension vergegenwärtigen müssen. Beachten Sie dabei: Was ist *Existenzphilosophie* bzw. Existenzanalyse, was ist ein Existential (Løgstrup gebraucht diesen Terminus nicht, aber berücksichtigt die mit ihm gemeinte Sache)?

5. Die Frage nach einer christlichen Ethik kann als Einstieg vorausgehen, muß sich aber in jedem Fall der Analyse der anthropologischen Grundlegung anschließen. Dazu empfehlen sich die Einleitung und die Teile V und XIII.
6. Klären Sie den Begriff der *Entscheidung* (Teil IX). Welche Rolle spielt er in der Theologie *R. Bultmanns*, wie steht er zu dem von *M. Weber* geprägten Begriff der Verantwortungsethik (im Gegenüber zur Gesinnungsethik) und zu *Bonhoeffers* Ausführungen über die Verantwortung (Problem des Dezisionismus)?
7. Welche Rolle spielen Sachgesichtspunkte, Gesetze usw. bei der ethischen Handlung?
8. Verdeutlichen Sie sich Bedeutung und Grenzen eines solchen Ansatzes anhand eines von Løgstrup behandelten Problems, etwa der Frage der geschlechtlichen Liebe oder der Poesie.
9. Formulieren Sie Ihr Urteil, stellen Sie sich systematisch die Gesichtspunkte des Løgstrup'schen Ansatzes zusammen, damit Sie einen in sich klaren Überblick haben.

**Mackie, John L.:** Ethik. Auf der Suche nach dem Richtigen und dem Falschen, Stuttgart 1981 (englisch: 1977).

Der aus Australien stammende und in England lehrende Philosoph steht in der Tradition angelsächsischer praktischer Philosophie und ihrer metaethischen Diskussion. Der Untertitel seines Werkes zeigt, daß es nicht auf das Gute schlechthin, sondern auf die Angemessenheit von Handlungen zielt. Mackie ist der Vertreter einer *skeptischen Ethik* (S. 58f).
Zunächst grenzt sich Mackie gegen den Wertobjektivismus ab (S. 11f). Aber er geht auch über *Moores* Auffassung, daß das Gute nicht zu definieren sei, hinaus; denn es sei je und je in moralischen Kontexten zu identifizieren (S. 78). Deshalb schwingen in Ist-Sätzen der Alltagssprache bereits *moralische Institutionen der Gesellschaft* mit. Regelmäßiges Verhalten der Menschen wird vorausgesetzt. Wie das die *Universalisierbarkeit* von Normen betrifft, hat dieses Arbeitsbuch bereits kritisch aufgenommen (s.o. S. 144).
Obwohl nach Mackie die radikale Liebe den Menschen überfordert, soll die Moral den *Grenzen*, die die *Sympathie* notwendigerweise hat, entgegenwirken. Das Liebesgebot ist Korrektiv der Selbstliebe. Allerdings setzt das achte Kapitel dieses Entwurfs einen *ichbezogenen Altruismus* voraus. Das gute Leben läßt sich nur angesichts von Konkurrenz und Konflikt diskutieren. Die *Tugenden* prägen eine Disposition regelmäßigen Verhaltens aus; ihr Kern ist das Mitleid (sympathy).
Mackie verfolgt einen *regelutilitaristischen Ansatz*, der es ihm erlaubt, u.a. ein Recht auf die Beendigung des Lebens und auf Euthanasie anzuerkennen (S. 252ff). Gegenüber religiöser Moral ist Mackie skeptisch eingestellt.

**Zur Erarbeitung:**
1. Informieren Sie sich über den Ansatz des *Regelutilitarismus*, die Bedeutung der *Sympathie* (des Mitleids) und über die mit »is and ought« verbundenen Probleme in einem Nachschlagewerk oder bei *Frankena, W.*: Analytische Ethik, München 1972.
2. Wie setzt sich Mackie mit dem sog. naturalistischen Fehlschluß auseinander (vgl. seine Bemerkungen zu *Moore* und der darauf bezogenen Debatte in Kapitel 2 und 3)?
3. Hat Mackie recht, das Eigeninteresse gegen eine radikale Interpretation des *Liebesgebots* auszuspielen? Was besagt die jesuanische Tradition, was hat die Kirche in ihrer Geschichte zu Selbstliebe und Nächstenliebe gelehrt (vgl. Kapitel 4, 6 und 8)?
4. Welche Elemente einer Begründung der Ethik läßt Mackie in seinem skeptischen Ansatz zu?
5. Welche Themen der christlichen Ethik verdrängt Mackie, wenn er eine einfache Balance von Selbstinteresse und Mitleid (sympathy) sucht?

**Niebuhr, Reinhold:** Moral Man and Immoral Society. A Study in Ethics and Politics ([1]1932); [Neudruck] New York 1960; *ders.*: An Interpretation of Christian Ethics, New York / London

1935; *ders.:* The Nature and Destiny of Man. A Christian Interpretation, Bd. 1 und 2, New York 1941 bzw. London 1942ff.

Reinhold Niebuhr zählte zu den bekanntesten Theologen und Ethikern der *amerikanischen Christenheit.* Sein Einfluß auf die *Ökumene* war groß. Wenn zur Zeit auch nicht mehr so viel über ihn zu hören ist, so haben seine Anregungen doch durch seine Freunde und Schüler weite Verbreitung gefunden. Vielleicht ist es auch ein Zeichen der Provinzialität deutscher Theologie, daß Niebuhr auf dem europäischen Kontinent zuwenig zur Kenntnis genommen wurde. Niebuhr war zunächst Pfarrer einer kleinen Arbeitergemeinde in Detroit und Anhänger des sozialistischen Flügels der *Social-Gospel-Bewegung.* Der Einfluß marxistischer Anschauungen auf sein Frühwerk ist deutlich. Die Erfahrungen mit *Roosevelts* New Deal und *Stalins* Terror ließen ihn davon abrücken. Sein neues politisches Konzept in und nach dem Zweiten Weltkrieg strebt das Gleichgewicht von Machtpositionen an.

Was *Karl Barths* ›Römerbrief‹ für die deutsche, v.a. die liberale Theologie war, das stellte ›*Moral Man and Immoral Society*‹ für die amerikanische liberale (und soziale) Theologie dar. In ihr waren Hoffnungen verbreitet, christliches Engagement und tätige Liebe würden das *Reich Gottes* der Gesellschaft näherbringen und die Gesellschaft radikal verändern. Dem hielt Niebuhr entgegen: Die gute Moral und die Liebe von Individuen ist nicht die von *Gruppen.* Auch die Liebe vieler einzelner quantifiziert sich nicht. Im Verhalten von Gruppen (Niebuhr schließt Klassen ein) ist der Egoismus viel weniger eingeschränkt. Marxistische Klassenanalyse ist ernst zu nehmen, v.a. im Blick auf gesellschaftliche Interessen. *Liebe* ist für Niebuhr Selbsthingabe und Selbsttranszendenz. Sie wird nur von Individuen unter sich geübt. Die proletarische Klasse erkennt, daß der *soziale Bezug* stärker als das Individuum ist. Einer radikalen Liebesethik steht die reine Nutzenethik entgegen. Selbst wenn der Utilitarist den Ausgleich der Interessen sucht – ein einzelnes Interesse kann sich zu schnell verselbständigen! Aus beiden Ethikansätzen nimmt Niebuhr Gesichtspunkte auf: Gerechter Ausgleich kann nur durch Durchsetzung und Gegen-Durchsetzung (assertion/counter-assertion) in die Wege geleitet werden; aber Wohlwollen und Selbstlosigkeit der Liebe (Jesu und seiner Nachfolger) müssen die jeweiligen Lösungen transzendieren und neue Lösungen anstoßen.

›*An Interpretation of Christian Ethics*‹ zeigt bereits eine neue Entwicklung seines Denkens an. Marxismus als säkularisierte und Christentum als ursprünglich prophetische Religion werden gegenübergestellt. *Jesu Ethik* ist reine Gestalt des *Prophetismus.* Ihre eschatologische Ausrichtung deckt zugleich auf, daß die moralistische Auffassung der Sünde (Schwäche des »Fleisches«) nicht stimmt. Das Böse vermischt das Zeitliche und das »Ewige« (als Eschatologisches). Imperialismus ist zeitliche Macht, die sich auf ewige Werte beruft. Niebuhr tadelt die »orthodoxen«, d.h. die konservativen Kirchen, weil sie den Anspruch der Liebe auf eine Wandlung gesellschaftlicher Strukturen aufgäben. *Liebe* als »*Ideal*« übersetzt sich in die Forderungen eines *absoluten Naturrechts* auf Freiheit und Gleichheit. Mit dessen Hilfe werden herrschende Zustände transzendiert.

**Zur Erarbeitung:**

1. Informieren Sie sich über den Verfasser (z.B. bei *Lange, D.:* Christlicher Glaube und soziale Probleme, Gütersloh 1964).
2. Versuchen Sie herauszufinden, wo Ähnlichkeiten, wo Unterschiede zwischen amerikanischer *Social-Gospel-Bewegung* und deutscher liberaler Theologie vorliegen. Können die Unterschiede auf andere gesellschaftliche Bedingungen oder andere kulturelle Traditionen zurückgehen?
3. Beachten Sie streng den Grundsatz, daß man, um einen vernünftigen Überblick zu gewinnen, meist nicht ganze Bücher lesen muß.
4. Studieren Sie den entsprechenden Abschnitt bei Lange, bevor Sie an ›*Moral Man . . .*‹ herangehen. Exzerpieren Sie sorgfältig die »Introduction«. Sie enthält alle wichtigen Fragestellungen, die Sie nun in Thesenform festhalten sollten (Unterschied des Verhaltens von Gruppen und von Individuen; Zusammenprall von religiösem Idealismus und Gesellschaftsanalyse; Konflikt von Liebe und Gerechtigkeit).

5. Wenn Sie diese Gesichtspunkte festgehalten haben, nehmen Sie das Inhaltsverzeichnis oder blättern Sie das Buch an, um festzulegen, wo Sie *Vertiefung* suchen möchten, etwa auf S. 14ff (Demokratie), im Teil 3 (religiöse »resources« des Individuums für das soziale Leben – darin Stellungnahme zu Luthers Haltung im Bauernkrieg), auf S. 83ff (die Moral von Nationen), S. 113ff und S. 142ff (Vergleich der ethischen Haltungen der privilegierten und der proletarischen Klasse) (zusammengefaßt S. 176), S. 169 (Gerechtigkeit durch Revolution), S. 240ff (Gewalt und Gewaltlosigkeit), S. 257ff (Konflikt von Ethik und Politik). In der Regel reicht es, die wichtigsten Absätze der genannten Abschnitte heranzuziehen und z.B. die historischen Auseinandersetzungen auszuklammern.
6. Für ›*An Interpretation . . .*‹ suchen Sie wieder Information bei Lange. Wenn Ihr Hauptakzent auf ›Moral Man . . .‹ liegt, versuchen Sie jetzt nur, die veränderte Rolle der *Liebe* durch das *absolute Naturrecht* (Kap. V) herauszuarbeiten. Haben Sie sich mit der Einführung zu ›Moral Man . . .‹ beschieden, dann empfiehlt sich Arbeit an folgenden Schwerpunkten: Kap. I (Christentum und Marxismus, der Gedanke prophetischer Religion); der Anfang von Kap. II (Ethik Jesu); in Kap. III ab S. 68 (Sündenbegriff); Kap. IV in Ausschnitten (Kritik traditioneller Kirchlichkeit: Liebe nach innen, aber nach außen unmögliches Ideal); Kap. V insgesamt (Liebe und absolutes Naturrecht); Kap. VI (erste Abschnitte und Behandlung des Gewaltproblems auf S. 186ff); Kap. VII (lediglich der Anfang).
7. Ob Sie nun den fünften oder den sechsten Weg wählen – notieren Sie die theologischen Fragen, die Ihnen kamen (z.B. Sünde, Geschichte und Eschatologie . . .), überprüfen Sie diese an ›*The Nature . . .*‹.

**Pieper, Annemarie:** Pragmatische und ethische Normenbegründung, Freiburg/Br. u.a. 1979; *dies.*: Ethik und Moral, München 1985.

Die in München lehrende Philosophin hat sich mit Nachdruck auf die praktische Philosophie konzentriert; sie geht dabei – ähnlich wie *H. Krings* – vom vorrangigen Interesse an der *Freiheit* aus.
Im zuerst genannten Werk überschreitet sie vor allem die Pragmatik (S. 64ff) als Reflexion über das richtige Handeln, das in der Regel gute Folgen hat. Die *reine* Ethik (*Kant, Fichte*) interessiert sich hingegen für die Bedingungen, die eine Handlung erst im moralischen Sinne gut machen. Diese Ethik ist eine *normative Theorie,* während die Metaethik der angelsächsischen Philosophie eine Theorie über die Normativität darstellt (S. 102). Ebenso entschieden fragt die Verfasserin nach der normativen Bedingung der Beratung (Erlanger Modell) oder der idealen Sprechsituation (*Habermas*). In beiden Fällen sei guter Wille vorausgesetzt und auf seine Bedingungen zu hinterfragen. Die Freiheit ist Prinzip jeglicher Moralität; sie äußert sich auch als die Tugend, den anderen in seiner Andersheit anzuerkennen (S. 55f).
Die für einen Fernstudienkurs konzipierte Einführung ›*Ethik und Moral*‹ flicht die historischen Positionen der Ethik in einen problemorientierten Abriß ein. Auch in diesem Werk tritt die Freiheit als oberstes Prinzip hervor. Eine unbedingte Handlung geschieht immer aus Freiheit und hat auch die Freiheit des von ihr Betroffenen zum Ziel (S. 35). Diese Einführung gibt einen knappen, aber umfassenden Überblick über Probleme und Positionen der praktischen Philosophie.

**Zur Erarbeitung:**
1. Erheben Sie mit Pieper die Fragestellungen der *praktischen Philosophie* (Normenbegründung, S. 13). Lassen sie sich auch auf die theologische Ethik übertragen?
2. Wie orientiert sich die Verfasserin angesichts historischer Positionen der Ethik? Was hebt sie im Ansatz des *Aristoteles* hervor (a.a.O., S. 35ff)? Warum greift sie auf *Kant* zurück?
3. Welche *Einwände* trägt sie *gegen neuere Begründungsversuche* in der praktischen Philosophie vor (a.a.O., S. 47ff.69ff.151ff)?
4. Wie kommt sie dazu, die *Freiheit* so auszuzeichnen? Beachten Sie dabei die Bezüge zu Kant und die Auseinandersetzung mit einer pragmatischen Normentheorie.

5. Hat die Verfasserin recht, wenn sie die Freiheit gegen den Gottesbegriff in der theologischen Ethik hervorhebt (Ethik, S. 75)?

**Rendtorff, Trutz:** Ethik. Grundelemente, Methodologie und Konkretionen einer ethischen Theologie, Bd. 1, Stuttgart u.a. 1980; Bd. 2: ebd. 1981.

Rendtorff sieht – an die Aufklärung, an Rothe, Troeltsch u.a. anknüpfend – christliches Ethos in der säkularen Gesellschaft wirksam. Im Widerspruch zur Theologie Barths und zum gesellschaftspolitischen Anspruch von Christen, der ihm mit der Theologie der Bekennenden Kirche verknüpft zu sein scheint, favorisiert er die *liberale Theologie* und den Grundwert der *Freiheit*. Seine ›Ethik‹ beruft sich auf folgende *Vorentscheidungen*: (1) Ethik wird nicht aus dogmatischen Obersätzen deduziert; sie beruft sich auf eine eigenständige *ethische Theologie*. Das hängt mit Rendtoffs »Theorie des neuzeitlichen Christentums« zusammen (s.o.). (2) Mit *Trillhaas* (s.u.) setzt seine ›Ethik‹ beim *Humanum* an: Der Mensch ist sich selbst Aufgabe der Gestaltung. Darum beruft sich Rendtorff zuerst auf den *Schöpfer* aller Menschen; Ethik ist nicht Sondergut der Christen. Sie ist vor allem anderen *Individualethik* (S. 97) und widmet sich der »Lebensführung«. (3) Rendtorff ist dem Utopismus abhold; er vertritt die Linie eines *aufgeklärten Konservatismus*: Die Freiheit ist vorgegeben, sie verwirklicht sich in der Person außerhalb des Systems der Gesellschaft und dann in einer *freien Gesellschaft*. Nicht die Tradition, sondern die Veränderung trägt die Beweislast (S. 84). (4) Rendtorffs ›Ethik‹ integriert – obwohl nicht immer sichtbar – wichtige Gedanken des *Neuprotestantismus* des 19. Jh.s, v.a. *Schleiermachers*. Noch stärker wirkt die Interpretation Hegels durch die Schule *J. Ritters* nach: Die Freiheit ist in der vernünftigen neuzeitlichen Gesellschaft schon realisiert. Darum kommen zwei Ausdrücke fast monoton auf vielen Seiten vor: *»Leben«* und *»Wirklichkeit«*. (5) Biblische Aussagen und dogmatische Formeln spielen eine untergeordnete Rolle; sie werden herangezogen, wenn sie für neuzeitliche Entscheidungen motivfähig sind. Die *Rechtfertigungsaussage* wird so entschlüsselt: Das Individuum als Person gewinnt einen Grund der Freiheit, der nicht politisch zu verwirklichen ist. Er ist Vorgabe, von Gott zugesprochen. Zur Verstärkung können Freiheitsaussagen des *Paulus* und *Luthers* herangezogen weren.
Theoretische Grundlage ist eine Unterscheidung, die sich auf den Soziologen *Luhmann* beruft: Die Sozialität ist durch und durch funktional; hierhin gehört das Politische. Jedes *System*, so auch das soziale, hat eine *Umwelt*. Die Umwelt des sozialen Systems ist die *Person* (Luhmann: das Individuum als organisches Substrat). Die systemtheoretische Begründung der Moral sei der theologischen äquivalent (S. 142). In diesem Sinn versucht Rendtorff, Luthers Aussagen von *zwei Regimenten Gottes* zur Geltung zu bringen: Gott gibt der einzelnen Person die Freiheit, aber er wirkt auch dort, wo das einzelne Subjekt seinen Willen nicht einbringen kann, in den politischen Verhältnissen. Eine *christliche* Sozialethik gibt es unmittelbar nicht.

**Zur Erarbeitung:**

1. Stimmen Sie sich in die »Theorie des neuzeitlichen Christentums« ein, indem Sie Rendtorffs Ansatz aus einem der folgenden Aufsätze bzw. Monographien erarbeiten: Zur Säkularisierungsproblematik, in: Religion und Gesellschaft. Religionssoziologie I, hg. v. J. Matthes, Reinbek 1967, S. 208-229; Geschichte und Gesellschaft, in: Spannungsfelder der evangelischen Soziallehre. Festschrift für H.D. Wendland, hg. v. F. Karrenberg u.a., Hamburg 1960, S. 154-169; Kirche und Gesellschaft oder kirchliches und nicht-kirchliches Christentum, in: Disputation zwischen Marxisten und Christen, hg. v. M. Stöhr, München 1966, S. 254-267; Kirche und Theologie, Gütersloh 1966, v.a. S. 207ff. Halten Sie in eigenen Sätzen fest, was Rendtorff zur *Säkularisierung* sagt und wie er die Lage des Christentums in der Neuzeit beurteilt. Gegen wen wendet er sich?
2. Legen Sie sich ein Glossar an; denn die tragenden Begriffe sind weit und lassen bewußt viele Assoziationen zu. Vor allem müssen Sie ein soziologisches oder wissenschaftstheoretisches Lexikon einsehen, um das System-Umwelt-Verhältnis zu erfassen. Den schwerverständlichen Theoretiker *Luhmann* im Hintergrund des Rendtorff'schen Ansatzes lernen Sie am besten aus

einem Aufsatz kennen: *Luhmann, N.*: Soziologie als Theorie sozialer Systeme, in: *Ders.*: Soziologische Aufklärung, Bd. I, Opladen 1970, S. 113ff. Wie Rendtorff ihn rezipiert, ist nicht leicht zu verstehen (vgl. *Rendtorff, T.*: Gesellschaft ohne Religion?, München 1975, v.a. S. 71ff).
3. Wenn Sie sich eine Übersicht und ein Exzerpt der ›Ethik‹ verschafft haben, beginnen Sie eine dogmatische Reflexion: Wie ordnet Rendtorff seine Aussagen den traditionellen dogmatischen Überlieferungen zu (Beispiele: Gott der Schöpfer, Schöpfung, Christus; kommt der Heilige Geist vor?)?
4. Versuchen Sie, den Typus dieser Ethik zu bestimmen: Ist sie eine Pflichtenethik (deontologisch), eine Güterethik (teleologisch – vgl. aber seine Behandlung des Symbols des Reiches Gottes) oder eine Tugendethik? Wie geht er selbst mit diesen Begriffen um? Eine Hilfestellung bietet das ›Lexikon der Ethik‹ (hg. v. O. Höffe, München 1977).
5. Was sind die Folgen dieses Ansatzes für die Kirche? Wie wird eine davon angeleitete Kirche mit der Bibel umgehen, wie wird sie die *Reformation* würdigen?
6. Durchdenken Sie an einem Beispiel die Konsequenzen (z.B. S. 116f – Kriegsdienstverweigerung als Ausnahme).

**Rich, Arthur:** Wirtschaftsethik. Grundlagen in theologischer Perspektive, Gütersloh 1984.

Rich, zunächst Arbeiter, dann Professor für Systematische Theologie und Direktor des Instituts für Sozialethik in Zürich, ist dem *Religiösen Sozialismus* verbunden (v.a. *Ragaz*), aber er fand auch Anregungen in der Zusammenarbeit mit *Wendland* (Einflüsse *Tillichs*) und hat manche Gedanken auch von *Barth* aufgenommen.
Der erste Band der ›Wirtschaftsethik‹ Richs enthält die Grundlegung seiner Sozialethik. Sie behandelt die Verantwortung für die Gestaltung der *Grundbeziehungen* Ich-Selbst, Ich-Du und vor allem Ich (bzw. Wir) und Es (d.h. den individuellen, den personalen und den ökologischen Aspekt, die miteinander institutionell vermittelt sind) (S. 58f.41ff).
Im Blick auf die konkreten Problemfelder unterscheidet Rich zwischen dem *Sachgemäßen* und dem *Menschengerechten.* Normen lassen sich nicht aus empirischer Analyse ableiten, sondern werden (im Anschluß an den Sozialwissenschaftler *Weisser* und damit an die Philosophie von *Nelson* und *Fries*) bekenntnismäßig eingeführt (S. 95ff). Damit grenzt sich Rich gegen ein Mißverständnis der *Gesetze sozialen Lebens* als Naturgesetze ab. Er fragt nach den Grundtypen der Ordnung sozialen Lebens.
Die Liebe als kritische Instanz prüft die *Gerechtigkeit* der Ordnungen. Sie ist – im Rahmen der biblischen Trias von Glaube, Liebe und Hoffnung – das kritische Vermögen der Vernunft (S. 168). Rich sieht seinen Entwurf in der Nähe eines *existential-eschatologischen Ansatzes* (S. 162ff). Dabei weiß er die aller Ideologie entgegentretende Kraft des Glaubens mit einer Hoffnung verbunden, die den Christen zugleich in die Welt hineinstellt und ihm doch kritische Distanz zu wahren erlaubt (S. 217).
Innerhalb dieses Rahmens stellt Rich biblisch orientierte *Kriterien des Menschengerechten* auf: Geschöpflichkeit, kritische Distanz, relative Rezeption, Relationalität, Mitmenschlichkeit, Mitgeschöpflichkeit, Partizipation (S. 183ff). Diese Kriterien steuern die Wahl von Maximen (für Konzepte politischer Gestaltung). Auf dieser Ebene macht sich die Verheißung des Reiches Gottes nicht geltend, sondern nur relative Gerechtigkeit (Einfluß *Zwinglis*) (S. 229f). Mit der Bestimmung der Maximen setzt Rich die ökumenische Diskussion um die mittleren Axiome fort.

**Zur Erarbeitung:**
1. Versuchen Sie sich einen Überblick über jene Strömungen bzw. theologischen Entwürfe zu verschaffen, die auf Richs Denken Einfluß ausübten.
2. Mit Hilfe von Nachschlagewerken sollten sie die Bedeutung der Botschaft vom *Reich Gottes* für die christliche Ethik feststellen. Besondere Aufmerksamkeit verdient dabei die Auslegung der Bergpredigt durch *L. Ragaz* (Die Bergpredigt Jesu, Bern 1945 bzw. Hamburg 1971). Wie steht Rich zu den verschiedenen Ansätzen der Eschatologie im 20. Jh. (S. 130ff)?

3. Fassen Sie Richs Aussagen zum Themenbereich des Sachgerechten etwa unter folgenden Gesichtspunkten zusammen: Deskription und Präskription (S. 72ff), Typen der Sozialwissenschaften (S. 86ff), Wertfreiheitsdebatte.
4. Ein weiterer Arbeitsschritt sollte die Fragen des *Naturrechts* (S. 83ff), der *Gerechtigkeit* (Zwingli) (S. 201ff.230) und des *Menschengerechten* bilden.
5. Legen Sie sich eine Übersicht über die Kriterien, ihre biblische Anbindung und ihre Anwendung im Blick auf gesellschaftliche Ordnungsfragen an.
6. Suchen Sie ein bestimmtes *Problemfeld* aus Richs vorausgehenden Veröffentlichungen: Glaube in politischer Entscheidung, Zürich u.a. 1962; Christliche Existenz in der industriellen Welt, Zürich u.a. [2]1964; Mitbestimmung in der Industrie, Zürich 1973. Spielen Sie es anhand der von Rich vorgeschlagenen Kriterien durch. Wie kommen dann die Maximen ins Spiel? Wie ist Rich in seinen hier genannten Veröffentlichungen zu Schlußfolgerungen gelangt? (Vgl. Sie ferner die Ausführungen von *Weber, H.*: Theologie – Gesellschaft – Wirtschaft, Göttingen 1970, v.a. S. 395ff).

**Riedel, Manfred:** Norm und Werturteil. Grundprobleme der Ethik, Stuttgart 1979.

Der in Erlangen lehrende Philosoph läßt in seinem Ansatz Einflüsse der Heidelberger Philosophen *Löwith* (Geschichtsphilosophie) und *Gadamer* (Hermeneutik) erkennen. In seiner Erörterung der ›Grundprobleme der Ethik‹ setzt er sich deshalb vom positivistischen Wissenschaftsverständnis ab.
Riedel geht von der Tatsache aus, daß Menschen in Furcht, Leid und Unrecht leben und darum das *Übel verfehlten Lebens* kennen (S. 7). Ethische Sätze beziehen sich auf diese Erfahrung und überschreiten sie doch. Deshalb ist es notwendig, ein Verständnis ethischer Sprache zu gewinnen.
Riedel erkennt *Normen* nicht allein in Imperativen, sondern in vielfältigen *performativen Sprechakten* (S. 52). Der Anspruch von Normen ist nicht mit Hilfe einer deontologischen Logik festzustellen, sondern tritt im Anspruch auf Geltung hervor (S. 57). Die Ethik soll sich besonders für nicht ausdrücklich gesetzte Normen interessieren (S. 67). Das ist Anlaß für Riedel, sich mit dem Problem der *Werte* zu befassen; sie zeigen sich in den menschlichen Akten des Vorziehens, des Billigens usw. (S. 70ff). Jede Kommunikation über Normen bezieht nicht weiter zurückführbare Normen ein (S. 78f), wie sie sich im Dekalog oder in einem *Prinzip* (z.B. der Würde in der praktischen Philosophie Kants) finden.
Besonders hilfreich ist Riedels Versuch, die Begründungen für Normen zu differenzieren (als kausal, zweckrational, teleologisch oder normenorientiert – vgl. S. 85). Im Rahmen seiner Begründungstheorie akzentuiert er den axiologischen Ansatz (der Bevorzugung und der Ordnung von Werten – vgl. S. 94). Werte entstammen der kommunikativen Ordnung und sind – anders als Normen – ohne futurische Bedeutung (S. 98f).

**Zur Erarbeitung:**
1. Wie beschreibt Riedel die *wissenschaftliche Situation,* in der ethische Fragestellungen nicht mehr aus der Wissenschaft ausgegrenzt werden (vgl. die Einleitung)?
2. Was bedeutet die *Handlungstheorie,* und was muß über sie hinaus bedacht werden, um ethisch argumentieren zu können?
3. Wie unterscheiden sich die *Normen der Ethik* von denen des Rechts? Warum geht Riedel über die *deontologische Logik* hinaus (S. 57ff)?
4. In welchem Verhältnis stehen Grundnormen und Bezugsnormen, mit welchen Argumenten führt Riedel ›*Werte*‹ ein (S. 70ff.91ff)?

**Rothe, Richard:** Theologische Ethik, Bd. 1-5, Wittenberg $^{2}$1867ff.

Rothe wurde nach Heidelberg berufen, als dort die *Praktische Theologie* als Lehrfach eingerichtet wurde. Er war jedoch nicht nur Praktischer Theologe, sondern Systematiker und Interpret seiner Zeit. Seine ›Theologische Ethik‹ (in der 2. Auflage in 5 Bänden posthum) wird wieder gelesen, weil sie die *These vom Aufgehen der Kirche im Staat* enthält. Vor allem beruft sich *Rendtorff* mit seiner Theorie des neuzeitlichen Christentums auf Rothe.
Rothes ›Ethik‹ ist mehr als eine Anweisung zum Handeln der Christen. Sie ist ein *System der »spekulativen« Theologie.* »Spekulatives Denken« vereint das Ganze der Wirklichkeit vor der kritischen Vernunft. Es gibt sich nicht mit stückweisem Wissen, wie es die empirische Vernunft kennt, ab. Nur wer »spekulativ« denkt, kann sich die Frage beantworten, warum er überhaupt denkt, wozu er handelt, auf welcher Grundlage er seine Entscheidungen treffen soll.
Ist es überhaupt möglich, so zu denken? Rothe argumentiert, daß wir hin und wieder in unserem Leben die Augen vor der andringenden empirischen Wirklichkeit verschließen, um uns ganz auf die Vernunft in uns zu konzentrieren und von der Vernunft aus die Wirklichkeit als ganze neu zu entwerfen.
Was hat das alles mit dem *Christentum* zu tun? Wer sich ganz in die Vernunft zurückzieht, geht in sein *Ich,* und das ist zutiefst von Gott getragen. Das reine Ich kann man nicht erfassen, ohne den *Gottesgedanken* im selben Augenblick mitzuerfassen. »Spekulative« Theologie heißt also, aus diesem frommen Selbstgefühl die ganze Wirklichkeit zu erfassen, ja, um Rothe zu folgen, sie zu erbauen. Die »spekulative« Theologie wird als Theologie im engeren Sinn, als Kosmologie und als Ethik, entworfen. Rothes ›Theologische Ethik‹ enthält alle drei Aspekte, das Schwergewicht liegt allerdings auf dem dritten.
Deswegen wird die Ethik in der Lehre von Gott begründet. *Gott* ist reine Selbstbewegung und Potentialität (als absoluter Geist). Aus moralischen Gründen schafft er die Welt, aus Liebe verdoppelt er sich. Weil Gott so in die Welt hineinwirkt, erkennt der Mensch ein »Höchstes Gut«.
Aus diesem »Höchsten Gut« entfaltet Rothe seinen Entwurf einer Ethik. Sie zeichnet weniger einzelne Handlungsmöglichkeiten nach als eine ganze *spekulative Geschichte der Menschheit.* Sie reicht von der kleinsten Einheit, der Familie, zu den Völkern, der Kirche, dem Organismus der Staaten und dem Reich Gottes. Das *Reich Gottes* ist der *sittliche Endzweck,* ähnlich dem, was Habermas heute fordert, wenn er von der herrschaftsfreien Kommunikation aller mit allen spricht. Ist das Reich Gottes erst einmal erreicht, ist der Mensch als sittliche Persönlichkeit vollendet. Er ist ganz geistiges Wesen. Der gemeinsame Zweck, sittlicher Mensch zu sein, verbindet dann alle in einem Idealstaat, in den hinein sich die Kirche aufgelöst hat.

**Zur Erarbeitung:**

1. Informieren Sie sich über den Verfasser (in der RGG oder in einem Abriß der Geschichte der protestantischen Theologie im 19. Jh.).
2. Da Rothe ein heute schwerverständliches Denken verfolgt, formulieren Sie zunächst Ihre *eigene Fragestellung,* mit der Sie an Rothes ›Ethik‹ herangehen wollen (ein möglicher Ausgangspunkt: das *Verhältnis des Christentums zur Kultur,* ein anderer: die Frage der *Säkularisierung,* vgl. die Hinweise zu Rendtorff).
3. Verschaffen Sie sich einen Überblick über das ausgedehnte Werk mit Hilfe der Inhaltsverzeichnisse. Vielleicht entwerfen Sie eine Skizze des Inhalts auf einem Blatt.
4. Wenn Sie grundsätzliche und Einzelfragen gewidmete Abschnitte unterschieden haben, beginnen Sie mit dem Ansatz. Untersuchen Sie die verschiedenen Linien des Ansatzes: *Spekulation,* im Anschluß an *Hegel* (vgl. *Glockner:* Hegellexikon) (§§ 1ff); *Ichgefühl,* im Anschluß an *Schleiermacher* (§§ 5ff) (vgl. die ersten Paragraphen der ›Glaubenslehre‹ *Schleiermachers*); *Frömmigkeit* (*Schleiermacher*) (§§ 6ff); Gott entläßt die Welt aus sich (*Schelling*) (§§ 19ff); *Gott* als das Absolute (*Hegel, Schelling*) (§§ 17ff), absoluter Geist (§§ 29ff). Wie verhält sich eine angewandte Ethik zu der »spekulativen« Grundlegung?
5. Ordnen Sie nun die Aspekte der Ethik (Güter-, Tugend- und Pflichtenlehre) (§ 91) ein und bestimmen Sie deren Bedeutung.
6. Stellen Sie fest, wo die *Christologie* in diesem Entwurf ihren Ort hat. Warum kommt Rothe

in der Grundlegung ohne Christologie aus? Oder zeigen sich Spuren einer »spekulativen« Christologie?
7. Halten Sie nun die aus der »spekulativen« Grundlegung resultierende Geschichtsauffassung fest (z.B. anhand der §§ 416-458: Die Entwicklungsstadien der moralischen Gemeinschaft).
8. Stellen Sie sich einen Aufriß der Rothe'schen *Eschatologie* her (§§ 440ff).
9. Wählen Sie ein gesellschaftspolitisches Problem aus, um den Ansatz und das aus ihm resultierende Urteil zu überprüfen (Beispiel v.a. im 5. Bd.: Industrie § 1138, Krieg § 1160 usw.).
10. Formulieren Sie ein abschließendes Urteil und vergleichen Sie Ihr Ergebnis mit dem *Birkners, H.J.*: Spekulation und Heilsgeschichte, München 1959.

**Schlatter, Adolf:** Die christliche Ethik, Stuttgart $^{3}$1929.

Schlatter, ein origineller, der Erweckungsbewegung nicht fernstehender Neutestamentler, hat eine biblisch-neutestamentliche Ethik verfaßt. Sie geht auf die Erkenntnis Gottes zurück, die wir von Jesus Christus empfangen.
Von dieser Grundlage her kann Schlatter die philosophischen Ansätze zur Ethik kritisch würdigen. Die *Tugendlehre* enthält die Tendenz zu einem egozentrischen Menschenbild. Der Raum der Achtung für Mensch und Mitmensch kann dann entschwinden. Sie muß besser verstanden werden; dann geht es darum, eine Tüchtigkeit zum Dienste Gottes in der Gemeinde heranzubilden. Eine ungebildete Tugendlehre sagt hingegen, daß der Mensch alles aus der Gemeinschaft, nichts aber aus sich hat.
Die *Güterlehre* fragt nach dem Guten oder dem Übel, der Lust oder der Unlust. Damit bleibt sie in der Motivationsanalyse, im Interesse an innerseelischen Prozessen gefangen. Sie leistet egoistischer Lebensführung Vorschub. Christliche Ethik wertet das um; nun geht es nicht mehr darum, wie wir Seligkeit erlangen, sondern wie wir Seligkeit verbreiten.
Die *Pflichtenlehre* hat mit der christlichen Ethik den Gehorsamsgedanken gemein. Aber nun kommt alles darauf an, welcher Mensch gehorcht: der unversöhnte oder der mit Gott versöhnte, der Gottes Liebe erfährt. Christliche Ethik muß deswegen Wollen und Sollen vereinen, so daß Gottes Gebot keine fremde Macht ist, sondern zur geschichtlichen Existenz des Menschen selbst gehört. Autonomie wird dann richtig verstanden.
Schlatters biblische Ethik spitzt sich auf den Gedanken des *christlichen Berufs* zu. Das ist nicht die Arbeit, für die ein Mensch ausgebildet wird, sondern die innerweltliche Aufgabe, zu der Gott den einzelnen beruft.
Die göttliche Berufung fügt es, daß unser Handeln im Gnadenstand den Ordnungen des menschlichen Lebens entspricht; jede aus der Beobachtung des Inneren gewonnene sittliche Erkenntnis gilt auch für die Gemeinschaft, alle Arbeit für andere ist für Selbsterkenntnis fruchtbar.

**Zur Erarbeitung:**
1. Informieren Sie sich über den Verfasser und seine theologische Ausrichtung.
2. Studieren Sie das Inhaltsverzeichnis auf den Seiten 7-12 gründlich und legen Sie fest, wo Sie die grundsätzliche Fragestellung und wo Sie Abhandlungen konkreter Probleme vermuten.
3. Greifen Sie das Kapitel »Die Gliederung der Darstellung«, S. 54f, heraus und versuchen Sie, für sich selbst eine Skizze des Entwicklungsganges der Schlatter'schen ›Ethik‹ zu entwerfen.
4. Analysieren Sie nun die Seiten 13-23: »Die christliche Fassung der ethischen Fragen«. (An welche Einsichten des Christentums knüpft Schlatter an, was ist für ihn typisch im Vergleich mit anderen Ethiken?)
5. Definieren Sie *Tugend-, Pflichten- und Güterethik* (etwa mit Hilfe des ›Lexikon(s) der Ethik‹, hg. v. O. Höffe, München 1977) und fassen Sie Schlatters Stellungnahmen zu diesen Themen zusammen.
6. Wie ist das Verhältnis Gottes zum ethischen Subjekt zu denken (S. 33-45.45-54)?

7. Klären Sie die Bedeutung folgender hervorstechender *Begriffe*: Gerechtigkeit (Liebe, Gemeinschaft), Wahrheit (Erkenntnis), Seligkeit (Gefühl, Freude), Kraft. Nehmen Sie dazu das Sachregister in Anspruch.
8. Wählen Sie ein Sie interessierendes konkretes Problem aus, prüfen Sie, wie Schlatter seine Grundsätze darauf anwendet, und vergleichen Sie eventuell dessen Behandlung mit der in einer anderen Ethik.
9. Fassen Sie Ihre Ergebnisse zusammen und vergleichen Sie diese mit den einführenden Abschnitten.

**Schleiermacher, Friedrich Daniel Ernst:** Die christliche Sitte nach den Grundsätzen der evangelischen Kirche, hg. v. L. Jonas, Berlin [1]1843; Berlin [2]1884 (F. Schleiermachers Sämtliche Werke. 1. Abt. Zur Theologie, Bd. 12).

Schleiermachers christliche Ethik ist ein umfangreiches Buch, das ein Schüler aus Vorlesungsnachschriften hergestellt hat. Deswegen ist es z.T. auch nicht sehr durchsichtig in seiner Gliederung. Trotzdem sei es jedem empfohlen, der den Ansatz der protestantischen Theologie des 19. Jh.s (*Kulturprotestantismus*) und die Reaktion der dialektischen Theologie im 20. Jh. besser verstehen will. Außerdem wird jede christliche Ethik, die sich in die Welt hinein vermitteln will, sich mit Schleiermachers Ansatz auseinandersetzen müssen.
Schleiermachers Sittenlehre hängt mit seiner ›Glaubenslehre‹ zusammen. Die ›Glaubenslehre‹ entfaltet den *Inhalt des frommen Selbstbewußtseins* nach der Seite des Wissens, die ›Christliche Sitte‹ nach der Seite des *Handelns*. Aber sie hängt auch mit Schleiermachers philosophischer Ethik zusammen. Das Christentum entfaltet sich in der Richtung, in der sich auch die Humanität durch die Geschichte entwickelt. Humanität heißt *Herrschaft des Geistes über die Natur* (Weltgestaltung, Kultur). Der christliche Geist ist der Geist in seiner reinsten Gestalt. Er überbietet den menschlichen Geist und setzt ihn doch konsequent fort. Die ›Christliche Sitte‹ ist eine *beschreibende* Ethik: Sie stellt dar, wie dieser Geist wirkt.
Um diesen Prozeß zu verstehen, muß man ferner Schleiermachers Bild vom Menschen kennen, durch den und in dem dieser Geist wirkt. Er hat das Pneuma (den Heiligen Geist als Christ), ist Logos (Menschengeist), Psyche (Gefühl und Trieb) und Fleisch (Leib). Dieser Mensch steht nun inmitten der Menschengeschichte, einerseits als *Gattungswesen*, so setzt er Handlungen anderer Menschen fort, andererseits aber auch als *Individuum*, dabei setzt er mit neuen Handlungen ein. Dieses Ineinanderwirken von Handeln und Betroffensein ist das Thema der ›Christlichen Sitte‹. Sie ist also eine Sozialethik im strikten Sinn und zeichnet die Handlungszusammenhänge im sozialen Raum der Familie und der *Kirche* (innerer Kreis) und der *Gesellschaft* (äußerer Kreis) nach.
In diesem Zusammenhang schwankt der Mensch zwischen *Lust* und *Unlust*, d.h. zwischen bereitwilligem Mitgehen im Prozeß des Geistes und Widerstand. Die Unlust wird durch *reinigendes Handeln* abgewehrt (Erziehungsprozesse, gesellschaftliche Reformen, Einwirkung auf andere Staaten); die Lust breitet ihre Seligkeit, d.h. den mit sich selbst versöhnten Zustand der Handlungsträger, aus (*verbreitendes Handeln*) (ebenfalls Erziehung, Kulturfortpflanzung usw.). Sind Lust und Unlust in einen ausgeglichenen Zustand ausgeschwungen, tritt *darstellendes Handeln* ein (Gottesdienst, Feier, Kunst, Geselligkeit). Schleiermacher kann in seine christliche Ethik Fragen der Ästhetik integrieren.

**Zur Erarbeitung:**
1. Informieren Sie sich über den Verfasser (z.B. durch *Redeker, M.*: Friedrich Schleiermacher, Berlin 1968).
2. Beginnen Sie am besten mit einer systematischen Analyse der *Anthropologie* Schleiermachers (Die christliche Sitte, 2. Aufl., S. 57-68). Schreiben Sie Ihr Ergebnis in eigenen Formulierungen auf.
3. Beziehen Sie diese Einsichten auf den Zusammenhang der Menschen mit *Christus* (S. 38f) und mit der Kirche (S. 69-73).
4. Leiten Sie nun die verschiedenen *Arten des Handelns* aus der Konstitution des Menschen (Lust, Unlust) ab (vgl. S. 50-55).

5. Verbinden Sie das mit seinem *Christsein* (S. 32-45). In welchem Verhältnis steht der Heilige Geist zum Menschengeist (S. 302f)?
6. Wählen Sie sich nun Exempel für jede Handlungsart und prüfen Sie die gewonnenen und von Ihnen formulierten Erkenntnisse an ihnen durch.
7. Vergleichen Sie diese Exempel mit Ihrer eigenen Stellungnahme. Warum urteilt Schleiermacher so, wie es die ›Christliche Sitte‹ ausweist?
8. Notieren Sie nun die Fragen, die Sie an den Ansatz selbst haben. Fallen Ihnen Alternativen ein?
9. Setzen Sie Schleiermachers Entwurf einer christlichen Ethik in Beziehung zu seiner Glaubenslehre (Die christliche Sitte, S. 16-24) und zu seiner philosophischen Ethik (a.a.O., S. 27-32.77-82). Was bedeuten in diesem Zusammenhang Tugend-, Güter- und Pflichtenlehre?
10. Verdeutlichen Sie sich Schleiermachers Bedeutung anhand eines Überblicks über die Geschichte der protestantischen Theologie im 19. Jh.

**Søe, Nils H.:** Christliche Ethik, München 1949.

Søe, ein dänischer lutherischer Theologe nicht ohne Einfluß Barths, unterscheidet zwar zwischen *Religion* und *Ethik,* meint aber, daß die »Ethik schwerlich gedeihen kann, wenn sie sich nicht auf das Religiöse stützt . . .« (S. 41).
Das religiöse Element bindet den Menschen in seinem Inneren (Gewissen, sittliches Empfinden). Damit stellt Søe seine Skepsis gegenüber der »Autonomie« des Subjektes heraus. Sein Anliegen ist es, die die Subjektivität des Menschen übersteigende Instanz aufzuweisen.
Welche besonderen christlichen Elemente führt Søe zur Begründung der Ethik an? Es ist vor allem der Gedanke des *Reiches Gottes,* das mit *Jesus Christus* in die Welt gekommen ist und am Jüngsten Tage endlich anbricht (S. 61ff). Der Gedanke des Reiches Gottes muß nun entschlüsselt werden. Er besagt:
1. Der Inhalt christlicher Ethik kann nicht aus einem allgemeinen sittlichen Bewußtsein des Menschen entwickelt werden. Vielmehr wird der Mensch durch den Gottessohn mit dem göttlichen Willen konfrontiert.
2. Erst die *Sendung des Sohnes* ermöglicht es dem Menschen, den göttlichen Willen zu erkennen.
3. Christliche Ethik ist *Interimsethik,* d.h. sie gehört in ein Zwischenstadium zwischen Christi Kommen und die Erwartung des vollendeten Reiches Gottes.
Der Mensch der christlichen Ethik ist radikaler *Sünder,* er steht vor der Offenbarung und hat die Herrlichkeit des letzten Schöpfungstages verloren. Die Offenbarung selbst befähigt ihn, seiner Triebnatur gegenüber eine distanzierte Position einzunehmen.
Søe faßt die Ethik des Neuen Testaments im *Liebesgebot* zusammen. Alle anderen Anweisungen sind Illustrationen dieses Gebots. Sie wollen helfen, das Licht des kommenden Reiches in dieser Welt aufleuchten zu lassen.
Vom Liebesgebot her scheidet sich das Tun des Menschen in zwei Bereiche: Das Gebot der Gottesliebe konkretisiert sich in Gebet, Andacht, theologischem Nachdenken, das Gebot der Nächstenliebe im Tod des Egoismus und der Sprengung aller Schranken.

**Zur Erarbeitung:**

1. Informieren Sie sich über den Verfasser und stellen Sie fest, in welcher Tradition er steht. An wen knüpft er an (vgl. v.a. seine Einleitung)?
2. Erarbeiten Sie in einem ersten Gang den *theologischen Ansatz* (§ 3, §§ 11ff). Welche *Kriterien* für eine christliche Ethik stellt Søe auf?
3. Wie sieht Søe seine eigene Position inmitten nichtchristlicher Ethiken (vgl. seine Auseinandersetzungen mit Idealismus, Existenzphilosophie usw.)?
4. Vergleichen Sie Søe's zentrale Punkte mit anderen Ansätzen, z.B. die Frage des Guten (§§ 19ff) mit der des Utilitarismus, die Frage der Selbstliebe (§ 25) mit *Fromm:* Psychoanalyse und Ethik, die Frage der Eschatologie (§ 12) mit Bultmanns Auffassung. Nun überprüfen Sie noch

einmal den von Ihnen ermittelten Ansatz (Arbeitsschritt 2) anhand der jetzt gewonnenen Präzisierungen.
5. Wählen Sie sich ein Problem des speziellen Teils, z.B. die Frage des Staats oder des Widerstandsrechts, und analysieren Sie es. Stimmt die Analyse mit dem von Ihnen ermittelten Ansatz überein, welche Kriterien leiten von der Grundlegung zum besonderen Problem?
6. Studieren Sie die Behandlung desselben Problems in einer Ethik mit ganz anderem Standpunkt (z.B. *Trillhaas*), vergleichen Sie die Ergebnisse, wo sind sie unterschiedlich, wo ähnlich? Geht das alles nur auf die Grundlegung zurück?
7. Fassen Sie Ihre Ergebnisse noch einmal zusammen und verstärken Sie diese bei einer Diagonallektüre des Buchs.

**Schulz, Walter:** Philosophie in der veränderten Welt, Pfullingen 1972.

Der emeritierte Tübinger Philosoph, ein Schüler *Heideggers* und ein Kenner des *Idealismus*, konzipiert am Ende seiner weit ausladenden *Gegenwartsanalyse* eine Ethik, die zeitgemäß sein will (S. 629ff). Kern seiner Analyse ist der Aufweis, daß die moderne Welt von Verwissenschaftlichung, Verinnerlichung und Vergeschichtlichung gekennzeichnet ist.
Bei der *Verinnerlichung* ist anzusetzen: Sie meint den Bezug – ja sogar den Rückzug – auf das *Ich*, ohne daß – wie im Idealismus – mit der Vernunft des denkenden Subjekts auch die Welt des Lebens als vernünftig und seiner Freiheit entsprechend angesehen werden kann. Darum versucht Schulz, gegen die sich vom Idealismus abwendende Infragestellung der Freiheit durch die Psychoanalyse, durch die Aggressionsforschung und andere Disziplinen eine Freiheit in bestimmten Grenzen zu retten. Aus dieser Freiheit erwächst der die Ethik kennzeichnende *Selbsteinsatz* (S. 699). Schulz will das *Böse* nicht als Aggression rationalisieren, sondern als ein Urphänomen festhalten (S. 719). Das *Gute* ist hingegen der Inbegriff möglicher und wirklicher lebensförderlicher Ordnung (S. 729f). Ethisch vertretbare *Ordnungen* können von der Gefahr des Egoismus befreien (S. 736ff).
Um den Bezug zum Mitmenschen zu sichern, führt Schulz die Instanzen der *Vernunft* (auch im mitmenschlich orientierten Gewissen) und des *Mitleids* ein (S. 748ff). Hinzu tritt die *Verantwortung* (S. 631f.729). Die Ethik soll zwei Prinzipien, der Anerkennung des Willens zum Leben (S. 698f) und der Absicht, möglichst vielen ein großes Glück zu bewirken, folgen (S. 699). *Freiheit* und *Determination* sind dialektisch aufeinander zu beziehen, denn keine Freiheit ist ohne Ordnung. Auf diesem Horizont analysiert Schulz die Ethik im Nah- und im Fernhorizont. Auch dabei wird das Problem der Ordnung zum Schlüssel; in ihr vermitteln sich Politik und Ethik und widersprechen der Macht als der rücksichtslosen Durchsetzung von Interessen.

**Zur Erarbeitung:**
1. Welche Momente der philosophischen Entwürfe *Kants, Hegels* und *Heideggers* werden in Schulz' Entwurf einbezogen?
2. Wie verteidigt Schulz die menschliche *Freiheit* gegen Psychoanalyse, Aggressionsforschung und auch bestimmte Ansätze der Sozialwissenschaften?
3. Warum lehnt Schulz eine religiöse oder metaphysische Ethik ab?
4. Welche Aspekte des *Guten* stellt Schulz heraus? (Vgl. die Analysen dieses Arbeitsbuchs.)
5. Was zeigt sich bei einem Vergleich der Implikationen des *Liebesgebots* mit der Ethik im Nah- und im Fernhorizont?
6. Suchen Sie einen ethischen Ansatz eines Theologen, der in der Nähe der Wurzeln des Denkens von Schulz steht (z.B. *Bultmann* oder *Løgstrup*). Was zeigt sich bei einem kritischen Vergleich?

**Schulze, Hans:** Theologische Sozialethik, Gütersloh 1979.

Der Verfasser war bis 1978 Professor für Christliche Gesellschaftswissenschaften in Erlangen. In seiner theologischen Arbeit ging er von den Fragestellungen seiner Praxis im *Industrie- und*

*Sozialpfarramt* aus. Dabei löste er sich von den ordnungstheologischen Denkmustern seines Lehrers *Künneth* ab und entwickelte im Gespräch mit der (eher konservativen) deutschen Soziologie der sechziger Jahre eine vermittlungstheologische Sozialethik.
Während nach Schulze das *personale Ethos* am *Wie* des Handelns und das *politische Ethos* an den *Folgen* orientiert ist, betrachtet er das *soziale Ethos* als *final* ausgerichtet – auf eine Realutopie (S. 25ff). Das Neue Testament kenne keine allgemeine Verantwortung für eine zukünftige Gesellschaft. Deshalb wählt Schulze den Weg, nach den *Zielvorstellungen von Menschen in der veränderbaren Gesellschaft* zu fragen und diese mit Hilfe theologischer Sätze zu kommentieren.
Ein wichtiger Teil seiner ›Sozialethik‹ stellt *theologische Modelle* in ihrer Konsequenz für eine sozialethische Methodenlehre vor (S. 105ff): Glaube und Werke, Gesetz und Evangelium, Ordnungstheologien, Zwei-Regimente-Lehre, theologischer Liberalismus, christozentrischer Ansatz, Mandatelehre, Situations- und eschatologische Ethik. Schulze selbst entscheidet sich für ein an *Thielicke* und *Tillich* angelehntes *Korrelationsmodell*: Das Reich Gottes mit seinem Anspruch und die Gesellschaft in ihrer Realität überschneiden sich jeweils im Christen, der zwischen beiden vermittelt.
Schulze will induktiv vorgehen, gesellschaftliche Orientierungen aufsuchen und deuten sowie dabei mittlere Axiome ermitteln. Dabei können theologische Beiträge zur Deutung und Orientierung eingeführt werden. Die dann gefundene sozialethische ›Wahrheit‹ soll durch vernünftige Lösungsvorschläge operationalisiert werden.

**Zur Erarbeitung:**

1. Informieren Sie sich über Ansätze, die Schulze beeinflußt haben: Ethik der *Erhaltungsordnungen* (*Künneth*) und deren Kritik sowie die Soziologie von *Freyer, Gehlen* und *Schelsky* (etwa bei *Aron, R.*: Deutsche Soziologie der Gegenwart, Stuttgart 1953).
2. Stellen Sie die von Schulze ausdrücklich erörterten *theologischen Bezüge* heraus (z.B. den mit der Rede von Gott verbundenen Symbolbegriff, S. 54).
3. Erwägen Sie die Stimmigkeit seiner Einwände gegen die von ihm vorgestellten theologischen Modelle (S. 105ff).
4. Sammeln Sie die *Merkmale moderner Gesellschaften*, die Schulze für relevant hält.
5. Achten Sie auf die Aussagen zu den Themen der *Öffentlichkeit*, der *Institutionen*, der *Normen* und der *Handlungstheorie*.
6. Ermitteln Sie abschließend, wie sich die verschiedenen Hinsichten in einer Theorie zur Urteilsbildung niederschlagen.

**Thielicke, Helmut:** Theologische Ethik
Bd. I: Prinzipienlehre. Dogmatische, philosophische und kontrovers-theologische Grundlegung, Tübingen [5]1972;
Bd. II: Entfaltung
Bd. II,1: Mensch und Welt, Tübingen [3]1965;
Bd. II,2: Ethik des Politischen, Tübingen [2]1966;
Bd. II,3: Ethik der Gesellschaft, des Rechtes, der Sexualität und der Kunst, Tübingen [2]1968.

Thielicke lehrte zuletzt in Hamburg Systematische Theologie, vor allem Ethik. Geprägt vom Erlanger Luthertum, verband er eine theologisch und politisch konservative Haltung mit publikumswirksamer Weltzuwendung. Seine umfangreiche und weitverbreitete ›Ethik‹ spricht vor allem die Motive des Handelns der Christen an, weil es durchaus nicht feststeht, daß die Handlungen der Christen anders aussehen als die der Nichtchristen. Glaube und neuer Gehorsam bewirken nach reformatorischer Lehre die guten Werke, aber sie erfolgen wie von selbst, weil *Gottes Liebe* in uns Liebe wirkt; das *Gesetz* selbst aber ist nicht die Kraft des Evangeliums zu guten Werken (tertius usus).
Wie löst Thielicke den Streit um den *tertius usus*, also die Anwendung des Gesetzes Gottes auf die Gerechtfertigten? Auch der Gerechtfertigte ist Sünder – simul peccator, simul iustus. Er läßt sich aber nicht in zwei Personen teilen, sondern handelt und entscheidet als ein ganzes Ich.

Insofern ist das Gesetz zurückgehalten. Es beseitigt die Hindernisse für den Glauben, reguliert den Christenstand, es erzieht und drängt, den Christenstand wahr zu machen. Aber das ist nicht usus in renatis, Gesetz der Heiligung.
Thielickes ›Ethik‹ verteidigt und wird öfter polemisch. Sie trägt Bedenken gegen die Autarkiebestrebungen des sittlichen Menschen der Neuzeit vor. Zwar läßt sich dieser Mensch nicht mehr unter die Allgegenwart Christi stellen, aber die christliche Ethik muß sein Selbstverständnis erweitern und das säkulare Selbstverständnis unter Gesetz und Evangelium sehen. Indikativ und Imperativ dürfen nicht voneinander isoliert werden, denn das löste die Rechtfertigung in die Heiligung auf (*Schlatter*).
Der größte Gegner aber ist *Karl Barth*. Ihm wird vorgeworfen, er habe die Gnade überdehnt, Christus vom Inkarnierten zum präexistenten Prinzip erweitert und die Geschichte in Zeitlosigkeit aufgehoben, weil er die Spannung von Gesetz und Evangelium aufgegeben habe. Thielicke setzt sich mit Barth auseinander, weil er das Gesetz gegen das Selbstverständnis des neuzeitlichen Menschen wenden will, um dessen Sicherheit zu brechen.
Die *Vernunft* hat in dieser Ethik eine dienende Funktion, sie bleibt der *Autorität Gottes* untergeordnet. Das *Gewissen* spiegelt die Unruhe und die Bedrohung des ungelösten Zustandes. Nur vom sich offenbarenden Gott erfährt der Mensch, wer er wirklich ist.
Christliche Ethik ist deshalb eine »unmögliche Möglichkeit«. Sie steht unter eschatologischer Spannung. Wegen des kommenden Äons kann sie nicht Kompromiß sein, wegen der beiden Naturen Christi muß sie in Kontinuität und Diskontinuität mit der Welt stehen, wegen des sakramentalen Geheimnisses verwirklicht sie sich nur zeichenhaft.

**Zur Erarbeitung:**

1. Informieren Sie sich über den Verfasser, seine Position und seine wichtigsten Werke.
2. Stellen Sie die *Situation* fest, wie Thielicke sie in seiner ›Theologischen Ethik‹ sieht (Säkularisierung, Eigengesetzlichkeit, Dämonisierung der Welt).
3. Ermitteln Sie, wie er die neuzeitliche, säkulare Welt *beurteilt*. Wo knüpft er an sie an, wo führt er über sie hinaus, wo stellt er sie in Frage (Anthropologie, Gewissen usw.)?
4. Stellen Sie die wichtigsten von Thielicke bekämpften Gegenpositionen zusammen. Was kritisiert er an ihnen, wie muß er dann seine Ethik anlegen?
5. Suchen Sie die zentralen *reformatorischen Aussagen* zum Ansatz der Ethik (Glaube, Rechtfertigung, gute Werke, neuer Gehorsam) in Thielickes Entwurf auf, stellen Sie die Besonderheit seiner Interpretation fest und überprüfen Sie (anhand einer Dogmatik), wie weit er die Tradition aufnimmt und wie er sie (einseitig?) rezipiert.
6. Berücksichtigen Sie im Anschluß an 4. und 5. vor allem das Thema von *Gesetz und Evangelium*.
7. Wie verhält sich Thielickes ›Ethik‹ zu traditionellen philosophischen Ethiken (Güter-, Pflichten- und Tugendlehre)?
8. Welchem Typus gehört Thielickes ›Ethik‹ an, der Prinzipien-, Kontext- oder Situationsethik?
9. Bestimmen Sie den Begriff der *Grenzsituation* und seine Bedeutung für die Durchführung der ›Ethik‹ Thielickes.
10. Stellen Sie die Kriterien einer christlichen Ethik, die Sie aufgrund der Analyse gefunden haben, zusammen.
11. Wählen Sie nun ein Exempel aus Teil II (Entfaltung), analysieren Sie, welche außertheologischen Erkenntnisse Thielicke rezipiert und wie er seine theologisch-ethische Beurteilung durchführt. Kommen die von Ihnen unter 10. gesammelten Kriterien zum Zuge? Woran zeigt sich bei der Beurteilung konkreter Probleme, daß christliche Ethik eine »unmögliche Möglichkeit« ist?

**Tillich, Paul:** Das religiöse Fundament des moralischen Handelns. Schriften zur Ethik und zum Menschenbild, in: *Ders.:* Gesammelte Werke, hg. v. R. Albrecht, Bd. III, Stuttgart 1965; *ders.:* Christentum und soziale Gestaltung. Frühe Schriften zum Religiösen Sozialismus, in: *Ders.:* Gesammelte Werke, hg. v. R. Albrecht, Bd. II, Stuttgart 1962.

Tillich hat im Laufe seines Lebens und seiner umfangreichen Literaturproduktion zwar keinen ausgefeilten Ethik-Entwurf vorgelegt, aber so häufig zu ethischen Problemen Stellung bezogen, daß sich aus mehreren seiner Schriften durchaus so etwas wie ein Entwurf herausschält. Aus der *späteren Epoche* rührt die Vorlesungsreihe ›Das religiöse Fundament . . .‹ her. Hier führt Tillich – ähnlich dem Ansatze Barths – aus, daß theologische Ethik im Grunde in jedem Teil der Systematischen Theologie impliziert sei. Mit Barth berührt sich auch sein Ansatz, von der *Gnade* her nach der *»Moralität«* zu fragen. »Moralität« und »Religion« als Grundbegriffe führen Tillich jedoch erst einmal vom Barth'schen Ansatz fort.
Ethik ist praktische Teilhabe an der neuen, durch das Kommen Christi eröffneten Wirklichkeit, sie katalogisiert nicht einzelne moralische Gebote. Sie geht auf eine der *drei Funktionen des menschlichen Geistes* zurück: Die *Moralität* richtet sich auf das Selbst des Trägers des Geistes; deswegen legt Tillich großen Wert auf die *Selbstintegration des menschlichen Geistes.* In einer aus der Psychoanalyse belehrten Sprache könnte man auch vom Problem individueller und kollektiver Identität sprechen. Ethik fragt deswegen nicht nur, was in der Handlung als Ziel und mögliches Ergebnis verantwortet wird, sondern wie es auf die Identität des (der) Handelnden zurückwirkt. (Die beiden anderen Funktionen des Geistes sind: *Kultur* als schöpferische Selbstverwirklichung, *Religion* als Selbsttranszendierung des menschlichen Geistes.)
Der *moralische Imperativ* fordert deswegen auf, eine Person in einer Gemeinschaft von Personen zu werden – und das in einer zweideutigen Welt. Dieser Imperativ wird durch den Weg des Gewissens erfahren; der Ausdruck »Weg« deutet an, daß es kein Gewissen schlechthin gibt, sondern daß hinter den verschiedenen, auch z.T. sehr irrigen Formen des Gewissens eine Grundfrage steht, die sich mit Tillich als *transmoralisches Gewissen* bezeichnen läßt. Das transmoralische Gewissen deutet auf eine Wirklichkeit, die den Bereich der moralischen Gebote überschreitet und die Rechtfertigungsfrage stellt.
Tillich interpretiert in seinen Vorlesungen das *Naturrecht* (als Wissen von der zwar verdunkelten, aber nicht verlorenen essentiellen Natur des Menschen) und die *Liebe* (als Wunsch nach Wiedervereinigung des Getrennten – in *philia, agape, eros*). Liebe, die *Gerechtigkeit* in sich einbezieht, ist letztes Prinzip der moralischen Gebote. Gerechtigkeit selbst bejaht die Person als Person (im anderen, an sich selbst).
Tillich greift die Unterscheidung von *»Gesetz«* und *»Gebot«* (vgl. Althaus) auf. Gebietendes Gesetz ist der Ausdruck der Entfremdung vom wahren Wesen. Tritt die Liebe hinzu, ist vom Gebot zu reden.
Von diesem Ansatz her erschließt sich ein spannender Rückblick auf Tillichs früheres Engagement im *Religiösen Sozialismus.* Im Proletariat fand er eine Suche nach Geborgenheit und Ganzheit, die im Grunde religiös ist. Deswegen konnte er auch den Klassenkampf nicht ohne weiteres verurteilen.

**Zur Erarbeitung:**

1. Informieren Sie sich über den Verfasser, z.B. durch Artikel in Nachschlagewerken oder durch Biographien (v.a. *Pauck, W.* und *M.*: Paul Tillich – Sein Leben und Denken, Stuttgart u.a. 1978).
2. Entscheiden Sie sich, ob Sie den Schwerpunkt Ihrer Arbeit beim frühen oder beim späten Tillich suchen wollen.
3. Wenn Sie beim *frühen* Tillich ansetzen, wird sich Ihre Arbeit auf Bd. II der ›Gesammelten Werke‹ konzentrieren.

– Verschaffen Sie sich eine Hintergrundinformation mit Hilfe von *Amelung, E.*: Die Gestalt der Liebe. Paul Tillichs Theologie der Kultur, Gütersloh 1972.
– Verschaffen Sie sich einige Informationen über das Verhältnis von *Sozialismus* und *Kirche* und über die Bewegung des *Religiösen Sozialismus.*
– Arbeiten Sie die wichtigsten Aufsätze durch. Als Auswahl eignet sich, was von W.D. Marsch im Taschenbuchband ›Für und wider den Sozialismus‹ gesammelt und eingeleitet ist (München u.a. 1969).
– Notieren Sie die *Hauptbegriffe* und versuchen Sie, sich über deren Zusammenhang einen Überblick zu erstellen; Stichwörter: Religion, Bedrohtheit, Getragenheit, Dämonie, Kairos . . .

– Wie steht Tillich zur sog. dialektischen Theologie? Vgl. die Auseinandersetzung mit *Gogarten* und *Barth* (in: Anfänge der dialektischen Theologie, hg. v. J. Moltmann, Bd. I, München 1962, S. 165ff).
– Wie beurteilt Tillich den *Marxismus*? Würde dieser einer religiösen Interpretation zustimmen?
– Wie löst Tillich das Problem der *Eschatologie* (vgl. den *Kairos*-Begriff)?
4. Stellen Sie das Erarbeitete in einen größeren Zusammenhang:
– zur Überlieferung; vgl. Tillichs Rechenschaft in ›Die protestantische Ära‹, in: *Ders.*: Gesammelte Werke, hg. v. R. Albrecht, Bd. VII, S. 11ff.
– zu Tillichs eigener Entwicklung; vgl. ›Die politische Bedeutung der Utopie‹, in: Für und wider den Sozialismus (s.o. 3.), S. 133ff.
5. Wenn Sie den Schwerpunkt auf den *späten* Tillich legen, arbeiten Sie sich in die Beiträge im Bd. III der ›Gesammelten Werke‹ ein.
– Lesen Sie ›Das religiöse Fundament des moralischen Handelns‹.
– Notieren Sie die *Hauptbegriffe*: Moralität, Religion, Liebe, Gerechtigkeit usw. und vergleichen Sie, z.B. mit Hilfe eines philosophischen Begriffswörterbuchs, wie Tillich die Begriffe versteht und welchen Sinn sie sonst annehmen.
– Erarbeiten Sie sich die *theologischen Grundlagen* dieses ethischen Entwurfs, v.a. durch gezielte Lektüre zentraler Passagen von Bd. III der ›Systematischen Theologie‹, bes. S. 130ff (Geschaffene Gutheit und Entfremdung), S. 51ff (Selbstintegration des Lebens), S. 154ff (Glaube und Liebe).
– Überlegen Sie, wie die Motive des früheren sozialistischen Engagements aufgehoben sind.
6. Fassen Sie Ihre Ausarbeitungen zusammen und überlegen Sie, wie sich Tillichs Ansatz in der Beratung eines konkreten Problems auswirken würde. Können Sie sich selbst darlegen, inwieweit Tillichs Ethik biblisch, inwieweit sie philosophisch ist?

**Trillhaas, Wolfgang:** Ethik, Berlin $^{3}$1970.

Trillhaas wurde von der Erlanger Theologie beeinflußt. Darum geht es ihm um einen Bereich menschlicher Erkenntnis außerhalb der Christusoffenbarung. Seine ›Ethik‹ wird bewegt von der Frage: »Wie komme ich als Mensch mit der Tatsache zurecht, daß ich ein Mensch bin wie andere auch?« Sie ist also zunächst nicht spezifisch christlich, sondern auf das Humanum ausgerichtet. Denn Menschen handeln zum einen schon immer nach Sitte und Moral, verwenden also vorgegebene Normen, ohne sich besonders des Christlichen bewußt zu sein. Zum anderen sind mit dem Menschsein bereits die meisten Probleme gegeben und müssen in einer nachgehenden und nachdenkenden Ethik so behandelt werden, daß sie kommunikabel sind.
*Ethik* in diesem *allgemeinen Sinn* bereichert die Fülle menschlicher Motive, sie kontrolliert die Kriterien der Menschen und appelliert an unseren Willen. Aber sie hat auch besondere Grenzen: Sie schafft nicht die Ausgangssituationen menschlichen Handelns, sie füllt nicht die menschliche Zielsphäre, sie gibt keine Anweisungen für das geschäftliche oder politische Handeln.
Trillhaas nimmt deswegen die Dimension der *Zukunft* nur zögernd auf. Seine Phänomenologie des Humanen liegt in der Nähe von *A. Gehlens* Anthropologie: Der Mensch hat vitale Triebe, aber sie reichen nicht aus, sondern müssen bearbeitet werden. Als Naturwesen ist der Mensch ein Mängelwesen, der sich seine Sinne und einen praktischen Verstand erzieht, um die Antriebsüberschüsse seines natürlichen Seins in die Kultur überzuleiten.
Was hat das *Christentum* mit einer rein humanen Ethik zu tun? So trivial es klingen mag: Auch der Christ ist Mensch. Er ist schon immer in die »conditio humana« eingebunden, bevor er Christ wird. Das Humanum kommt vor dem Christianum. Trillhaas sieht in der Neuzeit die Frage nach den Konsequenzen christlichen Glaubens von der Dogmatik abgelöst. Gerade die Ethik vertritt die christliche Wahrheit im säkularen Raum. Aber auch da ist zu beachten, daß die Probleme der Ethik aus dem Menschlichen kommen und gewissermaßen nachträglich ›ge-

tauft‹ werden. Christlich ist das »*Überschießende*«, z.B. im Doppelgebot der Liebe oder im Motiv der Dankbarkeit des Heidelberger Katechismus.
Trotz dieser einschränkenden Aussagen handelt Trillhaas in der Prinzipienlehre relativ ausführlich von den christlich-anthropologischen Grundlagen der Ethik, dem sündigen Menschen, dem Gesetz, der Heiligung, der Freiheit, um dann zu allgemeinen ethischen Begriffen wie Adiaphoron, Pflicht, Gewissen, Gesinnung überzugehen. Aufschlußreich ist schließlich, wie Trillhaas die Ethik der Person und die Ethik des Sozialen unterscheidet, welche Gebiete er beiden zuordnet und wie er einzelne Sachprobleme behandelt (teils ohne, teils mit Hinzuziehung christlich-theologischer Aussagen).

**Zur Erarbeitung:**

1. Informieren Sie sich über den Verfasser und seine theologische Richtung. Was bedeutet »Theorie des neuzeitlichen Christentums« (vgl. die Festschrift gleichen Titels für Trillhaas von seinen Schülern)?
2. Erarbeiten Sie Einleitung und Prinzipienlehre, indem Sie sich auf verschiedenen Blättern die Gesichtspunkte des Humanen und des Christlichen notieren.
3. Prüfen Sie Trillhaas' *Anthropologie* im Rahmen der neueren Debatte (z.B. als Vergleich der Band ›Philosophische Anthropologie‹, hg. v. G. Gadamer u. P. Vogler, Bd. 1 und 2, München 1975).
4. Prüfen Sie Trillhaas' theologischen Ansatz in der Prinzipienlehre und versuchen Sie, seinen *Standort in den konfessionellen und theologischen Auseinandersetzungen* der beiden letzten Jahrhunderte festzustellen. (Wie stellt er sich zur Interpretation des Gesetzes, zur Rechtfertigung, zur Heiligung?)
5. Versuchen Sie, den argumentativen *Zusammenhang von Humanum und Christianum* bei Trillhaas festzustellen. Konstruieren Sie sich eventuell den Zusammenhang mit Hilfe einer Skizze.
6. Was ist denn genau als das »Überschießende« einer *christlichen* Ethik zu bestimmen?
7. Welche Alternativen zu Trillhaas' ›Ethik‹ sind denkbar? Sehen Sie sich Gliederungen einer lutherischen (*Elert*) oder einer reformierten Ethik (*de Quervain*) an.
8. Halten Sie auf einem Blatt die Kriterien der Trillhaas'schen ›Ethik‹ übersichtlich fest und wählen Sie nun ein Einzelproblem, an dem Sie sein Verfahren überprüfen können. Wie wird es in einer anderen Ethik behandelt?
9. Wie werden Personal- und Sozialethik unterschieden, und welche Stellung beziehen Sie dazu?
10. Prüfen Sie die Konsequenzen eines solchen Ansatzes in seiner Fortführung, der »Theorie des neuzeitlichen Christentums«.

**Weischedel, Wilhelm:** Skeptische Ethik, Frankurt/M. 1980.

Der einst in Berlin lehrende Philosoph Weischedel hatte Theologie studiert und wurde ein Schüler *Heideggers.* Sein Abschied von der Theologie dokumentiert sich in seiner großen philosophisch-theologischen Untersuchung ›Der Gott der Philosophen‹ (2 Bde., Darmstadt 1971). Diese mündet in eine schwebende, skeptische Haltung ein, fern von einer positiven Transzendenzerfahrung oder auch von einer Verobjektivierung des Nichts. Die *skeptische Grundhaltung* steuert auch das Urteil seiner an historischem Material reichen ›Skeptische(n) Ethik‹.
Diese ›Ethik‹ enthält wichtige Untersuchungen ethischer *Grundbegriffe* und ihrer Bedeutungen: Ethik (S. 17ff), Freiheit (S. 111ff), Gewissen (S. 157ff). Eingeflochten sind Hinweise auf verschiedene Ansätze der Ethik (S. 43ff); sie orientieren sich am Leitfaden des Skeptizismus. Wegen des Materialreichtums kann die ›Skeptische Ethik‹ auch zum Erwerb historischer Kenntnisse der Grundbegriffe der Ethik verwendet werden. In der Erörterung des Freiheitsbegriffs führt Weischedel den Begriff des »*Spielraums*« ein; mit dessen Hilfe wehrt er den Anspruch absoluter Normen ab.
Weischedel sucht (durch einen Grundentschluß) die Grundhaltung der *Offenheit* zu gewinnen; sie bezieht die Vergänglichkeit und die Abschiedlichkeit (zum Tode) ein (S. 188ff), aber geht

auch nicht an der *Verantwortlichkeit* vorüber. Darin gründen Haltungen wie Wahrhaftigkeit, Sachlichkeit, Mitleid, Besonnenheit, Solidarität und andere mehr.

**Zur Erarbeitung:**

1. Verdeutlichen Sie sich mit Hilfe des 5. Teils des Buches ›Der Gott der Philosophen‹ (Bd. 2, S. 184ff) und des 2. Kapitels der ›Skeptische(n) Ethik‹ die *Position des Verfassers.* Läßt sich dem ein reflektiertes Verständnis der Offenbarung Gottes entgegenstellen?
2. Überlegen Sie zum Zweck einer produktiven Auseinandersetzung, wie die evangelische Theologie die Auseinandersetzung mit dem *Nichts* und die Frage der »Gegenständlichkeit Gottes für uns« behandelt.
3. Sammeln Sie aus den Kapiteln 1, 4, 5, 6 und 7 der ›Skeptische(n) Ethik‹ die wichtigsten Informationen; prüfen Sie bei der Auswahl, was (a) der Position des Verfassers entgegenkommt oder entgegensteht und (b) für eine theologische Ethik von Belang sein kann.
4. Konfrontieren Sie die Grundhaltungen (Kap. 9) mit Grundaussagen eines von Ihnen gewählten dogmatischen oder theologisch-ethischen Entwurfs.

**Wendland, Heinz-Dietrich:** Einführung in die Sozialethik, Berlin und New York ²1971 (Sammlung Göschen 4203); *ders.:* Person und Gesellschaft in evangelischer Sicht, Köln 1965; *ders.:* Die Kirche in der revolutionären Gesellschaft. Sozialethische Aufsätze und Reden, Gütersloh 1967; *ders.:* Die Kirche in der modernen Gesellschaft. Entscheidungsfragen für das kirchliche Handeln im Zeitalter der Massenwelt, Hamburg ²1958 (Nachdruck Darmstadt 1973).

Wendland empfing Anstöße aus seiner neutestamentlich-exegetischen Arbeit und durch Einflüsse *P. Tillichs.* So wurde er einer der Vorkämpfer der Sozialethik. Sein Einfluß ging von Münster weit in die Ökumene hinaus. Am Neuen Testament gewann er den *universal-eschatologischen Ansatz,* bei Tillich die Einsicht, daß Personsein nicht in der Isolierung von der Gesellschaft besteht. Deswegen entwarf er eine *Theologie der Gesellschaft* und wandte sich von der vor allem bei den Neulutheranern vertretenen personalistischen Haltung ab und der Sozialethik zu.

Seine ›Einführung in die Sozialethik‹ geht davon aus, daß *alle Ethik* im Grunde *Sozialethik* ist; denn das Individuum ist ein politisches Wesen. Die Versuchung kirchlicher Sozialethik ist es nun, entweder ungebührlich pessimistisch (konservative Folgen) oder ungerechtfertigt optimistisch (Anpassung an das Bestehende oder an das gerade Neueste) zu sein. Seinen eigenen Weg sucht Wendland in einem *gläubigen Realismus.* Dieser lebt davon, daß Gottes Reich zwar nicht in der irdischen Geschichte durchgesetzt wird, aber ihr neue Erkenntnisse und deswegen neue normative Gesichtspunkte bringt.

Wendlands Sozialethik will nicht Situationsethik sein, sondern sich mit Hilfe der Methode der *Korrelation* der gesellschaftlichen Realität kritisch nähern. Leitbegriff ist der *»christliche Humanismus«,* eine vollkommene Ermächtigung zur Liebe, die erst die leeren Formeln der Gerechtigkeit, der Freiheit und der Partnerschaft füllt. Sie dient dem Menschen in den Institutionen, aber ändert auch um des Menschen willen die Institutionen (*gesellschaftliche Diakonie*). Gegen die These von der Eigengesetzlichkeit sozialer Strukturen führt Wendland die *Herrschaft Christi* ein. Sie setzt die sozialkritische Vernunft frei.

Die Stellung der *Kirche* zur modernen Gesellschaft soll kritische Solidarität sein. Die Gesellschaft selbst wird als Demokratie zum Staat und zur Rechtsgestalt. »Verantwortliche Gesellschaft«, die zentrale Formel langjähriger ökumenischer Debatten, begrenzt die Freiheit des Individuums durch Bindung an das Gemeinwesen.

In den abschließenden Kapiteln nimmt Wendland zu Problemen der Wirtschaft und zu Leitbildern sozialer Gestaltung Stellung.

**Zur Erarbeitung:**

1. Informieren Sie sich über den Verfasser und seine Werke.
2. Stellen Sie in einer Diagonallektüre die entscheidenden Abschnitte der Grundlegung der Ethik bei Wendland fest. Notieren Sie Seiten und zentrale Stichwörter.

3. Zu denken ist an: Gesellschaft, verantwortliche Gesellschaft, Kirche, Humanismus, Eschatologie, Diakonie usw. Stellen Sie die von Wendland dazu aufgeführten *Kriterien* fest.
4. Versuchen Sie, sich selbst in einer systematischen Übersicht den Ansatz von Wendland zu verdeutlichen (eventuell als Skizze).
5. In einem zweiten größeren Arbeitsgang analysieren Sie die *Folgerungen*, die aus der Grundlegung für die Orientierung der Kirche in der Gesellschaft gezogen werden.
   5.1 Welche Stichwörter gelten dem Verhältnis von Kirche und Gesellschaft?
   5.2 Wie sieht dieses Verhältnis konkret aus, z.B. in Wirtschaftsfragen oder im Eigentumsproblem?
6. Vergleichen Sie die Abhandlung des unter 5.2 gewählten Problems mit der Darstellung in einer anderen Ethik (z.B. *Thielicke*).
7. Versuchen Sie, Ihre eigene Beurteilung deutlich und in eigener Formulierung zu Papier zu bringen. Wo entdecken Sie Lücken der Argumentation, wo sehen Sie positive Anknüpfungen? Oder würden Sie einen ganz anderen Weg gehen?

**Wiebering, Joachim:** Handeln aus Glauben, Berlin (DDR) 1981.

Wiebering, lutherischer Theologe, der zeitweise an der Kirchlichen Hochschule in Leipzig Ethik lehrte, sucht die Vermittlung der den Lebenssinn betreffenden Fragen der Menschen mit der theologischen Deutung. Im Gespräch mit der *säkularisierten Lebenswelt* will er eindeutig von den *Grundlagen des Glaubens* ausgehen, aber dessen Konsequenzen im Handeln sich mit dem Handeln von Nichtchristen überschneiden lassen.
Wiebering will die christliche Überlieferung (vor allem in der Ethik) weder idealistisch interpretieren noch auf das Individuum konzentrieren (S. 19f). Deshalb fragt er nach der *Moral inmitten sozialer Zusammenhänge* (S. 18f). Sie soll im Glauben an die Person Jesu und an den Umgang mit Gottes Wort gebunden sein (S. 20ff). Innerhalb der Systematischen Theologie soll die Ethik als selbständige Disziplin bearbeitet werden.
Wiebering grenzt sich gegen die Ansätze einer Gebotsethik (*Barth, Kreck*), einer Situationsethik (*Fletcher* u.a.) und einer Ethik aus religiöser Sinngebung ab (S. 28ff). Er sucht – mit *Bonhoeffer* – die Implikationen des christlichen Glaubens im Leben (S. 39ff). Für die Entwicklung der Ethik empfiehlt er die induktive Methode (in der Nähe zu *Tödt*).
Dem Theologen soll es erlaubt sein, an die Sinnfrage anzuknüpfen (S. 57ff): Gott hat jedem Leben einen Sinn eingestiftet, der vorgegeben ist; er kann nicht auf Kosten anderer zur Entfaltung kommen. Im Sinne des *Vorletzten*, nicht des Letzten, sorgt der Christ für Humanität (S. 67ff). Obwohl der Verfasser die persönliche Verantwortung in den *gesellschaftlichen Strukturen* betont (S. 90f), hält er den Begriff der *Institutionen* für zu eng, um die gesellschaftliche Situation zu beschreiben.
Wiebering stellt sich zwischen *Barth* und *Luther*, wenn er die Unterscheidung von *Gesetz und Evangelium* vom schenkenden, dann vom fordernden Willen Gottes her interpretiert (S. 110). Rechtfertigung und Heiligung sind nicht zu trennen, der Glaube gibt sich in der Liebe Ausdruck. Indikativ und Imperativ werden im Herrengebet vorbildlich einander zugeordnet (S. 144). Die Lehre von der Kirche gehört unabdingbar zur Glaubensethik (S. 155ff).

**Zur Erarbeitung:**
1. Diese nicht allzu umfangreiche Ethik eignet sich zur durchgehenden Lektüre. Im Verlauf des Lesens sollte man sich die Positionen notieren, die eine Einordnung dieses Ansatzes möglich machen: Wann bezieht sich Wiebering auf *Luther*, wann auf *Bonhoeffer*, wann auf *Barth* usw.?
2. Eine gewisse Spannung zeigt sich zwischen dem *Postulat induktiven Vorgehens* (S. 10 u.ö.) und der *beim Wort Gottes ansetzenden Deutung*. Hier lohnt es, selbständig weiterzuüberlegen, wie Glaube und Situation zusammenkommen, wie Vorgabe Gottes und die Gegebenheiten des Lebens kritisch und produktiv aufeinander bezogen sein können. Offensichtlich ist die Hermeneutik der ethischen Situation komplexer, als es der Verfasser sieht. Was wäre im Blick auf die Lehre vom Geist Gottes und auf die Gemeinde zu bedenken?

3. Wie kommen die beiden Haupttypen der Ethik, die Güter- und die Pflichtlehre, zur Sprache? (Beachte vor allem S. 18ff.47ff.78ff.)
4. Warum schließt sich der Verfasser nicht dem heute so geschätzten Ansatz der Ethik in der Autonomie des Menschen an?
5. Besonders zu beachten sind die *Eigentümlichkeiten der christlichen Ethik* (S. 137ff, darauf bezogen S. 20ff.51ff.62ff.107ff).
6. Schließlich ist es reizvoll, die Auswirkungen der spezifischen gesellschaftlichen Situation des Verfassers auf seine Ethik festzustellen.

**Winter, Gibson:** Grundlegung einer Ethik der Gesellschaft. Sozialwissenschaft, Ethik und Gesellschaftspolitik, München und Mainz 1970.

Der amerikanische Ethiker (und Religionssoziologe) hat einen sozialethischen Ansatz vorgelegt, der vor allem von der Frage geleitet ist, wie christliche Ethik mit *Sozialwissenschaften* kooperieren kann. In der deutschen Diskussion wird diese Frage meist an den Rand gedrängt oder nur intuitiv aufgegriffen.
In seinem Vorwort erwähnt er die für sein Denken wichtigen Einflüsse. Dabei fallen zwei wichtige Namen: *A. Schütz* ist ein deutscher Emigrant, aus dessen Werk die sog. Ethnomethodologie, verständlicher: die *Alltagswissensforschung*, ihre Impulse nahm. Winter lernt von ihm, daß die soziale Welt des Menschen nicht die Welt der soziologischen Theoretiker ist. Alle gesellschaftswissenschaftliche Theorie kommt schon aus einem Wissen, das sich in Lebenszusammenhängen niedergeschlagen hat und alltägliches Leben beeinflußt. Der andere Name ist der des amerikanischen Sozialpsychologen *G.H. Mead* (Geist, Identität und Gesellschaft, Frankfurt/M. 1968). Von ihm lernt Winter, daß Handeln und Denken verbunden sind, daß der Geist aus sozialen Interaktionszusammenhängen entsteht; sozialwissenschaftlich ermittelte Gesetzmäßigkeiten sind zugleich »Handlungsanweisungen«. Neben dem beider Genannter ist der theologische Einfluß *Tillichs* unverkennbar.
In einem *I. Teil* behandelt Winter das Selbstverständnis der Sozialwissenschaften. Der Positivismus betrügt sich selbst, wenn er soziale Fakten isoliert feststellen möchte. Denn – und das lehrt der Pragmatismus – Modelle und Gesetzmäßigkeiten haben Bedeutung für die Praxis der Menschen. Die wissenschaftliche Arbeit ist in den Common sense einzubetten.
Im *Teil II* rekonstruiert Winter sodann die *soziale Welt* aufgrund von Anregungen von G.H. Mead. Sie ist schon immer *intersubjektiv*, Aktion ist schon immer auf Re-aktion ausgerichtet. Deswegen betont er die *Intentionalität* menschlicher Welt: Jedes Subjekt im intersubjektiven Zusammenhang entwirft sich eine mögliche Welt, in die hinein es lebt. Die Identität des einzelnen hat etwas mit der Identität der Gesellschaft zu tun. Die Sozialwissenschaften bringen sie zum Bewußtsein; die Sozialethik (als Ethik der Gesellschaft) artikuliert die Intentionalität und soziale Identität ausdrücklich.
Sozialethik muß sich nun mit verschiedenen sozialwissenschaftlichen Modellbildungen auseinandersetzen. Sie untersucht den (mechanistischen) Behaviorismus, den Funktionalismus und den Voluntarismus der in der Alltagswelt verankerten »Intentionalität«. Sind ihre Modelle dem Leben der Menschen angemessen? Darauf erhebt die Sozialethik die in die verschiedenen Sichtweisen eingeschlossenen Normen.
Der Abschnitt 8 entfaltet auf diesem Hintergrund das weitbekannte Stichwort der ökumenischen Diskussion: »*Verantwortliche Gesellschaft*«. Ethik ist »wertende Hermeneutik der Geschichte« (S. 287). Deswegen ist sie »religiös«; jegliche Religion nämlich drückt das Streben nach dem wahren Sein aus.

**Zur Erarbeitung:**
1. Da Informationen über den Verfasser nicht ganz leicht zu finden sind, rät es sich, im Bibliothekskatalog nach seinen Werken zu suchen und deren Inhalt und Anliegen wenigstens oberflächlich festzustellen.
2. Verschaffen Sie sich einen ersten Eindruck durch das Studium der beiden Vorworte.

3. Erarbeiten Sie sich eine Übersicht der *drei Typen von Sozialwissenschaften* (vgl. S. 51 bzw. S. 185ff).
4. Wie hängen sie mit den *Strukturen der Sozialität* zusammen (vgl. S. 234)?
5. Erarbeiten Sie sich nun die Bedeutung von Sozialität. Erster Schritt: der Einfluß von *A. Schütz* (vgl. dazu etwa: Alltagswissen, Interaktion und gesellschaftliche Wirklichkeit, Bd. 1, hg. von einer Arbeitsgruppe Bielefelder Soziologen, Reinbek 1973, S. 11-53). Zweiter Schritt: der Einfluß von *G.H. Mead* (vgl. etwa dazu die Einführung zu dessen Buch ›Geist, Identität und Gesellschaft‹).
6. Wie bestimmt Winter das Verhältnis sozialwissenschaftlicher Modelle zur sozialen Wirklichkeit?
7. Arbeiten Sie nun die Seiten zum Thema der Intentionalität (S. 134ff) und den Teil III (Ethik und Gesellschaft) durch (S. 223ff). Wo liegen die theologischen »Anknüpfungspunkte«?
8. Vergleichen Sie *Tillichs* ethischen Ansatz bei der moralischen Selbstintegration der Menschen (Systematische Theologie, Bd. 3, vgl. auch o. S. 281ff zu Tillich) mit Winters Begriff der *Identität*. Fallen Ihnen dazu traditionelle theologische Begriffe ein?
9. Eine eigene Zusammenfassung des Erarbeiteten kann sich von Winters Übersichten leiten lassen (vgl. S. 92.116.231.234.241.245.255).
10. Reizvoll ist ein Vergleich: Wie geht eine wesentlich traditioneller abgefaßte Ethik, wie die von Kreck, mit Sozialwissenschaften um? Hat die Diskrepanz nur theologische Gründe?

**Wolf, Ernst:** Sozialethik. Theologische Grundfragen, hg. v. Th. Strohm, Göttingen 1975.

Wolf, ursprünglich Kirchenhistoriker und im Kirchenkampf engagierter Mitstreiter *Karl Barths*, hat sich nach dem Zweiten Weltkrieg immer mehr der Systematischen Theologie gewidmet und sich in seinem letzten Jahrzehnt der Grundlegung der Sozialethik zugewandt. Seine großen Kenntnisse – nicht nur auf historischem Gebiet, sondern z.B. auch im Bereich der Jurisprudenz –, haben sich in dieser Grundlegung niedergeschlagen.
Fragt man, welche Traditionen und Ansätze in seinem Entwurf durchschlagen, so ist vor allem auf *Luther* und *Barth* zu verweisen. Wolf ist ein lutherischer Theologe, der in betontem Gegensatz zum Neuluthertum des 20. Jh.s steht. Ein Vergleich mit dem ›Christlichen Ethos‹ von Elert zeigt die Differenz schnell. Während Elert das Ethos unter dem Gesetz sehr extensiv behandelt, um dann zum Ethos unter dem Evangelium und zur christlichen Bruderschaft zu kommen, setzt Wolf nach einem Vorspann mit dem *»neuen Menschen«* (§ 2) ein. Wolf folgt damit dem Ansatz *Barths*, das Gesetz als Gestalt des Evangeliums zu verstehen und keine Sphäre der Wirklichkeit aus der Christusoffenbarung auszuklammern. Alle Ethik, die auf das Thema des neuen Menschen konzentriert ist, ist deshalb Ethik der *Verheißung*. Sie ist nicht nur auf Disziplinierung, Strafe und Drohung – wie das Ethos unter dem Gesetz und wie seine Ordnungen – aufgebaut, sondern sie rechnet mit produktiver Neugestaltung der Gesellschaft. Von daher ist auch Wolfs politisches Engagement zu verstehen: Politische Ordnungen und *Institutionen* sind der produktiven Gestaltung offen. Seine inzwischen sehr bekannt gewordene Definition lautet: »Institutionen sind soziale Daseinsstrukturen der geschaffenen Welt als Einladung Gottes zu ordnender und gestaltender Tat in der Freiheit des Glaubensgehorsams gegen sein Gebot« (S. 173).
Wo findet sich nun *Luthers* Einfluß? Der ›lutherische‹ Entwurf Elerts trennt Gesetz und Evangelium und hält an einer streng balancierten Auslegung der Formel »simul iustus – simul peccator« fest (wobei das »peccator« doch wohl einem Pessimismus über den Menschen die Tür öffnet). Wolf will zeigen, daß unter dem Gesichtspunkt der Rechtfertigung das »simul« gilt, unter dem Gesichtspunkt der Heiligung das »partim«. Auch der »neue« Mensch ist von Ethik betroffen. Am meisten zu spüren ist Luthers Einfluß in der Auseinandersetzung um die Auffassung vom Menschen. Katholische Moraltheologie und evangelische Ethik aus der Tradition Melanchthons hielten an einem naturrechtlichen Grundbestand von Normen, die allen Menschen gelten und im Prinzip auch von ihnen einzusehen sind, fest. Wolf besteht demgegenüber auf Luthers ›Definition‹ des Menschen aus der »Disputatio de homine« (WA 39, I, 175ff). Erst

von »hinten« her, mithin vom neuen Menschen, werden Grundstrukturen menschlichen Seins erkennbar.
In diesem reichhaltigen Entwurf sind vor allem bemerkenswert:
- die Analyse des Gewissensverständnisses (§ 5),
- die Zusammenfassung des Streits um Gesetz und Evangelium (§ 6),
- die Erwägungen zum Problemkreis des Naturrechts (im Gegenüber zum Christusrecht), eine Einführung in die rechtstheologische Diskussion der letzten Jahrzehnte (§ 7),
- die Aufnahme des von Bonhoeffer so herausgestellten Themas der Nachfolge (§ 9),
- die Ausführungen zur Institutionenproblematik, zur Kirche und zu politischen Fragen (Staat und Widerstand) (§§ 10.14.16.17).

**Zur Erarbeitung:**

1. Informieren Sie sich über den Verfasser. Ein Teil der theologischen Erfahrungen, die ihn prägten, hat sich in seinem Buch über ›Barmen‹ niedergeschlagen (München ²1970).
2. Stimmen Sie sich durch einige Aufsätze in den *Ansatz* und in das Denken des Verfassers ein:
- ›Politia Christi. Das Problem der Sozialethik im Luthertum‹ (in: *Ders.:* Peregrinatio, Bd. 1, München ²1962, S. 214ff);
- ›Die Rechtfertigungslehre als Mitte und Grenze reformatorischer Theologie‹ (a.a.O., Bd. 2, München 1965, S. 11ff), ein von Barth kritisierter Ansatz, der die Ausschließlichkeit der Offenbarung in Christus zum Maßstab macht (Barth wollte die »Versöhnung« zentral sehen);
- ›Habere Christum omnia Mosi‹ (a.a.O., S. 22ff), v.a. im Blick auf die im Luthertum diskutierte Zuordnung von Gesetz und Evangelium;
- ›Königsherrschaft Christi und lutherische Zwei-Reiche-Lehre‹ (a.a.O., S. 207f) (hier geht es um die beiden Denkmodelle zur politischen Orientierung der Christenheit seit dem Kirchenkampf).
3. Lesen Sie in den §§ 1, 2, 3, 4, eventuell auch 5, in 6, 8 und 9 diejenigen Absätze, die weniger an kirchen- und dogmengeschichtlichen Problemen orientiert, sondern auf *aktuelle theologische Entscheidungen* ausgerichtet sind.
4. Halten Sie das Ergebnis in kurzen Notizen oder in Skizzen fest. Was sagt der Verfasser zu den Themen:
- alter Mensch – neuer Mensch,
- Gesetz und Evangelium,
- Naturrecht, Schöpfung und Gnade,
- Gottesebenbild und dessen Verlust in der Sünde,
- Gewissen,
- biblische Weisungen?

Wahrscheinlich werden Ihnen noch weitere Themen auffallen.
5. Erarbeiten Sie nun Grundsätze der Wolf'schen Position zu den Themenkreisen *Recht, Gesellschaft, Politik.*
- § 7 Christusrecht statt Naturrecht (wie wird das Christusrecht für Menschen verbindlich?),
- § 10 Institutionenbegriff,
- § 14 Verhältnis von Kirche und Staat,
- §§ 15.16.17 in Diagonallektüre.
6. Stellen Sie in kritischer Reflexion fest, ob diese Grundlegung noch für das heutige Gespräch der Theologie mit säkularen Wissenschaften ausreicht. Redet die Soziologie noch von *Institutionen*? Oder spielen Funktionen und Strukturen eine größere Rolle?
7. Wählen Sie ein Problemfeld aus dem II. Teil der ›Sozialethik‹ aus und diskutieren Sie es – mit sich selbst und mit anderen: Wie weit hilft uns Wolf zu Stellungnahmen in heutigen gesellschaftlichen Problemlagen?
8. Fassen Sie Ihr Ergebnis zusammen und, wenn möglich, vergleichen Sie diesen Ansatz mit einem ganz anders angelegten.

# **Sachregister** (in Auswahl)

# **Personenregister** (in Auswahl)